邓声国，男，1969年6月出生，江西上饶人，文学博士。现为井冈山大学人文学院教授，山东师范大学合作博士生导师，中华文学史料学学会古代文学史料研究分会常务理事，江西省民俗与文化遗产学会副会长，江西省中国古代文学专业委员会副会长，江西省文艺学会常务理事。主要从事中国古典文献学和传统经学史等领域的学术研究，至今已发表学术论文100余篇，出版专著10部，主持国家社会科学基金项目1项，省部级和厅级社科项目8项，获省部级奖项2次，市厅级奖项1次，横向课题2项。

仪礼文献学

邓声国 著

江西省高校人文社会科学研究一般项目结项成果
（项目编号：TQ1103）

江西人民出版社
Jiangxi People's Publishing House
全国百佳出版社

图书在版编目(CIP)数据

《仪礼》文献学/邓声国著. —南昌:江西人民出版社,
2017.9

ISBN 978-7-210-09813-3

Ⅰ.①仪… Ⅱ.①邓… Ⅲ.①《仪礼》-文献学-研究
Ⅳ.①G256.1

中国版本图书馆 CIP 数据核字(2017)第 250016 号

《仪礼》文献学
邓声国　著
责任编辑:吴艺文
封面设计:章　雷
出　　版:江西人民出版社
发　　行:各地新华书店
地　　址:江西省南昌市三经路 47 号附 1 号(邮编:330006)
编辑部电话:0791—86898470
发行部电话:0791—86898893
网　　址:www.jxpph.com
2017 年 10 月第 1 版　2017 年 10 月第 1 次印刷
开　　本:787 毫米×1092 毫米　1/16
印　　张:29
字　　数:480 千
ISBN 978-7-210-09813-3
赣版权登字—01—2017—766

定　　价:98.00 元
承印厂:南昌市红星印刷有限公司

序

《仪礼》十七篇,即先秦儒家学派奠基人孔子所整理传承下来的“六经”之一的《礼》。汉代又称《礼经》、《士礼》或《礼记》,大约魏晋之际始称为《仪礼》。

关于《仪礼》的作者和成书年代,学术史上一直众说纷纭。司马迁《史记·儒林列传》认为《仪礼》是孔子所“修起”。此说较为合理,大致可信。《仪礼》一书应当主要是由孔子采缀宗周遗礼,然后按照自己的理想整理、编订成书,作为教育弟子的教材,而孔子所采缀的宗周遗礼中也肯定会包括周公当年制礼作乐的一些内容。当然,我们现在所见到的《仪礼》十七篇,可能是经孔门七十子后学续加修订与增益而形成的。

“礼”是古代逐渐发展和形成的有关祭天、祀祖、区分尊卑上下和维护宗法制度社会秩序的一套仪节制度和行为规范。这些仪节制度和行为规范是人们在相互交际时用来表达伦理思想和感情意识的一种外在形式,当然,其中也蕴含着丰富的、系统的社会政治思想、伦理观念。“礼”是儒家政治伦理思想的核心内容。作为儒家六经之一,《仪礼》一书就是记载周代所倡导和施行的有关仪节制度和行为规范的。儒家讲礼,历来强调要“陈其数”而“知其义”。“数”即是指各种礼节和仪式的具体规定,“义”即是指各种礼节和仪式所体现的思想内容。《仪礼》十七篇所讲述的内容都是各种社会行为的礼节和仪式,对各种礼的参与人员、器物的使用和仪节程序等都有十分严格而具体的规定和说明。因此,可以说《仪礼》十七篇主要是记述礼之“数”的,同时其中也蕴含着丰富的礼之“义”,即儒家学派的思想价值体系。

《仪礼》作为儒家“六经”之一,作为我国古代的一部文化元典,具有很高的思想价值和学术价值。《仪礼》十七篇的内容主要可以分为如下八类礼节:冠、婚、乡、射、朝、聘、丧、祭。这八类礼节基本包括了古代"士"以上的贵族的相互交际之礼和行为规范。这是春秋以前"士"以上的贵族们学习的必修课。此书材料,来源甚古,内容也比较可靠,而且涉及面广,较全面系统地记述了冠、婚、乡、射、朝、聘、丧、祭八类礼仪,犹如一幅古代社会生活的长卷,是研究古代社会生活的重要史料之一。书中记载的古代宫室、车旗、服饰、饮食、丧葬之制,以及各种礼乐器的形制、组合方式等等尤其详尽。更重要的是此书在记述各种礼仪制度时透露了大量古代封建制度、宗法制度和婚姻家庭制度方面的信息。此外,本书还保存了相当丰富的上古语汇,为语言学、文献学的研究提供了价值很高的资料。总而言之,《仪礼》所记各种礼仪制度,对于研究我国古代的伦理思想、生活方式、社会风尚等,都有着不可替代的价值。

自从汉武帝"罢黜百家,独尊儒术"之后,只设立五经博士,而罢免诸子传记博士。当时五经博士中的"礼"学博士就是《仪礼》学博士,而"三礼"中的《周礼》与《礼记》还未预于儒家经典之列。王莽当政时,《周礼》虽一度被立于学官,设博士,但随着新莽政权的垮台,《周礼》的学官地位也被取消。直到曹魏时期,《周礼》与《礼记》才被正式立于学官,正式升格为经,取得与《仪礼》分庭抗礼的地位。南北朝时期《仪礼》一书在学术界逐步受到冷落。唐初编撰《五经正义》时,将《仪礼》排除于五经之外,以《礼记》取代了《仪礼》的"五经"地位。甚至北宋神宗熙宁年间王安石改革科举制度,废罢诗赋及明经诸科,《仪礼》也在废罢之列。致使《仪礼》的地位一落千丈,诵习者寥若晨星。直到清代,随着陆王心学的衰微和乾嘉汉学的兴起,《仪礼》学研究才出现了复兴的迹象。

虽然,南北朝之后,与《周礼》学和《礼记》学的研究相比较而言,学术界对《仪礼》的研究相对说来较为冷落,但是,《仪礼》毕竟是孔子传承下来的文化元典,其中蕴含着丰富、系统的思想文化价值,因而始终作为圣典而受到尊重。比如宋代著名理学大家朱熹就明确提出《仪礼》是"本经",是"经礼"的观点。他说:"先儒 以《仪礼》为经礼。"(《朱子五经语类》卷六一)又说:"《仪礼》, 礼之根本, 而《礼记》乃其枝叶。"(《朱子语类》卷八四)其说很有道理。《仪礼》一书中不仅具有我们赖以研究、认识古代社会的思想文化价值和学术价值,而且还有供后世因时损益,制定新礼,维护社会正常运转的应用性、实践性价值。从唐代的《开元礼》到宋代的《政和五礼新仪》、《大明集礼》、《大清会典》，乃至司马光《司马氏书仪》、朱熹《朱子家礼》以及历代家礼类著述基本上都是以《仪礼》作为基本依据，加以损益而撰作成书。《仪礼》一书所记述许多礼仪及其所蕴含的思想内容对于我们弘扬传统文化，建设现代文明社会，仍然具有重要的借鉴意义。对于这一宝贵的历史文化遗产，我们应该保持应有的尊重和重视，并以科学的态度加以探讨、研究和总结。

上个世纪初，推翻帝制、进入民国以后，由于我国一直处于激烈的社会转型、政治动荡之中，因而三礼学也一直很受冷落。自上世纪末我国开启改革开放之后，三礼学研究才逐步得到学术界的重视。进入21世纪后，三礼学进入复苏和复兴的新阶段。三礼学研究甚至成为学术界关注的热点。井冈山大学人文学院的邓声国教授就是新世纪成长起来的卓有成就的礼学研究专家。21世纪初他在山东大学文史哲研究院攻读博士学位时，就以《清代〈仪礼〉文献研究》为题完成其博士学位论文，并于2004年春通过答辩毕业。该博士论文于2006年由上海古籍出版社正式出版发行。几乎与此同时，他还完成了另一部《仪礼》学研究专著《清代“五服”文献概论》，2004年12月由北京大学出版社出版发行。此后多年来，他勤奋地致力于三礼学研究，多有创获。最近，他又完成了一部煌煌四十万言的《〈仪礼〉文献学》。承蒙声国先生信任，得先睹之快，谨略述观感如下：

翻阅一过，深感这是一部有关《仪礼》文献学研究的力作。本书对《仪礼》学进行了全方位地、系统地考察和探讨。尤其对《仪礼》文献学与其他学科的关系、《仪礼》文献学的任务及作用、《仪礼》文献整理体式、《仪礼》文献的编纂、流布与收藏、《仪礼》文献的散佚与辑佚、《仪礼》文献的目录研究、《仪礼》文献的校勘研究、《仪礼》文献的辨伪研究、《仪礼》文献的注释研究、历代《仪礼》文献学发展概况等问题进行了较为深入细致的研究，新见迭出，胜义贯珠。约略说来，本书具有如下三方面的著述特点：

一是著述内容丰富全面，涉及专书文献学的方方面面。在具体章节的设置上，该书不仅注意探讨《仪礼》文献学这门专科文献学的基本概念、研究方法论、学科任务与作用等宏观问题，以及历代《仪礼》文献的整理体式、文献的编纂、流布与收藏等内容，同时还从文献学的基本学术范畴出发，考察了历代礼经文献的目录学、版本学、校勘学、辨伪学、辑佚学、注释学、编纂学等学术分支的具体研究状况，同时还涉及礼经文献的传播与接受、诠释的学术发展史，等等，内容极为丰富。

二是研究视角开阔宏通，尽可能兼顾到学科理论建构与文献释读。最能体现该书理论色彩的，是书稿第一章的第二节《仪礼》文献学的基本范畴"、第三节"《仪礼》文献学研究方法论"、第四节"《仪礼》文献学与其他学科的关系"和第五节"《仪礼》文献学的任务及作用"，第八章的第二节"《仪礼》经文的语词训诂方法"和 第三节"《仪礼》经文的仪制诠释方法"。这些章节可谓这部《仪礼》文献学通论性著作的核心部分。而其他相关章节的讨论，不仅强调通识性的认知说明，更注重对许多个案文献的释读性研究，二者相互关照，共同支撑起了本书的理论建构。

三是文献研究基础扎实，重视对各类文献的释读与梳理。该书的许多章节，大都建立在各类礼经文献释读的基础之上，如对《仪礼》今古文类校勘研究的总结，立足于对郑玄、程继盛、李调元、徐养原、宋世荦、胡承珙、段玉裁、陈光煦等人此类著作的考察，大致分析细密，论列详明，证据充分。再如，第八章对于历代学者诠释礼经注释方法的总结，也都是从具体的礼经注释实例中归纳总结而成。可以说，点与面结合得较好。

四是对近年来《仪礼》研究的状况把握到位，并能充分吸纳相关研究成果，据以著书立说。例如，对于《仪礼》经文及其《记》、《传》成书年代及其作者问题的讨论，就充分关注到了20世纪以来各家学者的最新观点，并逐一加以介绍。再如，第十一章第一、二两节，对新中国成立以来大陆与台湾地区《仪礼》学研究的成果介绍，大致概括较为全面，可以引领读者据此开展拾遗补阙的研究。

总而言之，这是一部辨章学术、考镜源流的成功之作。这既是一部《仪礼》文献学学科通论性的著作，也可谓一部有关《仪礼》学发展史的学术史专著。相信本书的编纂出版必将对于深化《仪礼》学研究大有裨益。

邓声国教授与我是三礼学研究领域的同道好友，有着多年的学术交谊。欣闻本书即将出版，可喜可贺！付梓之前，声国教授请序于余，虽敬谢不敏，但辞不获命，却之不恭，遂涂鸦如上，权充弁言。

丁　鼎

谨识于历下枕肱斋

2017 年 10 月 25 日

目 录
Contents

第一章

绪论

第一节　《仪礼》概说

在古代中国，“礼”几乎是无所不涵的社会生活的总规范，影响、浸淫至制度、器物、行为、观念、心态各个层面，以至可以说，中国社会处处有礼学，研究中国文化处处会遇到礼学，所以早在春秋时期儒家学派创始人孔子便教导其弟子云：“不学礼，无以立。”①就儒家经典的情况而言，诚如清末学者皮锡瑞在《经学通论·三礼》所说：“六经之文，皆有礼在其中。六经之义，亦以礼为尤重。”②近代礼学名家曹元弼也说：“六经同归，其指在礼。《易》之象，《书》之政，皆礼也。”③总而言之，俯瞰两千多年来源远流长、灿烂辉煌的中国儒家传统文化发展史，礼在中国传统社会中已经泛化为一种普遍的社会现象。如果我们将整个礼学发展史比作一条奔腾不息的长河的话，那么，产生于2000多年前的《仪礼》一书便是这条文化长河的重要源头之一。

一、《仪礼》解题

《仪礼》，从现存的文献记载情况看，汉代称谓不一，或名《礼》、《士

---

① 《论语·季氏》。
② 皮锡瑞：《经学通论·三礼》，中华书局1954年版，第81页。
③ 曹元弼：《会通》，《礼经学》卷四，《续修四库全书》（第94册），第713页。

礼》、《礼经》，或云《礼记》①。东汉学者郑玄为《仪礼》作《注》时，但称“今礼”，或称“曲礼”，至于引《仪礼》之文为他经作注时，多仅提篇名，或称《礼记》而已。今作《仪礼》者，非出汉代，“《礼》注大题《仪礼》，当是东晋人所加，东晋人盛称《仪礼》”②。东晋元帝司马睿时，尚书仆射荀崧奏请置《仪礼》博士，始有《仪礼》之名，但在当时并未成为通称，张参《五经文字》引《仪礼》处很多，都只云“见《礼经》”。唐文宗开成年间（836—840）石刻“九经”，采用《仪礼》之名，遂成为通称，沿用至今。

关于《仪礼》经文的作者与撰作年代，至今仍是一个悬而未决的问题。由于《书大传》有周公居摄“六年制礼作乐”之语，故旧说大都以为成书于西周之际，出自周公之手，如唐陆德明《经典释文·序例》、孔颖达《礼记正义序》、贾公彦《仪礼疏序》都说是周公所作；后来，宋魏了翁《礼记要义序》、元敖继公《仪礼集说序》也持是说。到了清代，张尔岐《仪礼郑注句读》、李光坡《仪礼述注》、蔡德晋《礼经本义》、胡培翚《仪礼正义》、曹元弼《礼经学》等，也都主张为周公所作。不过，也有一些清代学者如毛奇龄、姚际恒、方苞、马駉、崔述、刘沅、邵懿辰、皮锡瑞、廖平、康有为等人却对此持有异议，或谓周公制其大纲、整理删定，或谓孔子所定、所作，或谓汉儒纂集遗文、增窜成文，等等，不一而论。

根据《汉书·艺文志》记载：“《礼古经》五十六篇，《经》七十篇。”所言“《经》七十篇”，其“七十”应为“十七”之误倒。班固所记之《礼古经》是用先秦古文字书写的，而十七篇之《经》即今文《仪礼》，是用汉代通行的隶书书写的。不过，汉代的《仪礼》传播仅仅存在古文和今文两种书写传承方式的差异，没有像其他经学研究那样有所谓今、古文经学之争，当然两者在内容上却有简繁之分及篇目多寡之别，其中今文《仪礼》只有十七篇，是简本，汉武帝时高堂生所传之《士礼》十七篇，就是今文《仪礼》。至于古文《仪礼》，也就是《礼古经》，是繁本，根据《汉书》之《艺文志》、《刘歆传》、《鲁恭王传》、《河间献王传》等的记载，系出自淹中、孔壁所出及河间献王所献，比高堂生所传今文经要多出三十九篇。这多出的三十九篇不见于当时通行的《礼经》之中，人们多不传习，终至于失传，甚至连篇名也无从考

---

① 《仪礼》之所以名《士礼》者，以其书所记以士的日常礼仪为主之故。又因《仪礼》是儒家的“经”，遂又名《礼经》，用以区别于礼的各种“记”。至于名《礼记》者，乃因该书兼有经和《记》两部分，故有此称。

② 黄以周：《礼书通故》卷一，中华书局 2007 年版，第 4 页。

见,后人便称之为“逸礼”。

在两汉时期《仪礼》传习过程当中,今文《礼经》凡十七篇,即:《士冠礼》,《士昏礼》,《士相见礼》,《乡饮酒礼》,《乡射礼》,《燕礼》,《大射仪》,《聘礼》,《公食大夫礼》,《觐礼》,《丧服》,《士丧礼》,《既夕礼》,《士虞礼》,《特牲馈食礼》,《少牢馈食礼》,《有司彻》。不过,在汉代出现的四种传本中,十七篇的顺序颇不相同。前所列诸篇顺序,系刘向《别录》本篇第,依吉凶人神为序,东汉后期郑玄作《注》时,即依此编排次第,唐贾公彦作《仪礼注疏》亦一尊郑氏《注》原貌。至于大戴本(即戴德本)十七篇次第,以冠、婚、丧、祭、乡、射、朝、聘为八条大纲排列各篇;而《丧服》篇相传为子夏所作,便被列在最后。小戴本(即戴圣本)次第,彭林先生认为“篇次最为淆乱,似无条理可寻”①,该本诸篇编排依次是:《士冠礼》,《士昏礼》,《士相见礼》,《乡饮酒礼》,《乡射礼》,《燕礼》,《大射仪》,《士虞礼》,《丧服》,《特牲馈食礼》,《少牢馈食礼》,《有司彻》,《士丧礼》,《既夕礼》,《聘礼》,《公食大夫礼》,《觐礼》。至于庆普本,它的篇第叙次古书没有详细记载,陈梦家先生在《武威汉简》中认为,武威甲本就是失传的庆普本,不过沈文倬先生认为它只是今、古文之外的古文或本②,而王锷先生认为“很可能是由古文本向今文本过渡的一种抄本”③。

《仪礼》十七篇的内容非常丰富,涉及上古时期贵族生活的各个方面。《礼记·昏义》篇云:“夫礼始于冠,本于昏,重于丧、祭,尊于朝、聘,和于射、乡。此礼之大体也。”《礼运》篇:“达于丧、祭、射、御、冠、昏、朝、聘。”又,“其行之以货力、辞让、饮食、冠昏、丧祭、射御、朝聘。”另外,《大戴礼记·本命》篇云:“冠、昏、朝、聘、丧、祭、宾主、乡饮酒、军旅,此之谓九礼也。”以上各篇列举诸项,都是针对《仪礼》十七篇的内容概括而说的。概而言之,它主要记述先民们冠、昏、饮、食、燕、射、聘、觐、丧、虞等方面的礼节仪式,其中所涉及的服饰搭配,礼器陈设,挚币等次,言辞容止,主、相、宾、介、门、阶、面、位、升、降、进、退,揖、让、兴,献、荐、祭、啐,歌、笙、间、合等等繁文缛节,仪文节制相当烦琐。

从《仪礼》的上述内容入手,前人对十七篇进行了分类。据《周礼·大

---

① 彭林:《经史说略·〈三礼〉说略》,北京燕山出版社 2002 年版,第 105 页。

② 参沈文倬《礼汉简异文释》(一),《文史》第 33 辑,中华书局 1990 年版。

③ 王锷:《三礼研究论著提要》,甘肃教育出版社 2001 年版,第 119 页。

宗伯》记载,古代有所谓吉、凶、宾、军、嘉五礼。郑玄《目录》首次按“五礼”之目,对《仪礼》诸篇作了归类:吉礼包括《特牲馈食礼》、《少牢馈食礼》和《有司彻》,属于祭祀鬼神、祈求福佑之礼;凶礼包括《丧服》、《士丧礼》、《既夕礼》和《士虞礼》,主要记丧、葬之礼;军礼在《仪礼》中无专门篇章,可能已经亡佚了;宾礼包括《士相见礼》、《聘礼》和《觐礼》,主要记宾主相见之礼;嘉礼包括《士冠礼》、《士昏礼》、《乡饮酒礼》、《乡射礼》、《燕礼》、《大射仪》、《公食大夫礼》,包括冠婚、宾射、燕飨之类礼仪内容。对于上述归类情况,有少数学者在具体篇目的归属上稍有歧义,如清代学者刘曾騄在其《仪礼可读》中就提出过不同的意见,他在《乡饮酒礼》题下注云:“郑曰嘉礼,愚疑宾礼。”《乡射礼》题下注云:“郑曰嘉礼,愚疑宾礼兼军礼。”《燕礼》题下又云:“郑曰嘉礼,愚疑宾礼。”《大射仪》题下云:“郑曰嘉礼,愚疑宾礼兼军礼。”《公食大夫礼》题下云:“郑曰嘉礼,愚疑宾礼。”可惜缺乏更多的理据,未能进一步展开详细的论证。

二、《仪礼》解读的障碍

在华夏最古老的重要典籍中,《仪礼》是比较难读的一部书。早在唐代,韩愈就曾发《礼》经难读之苦,何况较之唐代《仪礼》距今的年代更为久远。从历代训释实践情况来看,解读的困难可以归结为这样几个方面:

1.《仪礼》语言古奥,文辞简略。《仪礼》作为一部上古时期的儒家著作,是用上古时期的语言写就的,而当时语言的语音、词汇、语法皆与今日差异很大,尤其是有些文辞的训释颇为难解,作此释固可,作彼释亦通,令今人无从取舍。加之古人在写作过程中,往往喜欢使用通假字,如果不明了当时的语音状况,就不可能破除文字的通假障碍,求得准确的词义解读。这些都给后人的文字训诂带来了很大难度。另外,该书文辞简略,在行文的过程中,往往包含着许多省略性的语言成分,有些可以通过本篇前后互见加以考证,有些则需要通过不同篇章的比对才能补充出来,非常繁复,不利于仪节过程的准确把握。

2.《仪礼》名物茫昧,无从考订。《仪礼》书中涉及大量的名物,如服饰、饮食器皿、宫室、丧葬用具等,如果不能正确了解它们的形制及用途,就有可能造成对《仪礼》经文的曲解。但由于时代的变迁,这些名物都未能流传下来，后人难以找到实物加以印证，亦无图解可供参考。以宫室为例，由于当时不同阶层人士的等第差异，士、大夫、诸侯之间的建筑结构往往不同，这就给仪节的解读带来了难度，历代训释大多属于依据文献记载加以推断，无从印证其中的解说是非，歧解纷呈，莫衷一是。

3.《仪礼》仪节烦琐，无从通贯。《仪礼》之得名，即与该书专叙微文琐节大有关联，其间器物陈设之多，行礼节次之密，升降揖让裼袭之繁，他书向无可比。以《乡射》、《大射》二篇考之，射礼繁缛之极，司射与司马迭为进退，几于心目俱眩。若不明辨仪节位次之第，以进退揖让为末节，则不能贯通全经，必致"言朝则昧于三朝三门，言庙则闇于门揖曲揖，言寝则眩于房室阶夹，言堂则误于楹间阶上"①之陋识。凡此之类，都给解读带来了很大的难度。

三、《仪礼》的文化价值

《仪礼》是一幅中国古代社会的形象的历史画卷，是我国上古文明的重要载体之一，为后人深入窥测与研究上古文化提供了极为珍贵的文化窗口。从当代学术视野加以审视，它所蕴含的文化价值非常丰富，涉及多个学科领域，呈现出多样化的价值体系。以下行文，就其文化价值之荦荦大者略加勾勒与说明。

1.《仪礼》开创了礼学文化的先河

"礼学，狭义的是指礼经学；扩而言之，包容礼仪学和礼论；再推而广之，就成为广义的礼学，它涵括泛礼学。中国礼学史，应以泛礼学为铺垫、作衬托，而集中于礼经学、礼仪学、礼论这三类礼学的研究。"②站在整个广义的礼学史的立场上讲，《仪礼》和《周礼》、《礼记》这两部礼书一起，仅仅只是构建起了礼经学的学术范畴。但是，此后形成的礼仪学和泛礼学、礼论等，都是建立在礼经学研究的基础之上，是对礼经学的泛化和拓展。从文献目录学的角度，《四库全书》"礼"类分六个子目，即"周礼"、"仪礼"、"礼记"、"三礼总义"、"通礼"、"杂礼书"，其中"通礼"、"杂礼书"类著作显然主要属于"仪"的内涵，对《仪礼》的规制继承颇多。由此看来，正是包括

---

① 阮元：《仪礼图序》，载张惠言《仪礼图》卷首，《续修四库全书》（第90册），第428页。

② 杨志刚：《中国礼学史发凡》，《复旦大学学报》（社会科学版）1995年第6期。

《仪礼》在内的三《礼》之作开创了礼学文化的先河，为后代礼学的发展奠定了坚实的基础。

2.《仪礼》在古代思想史研究方面的价值

《仪礼》和其他儒经一样，都是中国学术文化之源，但经文中所规定的仪文礼制不仅仅是一种静态的习俗，而是在社会的政治与文化生活中发挥典常的指导功能，具有很强的渗透性，渗透人们的情感、观念之中。虽然《仪礼》不像《诗经》那样可以"赋诗断章"，但其影响极为深厚，诚如孔子所说的，"不学礼，无以立"，充分彰显出它在现实社会中的崇高地位，各种礼仪规制无不深深影响着人们的一言一行和所思所想。因此，要从事中国古代思想史的研究，就不能撇开《仪礼》弃而不论。

3.《仪礼》在汉语史研究方面的价值

众所周知，经学与小学的关系非常密切，诚如清代皖派学术大师戴震所云："经之至者，道也。所以明道者，其词也。所以成词者，未有能外小学文字者也。"①作为先秦儒家的重要典籍之一，《仪礼》的语言十分古老。它真实地记录了上古时期汉语的词汇、语法、语音，为汉语史的研究提供了非常宝贵的语料。后来者要准确理解《仪礼》经文之意，必须通过考求《仪礼》中字词意义的源流关系。事实证明，历代的《仪礼》异文校勘及经文字词诠释，都是小学研究的一部分，在今天的汉语史研究中，仍具有极为重要的学术价值。

4.《仪礼》在民俗史研究方面的价值

《仪礼》作为一部儒家经典的地位，主要形成在汉代，但若放在先秦时期来考察的话，它的特点更突出表现为"仪"，行文以其生动而详密的叙事风格，向后人展示了上古时期的民俗风情，包括婚俗与丧葬、祭祀、娱乐等社会生活的方方面面，因此理所当然地成为民俗学家藉以考察中国上古民俗的渊薮。不仅如此，在《仪礼》的影响之下，秦汉以降，几乎每一个朝代都要制定本朝的礼仪制度，有的还形成礼典，著名的如《唐开元礼》、《政和五礼新仪》、《明集礼》、《清通礼》。在官修礼书之外，历史上还出现了大量的由私人编撰的有关冠婚丧祭仪制和日用伦常的家礼、乡礼类著作，像(宋)司马光《书仪》、(宋)朱熹《家礼》、(明)黄佐《泰泉乡礼》等，都发挥了民间礼制文化建构的作用。从民俗学史的角度来看，《仪礼》与其他礼仪

① 戴震：《与是仲明论学书》，《戴震全书》卷六，黄山书社1995年版，第370页。

学著作的性质和功用却是一样的，都是属于“仪”的范畴，都是想藉此确立仪制的规范，指导现实生活中的礼仪活动。因此，《仪礼》至今仍然是民俗学者关注的重要对象，对民俗史的研究具有重要的学术价值。

第二节 《仪礼》文献学的基本范畴

一、《仪礼》文献

（一）概念界说

文献学的研究对象是“文献”，要研究“《仪礼》文献”，研究“《仪礼》文献学”，首先必须了解什么是“文献”，什么是“《仪礼》文献”。

根据现存的文献资料，“文献”一词最早见于《论语·八佾》：“子曰：夏礼，吾能言之，杞不足征也；殷礼，吾能言之，宋不足征也。文献不足故也。足，则吾能征之矣。”东汉学者郑玄《注》云：“献，犹贤也。我能不以礼成之者，以此二国之君文章贤才不足故也。文献若足，则我能取之以证吾言矣。”[①]宋代大学者朱熹《论语集注》解释“文献”一语也说：“文，典籍也。献，贤也。”[②]这和郑玄以“文章”、“贤才”来解释“文献”一词，基本上是一脉相承的。由此看来，《论语》中“文献”一词的意思就是指书本典籍和那些博学多识的人。另外，元代文献学家马端临在《文献通考·自序》中，对于“文献”一词亦有一番考索：“凡叙事，则本之经史，而参之以历代会要，以及百家传记之书，信而有证者从之，乖异传疑者不录，所谓文也。凡论事，则先取当时臣僚之奏疏，次及近代诸儒之评论，以至名流之燕谈，稗官之纪录，凡一话一言可以订典故之得失，证史传之是非者，则采而录之，所谓献也。”[③]简言之，依马端临之见，“文献”就是典籍记载与宿贤的言论。与郑、朱二氏的解释意蕴大致上是一致的，只是表述更为详尽些。由此看来，“文献”一词应该泛指所有的历史资料。

文献学的研究对象既然是“文献”，从上述“文献”一词的解释来看，那

① 转引自何晏注，邢昺疏：《论语注疏》卷三，《十三经注疏》（下），中华书局 1980 年版，第 2466 页。

② 朱熹：《四书章句集注·论语集注》卷二，《景印文渊阁四库全书》（第 197 册），第 22 页。

③ 马端临：《文献通考》卷首《自序》，《景印文渊阁四库全书》（第 610 册），第 8 页。

么它的研究范围自然也就涉及各式各样的历史资料。不过，较之马端临所言，当代“文献”一词的内涵和外延都已经有所变化，无论是文献的载体，或是文献的分类标准与类型，都有不同程度的拓展。随着现代科学技术的发展，“文献”已经摆脱了传统单一的文字手段，成为一切以文字、声频、视频等为手段而形成的一切有意义的知识载体的代名词。

具体到“《仪礼》文献”这一概念来说，它的载体形式和传播手段也是非常丰富的，其外延也是在不断扩大的，指称的对象具有不封闭性的特点。从现代文献学的角度来观察，我们认为，目前暂时可以对它作如下界定：

《仪礼》文献是指历代所出现的以文字和图形为主要载体的各类《仪礼》典籍，包括后世陆续发现的各种有意义的《仪礼》文化资料，以及将来可能出现的各类利用声频、视频等现代化手段传播《仪礼》文化的声像资料。

（二）文献载体

载体就是承载文献的物体。从目前所知的情况来看，我国古典文献的最早载体恐怕要数龟甲、兽骨、青铜器、金银器、铁器一类实物。按照学界通行的看法，《仪礼》经文的形成和出现最迟不会晚于战国之际，结合已知商周文献的出土情况来看，《仪礼》一书似乎并未发现写在龟甲、铜器一类载体之上，因此我们推测，早期《仪礼》经文的载体恐怕仍以竹木、丝帛为主，在纸张发明之后，才逐步取代了竹木、丝帛等载体形式。现将历史上《仪礼》文献的各种主要载体形式逐一介绍和说明如下：

1. 石。早在上古时期，石头就被认为可以充当文献的载体，用以记录和保存、流传某些重要的生活信息。人们常常将文字刻在碣、碑、摩崖等石上，用以记载纪年、祭祀、战争、畋猎、疾病、天象等与人们生活息息相关的一类事情，这些文字后来也就成为人们了解历史的重要文献资料。《仪礼》作为儒家十三部经典之一，曾经也有过刻之于石的历史。从目前已知的情况看，中国历史上第一次大规模地在石头上刊刻经书——《熹平石经》——的活动，就包括刊刻《仪礼》今文经在内，规范了包括《仪礼》在内的“六经”文字。该石经又称“一字石经”，《隋书·经籍志》所载“一字石经《仪礼》九卷”即是。可惜的是，《熹平石经》仅存零星残石，不过，清代学者马国翰曾辑有《石经仪礼》1 卷问世，后来罗振玉曾辑录而成《汉熹平石经残字集录》2 卷，其中《仪礼》部分仅存二石，凡 107 字，然亦可谓弥足珍贵。另外,唐文宗太和四年(830),郑覃奏请召宿儒兴学,校定六籍,准汉蔡邕刻书故事,后依所奏动工于太和九年(835),至开成二年(837)九月石经刊成,立石太学,史称《开成石经》。这其中,共刊刻包括《仪礼》在内的十二部经书。这是目前所知的历史上第二次《仪礼》白文经石刻活动。《仪礼》白文经刻于石碑的第三次活动,发生在清乾隆五十六至五十九年(1791—1794),当时清廷将《仪礼》和其他诸经刻于石,立在北京国子监,史称该石经为"清石经"或"乾隆石经",《仪礼》石碑部分至今保存完好。

2. 竹、木。竹简、木简和方版(又称"牍")是早期文献的重要载体形式,早在先秦时期便已常用,直到公元3—4世纪才为纸所取代。近数十年间出土的战国墓和汉代墓,都发现了大批竹、木简牍文献,如20世纪70年代长沙马王堆1号汉墓和3号汉墓发现竹简722枚,临沂银雀山汉墓发现4900余枚,由此可见一斑。根据现已发掘的墓地文献情况看,仅1959年甘肃武威磨嘴子6号汉墓曾出土《仪礼》一书的竹、木简。《仪礼》简共分甲、乙、丙三本,其中甲本木简398枚,包括《士相见》、《服传》(单《传》)、《特牲》、《少牢》、《有司》、《燕礼》、《泰射》7篇;乙本木简37枚,仅《服传》(单《传》)一篇;丙本竹简34枚,仅《丧服》(单经)一篇。[①] 据考古学家考证,这些竹、木简的抄写年代约在西汉晚期,下限为成帝和平年间。这些竹、木简的发现,对后世考证《仪礼》一书的成书状况极有价值。

3. 丝、帛。丝织品在我国早已有之,许多殷代和周初的古墓中都曾发现过丝帛,1973年长沙马王堆西汉墓中也出土过一大批帛书。文献学界一般认为,在我国有记载的历史上,丝帛作为文献载体,与竹、木简应是同时并用的,所以《墨子·明鬼》有"书之竹帛,传遗后世子孙"之语,而《韩非子·安危》篇亦有云"先王寄理于竹帛"。不过,由于丝帛价格较为昂贵,在使用范围上不如竹、木简那样广泛,大多用作宫廷藏书的书写使用。近几十年来,虽然没有发现出土的丝帛类《仪礼》文献,但在纸张出现并普遍使用之前,丝帛作为一种文献载体,应是具有十分便利的优点的。

4. 纸张。1957年陕西西安东郊灞桥砖瓦厂工地古墓遗址出土一批文物,内有青铜镜,镜下有麻布,麻布下有纸,考古学家断定不晚于西汉武帝时代,经鉴定属于麻纸。1986年在甘肃天水市郊放马滩西汉墓中亦发现了黄色的麻纸,后经考定,属于西汉文、景帝时之物。由此看来,早在西汉

① 这些简文现已收录《武威汉简》(文物出版社1964年版)一书。

初年,我们的祖先便已发明了纸。不过,作为一种文献载体,在较长一段时间里,纸并没有被广泛使用,从西北出土的木简看,较晚的有东晋初年的木简,说明东晋初仍有用简牍书写的习惯,一直到东晋后期,纸的书写优势才逐步为人们认知,基本取代了简帛。在此之后,各类《仪礼》文献便开始广泛采用纸张进行书写,作为传承文化的重要材质和手段。

以上这些,构成了我国古代各类《仪礼》文献的主要载体。到了现代,文献载体的类别更趋多元化,除了纸张以外,还有胶片、软盘、光盘、U 盘、移动硬盘,等等,这些载体正越来越发挥着传统文献载体无法比拟的技术优势,为文献的快捷传播和便利检索提供了有利条件。

(三)类型分类

按照传统的四部分类法,各式各样包罗古今的历代文献,大都可以归入经、史、子、集四部之其中一目,而这里所讨论的《仪礼》文献,自然属于"经部·礼类"一列。从时代上说,《仪礼》文献可以分为古代《仪礼》文献、近代《仪礼》文献、现代《仪礼》文献、当代《仪礼》文献。如果从学科建构的角度上看,从学者研究的可行性操作角度来看,这种普通的时代分类法,分类的标准缺乏科学性、合理性,划分也过于简单,其分类的学术意义并不大,达不到"辨章学术,考镜源流"的学术效果。纵观我国《仪礼》学研究的历史,实际情况要复杂得多,难以用一个简单的标准进行全面而综合的分类判断。对这些纷繁众多的《仪礼》文献进行分类,从不同的学术视野进行研究,可以得到不同的分类结果,为最终建立《仪礼》文献学的学科体系,现将个人近期的一些分类思考胪列出来,以期达到抛砖引玉的作用。

从当代文献计量学的理念来看,对各式各类的历代《仪礼》文献,可以进行分级分类,即分成一次文献、二次文献、三次文献、四次文献等类目。具体地说,《仪礼》经文为一次文献,包括经、《记》、《传》三个部分;二次文献是指直接整理、注释《仪礼》经文的著作,如汉郑玄《仪礼注》、清刘沅《仪礼恒解》之类;三次文献往往既研究《仪礼》经文,同时又关注和考察二次文献的诠解得失,对二次文献进行梳理与考辨,如唐贾公彦《仪礼疏》、清张尔岐《仪礼郑注句读》之类;四次文献是对三次文献研究成果的考察论证与辨析,如清张惠言《读仪礼记》、《钦定仪礼义疏》之类;其他文献可以依次类推。

从文献归属的存在形式角度来看,《仪礼》文献可以分为三类:第一类是单纯的《仪礼》学研究专著，如宋人张淳《仪礼识误》、李如圭《仪礼释宫》、杨复《仪礼图》、清人方苞《仪礼析疑》、沈彤《仪礼小疏》等皆此类。这类研究专著，大都紧紧围绕《仪礼》学的相关问题展开研究和讨论，不涉及《仪礼》之外的礼学问题。第二类是三《礼》研究综论性专著，这一类礼学文献往往包含《仪礼》学研究的内容，但同时也讨论《周礼》、《礼记》之学的相关问题，如宋人聂崇义《三礼图集注》、元人吴澄《三礼考注》、明人贡汝成《三礼纂注》、清人陆陇其《读礼志疑》等皆此类。第三类是围绕《仪礼》研究中的某一个或某几个问题展开讨论的单篇研究成果，大多以序、跋及书信等形式出现，保存于各个学者的文集当中，成果较为零散。

从文献的功能属性角度来看，《仪礼》文献可以划分为两类，即研究型《仪礼》文献和一般型《仪礼》文献两类。所谓研究型《仪礼》文献，是指那些侧重于学术研究型的文献，该类著作往往力图解决《仪礼》研究中长期聚讼纷纭的问题，或者提出一些前人未曾发现的疑点进行释难解纷，以求一是。如元人敖继公《仪礼集说》、清人任启运《朝庙宫室考》、胡培翚《仪礼正义》等。这一类文献往往会影响并决定着《仪礼》学研究的广度与深度，在历代《仪礼》文献中占据着主体的地位。所谓一般型《仪礼》文献，是指非从事《仪礼》具体问题研究，不追求独特的学术新见与创新，以《仪礼》的普及为己任的文献著作。如清人马駉《仪礼易读》、汤馥藻《仪礼指掌》、贺涛《仪礼评点》即此类，不过汉代迄于清末的《仪礼》文献中，这类著作并不多见，所占比例极少。另外，当代出版的那些《仪礼》简明标点注释之作，或者追求通顺的今注今译类作品，如邓志瑗、罗元诰、余让尧等译注的《仪礼直解》(《十三经直解》之一，江西人民出版社 1993 年版)，彭林先生注译的《仪礼》(岳麓书社 2001 年版)，杨天宇译注的《仪礼译注》(上海古籍出版社 2004 年版)等，也都属于一般型《仪礼》文献。这一类文献大都以择取前人成说为基础，其中非无佳作，正如同清代一般型《仪礼》著作中有名家之作一样，对于《仪礼》的普及意义极大。

二、《仪礼》文献学

作为中国传统文化的一部分，我国《仪礼》研究的历史非常悠久，历史上出现过的《仪礼》文献可谓浩如烟海，研究内容相当丰富，具有重要的历史意义和很高的学术价值。自二十世纪以来，特别是二十世纪九十年代以来，原有的《仪礼》学研究范式已经无法适应当前礼学研究不断向前发展的客观需要，而且随着一些新兴学科的出现与兴起，为当代礼学研究的发展，提供了更为广阔的空间和领域。在传统的中国古典文献学研究领域，随着专书文献学、专题文献学、断代文献学等一系列分支学科体系的出现①，作为一门新的专书文献学分支学科——"《仪礼》文献学"，自然也就顺势而生了。

在汉语里，"学"可以指"学科"，也可以指"学术"。所谓"学术"，主要是就比较专门的、有其一定内在系统性的学问而言；而所谓"学科"，则必须强调学说的系统性，强调其理论体系及方法的完整性和条理性。那么，"《仪礼》文献学"之"学"是何涵义呢？我们认为，"《仪礼》文献学"的"学"同样具有这种指称范畴的二重性。在一般情况下，对于每一个文献学者来说，他在从事相关《仪礼》文献的整理和研究时，所关注的是解决某些个别的、具体的有关《仪礼》问题的学术实践，并不强调学说的系统性，也不考虑研究其所运用的方法技术以及理论系统等等方面的问题，主要是一种感性的"学问"或"学术"。而就本书而言，主要将其界定在一种纯理论性学科的范畴内，是一门狭义的理论学科，不寻求讨论具体《仪礼》研究的个案问题，而是着眼于从历代具体的《仪礼》文献整理与研究中，抽绎出一个较为全面、系统的学科理论体系。依照这样的定位，本书的研究属于学科理论的专门研究，但这种学科理论的建立和体认，又毕竟离不开具体文献整理和研究一类实践工作，因为作为一门学科的《仪礼》文献学是依赖于作为一门学问的《仪礼》文献学而存在的。在两汉以降迄于清代的《仪礼》学研究中，虽然尚未形成专门的学科理论体系，但在各种学术思想、学术著作中，对于这一学科理论之学的体认却已粗具雏形，只是有如散钱未串、引弓不满，缺乏现成的条贯统系而已。作为一件纯粹的学科理论建构之事，则应该是当代《仪礼》文献研究者之职责所在。

《仪礼》文献学，顾名思义，就是一门研究《仪礼》文献的科学。换句话说，历史上曾经出现过的(包括目前传世下来的和历代业已散佚亡失的)《仪礼》文献典籍，以及将来可能出现的一切形式《仪礼》文献资料，都应该是《仪礼》文献学的研究对象。特别需要指出的是，《仪礼》经、传、记本身

---

① 冯浩菲:《试论中国文献学学科体系的改革》,《文史哲》2002 年第 1 期。

作为《仪礼》文献的一部分，同样是《仪礼》文献学的研究对象，但毕竟只是文献学家所关注的研究对象之一，是其中的一小部分，它还要研究更为众多的历代整理及研究《仪礼》的二次文献、三次文献、四次文献等。任何一个学科都有自己独立的研究方面，文献学亦同样如此。那么，《仪礼》文献学的研究方面是什么呢？简单地说，它主要是研究各类《仪礼》文献的形态、文献的整理方法、文献的整理体式、文献的鉴别、文献的分类与编目、文献的收藏与流传、各种文献的特点与用途；同时，它还要研究历代《仪礼》文献研究的基本状况、时代特征、发展规律，研究今后《仪礼》文献整理与研究的发展走向，等等。这其中，文献的整理方法是指对文献进行整理和诠释的方法，包括目录、版本、校勘、辨伪、辑佚、编纂、注释等系列方法。

如果说《仪礼》文献学的研究对象是具体的微观方面，那么这么新兴的文献学分支学科的工作任务则是宏观的，其工作任务就在于写出专门的文献学通论性著作，对前人的《仪礼》文献整理工作做出系统的总结，进而指导今后的微观的各类《仪礼》文献专题研究，达到“事半功倍”的效果。这是由学科研究对象的开放性所决定的。只有这样，才能进一步推动作为一门学问的《仪礼》文献学继续向前发展，使《仪礼》学专题研究领域的释难解纷工作得到进一步落实。从上述研究的工作任务来看，建构一门具有学科性质的《仪礼》文献学，其工作性质应该是抽象的、理论的，而不是具体的、实践的。

作为一门专书文献学，《仪礼》文献学和其他文献学分支学科一样，具有边缘性、综合性和实用性的特点。其边缘性表现在它处于诸多学科之间，同许多学科都有一定的关系；其综合性表现在它的学科内容相当复杂，包含了与许多先行的独立学科有关的综合知识；其实用性表现在该学科建构之后，对于今后的具体《仪礼》文献研究提供方法论的指导，同时对其他研究《仪礼》仪节礼制的有关学科，也具有宏观的指导意义。

根据以上各个方面的论述，我们认为，可以对“《仪礼》文献学”这门学科做出如下的界定和说明：

《仪礼》文献学是一门研究《仪礼》文献的科学。它将历史上曾经出现过的一切《仪礼》文献资料作为研究对象，其工作性质是抽象的、理论的；它主要研究各类《仪礼》文献的形态、文献的整理方法、文献的整理体式、文献的鉴别、文献的分类与编目、文献的收藏与流传、各种文献的特点与用途，同时也研究历代《仪礼》文献研究的基本状况、时代特征、发展规律等方面内容，并对今后《仪礼》文献整理与研究的发展走向做出前瞻性的预测与指导。它要将文献学的基本理论与研究方法运用到《仪礼》文献的研究工作中，用以指导具体的《仪礼》学研究，从而达到"辨章学术，考镜源流"的效果。从学科的性质和归属来看，它是《仪礼》学研究的一个重要学术方向，具有边缘性、综合性和实用性的特点，按照现行学科体系，属于中国古典文献学的一个分支学科——专书文献学。

第三节 《仪礼》文献学研究方法论

所谓《仪礼》文献学研究方法论，指的是从事《仪礼》文献整理和研究的指导性原则，并不是进行《仪礼》研究的具体方式、方法。从《仪礼》文献学的研究史实来看，传统的《仪礼》文献学研究多属于具体的学术研究，经学研究的成分比重很大；而现代的《仪礼》文献学研究不仅需要继承原有的研究理路，但同时又需要更加重视学科的建构和发展，强调以学科的理论来指导和总结前人的释疑解纷，力求避免堆砌材料、支离破碎、似是而非的做法，用以指导文献的阅读、收集和传播。

一、传统《仪礼》文献诠释方法论

从历代传统《仪礼》文献学的学术研究传统来看，虽然不同学者在某些具体问题上存在这样那样的诠释纠纷，但都体现出一种"朴学"的风格，这种诠释及整理的学术风格下面，隐藏着某些方法论的东西，其蕴涵的诠释原则是非常丰富的，兹择要举其荦荦大者而论之。

1. 强调"通贯六经"、"由博返约"的诠释思维

传统《仪礼》学的学术研究是以经学为主干的，以小学为基础的，从本质上说，主要隶属于经学的研究范畴。从研究对象角度而言，《仪礼》的经学研究大都是围绕礼经白文而展开的，但在实际研究过程当中，大多数学者同时也将其他儒家经典中记载的冠、婚、丧、祭等"礼文"纳入观照视野之列，作为研究的参照物或比照互证的对象，这些"礼文"已经成为一种准

研究对象。这些准研究对象的“礼文”，早期主要来源于儒家经典之“六经”，其后又由“六经”进一步扩展到“诸子史传”和民间礼俗著作。在此基础上，文献学家从既定的研究目标出发，对《礼》经白文及那些“礼文”的语言文字材料进行全面的有系统的研究，较同辨异，彼此证发，以便清理与把握这些材料的内部条理。从微观上看，他们所采用的是一种“比较互证”的方式方法，把“六经”及此后的“诸子史传”、民间礼俗著作看作一个礼经系统，从整体上来贯通它的各个部分相互联系的脉络，并通过注疏的方式反映和体现出来。[①] 这就是“通贯六经”。

与“通贯六经”相系联的另一原则是“由博返约”。《论语·雍也》中说：“子曰：君子博学于文，约之以礼，亦可以弗畔矣夫。”《子罕》篇又云：“夫子循循然善诱人，博我于文，约我以礼，欲罢不能。”在孔子那里，强调要在“博学”的基础上“约文”，而用来“约文”的则是“礼”。到了孟轲口中，便表述为“博学而详说之，将以反说约也”(《孟子·离娄下》)、“守约而施博者，善道也”(《尽心下》)。儒家学者们口中的“文”，主要就是“六艺”之“文”，也就是“六经”文献；而所谓“礼”，用戴震的话来解释便是“条理之谓礼”[②]，也就是事物的内在关联。后来，“由博返约”逐渐演变成一种学术传统，强调要把握条理来对纷纭浩繁的内容与样态加以综合、贯通，近代学者黄侃称其为“明其理而得其法”[③]，便是“由博返约”的另一种说法。

这种“由博返约”的诠释思维，体现在《仪礼》白文的诠释上，就是强调对经文中的礼仪行文“凡例”进行研究，“不通其书之体例，不能读其书，此即大义所存，昔人所谓义例也”[④]。自汉代以来，《仪礼》研究的一个重要内容便是释例，从东汉郑玄为《仪礼》作注的随文释例开始，此后释例工作便成为历代礼学研究者致力探求的一项任务。到了清代，更出现了一批以释例为诠释要务的专门论著，如江永作《仪礼释例》，凌廷堪作《礼经释例》，曹元弼作《仪礼学·明例》，等等。凡此之类，都是这种“由博返约”诠释传统的具体体现。

---

① 笔者在《清代〈仪礼〉文献研究》(上海古籍出版社 2006 年版)一书第七章当中，讨论到清人进行仪制训诂所运用的各种具体方法时，提及清人曾使用“本篇互证法”、“他篇互证法”、“三《礼》互证法”、“先秦文献补正法”等诠释方法，事实上，这都是“通贯六经”诠释原则的具体体现，是对历代《礼》经传统的继承。

② [清]戴震：《戴震集》，上海古籍出版社 1980 年版，第 333 页。

③ 黄侃《文字声韵训诂笔记》，上海古籍出版社 1983 年版，第 2 页。

④ 朱一新：《无邪堂答问》卷五，民国九年(1920)《广雅丛书》本。

2. 重视"辨彰学术,考镜源流"的文献学研究理路

中国古典文献学有一个重要的学术传统,即:"辨彰学术,考镜源流。"在古代文献学者的《仪礼》文献学研究中,同样遵循着这一学术理路。

首先,从具体的整理方法和手段来看。学者们进行文献整理的实践方法,主要是采用目录、版本、校勘、辨伪、辑佚、编纂、注释①等手段,全方位而有重点地对此前的各类《仪礼》文献进行梳理,这就为《仪礼》学的文化传播提供了诸多便利,同时也为后人的其他方面专题研究奠定了坚实基础。小到具体文献版本的鉴定,《仪礼》经文及其论著的具体文字校勘和诠释,大到《仪礼》文献学术研究史、文献流布史的爬梳和总结,无不彰显"辨彰学术,考镜源流"的学术理路和学术效果。

其次,从文献学研究的点滴理论探讨情况来看。古代文献学者在具体的文献整理实践当中,往往有一些精辟的心得体会,这些精辟论述大都保存在前人的序、跋、文集、笔记、书信诸如此类的文献资料中。这些论述虽然多只是一鳞片爪,尚未上升到理论建设的高度,但其意义和价值确实不容小觑,对于指导具体的文献整理有很大借鉴和参考价值。例如,清代礼学大家徐乾学在《读礼通考・凡例》中,指出文献注释的辑录应遵循三个重要原则,即:"辑书之法宜补偏救弊","辑书之法宜财成断制","辑书之法宜有案而无断"。这就是徐氏整理研究丧礼的重要心得体会,它对于后来学者的辑录注释工作具有很强的方法论指导意义。由此看来,这些零散的心得体会,对其他学者的文献整理参考价值不小。这便是文献学研究"辨彰学术"的另一种体现形式。

---

① 在以往的传统文献学研究中,由于受各种因素的制约,古典文献学者大都将注意力投放到各种经史子集文献的收集和整理上,而且将文献整理的方法局限于目录、版本、校勘、辨伪、辑佚、编纂,表现在学科体系的建设上,一个非常明显的现象是,绝大多数文献学通论性著作都将"注释"这一重要文献整理方法弃而不论,有些著作甚至只讨论目录、版本、校勘三者的内容,与历代文献学的研究整理事实相悖甚远。更有甚者,有些学者认为,文献学的文献整理研究并不进行文献的注释工作,那只是历代训诂家所要从事之事,文献学者的任务在于,帮助读者(包括学者在内)学会在浩如烟海的文献中,迅速找寻自己所需要的各类文献资料,并且做出相应的版本信息鉴定,为研究提供可靠的文献版本。著者以为,这一看法是极不科学的,对此,我们曾撰文批评过这一不正确的见解,有关的详细讨论情况,请参阅拙文《关于中国古典文献学学科内容设置问题之我见——20世纪诸家古典文献学著述比较研究之一》,载《书目季刊》(台湾)第三十七卷第四期(2004年3月)。

3. 坚持"必征诸实"、"必寻其源"的注释原则

近代学者章炳麟先生在讨论传统朴学研究的特点时,曾经说过这样一番话:"事虽繁啧,必寻其原,然后有会归也。理虽幽眇,必征诸实,然后无遁辞也。"①其中所云之"必征诸实"、"必寻其源",正是传统《仪礼》文献注释工作的重要原则和优良传统。

先说关于"必征诸实"的情况。在先人看来,儒家之所谓"经","乃三代盛时典章法度见于政教行事之实","皆先王得位行道、经纬世宙之迹,而非托于空言",正因为如此,"夫子之述六经,皆取先王典章,未尝离事而言理"②。和其他儒经的研究相比,《仪礼》之学可谓是一门最具实学性质的学问。这主要在于《仪礼》十七篇主要记述先民们冠、昏、饮、食、燕、射、聘、覲、丧、虞等方面的礼节仪式,所涉及的服饰搭配,礼器陈设,挚币等次,言辞容止,主、相、宾、介、门、阶、面、位、升、降、进、退,揖、让、兴,献、荐、祭、啐,歌、笙、间、合等等繁文缛节,这些仪制内容大多属于先秦时代的民俗史实,极其琐细纠结,枯燥乏味,不利于进行义理方面内容的阐发,也不利于妄加解释。要对这样一种儒家原典作出确切的训诂,就应当从文献表述的"实事"出发,积累与运用翔实的证据材料,以便探求和还原文献记载的历史真实情况,这便是"必征诸实"的训释传统。

如果说"必征诸实"着眼于《仪礼》仪文礼节的具体训释而言,那么"必寻其源"则是针对《仪礼》白文字词及其有关名物的训诂而说的。"盖文字者,经艺之本,王政之始,前人所以垂后,后人所以识古"③,文献表述先民礼仪的史迹、情感、观念,正是通过文字、语词加以传承的。因而,要对《仪礼》进行穷源溯本,就必须对白文的文字进行解释,这就是所谓"以字考经,以经考字"之途。"故训明则古经明,古经明则贤人圣人之理义明"④,东汉学者给《仪礼》作注,很重要的一项任务便是进行名物及一般词语的训诂,而后来学者"释难解纷"式的注释,都是在继承郑玄训释成果的基础上,借鉴许慎《说文》的相关材料,运用文字、声韵之学的相关知识,进一步完善和补充郑玄的解释,以此作为实现文献传播的重要手段。这便是"必寻其源"的训释传统。

---

① 章炳麟:《章炳麟论学集》,北京师范大学出版社1982年版,第348页。

② 分见章学诚《文史通义》之《经解上》、《易教上》与《经解中》,辽宁教育出版社1998年版。

③ 许慎:《说文解字·序》,中华书局1963年版,第316页。

④ 戴震:《题惠定宇先生授经图》,载《戴震集》,上海古籍出版社1980年版,第214页。

在传统的《仪礼》文献学研究中，除了上述几种方法论较为明显突出外，还有其他一些，如"折中、弥缝"的原则便是这样一个原则。众所周知，秦汉以后，说礼所据主要是依据《礼经》经文和师说，但经文本身常有差悟，师说也纷歧。面对不同的经文和师说，礼学家们或去取折中，或补祉缝合，所以清末学者梁启超则认为："所记各项礼制，往往东一鳞西一爪，非互勘不能说明。互勘起来，更矛盾百出。学者对于哪部经都不敢得罪，只好四方八面弥缝会通。……议礼所以纷如聚讼，就是如此。"①又，现代学术大师黄侃先生亦以为："固知师说短长，断以经义；经义差牾，出以弥缝；师说纷歧，考其证左。此乃治经之通法，非独治礼为然。"②二人的上述言论，可谓是对"折中、弥缝"诠释原则的形象解释。至于其他方法论问题，如"爱礼存羊"的原则、"损益"的原则等，这里就不再逐一予以讨论和说明。

二、当代《仪礼》文献学研究方法论

上述所讨论的传统《仪礼》文献学的诸多方法论内容，是两千年来《仪礼》文献学研究的优良传统，至今仍然应该成为当代文献学者遵循的基本原则。然而随着信息时代的到来，《仪礼》文献学的研究并不是一味地继承，而应有所扬弃与创新，当代文献学者必须站在时代的前列，以敏锐的洞察力去分析和认识不同时代所产生的那些文献资料，扬弃其中所存在的陈旧意识与研究方法，提出一系列新的方法论体系，从而为《仪礼》文献学学科体系及学术研究理论建构添加新鲜血液。著者以为，当代的《仪礼》文献整理工作，以及当代的《仪礼》文献学学科研究，至少应该坚持如下几条原则：

1. 坚持理论与实践相结合的原则

《仪礼》文献学作为一门新兴的专书文献学，在对它进行学科体系的建构时，必须坚持理论与实践相结合的研究原则，才有可能收到预期的研究效果。无论是研究历代《仪礼》文献的载体、体裁、体例和体式，抑或是探讨历代从事各类《仪礼》文献整理的工作方面、研究方法及注意事项，都必须将文献学理论同原始文献材料的验证结合起来，细心地加以对照。事

---

① 梁启超：《中国近三百年学术史》，东方出版社1996年版，第215页。
② 黄侃：《礼学略说》，载《黄侃论学杂著》，文史哲出版社2014年版，第448页。

实上,诸多文献学理论的知识往往隐含在具体的《仪礼》文献整理及研究实践当中,必须进行细致的文献爬梳,才能够得出较为可靠的学术结论。例如,笔者在进行清代“五服”注释文献的研读时,曾提炼总结出文献家们的一些诠释方法,如情义性诠礼法、经俗对比诠解法、《传》《记》申经法、语境推阐法、依《注》诠经法,等等。① 这些方法,都是从具体的文献材料梳理中寻绎推衍而来,无法凭空捏造而为之。推而广之,对其他各项文献学理论专题的研究也应该如此。

在学科体系建构成型之后,作为一门学问的《仪礼》文献学实践环节,亦同样需要遵循理论与实践相结合的原则。在前面我们已经讲过,《仪礼》文献学是一门实践性很强的学科。这种实践性,主要是针对作为一门学问的《仪礼》文献学而言的。《仪礼》文献研究者应该根据已有的学科体系和学科理论,对现成的《仪礼》文献进行分析和论证,加以挖掘和发明,考辨其中的是非得失,努力避免株守管窥之弊端。只有这样,才能使文献学的各种理论有实用价值,能够指导具体的《仪礼》文献研究,否则,这些理论只不过是形而上的东西,经不起实践检验的伪科学。

2. 要把《仪礼》文献学的研究放到整个礼学发展的总趋势和大潮流中加以考察

《仪礼》文献学研究显然属于礼学研究的一个重要分支,那么,它在整个礼学研究中处于一个什么样的地位?与其他礼学研究相比,《仪礼》文献学研究的性质如何?诸如此类的问题,都是进行该学科建构时所无法回避的重要理论问题。1995 年,杨志刚先生提出将中国传统礼学划分为四类:礼经学、礼仪学、礼论和泛礼学。② 礼经学即研究礼经的专门之学,其主干是“三礼”学,属于经学的范畴;礼仪学侧重点在“仪”,它包含仪制的撰作和仪制的研究两方面的内容;礼论是对礼的本质、价值、功能和历史作用等问题进行理论性的论证和阐发,常散见于经、史、子、集各种著作及篇章之中,不似礼经学、礼仪学多专著、专篇,显得繁杂散漫;泛礼学即泛化的礼学,涉及社会生活之制度、器物、行为、观念、心态各个层面的礼文化研究。

根据上述礼学分类,我们认为,作为一门学问的《仪礼》文献学,其研

① 邓声国:《清代“五服”文献概论》一书第五章第二节,北京大学出版社 2005 年版。

② 杨志刚:《中国礼学史发凡》,《复旦大学学报》(社会科学版)1995 年第 6 期。

究显然无法归并到其中任何一个分支。首先,从文献学研究的对象和研究方法情况来看。从事本学科具体文献整理的学者,他要面对的研究对象既包括《仪礼》白文,但同时更多的是要面对众多的二次、三次、四次《仪礼》文献,运用目录、版本、校勘、辨伪、辑佚、编纂、注释等方法进行全方位的研究。以注释工作为例,他所需要注释的工作对象不仅仅是《仪礼》白文本身,同时还包括其他各级各类文献,如贾公彦作《仪礼疏》,既要考虑《仪礼》经文的注释问题,但还要探寻郑玄《仪礼注》的训诂得失,知其然并且知其所以然。大多数三次、四次注释文献都有这一特点,这一般被认为属于经学的研究范畴,即属于礼经学范畴。其次,从注释的学术角度进行审视的话,一方面,研究注释《仪礼》白文,属于对一次文献的整理,这就无法回避仪制的撰作和仪制的内容研究,这属于礼仪学的研究范畴;另一方面,许多注释者往往将经文中的仪文节制情况与历代礼俗类著作的规制进行对比,考察礼俗的传承和变异,完全脱离了传统经学的视野,进入到泛礼学的研究范畴。另外,在许多《仪礼》注释文献当中,往往包含对礼的本质、价值、功能和历史作用等方面内容的理论阐发,虽然这方面研究多繁杂散漫,没有专门的论著,但当代学者在进行此类文献的整理时,无法进行规避,这样就必然要涉足礼论的研究范畴。由此看来,作为一门学问的《仪礼》文献学研究,必然要涉及礼经学、礼仪学、礼论、泛礼学四个礼学领域。

基于上述研究现状的分析,我们主张,要把《仪礼》文献学的研究放到整个礼学发展的总趋势和大潮流中加以考察,才有可能还原《仪礼》学研究的历史,才能进一步冲击已有的《仪礼》文献学学科体系,推动其学科体系不断走向完善。

3. 在文献整理中要凸现“二重证据法”的治学方法,摆脱传统治学从文献到文献的研究理路

1926 年,王国维先生在《国学月报》发表了他的经典名著《古史新证》,并在该篇“总论”中开宗明义标示他研究历史的新方法:“吾辈生于今日,幸于纸上材料之外,更得地下之新材料。由此种新材料,我辈固得据以补正纸上之材料,亦得证明古书之某部分全为实录,即百家不雅驯之言亦不无表示一面之事实。此二重证据法,惟在今日始得为之。”强调以作为文献的“纸上材料”与考古所得的“地下之新材料”相结合,将乾嘉学派的考据方法,与西方传来的科学新方法相结合,开展中国古代学术的研究。自“二

重证据法”提出以来，这一研究方法在我国文献学界产生了十分重大的影响。

今天，我们强调在《仪礼》文献整理中要凸现“二重证据法”的治学方法，摆脱传统的从文献到文献的研究理路，主要要求在出土文献的研究与利用上下工夫。众所周知，在出土《仪礼》文献的研究方面，主要是围绕甘肃武威汉简中的《仪礼》部分展开的。出土的《仪礼》经文共分甲、乙、丙三本，对后世学者研究汉代《仪礼》的白文原貌及流传情况，具有重要的史料价值。“二重证据法”在《仪礼》经文文字的训释和相关文献的校勘上，亦具有重要的学术价值。清代的一些学者就曾利用《熹平石经》和《开成石经》的石刻《仪礼》白文，结合金石学的相关研究成果，对《仪礼》白文及各类二次、三次文献进行细密的文字校勘和异文考释，取得了可喜的成就。随着现代科学研究理念的逐步深入，极有必要在研究中充分凸现“二重证据法”的价值与作用，开展现代《仪礼》文献学的学术研究。

4. 要联系现代文献学理论方面的新成果，开展《仪礼》文献学的学科建构型研究，绝不能故步自封

文献学是一门开放型的学科，这种开放性不仅体现在学术研究方法的不断创新方面，同时还体现在学科理论体系的建构与完善方面。按照冯浩菲先生的学术研究设想①，文献学作为一门独立的学科门类，可以下设综合文献学和单一文献学，其中综合文献学主要分类研究带有共性的各类文献学理论问题，包括古典文献学与现代文献学；单一文献学则讨论各类文献学理论在本领域的实际运用，可以分为专科文献学、专题文献学、专书文献学、专家文献学、方域文献学、氏族文献学等诸多分支。据我们所知，现代文献学已经出现几部开创性著作，如黄宗尊著《文献信息学》，邱均平著《文献计量学》，周庆山著《文献传播学》，等等；专科文献学也已出版了一些通论性著作，如张君炎的《中国文学文献学》，刘跃进的《中古文学文献学》，单淑卿、张春玲等的《中国经济文献学》，张伯元的《法律文献学》，李振宇的《中国法律文献学》，等等。这些著作的相继问世，为文献学各个分支学科的发展，起到了一定的推动与促进作用，同时也为其他各类文献学学科体系的构筑，积累了相当的撰写经验。

按照冯氏这一学科体系划分之法，《仪礼》文献学属于单一文献学下

---

① 冯浩菲：《试论中国文献学学科体系的改革》，《文史哲》2002 年第 1 期。

的专书文献学范畴。虽然主要研究历代传世的《仪礼》文献，离不开传统文献学的指导研究，但同时也要考虑到，近年来新出现的和将要出现的各类具有鲜明现代色彩的《仪礼》文献，可谓层出不穷，他们同样也是《仪礼》文献学的研究对象，当代文献学家绝不能狭隘地将其拒之于研究门外，任何死守古代文献而不放、弃置各个不同学科的礼学研究成果而不论的做法，都是不科学的，不可取的。我们完全可以吸纳现代文献学及单一文献学的学科建构经验，将其成果为我所用，为建构一个完备的《仪礼》文献学学科体系积极进行各种有益的探索。

除须遵循上述几条方法论的事项外，当代《仪礼》文献学的研究还须重视与相邻学科的联系，并处理好同它们之间的关系，这是由《仪礼》文献学的边缘性特点所决定的。一方面，这些学科的研究成果同样应该纳入当代《仪礼》文献学的研究范畴之列；另一方面，文献学者还要注意这些其他学科的研究成果和研究方法，从中汲取其他学科的研究精华，以便解决《仪礼》文献研究中可能遇到的难题。只有这样，才能进一步拓宽当代《仪礼》文献学研究的学术视野和学术领域，彰显它的发散性指导功能。关于这方面的具体内容，下一节将作专门讨论。

第四节 《仪礼》文献学与其他学科的关系

如前所述，《仪礼》文献学不仅是一门具有很强综合性的学科，而且也是具有边缘性的学科。其边缘性表现在它处于诸多学科之间，同许多学科都有一定的关系，例如，它与传统经学、小学天然地有着许多内在的联系，同时又与现代的民俗学、历史学、人类学、社会学、民族学等存在密切的联系。因此，弄清楚《仪礼》文献学与其他各学科之间的关系，不仅有助于加深对《仪礼》文献学在社会科学中地位重要性的认识，而且有助于对《仪礼》文献学的性质和特点予以正确理解。下面就具体谈谈《仪礼》文献学与其他学科之间的关系。

一、与传统经学的关系

传统经学，是一门对传统儒家经典进行解释的学问，是处于传统文化核心位置的一门学问。在封建社会，对《仪礼》经的研究就属于经学的范畴，从汉代的“五经”到后来的“十三经”，都包括《仪礼》一书在内，历史上的不同时期、不同朝代，都有相当丰富的研究成果，而对这些《仪礼》文献的整理便属于文献学的研究范围，因而我们可以认为，《仪礼》文献学与传统经学的研究关系最为密切。尽管两者之间有着深厚的渊源，但毕竟并不处于对等的地位。作为经学的《仪礼》学术研究，主要是围绕《仪礼》本身的诸多具体内容展开的；而《仪礼》文献学虽然也要研究、注释《仪礼》，但同时它还要研究更为广泛的其他历代《仪礼》文献，从文献的载体到文献的体裁，从文献的体例到文献的体式，从文献整理的视野、方法到文献整理的历史流变，所谓“辨彰学术，考镜源流”，这才是《仪礼》文献学的工作与任务，当然，其间必然要涉及许多具体的经学研究问题，但二者关注的侧重点、研究视野仍然是有所差异的。在《仪礼》文献学构建完成以后，它还将对《仪礼》的经学研究起到一种推动和促进作用，具有一定的指导意义。

二、与传统小学的关系

按照目前一般的说法，传统小学分文字学、音韵学、训诂学三个学科分支，可以说，一切涉及中国古典文献的学问都必须用训诂学来做它的研究工具。整理《仪礼》经、《传》的重要方法之一是注释《仪礼》经文，也就是训诂实践。事实上，《仪礼》文献的训诂方面是《仪礼》文献学的研究范畴之一，历代许多学者的《仪礼》学研究都是围绕《仪礼》经、《传》的训诂来进行的。另外，在对《仪礼》经、《传》进行训诂工作之时，人们必然要同文字学、音韵学发生这样那样的联系，比如：在解释语词的含义时，要联系文字学上的字形分析，辨析词义的本义，探讨词义演变规律以及同具体语境义之间的内在关联；要联系音韵学上的声韵调理论，破除文献语言的形体障碍揭明文字通假现象，揭示名物的语源训诂之音义关联，等等。由此看来，文献学者在从事《仪礼》文献的整理与研究时，必须根据不同情况，适当参照传统小学各分支学科的有关内容，运用它们的有关理论，才能确保文献研究结论的可信度。

三、与现代民俗学的关系

民俗学是一门现代之学,是一门散发着浓郁生活气息的学问,是以国家和民族社会生活中活生生的各类民俗事象为记叙和研究对象的。就民俗学在礼经学方面的研究情况而言,它要研究《仪礼》一书中所代表的周代社会之礼俗生活文化事象的发生、发展和演变规律,研究《仪礼》之礼俗与其他先秦文献记载的礼俗共同点及其差异,研究礼经之礼仪与民间风俗中的礼俗传承关系及共同规律,等等。1977 年,日本民俗学家井之口章次提出了"国文学的民俗学研究"的命题,其目的在于:"为了正确理解文学作品,有必要了解它背后的环境和社会,为此要借助于民俗学。……把文学作品作为民俗资料,也可称之为文献民俗学。"①这其中所说的"文学作品",自然就是指的传统民俗文献。由此而言,现代民俗学对《仪礼》的礼仪研究,离不开对文献的民俗学解读,这种解读自然是属于一种文献民俗学的范畴。从 20 世纪以来,杨树达②等一批文献学者的民俗文献解读和整理,就属于文献民俗学的研究之列,它显然就是一种文献学与民俗学嫁接的产物。以此看来,当今的《仪礼》文献整理与研究,完全可以吸取民俗学的相关理念和方法,藉以拓展作为一门学问的《仪礼》文献学研究视野,开阔学术理念。

四、与现代历史学的关系

现代历史学是研究人类历史发生、发展和演变规律的一门科学。在我国历史上,《仪礼》学的发展与历代社会的政治、经济、文化、教育等诸多方面都有着密切的联系。一方面,它要透过《仪礼》一书所描述的各类民俗事象,找出其中隐藏的周代政治制度、经济形态等文化思想内涵的发生、发展和演变规律。另一方面,它要透过《仪礼》学在历代的研习、传承历史,以及在不同时期的社会礼俗建构的文化参与情况,找出其中所反映出来的

---

① [日]井之口章次:《民俗学的位置》,载《民俗学入门》,中国民间文艺出版社 1984 年版,第 120 页。

② 杨树达先生所著《汉代婚丧礼俗考》(商务印书馆 1933 年版)就是一部极具代表性的文献民俗学论著,而且其中的文献学色彩非常浓郁。

历代政治制度、经济形态等文化思想内涵的发生、发展和演变规律。此外，在我国封建社会，《仪礼》的经学研究一旦拥有了旺盛的生命力，它也必将以其特有的适应能力反过来影响社会，影响当时的时代思潮和民间习俗、士人心态，影响统治者的治国方略和现实政策的实施过程等，因而有人认为包括三《礼》学在内的礼学是经国济世之学，是实践致用之学，具有重要的社会政治功能，在某种意义上说，今天的史学研究要研究古代的社会历史，不能够避开礼学史的研究而不顾。总之，上述诸多方面的史学专题研究，都需要历史学研究者在立足《仪礼》文献的细致解读基础上，作出准确的历史解读。而在具体的研究过程中，亦无法离开文献学研究的具体指导。

五、与现代社会学的关系

社会学是以社会作为研究对象的，所研究的是社会结构和社会过程发生、发展及演变的规律。在古代中国，礼几乎是无所不包的社会生活的总规范，影响、浸淫至制度、器物、行为、观念、心态各个层面，以至可以说，中国社会处处有礼学。文献是社会的载体，皮锡瑞在他的《经学通论·三礼》中就说："六经之文，皆有礼在其中。"显然，六经之一的《仪礼》更能客观反映礼制制定初期的社会生活情况，历代《仪礼》学研究的历史同样也要体现当时社会生活的某些侧面，这些内容都会在传世的《仪礼》文献当中有所体现和反映。因此，对历史某一时期的社会学研究，无法脱离《仪礼》文献的社会学解读。从这一文化层面来说，《仪礼》文献学研究将会对社会学追溯历史社会是有其参考价值的。

六、与现代人类学的关系

人类学是研究人类自身起源、发展与演变规律的一门科学。它不仅要研究人类自身的体制进化问题，其他如礼仪文化和礼俗文化的起源、发展和演变情况等内容，也属于这一学科的研究范围。这样，《仪礼》作为我国最早的一部礼仪文献，自然应包括在人类学的研究视野之中。《仪礼》文献学有责任、有义务为人类学的这方面研究，提供文献史料上的素材或证据，促进人类学的研究，进一步拓展礼学研究的范畴。

七、与现代民族学的关系

民族学是以民族的形成、发展及其演变规律为研究对象的一门科学，其研究对象包括古代以及当代的所有民族乃至氏族、部落和部落联盟等。作为《仪礼》学的一次文献，《仪礼》本经及其《记》、《传》描述了周代之际汉民族的婚、丧、冠、祭等诸多礼仪情况，当然包括在民族学的研究范围之内。不过，《仪礼》文献学的研究重点不在于这些礼仪本身的流程及其风俗传承规律方面，而是对《仪礼》作出文献学的整理和考察，为诸多学科的研究者提供文本的准确解读，其中同样也具有为民族学研究者提供需要与便利。

以上所述足以表明，《仪礼》文献学作为一门综合性的边缘学科，与其他许多学科存在着天然的密切联系。当代《仪礼》文献学的学术研究和学科建构，应该对其他相关学科的礼学专题研究具有一定的指导功能；同时，历代礼学研究实践也表明，当今从事《仪礼》文学研究者的学者必须注意吸收其他学科的研究成果和研究方法，汲取其他学科的精华来建构和研究、解决《仪礼》文献学研究中可能遇到的一系列问题。

第五节　《仪礼》文献学的任务及作用

一、《仪礼》文献学的任务

《仪礼》文献学作为一门专书文献学，无论是在理论体系和学科体系的研究上，或者是在具体的文献整理、研究上，可以做的工作非常的多，但从目前的研究现状来看，有些方面显得尤为迫切，不能不引起今人重视，并身体力行去有所作为。我们认为，现阶段本学科面临的主要任务有如下方面：

第一，建构和不断完善《仪礼》文献学的理论体系及学科体系，指导并推动历代《仪礼》文献的全面整理与深入研究。

作为学问的《仪礼》文献学产生很早，从理论上讲，伴随《仪礼》的产生，对它的文献学整理与研究便应开始出现。《礼记·杂记》："恤由之丧，哀公使孺悲之孔子学士丧礼，《士丧礼》于是乎书。"《士丧礼》是《仪礼》十七篇之一，既然孔子为孺悲讲授过《士丧礼》，在此之前孔子便应做过某些整理和研究工作。因此有人推断，可能在春秋时期《仪礼》文献学研究便已产生。但从目前掌握的情况看，真正开始注释《仪礼》并形成专门论著的工作，是从汉代开始的。此后《仪礼》学的研究代不乏人，迄于清代，更将这种文献学研究推进到一个鼎盛的阶段，可谓硕果累累。但是，作为一部学科的《仪礼》文献学，还起步很晚，本书便是该学科的第一部学科通论性著作，其学科体系仍然处于草创阶段，还有许多亟待完善、改进之处，因而仍需包括著者在内的各位文献学界同行不断努力，大胆吸纳当代学术研究的新思维、新理论，采用科学的研究方法，认真研究现有的一切《仪礼》文献，总结有益的整理研究经验与教训，用以补充、修正乃至更新已有的理论体系和学科体系，促进《仪礼》文献学的不断发展。

对于《仪礼》文献学而言，它的学科体系研究与文献本身的学术研究是互相促进、互相制约的。当学科体系较先进时，就能促进学术研究进一步发展；当学术研究较繁荣时，就会对现有的学科体系产生一定的冲击。反之，如果学科体系较为落后、杂乱，或者文献的学术研究较为落后，都不能够对对方起到积极的推动或促进作用。如前所述，《仪礼》文献学的理论体系及学科体系建构主要来源于具体的文献分析、解读，因而当它的理论体系及学科体系形成之后，便必须具有学术研究的指导功能，否则建构起来的这种理论体系及学科体系便是无用之学，有源而无流，便难以继续生存、发展下去。总之，指导并推动历代《仪礼》文献的全面整理与深入研究，是《仪礼》文献学学科研究的重要任务之一。

第二，通过具体的《仪礼》文献研究，开展与此有关的专题文献学、专家文献学和断代文献学的学术及学科研究。

我国的学问型《仪礼》文献学研究，具有深厚的研究底蕴和独特的学术风采，研究视野相当开阔，研究内涵也相当丰富。如何选取独到的学术研究角度，解剖《仪礼》文献整理中的方方面面情况，便成为当代《仪礼》文献学研究的又一重要课题。我们认为，根据传世的《仪礼》文献整理与研究实际现状，结合冯浩菲先生所倡导的文献学学科分类理论，《仪礼》文献学的下位学科建设还大有领域可为。其下位学科的设置与构建、研究，主要可以在专题文献学、专家文献学和断代文献学三个方面大做一番工夫。例如，从事《仪礼》学专题研究的学者可以撰写“《仪礼》文献传播学”、“《仪礼》文献目录学”、“《仪礼》文献辨伪学”、“《仪礼》文献校勘学”、“《仪礼》文献编纂学”、“‘五服’文献学”、“《仪礼》文献流派学”之类学术著作，从事《仪礼》学专家研究的文献学者可以撰写“郑玄《仪礼》文献学”、“朱熹及其门下《仪礼》文献学”、“胡培翚《仪礼》文献学”一类著作，而从事断代文献学研究的学者可以撰写“汉魏《仪礼》文献学”、“宋代《仪礼》文献学”、“清代《仪礼》文献学”之类著作。按照这样的学术研究设想，“《仪礼》文献学”作为一门专书文献学，其学科理论及其体系的研究包括概论性文献学体系及各分支学科体系的研究，本书的研究便属于概论性文献学体系，上述所胪列的便是分支学科体系的研究，《仪礼》文献学的学科建构与研究可谓任重而道远。

第三，充分发挥《仪礼》文献学研究在传承中国传统文化遗产和建设社会主义精神文明中的重要作用。

当前我国非常重视社会主义的精神文明建设，强调要建设和谐的小康社会，而要实现这一宏伟目标，就必然要吸纳中国传统文化中的思想精髓。儒家文化中的“礼学”文化，特别是包括《仪礼》在内的“三礼”学，正是中国传统文化的重要内容之一，其中包含了许多积极的因素和合理内核，对于我们今天重建一种新型的礼仪文化，具有重要的参考和借鉴作用。就我国历史上各个朝代的礼学研究情况而言，礼学往往属于一门实用之学，是经国济世之学，与国家建制、社会习俗、个人道德修养均有直接关系，《仪礼》学研究尤其具有这一特质。众所周知，弘扬礼学文化，提高全民族的基本道德素质，是当代社会主义精神文明建设的重要任务。要弘扬礼学文化，就必须继承和借鉴前人的研究成果，从中吸取有益的思想内核。而这些研究成果大都通过书籍形式赖以保存了下来，倘若要有所深入了解并加以扬弃，进而为我所用，就必须加强《仪礼》文献学的研究，这是摆在当代《仪礼》文献学者的重要任务之一。

今天，我们的社会是一个文化开放的社会，处于一个在文化上讲究“兼收并蓄、广采博取”的伟大时代。研究传统儒家文化中的礼学文化，目的并不仅仅在于了解前人的学术思想，而是要“兼收并蓄、广采博取”，为我所用,在“考图史于前典”和“因时制范”的原则指导下,通过考索传统礼学文化中的合理内核来实现新型的礼制文化建构,绝不是对前人礼学文化、礼制内涵简单地进行杂糅和综汇。就此而言,当代《仪礼》学研究者可谓任重而道远。

第四,吸取现代科学的观念与方法,使《仪礼》文献学研究走向世界。

近些年来,关于中国学术现代化、世界化问题的讨论颇为热烈,事实上,早在20世纪初期,郑鹤声、郑鹤春两位现代文献学家就曾经预言:“欲穷人类文化之全,断非西洋文化可综其成,而必博及各方文化进展之迹”,“矧以中国历史之悠久,典籍之繁富,对于人类文化贡献之卓伟,其引起世界的注意,正无足异。”①当代学者成中英亦曾指出:“20世纪到21世纪中国文化与中国哲学将造成对西方文化与西方哲学的冲击。”②历代《仪礼》文献是礼学学术思想的结晶,是传播和弘扬中国儒家传统文化的介质。由此看来,中国文献学者对历代《仪礼》文献的整理与推求,不仅有释难解纷、引导治学门径的任务,更有将之推向世界的重责。当代文献学者必须认识到,对历代《仪礼》文献的研究和利用是世界性的任务。而要走向世界,就不能停留在传统经学、小学的学术范畴,必须在全面继承传统《仪礼》学研究优秀成果的基础上,吸取现代科学的观念与方法,使之适应现代典籍整理的要求。

然而需要指出的是,我们强调要吸取现代科学的观念与方法进行《仪礼》文献学研究,必须避免两个学术误区:其一,将吸取现代科学的观念与方法与传统礼学研究方法对立起来;其二,将吸取现代科学的观念与方法与一味采纳国外某些“汉学家”的研究观念与方法等同起来。换句话说,吸取现代科学的观念与方法,是建立在继承和发扬传统文献学研究方法中的合理内核基础之上的,然后在现代科学研究“整体—切分—整体”的方法论原则指导下,开展宏观与微观的双向互动研究,对发展中的《仪礼》学文化进行切实而深刻的文化学还原,确保推向世界的《仪礼》文献学研究文化内涵是一种原汁原味的中国文化遗产。

---

① 郑鹤声、郑鹤春:《中国文献学概要》,上海古籍出版社2001年版,第8页。

② 成中英:《中国文化的现代化与世界化》,中国和平出版社1988年版,第12页。

二、《仪礼》文献学的作用

作为一门专书文献学,《仪礼》文献学与其他类别的文献学一样,具有多方面的学术功能及社会功能,大致体现在以下几个方面:

首先,通过对各类《仪礼》文献的整理,指导具体的文献阅读。例如,文献学者通过对《仪礼》及其他各类研究著作进行点校、译注类工作,有助于推广《仪礼》文献的传播和普及,便利于不同层次、不同需求读者加以选择性阅读。即使是较为专门的目录类著作,以及某些概论性质的著作(如钱玄《三礼辞典》、《三礼通论》),对于不同学科的学者进行文献的阅读亦具有重要的指导作用。

其次,《仪礼》文献学具有指导各类学者进行学术研究的功能。这种指导功能,一方面主要表现为学科层面的指导功能,另一方面则往往体现在学问层面上,是指某些整理工作有利于引导文献学者及其他相关学科的学者的学术研究。关于前者,是在理论体系和学科体系粗具雏形之后的事,我们在谈到《仪礼》文献学的学科任务时,已经作过说明,于此不再重述。至于后者,所涉及的范围则较为广泛,如《四库全书总目》之类目录学著作的研究,“辨彰学术,考镜源流”,不仅对前人的研究成果作了一次粗疏的总结,而且对后来者从事礼经学术研究史的整理,对现代其他学科学者考定前贤研究的深度及如何选定自己的研究范围、对象等方面工作,皆具有指导性的作用。此外,有些学者所撰写的《导言》之类成果,对同时代学者亦深具影响。

再次,《仪礼》文献学的学科建构和研究,可以为私人藏书家及图书馆提供文献收藏的指导。无论是私人藏书家还是公、私立图书馆,都需要参考和借鉴本学科各个领域的相关研究成果,了解不同时期的《仪礼》文献及其流传概况,并有选择性地针对那些著述内容有较高参考价值的各类《仪礼》文献,搜集和收藏它们的名家稿本、传抄本、宋元刊本、精校本、海内孤本等,从而提供藏书的质量和分量。

另外,《仪礼》文献学的研究还具有指导文献交流(如出版、发行等)的功能。在现阶段,《仪礼》文献学的研究对于出版发行部门来说,也具有指导性。例如,出版社在拟订比较严密的宏观出版规划时,包括在进行具体出版选题的规划方面,必须依赖本学科研究成果,进行综合考察,避免盲目从事、各自为政的现象发生。另外,在编辑出版《仪礼百科全书》及《仪礼珍本系列》、《仪礼史料系列》、《仪礼专著研究系列》、《仪礼专题研究系列》之类大规模的连续出版物方面,也都离不开本学科的学术指导。

第二章

《仪礼》文献整理体式

所谓《仪礼》文献整理体式，是指历代《仪礼》学家整理与研究性文献的著作体裁和方式。无论是从事文献的目录、版本、校勘、编纂，还是进行文献的辨伪、辑佚、注释等古籍整理工作，文献学家都要根据所整理的文献对象及自身的角度、目的，选用相应的体式撰写古籍整理著作。根据冯浩菲先生《中国古籍整理体式》一书的研究，我国历代古籍整理体式分为编辑类、校释类、目录类、类书类四大类，每一大类之下又可层层演分出若干二级、三级、四级乃至五级、六级小类目。从传世的历代《仪礼》文献研读情况来看，前人所采用的《仪礼》文献整理体式亦相当的丰富。为此，有必要对历代流传下来的《仪礼》文献之整理体式作一番粗略的介绍，藉以推动《仪礼》文献学学科体系的发展和理论建设。以下各节，分别对历代《仪礼》文献中较为普遍的多种整理体式加以简单介绍。

第一节 “编辑类”、“目录类”文献整理体式

一、编辑类文献整理体式

(一)集编体

集编体古籍整理著作以集编成书的专书及集编成篇的各类文献材料为主要内容。这类书籍或编于当时，或编于后世；或为亲属所编，或为门人所编，或为他人所编，间或亦有著者自编之作。不过，这类传世古书往往已非初编时的原貌，多经累代递辑递编，往往内容有所损益，卷数有所增减，

打上了古籍整理的烙印。倘非如此,则不属于集编体古籍整理著作。从集编成篇的各类文献材料性质来看,集编体著作主要可以包括全集体、诗集体、文集体、诗文集体、诗选体、文选体、专集体等类。

从历代《仪礼》文献归属的存在形式角度进行考察,存在于该体式著作中的《仪礼》学研究成果,大都表现为单篇的论文,这些研究成果主要围绕《仪礼》研究中的某一个或某几个问题展开讨论,而且多以序、跋及书信等形式出现,保存于历代各家学者的文集当中,成果较为零散。例如,清季学者凌廷堪的《校礼堂文集》一书,系由其弟子张其谨整理凌氏遗稿,校勘分类而编定成稿。张氏将凌氏的文稿分为赋、杂著、骚、辞、七、表、启、檄、露布、颂、赞、箴、铭、考、辨、解、释、说、论、连珠、书、序、跋、文、传、碑、行状、墓志铭、诔、祭文等30个类别,并依次进行卷次划分。这30个类别中,有几个类别收入有关《仪礼》学研究文篇,如"赋"中的《乡射赋》,"解"中的《旅酬下为上解》、《父卒则为母齐衰三年解》,"释"中的《仪礼释牲上篇》、《仪礼释牲下篇》,"说"中的《射礼数获即古算位说》,"序"中的《仪礼注疏详校序》、《礼经释例序》,"跋"中的《书校正汲古阁仪礼注疏后》,等等。凡此之类论文,散布在历代各家学者的全集体、文集体著作中,也是《仪礼》文献学研究的重要组成部分,亟待当代学者对此作出集大成的汇编整理工作。①

(二)丛书体

丛书是历代学者从事古籍整理工作所获成果的一个重要形式,在书籍的保存和流传方面起了很大作用。作为一种古籍整理体式,丛书的编辑似始于宋代,明、清以来则出现了大量的丛书体著作,像《四库全书》、《知不足斋丛书》、《士礼居丛书》、《古逸丛书》、《抱经堂丛书》、《学津讨原》、《墨海金壶》、《皇清经解》、《丛书集成初编》、《四部丛刊》、《四部备要》,等等,均受到学界的欢迎和重视,给从事学术研究的人们提供了极大便利。

从历代《仪礼》文献收录丛书的情况来看,涉及汇编体丛书和类编体丛书两大类,其中汇编体丛书主要涉及杂编体、辑佚体、独撰体三小类,收书范围没有经史子集等部类的限制,往往至少涉及两个以上不同部类的著

---

① 有关清代文集中的《仪礼》学研究成果,今人王重民、杨殿珣等人编纂出版的《清人文集篇目分类索引》(北京图书馆出版社2003年1月)一书收集较为完备,著者曾据此编定《清人文集〈仪礼〉研究论文篇目索引》一则,见拙著《清代〈仪礼〉文献研究》附录二,上海古籍出版社2006年版。

作;而对于《仪礼》文献而言,类编体丛书仅仅只涉及经部丛书一类。

杂编体丛书。该体丛书所收书籍内容一般较为庞杂,有的逐书杂排,不分类,如清人毕沅辑《经训堂丛书》、阮亨辑《文选楼丛书》等均属此类;有的按四部分类法分类编排,如明代程荣辑《汉魏丛书》、《四库全书》、《续修四库全书》等均属此类;有的按其他图书分类法分类编排,如《丛书集成初编》用现代新的学科分类标目,等等。以《四库全书》为例,举凡礼类之作都置于经部之下,礼类之下包括周礼、仪礼、礼记、三礼总义、通礼、杂礼书等 6 个子类目,历代《仪礼》学研究成果主要保存在"仪礼"类和"三礼总义"类当中,其中"仪礼"类下收书 24 种,"三礼总义"类下收书 6 种。较之《四库全书》,20 世纪编辑而成的《续修四库全书》更是汇集了众多《仪礼》类文献,包括:《仪礼武威汉简残编》(附释文)、元龚端礼《五服图解》、明郝敬《仪礼节解》、清姚际恒《仪礼通论》、姜兆锡《仪礼经传内编》、王士让《仪礼紃解》、江永《仪礼释例》、褚寅亮《仪礼管见》、卢文弨《仪礼注疏详校》、焦以恕《仪礼汇说》、李调元《仪礼古今考》、孔广林《仪礼臆测》、胡匡衷《仪礼释官》、金曰追《仪礼经注疏正讹》、王聘珍《仪礼学》、韦协梦《仪礼蠡测》、凌廷堪《礼经释例》、徐养原《仪礼古今文异同》、黄淦《仪礼精义》、张惠言《读仪礼记》、《仪礼图》、宋世荦《仪礼古今文疏证》、刘沅《仪礼恒解》、胡承珙《仪礼古今文疏义》、胡培翚《仪礼正义》、朱骏声《仪礼经注一隅》、夏炘《学礼管释》、丁晏《仪礼释注》、郑珍《仪礼私笺》、于鬯《读仪礼日记》、廖平《礼经凡例》、吴之英《仪礼奭固》、《仪礼奭固礼器图》、《仪礼奭固礼事图》、曹元弼《礼经校释》、《礼经学》、毛奇龄《昏礼辨正》、《丧礼吾说篇》、孔继汾《丧服表》、程瑶田《仪礼丧服文足征记》、崔述《五服异同汇考》、吴嘉宾《丧服会通说》、夏燮《五服释例》、叶大庄《丧服经传补疏》、张锡恭《丧服郑氏学》。

辑佚体丛书。该体丛书是通过四处搜集、辑录佚文的方式编集而成的,所收之书大多为残篇零章,片言只字,而且穷搜冥讨,辑自各种书籍。如乾隆年间修《四库全书》之际,当时四库馆臣从《永乐大典》辑佚出了大量的散逸之书,其中散逸的历代《仪礼》训诂著作则有张淳《仪礼识误》、李如圭《仪礼集释》、李如圭《仪礼释宫》四部。道光之后,著名辑佚学家马国翰亦曾辑录了宋代以前《仪礼》学研究著作达 28 部之多,其中汉代的著作有戴德《大戴丧服变除》、何休《冠仪约制》、郑众《郑氏婚礼》、马融《丧服经传马氏注》、郑玄《郑氏丧服变除》、郑玄撰吴薛综述《五宗图》、刘表《新定礼》,三国时期的著作有(魏)王肃《丧服经传王氏注》、王肃《王氏丧服要记》、(吴)射慈《丧服变除图》,晋代的著作有杜预《丧服要集》、袁准《丧服经传袁氏注》、孔伦《集注丧服经传》、陈铨《丧服经传陈氏注》、刘智《丧服释疑》、蔡谟《蔡氏丧服谱》、贺循《贺氏丧服谱》、贺循《贺氏丧服要记》、贺循《葬礼》、葛洪《葛氏丧服变除》、孔衍《凶礼》,南北朝时期的著作有宋裴松之《集注丧服经传》、南齐王俭《丧服古今集记》、南齐王逡之《丧服世行要记》、宋雷次宗《略注丧服经传》、宋崔凯《丧服难问》、宋周续之《周氏丧服注》,以上所辑诸书各 1 卷。这些辑佚成果后来大都收集在丛书《玉函山房辑佚书》里,为学者们从事《仪礼》学研究工作提供了极大的便利。

独撰体丛书。该体丛书是个人著作的汇编。单纯的《仪礼》学"汇编体·独撰体"丛书极少,大多为与其他部类文献合编而成,如吴之英遗著《寿栎庐丛书》便是如此,该丛书收入吴氏著作 10 种,其中《仪礼奭固》、《礼器图》、《礼事图》三种为其《仪礼》学专门论著。又如,孔广林《孔丛伯说经五稿》也是独撰体丛书,该丛书共三十六卷,皆阐释《礼》经,其中《周官臆测》属于《周礼》学著作,《仪礼臆测》、《仪礼士冠礼笺》属于《仪礼》学著作,《明堂亿》属于《礼记》学著作,《禘祫觹解》则属于三礼综论性著作。

经部丛书。《皇清经解》和《皇清经解续编》为清代两部重要的经学丛书,正续编《经解》共收录 160 余人的 400 多种著作,集清代经学研究之大成,至此清代经学著作基本囊括于此。《皇清经解》又名《学海堂经解》或《清经解》,凡一千四百卷,系清阮元所辑。该丛书汇集了学海堂所藏清代乾、嘉时代经学名著 180 余种,大体依作者先后为序,集中体现了清代经学研究各方面的成就,对于经学著作的流传和经学的发展甚为有功。光绪间,王先谦又仿阮元《皇清经解》体例,辑乾、嘉以后经学著作及乾嘉以前成书而被《皇清经解》遗漏的经学著作,编为《皇清经解续编》(又名《南菁书院经解》或《续清经解》),凡一千四百三十卷,收有 209 部书,其中属于专门《仪礼》类论著者凡 21 部,即:江永著《仪礼释宫增注》、《仪礼释例》,任启运著《肆献祼馈食礼纂》、《朝庙宫室考》,褚寅亮著《仪礼管见》,胡匡衷著《郑氏仪礼目录校证》,张惠言著《仪礼图》、《读仪礼记》,胡承珙著《仪礼古今文疏义》,徐养原著《仪礼今古文异同疏证》,王聘珍著《仪礼学》,金曰追著《仪礼经注疏正讹》,胡培翚著《仪礼正义》,吴卓信著《丧礼经传约》,郑珍著《仪礼私笺》,夏炘著《学礼管释》,吴嘉宾著《丧服会通说》,曾国藩著《读仪礼录》,邵懿辰著《礼经通论》,俞樾著《士昏礼对席图》,刘寿曾著《昏礼重别论对駁义》。

二、目录类文献整理体式

目录类古籍整理著作是不同时代学者对当时所闻见的文献古籍进行综合整理的直接产物,其中刘向、刘歆父子的《别录》与《七略》是见于史籍记载的中国最早的两部总摄群籍的官家藏书目录。按照目录著作所著书目范围的广狭和著录内容的不同,可以分为总录体、专录体、版刻体、索引体四大类。从历代流传下来的《仪礼》文献情况来看,目前尚未出现纯粹的《仪礼》学目录类著作。兹就历代各种目录类体式著作有关《仪礼》文献的编排体例情况,扼要举例加以说明。

(一)总录体

该体古籍整理著作是总录群书的藏书簿,大致分公藏体、史志体、私藏体、独撰体、汇刻体、解题体等多种体式类型。各体著作中有关《仪礼》文献数量,大都只占该体书著录的其中极小一部分。

公藏体目录著作。所著录的大都是国家的公藏书籍,而且一般都经过目验核校,目录所载与库存情况相符。例如,明代杨士奇等奉敕编撰的《文渊阁书目》,该书按《千字文》前20个字的顺序编标书橱序号,每橱藏书或1类或若干类,其中相关的《仪礼》文献置于地字号第四橱。又如,明孙能传等奉敕编撰的《内阁藏书目录》共分8卷18部,《仪礼》类文献著录在卷二“经部·礼类”书籍目录中。

史志体目录著作。属于史书的诸志之一,或称“艺文志”,或称“经籍志”。以《汉书·艺文志》最早,其后有《隋书·经籍志》、《旧唐书·经籍志》、《新唐书·艺文志》、《宋史·艺文志》、《明史·艺文志》、《清史稿·艺文志》六种正史艺文志。诸《志》皆著录有历代所见《仪礼》文献目录,如《隋书·经籍志》卷三十二“经部·礼类”下就著录多种《仪礼》文献书目:《仪礼》十七卷郑玄注;《仪礼》十七卷王肃注(梁有李轨、刘昌宗音各一卷,郑玄音二卷,亡。);《仪礼义疏见》二卷;《仪礼义疏》六卷;《丧服经传》一卷马融注;《丧服经传》一卷郑玄注;《丧服经传》一卷王肃注;《丧服经传》

一卷晋给事中袁准注;《集注丧服经传》一卷晋庐陵太守孔伦撰;《丧服经传》一卷陈铨注;《集注丧服经传》一卷宋太中大夫裴松之撰;《略注丧服经传》一卷雷次宗注;《集注丧服经传》二卷宋丞相谘议参军蔡超注(梁又有《丧服经传》一卷,宋征士刘道拔注,亡。);《集解丧服经传》二卷齐东平太守田僧绍解;《丧服义疏》二卷梁步兵校尉、五经博士贺玚撰(梁又有《丧服经传义疏》五卷,齐散骑郎司马宪撰;《丧服经传义疏》二卷,齐给事中楼幼瑜撰;《丧服经传义疏》一卷,刘瓛撰;《丧服经传义疏》一卷,齐征士沉麟士撰。);《丧服经传义疏》一卷梁尚书左丞何佟之撰,亡;《丧服传》一卷梁通直郎裴子野撰;《丧服文句义疏》十卷梁国子助教皇侃撰;《丧服义》十卷陈国子祭酒谢峤撰;《丧服义钞》三卷梁有《丧服经传隐义》一卷,亡;《丧服要记》一卷王肃注;《丧服要记》一卷蜀丞相蒋琬撰(梁有《丧服变除图》五卷,吴齐王傅射慈撰,亡。);《丧服要集》二卷晋征南将军杜预撰(又有《丧服要记》二卷,晋侍中刘逵撰,亡。);《丧服仪》一卷晋太保卫瓘撰(梁有《丧服要记》六卷,晋司空贺循撰;《丧服要问》六卷,刘德明撰;《丧服》三十一卷,宋员外郎散骑庾蔚之撰;《丧服要问》二卷,张耀撰;《丧服难问》六卷,崔凯撰;《丧服杂记》二十卷,伊氏撰;《丧服释疑》二十卷,刘智撰。亡。);《汉荆州刺史刘表新定礼》一卷,《丧服要略》一卷晋太学博士环济撰;《丧服要略》二卷;《丧服制要》一卷徐氏撰;《丧服谱》一卷郑玄注;《丧服谱》一卷晋开府仪同三司蔡谟撰;《丧服谱》一卷贺循撰;《丧服变除》一卷晋散骑常侍葛洪撰;《凶礼》一卷晋广陵相孔衍撰;《丧服要记》十卷贺循撰(梁有《丧服要记》,宋员外常侍庾蔚之注;又《丧服世要》一卷,庾蔚之撰;《丧服集议》十卷,宋抚军司马费沉撰。);《丧服古今集记》三卷齐太尉王俭撰;《丧服世行要记》十卷齐光禄大夫王逡撰;《丧服答要难》一卷袁祈撰;《丧服记》十卷王氏撰;《丧服五要》一卷严氏撰;《驳丧服经传》一卷卜氏传;《丧服疑问》一卷樊氏撰;《丧服图》一卷王俭撰;《丧服图》一卷贺游撰;《丧服图》一卷崔逸撰(梁有《丧服祥禫杂议》二十九卷,《丧服杂议故事》二十一卷,又《戴氏丧服五家要记图谱》五卷,《丧服君臣图仪》一卷,亡。);《五服图》一卷;《五服图仪》一卷;《丧服礼图》一卷;《五服略例》一卷;《丧服要问》一卷;《丧服问答目》十三卷皇侃撰;《丧服假宁制》三卷;《丧礼五服》七卷大将军袁宪撰;《论丧服决》一卷;《丧礼钞》三卷王隆伯撰。

私藏体目录著作。又称“私簿”,主要根据自家库藏情况编目,有什么书便设什么类,目验图书,逐一登录,有目有书,簿库相符。例如,明代高儒编纂的《百川书志》,采用四部分类法,其中“经志”部分共分 16 类,所收藏的《仪礼》学著作便在卷一“礼”类当中。又如,明代叶盛《菉竹堂书目》,将自己的藏书分为 16 类,并且为所藏《仪礼》学著作单独设立“仪礼”这一个类别。

独撰体目录著作。单独登录某个学者所撰写的各类书籍,大多数属于后人补撰。例如,清代侯登岸所撰《汉大司农康成郑公年谱》,附有《著书目录》,即是侯氏所补撰的郑玄著作目录,其中就包括郑玄的礼学著作目录,书名之下标明卷数,无注。

汇刻体目录著作。专门登录丛书及其子目,往往分类登录各种丛书,并在丛书之下著录所收各书详目。例如,1959 年由上海图书馆编成的《中国丛书综录》便是我国目前最完备的汇刻体目录著作。① 该书第 1 册《总目分类目录》,继承了前代汇刻体书目按内容分类的方法,分汇编、类编两大类,每大类下再逐次划分二级、三级乃至四级类目,在每一项的最小类目之下分列有关丛书,可谓类例分明,学术脉络非常清楚。第 2 册为丛书的《子目分类目录》,以丛书所辑各书为单位,注明图书名称、作者和所属丛书名称。

解题体目录著作。又称为“书录”、“提要”、“读书志”、“读书记”之类,对所著录的每种图书之作者概况、书名寓意、基本内容、学术得失、流传情况等方面信息,都有详细的解说和介绍。例如,《四库全书总目》便是最具代表性的一部解题体目录著作。该书依经、史、子、集分部类,在四部之首,各有总序一篇,在 44 类之首,各有小序一篇,以说明各种学术思想之渊源流变。历代《仪礼》学论著提要,被编制在该书“经部 · 礼类 · 仪礼”之下,《四库全书》所收录的文献提要编入卷二十,而相关存目之作提要则编入卷二十三;而与《仪礼》研究有关的“三礼总义”类著作单独列为一小类,分见该书卷二十二和卷二十五。《经部 · 礼类 · 仪礼》诸“提要”所论书目次第,一依朝代先后顺序,同一朝代著作则依作者出生时期及著作成书先

① 该书最早由中华书局于 1959 年印行,上海古籍出版社 1982 年有修订本。该书虽然反映了大部分丛书收藏的情况,不过仍有某些不足之处,因而后来出现了几部补订之作,如阳海清编撰、蒋孝达校订的《中国丛书综录补正》(扬州江苏广陵古籍刻印社 1984 年印行)就是对该书的补正之作,书中增补了丛书异名,参订了编者、撰者的姓名、时代和版本源流,补足了子目。而施廷镛编撰的《中国丛书综录续编》(北京图书馆出版社 2003 年版),则是对以上二书的增补。

后为序。至于提要的写作,则"每书先列作者之爵里以论世知人,次考本书之得失,权众说之异同,以及文字增删,篇帙分合"①。不过该书部分文献"提要"的撰写也存在某些问题,因此后来出现了一些订补之作,如清人阮元撰《四库未收书目提要》仿四库提要方式,为一些散见的《四库》未收书目撰写提要并汇为一编,以补《四库》未收书之遗憾。此后,又出现了一些重要的解题体著作,如(日)桥川时雄等主编、王云五等重编的《续修四库全书提要》(台北:商务印书馆,1972 年版),系收《四库全书》纂修以后之解禁图书、新著图书及新发现图书,体例与《四库全书总目》相似,皆为各书撰写一提要。又如,中国科学院图书馆整理《续修四库全书总目提要·经部》(中华书局,1993 年版),仍按《四库全书总目》体例分为经、史、子、集四部,收录书籍主要范围包括:《总目提要》虽已收录,但经窜改、删削过甚或版本不佳的图书,《四库全书总目》遗漏之书,修改阮元的《四库未收书目提要》,乾隆以后的著作和辑佚书籍,禁毁书和佛、道藏中的重要书籍,词曲、小说及方志等类书籍,敦煌遗书,外国人用汉文撰写的书籍,等等。这些著作对当代礼学研究者了解《仪礼》学论著的有关情况,为用至广。

(二)专录体

专录体书目主要登录专门图书,有专类书目、专书目录、专书注所引书目三种。从历代《仪礼》文献的书目著录情况来看,大都归属于专类书目,只是在专类书目中包括《仪礼》类书目。如清代朱彝尊《经义考》为考证历代经籍存佚的著作,共分三百卷二十七类,其中卷一百三十至卷一百三十七为《仪礼》类书目,它收集先秦至清初研究《仪礼》学的著作,分为存、佚、阙、未见四门,著录其作者、书名、卷数、存佚等信息,并引历代学者之考论,再附以朱氏之按语,为我国最有系统之经学总目录,对研究古代《仪礼》文献情况有很高的参考价值。

又如吴县陶治元编《皇清经解敬修堂编日》②一书,系对《皇清经解》这一丛书的专类书目,亦属于专录体书目。该书凡十六卷,完全以《十三经》分经编次,依次为卷一《易经》,卷二《书经》,卷三《诗经》,卷四《周礼》,卷五《仪礼》,卷六《大戴礼记》,卷七《礼记》,卷八《春秋》,卷九《左传》,卷十

---

① 永瑢等:《钦定四库全书总目》(整理本)卷首《凡例》,中华书局 1997 年版,第 32 页。

② 该书目现有光绪十二年(1886)刊本。另外,光绪十七年(1891),上海鸿宝斋又将书名改为《皇清经解缩版编目》,附于该局石印《皇清经解》后行于世。

《公羊传》,卷十一《谷梁传》,卷十二《论语》,卷十三《孝经》,卷十四《尔雅》,卷十五《孟子》,卷十六群籍分部目。每经先列专著,次将该经经句之有解者汇为"群籍汇目"。其于专著,先标原版各卷内容,而后注明"以上缩版卷某"字样。其在"群籍汇目"之经句下,先标道光本卷页,次标缩本卷页。此书目一出,对后学利用《皇清经解》进行研读提供了极大便利。

礼学专书目录,目前所知的有王锷先生的《三礼研究论著提要》一书。该书分上、下两编,上编收录汉至1999年历代学者研究《周礼》、《仪礼》、《礼记》(包括《大戴礼记》)的专著2683部,民国以前的专著撰有提要,提要内容包括书名、卷数、作者简介、内容、价值、版本、存佚状况及藏书单位,对相关的版本源流等问题做了考证;下编收录1900至1999年国内外研究《三礼》的论文2123篇,每篇论文著录篇名、作者、刊物名称、发表时间、卷(期)号和页码。研究者览此一书,即可得知相关信息,省去检索群书的很多麻烦,具有重要的学术参考价值。

(三)版刻体

版刻体书目是反映官私刻书情况的目录学著作,同时还兼有版刻图录和版式,因此可分为官刻体、家刻体、书影体和版式体四大类。

官刻体书目反映官家所刻图书情况,图书分类无常例,著录内容简单,不避重复。如民国间陶湘撰辑成《明内府经厂本书目》、《清代殿版书目》、《武英殿袖珍版书目》、《内府写本书目》、《四库荟要目录》、《钦定补刻通志堂经解目录》等多种目录,收录《书目丛刊》之中,对后人了解明、清两代《仪礼》学书籍官刻、写本情况较有帮助。其中《清代殿版书目》以清帝朝代为序,从顺治朝开始,迄于宣统朝;每朝之内,除雍正、乾隆二朝刻书多略有分类外,其他诸朝因刻书少则不分类。

家刻体书目反映私家所刻图书情况,其编写特点与官刻体书目大致相同。清代顾湘校刻明代隐湖毛氏原本《汲古阁校刻书目》,陶湘《书目丛刊》之中的《明吴兴闵板书目》、《明毛氏汲古阁刻书目录》等著作,都是较有代表的家刻体书目著作,对后人了解明代家刻《仪礼》学著作提供了较大帮助。

至于书影体和版式体两类书目,主要分别反映古椠旧钞的影谱原貌及历代图书版式情况,与历代古籍整理著作中有关《仪礼》文献的著录情况关系不大,不再枚举说明。

（四）索引体

索引，又称“引得”，是指根据一定的检索体系查找有关资料，包括书籍、篇目、词句、人名、地名等等。《仪礼》文献中的这类书籍多属于工具书的性质，但仍带有目录性质，故置于目录体之末，略加介绍。

目前与《仪礼》学相关的索引体著作有好几种。最早的一种是哈佛—燕京学社引得编纂处编纂的《仪礼引得》（哈佛—燕京学社引得编纂处1932年），属于索引正文与检字体系合设一类。该书不仅有《仪礼》索引，而且还附有郑《注》、贾《疏》引书索引，并附各版《仪礼》页数推算表、拼音引得、笔画引得等，使用上较为便利，影响颇大。20世纪30年代，还有一本与《仪礼》白文检索有关的著作，那就是叶圣陶先生所编的《十三经索引》①，其中就包括《仪礼》白文的检索在内。该书以讽诵时之一停顿为一条，每条下注经名及篇目，皆用简称，书首附有笔画检字；1983年版又在每条下加注中华书局影印原阮刻《十三经注疏》本中的页数和栏次，并增加了四角号码检字，极大地便利了读者检索十三经经文的需要。

二十世纪九十年代以后，国内又出版了两种与《仪礼》检索有关的图书。其一是何光华编辑的《仪礼逐字索引》，属于香港中文大学中国文化研究所先秦两汉古籍逐字索引丛刊经部之一种，并于1994年由香港商务印书馆公司出版发行。其二是栾贵明、田奕主编的《十三经索引》，该索引以阮元编辑的《十三经注疏》为底本，为每部经书编制一部索引，提供逐字查检，每部索引前置经文，对原附《校勘记》中的考证有选择性的采用。《仪礼》索引部分在该书第三册，2004年由中国社会科学出版社出版发行。另外，日本学者野间文史也编纂了《仪礼索引》一书，于1988年6月由日本福冈中国书店印行，在日本学界影响很大。

总而言之，以上这些索引著作的编纂和出版，属于二十世纪以来的《仪礼》文献整理工作的重要内容之一，为当代《仪礼》学的研究提供了极大的便利，意义和影响都极大。

---

① 该书最早由开明书店于1934年初版印行，后来中华书局又于1957年、1959年先后利用原纸型重印，1980年中华书局又在原书基础上，参考《注疏》作了一些补订工作，并于1983年重新排印出版。

第二节 “校释类·点校体”文献整理体式

校释类《仪礼》文献主要针对《仪礼》原文进行校释工作，有时亦包括对其他级次《仪礼》文献（如郑玄《仪礼珠》、贾公彦《仪礼疏》）进行校释。校释类文献整理体式主要可以分为点校体、注释体、翻译体、总论体、考证体、释例体、图解体等多种体式大类，有些大类又可以分多个小类，如注释体又可以分传注单用体、传注合用体等类目。以下各节，逐一介绍与历代校释类《仪礼》文献有关的各种体式情况。

一、标点体

标点体古籍整理著作以对古书原文专门进行标点断句为主要整理任务，只要完成预期的标点工作，不做别的整理加工，书即可出版发行。读书必须断句，其书面形式便是点句之法，后世称为圈点和标点。这一整理工作所起甚早，清代学者章学诚《丙辰札记》谓“点句之法，汉以前已有之”，恐怕可以追溯到春秋晚期。目前所知、所见的《仪礼》标点体著作，当以1959年甘肃武威出土的西汉《仪礼》简策为最早，该简策中点句频繁，所用符号有圆点“·”、圆圈“○”、三角号“▲”、点号“、”及钩识号“亅”等。作为一种正规的古籍整理体式，标点体在晚近以来开始得到大量流行，而且大都采用新式标点，目前所知的《仪礼》学标点体著作主要有：雪克标点的《十三经注疏校记》，包括对《仪礼注疏校记》的标点，1983年由齐鲁书社出版；李华年标点的《仪礼私笺》，1991年由贵州人民出版社出版；吴树平标点的《十三经标点本》，包括对《仪礼》白文的标点，1992年由北京燕山出版社出版；段熙仲标点的《仪礼正义》，1993年由江苏古籍出版社出版；陈祖武标点的《仪礼通论》，1998年由中国社会科学出版社出版；李学勤主编的《十三经注疏》标点本，包括《仪礼注疏》一书的标点，1999年由北京大学出版社出版，等等。

二、校勘体

和标点体著作一样，校勘体古籍整理著作以对古书原文专门进行校勘为主要整理任务，只要完成预期的校勘工作，不做别的整理加工，书即可出版发行。在传统《仪礼》文献学史上，早期的校勘主要是作为训诂的一个方面而存在的，很少单独成书，如郑玄对《仪礼》白文今、古文之间的文字异同校勘非常丰富，可谓前所未有，但这只是他注释《仪礼》的一个方面，《仪礼注》也只能算是注释体著作，而不是校勘体著作；即使如陈、隋间陆德明所撰《仪礼音义》(《经典释文》之一)，尽管它校勘内容相当丰富，但该书仍以释音释义为重点。从各类群籍文献学史的整理情况来看，在宋代以下，纯粹的专门校勘体古籍整理著作日见增多，到了清代则可谓倍增于历代，超迈前人。

就历代《仪礼》文献校勘发展史而言，在明代以前，较少出现纯粹的专门校勘体古籍整理著作，但在清朝统治的几百年间，《仪礼》学校勘体著作层出不穷，内容相当丰富，而且校勘精审，方法得当，多属上乘之作。纵观有清一代的《仪礼》文献校勘实践，其校勘对象主要包括三个层面，即《仪礼》本经、郑玄《仪礼注》及贾公彦《仪礼疏》，涉及一次文献、二次文献和三次文献的校勘。主要专著有：张尔岐《仪礼监本正误》、《仪礼石本正误》、沈彤《仪礼郑注监本刊误》、卢文弨《仪礼注疏详校》、金曰追《仪礼经注疏正讹》、阮元《仪礼石经校刊记》、《仪礼注疏校勘记》、黄丕烈《严本仪礼郑氏注校录》、孙诒让《仪礼注疏校记》、张光諟《仪礼正讹》等。另外，还有其他文献层面的校勘著作，如翁方纲所著《仪礼蠡测签注》一书，主要对韦协梦《仪礼蠡测》一书的错误纠正，其中以校正文字衍、脱为主，属于对清人所著《仪礼》诠释文献之校勘。此不逐一枚举。

三、校点体

校点体古籍整理著作是对前两种古籍整理体式的综合，以对古书原文专门进行标点、校勘为主要整理任务，只要完成预期的点校工作，不做别的整理加工，书即可出版发行。此体可能在宋代已经出现，而到了明代末期，这类书籍逐渐增多。今天所能见到的崇祯年间琴镤订正《九经》、金蟠校刊《十三经古注》，都是既标点又校勘的丛书，不过体例较为粗疏，所用标点符号亦单纯。20世纪以来，随着新式标点符号的应用，校点体著作开始大量出现，展现了古籍整理事业的新风貌。如《黄侃手批白文十三经》，用自拟的40多种专门符号，对包括《仪礼》在内的《十三经》白文逐一作了点校，如用"。"表断句，加于句字旁；用"－－"表分段，加于句下；用"、"表异文，加于字旁；用"\"表据别本补字，加于字之右上方，且将所补字注于书眉，等等。

第三节 "校释类·注释体"文献整理体式

注释体《仪礼》文献一般属于训诂著作，重在对《仪礼》原文进行注释，同时亦兼及疏证旧注、考辨疑误、发凡起例、图解等工作。该大类整理体式包括传注单用体、传注合用体及纂集体、通释体、考辨体等多个小类，有些小类又有下位小类。兹就历代《仪礼》学著作中常见的各种"注释体"分支体式情况，逐一予以介绍和说明。

一、传注单用体

传注单用体是指单独使用的一些传注性注释体式，可以分为传体、记体、注体等十多种类目，这些类目一般出现较早，大都在汉代以前即已出现。就历代《仪礼》学著作而言，属于传注单用体的为数不少，不便于穷尽式地逐一介绍，现撷取其中部分体式及其著作情况加以说明。

（一）传体

从原来的意义上讲，传主于传承师说，表示传述的意思。该体式著作内容多样，或传述本事，证发经意，或传述师说，正面解释经意，或引经证事，借事明经。传体是《仪礼》文献最早的整理体式之一，其中似以《仪礼·丧服传》内所引之《传》为最早，而现存最早的传体著作为相传子夏所作的《丧服传》。不过，到了两汉时期，尤其是在魏、晋之后，《丧服传》也已和《仪礼》十七篇经文一样，具有了儒经的性质。后世《仪礼》学传体著作亦续有之，如南朝梁裴子野《丧服传》、隋张冲《仪礼传》等皆此类。

（二）记体

记体与传体相近，原其本始，记主于录其闻见，不必师训。汉代以前，记体大致有两类：一类为随文作记，如《仪礼》中《士冠礼》、《士昏礼》、《乡饮酒礼》、《乡射礼》、《燕礼》、《聘礼》、《公食达夫礼》、《觐礼》、《丧服》、《既夕礼》、《士虞里》、《特牲馈食礼》十二篇之后所附的《记》文，或阐发礼的意义，或追述远古异制，或补充说明仪制的变易及其原因，或详述器物的形制及规格数量，或附录礼典仪式所用之辞，要之均有益于理解《礼》文。另一类为单独作记，如《汉书·艺文志》所载“《记》百三十一篇”，班固附记云：“七十子后学者所记也。”其中当有不少篇目与今本大、小戴《礼记》相类，属于独立成篇，对理解《礼经》大有益处。汉代以后，《仪礼》文献中的记体多随文记解，如清代于鬯、费祖芬各自所著《读仪礼日记》即此类。另外，当代一些期刊发表的《仪礼》札记性文章亦多属此类体式。

（三）义体

义体以阐述所解书籍的要义为主，有时也兼及他事。早期此体多属于随文阐述要义，如《礼记》中的《冠义》、《昏义》、《乡饮酒义》、《射义》、《燕义》、《聘义》，实际上就是先哲对《仪礼》的《士冠礼》、《士昏礼》、《乡饮酒礼》、《乡射礼》、《燕礼》、《聘礼》逐篇所作的解释，大致每篇先阐明该礼的重要意义，其次训释各礼要节，继而杂论有关要义，末了或述古礼，或记礼事，后来作记者将它们抄录成文，汇编为《礼记》一书。南北朝以后，该体逐渐独立出来，出现了单独的义体著作，如北周沈重所著《仪礼义》、《丧服经义》、隋张冲《丧服义》、宋刘敞《士相见义》、《公食大夫义》、清人葛祖亮所著《礼经千古要义》，吴挹桂所著《仪礼要义》，胡培系所著《仪礼述义》等，皆属于此体之作。

（四）注体

注体始于西汉，成熟于东汉，也是《仪礼》文献最早的整理体式之一。目前所知最早的《仪礼》文献，是东汉马融的《丧服经传注》。另据《隋书·经籍志》记载，东汉末期学者郑玄亦著有《仪礼注》、《丧服经传注》、《丧服谱注》等注体文献，是重要的《仪礼》学二次文献。由于郑玄《仪礼注》影响较广，此后成为文献学家注释古籍的通行体式之一，如魏晋时期的王肃著《仪礼注》、《丧服经传注》，袁准著《丧服经传注》，南朝宋刘道拔著《丧服经传注》，清人吴名溢著《丧礼注》，蔡廷治著《仪礼注》，皆采用此体。

（五）音体

音体是专门标释字音的注释体式。此体产生于东汉，大行于魏晋南北朝时期，以后历代陆续有作。历代属于此体的《仪礼》文献，当以郑玄《仪礼音》为最早。另外，《隋书·经籍志》所附载南朝宋李轨《仪礼音》、刘昌宗《仪礼音》二书，丁国钧《补晋书艺文志·补遗》所载范宣《仪礼音》等，亦属于此体著作。

（六）解体

解，即分析、解说。汉代以上，解体主于解说经籍蕴意奥旨，不以词义训释为务；魏晋以下，则诠句与释词并重，同时也兼及其他注释方面。《仪礼》学著作中，宋叶味道撰《仪礼解》、宋周燔《仪礼详解》、明何乔新《仪礼明解》、明刘绩《丧服传解》、明郑若曾《士冠礼解》、清刘沅《仪礼恒解》，等等，皆属于此体。

（七）序体

序体古籍整理著作的任务是给所解古书作序，一般不再做别的注解工作。隋以前，该体《仪礼》学著作多称“谱”，如《隋书·经籍志》所载此体著作有：郑玄《丧服谱》一卷，蔡谟撰《丧服谱》一卷，贺循撰《丧服谱》一卷。唐、宋以下，专门的序体著作较少，但单篇的序体文数量剧增，多见于注释体文献的书首。

（八）章句体

关于“章句”之意，前贤以为“谓离章辨句，委曲枝派也”①。就是说，此体著作要明确句读，划分章节，并在分析解说全文的基础上，分章概括大意，阐述思想内容。此体出现颇早，汉代以后陆续有作。就《仪礼》文献著作而言，此体著作不多见，北周李公绪所撰《丧服章句》、清人吴廷华《仪礼章句》即此类。

（九）疏注体

疏注体，一般称“疏体”，是一种既释原文又释注文的文献整理体式。此体以西汉经师的《易》说为前身，南北朝时期“义疏”大兴，多属于此类著作；唐代以下，此体多以“正义”、“注疏”标称，宋代又有人标称为“注疏解经”，皆异名而同实。历代《仪礼》文献中属于此体的著作不少，南北朝时

---

① 范晔著，李贤注：《后汉书》卷二十八上《桓谭传》注，中华书局2012年版，第749页。

期尤众,如《隋书·经籍志》中记载的此体著作有:无名氏《仪礼义疏》六卷,贺玚撰《丧服义疏》二卷,司马𤅢撰《丧服经传义疏》五卷,楼幼瑜撰《丧服经传义疏》二卷,刘𤅢撰《丧服经传义疏》一卷,沈麟士撰《丧服经传义疏》一卷,何佟之撰《丧服经传义疏》一卷,皇侃撰《丧服文句义疏》十卷。[①]在现存该体《仪礼》文献中,以唐贾公彦《仪礼注疏》影响最深最广。

二、传注合用体

传注合用体是指两三个单用体互相结合为用的传注性体式,有时往往表现为异名同实。在历代《仪礼》学著作中,属于这一大类的体式主要有以下几种:

(一)解诂体

此体实际上是标举"解"、"诂"二字,以少概全,概指各种有关的注释工作。晚近以来,该体著作以"注解"、"注释"之名最为流行。《仪礼》学类该体著作中,当以卢植《仪礼解诂》(《三礼解诂》之一)为最早。其他如宋陈祥道《注解仪礼》(《经义考》云佚,凡32卷)、明陈深《仪礼解诂》、清陈世仁《仪礼注释》、清刘台拱《仪礼传注》、清无名氏《仪礼解诂》(《经义考》载之,凡4卷,今佚)等,皆此类体式著作。

(二)音义体

此体起于汉、魏之际,随即大行于世。一般以释音为主,兼及释义,故合称"音义"。陈、隋间,陆德明著《仪礼音义》(《经典释文》之一),《仪礼》原文与郑《注》文兼释,而且还兼及校勘方面的内容。此外,唐李玄植撰《三礼音义》,清杨国桢撰《仪礼音训》,清袁俊等编纂《仪礼音训》,等等,皆属于《仪礼》学音义体著作。

(三)疏证体

疏证体与疏注体不同,疏注体既要疏解《仪礼》原文,同时亦要疏解注文;疏证体著作则主于疏通证明郑《注》之文。在清代《仪礼》学著作中,有一批疏通证明郑玄《仪礼注》古今异文注语的疏证体著作,如李调元《仪礼古今考》、程际盛《仪礼古文今文考》、徐养原《仪礼古今文异同》、宋世荦

---

① 南北朝时期的《仪礼》学义疏类著作,除《隋书·经籍志》所载外,尚有陈顾越的《丧服义疏》,陈沈文阿《丧服经传义疏》等都属于对义体著作的疏解。

《仪礼古今文疏证》、胡承珙《仪礼今古文疏义》、段玉裁《仪礼汉读考》、陈光煦《礼经汉读考》等，都非常具有代表性。

（四）注译体

此体晚近才出现，一般先列原文，再加注释，后出译文。这是目前最为流行的一种普及性文献整理体式。20 世纪 80 年代以来，国内出版的该体《仪礼》文献主要有：

邓志瑗、余让尧等编著：《十三经直解》第二卷（上）《仪礼直解》（江西人民出版社，1993 年版）

杨天宇译注：《仪礼译注》（上海古籍出版社，1994 年版、2004 年版）

李景林等译注：《仪礼译注》（吉林文史出版社，1995 年版）

彭林译注：《仪礼全译》（贵州人民出版社，1997 年版），《中国历代名著全译丛书》之一

许嘉璐译注：《文白对照十三经·仪礼》（陕西人民教育出版社，1995 年版）

陈铁民等译注：《十三经·仪礼》（文白对照）（三秦出版社，2004 年版）

特别有意思的是，清代出现了一种特殊形式的译注体之作，不妨称之为“增串体”。① 该小类一般不加句读圈点，但往往在所解经籍原文之间增加相关辅助性话语，使之成为一篇训释者所处时代的白话文，以便读者明了所解经籍之意。有的著作者仿高头讲章之式，在增字串解《仪礼》经文的同时，于礼经语词难解者，另注数语于每页经文上方，以此弥补正文串解式诠释的不足，马駉的《仪礼易读》就是这一类体式的代表性著作。有的著作者在运用增串体编排方式之余，在所需补充训释的字句下面另行作注，诠释补充语词或相关仪制之意，注文字体往往要小于经文。朱骏声的《仪礼经注一隅》便是此类体式之作。

（五）校注体

校注体著作既要校正原文，又要加以注解。此体标名似起于清代，至今颇为流行。又称为“校释”、“校义”、“校诠”、“校诂”等，异名同实。在清代《仪礼》学著作中，属于此体的仅见曹元弼《礼经校释》一书。

① 邓声国：《清代〈仪礼〉文献研究》第六章第三节，上海古籍出版社 2006 年版，第 271—275 页。

三、其他注释体

较之前面的传注单用体和传注合用体，以下几种《仪礼》文献注释体或表现为注文繁复，层次较多，或表现为内容特别，形式非常。

（一）通释体

通释体的特点在于上下左右贯通作解，又称为“通”、“通注”、“通故”、“通训”、“会通”等。此体式大致可以分为5类：贯通文意，简明洞达；宗主一家，贯通众说；融会众说，不避烦琐（近于纂集体）；重新编次所解原文，集传集解；句解章评，通训义，通流变。在历代《仪礼》学研究中，当以该体之第四类通释体著作，即重新编次所解原文、集传集解之作为主，数量最众，其注释方式尤为重要，影响甚大，如宋朱熹《仪礼经传通解》、黄榦《仪礼经传通解续》、车垓《内外服制通释》，清江永《礼书纲目》、徐乾学《读礼通考》、杨丕复《仪礼经传通解》、崔述《五服异同汇考》等，皆是这一体式小类的代表性著作。至于其他小类通释体著作数量极少。流传至今，有些通释体《仪礼》文献早已散佚，如《经义考》所载之宋马廷鸾《仪礼本经疏会》、明许孚远《乡饮酒礼会通》二书，朱彝尊注云亡佚，难以考见其书原貌。

（二）考辨体

考辨体以考论辨正前人说解中所存在的疑难失误为主要任务。此体起源颇早，由汉至唐，逐渐发展成熟。宋代以下，成了最常用的注释体式之意。或称为“辨”、“考”、“识误”、“辨正”，或称为“辨义”、“质疑”、“疑问”、“存疑”、“析疑”、“志疑”，或称为“刊误”、“订义”、“订诂”、“正论”、“匡名”等。自汉以来，此体著作极为众多，几乎各个朝代都有此体著作出现，如汉曹充《庆氏礼章句辨难》，晋刘智《丧服释疑》，北魏卢道虔《难王俭〈丧服集记〉》，宋朱熹《乡射疑误》，清方苞《仪礼析疑》，清龚元玠《畏斋仪礼客难》，清胡肇昕《仪礼正义正误》，清蒋彤《丧服传异说集辨》，等等，皆此体式著作。以方苞《仪礼析疑》为例，该书属于解疑之作，“大旨在举《仪礼》之可疑者而详辨之，其无可疑者并经文不录”①，以考辨前人说解《仪礼》失误为要务，惟不载《仪礼》全文，依十七篇顺序逐一条举文句详加辨正论说而已。

① 永瑢等：《钦定四库全书总目》（整理本）卷二〇，中华书局1997年版，第258页。

(三)集解体

集解体是东汉以下广为使用的一种注释体式。此体主要有三类:第一类为集众说以作解,而且于每解之下所引诸说一般均属于众家对同一原文所作的不同训释,不过多期于发明文意,不期于纂集资料。据朱彝尊《经义考》卷131按语,南朝齐田俊之(僧绍)所撰《集解丧服经传》一书似属于此体,它汇集了袁准、孔伦、陈铨、蔡超宗及田俊之自注进行集解,可惜该书今已亡佚,无从详考其著述体例。第二类为集比经传,为之作解,在历代《仪礼》学论著中,无此小类著作。第三类为汇集有关文献,为之作解。在历代传世至今的《仪礼》学论著中,似亦无此小类著作。在已经亡佚的论著当中,梁伏曼容撰《丧服集解》(徐崇《补南北史艺文志》载之)、明李黼撰《仪礼集解》(《经义考》载之),可能属于集解体著作,不过到底属于哪一小类,则无从考见,至于宋李如圭撰《仪礼集释》、元敖继公撰《仪礼集说》二书,虽名曰"集释"、"集说",但并不属于集解体著作,前者甚至可以将其归入疏注体,可以说名实并不相符。

(四)纂集体

所谓纂集体,是一种资料汇纂性质的组织松散的注释体式。宋代以下广为运用,一般又称作"纂传"、"纂言"、"汇纂"、"集编"、"集成"、"大全"、"粹言"、"附录"等。此体式注释著作一般可以分为三类:繁式纂集体(原文与众解毕载,务求全备)、简式纂集体(不载原文,只依篇次纂录注疏要义)、专目纂集体(按照专门类目纂辑有关资料,也与注释工作相关)。在清代《仪礼》学著作中,盛世佐《仪礼集编》、《钦定仪礼义疏》皆属于繁式纂集体著作。以《钦定仪礼义疏》为例,该书采掇群言,分为正义、辨正、通论、余论、存疑、存异、总论七个义例①,对于历代礼学研究成果进行整合分析,然后胪列于每一义例之下,这样就使得全书的类目条理性非常清晰,编著者的立论与各种不同见解都得到妥善的安置,即使是纂修者所不拟采信之说,也都列于"存疑"、"存异"之中,大体上反映出了前人已有的各种成

① 三礼馆诸儒在纂修《义疏》时,特别拟定了七大"义例","一曰正义,乃直解经义确然无疑者;二曰辨正,乃后儒驳正旧说至当不易者;三曰通论,或以本节本句参证他篇比类以测义,或引他经与此经互相发明;四曰余论,虽非正解,而依附经义于事物有所推阐;五曰存疑,各持一说义亦可通,又或已经驳论而持此者多未敢偏废;六曰存异,名物象数久远无传,难得起阵,或创为一说,虽未惬人心而不得不姑存之以资考辨;七曰总论,本节之义已经训解,又合数节而论之,合全篇而论之。"

说，颇具“辨章学术，考镜源流”之功。

（五）读本体

读本体著作盛行于明、清时期，有句读，有圈点，对当时学者阅读古籍极为便利。在明、清之际，有的读本体只圈点，不注解；有的既有评注又有圈点；有的选择众说，注于原文之下，不求阐发推演，仅备课读使用。到了现代，则使用新式标点，且往往在每一章节之后，做通俗简明说解。在清人众多的《仪礼》文献中，贺涛《仪礼评点》、无名氏撰《仪礼初学读本》、刘曾騄《仪礼可读》、毛一鸣《仪礼便蒙》（《江苏艺文志·常州志》载之，今佚）等，皆属于读本体著作。

第四节　其他“校释类”文献整理体式

一、释例体、图解体

（一）释例体

释例体是一种概括、标举、解释书中体例的训诂体式。清朱一新《无邪堂答问》卷五云：“古书自有体例，但古人著书其例散见书中。”又云：“不通其书之体例，不能读其书，此即大义之所存，昔人所谓义例也。”[①]因此，说明揭示书中体例，也是注释工作的要务之一。此体式大致可以分为单书释例体和群籍释例体两大类，其中单书释例体又可以分随文释例体与专门释例体两小类。就《仪礼》学论著而言，它总体属于单书释例体的性质，其中释例是汉唐以来训诂《礼》经的重要工作方面，自郑玄作《仪礼注》以来即是如此。历代《仪礼》学专门释例体著作不少，大多都出现在清代，主要有：江永《仪礼释例》、凌廷堪《礼经释例》、陈澧《东塾读书记·仪礼篇》、曹元弼《仪礼学·明例》，等等。[②] 清代以前，《隋书·经籍志》所载无名氏《五服略礼》（今佚）及《宋史·艺文志》所载无名氏《仪礼类例》（今佚）似亦属此体式著作。

---

① 朱一新：《无邪堂答问》卷五，民国九年（1920）《广雅丛书》本。

② 诸著作释例详情，请参阅拙著《清代〈仪礼〉文献研究》（上海古籍出版社2006年版）第三章第三节、第六章第三节，及《清代“五服”文献概论》（北京大学出版社2005年版）第七章第一节的有关论述。

(二)图解体

图解体是通过图表的形式来表明、解释书中有关内容的一种训诂体式。这一类文献所作图表之下一般都有简要的文字说解。这类体式早在西汉时期就已出现了,以后各代相继出现续作,从宋朝以下有许多学儒多采用此式著述立说,使自身的研究成果一目了然,便于学礼者接受、掌握和记忆。

从内容方面来看,图解体著作所绘制的《仪礼》学图例应包括四方面的内容,即:仪节图、宫室图、器物图、表解图。① 仪节图主要绘制有关各仪节行进次序及其人物立处方位一类图式,大致相当于黄以周《礼书通故》(卷四十八)的礼节图,据黄氏考证,“礼节有图,昉于赵彦肃、杨信斋”②。宫室图主于绘制房室结构之简图,黄以周《礼书通故》(卷四十八)将其归入“名物图”一类。器物图主要绘画《仪礼》十七篇中所涉器物之图象、形制,大致与黄氏《礼书通故》“名物图”相当,黄氏谓“礼器制度,昉于汉叔孙通,郑阮礼图多本其说,后之学者迭相增改”③,其“名物图”包括九大类:一曰宫室,二曰衣服,三曰玉瑞符节,四曰尊彝鼎,五曰乐器,六曰射器,七曰兵器,八曰车制,九曰器服、器器;黄氏并提出其“名物图”的考订途径云:“据经记之文,参注疏之言,疑以传疑,信以传信,虽曰仿佛,思过参半”。④本书此处所谓“器物图”则不包括宫室一类,已将其单独列出,主要是考虑到这一类礼图与《仪礼》仪节行式密切关联,与其他名物图颇不相类,故另立“宫室图”一类。表解图则主要适用于绘制《丧服》篇各种“五服”制度义例之归属情况。⑤

历代出现的专门图解体著作甚众,主要有:三国蜀谯周撰《丧服图》,吴射慈撰《丧服变除图》、《丧服天子诸侯图》;晋崔游撰《丧服图》,蔡谟撰《丧服图》;南朝齐王俭撰《丧服图》,贺游撰《丧服图》,无名氏撰《丧服礼图》、《五服图》、《五服图仪》、《丧服君臣图仪》、《冠服图》(《隋书·经籍

① 本书划分与清代学者黄以周《礼书通故》不同,黄氏分三大类,即礼节图表、礼节图、名物图。

② 黄以周:《礼书通故》卷四十八,《续修四库全书》(第112册),第452页。

③ 黄以周:《礼书通故》卷四十九,《续修四库全书》(第112册),第534页。

④ 黄以周:《礼书通故》卷四十九,《续修四库全书》(第112册),第534页。

⑤ 大致与黄以周《礼书通故》之“礼节图表”相当,其“礼节图表”包括十大类:冕服表、弁冠服表、妇服表、器服升鼠标、器服表、变除表、宗法表、井田表、学校表、六服朝见表。主要是就三《礼》总体情况而划分的。

志》载）；唐张荐撰《五服图》，仲子陵撰《五服图》；宋朱熹撰《仪礼图》，赵彦肃撰《士冠士昏馈食礼图》，杨复撰《仪礼图》、《仪礼旁通图》，杨明复撰《冠婚丧祭图》；元张翌撰《冕弁冠服图》；明傅鼎撰《乡射礼集要图说》，王廷相撰《昏礼图》、《乡射礼图》，骆问礼撰《乡饮序次图说》，陈林撰《仪礼会通图》，胡宾撰《礼经图》；清陈天佑撰《丧服图》，王绍兰撰《仪礼图》，吕宣曾撰《古宫室图》、《古冠服图》，孔继汾撰《丧服表》，庄有可撰《仪礼丧服经传分释图表》，张惠言撰《仪礼图》，俞樾撰《士昏礼对席图》，刘发书撰《礼节图》（附《仪礼节解》后，今存佚不详），吴之英撰《仪礼礼事图》、《礼器图》，蒋彤撰《仪礼丧服表》，等等。此外，在其他各种体式文献当中，也往往包含各种图表的内容，属于附载图解体，此不逐一赘举。

二、总论体、考证体

（一）总论体

总论体不载所解原文，总论书中要义及有关问题、有关事项，对读者正确理解文意很有帮助。这一体式可分为单书总论体和群书总论体，其中单书总论体又分为附载总论体和专门总论体两类，如黄淦《仪礼精义》属于附载总论体，而今人段熙仲先生的《礼经十论》①则属于专门总论体著作，从“题目当从汉师”、“篇第当从大戴”、“文字当从今文”、“成书当在东周出于孔子”、“说经当守家法无取古学”、“叙录宜从异撰”、“治经贵明章句”、“治《礼》宜如《易》之有图”、“治《礼》宜如《春秋》之以例”、“《礼经》、《春秋》学术同源”十个专题角度，总论《仪礼》学的许多重要问题；另外，有些群书总论体著作如明代王廷相的《丧礼论》，清代皮锡瑞的《经学通论》等，亦包括对《仪礼》学有关内容的论述。

（二）考证体

考证体以对所解原文及与之有关的重要问题进行考稽、考释、论证为任务；考证的结果一般都表现为自成体系的独立论著，对所解原文没有依附关系，这一点使它区别于随文注释体中的考辨体；在历代群籍的训诂著作中，属于考证体的大致可分为一书单考体、群籍合考体、专题考证体、古文字考释体四类。历代《仪礼》学研究成果，主要存在于前三种体式著作

---

① 段熙仲：《礼经十论》，载《文史》第1辑，中华书局1962年版。

中。一书单考体主要对《仪礼》一书中的有关问题进行考证，如元方回的《仪礼考》、明张睿卿的《仪礼考》、清杨筠的《仪礼聚考》等即此类；群籍合考体是对群籍中的有关问题进行考证，清人毛奇龄的《三年服制考》、朱建子的《丧服制考》（《四库全书总目》称作《制服图考》）即此类，另外有些此类著作如清人钱大昕的《十驾斋养新录》、陈澧的《东塾读书记》、王引之的《经义述闻》、俞樾的《群经平议》等，亦包括对《仪礼》一书中的有关问题进行考证的情况；专题考证体是对包括《仪礼》一书在内的有关问题进行专题考证和论述，如宋李如圭的《仪礼释宫》，车垓的《内外服制通释》，明谭贞良的《仪礼名物考》，清任启运的《朝庙宫室考》、《肆献裸馈食礼》，胡匡衷的《仪礼释官》，凌曙的《仪礼礼服通释》，近人沈文倬的《汉简〈服传〉考》①等等，皆属于此体之作。

三、翻译体、删改体

（一）翻译体

就古籍整理工作者而言，翻译体的任务是把文言文译为白话文，或者译为别的语言。它与注译体略有不同，翻译体仅仅只是翻译原文，而注译体不仅要翻译原文，并且还要对原文进行疑难字词的注释。20 世纪下半叶以来，特别是 20 世纪 80 年代以来，此体著作较为流行，目前有关《仪礼》白文翻译的著作主要有这样几种：

王宁主编:《评析本白话三礼》（北京广播学院出版社，1992 年版）。该书系“三礼”的白话全译合订本，不过，与其他翻译体著作相比，该书每部书前多了名家所作的评介。

顾宝田著:《新译仪礼读本》（台北 ：三民书局）

李翰文主编:《文白对照十三经 · 仪礼》（九州出版社，2001 年版）

另外，《仪礼》一书的外文翻译工作亦有所开展。据目前所知，在日本学界便有学者致力于《仪礼》外文翻译工作的，如广岛大学文学部中国哲学研究室编译了《仪礼国译》一书，1958 年 9 月至 1971 年 2 月印行，计 7 集，对《仪礼》全文进行了翻译。另外，二十世纪七十年代日本东海大学出

---

① 《汉简〈服传〉考》分上、下篇，上篇载《文史》第 24 辑（中华书局 1985 年版），下篇载《文史》第 25 辑（中华书局 1985 年版）。

版会出版了池田末利译注的《仪礼》一书，收录《东海大学古典丛书》之内。

（二）删改体

删改体是一种特殊的训诂体式。这一体式的诠释之作一般由某一部或某几部相关的同类训诂著作删节或增改而成，原有的训诂体式特征有的得到保留，有的则不再保存下来，而行文组织方面则大都有所变动，同时这一类体式著作的经文及其注解形式往往仍各自存在不同的体式特点。此体大致可以分为两类：一类为单书删改体，取某一本训诂专书删改而成；一类为群书删改体，乃取多部训诂著作删改而成。在历代《仪礼》学论著中，该体式主要出现在清代，如檀萃《仪礼韵言》、汤馥藻《仪礼指掌》之类即属于单书删改体著作，而黄元善《仪礼纂要》、吴卓信《约丧礼经传》等则属于群书删改体著作。

除上述各节所述诸体式之外，历代《仪礼》文献学史上还出现了其他一些古籍整理体式类型，如翼体、证体、条辨体、增串体，等等，这里就不再一一详述。另外，历史上有些《仪礼》学论著往往是兼采各种体式之长合而为之的，如清人胡培翚的《仪礼正义》一书，就兼采校勘体和集解体两种体式著书立说，其采用校勘体者，在于校勘《仪礼》经文，及其校勘郑《注》、贾《疏》诸文献，广据众本进行校勘，文字异同详覈完备，亦广纳前贤时哲的校勘成果，择取其中之可信者入《正义》之中，并为之旁征旧籍，分别异同；其采用集解体者，表现在胡氏广征历代诸儒之说，用以“补注”、“申注”、“附注”、“订注”，可谓集前人研究之大成，意义极为重大，从而使之成为清代《仪礼》学研究史上一部里程碑式的著作。① 这种兼采多种体式特点著书立说的方式，在清人的论著中较多见，此不逐一赘举分析。

---

① 关于胡培翚《仪礼正义》一书这两方面特点的具体情况，请参看拙著《清代〈仪礼〉文学研究》中第四章第四节及第八章第四节中的相关论述。

第三章

《仪礼》文献的编纂、流布与收藏

第一节 《仪礼》文献的编纂

从历代《仪礼》文献学史的编纂情况考察来看,《仪礼》文献的编纂是一个具有层级性的文献整理活动。这种整理工作主要包括两个层级:第一个层级是《仪礼》白文的结纂;第二个层次是历代《仪礼》注释文献的纂辑。前者一般完成于汉代之前,而后者则主要出现在印刷术发明并广泛用于刻书事业之后。

一、《仪礼》白文的结纂

讨论《仪礼》白文的结纂,大致涉及以下三个方面:一是《仪礼》经文十七篇的编排问题,即十七篇有哪些不同的编排方式,各自的理据何在,等等;二是现有《仪礼》中经、《记》的归并问题,即经、《记》三个部分是如何合并在一起加以传播的;三是《丧服》经与《丧服传》的并置问题,即《丧服传》是何时并入《丧服》经之中的。

(一)经文十七篇的编排

汉初高堂生所传之《士礼》十七篇,就是今文《仪礼》。据历代文献记载,在两汉时期《仪礼》传习过程中,十七篇出现了三种不同的叙次,戴德、戴圣二人所传与刘向《别录》本之间颇有差异,理据各不相同,优劣各在。三家十七篇序次情况大致如下:

戴德本十七篇次第依次为:《士冠礼》,《士昏礼》,《士相见礼》,《士丧礼》,《既夕礼》,《士虞礼》,《特牲馈食礼》,《少牢馈食礼》,《有司彻》,《乡饮酒礼》,《乡射礼》,《燕礼》,《大射仪》,《聘礼》,《公食大夫礼》,《觐礼》,《丧服》。

戴圣本次第则是:《士冠礼》,《士昏礼》,《士相见礼》,《乡饮酒礼》,《乡射礼》,《燕礼》,《大射仪》,《士虞礼》,《丧服》,《特牲馈食礼》,《少牢馈食礼》,《有司彻》,《士丧礼》,《既夕礼》,《聘礼》,《公食大夫礼》,《觐礼》。

至于刘向《别录》本诸篇次第,依次为:《士冠礼》,《士昏礼》,《士相见礼》,《乡饮酒礼》,《乡射礼》,《燕礼》,《大射仪》,《聘礼》,《公食大夫礼》,《觐礼》,《丧服》,《士丧礼》,《既夕礼》,《士虞礼》,《特牲馈食礼》,《少牢馈食礼》,《有司彻》。东汉后期郑玄作《仪礼注》时,即依此编排次第,唐贾公彦作《仪礼注疏》亦一尊郑氏原貌。

关于戴德本的序次,清代学者姜兆锡在他的《仪礼经传内外编》中申论云:"《大戴》篇目之序,盖以冠、昏、丧、祭为次,而递及于饮、射、聘、觐也。其以《丧服》居后者,上各篇皆言礼仪之节,而此篇乃因礼仪而及其丧服之制,以见凡行丧礼之仪所相依以为用者,故后之与? 由是以推,刘向篇目之次固胜于《小戴》,而其视《大戴》则有不及者,郑氏盖未免失所从违也。"①另外,清人邵懿辰亦主张《仪礼》十七篇次第当从大戴之次,这是因为:"《礼运》凡两举(冠昏丧祭朝聘射乡)八者以语子游,皆孔子之言也,特'射乡'讹为'射御'耳。一则曰'达于丧祭射乡冠昏朝聘',再则曰'其行之以货力辞让饮食,冠昏丧祭射乡朝聘'。货力辞让饮食六者,礼之纬也。非货财强力不能举其事,非文辞揖让不能达其情,非酒醴牢羞不能隆其养。冠昏丧祭射乡朝聘八者,乡饮以合乡里,燕射以成宾主,聘食以睦邦交,朝觐以辨上下,天下之人尽于此矣,天下之事亦尽于此矣。而其证之尤为明确而可指者,适合于《大戴》之十七篇之次序。"②在目前所见的各种《仪礼》文献当中,刘曾騄所著《仪礼可读》17 卷便完全依照戴德本十七篇次序划分卷目。

---

① 姜兆锡:《仪礼经传内外编》卷首,《续修四库全书》(第 87 册),第 175 页。

② 邵懿辰:《论〈礼〉十七篇当从大戴之次本无阙佚》,载《礼经通论》,阮元、王先谦编《清经解·清经解续编》(第十三册),第 6350 页。

关于戴圣本十七篇的编排次第,有些礼学家认为,在十七篇三家次第编排当中,小戴次序最为杂乱,例如晚清学者邵懿辰就持此看法。邵氏认为,“大戴之次有会于四际八编之说”,而小戴之次“要不若大戴之次合乎《礼运》,疑自高堂生、后苍以来,而圣门相传篇序固已如此也”①。另外,晚近学者刘师培考察《礼记》之文发现,“各记之中有合言冠昏、丧祭、朝聘、射乡者,如《礼运》言‘达于丧祭、射乡、冠昏、朝聘’,又言‘其行之以货力、辞让、饮食、冠昏、丧祭、射乡、朝聘’是也;也有析言冠昏、丧祭、朝聘、射乡者,如《昏义》‘始于冠,本于昏,重于丧祭,尊于朝聘,和于射乡’是也;又《经解》、《礼运》二篇均以婚姻之礼、乡饮酒之礼与聘觐之礼、丧祭之礼并文,《盛德》一篇亦以丧祭之礼、朝聘之礼与乡饮酒礼、昏礼并文”,显然是将礼分为冠昏、丧祭、朝聘、射乡四大类。据此,刘氏认为,《仪礼》小戴篇次之划分即以《礼记》为依据:“若小戴之意,盖以《礼经》之次,应以类区。……故其次《礼经》之目,亦均隐据《记》文。”具体地说,就是“先以《冠》、《昏》、《相见》者,所以通冠昏为一类也。次以《乡饮酒》、《乡射》、《燕》、《大射》者,所以通射乡为一类也。次以《士虞》、《丧服》、《特牲》、《少牢》、《有司彻》、《士丧》、《既夕》者,所以通丧祭为一类也。终以《聘》、《公食》、《觐》者,所以通朝聘为一类也”。②

东汉后期,郑玄作《仪礼注》时,采纳了刘向《别录》十七篇的编排次序,而没有采纳二戴的序次。关于这一点,唐贾公彦为之作《疏》时有过一番解释:刘向《别录》本“皆尊卑吉凶次第伦叙,故郑用之”,至于二戴本“皆尊卑吉凶杂乱,故郑玄皆不从之矣”。③ 清代学者邵懿辰也曾经分析指出:“今郑、贾《注疏》所用刘向《别录》次序,则以丧祭六篇居末,而《丧服》一篇移在《士丧》之前,似依吉凶人伦为此。盖向见《记》云‘吉凶异道,不得相干’(著者按:系《礼记·丧服四制》篇文),《荀子》云‘吉事尚尊,丧事尚亲’,遂以冠昏射乡朝聘十篇为吉礼居先。”④而晚近学者刘师培在将刘向《别录》本和小戴本《仪礼》篇次进行对比后发现,“《别录》所次,亦与小戴

① 邵懿辰:《论〈礼〉十七篇当从大戴之次本无阙佚》,载《礼经通论》,阮元、王先谦编《清经解·清经解续编》(第十三册),第6350页。

② 刘师培:《礼经旧说》卷一,刘晓东、杜泽逊编《清经解三编》(第八册),第566页。

③ 贾公彦:《仪礼注疏》卷一,《十三经注疏》(上册),中华书局1991年版,第945页中。

④ 邵懿辰:《论〈礼〉十七篇当从大戴之次本无阙佚》篇,载《礼经通论》,阮元、王先谦编《清经解·清经解续编》(第十三册),第6350页。

略同”,但他同时也指出,《别录》本“惟于丧祭一类中先丧后祭,又以朝聘各篇易居丧祭各篇前,故篇目未能尽合。其必易小戴之次者,所以区全经为吉、凶二类也。”刘师培认为,刘向将《仪礼》所记诸礼分为吉、凶两类,即“以《觐礼》以前为一类,统为吉礼;《丧服》以下为一类,统为丧服,即凶礼也;其《士虞礼》以下,则统属祭祀,其礼分属吉、凶之间,故别为一类,以据经末”。简言之,刘向《别录》“所据盖即《丧服四制》篇所谓‘吉凶异道,不得相干’也”①。

除以上三家十七篇的排列序次外,汉代可能还存在其他不同的排列序次。据《汉书·艺文志》和《隋书·经籍志》的记载,今文本《仪礼》是从高堂生传到后仓(或作苍)的。后仓有三位学习《礼》的弟子,即戴德、戴圣和庆普。三位弟子各有自己的《礼》经本子,每一位都立于学官。西汉时的三种今文本《仪礼》就是这样形成的。《汉书》卷八十八更完整地记述了此事。但是,《后汉书》卷七十九上所记西汉的《礼》今文家中并不包括庆普,而且相关史籍也没有记载庆普本《仪礼》的十七篇序次情况,无从考见其本子原貌。不过,当代学者陈梦家先生推测认为,1959 年在武威汉墓发现的《仪礼》竹木简甲本,就是今文家的庆普本。②

从《武威汉简》的整理发掘来看,出土的《仪礼》竹木简存在三种单独的简本,这三种不同简本分别被称为甲本、乙本、丙本。其中,武威甲本有七篇在宽木简上用大字抄写的文本,各篇都有篇题和篇次。它的篇次与上文所举三家的篇次都不相同,这表明在西汉末年还有第四种不同序次的版本流行。武威甲本七篇次第为:《士相见之礼》第三,《服传》第八,《特牲》第十,《少牢》第十一,《有司》第十二,《燕礼》第十三,《泰射》(即《大射仪》篇)第十四。除《燕礼》外,篇题都写在第一简的反面,篇次写于第二简的反面;《燕礼》的篇题及篇次都写在第一简的反面。陈梦家推测,这个简本代表了今文家的庆普本。至于武威乙本和丙本,都只载有《服传》篇,无从考见原书篇第顺序。

另外,在历代《仪礼》学研究中,也有学者主张十七篇次第当从《周官·大宗伯》“五礼”之目进行编排,如清儒吴廷华就持此说。在吴氏看来,《仪礼》一书本为《周官·大宗伯》“五礼”节目,因而其序次的编定当以

---

① 刘师培:《礼经旧说》卷一,刘晓东、杜泽逊编《清经解三编》(第八册),第 566—567 页。
② 载《武威汉简》第七部分,文物出版社 1964 年版。

《大宗伯》“五礼”之次为准,传统旧说欠允。《周官·大宗伯》篇云:“以吉礼事邦国之鬼神示”,吴氏以为此乃祭礼,祭有尊卑,因此,《少牢馈食礼》上篇当为第一,下篇(指《有司彻》)第二,《特牲馈食礼》为第三;《大宗伯》又云“以凶礼哀邦国之忧”,凶礼之首曰丧,则《丧服》当第四,《士丧礼》上篇第五,下篇(指《既夕礼》)第六,《士虞礼》第七;《大宗伯》其次又云“以宾礼亲邦国”,则《觐礼》当第八,《聘礼》第九,《士相见礼》第十;《大宗伯》其次又云“嘉礼亲万民”,并以昏冠宾射飨燕为目,则《士昏礼》当第十一,《士冠礼》第十二;又据《大射》先行燕礼,《乡射》先行乡饮酒礼,则《燕礼》第十三,《大射》第十四,《乡饮酒礼》第十五,《乡饮酒礼》第十六;食礼虽无文,但与飨、燕并行,则《公食大夫礼》当第十七。

(二)经、《记》的归并

从结构上讲,《仪礼》的内容又可分为经、《传》、《记》三部分。《仪礼》十七篇,除《士相见礼》、《大射礼》、《少牢馈食礼》和《有司彻》四篇外,其余十三篇经文篇末都有《记》文;至于《传》文,则只《丧服》篇才有之。但无论是《传》还是《记》,就其文献性质而言,都是用来解释《仪礼》经文的,各篇《记》文或补充说明经文已有但不详尽的内容,或补充说明经文没有涉及的内容,或补充说明行礼时的言辞和意义,或补充说明行礼时所需要使用的器物情况,等等。按照现代文献计量学的说法,属于礼经的二次文献。

按照一般的说法,《仪礼》经文部分早于各篇的《记》文存在,权且不论经文作于何人之手,但至迟到孔子之时便已存在,而《记》文作为补充经文的存在,则要晚于经文出现,很有可能是战国以后才出现的。那么,《记》文到底是什么时候和《仪礼》经文归并在一起,并且演化成为《仪礼》白文的一个组成部分,成了早期儒家经典的一个子目的?关于这一问题,目前没有找到足够的文献证据来说明。但至少可以认为,汉代的时候,《记》文便已经附载在《仪礼》各篇经文之后。这是因为:

其一,考《汉书·艺文志》,仅有今本十七篇《仪礼》和《古文经》传世,并无单独的《仪礼记》之类书籍出现。尽管《汉书·艺文志》在提到《礼古经》的同时,还提到“《记》”,所谓“《记》百三十一篇。七十子后学者所记也”,但这里的“《记》”并非指《仪礼·记》,两者明显不是一回事。

其二,西汉甘露年间,汉宣帝刘询在石渠阁召集众多经学家讲论五经,史称“石渠阁会议”,讲论的奏疏经过汇集,辑成《石渠议奏》一书,该书早已亡佚,但据《通典》卷七十二引《石渠议·奏》记载的"经云:'宗子孤为殇。'……《记》云:'父母存,冠衣不纯素。父母殁,冠衣不纯采'"。这里称"经云"如何,实际上出自于《仪礼·丧服记》,但都被称作《礼》;称"《记》云"如何,却是出自《礼记·曲礼》篇的逸文。按照杨天宇先生的推测,"今所见《礼记》四十九篇的初本,很可能就是在这个时期(石渠阁会议前后)由戴圣抄辑而成的"。[①] 如果这一推测成立,那么西汉时期至少是"石渠阁会议"时期没有单独称"《仪礼·记》"为"《记》"的说法。

其三,考郑玄遍注群经时,也没有片言只辞提及《仪礼记》的引文,而是一般说"《礼记》曰"如何如何,例如:《诗·召南·采蘩》篇郑玄《笺》云:"公,事也。早夜在事,谓视濯溉饎爨之事。《礼记》:'主妇髲鬄。'"孔颖达《疏》云:"此'主妇髲鬄',在《少牢》之经,笺云'《礼记》曰'者,误也。"[②]事实上,郑玄笺《诗》时,并非不知此乃《仪礼·少牢馈食礼》文,而是东汉时学界通称"《仪礼》"为"《礼记》",考许慎、郑玄、蔡邕等人的著作,均称《仪礼》为《礼记》,如许慎《说文解字叙》说:"鲁恭王坏孔子宅,而得《礼记》、《尚书》、《春秋》、《论语》、《孝经》。"又《后汉书·卢植传》:"臣少从通儒故南郡太守马融受古学,颇知今之《礼记》时多回冗……考《礼记》失得,庶裁定圣典,刊正碑文。"又《后汉书·蔡邕传》李贤注引《洛阳记》云:"南行,《礼记》十五碑悉崩坏。"诸文献中的"礼记"一词,均是指的《仪礼》一书,而非今本《礼记》一书,实则是东汉时期人们因《仪礼》中有经有《记》,故有此称名。

综合上述三方面因素可知,《仪礼》经文和《记》文归并在一起,至少不少汉代学者之所为,而是在此之前已经出现,并且达成了一定的共识。另外,按照沈文倬先生的看法,"附经之'《记》'本来就是经文的组成部分,'于是乎书'时便已包括在内,经与附经之'《记》'不是前后撰作的两种书,而是同时撰作的一书的两个部分"[③]。如此一来,似乎《仪礼》经文和《记》文本来就一直归并在一起的,无所谓经、《记》的归并问题。

(三)《丧服》经文与《丧服传》的归并

《丧服传》相传系孔子之弟子子夏所作,也有人疑非孔子弟子子夏之

---

① 杨天宇:《礼记译注》卷首《〈礼记〉简述》,上海古籍出版社 1997 年版,第 3 页。

② 孔颖达:《毛诗正义》卷一之三,中华书局 1980 年版,第 284 页。

③ 沈文倬:《略论礼典的实行和〈仪礼〉书本的撰作》,载沈文倬《菿闇文存》,商务印书馆 2006 年版,第 37 页。

作，而是汉人韩婴（字子夏）所作，或者认为系王莽、刘歆增窜之作，但总而言之，要皆晚于《丧服》篇经文的出现。起初，《丧服》经与《丧服传》是分别单行的，并不合在一块。

武威汉简出土以后，陈梦家先生从郑注两旧读入手，提出“郑玄可能是以《服传》之《传》分系于经《记》本之下者”，“或者开始由郑玄才附入了《传》”①的说法。但遭到沈文倬先生的否定。沈氏认为，武威汉简中的《服传》是“《丧服》的单《传》，从体裁上讲，它不是逐章逐节、全经无缺的疏解，而是有所侧重、但无遗漏的自成体系之作”，“是在《礼记》论礼诸篇的强烈影响下撰作，其时在秦火前夕”，“东汉时仍单《传》别行，曾为《白虎通德论》所征引，马融初入东观典校秘书时，把它与单经合编，成《丧服经传》一卷，并撰注单行，晚年撰《三礼》全注，合于十七篇中，以后郑玄等相继撰注，郑本流传至今”②。

当代学者丁鼎先生通过考察班固《白虎通》对《丧服》经、《传》的称引特点，推论“汉人是严格区分今本《仪礼·丧服》中的经文与传文的”。③ 从传世文献来看，以班固《白虎通》为例，卷四《封公侯》云：“《礼·服传》曰：‘大宗不可绝。同宗则可以为后、为人作子何？明小宗可以绝，大宗不可绝。故舍己之父，往为后于大宗，所以尊祖，重不绝大宗也。’”又卷八《宗族》云：“《丧服经》曰：‘大夫为宗子。’不言诸侯为宗子也。”一则称“《礼·服传》”，另一则称“《丧服经》”，可见当时《丧服》篇经与《传》文是分开的。另外，根据东汉《熹平石经》中只有《丧服》经而无《丧服传》，以及《武威汉简》中的乙本只有《服传》，丙本只有《丧服》篇经、《记》等史实，亦可证明汉代《丧服》经、《传》是别本而行的。

但是考之《隋书·经籍志》之《丧服》文献记载，其中既有称“《丧服经传》”的，如著录马融、郑玄、王肃、袁准各注《丧服经传》一卷；也有称“《丧服传》”的，如著录梁通直郎裴子野撰《丧服传》一卷；也有单独称“《丧服》”的，如梁国子助教皇侃撰《丧服文句义疏》十卷，陈国子祭酒谢峤撰《丧服义》十卷，等等。由此可以认为，南北朝时期，恰好是《丧服》篇经、《传》混搭的时期，当时既有《丧服传》单独行书的情况，也有经文与《丧服

---

① 中国科学院考古研究所，甘肃省博物馆：《武威汉简》，文物出版社1964年版，第33页。

② 陈梦家：《汉简〈服传〉考》，载沈文倬《菿闇文存》，商务印书馆2006年版，第345页。

③ 丁鼎：《〈仪礼·丧服〉考论》，社会科学文献出版社2003年版，第85页。

传》合起来进行注释的情况,久而久之,二者便以归并在一起为常态。所以,等到《旧唐书·经籍志》里面,著录的文献名称往往也发生了一些变化,例如:原本《隋书·经籍志》分别著录马融、郑玄、王肃、袁准各自注《丧服经传》一卷,但《旧唐书·经籍志》却著录说:"《丧服纪》一卷,马融注。又一卷,郑玄注。又一卷,袁准注。"又"《丧服要纪》一卷,王肃注"。除开"《丧服经传义疏》四卷,沈文阿撰"一条外,其他著录的文献名均无《丧服经传》合称的情况。由此可以认为,到唐代的时候,魏晋南北朝时期各类文献称名的变化,标志着《丧服》篇经、《传》行文流传的彻底合并。

二、历代《仪礼》文献的纂辑

自印刷术发明并广泛应用于刻书事业以来,书籍之纂辑成为一种新的文献整理事业,一些文献学者往往兼收四部之书汇为巨帙,或编纂为类书,或纂辑为丛书,资料网罗宏富,为文献的保存和利用提供了一条新的途径。从《仪礼》文献的保存方式和途径来看,丛书的纂辑极为普遍,历代传世下来的《仪礼》文献,从一次文献到二次、三次、四次文献,在目前所见的清代以来的几种重要丛书中,文献涉猎面都较为广泛,这些丛书的编纂,对后来《仪礼》学的研究和文化传播,起到了相当重要的作用。以下,专就与《仪礼》文献纂辑相关的各类文献编纂情况,略加介绍和说明。

(一)《仪礼》经、《注》、《疏》的合辑

就《仪礼》学的研究而言,《仪礼》经属于本文献学研究之源,属于一次文献;郑玄《仪礼注》、贾公彦《仪礼疏》二者,是汉、唐《仪礼》学研究的代表之作,分别属于二次文献、三次文献。在郑《注》产生之初,并没有与《仪礼》白文编纂在一块;同样,在贾《疏》诞生之初,也没有与《仪礼》白文、郑《注》编纂在一起。因此,讨论历代《仪礼》文献的纂辑问题,就不能回避开《仪礼》经、《注》、《疏》的合辑问题。

首先,谈谈有关《仪礼》经和郑玄《注》的合纂现象。最早将这两者合纂在一块进行文献传播,是一种刻书行为,而不是一种学术行为。五代后蜀主孟昶命毋昭裔于广政十四年(951)刊《仪礼》等十经于石碑,北宋时增补为十三经,南宋时晁公武又刻《石经考异》于诸经之后,此即"蜀石经",又称"广政石经"。此石经经文依开成石经,楷书,但又刻有郑玄《注》文,每石分若干层，每层刻经文大字20—24行，每行20字左右。该石经约毁于南宋末，宋代有拓本流传。1939年发现十块左右残石，包括《仪礼注》等。这是最早将《仪礼》经、《注》合刊在一块的石刻文献史实。至于用纸质印刷方式进行合纂，根据王国维先生《五代两宋监本考》的研究，应该始于五代时期，公元932年，人们首次雕版印刷《仪礼》经文及其郑《注》，并于公元953年完工。这个《仪礼》经及其郑《注》合刊本，人们现在通称为五代监本。

再来谈谈有关《仪礼》经、郑玄《注》和贾公彦《疏》的早期合纂现象。和经、《注》的合纂一样，经、《注》、《疏》三者的合辑同样是一种刻书行为，并非学术研究所为。贾公彦《仪礼疏》产生初期，刊印本都属于单《疏》本。据阮元《十三经注疏·仪礼注疏·引据各本目录》载，至南宋末时，《仪礼》之《注》、《疏》犹自别行。清汪士钟（顾广圻代笔）《重刊宋本仪礼疏序》云："《仪礼》合《疏》于经、《注》而并其卷第，始自明正德陈凤梧，迨李元阳以下皆因之。"也就是说，《仪礼》经、《注》、《疏》的合辑合刊，始于明正德陈凤梧，刊于明嘉靖五年（1526）。黄丕烈《百宋一廛赋注》云："陈凤梧、李元阳、闻人诠散《疏》入《注》，而《注》之分卷遂为《疏》之分卷。又去《疏》所标经文起止，盖出于陈凤梧，明正德时事也。"陈凤梧之后，嘉靖间李元阳刻闽本、万历间北京国子监刻本、崇祯间毛晋汲古阁翻刻北监本，以及嘉靖间闻人诠校、应槚刻本，都是以正德间陈凤梧刻本为祖本而合刊经、《注》、《疏》三者的。另外，以上诸合刊本，又都附有陆德明的《仪礼音义》。

（二）《通解》类《仪礼》文献的编纂

《通解》类《仪礼》文献的编纂，最早源起于宋朝朱熹编撰《仪礼经传通解》和其弟子黄榦、杨复补编的《仪礼经传通解续》。

《仪礼经传通解》称得上是一部具有"新的经、传、记篇章"的礼经学著作。该书采取"通释体"的文献整理体式编撰而成。在篇章设计上，《通解》并没有以《周礼·春官·大宗伯》中所称述的"吉、凶、宾、军、嘉"的"五礼"分类模式进行编排，而是以家礼、乡礼、学礼、邦国礼、王朝礼、丧礼、祭礼的模式进行篇章编排的，这大体是对《仪礼》各篇进行分类之后而确定的模式，即以《士冠礼》、《士昏礼》为家礼，以《士相见礼》、《乡饮酒礼》、《乡射礼》为乡礼，以《燕礼》、《大射》、《聘礼》、《公食大夫礼》为邦国礼，以《觐礼》为王朝礼，以《丧服》、《士丧礼》、《士虞礼》归于丧礼，以《特牲馈食礼》、《少牢馈食礼》、《有司彻》归于《祭礼》。这和东汉的郑玄开始将《仪礼》各章分别归于“五礼”系统的思路全然不同。在内容编排上,《通解》各篇大多以“经”、“传”(或“记”)、“注”三方面的内容成篇。对于《仪礼》诸篇,以及所附《礼记》的相应内容,《通解》一书是分为经、传而各录其原文,随文而对其中的一些文字加以训诂,随文记录郑玄《注》、贾公彦《疏》、孔颖达《疏》,然后再以“今按”、“今详”的形式对汉唐注疏加以评点、申述或补充。此外,该书不拘于《仪礼》十七篇篇目的内容,突破经传的界限分别,贯通《三礼》,融会诸子史书,扩大古礼文献资料和解说材料的选取范围,从而以经补经、以传补经、以经补传、以子书补经、以史补传,就成为《通解》一书的最突出特点。

《仪礼经传通解》一书始修于南宋庆元二年(1196),但在朱熹临终前,仅成《家礼》、《乡礼》、《邦国礼》、《王朝礼》四礼,因无力续作,便将《丧礼》、《祭礼》部分嘱诸弟子黄榦(勉斋)。南宋宁宗嘉定十二年(1219),黄勉斋始著成《丧礼》部分,即《仪礼经传通解续》,而将《祭礼》部分的稿本授杨复(信斋),张虙所刊《仪礼经传通解续》一书即据此稿本而成。此后信斋又随时咨询,抄识以待笔削,而在黄勉斋不久即逝,此后“信斋自念齿发浸衰,曩日幸有所闻,不可不及时传述,遂据稿本参以所闻,稍加更定,以续成其书”,即我们今天所见到的《四库全书》本《仪礼经传通解续》一书完本。

《仪礼经传通解》、《仪礼经传通解续》问世后,对此后的礼经学研究产生了很大的影响,特别是在清代前期和中期,出现了不少类似的礼经学著作,如姜兆锡《仪礼经传内外编》、任启运《肆献祼馈食礼》、盛世佐《仪礼集编》、胡抡《礼乐通考》、梁万方《重刊朱子仪礼经传通解》、杨丕复《仪礼经传通解》、秦蕙田《五礼通考》、尹嘉铨《仪礼探本》等,都是同一类型的礼经学著作。这些礼经学著作,通过纂辑大量文献材料,重构一套新的礼学经传体系,使之符合著述者自身的礼学思想,并且援引历朝历代学者的注释语料,对这些新的经文、传文进行注释,这就与东汉郑玄注释《仪礼》的传统诠释体系迥然不同,成为一个新的文献类别群体——《通解》类《仪礼》文献。

(三)与《仪礼》文献相关的丛书编纂

我国清代以前的《仪礼》文献大都被收入各种丛书之中,因为丛书作为一种文献群体,利于文献的保存和利用。即使是就具体个案的《仪礼》文献而言,其流传的版本也以丛书本最为便于寻检,具有一定的典型性。自清代以来,目前所知编成的各种大型丛书中,收录《仪礼》文献众多、流行极为广泛的丛书主要有这样几部:《四库全书》、《皇清经解》、《皇清经解续编》、《丛书集成初编》、《丛书集成续编》、《四库全书存目丛书》、《续修四库全书》。

文渊阁《四库全书》"经部 · 礼类 · 仪礼之属"所收《仪礼》文献有:《仪礼注疏》(包括郑玄《注》、贾公彦《疏》、陆德明《音义》),(宋)张淳《仪礼识误》、李如圭《仪礼集释》、《仪礼释宫》、杨复《仪礼图》、魏了翁《仪礼要义》、车垓《内外服制通释》,(元)吴澄《仪礼逸经》、敖继公《仪礼集说》、汪克宽《经礼补逸》,(清)《钦定仪礼义疏》、张尔岐《仪礼郑注句读》、万斯大《仪礼商》、李光坡《仪礼述注》、方苞《仪礼析疑》、吴廷华《仪礼章句》、诸锦《补飨礼》、蔡德晋《礼经本义》、任启运《宫室考》、《天子肆献祼馈食礼》、江永《仪礼释宫增注》、沈彤《仪礼小疏》、盛世佐《仪礼集编》、徐乾学《读礼通考》。

《四库全书存目丛书》所收专门"《仪礼》"类文献主要有如下几种:(明)郝敬《仪礼节解》、朱朝瑛《读仪礼略记》,(清)毛奇龄《丧礼吾说篇》、江永《仪礼释例》、马駉《仪礼易读》、吴肃公《读礼问》、朱建子《丧服制考》、朱轼《仪礼节略》。另外,"三礼总义"类中与《仪礼》研究密切相关的文献著作主要有:(宋)郑樵《礼经奥旨》、真德秀《三礼考》,(元)吴澄《三礼考注》,(明)湛若水《二礼经传测》、季本《庙制考议》、贡汝成《三礼纂注》、邓元锡《三礼编绎》、李黼《二礼集解》、李经纶《礼经类编》、林烈《乡射礼仪节》,(清)毛奇龄《昏礼辨正》、《庙制折衷》、汪基《三礼约编》、曹庭栋《昏礼通考》、姜兆锡《仪礼经传内外编》、梁万方《重刊朱子仪礼经传通解》、许三礼《读礼偶见》等。

《续修四库全书》所收专门"《仪礼》"类文献最为丰富,主要有:《仪礼(武威汉简残编)》(附释文 9 篇),明郝敬《仪礼节解》17 卷《读仪礼》1 卷,清姚际恒《仪礼通论》17 卷,清姜姚锡《仪礼经传内外编》(其中《内编》23 卷,《外编》5 卷,首 1 卷),清王士让《仪礼训解》17 卷,清江永《仪礼释例》1 卷,清褚寅亮《仪礼管见》3 卷附录 1 卷,清卢文弨《仪礼注疏详校》17 卷,清焦以恕《仪礼汇说》17 卷,清李调元《仪礼古今考》2 卷,清孔广林《仪礼肊测》17 卷叙录 1 卷，清胡匡衷《仪礼释官》9 卷首 1 卷，清金曰追《仪礼经注疏正讹》17 卷，清王聘珍《仪礼学》1 卷，清韦协梦《仪礼蠡测》17 卷，清凌廷堪《礼经释例》13 卷，清徐养原《仪礼古今文异同 5 卷》，清黄淦《仪礼精义》不分卷补编 1 卷，清张惠言《读仪礼记》2 卷，清张惠言《仪礼图》6 卷，清宋世荦《仪礼古今文疏证》2 卷，清刘沅《仪礼恒解》16 卷，清胡承珙《仪礼古今文疏义》17 卷，清胡培翚《仪礼正义》40 卷，清朱骏声《仪礼经注一隅》2 卷，清夏炘《学礼管释》18 卷，清丁晏《仪礼释注》3 卷，清郑珍《仪礼私笺》8 卷，清于鬯《读仪礼日记》1 卷，廖平《礼经凡例》1 卷附容经学凡例 1 卷，吴之英《寿栎卢仪礼奭固》17 卷，吴之英《寿栎卢仪礼奭固礼器图》17 卷首 1 卷末 3 卷，吴之英《寿栎卢仪礼奭固礼事图》17 卷，曹元弼《礼经校释》22 卷，曹元弼《礼经学》7 卷，清毛奇龄《昏礼辨正》1 卷，清毛奇龄《丧礼吾说篇》10 卷，元龚端礼《五服图解》1 卷，清孔继汾《丧服表》1 卷《殇服表》1 卷，清程瑶田《仪礼丧服文足徵记》10 卷，清崔述《五服异同汇考》3 卷，清吴嘉宾《丧服会通说》4 卷，清夏燮《五服释例》20 卷，清叶大庄《丧服经传补疏》2 卷，张锡恭《丧服郑氏学》16 卷，等等。

阮元编纂的《皇清经解》所收专门"《仪礼》"类文献较少，仅仅只有如下八种：吴廷华《仪礼章句》十七卷，沈彤《仪礼小疏》八卷，任人椿《弁服释例》八卷，程瑶田《仪礼丧服足征记》十卷，段玉裁《仪礼汉读考》一卷，胡匡衷《仪礼释宫》九卷，凌廷堪《礼经释例》十三卷，阮元《仪礼校勘记》十八卷。至于王先谦主持校刻的《皇清经解续编》一书，其"《仪礼》"类文献目录主要有江永《仪礼释例》、《仪礼释宫增注》、褚寅亮《仪礼管见》、胡匡衷《郑氏仪礼目录校证》等 21 种，详细目录请参看本书第二章第一节"丛书体"一目下所列诸书目，此不复举。

王云五主编的《丛书集成初编》这套丛书中，收录专门"《仪礼》"类文献数种，主要有：宋张淳《仪礼识误》三卷，宋郑樵《礼经奥旨》一卷，清陆陇其《读礼志疑》十二卷附一卷，清惠栋《九经古义》十六卷，清黄丕烈《校录》一卷附《续校》一卷，宋李如圭《仪礼集释》三十卷，元吴澄《仪礼逸经传》二卷，清江永《仪礼释例》一卷，清褚寅亮《仪礼管见》三卷《附录》一卷，清卢文弨《仪礼注疏详校》十七卷，清凌廷堪《礼经释例》十三卷首一卷，清毛奇龄《昏礼辨正》一卷，等等。

上海书店编《丛书集成续编》所收专门"《仪礼》"类文献亦较少，仅仅只有如下十种：惠栋《仪礼古义》一卷，程瑶田《仪礼经注疑直》五卷，郑珍《仪礼私笺》八卷，吴畬《射侯考》一卷，（宋）车垓《双峰先生内外服制通释》七卷，毛奇龄《三年服制考》一卷，汪琬《丧服或问》一卷，阎若璩《丧服翼注》一卷，凌曙《仪礼礼服通释》六卷，徐养原《仪礼古今文异同疏证》五卷。

第二节 《仪礼》文献的流布

《仪礼》文献的流布起源很早，可以说在春秋、战国之际便已开始，因为《仪礼》产生之初便要流传推广开来，即使是那些研究《仪礼》的论著问世之后，同样也需要在社会上进行传播，例如相传子夏所作的《丧服传》所引旧《传》，假使没有在社会上流布开来，子夏也不可能征引其说。从历代《仪礼》文献的流布情况来看，流布的方式递有更革，传统的流布方式主要有讲唱、镌刻、抄写、印刷等几种，而随着时代的发展，现代的流布方式有了很大的变化，除了以印刷为主体之外，新型流布方式还有摄影、微机输入及激光扫描、光盘刻录等。

一、讲唱

从《仪礼》的流传情况来看，"讲唱"这种流布方式主要出现在上古时期。早期的《仪礼》在很大程度上靠经师的讲授而传播，这在西汉初期表现得尤为明显，当时《仪礼》只有师授而无注释，《汉书·艺文志》、《隋书·经籍志》中记载的镌刻、抄写类《仪礼》单经本几乎空缺，这也说明了西汉年间《仪礼》一书主要是靠经师的口头讲习进行传播的；而大、小戴《礼记》中训释《仪礼》的篇章，即记体和义体的那些篇目，也主要是靠口耳相传而得以流布。不过，"讲唱"这种流布方式容易造成文献文本文字的差异，如郑玄《仪礼注》中所存今文《仪礼》和古文《仪礼》的某些文字异同，可能便是对"讲唱"《仪礼》经本进行文字隶定而造成的结果。

二、镌刻

所谓镌刻，就是把文献用文字刻在某种载体之上。历史上的《熹平石经》、《开成石经》及《乾隆石经》三次大型的文献石刻活动，都包括《仪礼》经的镌刻在内。其中，《开成石经》及《乾隆石经》之《仪礼》均保存至今，前者现陈列于西安，后者现在则保存于北京；而《熹平石经》之《仪礼》，现在仅存残石。第一章讲《仪礼》文献的载体时，已经作过详细介绍，这里不再重复。另外，郑玄《仪礼注》也有过一次镌刻流布活动，即此前一节中所介绍的“广政石经”镌刻，这是《仪礼注》首次刻于石碑，也是唯一的一次。

三、抄写

在印刷术发明以前，举凡书写在帛书、简策、纸张等载体上的文献，都是通过抄写的方式加以传播的。如 1959 年甘肃武威出土的《武威汉简》中，共发掘出汉代《仪礼》木简、竹简 469 枚，抄写年代约西汉晚期，下限为成帝和平年间。这其中，甲本为木简，计 398 枚；乙本亦为木简，计 34 枚；丙本为竹简，计 34 枚。即使是在印刷术发明以后，利用抄写的方式进行《仪礼》文献流布的现象仍然很普遍，并且发挥着巨大的作用。官府组织抄写的，如明代永乐年间修《永乐大典》，清代乾隆年间修《四库全书》，都没有进行刻版印刷，而是通过抄写的方式，为后人流传、保存下来了一批《仪礼》文献。民间进行文献抄写流传的为数亦不少，例如明代毛晋汲古阁、清代士礼居、近代刘承干嘉业堂等，都曾藏有一些《仪礼》文献抄本，大都属于稀见之物，深受学界重视。

四、印刷

（一）印刷术的类型

印刷术是按照或图画原稿制成印刷品的技术。中国是世界上最早发明印刷术的国家。在我国历史上，出现过的文献印刷术主要有这样几种：

雕版印刷术——又称“刻版印刷术”。刻版印刷的前身是公元前流行的印章捺印和后来出现的拓印碑石等。造纸和制墨等生产技术出现之后，逐渐发明了刻版印刷技术。大约在公元7世纪前期，世界上最早的雕版印刷术在唐朝就已经诞生了。雕版印刷需要先在纸上按所需规格书写文字，然后反贴在刨光的木板上，再根据文字刻出阳文反体字，这样雕版就做成了。接着在版上涂墨，铺纸，用棕刷刷印，然后将纸揭起，就成为印品。雕刻版面需要大量的人工和材料，但雕版完成后一经开印，就显示出效率高、印刷量大的优越性。

活字印刷术——雕版印刷虽然效率很高，而且印刷清晰，但是雕版印书必须一页一版，有了错字难以更正，如果刻一部大书，要花费很多时间和木材，不仅费用浩大，而且储存版片要占用很多地方，管理起来也有一定的困难。北宋时期，天才工人毕昇发明的泥活字雕版，标志着活字印刷术的诞生。活字印刷术就是预先制成单个活字，然后按照付印的稿件，捡出所需要的字，排成一版而施行印刷的方法。采用活字印刷，一书印完之后，版可拆散，单字仍可再用来排其他的书版。由此可见，活字印刷术比雕版印刷省料、省工、速度快、成本低，所以得到了迅速普及，直到现在也是世界上生产书籍、报纸、杂志的方法之一。因此，活字印刷术的发明是印刷史上又一次伟大的技术革命。

石版印刷术——石版印刷是以石板为版材，将图文直接用脂肪性物质书写、描绘在石板之上，或通过照相、转写纸、转写墨等方法，将图文间接转印于石版之上，进行印刷的工艺技术。其中，前者称作“绘石”，后者称作“落石”。绘石和落石是石版印刷术的两种制版方法。绘石制版工艺简单，只能用来印刷简单、线条图文印件，是石版印刷发明初期应用的工艺技术。落石制版工艺复杂，是在绘石制版基础上发展而成的工艺技术，分彩色石印和照相石印两种。

凸版印刷术——凸版印刷术，是用图文部分高于空白部分的凸版进行印刷的工艺技术。中国发明并沿用一千多年的传统印刷——雕版印刷和活字印刷都属于这类印刷术。而我们这里所讲的凸版印刷术，是指由西方传入的我国近代印刷术中的凸版印刷术。凸版印刷包括铅活字版印刷、以铅活字版为母版的泥版翻铸铅版印刷、纸型翻铸铅版印刷和照相铜锌版印刷，其中，以铅活字版直接印刷传入最早。铅活字版印刷术，是用铅活字排成完整版面进行印刷的工艺技术。这种印刷工艺技术是用铅、锑、锡三种金属按比例配比熔合而成,机器印刷,是一种比中国传统的铅活字印刷术更为先进的印刷术,一般也称之为凸版印刷技术。

(二)《仪礼》文献的印刷

印刷是一种大量复制文献的方法。就目前所知的情况而言,无论是雕版印刷术、活字印刷术、石版印刷术以及凸版印刷术中的哪一种印刷技术的出现,都为书籍的印刷提供了极大的便利,对各级各类《仪礼》文献的传播和讲习起到了有力的推动作用。

这里首先简要介绍一下《仪礼》白文及郑玄《仪礼注》、贾公彦《仪礼疏》三种文献的最早雕版印刷情况。

就《仪礼》白文的刊刻印刷而言,在印刷术开发出来之后,《仪礼》便如《周礼》一样被纳入儒家经典之中,它的早期印刷史大致同《周礼》的一样。① 《仪礼》白文的印刷,最早出现在五代时期。公元 932 年,首次雕版印刷《仪礼》经文,并于公元 953 年完工。这个《仪礼》本,人们现在通称为五代监本《仪礼》。据《旧五代史·唐书明宗纪》及《汉书隐帝纪》、《五代会要》、《册府元龟》、《玉海》等书记载,②当时不只是单刻《仪礼》,而是九经并刻,其中《仪礼》和《周礼》、《公羊》、《谷梁》等四经于乾祐元年(948)始议雕版,其他诸经则早在长兴三年(932)就已雕版。不过,近代学者王国维在《五代两宋监本考》中认为,这一五代监本只是郑玄的《仪礼注》,未有《仪礼》白文经,他认为南宋监本才是《仪礼》白文的最早刻本,此外尚有蜀本、建本、婺本等南宋印刷本。王锷先生也持此说。南宋以后,《仪礼》白文经的雕刻印刷本很多,有十七卷、二十卷、二十二卷等不同卷数的印刷本,另外还有不分卷的印刷本数种,不过多属于现代的新版印刷品。

如果按照近代学者王国维在《五代两宋监本考》中的说法,郑玄《仪礼注》的最早刊刻印刷,就是上面所介绍的五代监本。到了宋代,人们对五代监本《仪礼注》递有翻刻印刷,即北宋监本和南宋监本;此外,各州也多有自己的印刷本,如严州本《仪礼注》即是,堪称宋本之最佳者。

至于贾公彦《仪礼疏》一书的最早刊刻印刷,可能出现在北宋期间。

---

① 《仪礼》的早期印刷史和《周礼》的也有不同,它没有茶盐司本,也没有衍生的十行本。总体而论,《仪礼》的版本及印刷不及《周礼》多;《仪礼》被认为是更难读的儒经,其文本的准确性比《周礼》更差。

② 诸要籍之详细文字记载,请参王锷《三礼研究论著提要》,甘肃教育出版社 2001 年版,第 122 页。

公元996—1006年间，宋中央政府下令在临安雕版印刷书籍，贾公彦《仪礼疏》一书作为七经疏义的一种，遂经邢昺等人校勘，然后付诸编印流行。《玉海》卷四十三云："咸平三年三月癸巳，命国子祭酒邢昺等校定《周礼》、《仪礼》、《公羊》、《谷梁》正义，又重定《孝经》、《论语》、《尔雅》正义。四年九月丁亥，翰林侍讲学士邢昺等及直讲崔偓佺表上，重校定《周礼》、《仪礼》、《公》《谷》传、《孝经》、《论语》、《尔雅》七经疏义一百六十五卷。"另外，《宋史·邢昺传》也有关于此次校刻活动的信息记载。根据当代学者的考证，《仪礼疏》之刊印时间是宋景德元年六月，这是目前所知的最早刻印本，后来人们称之为北宋监本。此次印刷时，贾《疏》之文可能是和《仪礼》经文分开印刷的，属于单疏印刷本。

从现存的历代《仪礼》文献印刷情况来看，清末之前主要以雕版印刷和活字印刷两类为主，而民国之后，特别是现代，则主要以西方传入的铅活字版印刷为主。至于各种具体的《仪礼》文献印刷情况，这里就不再逐一进行介绍。另外，清后期及民国年间，出现了一批石印本《仪礼》文献，如大型丛书《皇清经解》有光绪十七年(1891)上海鸿宝斋石印本和光绪中上海点石斋石印本两种，《续皇清经解》则有光绪十五年(1889)上海蜚英馆石印本。其他如陈光煦《仪礼汉读考》宣统元年(1909)石印本，上海鸿文书局之《钦定仪礼义疏》光绪十四年(1888)石印本，学部图书局之《仪礼丧服经传并记》宣统元年(1909)学部图书局石印尚志堂刻本，等等，在当时都流传较广，起到了相当大的文化传播作用。

五、摄影

摄影是一种较为现代的文献流布方式。通过摄影而成的《仪礼》文献，往往采用胶卷这一实物载体，这样既便于保存纸本原件，又便于对该文献的复制(拷贝)和阅读。例如，20世纪80年代以来，我国国家图书馆组织人员对一些古籍进行了摄影，然后制成缩微胶卷，一般称之为"缩微制品"。这些"缩微制品"当中，有很多是历代重要的《仪礼》文献，尤其以清代《仪礼》文献为主，目前主要有：汉马融《仪礼丧服马王注》、郑玄《仪礼注》、唐贾公彦《仪礼注疏》、宋朱熹《仪礼经传通解》、黄榦《仪礼经传通解续》、李如圭《仪礼释宫》、张淳《仪礼识误》、魏了翁《仪礼要义》、元敖继公

《仪礼集说》、吴澄《仪礼逸经》、《重刊仪礼考注》、明杨复《仪礼图》、郝敬《仪礼节解》、朱朝瑛《读仪礼略记》、清官修《仪礼义疏》、张尔岐《仪礼郑注句读》、万斯大《仪礼商》、张惠言《仪礼图》、宋世荦《仪礼古今文疏证》、盛世佐《仪礼集编》、周学健《仪礼注疏考证》、姜兆锡《仪礼经传内编》、胡培翚《仪礼正义》、郑珍《仪礼私笺》、《篆文仪礼》、丁晏《仪礼释注》、臧镛堂辑《仪礼丧服马王注》、褚寅亮《仪礼管见》、段玉裁《仪礼汉读考》、黄丕烈《严本仪礼郑氏注校录》、沈彤《仪礼小疏》、韦协梦《仪礼蠡测》、焦以恕《仪礼汇说》、翁方纲《仪礼毛氏汲古阁本正文改误》,等等。

此外,近几十年来,随着科学技术的不断发展,以及社会经济、文化的繁荣,计算机(微机)在社会上普遍应用开来,加之软盘、光盘、U 盘、移动硬盘等一些新的文献载体的出现,文献流布的方式也发生了变化,出现了微机输入和激光扫描、数码相机拍摄等一系列新的流布方式。当前,出版社的图书出版,也主要靠微机的录入进行排印,代替了原有的西方传入的铅活字版印刷法,印刷起来更加便利,为文献的传播和文化事业的发展起到了重要作用。这里不拟再过多叙述。

第三节 《仪礼》文献的收藏

在我国,很早就有公、私并存的文献收藏事业,而且源源不绝。这其中,官府文献收藏应当从文献有了文字记载以后就可能开始了,早期收藏情况已难以考察,现在可知的从商代开始。至于我国历史上的私家藏书,大概起源于春秋战国,《墨子·贵义篇》云:“今天下之士,君子之书不可胜载。”又:“子墨子南游使卫,关中载书甚多。”《庄子·天下》也说:“惠施多方,其书五车。”《韩非子·显学》篇亦云:“藏书策,习谈论,聚徒役,服文学而议说,世主必从而礼之。”由此看来,无论是官府藏书,抑或是私家藏书,显然都有源远流长的历史,他们对保存历代文献,以及发展文化教育、昌明学术,可谓关系至巨。

就《仪礼》文献的收藏而言,和其他儒家经典论著一样,也存在公、私并存的文献收藏渠道,它们共同构筑成一幅《仪礼》文献的收藏史画卷。为显明历代《仪礼》文献的收藏情况,兹分别就官府藏书及私家藏书的大致情况，略加介绍说明如下。

一、历代《仪礼》文献的公藏

以皇家藏书为主的官府藏书体系滥觞于商周，成型于汉代，发展于隋唐及宋代，鼎盛于明清。汉代以前，官府所藏《仪礼》文献仅仅局限于礼经本身，如《汉书·艺文志》当中所载礼经文献仅有"《礼古经》五十六卷，《经》十七篇"一条，而且基本上都是手写本。历史上真正大批量出现研究《仪礼》的礼经文献是在三国两晋南北朝时期，是礼经学研究的第一个兴盛阶段，但是从三国开始到隋朝统一南北朝这一漫长阶段，我国大都处于国家动荡、南北分裂、朝代更替频繁的割据社会状况。因此，这里主要介绍隋朝统一之后各时期的官府礼经文献藏书情况，其中五代时期和元代的官府藏书情况，因资料阙如，兹阙而不论。

(一)隋朝的官府藏书

隋文帝建国之初，典籍流散的情况十分严重。一方面，朝廷通过继承北周官藏，在开皇九年灭陈之后，又接收了陈朝官藏；一方面，朝廷又颁布了求书令，实施诏令与奖赏并行的图书收集政策，并派遣专使到各地访求异本，大量收集民间各类遗书。对于民间献上朝廷之书，官方在校定缮写以后，往往又将该图书归还给献书之人。在这样两重举措之下，初步汇集起了全国的图书，并先后在东都洛阳观文殿、西京长安的嘉则殿修建官府藏书的处所。此外，朝廷还在秘书省修建了秘阁，在秘书省设置了20名楷书员，专门负责抄写御书。统治者通过种种手段，大量地充实了朝廷的藏书，为图书整理工作奠定了前期的基础。

由于当时的朝廷藏书是通过多种渠道搜集而来，"检其所得，多太建时书，纸墨不精，书亦拙恶"①，因此必须对其进行整理和编目工作，以便形成初步完备的藏书系统。例如，开皇十七年，许善心在秘阁编制了官府的藏书目录《七林》，并追奏李文博、陆从典等十许人正定经史错谬，对当时的官藏进行了系统的整理。再如，隋炀帝时，秘书监柳顾言整理长安嘉则殿万卷藏书，编写了《大隋业正御书目录》，为唐代编撰《隋书·经籍志》奠定了基础。

---

① 魏征等：《隋书·经籍志》，中华书局1973年版，第908页。

由于《七林》、《大隋业正御书目录》等官修目录的佚失，终隋两朝究竟有多少礼类文献，目前只能根据唐人修撰的《隋书·经籍志》加以判断。《隋志》所载各种礼类文献居于该目录“经部·礼类”之下，依次分“《周官》”、“《仪礼》”、“三礼总义”三大类。单就其中“《仪礼》”类下开列的存世文献而言，就有54种之多，所记载的传世文献信息一般包括书名、卷数、作者名等内容。此外，该书还依据梁刘孝标《文德殿正御四部目录》和阮孝绪《七录》两部目录著作，记载了隋代已经残缺亡佚的梁朝藏书状况，并标识“梁有”字样予以说明，如：“梁有李轨、刘昌宗音各一卷，郑玄音二卷，亡”，“梁又有《丧服经传》一卷，宋征士刘道拔注，亡”，“梁有《丧服经传隐义》一卷，亡”，“梁有《丧服祥禫杂议》二十九卷，《丧服杂议故事》二十一卷，又《戴氏丧服五家要记图谱》五卷，《丧服君臣图仪》一卷，亡”，等等。通过这些标注，今人可以从中了解南朝梁的官府藏书情况。

（二）唐朝的官府藏书

隋末唐初战争结束后，面对当时社会典籍散乱、亡佚较多的实际情况，秘书监令狐德棻于是“奏请购募遗书，重加钱帛，增置楷书，令缮写”①，结果是“数年间，群书略备”。这样，唐的官府藏书体系基本建立起来了。景龙三年，唐中宗“以经籍多缺，使天下搜括”②，“令京官有学行者分行天下搜括图籍”，进一步扩大了朝廷的藏书量。即便是在经历天宝年间“安史之乱”之后，肃宗、代宗、文宗都曾多次下诏令秘阁搜访遗文，购募图书，日令添写，“开成元年七月，分察使奏，秘书省四库，见在新旧书籍，共五万六千四百七十六卷”（《唐会要·经籍》），官藏的文献情况也得到改观。由此唐朝藏书一度达到一个高峰阶段，因而朝廷曾先后设立了秘书省、弘文馆、史馆、崇文馆、司经局、集贤殿书院、翰林院等藏书机构。

如果说“唐初期与秘书省藏书关系较为紧密的官修书目中最主要的就是《隋书·经籍志》”③的话，那么“唐代官藏书目中最有成就的就是唐中期的《群书四录》与《古今书录》”④。其中，《群书四录》200卷曾先后由马怀素、褚无量、元行冲主持校理，开元九年十一月完成，该目录继承刘向校书编目传统，在编目中利用所藏图书直接编写提要，体例较为完备。而《古今

① 刘昫等：《旧唐书·狐德棻传》卷七十三，中华书局2013年版，第2597页。

② 刘昫等：《旧唐书·中宗本纪》卷七，中华书局2013年版，第147页。

③ 徐凌志主编：《中国历代藏书史》，江西人民出版社2004年版，第95页。

④ 徐凌志主编：《中国历代藏书史》，江西人民出版社2004年版，第100页。

书录》40卷，则是毋煚在《群书四录》的基础上，参照集贤院的藏书情况，大幅度地删减了其中的序述及提要，并增加了一些新的文献目录，耗时二十年重新编撰而成的一部新的官修文献目录。

在唐朝灭亡后，先是有后晋高祖天福六年(941)石敬瑭命修唐史，赵莹、张昭远、刘昫等先后奉命监修《旧唐书》，并于开运二年(945)完成《旧唐书》一书。宋朝建国后，宋仁宗采纳了宰相贾昌朝和宋庠等人重修旧书的建议，庆历四年诏令重唐史，并于仁宗嘉祐五年(1060)完成了《新唐书》的修纂。《旧唐书·经籍志》、《新唐书·艺文志》当中，都包含唐代的官修文献目录记载，大体上能反映出唐代官府的藏书基本情况。

就文献载录情况而言，《旧唐书·经籍志》主要依据《古今书录》一书加以改编，其中载录《仪礼》类文献数量较多，仅有26种，而且大都属于唐以前的礼经文献，除开载录"《仪礼疏》五十卷，贾公彦撰"之外，唐开元年间及开元之后几百年的各类礼经文献，目录当中基本上无一反映，完全不能展现有唐一代藏书之盛的。至于《新唐书·艺文志》，尽管同样以《古今书录》为蓝本，但收书除据《古今书录》照录外，还增加了《旧唐书·经籍志》所不录的唐人著述二万七千一百二十七卷。其中《礼》类文献著录，共计"六十九家，九十六部，一千八百二十七卷。失姓名七家，元行冲以下不著录十六家，二百九十五卷"，增加了不少《旧志》疏漏的唐开元年间及开元之后的礼经文献，如"张镒《三礼图》"、"陆质《类礼》二十卷"、"韦彤《五礼精义》十卷"、"丁公著《礼志》十卷"之类，这对于了解唐代礼经文献的实际收藏情况，具有很大的帮助。

(三)宋朝的官府藏书

宋代的官府藏书主要由中央政府的国家藏书为主。国家藏书之处统称"馆阁"，主要包括昭文馆、史馆、集贤院、秘阁四大部分。

北宋王朝建立初期，国家的藏书主要是在接受五代之遗产中建立起来的。宋太祖在汴京建国之初，主要是承继了后梁的少量图书，远远无法适应宋太祖"右文崇儒"的统治策略，于是在先后平定荆南、蜀国，南唐诸国的同时，往往将各国收缴来的藏书充实到国家藏书当中。与此同时，宋代统治者又把目光转向了民间的私家藏书，诏求亡书，规定凡是吏民有献书者，如果是国家藏书所无者则收之，献书人经学士院考试合格者即委以官职；即便是那些不愿献出藏书者，朝廷也采取借抄的方式，结果很快便取得了良好效果。宋真宗时期，官府在民间的收书活动也进行得极为频繁，先后在咸平二年三月、咸平四年十月、景德三年五月、大中祥符八年四月等时间，发布了四次求书诏令。以后仁宗至北宋灭亡诸朝，仍搜访民间遗书不辍。宋仁宗景祐元年（1034），翰林学士张观、李淑、宋祁等奉敕校定整理三馆与秘阁藏书，王尧臣、王洙、欧阳修等人参与校正和编列条目，至庆历元年（1041）七月，完成《崇文总目》60 卷，著录藏书 30669 卷。

至于南宋时期的官府藏书事业，是在战争的废墟上恢复和建立起来的。绍兴元年（1131）二月，南宋王朝喘息稍定，即恢复了秘书省建置，宋高宗屡次下诏求书，其中较著名的有绍兴二年二月、三年四月、五年二月、十三年七月和同年十月等五次，很快便形成了南宋首次献书的高潮。与此同时，考虑到宋以前的古书已很少留存人世，官府有意识地开始大规模地收集各类公私新印新撰著作，将其作为国家藏书的一部分，并且成为此后官府藏书的一个传统，"于是四方之藏，稍稍复出，而馆阁编辑，日益以富矣"①。孝宗、宁宗两朝，官府藏书屡有增加。孝宗淳熙五年（1178），陈骙等人编定了国家藏书目录《中兴馆阁书目》，著录藏书 44486 卷。

元至正三年（1343）三月，元顺帝下令修辽、金、宋三史。至正五年（1345）十月，《宋史》成书，其中卷 202—209 八卷为《艺文志》部分。《宋志》主要依据了以《馆阁书目》、《崇文总目》、《秘书总目》为基础编成的北宋《国史·艺文志》，再加以南宋修撰的《中兴馆阁书目》、《中兴馆阁续书目》而成。作为正史一部分的史志目录，《宋史·艺文志》记载了"《礼》类一百十三部，一千三百九十九卷"，此外，还有不著录的文献情况："石𡼖《中庸集解》以下不著录二十六部，四百六十九卷。"可惜的是，这些不著录的文献，今人无法从中加以考索。总之，根据《宋志》的文献目录著录，对于考察宋代三礼类文献的官府藏书与宋代学者的礼学研究状况，具有重要的文献学价值。

（四）明朝的官府藏书

由于刻书业与图书流通业的发展，推进了明代藏书事业的快速发展，使之进入到我国古代藏书事业史上的一个兴盛期。朱明王朝建立后，把攻破元大都后获取的元朝藏书全部运到南京，使其皇家藏书汇集了宋、辽、

① 脱脱等：《宋史·艺文志》卷二百〇二，中华书局 2013 年版，第 5033 页。

金、元国家藏书的精华，为明朝官府藏书奠定了坚实基础。同时，他也非常重视访求民间遗藏的各类古今书籍，“诏求四方遗书，设秘书监丞，寻改翰林典籍以掌之”①，并先后兴建文渊阁、大本堂、东阁、华盖殿、弘文馆、秘书监等，以贮藏古今各类载籍。此后之诸帝，如建文帝、成祖、宣宗等皆重视书籍，广事搜求，进一步扩大了国家藏书的规模。至宣德年间，国家藏书进入鼎盛时期。史载，宣德间“秘阁贮书约二万余部，近百万卷，刻本十三，抄本十七”②。

明正统六年(1441)，杨士奇等人通过清理文渊阁所贮书籍，编成著名的《文渊阁书目》四卷，所录之书只注书名、册数，或注明“阙”、“残缺”、“完整”等字样，无撰人姓名、卷数。书目前有“题本”一通，称：“本朝御制及古今经史子集之书，自永乐十九年南京取回来，一向于左顺门北廊收贮，未有完整书目。近奉圣旨，移贮于文渊阁东阁。臣等逐一打点清切，编置字号，写完一本，总名《文渊阁书目》。合请用广运之宝钤识，仍藏于文渊阁，永远备查，庶无遗失。”③虽然著录内容单薄，但著录图书数量之巨惊人，达7256部42600余册，其中刻本占十分之三，抄本占十分之七。

终明一代，还有一部官府藏书目录，即万历末年孙能传、张萱、秦焜等人依据内阁藏书校录编成的《内阁藏书目录》八卷。和《文渊阁书目》一样，也是一种账簿式的登记书目。它打破了传统的经、史、子、集四部分类法，共分圣制、典制、经、史、子、集、总集、类书、金石、图经、乐律、字学、理学、奏疏、传记、技艺、志乘、杂部等18部，每书著录书名、作者及卷帙是否完整，有的注明卷数，有的还做了简略的解题。

根据上述两部官府藏书目录，便可以查询到明代的各种官府文献收藏情况。可惜的是，明清易代之际，大量的宫廷藏书都毁于兵燹当中。即便是原本藏于文渊阁的《永乐大典》正本在明末也下落不明，而皇史宬副本也多有残缺。至清雍正初年，《永乐大典》副本由皇史宬移往翰林院敬一亭，所缺已达2000册，散毁相当严重。另外，就礼类文献而言，清初学者所修《明史·艺文志》，也能有所反映，该书共收录《礼》类著作“一百七部，一千一百二十一卷”，可惜的是，著录其中的《仪礼》类文献仅仅只是明朝一

① 张廷玉等：《明史·艺文志》卷九十六，中华书局1974年版，第2343页。
② 张廷玉等：《明史·艺文志》卷九十六，中华书局1974年版，第2343页。
③ 杨士奇：《文渊阁书目·题本》，丛书集成初编本。

个朝代的著作，仅仅只有汪克宽《经礼补逸》九卷、黄润玉《仪礼戴记附注》五卷、何乔新《仪礼叙录》十七卷、陈凤梧《射礼集要》一卷、湛若水《仪礼补逸经传测》一卷、郝敬《仪礼节解》十七卷等16种，明代以前的礼经学著作收藏情况，难以从中观照和反映。

（五）清朝的官府藏书

清朝统治者入主中原以后，为巩固其自身的统治势力，除了在军事上进行严酷镇压外，还注意在文化上实行严格控制，历顺治与康熙两朝的庄廷鑨“明史案”，便是一则典型的文化压制案例。在大兴“文字狱”、查禁异己思想之余，清廷同时又大力推行儒家思想，以“崇尚经学”为标榜，康、乾之际，朝廷打着“稽古右文”的旗号，组织学者编纂了《御纂周易述义》、《钦定三礼义疏》、《御纂春秋直解》等一大批官修经学著作，以及《续通典》、《续文献通考》、《皇朝通典》、《皇朝文献通考》等各体史籍，借以实现“宽严相济”的统治政策。

乾隆三十七年（1772）十一月，安徽学政朱筠提出《永乐大典》的辑佚问题，得到乾隆皇帝的认可，接着便诏令将所辑佚书与“各省所采及武英殿所有官刻诸书”，汇编在一起，名曰《四库全书》。乾隆四十六年（1781）十二月，第一部《四库全书》终于抄写完毕并装潢进呈。接着又用了将近三年的时间，抄完第二、三、四部，分贮于“北四阁”。从乾隆四十七年（1782）七月到乾隆五十二年（1787）又抄了三部，分贮于“南三阁”。总之，《四库全书》的成功编纂，标志着清代官府藏书体系的初步形成。

纵观整个清朝的官府藏书体系，主要由宫廷藏书、官办藏书楼藏书、中央机构的藏书、地方政府机构的藏书四个部分构成。这里简要介绍一下乾嘉时期宫廷藏书和中央机构藏书的基本情况。

首先是素有“北四阁”之称的故宫文渊阁、圆明园文源阁、承德避暑山庄文津阁、沈阳文溯阁之藏书。这四阁主要用于收藏丛书《四库全书》和类书《古今图书集成》。

其次是内廷善本书库即“天禄琳琅”之藏书。乾隆九年（1744），乾隆皇帝命内臣检阅宫廷秘藏，选择善本进呈御览，列于昭仁殿，赐名“天禄琳琅”，并亲书匾额及对联，“天禄”一词取汉朝天禄阁藏书，“琳琅”为美玉之称，意谓内府藏书琳琅满目。此后，昭仁殿成为清代皇室收藏善本珍籍的专门书库。乾隆四十年（1775），编成《天禄琳琅书目》，即《书目前编》，嘉庆二年(1797),昭仁殿藏书更加丰富,乾隆皇帝命人编成《天禄琳琅书目续编》。

再次是武英殿之藏书。纂修《四库全书》之际,除将用于缮录底本的3000余种书籍放置在翰林院收藏外,其余近万种存目书和未入存目之书都收藏于此。

续次是国子监之藏书。主要收藏御纂或钦定类书籍、武英殿刻本,以保障日常教学工作的需要。

继之还有翰林院之藏书。翰林院原本藏有《永乐大典》一部,纂修《四库全书》结束以后,3000余种用于缮录底本的书籍就藏于此。

此外,还有"南三阁"之藏书。《四库全书》编成后,乾隆四十七年七月到乾隆五十二年抄录的三部便分别藏于镇江的文宗阁、扬州的文汇阁、杭州的文澜阁, 这是属于官办藏书楼藏书。可惜的是,咸丰三年(1853)太平军攻入镇江和扬州,文宗阁与文汇阁所藏《四库》之书被毁之一炬;咸丰十一年(1861)太平军攻克杭州,文澜阁也遭焚毁,《四库全书》和《古今图书集成》的一部分藏书也因此散失在外,其中一部分为钱塘藏书家丁丙、丁申两兄弟搜罗所得。文源阁、文宗阁和文汇阁藏书的相继被毁,恰逢清政权风雨飘摇之际,意味着清朝官府藏书系统的根基已经动摇,是官府藏书由全盛走向衰落的标志。

就乾隆朝礼类文献的官府收藏情况而言,具体文献目录大致在纪昀等人编撰的《四库全书总目》当中有所著录,此不逐一罗列。

二、历代《仪礼》文献的私藏

私家藏书的风气自古有之,《梁书·任昉传》:"家虽贫,聚书至万余卷,率多异本。昉卒后,高祖使学士贺纵共沈约勘其书目,官所无者,就昉家取之。"又阮孝绪《七录序》称:"遍致宋、齐以来王公缙绅坟籍之名簿。"这是南朝聚书之风之确证,也是为私家藏书编制私家目录的最早记载。真正社会上开始大规模出现藏书家这一现象的,可能还是从宋朝开始。赵匡胤建立宋朝以后,随着"重文轻武"治国方策的确立,士人科举取士待遇的提高,雕版印刷术的日益完善和推广,图书数量的大量增加,使得士人藏书更加便利,社会藏书风气日益盛行,因而出现了一大批私人藏书家。清代延续了这一传统，堪称我国私家藏书业的鼎盛时期，出现了一批有影响的藏书家，对推动当时的学术研究颇具裨益。

（一）宋朝的私家藏书

有学者统计，“宋代私家藏书达万卷以上的大藏书家共计二百一十四人，约占宋代藏书家总数的三分之一左右”，“江西省居于首位，江南几省为多”①。当时藏书多达10万卷以上的主要是叶梦得、魏了翁两家。此外，其中还有一些藏书惊人的佼佼者，如赵宗绰藏书7万卷，陈振孙藏书5.1万余卷，赵汝愚藏书5万卷，王钦臣藏书4.3万卷，周密藏书4.2万卷，方崧卿藏书4万卷，田伟藏书3.7万卷，宋敏求藏书3万卷，李淑藏书3万卷，雍子仪藏书3万卷，尤袤藏书3万卷，刘季孙藏书3万卷，王介卿藏书3万卷，等等。下面，就几家与礼经文献收藏密切相关的藏书家进行介绍。

1. 宋绶、宋敏求父子

宋绶（991—1040），字公垂，赵州平棘（今河北赵县）人，赐同进士出身，累迁户部郎中，权直学士院。其子宋敏求（1019—1079），字次道，赐进士及第，官至史馆修撰、累迁龙图阁直学士。曾预修《新唐书》。据苏颂为宋敏求所撰《神道碑》记载：宋敏求“家书数万卷，多文庄、宣献手泽与四朝赐札，藏秘惟谨”。② 宋绶曾外祖父杨徽之和毕士安二人手上接收了大量藏书，宋氏父子在朝为官期间又多次得到朝廷的赐书，加上宋氏几代人自行抄录和购买的图书，到宋敏求手上之时，藏书多达3万卷。宋敏求十分重视文献版本的选择与校雠，据沈括《梦溪笔谈》记载：“宋宣献博学，喜藏异书，尝谓：‘校书如扫尘，一面扫，一面生，故有一书每三四校，犹有脱谬。’”③因而宋氏所藏大都属于精善之书，当时的士大夫喜好读书者如欧阳修等多就之借阅。

2. 叶梦得

叶梦得（1077—1148），字少蕴，晚年自号石林居士、石林山人、石林老人，时人及后人称他为叶石林，门人、后裔称他为石林先生。苏州吴县人。绍圣四年（1097）登进士第，调丹徒尉。徽宗朝，自婺州教授召为仪礼武选编修官。累迁翰林学士，出知蔡州和颍昌。南宋初知杭州，复为翰林学士

---

① 范凤书：《中国私家藏书史》，大象出版社2001年版，第82页。

② 苏颂：《龙图阁直学士修国史宋公神道碑》，载《苏魏公文集》卷五十一，《景印文渊阁四库全书》（第1092册），第551页。

③ 沈括著，胡道静校证：《梦溪笔谈校证》，上海古籍出版社1987年版，第824页。

兼侍读，官至户部尚书、尚书左丞。绍兴初，两次出任江南东路安抚制置大使兼知建康府，后移知福州兼福建安抚使。绍兴十六年（1146），拜崇信军节度使致仕。

叶梦得一生嗜书如命，热爱藏书，被称为宋代著名的藏书大家之一。王明清《挥麈后录》卷七云："靖康偘扰，中秘所藏与士大夫家者悉为乌有。南渡以来，惟叶少蕴少年贵盛，平生好收书，逾十万卷。"①周密《齐东野语》卷十二"书籍之厄"条云："至若吾乡故家如石林叶氏、贺氏皆号藏书之多，至十万卷。"②藏书"逾十万卷"之说虽然可能系夸张之词，但也可见其藏书之富有。

叶梦得的藏书主要有三个来源，一是先世收藏累积下来的各种藏书，二是购买而得的当时各种刻本，三是搜求有价值的难见之书加以抄写。在叶氏旧藏三万余卷图书中，他自称"往往多余手自抄之"③，其中很多就抄自苏颂的藏书。特别值得一提的是，正由于叶梦得藏书宏富，因而他所见当时刻本十分多，对当时杭州、四川、福建、开封等地的雕版印书质量颇有心得："今天下印书，以杭州为上，蜀本次之，福建最下。京师比岁印板，殆不减杭州，但纸不佳。蜀与福建多以柔木刻之，取其易成而速售，故不能工。福建本几遍天下，正以其易成故也。"④这一记述，来自于叶氏的藏书品鉴所得，为今人研究宋代雕版印刷和图书业提供了弥足珍贵的材料。关于叶氏家藏文献的具体书目，梦得曾编修《石林书目》，可惜已亡佚，今人无法从中考见其中礼类文献收藏的具体情况。

3. 尤袤

尤袤（1127—1194），字延之，小名盘郎，小字季长，号遂初居士，晚年号乐溪、木石老逸民，常州无锡（今属江苏）人。绍兴十八年进士。历任泰兴县令、将作监簿、秘书丞兼国史院编修官、实录院检讨官，迁著作郎兼太子侍读。因言事贬为地方官，后又进直秘阁、敷文阁，累迁枢密院正兼左谕德，后任太常少卿权礼部侍郎兼同修国史侍讲，又兼直学士院，累官至给事中兼侍讲，礼部尚书兼侍读。清廉公正，多有政声。

尤袤长期任职朝廷，有机会借阅三馆秘阁之书，故能抄录到人所难见

① 王明清：《挥麈录 · 挥麈后录》卷之七，上海古籍出版社 2012 年版，第 112 页。

② 周密：《齐东野语》卷十二《书籍之厄》，中华书局 1983 年版，第 217 页。

③ 叶梦得：《避暑录话》卷上，中华书局 1985 年版，第 2 页。

④ 叶梦得：《石林燕语》卷八，中华书局 1984 年版，第 116 页。

之书。仰慕孙绰，尝取其《遂初赋》而以“遂初”名其堂。尤袤家中藏书达万卷以上。遂初堂藏书多抄本，抄录书籍是其藏书一大重要来源。尤氏对图书“嗜好既笃，网罗斯备”，凡是他没有读过的书，只要他得知书名，就要想尽办法找来阅读，读后不仅要做笔记，借来的还要抄录收藏，杨万里就曾称尤袤抄书勤苦以至于“脱腕”。尤氏晚年，他将所藏之书精心编成《遂初堂书目》一卷，共著录图书近三千种，分经、史、子、集四部四十四类，其中经部又分九类：经总、周易、尚书、诗、礼、乐、春秋、论语、孝经、孟子、小学，收书三百五十七种。可惜的是，在尤袤去世三十年后，即宋理宗宝庆元年(1225)，遂初堂毁于大火，堂址湮没，藏书尽毁。

考尤氏《书目》所载礼类目录，共著录59种，其中《周礼》类文献3种，《仪礼》类文献2种，《礼记类》文献15种，三礼总义及通礼类文献39种。这59种礼学文献，除少数几种外(如《周礼疏》、《仪礼疏》、《礼记正义》等)，大都属于宋代学者的礼学著作，如陆右丞(秀夫)《仪礼正义》、陆左丞《礼书》、陈祥道《礼书》、《三礼图驳议》等。据此可见推见，尤袤所收藏的图书，可能主要以宋代学者著述之作为主。令后人遗憾的是，《遂初堂书目》只记录了这些文献书目，不具解题，缺少卷数及撰著人的记载，也没有具体的版本信息，后人无从考察其详情。

4. 魏了翁

魏了翁(1178—1237)，字华父，号鹤山，邛州蒲江(今属四川)人。庆元五年(1199)进士，授签书剑南西川节度判官。历任国子正、武学博士、试学士院，以阻开边之议忤韩侂胄，改秘书省正字，出知嘉定府。史弥远当国，力辞召命。此后曾先后知汉州、眉州、遂宁、泸州、潼川等地。嘉定十五年(1222)，召为兵部郎中，累迁秘书监、起居舍人。宝庆元年(1225)，遭诬陷后黜至靖州居住。端平元年(1234)，召权礼部尚书兼直学士院，以端明殿学士、同签书枢密院事之职督视江淮京湖军马。

魏了翁私人藏书极富，先后收藏有10万卷，与叶梦得并称为南宋著名藏书家。他在绍定二年(1229)为陈思所撰《宝刻丛编序》文中自称：“余无他嗜，惟书癖殆不可医，临安人陈思多为余收揽。”后来为了创办鹤山书院，将其藏书大半捐献给书院，藏于“尊经阁”，该藏书楼藏书数量一度超过南宋国家图书馆，且大部分是其旧藏和抄录所藏之副本，再访得旧书，达10余万卷，藏书规模堪称当时各大书院之首。

众所周知,魏了翁同时也是一名著名的礼学大家,在他谪居靖州期间之绍定二年,著成《九经要义》263卷,其中就有《周礼要义》30卷、《仪礼要义》50卷、《礼记要义》33卷诸书。由于魏了翁没有编制专门的私家藏书目录传世,今人难以考见其藏书中有关礼类图书概况。单就《仪礼要义》之著述而论,考该书卷首魏氏《自序》,所引以郑玄《仪礼注》、贾公彦《仪礼疏》为主,并加以判断立说,则其所藏诸礼书当中必有郑、贾二氏之书。此外,魏了翁应该也参考了部分其他相关礼类著作无疑,如陆德明《三礼音义》之类,只是如今难以列出项目而已。还有一点值得注意的是,魏了翁撰写《三礼要义》之时,可能身边同一种礼学著作拥有多种文献版本,如《礼记正义》一书,北宋淳化五年(994)始以单疏本刻板问世,南宋绍熙三年(1192)又有经、注、疏合刻之"八行本"问世,嘉泰三年(1203)左右又有经、注、释文、疏合刻之"十行本"问世。魏了翁谪居靖州时,都能见到,很可能身边就有这些版本之书。

5. 陈振孙

陈振孙(1183—1261),原名瑗,字伯玉,号直斋,安吉(今属浙江)人。少壮时期受到书香熏染,勤于学习。宋宁宗、理宗之际,历溧水、绍兴、鄞县教授。嘉定、宝庆、端平年间,曾先后任江西南城县令、兴化军通判、浙东提举、嘉兴知府等职。淳祐四年(1244),以精研经术,除为国子司业。

陈振孙性喜藏书,并以藏书知名一时。陈氏所任职之地浙江、江西、福建,在当时都是图书事业较为发达之所,因此他每到一地,往往不辞辛苦地向当地学者、藏书家求教,购买和抄录典籍,从而大大丰富了自己的收藏。例如,他在通判兴化军任职时,先后访购和抄录了当地藏书家如郑寅、李馥、方渐、郑樵、林霆等人的藏书;在江西南城任县令时,当地有藏书家,他抄录了众多罕见之书,如五代开运丙午年(946)刻印的唐代元度所撰《九经字样》古京本,是他收藏之最古的版本;还借抄了不少当时官方禁止刻印的图书,如《奉诏集》、《亲征录》、《龙飞录》、《思陵录》等书。周密在《齐东野语》卷十二里称:"近年惟直斋陈氏书最多,盖尝仕于莆,传录夹漈郑氏、方氏、林氏、吴氏旧书至五万一千一百八十余卷,且仿《读书志》作解题,极其精详。"①经过数十年心营目识和材料的积累,后来他将自己对于典籍整理研究的心得,按晁公武《郡斋读书志》的形式,撰成私家藏书目录《直斋

① 周密:《齐东野语》卷十二《书籍之厄》,中华书局1983年版,第217页。

书录解题》56 卷。

可惜的是，陈氏《直斋书录解题》未能完整保存下来，直到清朝乾隆年间，四库馆臣才从《永乐大典》中辑出此书 22 卷，其中收书 3096 种达 51180 卷，远远超过了南宋官修目录《中兴馆阁书目》所著录之数。其中经部《礼》类著录之书包括，《仪礼》类著录文献 8 种：郑玄《仪礼注》、陆德明《仪礼释文》、贾公彦《仪礼疏》、张淳《仪礼识误》、朱熹《仪礼经传通解》、黄榦《仪礼经传通解续》、李如圭《仪礼释宫》、《仪礼集释》，其中有 5 种文献是当时学者的礼经学著作。此外，《解题》还著录《周礼》类文献 13 种，《礼记》类文献 19 种，三礼总义类文献 5 种。

（二）明朝的私家藏书

宋人私家藏书的兴盛，使得藏书演进成为全社会普遍重视的一种传统，深深地扎根于民间；加之雕版印刷与活字印刷的广泛普及，图书的编纂与出版更加兴旺，进一步奠定了后世私家藏书的坚实基础。因此，在经历了元末动乱之后，藏书事业之元气很快便恢复过来，迎来了繁荣与发展的新时代。据叶昌炽《藏书纪事诗》，收录五代至清末藏书家 1175 人，其中明代就有 427 人。另外，当代学者范凤书则认为明代藏书家多达 800 余人。总之，虽然比之后来的清代稍少一些，但却多于以往的任何朝代。下面，介绍数家当时较有影响的藏书家。

1. 高儒

高儒（1512—1553），字子醇，自号百川子，涿州人（今河北涿县）。嘉靖间为兵部下属武官。高氏喜文翰，嗜诗文，富于藏书。他曾申言："素餐无补，日恐流于污下。盖闻至乐莫愈读书。典籍流散，见过人间者，不乏校力。故虽嬴卖金之厚，聚非一日。虽有万轴之储，可读一时乎？此重积书之功，书目所由作也。书无目，犹兵无统驭，聚散无稽矣。"①基于这一认识，高氏花费其六年之功，整理编次家藏图书目录，并于嘉靖十九年（1540）编成《百川书志》20 卷。该目录著作体例上乃仿晁公武《郡斋读书志》，分经、史、子、集四志，下又分子目 93 门，是明代一部重要的提要目录。该目录主要特色在于史部中的野史、外史、小史 3 类，著录演义、传奇、唱本、小说等书，为研究宋、金、元、明文学提供了重要参考资料。其中对版本

① 高儒：《百川书志·序》，中国历代书目题跋丛书之一种，上海古籍出版社 2005 年版，第 1 页。

的记载,如《永乐大典》有内府刻本之类,对版本学和文化史研究有参考价值。

高儒家藏礼类图书并不宏富,但也有 14 种之多,按照先《仪礼》类后《周礼》类、《礼记》类文献编目顺序著录,并未收录三礼总义类著作,逐一记录各书的书名、卷数和作者名。其中,著录《仪礼》类文献 6 种,依次为:郑氏注贾公彦疏《仪礼注疏》十七卷、杨复《仪礼图》十七卷、《仪礼旁通图》一卷、吴澄《仪礼考注》十七卷、《仪礼逸注》六卷、《仪礼传》十五卷;著录《周礼》类文献 4 种,依次为:郑氏注贾公彦疏《周礼疏》十二卷、吴澄《周礼考注》十七卷、林希逸《周礼考工记解》二卷、朱申《周礼句解》十二卷;著录《礼记》类文献 4 种,依次为:孔颖达《礼记注疏》六十三卷、吴澄《曲礼考注》十卷、《礼记古文》十卷、陈澔《礼记集注》三十卷。高氏收藏的这些文献,大都属于唐、宋、元三朝撰者的著作,并没有明代学者的礼类书籍被收藏其中。

2. 范钦

范钦(1506—1585)字尧卿,一作安钦,号东明,浙江鄞县(今宁波)人。嘉靖十一年(1532)进士,任湖广随州知州,迁工部员外郎。因与武定侯郭勋不和,调任江西知袁州府,升广西参政,分守桂平。转福建按察使,迁陕西左使、河南副都御史,官至兵部右侍郎,辞不赴。酷爱典籍,为官多年,每至一地,广搜图书。抄有丰坊的藏书,丰坊"万卷楼"幸存余书悉归于他。其藏书处初名"东明草堂",嘉靖三十九年(1560)范氏回乡归隐,随后即于次年起至嘉靖四十五年新建藏书楼——"天一阁",用于收藏各种抄本和刻本图书。

范钦在世时,即曾编制天一阁藏书目录《范氏东明书目》和《四明范氏书目》二卷两种,其中《范氏东明书目》是范钦最早的藏书目录,仅一册,为范钦亲手所编定。可惜的是,该书目著作并未流传下来,但有记载在朱睦㮮于明隆庆四年(1570)编成的《万卷堂书目》中。此外,范钦之后,不断有天一阁藏书书目的编录,如焦竑《国史经籍志》著录有《四明范氏书目》二卷,祁承𤏡《澹生堂藏书目》也著录有《四明范氏天一阁书目》二册四卷,黄虞稷《千顷堂书目》著录的《四明范氏天一阁藏书目》四卷(二册),黄宗羲曾应邀编纂《范氏天一阁书目》,并撰《天一阁藏书记》,而在沈叔埏《颐彩堂文集》当中亦有《天一阁书目》,同样这些书目亦皆失传。因此,范钦在世之时,东明草堂和天一阁藏书的实际情况难以确知,所藏礼类文献情况也无从详考。

今天能够见到的天一阁书目,各家著录不一,其中北京图书馆藏有《天一阁书目》一卷抄本,当是今天所见最早的一份有关天一阁书目。据《清代书目提要》介绍,该书目虽作者、成书年代均失载,但有两部留存,一部为康熙年间宋荦家抄本,另一部前有康熙五十六年(1717)林佶手跋,书后标记一行云:“共计四千五百二十部。”两部抄本均不分卷,且均未按《四库全书》分类,而是分制书、诸经、四书、史、实录、志、经济、官制、出使、奏议、兵家、刑名、儒家、释家、道家、子书、集、选诗、古文、类书、词曲、策论表赋、小说、礼乐、博古、阴隙、天文、杂技、书画、地理、医家、星相、农家、人物、姓氏、列传共三十六类。从各类编排的实际情况看,官制以《大明会典》居首。礼乐以《大明集礼》居首,很可能是范氏原目抄录本。此书目著录极简,只录书目、册数,不记卷数与版本。阮元后来编著的《天一阁书目》中,有六十余种清人著述及清刻本不为此书目所著录,似亦可表明此书目出自明末范氏原目。总之,该份书目很有可能较为真实地反映了天一阁明末清初的藏书情况。

3. 祁承

祁承(1563—1628),字尔光,号夷度,又号旷翁,晚号密园老人,浙江山阴(今绍兴)人。万历三十二年(1604)进士,官终江西布政使右参使。自幼喜读书、藏书,甚至将妻子的嫁妆出售以购书。每逢赴试,遍访杭州书肆,或至委巷深衢觅书,十余年后藏书万卷,储载羽堂中。万历二十五年(1597),载羽堂藏书毁于火。遭此打击,聚书之心并不少改,继续搜书不辍,经过穷投苦求,祁氏藏书不断增益,达9000余种,10万余卷,藏于万历四十一年(1643)兴建的澹生堂中。祁氏精校刊,勤于抄书,所抄之书多世所未见者。撰有《澹生堂书目》、《澹生堂藏书约》、《澹生堂集》等,其中《澹生堂藏书约》是祁氏一生藏书经验的系统总结,为中国古代藏书理论建设的重要著作。

《澹生堂藏书目》一书,著录祁氏家所藏图书9000余种,10万余卷。采用“互著”、“别裁”之法,分别著录其书名、卷数、著者和出处于有关各类中。考该书目所载录之礼类文献,按照《周礼》、《仪礼》、二《戴礼》、通解、图考、《大学》、《中庸》等六类分类列目,其中《周礼》类文献著录21种,《仪礼》类文献著录仅4种,二《戴礼》类文献著录26种,通解类文献著录7种,图考类文献著录7种,《大学》类文献著录20种,《中庸》类文献著录39种。所著录的《仪礼》类文献依次为《仪礼注疏》(十七卷十二册)、《仪礼解诂》(四卷)、郑玄《仪礼注》(十七卷六册)、汪克宽《礼经补逸》(九卷二册)4种,在上述各种礼类文献当中是收藏数量、种类最少的一类,大多仅标明文献名、卷数、册数、作者名等信息,不著录文献版本情况。

4. 毛晋

明季藏书家,以常熟之毛晋汲古阁为最著。毛晋(1599—1659),原名凤苞,字子久,后改字子晋,号潜在,别号汲古主人。江苏常熟人。诸生。毛氏性喜书,搜罗宏富,建汲古阁、目耕堂藏之,所藏图书计8.4万余册。毛晋聚书,有其独特之处。史称:毛晋"性嗜卷轴,榜于门曰:'有以宋椠本至者,门内主人计叶酬钱,每叶出二佰;有以旧抄本至者,每叶出四十;有以时下善本至者,别家出一千,主人出一千二佰'"。① 毛晋目录学造诣极其深厚,编有《汲古阁书目》一书;另外,毛晋还作有图书题跋152篇,或考书籍源流,或辨其真伪,或述其要点,后汇刻为《隐湖题跋》。后来潘景郑为其补辑,得249篇,名为《汲古阁书跋》。

毛晋收藏的图书,大都以精善著称,其中既有宋代以来的各种礼类文献刻本、抄本和影抄本等多种情况。段玉裁在手校《集韵》书跋当中称:"凡汲古阁所抄书,散在人间者无不精善。"②毛晋藏书注意收罗善本秘籍,其目的并非是为藏书而藏书,秘不示人,而是力求将校正后的古书刊刻影印出来,公之于众,为学者和士人们读书提供一个好的本子。清代常熟藏书家顾湘校刻《汲古阁校刻书目一卷》、《汲古阁书目补遗一卷》、《汲古阁刻板存亡考一卷》三种,应该就属于毛氏家族刊刻图书之目录著作,并非毛氏家族藏书目录。据此三种刻书目录,毛氏所刻《仪礼》类文献并不多见,仅有少量几种,如他所校刻的《十三经注疏》13种330卷,便包括礼类著作3种。尽管目前并未见到毛晋亲手编定的《汲古阁书目》,但从顾湘所编之目录书中,大体上能够反映毛晋家藏图书的基本概况。

此外,毛晋之次子毛扆亦继承了父亲的衣钵,颇善藏书与刻书,并编纂

---

① 叶昌炽:《藏书纪事诗》卷三,上海古籍出版社1989年版,第331页。

② 蒋光煦:《东湖丛记》卷六"《集韵》"条,《国家图书馆藏古籍题跋丛刊》(第15册)之一种,北京图书馆出版社2002年版。

有《汲古阁珍藏秘本书目》1 卷。该书是毛扆售书潘耒稼堂而编撰的书目清单，成于康熙四十四年(1705)，收书 481 种，举凡宋版影抄、元本明集以及旧抄、精抄无不记载，注有宋本、元本、旧抄、影宋、校宋本等字。清代中期，毛氏藏书先后被泰州藏书家季振宜等家购藏，且多为宋元善本，后又大多归于徐乾学的“传是楼”。

(三)清朝的私家藏书

清代是我国封建社会藏书史上的巅峰时期，也是我国私家藏书史上影响最大、成就最为显著的时期。一如明代那样，经济发达的江南地区仍然成为私家藏书的重心所在，而且出现了黄丕烈、袁廷梼、周锡瓒、顾之逵、杨绍和、瞿镛、陆心源、丁丙等一大批著名的藏书家，他们不仅以藏书数量多称雄于时，而且其质量也极精，为后人留下了宝贵的精神食粮。兹简要择取其中数家略加介绍说明如下。

1. 黄虞稷

黄虞稷(1629—1691)，字俞邰，号楮园，晋江安海人，明末清初著名藏书家。从小受父亲黄居中熏陶，刻苦向学，嗜书成癖。十六岁入江宁郡学，博览群书，于典籍“问无不知，知无不举其精义”，被当地藏书家丁雄飞视为知己。时值清兵大举南下，江南战乱频仍，许多名家珍藏版籍大都受到不同程度的损失，号称藏书与天府埒的明朝诸藩之藏，更几无寸轴片纸留世。黄虞稷承继其父丰富藏书，千方百计慎守先世藏书，奇迹般完好地保存了下来。他慎守善增，广泛搜购他人流散市上的藏书，充实自己的珍藏。几年间，黄虞稷在其父黄居中千顷斋藏书六万余卷的基础上，增至八万多卷，并易藏书楼之名为千顷堂，成为江南屈指可数的大藏书家之一。

在校订藏书中，黄虞稷看到《宋史·艺文志》载止于南宋咸淳年间，辽、金、元三史《艺文志》均付阙如，虽在《文渊阁书目》和《国史经籍志》诸书中略有记载，却又大都“草率”、“诞妄”，不足为凭。至于有明一代，尽管作者辈出，著述宏富，却无一完备的书目。黄虞稷遂在他父亲所撰 6 卷《千顷斋藏书目录》的基础上，据其藏书，以个人之力，穷十数年之功，重编成目录学史上著名的《千顷堂书目》三十二卷。全书按经、史、子、集四部五十一类排列。每部类下先列明人著述，后附南宋咸淳以下和辽、金、元各朝著作，总计收录明人著作 14000 余种，附载宋、辽、金、元四代著作 2400 余种，使南宋末以至明代数百年间所有学人士子纷然杂陈、汗牛充栋的著述，初步条分缕析,“灿然大备”。

《千顷堂书目》卷二部分,著录了黄氏家藏礼类文献和知见礼类文献的详细情况,涉及《三礼》类和礼乐类两个大类,而《三礼》类又依次分为先《仪礼》类后《周礼》类、《礼记》类、三礼总义类的文献编目顺序进行著录。每一类之下,先正编后补编著录,各自按照文献撰者之朝代先后顺序编排。《三礼》类下,总计著录 411 种文献,其中《仪礼》类著录 19 种文献(正编 14 种,补编 5 种),《周礼》类著录 71 种文献(正编 58 种,补编 13 种),《礼记》类著录 305 种文献(正编 246 种,补编 59 种),三礼总义类著录 16 种文献(均为正编所著录)。此外,黄氏《书目》又将各种通礼类著作,如陈端礼《丧祭葬礼仪注解》、徐骏《五服集证》六卷、车垓《内外服制通释》九卷等 123 种文献,统统纳入到“礼乐类”当中,其中正编 85 种,补编 38 种。总之,《书目》著录的礼类文献数量之多,称得上是目前所见各类私家目录著录之最。至于其中有多少种礼类文献属于黄氏家藏所有,多少种属于黄氏知见著作,着实无法判定。

就《书目》著录的各种礼类文献信息而言,也是极其丰富,不仅包括文献名、撰者名、卷数三要素,同时还特别注意通过“附注”的方式,补充说明有关书籍的各种情况:或考订作者的生平,如“阮琳《仪礼经解》”一条下,注称撰作者“字廷佩,莆田人,官恩平知县”;或补记作者的未知情况,如“《仪礼明解》八卷”一条下,注称撰作者“失名姓”;或考订文献成书情况,如“黄润玉《仪礼戴注附注》五卷”一条下,注称该书乃“析《仪礼》为四卷,以《礼记》比类附之,其不类者载诸卷首末。又以军礼独缺,取《周官》大田礼补之,及《礼记》载田事者别为一卷,通为笺释”;或补注说明文献传播情况,如“汪克宽《经礼补逸》九卷”一条下,注称撰该书“克宽殁后,是书为人所窃,几不传。程敏政使族人启访,得手稿乃为刊行。一名《仪礼补逸》,弘治二年己酉曾鲁序”;或记载文献序跋撰作情况,如“吴澄《叙次仪礼》十七篇”一条下,注称“至正十四年甲午李浚民序”①,等等。凡此种种,其价值已经远远超出了普通私家藏书目录的范畴,具有重要的学术史价值。

2. 徐乾学

徐乾学(1631—1694),字原一,号建庵,居江苏昆山。康熙九年

---

① 黄虞稷撰,瞿凤起、潘景郑整理:《千顷堂书目》卷二,上海古籍出版社 2001 年版,第 35 页。

(1670)进士。授翰林院编修,迁内阁学士、礼部侍郎,官至刑部尚书。曾担任明史总裁官。著有《读礼通考》、《词馆集》等著作。他一生致力于藏书,建传是楼以储之,并对所藏书进行整理,编成了《传是楼书目》四卷、《传是楼宋元本书目》一卷,合计著录图书四千余种。《传是楼书目》一书按四部为序,各部之下,再分小类,分类比较烦琐,并屡有重复。但徐乾学搜集图书最为兴盛的时期是他为官后的20年间。此时正值明末清初,社会上流传着大量因战乱而散佚的珍贵图籍。徐乾学趁此机会广为收购流散的图书,从全国各地搜集到大批珍秘典籍。故可以通过该书目考见古籍在清初的流传情况。至于《传是楼宋元本书目》,则是以千字文为编号,专门著录传是楼所藏宋元善本书目。

这里专就《传是楼书目》一书礼类文献著录情况略加介绍说明。该书礼类文献目录,基本上著录在"黄字上格"、"黄字二格"、"黄字三格"、"黄字四格"等类列之下,大致按照《周礼》类、《仪礼》类、《礼记》类、《三礼》总义类等的先后顺序,逐一编次著录各种家藏礼类文献书目。《三礼》类下,总计著录130种文献,其中著录《周礼》类文献31种,《仪礼》类13种文献,《礼记》类文献86种,《三礼》总义类文献14种。虽然在数量上无法和黄虞稷家藏礼类文献相比,但在当时也是私家藏书中极其少见的。考察该《书目》著录的各种礼类文献信息情况,主要包括这样几方面内容:文献名、卷数、作者朝代及作者名、册数(即多少本)。可见,该《书目》著录信息较为简要。

此外,对于某撰者同一文献而言,若是在徐氏藏书楼藏有多种版本的情况下,《书目》往往会逐一著录各版本册数情况,例如,东汉学者郑玄《仪礼注解》(即《仪礼注》)一书,徐氏藏该书4部,《书目》著录称:"《仪礼注解》十七卷,汉郑玄,四本;又一部,五本;又一部,四本;又一部,二本。"①可惜的是,目录中并无更加详细的版本情况记载,难以获悉更多文献状貌。

3. 黄丕烈

黄丕烈(1763—1825),清著名藏书家、目录学家、校勘家。字绍武,一字承之,号荛圃,绍圃,又号复翁、秋清居士、知非子、抱守主人、求古居士、宋廛一翁、陶陶轩主人、学山海居主人、秋清逸叟、半恕道人、独树逸翁等。江苏长洲(今江苏苏州)人。乾隆五十三年(1788)举人,官主事;嘉庆六年

---

① 徐乾学:《传是楼书目》,刘氏味经书屋抄本,第35页。

(1801),发往直隶知县不就,有怀才不遇之感而辞官归,专事收藏、校雠和著述。所藏古今善本、秘本、珍本极为丰富,因独嗜宋本书,自号为“佞宋主人”。藏书室有“士礼居”、“读未见书斋”、“陶陶室”、“小千顷堂”、“学海山居”、“求古居”、“红椒山馆”、“学耕堂”、“冬蕙山房”等10余处。士礼居藏书皆钤有藏书印,藏书印有“黄丕烈印”、“荛圃”、“复翁”、“士礼居藏”、“士礼居”、“百宋一廛”、“读未见书斋”、“陶陶室”、“求古居”、“荛翁藉读”、“荛圃过眼”、“荛翁手校”等数十方。

黄丕烈嗜书至笃,常自称“书魔”、“痴绝”、“惜书不惜钱”。黄氏收书,一重版本,即求善(尤重宋椠)、求异、求全;二求丰赡,主张兼收并蓄,务求齐备,经史子集,无所不包。明清以来诸著名藏书家之藏书,如毛晋汲古阁、钱谦益绛云楼、钱曾述古堂、季振宜静思堂、徐乾学传是楼、怡府乐善堂的藏书,有许多后来为黄氏士礼居收藏。黄氏藏书未编出总目,现传世者仅有《百宋一廛赋注》、《百宋一廛书录》和《求古居宋本书目》三种。《百宋一廛书录》是他42岁时所编成的一部解题类目录著作,主要对所收宋本书的流传、存佚情况详加记载,著录内容相当充实。黄氏藏宋版书达百余种,专辟一室为“百宋一廛”而藏之,自作有《百宋一廛书录》1卷。元和顾广圻为作《百宋一廛赋》,黄丕烈自作注释,说明版刻源流和收藏传授。《求古居宋本书目》则是他52岁时所编撰,主要著录了他当时收藏的宋椠本187种,对这些版本的存佚和残缺情况一一做了介绍。

此外,黄丕烈还编有一部规模较大的目录著作——《所见古书录》,该书从乾隆六十年(1795)开始编撰,一直到黄丕烈去世之前,方才基本成型,但尚未定稿。黄氏死后,由嘉定瞿木夫(中溶)整理编定。“予老矣,向有《所见古书录》之辑,将所藏书为正编,所见而未藏者为附编,悉载诸家藏书源流。”①据近人张钧衡记载,《所见古书录》一书“专论各本,以宋椠一,元椠二,毛钞三,旧钞四,杂旧刻五,并未编定,身后瞿木夫分为二十卷,稿本归皕宋楼,亦售与日本岩崎氏”。② 从此在大陆失传。

丕烈不只善于藏书,而且长于校勘。黄氏尝言:“余好古书,无则必求其有;有则必求其本之异,为之手校;校则必求其本之善,而一再校之,此余

① 黄丕烈:《士礼居藏书题跋记》卷四,书目文献出版社1989年版,第136页。
② 张钧衡:《百宋一廛书录·跋》,民国四年《适园丛书》刊本。

所好在是也。”①黄丕烈所收藏的图书,往往经过他一番细致的校勘,有些还写成题跋,述得书经过,校异同是非,订刊刻先后,现存《士礼居藏书题跋记》一书就是存世的产物。这些题跋往往“于其版本之先后,篇第之多寡,音训之异同,字画之增损,及其授受源流,翻摹本末,下至行幅之疏密广狭,装缀之精粗敝好,莫不心营目视,条分缕析,积晦明风雨之勤,夺饮食男女之欲,以沉冥其中”,而且评鉴图书“实事求是,搜亡剔隐,一言一句,鉴别古人所未到,时以笔诸书而广其副,嘉惠方来”②,以至于当时有学者称“今宋本无黄氏鉴藏印者,终若缺然可疑”③。该《题跋记》所题经部文献之跋不多,其中属于礼类的有:残蜀大字本《周礼》二卷(家藏本),宋刻京纂图附注本《重言重意周礼》十二卷(知见本),校宋本郑玄《礼记注》二十卷(家藏抄本),校本《大戴礼记》十三卷(家藏校本)。

黄丕烈不仅喜好文献校勘,同时又喜刻书,所刻之书皆精,版式一般皆从宋版,并附撰《札记》或《校录》,钱大昕、段玉裁等称其所刻书“可矫近世轻改古书之弊”。按照孙钦善先生的说法,“士礼居所刻诸书,大多由顾正定,世并称顾、黄”④。黄氏所刻之书,大都收入《士礼居黄氏丛书》之中。例如,嘉庆二十年(1815),黄丕烈重刻宋严州本《仪礼郑注》十七卷,附《严本仪礼郑氏注校录》一卷,于严本之是非悉校录之,其中既校勘《仪礼》经文,同时也校勘郑氏《注》文,基本上属于死校,但在版本、校勘学上非常具有代表性。

黄氏士礼居藏书于嘉庆末年开始散出,至道光之初黄丕烈去世之前已全部散尽,其书多售与汪士钟艺芸书舍收藏。汪氏艺芸书舍藏书散出后,又为常熟瞿镛铁琴铜剑楼和山东聊城杨以增海源阁分而得藏。

4. 丁丙

丁丙(1832—1899),字嘉鱼,又字松生,晚号松存,别署钱塘流民、八千卷楼主人、竹书堂主人、书库报残生、生老。浙江钱塘(今杭州)人。与兄丁申同为诸生。左宗棠以补用知县荐往江苏,加同知衔,而他淡于仕途,不肯赴任。家世经营布业,富于资财。自幼好学,一生淡于名利,终身不仕,热心公益事业,爱好收集地方文献。家多藏书,著述颇富,事亲以孝闻。

---

① 黄丕烈:《士礼居藏书题跋记》卷四,书目文献出版社1989年版,第121页。
② 王芑孙:《黄荛圃陶陶室记》,《渊雅堂全集》卷七,清嘉庆九年刻本。
③ 王欣夫:《黄荛圃先生年谱补》,载江标《黄丕烈年谱》,中华书局1988年版,第99页。
④ 孙钦善:《中国古文献学史》(下),中华书局1994年版,第1064页。

丁丙嗜好藏书，与瞿镛、陆心源、杨以增并称为“清末四大藏书家”。他私人藏书极其丰富，沿用祖父丁国典的“八千卷楼”藏书楼，并将其新增加的藏书，名为“后八千卷楼”、“善本书室”、“小八千卷楼”，总藏书室名“嘉惠堂”，藏书近20万卷，其中善本珍藏2000余种，被列为晚清四大藏书楼之一。太平天国时期，杭州文澜阁《四库全书》在战乱中全部散佚。丁丙于是和兄长丁申一道，四方搜寻和收购、补抄，得书近万册。光绪七年(1881)，浙江巡抚谭钟麟重建文澜阁落成，提出补抄文澜阁藏书，丁氏兄弟极力搜访残籍，出其家藏图书，又抄“天一阁”、“抱经楼”、“振绮堂”、“寿松堂”等藏家之书，“两丈弃车服之荣，乐琅嬛之业，恶衣恶食”，奔复于书肆及断垣残烁之中，历时七年之久，得书籍每捆高二尺一束，共得800束3396种，抄补残缺者891种，使“文澜阁”之《四库全书》恢复十得七八。

丁丙还深谙目录之学，曾撰有《善本室藏书志》一书，开始于光绪二十一年春，成书定稿于光绪二十五年(1899)三月，是清代的一部私藏善本书目。该书目主要著录其藏书中的珍贵部分文献，以丁氏小八千卷楼所藏宋元椠本、明刻精本、旧抄善本以及各家稿本校本汇编而成。该书共40卷，附录1卷，收书2000余种，仿《四库全书总目》部类序列，经史子集四部之下分44大类65属，其中卷一至卷五为经部，有《易》类、《书》类、《诗》类、《礼》类、《春秋》类、《孝经》类、五经总义类、《四书》类、乐类、小学类10大类。

《书志》卷二又将礼类又分为《周礼》、《仪礼》、《礼记》、《三礼》总义、通礼、杂礼等五小类，其中，《周礼》类著录文献版本14种，《仪礼》类著录文献版本19种，《礼记》类著录文献版本19种，《三礼》总义类著录文献版本2种，通礼类著录文献2种，杂礼类著录文献1种。单就著录的19种《仪礼》类版本文献而言，不仅有《仪礼》之白文经版本，也有自汉代郑玄以来迄止清代各个朝代的撰者之著述；同一作者之同一书名文献，往往可能有多种版本著录在内，如《仪礼》之白文经，著录者既有冯氏快雪堂旧藏之明嘉靖翻宋本，也有钮氏世学楼藏书之明刻纽字本；贾公彦《仪礼注疏》，著录者既有得一居叶氏藏书之明闽刊本，也有明嘉靖刊本，等等。其选择之文献收录版本，根据丁丙的跋文交代，主要有四种，一曰旧刻，二曰精本，三曰旧抄，四曰旧校。这实则也是丁丙选择和确定善本书的基本标准。

此外，丁氏该书目还对每种文献均著录书名、卷数、作者姓名及年代、版刻时间地点和行款、藏书印记，并撰有对题目加以解释、品题、介绍和评价的解题。考《善本书室藏书志》后作于光绪二十四年（1898）二月的丁丙自记称："余自丁酉秋日养疴之暇始分别部居，谨依《四库》次第，每书列其文字异同之大致，名人收藏之源流，日积月累，札记遂多。儿子立中一一手录，裒然成四十卷，名曰《善本书室藏书志》，以继也是翁《敏求记》、张金吾《爱日精庐》、陆存斋《皕宋楼》二藏书志之后。"①所谓考察文献的"文字异同之大致，名人收藏之源流"，大概就是丁丙撰写解题之目的所在。

除上述数家外，钱曾的《述古堂书目》、《也是园藏书目》、吴寿旸的《拜经楼藏书题跋记》、孙星衍的《孙氏祠堂书目》、《平津馆鉴藏书籍记》、张金吾的《爱日精庐藏书志》、陆心源的《皕宋楼藏书志》等私家藏书目录，大都有关于礼类文献的藏书目录，此不逐一列目叙述说明。

---

① 丁丙：《善本书室藏书志》卷末，《续修四库全书》（第927册），第688页。

第四章

《仪礼》文献的散佚与辑佚

第一节 《仪礼》有无佚文之论争

据班固《汉书·艺文志》记载:"《礼古经》五十六卷,《经》十七篇。"这里所著录的《礼古经》,其实就是后世所谓的"逸礼";而"《经》十七篇",就是作为儒家五经之一的"《仪礼》十七篇"。此外,《汉书·艺文志》又于序中称:"《礼古经》者,出于鲁淹中(鲁地里名)及孔氏。与十七篇文相似,多三十九篇。"①简言之,汉武帝时,人们在孔壁中发现《礼古经》五十六篇,其中有十七篇与汉初经生所传十七篇《仪礼》相同,而另外多出的三十九篇礼文久已亡佚,学者便将其称之为"逸礼"。《逸礼》被发现后,一度被藏于秘府,长期无人传习。汉成帝时,刘向、刘歆父子校理中秘古籍,刘歆经过整理研究,认为《礼古经》述天子、诸侯之礼,较当时流传的《仪礼》十七篇主要记述士礼要更为完备,应立学官,但因遭遇今文经学博士和朝臣的反对,不得立于学官。到汉平帝时,王莽当政,刘歆因为王莽所重,《逸礼》得以与《左氏春秋》、《毛诗》等其他古文经一起立于学官。可是到光武中兴后,这些古文经博士又遭罢废,于是《礼古经》再度遭到冷落。此后直至终东汉朝,《礼古经》一直未立于学官,几乎无人传习,甚至连什么时候亡佚了都无人知晓。

由于《汉书·艺文志》记载太过简要,加之《礼古经》的"逸礼"部分已

---

① 班固:《汉书》卷三十《艺文志》,中华书局1962年版,第1709—1710页。

经亡佚无存,无法目睹其原状。由此,后来的学者们便不得不思考这样一个问题:十七篇《仪礼》是不是一个残本?对此,学界持有两种截然相反的观点:有部分学者认为,既然《汉志》明确记载《礼古经》五十六卷,那么今传本十七篇《仪礼》就应当是一部残缺不完之书;另一种观点恰好相反,主张《仪礼》十七篇并非一个不完全的残本,而是一部体例完备的礼学著作。这一问题的纷纭不休,成为礼经学史上的一大奇观,也是一件十分有意义的事情。这一讨论本身时人可能难以达成绝对的共识,但通过考察历代学者的传世文献(尽管其中大多只是片言只语的文字说明),可以提炼出他们对这一问题的不同观点与看法,反映出不同时期学者对《仪礼》性质认识的深入程度,决定着《仪礼》学研究发展的走向、趋势。纵观历代学者的著述,其中尤以清代学者参与纷争的人数最多,讨论也更趋深入全面,兹据各家所持立场观点差异,分别加以扼要介绍说明如下。

一、《仪礼》完帙说

(一)姚际恒(1647—约1715)

姚际恒主张完帙说的一个前提认识是,《汉书·艺文志》所称《逸礼》三十九篇,其实并非《仪礼》散佚之文:"《汉志》云《士礼》十七篇,《礼》古经出鲁淹中及孔氏学,十七篇文相似,多三十九篇。《刘歆传》载歆云:鲁恭王坏孔子宅,得古文于坏壁之中,《逸礼》有三十九,书十六篇,孔安国献之,遭巫蛊之难,未及施行。予前《序》谓班氏之言本之刘歆者此也。其所云'书十六篇'者既伪,则此《逸礼》三十九篇岂必为真?郑康成注《仪礼》多曰古文作某,间亦援引之,则康成当时已见,乃独注此十七篇而不及彼,以其伪也。"又云:"刘歆称《逸礼》孔安国所献,而《隋志》以为河间献王,亦不相合。大抵作史者从不留心经学,故其《艺文志》极易传讹,难以尽信也。"①据此,在姚际恒看来,既然二者并非一回事,显然今人所见《仪礼》一书当为完帙之书无疑。

历代治礼经学者,多有谓散逸之礼篇颇多论及天子诸侯之礼者,对此,姚氏亦不以为然:"《仪礼》凡曰士礼者,举其中而言之,则上下可知也。……《仪礼》之士礼别无大夫诸侯天子礼矣,其诸侯天子冠昏丧祭,自可推

① 姚际恒:《仪礼论旨》,载《仪礼通论》卷首,《续修四库全书》(第86册),第15—16页。

士礼而致。……即如一冠礼，使有士，又有大夫有诸侯有天子，篇目累重，事义复叠，有此经书体制乎？且人只见《冠》、《昏》、《丧》、《祭》谓诸侯、天子亦宜有耳，若《乡》、《相见》，诸侯、天子固无之也。《乡》、《相见》既无，则《冠》、《昏》、《丧》、《祭》亦无可知，安得独谓之亡乎？"①又云："天子诸侯其礼本不传于民间，孟子且曰'诸侯之礼，吾未之学'，矧下此儒生其能援笔而记之乎？则谓有逸礼者亦可以息其喙。"②

简言之，姚氏主张，《逸礼》并非《仪礼》佚文，历代治《礼》学者不当耗费精力辑诸所谓《逸礼》之文，"夫以康成之务博好信而尚遗之，则其书可知矣。后儒深惜《逸礼》之不传，不知却惜得伪书耳。"③

（二）程瑶田（1725—1814）

众所周知，唐代学者孔颖达为《礼记·丧服小记》作疏解时，曾慨然而发《礼》经《丧服》篇有逸文之说，于"从父昆弟之子"、"昆弟之孙"二人小功服外，又补出"从父昆弟之孙缌麻"及"昆弟之曾孙缌麻"二条，此后学者多见仁见智，各持己见。程瑶田不同意孔颖达的这一观点，并作《〈丧服〉无逸文述》一篇予以批驳，明确申言《丧服》无逸文之说。

程氏首先指出："礼穷则变，变而不失其常，自非圣人，安能议礼哉？"既然如此，那么，孔颖达的错误做法在于"不明五世袒免、六世亲竭而性别戚单诸精义，而以为元孙必有缌麻之服，故推而旁杀之亦应如此"，其结果是"卒不能融会《丧服》全经，错综参伍，以证明同姓庶姓之分之在于何人，而不可少有假借焉者也"④。

为了维护和证明《丧服》经传行文条例的严密性与完整性，他在《答段若膺大令论"为人后者服其本生亲降一等"书》中，明确反对段玉裁将经文"于兄弟降一等"中"兄弟"二字改成"昆弟"的做法，并且声言："当其事者，援经比例，礼固可以义起与，然欲持之以释《丧服》经传，则不敢知也。"⑤就诚如有学者所说的那样，"程瑶田绝不含像段玉裁那样大胆地去改易经文，因为他坚信《丧服》经传文字是完备无缺且准确无误的，这就是

① 姚际恒：《仪礼论旨》，载《仪礼通论》卷首，《续修四库全书》（第86册），第22—23页。
② 姚际恒：《仪礼通论》卷一，《续修四库全书》（第86册），第36页。
③ 姚际恒：《仪礼论旨》，载《仪礼通论》卷首，《续修四库全书》（第86册），第22—23页。
④ 程瑶田：《仪礼丧服文足征记》卷四，《续修四库全书》（第95册），第180页。
⑤ 程瑶田：《答段若膺大令论"为人后者服其本生亲降一等"书》，《仪礼丧服文足征记》卷十，《续修四库全书》（第95册），第268页。

《足征记》所谓‘足征’的内涵,也是本书的基本前提”①。

(三)邵懿辰(1810—1861)

道光年间,邵懿辰再次重申《仪礼》无阙佚、无逸礼三十九篇之说。邵氏指出,汉初自鲁高堂生至二戴,都没有言《仪礼》有逸礼阙佚,本经十七篇“固未尝不完”,且“观十七篇四际八类之间,犹未能周密而详尽也”,然若“以分记、总记、分义、通义如大小戴《记》埤附于其中,弥缝于其隙,而后义类浃洽,理道章明,本末精粗无乎不备”②。在邵氏看来,正因为戴《记》之文各有所可附,故十七篇不至凌杂而失统,后儒以为十七篇阙略不全而主张补阙之说是多余的,总之《仪礼》一书并无阙佚。

至于《逸礼》三十九篇之说,邵氏以为亦不足信,此说乃刘歆之伪言,“妄有以淆人耳目而塞其聪明也”,《仪礼》十七篇“未尝无大夫以上之礼”;且《逸礼》三十九篇亦多刘歆剽取他文而成,“况其逸文之存如《太平御览》引《巡狩礼》文辞不古,及三皇禅云云五帝禅亭亭,既诞而不足信矣;而《月令》注及《皇览》引《王居明堂礼》数条皆在《尚书大传》第三卷《洪范五行传》之中,吴氏不知其有全文而仅引《礼》注合为一篇,然观其文意,实与伏生《五行传》其后相协,必非古《王居明堂礼》,而伏生全引入《大传》也,则为刘歆剽取《大传》以为《王居明堂礼》明矣。即此一端,而其他可知。”③

邵懿辰关于逸礼三十九篇的主张,清儒丁晏对此颇不以为然,他曾指出:“位西此论谓为《逸礼》不足信,过矣,当依草庐吴氏别存为逸经为允。至斥《逸礼》为刘歆诬伪,颇臆断。且《逸礼》古经汉初鲁共王得于孔壁,河间献王得于淹中,《朝事仪》见于大戴《礼》,《学礼》见于贾谊书,皆远在刘歆以前,未可指为歆赝作也。”④丁氏所论,可谓切中邵氏其说之弊陋。另外,对于邵懿辰的上述二说,清后期学者黄以周(1828—1890)亦曾有所评论,肯定前者而否定后者:“《王制》以冠、昏、器、祭、乡、相见为六礼,司徒修六礼以节民性,则所谓冠、昏、器、祭、乡、相见,士礼也。《大戴》以此

---

① 冯茜:《论程瑶田的丧服学》,《儒家典籍与思想研究》第四辑,北京大学出版社 2012 年版,第 146 页。

② 邵懿辰:《论〈礼〉十七篇当从大戴之次本无阙佚》,载《礼经通论》,阮元、王先谦编《清经解·清经解续编》(第十三册),凤凰出版社 2005 年版,第 6351 页。

③ 邵懿辰:《论〈逸礼〉三十九篇不足信》,载《礼经通论》,阮元、王先谦编《清经解·清经解续编》(第十三册),凤凰出版社 2005 年版,第 588 页。

④ 丁晏:《附注》,载于邵懿辰《礼经通论》之《论〈逸礼〉三十九篇不足信》篇末,阮元、王先谦编《清经解·清经解续编》(第十三册),凤凰出版社 2005 年版,第 6353 页。

居《礼经》之首，亦以明高堂生所传号为士礼者。以此《礼运》通天子诸侯为文，两言‘冠、昏、器、祭、射御、朝聘’，《家语》引作‘达之器、祭、乡射、冠、昏、朝聘’，邵氏以‘射御’之‘御’为‘乡’之形讹，不为无据。以此八者为约十七篇而言之十七篇为完书，所见亦卓，但因此遂议《逸礼》三十九篇为奸言，殊不足信。”①

此外，邵懿辰还认为，历代学者谓军礼之篇亡失，非是，实际上十七篇中射礼之《乡射》、《大射》二篇便是“军礼”：“《乡射》、《大射》亦寓军礼之意。男子有事四方，桑弧蓬矢初生而有志向焉。《易》曰：‘弦木为弧，剡木为矢。’弧矢之利以威天下，五兵莫长于弓矢也，故射御列于六艺，而言聘射之义者以为勇敢强有力。天下无事则用之于礼乐，天下有事则用之于战胜。泽宫选士各射己鹄，有文事必有武备也，而遂以为军礼亡失，亦未识圣人定礼之意矣。”②

（四）皮锡瑞（1850—1908）

关于《仪礼》十七篇是否为全本的问题，从皮锡瑞对邵懿辰所作《礼经通论》推赏有加的话语中，便已表露明晰无疑：“邵氏此说，犁然有当于人心，以十七篇为孔子所定，足正后世疑《仪礼》为缺略不全之误。”在皮氏看来，既然《仪礼》十七篇为孔子“删定”或“补增”，显然今本属于全本，自然也就不存在什么阙逸的问题。

至于所谓的“逸礼”三十九篇，在皮氏看来，“就令非伪，亦孔子定十七篇时删弃之余，大抵秃屑丛残，无关理要”，“逸礼三十九篇，犹逸书十六篇也，皆传授不明，又无师说，其真其赝，可以勿论”。既然属于“孔子定十七篇时删弃之余”，那么，对于“逸礼”的最佳态度便是置之不理，今人毋庸为其做辑佚、拾遗之类工作，“学者于二十九篇书十七篇礼，未能发明，而偏好于逸书逸礼，拾其残剩，岂可谓知所先务乎？”③

（五）梁启超（1873—1929）

《汉书·艺文志》记载说：“《礼古经》五十六卷，经十七篇。”古文经学家据此以为，今本《仪礼》十七篇是不完全的。梁启超基于《仪礼》十七篇经过孔子手定与审定这样一种认识，进而主张：《仪礼》十七篇是孔门足

① 黄以周撰，王文锦点校：《礼书通故》卷一，中华书局 2007 年版，第 9—10 页。

② 邵懿辰：《论十七篇中射礼即军礼》，载《礼经通论》，阮元、王先谦编《清经解·清经解续编》（第十三册），凤凰出版社 2005 年版，第 6352 页。

③ 皮锡瑞：《经学通论·三礼》，中华书局 1954 年版，第 15—17 页。

本。他的依据主要有三条：

其一，今本《仪礼》十七篇不外冠、昏、丧、祭、乡、射、朝、聘八种礼，而《礼记》说孔门最重此八礼，可见十七篇是孔门所传。

其二，《逸礼》三十九篇原文至唐后即已不存，但从《大戴礼记》和《小戴礼记》保留下来的有关《投壶》、《衅庙》等礼文内容来看，其本质上都是"不通行的小节，或是孔门所不传"，孔门所传的只是那八种大的礼仪，而八种不在那十七篇之外。

其三，《逸礼》三十九篇，是汉儒采摭凑集来的，有如被赵岐删削掉的《孟子》外篇，虽然亡佚，却并不足惜。

二、《仪礼》存在逸文说

（一）姜兆锡（1666—1745）

在《仪礼》有无阙逸的问题上，姜兆锡乃持一种肯定的态度。例如，《仪礼经传内编》卷九"士大夫投壶礼"下，姜氏申论说："此亦燕以为乐而因以观德之礼，《周礼》不载，《小戴礼》之第四十篇实载之，而《大戴礼》亦有此篇。按：此当为《仪礼》经文而逸之耳，故今以类而附于射礼之后云。"①就中观点表述非常明确。依姜兆锡看来，对《仪礼》经文性质的认定，并不局限于士礼的范畴，他以为汉初高堂生所传《仪礼》十七篇，当初就是残缺不全的，大小戴《礼记》所载"士大夫投壶礼"之文，其实当为"《仪礼》经文而逸之耳"，本质上讲，其实就是原本《仪礼》经文的一部分。

（二）方苞（1668—1749）

在《仪礼》是否完阙的问题上，方苞主张，今所传习之《仪礼》并非完本，其中包含有部分王莽、刘歆增窜的成分，也有礼文残阙的情况。详考今本《仪礼》一书，其中存在着许多与理、义、性、情等相冲突的地方，实为无稽荒谬之言，必非周公手订之内容，实乃王莽、刘歆增窜经文之结果。

以《丧服》篇为例，"大夫为祖父母适孙为士者"一条之下，方氏考辨说："祖父母适孙已明著于上经，而复窜此以为尊同不降之证，如其言，则祖父母之为庶人者亦降矣。此与尧及瞽瞍北面而朝舜荒谬略同，而先儒莫辨，盖以《仪礼》早列于学官，疑其为完书，必周公所手订耳，不知莽招群

---

① 姜兆锡：《仪礼经传内外编》卷七，《续修四库全书》（第87册），第310页。

士，记说逸礼于庭中，正为欲增窜无稽之言于既列学官之书，使学者疑为所记述耳。”①《析疑》卷十一论《仪礼·丧服》篇文时，时有谓其文句之妄增，乃莽、歆增窜其文以为“尊同而不降”之证，故多着力加以批判。

此外，方苞以为，《仪礼》经文除有莽、歆妄增的情况外，尚有礼经本身残阙的情况存在。例如，《士丧礼》“主人髻发，袒，众主人免于房”一文，方苞论云：“如无主后而小功者，王其丧饭含，即大殓亦宜袒以致哀，特礼文残阙无考耳。”②《析疑》中这一类论说亦颇为常见，不凡赘举。对于礼经残阙的情况，方苞主张“学者宜折衷义理而证以群经，不可以旧说自锢也”③，方苞的这一认知，和当时学界的普遍认识基本上是一致的。

（三）盛世佐（1719—1755）

和方苞一样，盛世佐认为今本《仪礼》并非完帙之书，应当存在佚文。盛世佐在《仪礼集编·凡例》中称：“愚于是经《士冠》、《士相见》、《丧服》等篇经记传注相汩处，心知其非圣经之旧，然不敢辄为改易。”④他发现，礼经十七篇经文当中，存在一些扞格不通之处，因而推断今本《仪礼》并非周公制礼之旧貌。盛氏还指出，“《汉志》所谓经十七篇，即高堂生所传也。”

《仪礼集编·凡例》中还说：“礼书之存于今者，惟此经称完备，惜古文增多三十九篇，佚不传。然冠、昏、丧、祭、乡、相见六礼，修之司徒以节民性，为士大夫日用所不可阙者具在是矣，所亡惟军礼耳。”⑤盛氏以为，较之《周礼》，今本《仪礼》十七篇更称完备，其所“亡者惟军礼”之篇耳，只不过所亡佚的军礼部分在汉代便已无人传习，散逸至今不复可见。

（四）杨丕复（1780？—1829？）

杨丕复从《仪礼》与“礼古经”的关系认知角度，主张《仪礼》是“礼古经”的一部分，“盖汉世诸儒每为专门之学，各不相通。时礼家立于学官者，惟戴德、戴圣、庆普，而此三家所传则高堂生十七篇也。故古经所多之三十九篇，虽已献于孔安国，而藏之秘府，伏而未发，以其为三家所不习者也”⑥。杨氏还认为，东汉学者郑玄作《仪礼注》时，尽管未曾为其他各篇

---

① 方苞：《仪礼析疑》卷十一，《景印文渊阁四库全书》（第109册），第169页。
② 方苞：《仪礼析疑》卷十二，《景印文渊阁四库全书》（第109册），第193页。
③ 方苞：《仪礼析疑》卷四，《景印文渊阁四库全书》（第109册），第40页。
④ 盛世佐：《仪礼集编》卷首《凡例》，《景印文渊阁四库全书》（第110册），第5页。
⑤ 盛世佐：《仪礼集编》卷首《凡例》，《景印文渊阁四库全书》（第110册），第5—6页。
⑥ 杨丕复：《仪礼经传通解》（第1册）卷首《序说》，第3页。

"逸礼"进行诠释,但其时"逸礼"犹存在:"盖康成时,逸礼犹在,故郑以二书参校,而酌其可从者。……凡逸礼篇名,时见于其《注》中,《天子巡守礼》见《内宰注》,《朝见礼》见《聘礼注》,《朝事仪》见《觐礼注》,《中霤礼》见《月令注》,然则逸礼在汉末犹完然全书也。特以不立学官,而又非小戴所传,故郑氏不为之作注。"①这也是杨氏主张逸礼之文属于《仪礼》原本一部分的一个原因。

(五)曹元弼(1867—1953)

晚近学者曹元弼同样参与了这场纷争。曹元弼在其《礼经校释》中,再次响应并重申了清初学者方苞的礼文残阙说。譬如他认为,《礼记·丧大记》中就有《仪礼》散逸之礼存于其中:"《大记》之文,网罗放失,天子诸侯大夫礼多赖以存疑,记人犹及见古逸经者,其与经互异处,或言天子之士,或补经所未备,或立文有繁省,或编简有脱衍,当分别观之。"②

与其他学者立论不同的是,曹氏《礼经学》一书,更从礼所习对象不同的角度,提出了《礼经》古本有"全经"与"约编"的说法:"礼之全经惟士学之,诸侯、天子之礼备在其中","礼之约编,凡民皆习之。……凡民所习,盖士大夫礼居多。"③并且认为,孔子"定礼"之际,盖兼定此二本;就汉儒礼经传习角度而言,"秦火而后,高堂生传《礼》十七篇,与约编为近;淹中所得五十六篇,与全经为近";从十七篇经、《记》行文考之,"《公食礼》云'设洗如飨',则完本当有飨礼;《乡饮酒义》兼说'党饮',则完本当有党饮礼。而今皆无之,知非完书"④。基于此,曹氏主张,今本《仪礼》十七篇绝非完本,只是一个"约编"本;而《汉书·艺文志》所记载的《逸礼》三十九篇,则是《仪礼》"全经"的一部分。

第二节 礼经佚文的辑佚实践

对于礼经逸文的辑佚实践,虽然宋代学者便已有所倡导,但真正提上议事日程和亲自实践的,主要还是从元代才有所动作。据目前所知各类文

① 杨丕复:《仪礼经传通解》(第1册)卷首《序说》,第4页。
② 曹元弼:《礼经校释》卷十七,《续修四库全书》(第94册),第471页。
③ 曹元弼:《礼经学》卷五,《续修四库全书》(第94册),第739页。
④ 曹元弼:《礼经学》卷五,《续修四库全书》(第94册),第739页。

献素材反映来看，元、明、清三朝都有学者致力于这一方面的辑佚活动，并留下了较为丰富的著述文献。

一、元代学者的逸礼辑佚实践

(一)吴澄《仪礼逸经传》

吴澄(1249—1333)，字幼清，晚字伯清，抚州崇仁(今江西崇仁县)人。自幼聪慧、勤奋好学，宋末中试乡贡。宋亡后隐居家乡，潜心著述，学者称其为“草庐先生”。元武宗至大元年(1308)，被征召任国子监丞，至定元年(1321)任翰林学士；泰定元年(1324)为经筵讲官，敕修《英宗实录》。

吴澄对于礼经“逸礼”之辑佚成果，全部见诸《仪礼逸经传》二卷当中，其中前一卷为补辑“逸经”部分，后一卷系补辑“逸传”部分。

先来看补辑“逸经”部分。吴澄深惜《仪礼》17 篇尚不完备，于是从《大戴礼记》、《小戴礼记》以及郑玄《三礼注》等典籍中广泛摭拾逸文，编成《仪礼逸经》8 篇，即《投壶礼》、《奔丧礼》、《公冠礼》、《诸侯迁庙礼》、《诸侯衅庙礼》、《中霤礼》、《禘于太庙礼》、《王居明堂礼》。考之吴氏所辑逸经各篇出处，诚如该书卷首之下所云：“今所纂八篇，其二取之《小戴记》，其三取之《大戴记》，其三取之郑氏《注》。《奔丧》也，《中霤》也，《禘于太庙》也，《王居明堂》也，固得‘逸礼’三十九篇之四，而《投壶》之类未有考焉。疑古礼逸者甚多，不止于三十九也。《投壶》、《奔丧》篇首与《仪礼》诸篇之体如一。《公冠》等三篇，虽已不存此例，盖作《记》者删取其要以入《记》，非复正经全篇矣。《投壶》，《大》、《小戴》不同；《奔丧》，与‘逸礼’亦异。则知此两篇亦经刊削，但未如《公冠》等篇之甚耳。五篇之经文殆皆不完，然实为礼经之正篇，则不可以其不完而摈之于《记》，故特纂为《逸经》以续十七篇之末。至若《中霤》以下三篇，其经亡矣，而篇题仅仅见于注家片言只字之未泯者，犹必收拾而不敢遗，亦我爱其礼之意也。”①

另外，吴氏还在《投壶礼》篇末注云：“此篇取之《小戴记》，《大戴》亦有此篇，其文大同小异，不可偏废，今既书之附于篇末矣。此章《小戴》所

① 吴澄：《仪礼逸经》卷首，《景印文渊阁四库全书》(第 105 册)，台湾商务印书馆 1986 年版，第 4 页。

无虽多缺误，然存之可备参考，故大书之，以补经后之《记》。”[①]又于《诸侯衅庙礼》篇注说：“此篇取之《大戴记》。《小戴》亦载此篇于《杂记》篇中，其文大同小异，今小书附注篇末。《记》两节，《大戴》所无，故大书之，以补正篇之文。”[②]

再来看补辑“逸传”部分。吴澄所谓“逸传”，实则相对应于《礼记》当中的“义”篇。在吴氏看来，“《仪礼》有《士冠礼》、《士昏礼》，《戴记》则有《冠义》、《昏义》；《仪礼》有《乡饮酒礼》、《乡射礼》、《大射礼》，《戴记》则有《乡饮酒义》、《射义》，以至《燕》、《聘》皆然。盖周末汉初之人作以释《仪礼》，而戴氏抄以入《记》者也。今以此诸篇正为《仪礼》之《传》，故不以入《记》。”[③]因此，吴氏先后从《大戴礼记》、《小戴礼记》中采摭经文，编成《仪礼传》10篇，即《冠义》、《昏义》、《士相见义》、《乡饮酒义》、《乡射义》、《燕义》、《大射义》、《聘义》、《公食大夫义》、《朝事义》等。据此十篇纂次顺序可见，吴澄大致依《仪礼》篇次秤为一编，“文有不次者，颇为更定”。具体来说，其“逸传”各篇与小戴《礼记》之“义”篇略有出入者，主要是基于如下考虑：

一是“《射义》一篇，迭陈天子、诸侯、卿大夫之射，杂然无伦”，因而将其厘析为《乡射义》、《大射义》二篇。

二是“《士相见义》、《公食大夫义》，则用清江刘氏原父所补，并因朱子而加考详焉”。

三是《觐义》一篇，小戴《礼记》“阙然”，唯“《大戴·朝事》一篇，实释诸侯朝觐天子及相朝之礼，故以备《觐礼》之义”。

详审《仪礼逸经传》一书，吴澄对于所辑而成的“逸礼”经文和“传”文，乃效仿朱熹《仪礼经传通解》之例，按照古人行礼之节次编纂经传文字，其条理显得较为缜密。所引逸文，编次先后，依行礼节次，不尽原文。所引二戴《记》文，逐一详细注明出处，至于辑录郑氏《三礼注》文，则不标注出处。乾隆间修《四库全书》，馆臣对吴氏辑录“逸礼”颇有肯定之辞，称其虽“不

---

① 吴澄：《仪礼逸经》卷一，《景印文渊阁四库全书》（第105册），台湾商务印书馆1986年版，第7页。

② 吴澄：《仪礼逸经》卷一，《景印文渊阁四库全书》（第105册），台湾商务印书馆1986年版，第13页。

③ 吴澄：《仪礼逸经》卷二，《景印文渊阁四库全书》（第105册），台湾商务印书馆1986年版，第16—17页。

免有所疏漏，然较之汪克宽书，则条理精密多矣”①。

（二）汪克宽《经礼补逸》

汪克宽（1304—1372），字德辅，别号环谷，徽州祁门人。元泰定中举，应乡试中选，会试以答策伉直被黜，于是慨然弃科举业，致力于经学研究。四方学士执经问学于门下者甚众。明洪武初，聘至京师，同修《元史》，书成将授官，以年老有疾辞归。治学以严谨恭行著称，后学程敏政评价称：“六经皆有说，而《春秋》独盛；平生皆可师，而出处尤正。其道足以觉人，其功足以卫圣。”②堪称一代“理学名贤”。

汪克宽治学虽以《春秋》而见长，但于礼学亦用力较深。在汪氏看来，“六籍之阙也久矣，而礼为甚。汉兴，区区掇拾于秦火之余，而淹中古经旋复散失，所存者十有七篇而已”。他注意到，“至宋庆历元祐，诸儒先后慨然有志于复古”③。于是，汪氏遂起而补辑《仪礼》逸经，并著成《经礼补逸》9 卷。

其一，《经礼补逸》的编纂目的。据汪氏所撰该书《自序》言：“朱子尝考订四经，谓《三礼》体大，未易绪正，晚年惓惓是书，未就而没，遂为万世缺典。克宽伏读而加惋惜焉。世之《三礼》，所传曰《周礼》，曰《仪礼》，曰《礼记》，其实《礼记》乃《仪礼》之传，《仪礼》乃《周礼》之节文。而《三礼》之要，则在乎吉、凶、军、宾、嘉五礼之别也。”④汪克宽既生于朱子之乡，又为朱子四传之门生，故其治礼的出发点就是维护和阐明朱子的礼学思想，《经礼补逸》便是这一治礼思想的产物。汪氏希图通过编撰这一著述，进一步发明朱熹礼学的思想，以方便后学有志于礼者。诚如明代嘉靖年间姚漶所称：“环谷先生汪克宽氏慨然以礼自任，推明文王周公之典，辨正诸儒同异之论，厘革后世因陋就简，惑世诬民之邪说横议，而有《仪礼补逸》之作，圣王古礼粲然复明，以备以示天下，以幸后世，以淑人心，以扶世教，而千古之阙典以全，朱黄二先生之志以就，先生有功于圣门为不小矣。”⑤

---

① 永瑢等：《钦定四库全书总目》（整理本）卷二十三，中华书局 1997 年版，第 253 页。

② 程敏政：《环谷先生汪公像赞》，载《篁墩文集》卷五十六，《景印文渊阁四库全书》（第 1252 册），台湾商务印书馆 1986 年版，第 316 页。

③ 汪克宽：《经礼补逸 · 自序》，《景印文渊阁四库全书》（第 105 册），台湾商务印书馆 1986 年版，第 637 页。

④ 汪克宽：《经礼补逸 · 自序》，《景印文渊阁四库全书》（第 105 册），台湾商务印书馆 1986 年版，第 637 页。

⑤ 汪懋麟编：《汪氏家集 · 环谷集》附录《重刊经礼补逸序》，康熙年间刻本。

其二,《经礼补逸》的文献来源及其合理性。汪氏在该书《自序》当中有明言:"今考于《仪礼》、《周官》、大小《戴记》、《易》、《诗》、《书》、《春秋传》、《孝经》、《家语》及汉儒记录,凡有合于礼者,各著其目,列为五礼之篇,名曰《经礼补逸》。"①大致交代了该书所辑录的礼文来源情况。然而,由于对各种先秦两汉典籍礼制记载缺乏深入的考证,结果造成该书在礼文的选择上存在一个重要的失误史实:"此书实考典文,非考故事,乃多载《春秋》失礼之事,杂列古制之中。"例如,"《袷尝礼》之文公二年'跻僖公',又《诸侯大袷礼》亦引此条,《赙赗礼》之隐公元年'宰咺归惠公仲子之赗',三年'武氏子来求赙',《禭礼》之襄公二十九年'楚人使公亲禭',《会葬礼》之襄公二年诸姜宗妇来送葬,皆失礼之尤。乃胪列其文,不置一语,不几使读者谓古礼当如是乎!"②

其三,《经礼补逸》的编纂体例和著录方式。汪氏著述《经礼补逸》,基本上是按照"按类系目,以目列事"的编纂体例来结构全书的。综览全书,大致依吉、凶、军、宾、嘉"五礼"之目来进行编纂,其中,凡吉礼为目六十八,凶礼为目五十七,军礼为目二十五,宾礼为目十三,熹礼为目二十一,而终于《礼经附说》。每目之下,先引先秦典籍及汉儒旧说中合于礼者,间或以"愚按"的形式,来解释说明此礼。举凡缀辑而来的儒家典籍之文凡有涉及礼者,所录每条必标出典,一类之中逐条排列,文相属而语不属,故不免有参差无绪之嫌。因而四库馆臣认为,"克宽究心道学,于礼家度数非所深求,于著书体例亦不甚讲"③,中肯地指出了此书存在每目条列诸事间无次序的阙失。虽然汪氏此书体例比较特殊,与传统的研究三礼的方法不同,但却简捷明快,可称古礼之类书,仍有一定的可取之处。

二、明代学者的逸礼辑佚实践

(一)程敏政与《仪礼逸经》整理

程敏政(1445—1499),字克勤,号篁墩,安徽休宁人(今属黄山市)。成化二年(1644)进士,授翰林院编修,官至礼部右侍郎,曾参加明英宗、宪

---

① 汪克宽:《经礼补逸·自序》,《景印文渊阁四库全书》(第105册),台湾商务印书馆1986年版,第639页。

② 永瑢等:《钦定四库全书总目》(整理本)卷二十,中华书局1997年版,第254页。

③ 永瑢等:《钦定四库全书总目》(整理本)卷二十,中华书局1997年版,第254页。

宗两朝《实录》编写、校正工作，为朝廷所重用。弘治十一年（1498），因涉徐经、唐寅科场案被诬鬻题而下狱，出狱后一病而亡。程敏政学问渊博，一生勤于著述，考《千顷堂书目》著录，他曾整理过《仪礼注》，至今存佚不详。

考蒋元卿《皖人书录》，该目录据《江南通志·艺文志》记载，以为程敏政还撰有《仪礼逸经》二卷。王锷《三礼研究论著提要》据此同样有著录，并云"今佚"。然而考程敏政《篁墩文集》卷三十九之《书〈仪礼逸经〉后》一文："右元吴文正公《仪礼逸经》一帙，当时刻于国子监崇文阁。国朝宣德中尚存，见杨文贞公《图籍志》，《馆阁书目》亦有之。天顺初，予被命读中秘书，已无其本，而国监本亡久矣。太司寇何公廷秀亦渴见此书，与予约护（应为"互"字之讹）访，必得为期。余二十年竟无所闻也。成化甲辰春过吴门，知杨仪曹君谦喜蓄书，诹之，云家有藏本，猝寻不获。舣舟候数日，得之。亟以书报何公。何公复书曰：'斯礼之不坠，天也。'然欲谋重刻以传，未有应者。弘治丁巳冬，予服阕，将入京，而县学重作明伦堂，师生奉金币以记。请辞弗获，则念学校礼之所从出也，受以举斯役，且记是书得之难。及予之癖，而况系礼之大者，有文正公本序及李庄静先生之引，不容复赘云。"①从这一番话来看，很难看出程敏政独立编纂有《仪礼逸经》一书，更多可能的是他曾对吴澄《仪礼逸经》进行过一番整理，至于做了哪些方面的整理工作，由于该刊本今佚，着实难以做出准确判断。

另外，王锷《三礼研究论著提要》又根据蒋元卿《皖人书录》，谓程敏政还编纂有《礼经补逸》一书，并云"今佚"。笔者疑其即前述《仪礼逸经》一书，惜无所据，仅作说明于此。

（二）湛若水《仪礼补逸经传测》

湛若水（1466—1560），字元明，号甘泉，广州增城人。弘治十八年（1505）进士，选庶吉士擢编修。世宗嘉靖初，官南京祭酒、礼部侍郎。后历南京礼、吏、兵三部尚书。弘治七年（1494）师事陈献章，成为其晚年得意弟子和学术继承人。后与王守仁同时讲学，二人交谊甚好，各立门户，一时学者称"王湛之学"。

湛若水《仪礼补逸经传测》一书现已亡佚不存，今人无法考见该书原貌。考朱彝尊《经义考》卷一百三十四引录该书《自序》云："《仪（礼）》逸

---

① 程敏政：《书〈仪礼逸经〉后》，载《篁墩文集》卷三十九，《景印文渊阁四库全书》（第1252册），台湾商务印书馆1986年版，第694页。

经篇名者何？曰：经之逸也多矣。有士冠而天子、诸侯阙，有士昏、士丧而天子、诸侯、大夫阙，有士大夫祭而天子、诸侯阙之。四礼者，其见于《公符》，杂见于《昏义》诸记，则有之矣，《王居明堂礼》也，《中霤》也，《投壶》也，《奔丧》也。诸经亡者，则有之矣，存者其传足征也。予沿是补逸经名，凡十有五，庶几存羊之意，而诸记或存其传者耳。”①如《序》文所言，则该书并不着眼于对礼经逸文的补辑，而是注重对《仪礼》散逸的经传文之篇名，进行一番考定，可惜由于该书亡佚不存，无法获悉该书考证的具体情况，只能略作阙如，附记于此。

三、清代学者的逸礼辑佚实践

（一）姜兆锡《仪礼经传内外编》之佚文辑佚②

姜兆锡（1666—1745）特别重视古逸礼及其诸侯、天子佚礼的辑佚编纂，并会通事类，分别章目，例如《仪礼经传内外编·内编》卷一详考“冠礼”一目，除“士冠礼”外，依次胪举大夫冠礼、诸侯世子冠礼、诸侯冠礼、王世子冠礼、王冠礼、凡冠遭丧礼、凡女笄礼。以“诸侯冠礼”为例，姜氏参考《孔子家语》及大戴《礼记》补订成文：“诸侯冠，卿为宾，公自为主，迎宾，揖升自阼，立于席北。冠四加，玄端与皮弁，皆朝服素韠，玄冕祭。既冠裸享，节以乐，三醴宾，无介，无乐，皆玄端。既醴，降自阼。诸侯非公而自为主者，其所以异，皆降自西阶。酬币则束帛乘马。其余如士礼。”③

又如，《内编》卷七“士大夫投壶礼”下，姜氏云：“此亦燕以为乐而因以观德之礼，《周礼》不载，《小戴礼》之第四十篇实载之，而《大戴礼》亦有此篇。按：此当为《仪礼》经文而逸之耳，故今以类而附于射礼之后云。”④姜兆锡因《仪礼》之“士大夫投壶礼”已经散逸，而尚见之于《大戴礼》当中，故姜氏摘录礼篇以之为文。又如，《内编》卷十“宾礼”之“诸侯会同礼”，礼文阙而不备，姜氏汇考《周官·司仪》、《掌客》诸职，参补为经，由此得以稍存

---

① 朱彝尊：《经义考》卷一百三十四，《景印文渊阁四库全书》（第678册），台湾商务印书馆1986年版，第680页。

② 姜兆锡《外编》卷三《丧服补》，是关于“五服”逸文的辑佚成果，有关这一方面的辑佚情况，著者已经在《清代“五服”文献概论》第六章及附录五中详细介绍过，本书此节不再重复这一内容，请自行参看。

③ 姜兆锡：《仪礼经传内外编·内编》卷一，《续修四库全书》（第87册），190页。

④ 妾兆锡：《仪礼经传内外编·内编》卷七，《续修四库全书》（第87册），第310页。

"会同"之遗制;又"王时巡受朝礼",礼文本阙,姜氏参《虞书》、《周礼》、《孔丛子》之文补足之;又"诸侯膳王礼",礼文亦阙,姜氏取《周官·掌客》篇文补以为经。

需要说明的是,有些具体礼类,姜氏虽未补足经文,只是从历代经传中录取相关内容置于【记】、【考】、【义】细目之下,如吉礼之"祀天神礼"下,有"王祀五帝礼"一礼,姜氏未著经文,只是采录《周礼》、《孔子家语》、《孝经》、《礼记》、《周易》等经传之文,分附在【记】、【义】之下,以备考见;又如"王祭五岳礼",姜氏摘录《礼记》之文,依类分附于【记】、【考】之下;又如"因事之礼"下之"士大夫受命祭礼",姜氏录《礼记》、《国语》之文分附于【考】、【义】之下,等等。事实上,这本身亦兼具了辑佚的性质在内。

(二)蔡德晋《礼经本义》之佚文辑佚

蔡德晋对《逸礼》的辑佚和整理是非常重视的,故其《礼经本义》一书专门设立一卷(即该书卷十七部分),专论《逸礼》的有关内容。该卷凡八篇,分别为《投壶礼》、《巡狩礼》、《出师礼》、《奔丧礼》、《吊礼》、《诸侯衅庙礼》、《诸侯迁庙礼》、《袷于太庙礼》。其中《投壶礼》、《奔丧礼》、《诸侯衅庙礼》、《诸侯迁庙礼》四篇为吴澄《仪礼逸经》所辑有,蔡氏只是沿续了这一研究成果;至于《巡狩礼》、《出师礼》、《吊礼》、《袷于太庙礼》四篇,则系蔡氏自取经传之文订定而成,每篇亦多加注释,引宋元明以来诸家之说与《注》、《疏》互相参证,颇多可取之处。

(三)任启运《肆献祼馈食礼》之佚文辑佚

任启运亦主张《仪礼》有所谓"逸礼"之说。为了钩辑礼经亡佚之文,任氏立足礼学传世文献,从中加以比类归纳与推理,这在其所撰《肆献祼馈食礼》中表现得非常明显。由于《肆献祼馈食礼》讨论的是天子之祭礼,而天子之祭礼早已亡佚,只是散见于儒家各种经传、注疏之中,因而任氏辑录有关天子祭礼仪节的来源方式,主要有这样几种情况:

一是单独据某一礼书所载说明仪节情况,如"祭统"篇"大祭"节云:"三年大袷,五年大禘,五年而再殷祭。"这是依据《公羊传·文公三年》经文及其何休《解诂》而云的。

一是依据数种典籍记载相互参考斟酌而定,如"正祭"篇"正祭"节下云:"辞祝曰:孝王某,敢以一元大武、刚鬣、柔毛、明粢、芗合、嘉蔬、清涤,用荐岁事于先王,以王后某氏配,尚飨。"任氏自云"据《少牢》参《曲礼》"

而成。

一是仿礼书所载某种仪节加以编定，如“朝践”篇“合亨”节云：“王退，乃合亨。君就东厢西面，祝就西厢东面，避如食间。”自云这是“仿迁庙礼”而成之仪节。

一是据典籍所载而略加变化编写而成，如“朝践”篇“列位”节云：“公侯卿西阶之前，东面，北上；同姓东阶之前，西面，北上；大夫门东，北面，西上；士门西，北面，东上；旅食在其后。”这一位次的来源，任氏自注云“据孔《疏》而略变之”而来。

以上四种情况，后两种情况都是任氏依据传世文献所载仪节情况，加以比类归纳、推理而成，充分体现了任氏治学的创造性。正是通过这种创造性的工作，使得天子的祭礼仪节情况大致有所编定。同时还应指出的是，任氏的这种创造性论述，都是立足于历代礼学文献的基础上斟酌而就的，并非空泛之言。

（四）诸锦《补飨礼》之佚文辑佚

诸锦所著《补飨礼》1 卷①，集中反映了诸锦的仪礼学研究成果。在诸锦看来，《仪礼》有燕礼、公食大夫礼，而飨礼则早已亡佚，“然其见于《周官》、《春秋传》、《礼记》者，犹可得而考。……因据《周官》宾客之礼，联事而比次之，并取《左传》、《礼记》中相发明者，条注于下”②。《补飨礼》一书共 23 条，皆以《周礼》为宗，取各官职所司事务分列条目，《四库全书总目》所谓“因据《周官》宾客之礼，联事而比次之”，然后另起一列低一格胪举《左传》以及《礼记》中相发明者条注于下，少数条目之末还附有诸锦的按语。为显明该书的辑录特点，兹摘引该书前 3 条如下：

大宰掌宾客之式、币帛之式、好用之式

《春秋传》昭五年：朝聘有圭享俯有璋。小有述职，大有巡功，设机而不倚，爵盈而不饮，宴有好货，飧有陪鼎，入有郊劳，出有赠贿，礼之至也。

膳夫王宾客食，则彻王之胙俎，燕饮则为献主

《春秋传》宣十六年：晋侯使士会平王室，王享之，原襄公相礼殽烝。武子私问其故。王闻之，召武子曰：“季氏而弗闻乎？王享有体荐，宴有折

① 诸锦（1686—1769），字襄七，号草庐，浙江秀水人。雍正二年进士。乾隆初举鸿博，授编修，累迁左赞善。治经长于笺疏考证。工诗。其经学著作有《毛诗说》、《补飨礼》、《夏小正诂》等。其中《补飨礼》1 卷，集中反映了诸锦的仪礼学研究成果，属于专题辑佚体著作。

② 永瑢等：《钦定四库全书总目》（整理本）卷二〇，中华书局 1997 年版，第 259 页。

俎，公当享，卿当宴，王室之礼也。”武子归而讲求典礼，以修晋国之法。（余见《国语》）

内饔掌割亨之事；外饔共凡宾客之飧饔；亨人共大羹、铏羹；兽人共其死兽生兽，入于腊人；𩵦人共其鱼之鱻薨；腊人共其脯腊，凡干肉之事

《聘义》：酒清，人渴而不敢饮也；肉干，人饥而不敢食也；日莫，人倦齐庄正齐而不敢解惰，以成礼节。

关于该书的价值，四库馆臣给予了很高的评价：“锦之所补，非属凿空”，“至于分注之传、记，证佐天然，咸有条理，尤非牵强附会之比”。①

（五）丁晏《佚礼扶微》之逸礼辑佚

丁晏所著《仪礼》文献有《仪礼释注》2 卷及《佚礼扶微》5 卷两种。其中《佚礼扶微》一书据王应麟《困学纪闻》所列《逸礼》篇目，博考群籍，排纂成书，间加按语，为之疏通。首佚经，次佚《记》，次佚文，次附录，次补遗。关于此书的辑佚具体情况，钱玄先生《三礼通论》曾择要录其所辑《逸礼》篇名，并略著辑佚出处②，现转录于此：

《奔丧》，今辑入《礼记》。《礼记·奔丧》孔颖达《疏》引郑玄《三礼目录》：“实逸《曲礼》之正篇也。汉兴后得古文，而礼家又贪其说，因合于《礼记》耳。”按《曲礼》即指《仪礼》。又《礼记·奔丧》郑玄《注》中引《逸奔丧礼》有四处，其文句均不见于《礼记·奔丧》正文。盖辑《礼记》者未将《礼古经》中《奔丧》全文辑入。郑玄所引为未辑入指文句。

《公冠》，今辑入《大戴礼记》，亦误作《公符》。篇末窜入汉《孝昭祝辞》。

《学礼》，见《大戴礼记·保傅》引。

《天子巡狩礼》，见《周礼·天官·内宰》郑玄《注》。

《王居明堂礼》，见《礼记·月令》及《礼记·礼器》郑玄《注》，亦见《续汉志·祭祀志》引。

《朝贡礼》，见《仪礼·聘礼》郑玄《注》。

《军礼》，见《周礼·秋官·士师》郑玄《注》。

《禘于太庙礼》，见《仪礼·少牢馈食礼》郑玄《注》。《礼记·王制》孔颖达《疏》载王肃《圣证论》引。

---

① 永瑢等：《钦定四库全书总目》（整理本）卷二〇，中华书局 1997 年版，第 259 页。

② 钱玄：《三礼通论》，南京师范大学出版社 1996 年版，第 16 页。

《烝尝礼》,见《周礼·夏官·射人》郑玄《注》。

《中霤礼》,见《周礼·春官·司巫》郑玄《注》。

《鲁郊礼》,见《说文·田部》"畜"及《鸟部》"鶾"字引。

四、刘师培的逸礼考证

刘师培注意到,"逸礼三十九篇,则古文经师均不作注,计其散亡,盖在东晋以前。其遗文佚句,时见郑氏及诸家所引"①,尽管有王应麟、吴澄的略事考辑,但二氏所采却仍有未完备之处,因而尚须进一步考证研究。因此,刘师培的《逸礼考》是继宋代王应麟《困学纪闻》、元代吴澄《仪礼逸经传》之后的又一部礼经"逸礼"研究之作。

刘师培研究发现,历代文献所提及和援引的"逸礼"篇目,其中有些属于确凿可考者,主要包括:《朝贡礼》、《天子巡狩礼》、《烝尝礼》、《中霤礼》、《鲁郊礼》、《禘于太庙礼》、《奔丧礼》、《投壶礼》、《王居明堂礼》、《军礼》。以上10篇"逸礼"篇目,刘氏的考证往往于每一礼目下,首先罗列传世文献当中提及该礼名之文,然后加附按语进行考索,说明其确凿可考之依据。以《禘于太庙礼》礼目为例,刘氏先罗列以下二则材料:

(1)《礼记·王制》篇孔《疏》云:"故王肃论引贾逵说吉禘于庄公。禘者,递也,审递昭穆迁主递位,孙居王父之处。又引《禘于太庙逸礼》'其昭尸、穆尸,其祝辞总称孝子孝孙',则是父子并列。《逸礼》又云'皆升合于其祖',所以刘歆、贾逵、郑众、马融等皆以为然。"

(2)《仪礼·少牢馈食礼》郑《注》云:"《禘于太庙礼》曰:'日用丁亥,不得丁亥,则己亥、辛亥亦用之。无,则苟有亥焉可也。'"

通过考索上引二则材料,刘氏认为,考贾公彦《疏》文:"云'《禘于大庙礼》曰日用丁亥'者,《大戴礼》文。"据此可见,唐代所传《大戴记》也有《禘于大庙礼》篇。二文当中,郑玄称"禘于太庙礼",王肃则直接说"禘于太庙逸礼",故刘师培以为"是必汉之逸礼确有此篇"②,必然属于汉人所见之"逸礼"篇目。

凡此之类考证,刘师培多从汉人和唐宋学者的诠释类文献(如郑玄

---

① 刘师培:《逸礼考》,国家图书馆藏民国间铅印本,第4页。

② 刘师培:《逸礼考》,国家图书馆藏民国间铅印本,第7页。

《注》、贾氏《疏》等）对比入手。从中寻找汉人有无提及“逸礼”礼名之记载，进而确定“逸礼”篇目的真伪及可靠性。

不仅如此，《逸礼考》还考订说，王应麟、吴澄等人所辑之“逸礼”，还有两类不一定属于“逸礼”的情况，分别是有文见古籍而莫由定其确属逸礼者、有篇见《大戴》而文似逸礼者。前者如《大戴礼·保傅》篇提到的《学礼》，师培以为“此篇之文悉本贾谊《新书》，贾谊之时逸礼未出，疑贾别有所据，非必《礼古经》亦有此篇也”①。后者如《大戴记》中的《迁庙》、《衅庙》、《公冠》三篇，吴澄《仪礼逸经传》将其列入“逸礼”之列，师培以为，《公冠》篇“汉魏之人虽称为‘记’，然篇首有‘公冠’二字，与《奔丧》篇首有‘奔丧之礼’四字者其例正同”；而《迁庙》、《衅庙》二篇，“篇首虽无礼名，文与逸经亦类，则吴氏之说似亦可信也”②。这两类“逸礼”篇目，或无法明确肯定，或仅仅与“逸礼”文相似，要皆无法直接归入确凿可考者之列。

此外，《逸礼考》还进一步指出，传世文献当中提到的某些“逸礼”之辞，如所谓“皇览逸礼”、“礼记逸礼”之类，尽管古籍中确有明文提及，但却并不是汉代学者所说的“逸礼”。以“皇览逸礼”为例，刘氏先援引各类古籍当中确有明文引及之语料，然后考辨分析说：一方面，从称名来看，“前籍所引舍仅标‘皇览’外，或称‘皇览记’，或称‘皇览逸礼’，所引书名抑或即《皇览》篇名之一，与《冢墓记》同例，故《宝典》所引说与《月令》悉符，《初学记》所引亦与《白虎通义》所引《三正记》文略相同，均与逸经不类”；一方面，从礼文内容来看，“《御览》所引迎四节，其迎春里数与《王居明堂》礼互歧”。刘氏由此得出结论，“‘皇览逸礼’必非《礼古经》之逸篇矣”③。

综上诸逸礼篇目之考证情况，可以看出，刘师培的《逸礼考》考证具有这样几重特点：一是在继承前贤研究成果的基础上，重视穷尽地罗列所见各类典籍的称名及逸文材料，便于作综合性的权衡与考量；二是重视逸文材料所缘出与汉人所说“逸礼”之间的关联性考察，借以发覆其存在的合理性；三是注重考察古籍所引各类逸礼遗文的称名或叙述风格、前后内容记载有无一致性。凡此种种，确保了其考证结论的准确性。

---

① 刘师培：《逸礼考》，国家图书馆藏民国间铅印本，第10页。

② 刘师培：《逸礼考》，国家图书馆藏民国间铅印本，第10—11页。

③ 刘师培：《逸礼考》，国家图书馆藏民国间铅印本，第12页。

第三节 历代《仪礼》文献的散佚

在此前讨论历代《仪礼》文献的收藏情况时曾经提到,公、私并存的文献收藏事业源远流长,而且源源不绝,但是也应注意到,在从《仪礼》文献产生之日迄今为止的漫长岁月里,尽管历代收藏者们竭力收集、保藏,但仍惨遭一次又一次的散亡厄运,许多《仪礼》学论著没能传下来,这在文献学史上诚是一笔永远无法弥补的损失。关于历代各种礼经文献的散佚原因,各类文献学通论著作多有讨论,无非是战争、兵燹的破坏,竹木简的难以保存,自然灾害的损毁,统治者的有意损毁,等等。本节主要介绍自汉代以来各类《仪礼》诠释文献的散逸情况。

一、隋唐以前礼经文献之散佚

(一)汉代学者著述之礼经文献散佚

众所周知,《仪礼》研究著述的出现主要是从东汉时期开始的。汉学学者著述的礼经类文献有:郑众《郑氏婚礼》,戴德《丧服变除》,曹充《庆氏礼章句辨难》,崔骃《昏礼结言》,马融《丧服经传注》,卢植《仪礼解诂》,何休《冠礼约制》,郑玄《仪礼注》、《丧服经传注》、《丧服变除》、《丧服谱注》,刘表《新定礼》。

暂时先撇开郑玄的诠释著作不谈,其他学者的礼经学著作皆已亡佚不存。查《汉书·艺文志》,仅"《礼古经》五十六卷,《经》十七篇。后氏、戴氏"简简单单十数字的记载。而查《隋书·经籍志》,郑众、戴德、曹充等汉代学者的著作,其中仅存马融的《丧服经传注》和刘表的《新定礼》二书,其他著作均已不见著录,是在经历两晋南北朝以后,由于战争频仍之故,其他各种著作都已散佚不存。

至于东汉大学者郑玄的上述礼经学著作,查《隋书·经籍志》,著录《仪礼注》、《丧服经传注》、《丧服谱注》三种,而《丧服变除》一书尽管《隋志》未著录,但《旧唐书·经籍志》、《新唐书·艺文志》均有著录。另外,该书还记录两种与礼经学密切相关的郑氏之作,一种是《三礼目录》一卷,一种是《仪礼音》二卷,《隋志》著录前者尚存,而后者则已亡佚,并注称:“梁有郑玄音二卷,亡。”

(二)三国著述之礼经文献散佚

三国时期,仍有学者延续后汉礼经学的治学传统,以《仪礼》白文经的作注、释音为诠释手段,各国学者各自礼经类文献著述及存佚情况分别略述如下:

魏国学者著述主要有:(1)王肃《仪礼注》17卷,《仪礼音》,《丧服经传注》1卷,《丧服要记》1卷,《丧服变除》,《祭法》3卷。核之《隋书·经籍志》,王肃的《仪礼音》、《丧服变除》、《祭法》三种均无著录。其中,王肃的《仪礼音》在《旧唐书·经籍志》、《新唐书·艺文志》均有著录,说明该书在唐代尚存;王肃的《祭法》,《隋志》明云已“亡”,《旧唐书·经籍志》、《新唐书·艺文志》均无著录;王肃的《丧服变除》与二种,《隋志》、《旧唐书·经籍志》、《新唐书·艺文志》均无著录,当在隋朝即已亡佚。(2)杜袭《丧服礼式》,缪袭《祭仪》。此二种,《隋志》、新旧《唐志》均无著录,是隋朝也已亡佚。

蜀国学者著述主要有:蒋琬《丧服要记》1卷,谯周《丧服图》、《祭志》。蒋琬《丧服要记》,《隋书·经籍志》有明确著录,而新、旧《唐志》均无著录,是唐朝初期尚存,具体亡佚时间当在唐朝中、后期。谯周的《丧服图》,《隋志》与新、旧《唐志》均无著录,是隋朝便已亡佚。而谯周的《祭志》一书,《隋志》载之,新、旧《唐志》均无著录,是唐朝初期该书尚存,唐朝中、后期亡佚。

吴国学者著述主要有:射慈撰《丧服变除图》5卷、《丧服天子诸侯图》1卷。前一种,《隋书·经籍志》有著录,并注云“亡”;后一种,《隋志》、新《唐志》无著录,而旧《唐志》则有著录,是唐、五代时尚存,宋时已亡佚。

(三)两晋著述之礼经文献散佚

从《隋志》著录的文献目录及相关著述记载的情况来看,两晋时期学者们著述的各类礼经文献,在隋、唐之际的传承状况,大致可以分为以下三类:

第一类是《隋志》直接注云“亡”者,如西晋时期成书的刘昌宗《仪礼音》1卷、李轨《仪礼音》,东晋时期成书的刘逵《丧服要记》2卷、范汪《祭典》3卷等,这一类文献大都在隋统一南北朝之前便往往已经亡佚。

第二类是《隋志》、旧、新《唐志》均有著录者，如西晋时期成书的杜预《丧服要集》2卷、崔游《丧服图》1卷、贺循《丧服要记》6卷、《丧服谱》1卷、陈铨《丧服经传》1卷、袁准《丧服经传注》①等，东晋时期成书的蔡谟《丧服谱》1卷、孔伦《集注丧服经传》1卷②等，晚唐之时诸书应该尚未亡佚。

第三类是《隋志》有著录，旧、新《唐志》均无著录者，如西晋时期成书的卫瓘《丧服仪》1卷、刘智《丧服释疑》20卷、伊说《丧服杂记》20卷、孔衍《凶礼》1卷，以及东晋时期成书的葛洪《丧服变除》1卷、环济《丧服要略》两种。这些礼经文献，《隋志》当中都未注云“亡”字，大概唐初尚存诸书，但在唐代中后期便已亡佚了。

值得注意的是，《隋志》直接注云“亡”者，基本上是根据梁刘孝标《文德殿正御四部目录》和阮孝绪《七录》两部目录著作加以对比的结果，故目录编撰者通过标识“梁有……，亡”一类字样予以说明，对于考见隋代已经残缺亡佚的梁朝藏书状况。

至于《隋志》未著录的礼经文献者，西晋时期之著述有刘兆《仪礼注》、袁准《仪礼音》1卷、贺循《葬礼》1卷三种，东晋时期之著述亦有何琦《孙曾为后议》、范宣《仪礼音》（此书《经典释文》屡引其文，是陆德明有知见之）、王堪《冠礼仪》三种，他们在新、旧《唐志》中均无任何文字著录，显见诸书在隋朝时期便已散佚不存。

（四）南北朝学者著述之礼经文献散佚

从《隋志》著录的文献目录及相关著述记载的情况来看，考察南朝时期之宋、齐、梁、陈四朝，以及北朝之北魏、东魏、西魏、北齐和北周五朝学者们著述的各类礼经文献，和两晋时期相比，其中既有相同之处，又有文献记载不一样的情况，他们在隋唐之际的传承状况，同样可以分为以下六大类：

第一类是《隋志》直接注云“亡”者，如宋庾蔚之《丧服》31卷，宋傅降《祭法》5卷，宋刘道拔《丧服经传注》1卷，梁何佟之《丧服经传义疏》1卷，梁何胤《士丧仪注》9卷，北齐张耀《丧服要问》2卷，等等。这一类文献大都在隋统一南北朝之前便往往已经亡佚。

第二类是《隋志》及旧、新《唐志》均有著录者，如宋蔡超《集注丧服经

---

① 袁氏《丧服经传注》一书，旧《唐志》有著录，新《唐志》著录时误记作《仪礼注》。

② 孔氏《集注丧服经传》一书，旧《唐志》有著录，新《唐志》著录书名误作《仪礼注》。

传》2卷，齐王逡之《丧服世行要记》10卷，等等。这一类文献，大都在晚唐之时应该尚存于世间。

第三类是《隋志》有著录，旧、新《唐志》均无著录者，如宋庾蔚之《丧服世要》1卷，宋裴松之《集注丧服经传》1卷，宋费沈《丧服集议》10卷，宋雷次宗《略注丧服经传》1卷，齐东平太守田僧绍《集解丧服经传》2卷，齐王俭《丧服图》1卷，齐司马宪《丧服经传义疏》5卷，齐楼幼瑜《丧服经传义疏》2卷，齐刘瓛《丧服经传义疏》1卷，齐沈麟士《丧服经传义疏》1卷，梁贺瑒《丧服义疏》2卷，梁裴子野《丧服传》1卷，梁皇侃《丧服问答目》13卷，陈谢峤《丧服义》10卷，陈袁宪《丧礼五服》7卷，等等。这一类礼经文献，占这一阶段主体，在《隋志》当中都未注云"亡"字，大概唐初尚存诸书，但在唐代中后期便已亡佚了。

第四类是《隋志》、旧《唐志》有著录，新《唐志》无著录者，如宋庾蔚之《丧服要记》36卷，齐王俭《丧服古今集记》3卷，梁皇侃《丧服文句义疏》10卷，等等。既然旧《唐志》有著录，说明唐五代时尚存，而到欧阳修等修新《唐志》时则已亡佚了。

第五类是《隋志》、旧新《唐志》均无著录者，如宋周续之《丧服注》，齐谢超宗《仪礼注》2卷，齐黄庆《仪礼章疏》，梁伏曼容《丧服集解》，梁伏曼容《丧服义文字体例》，梁明山宾《孝经丧服义》，陈顾越《丧服义疏》，北魏索敞《丧服要记》，北魏柳玄达《丧服论》，北魏卢道虔《难王俭丧服集记》，北周沈重《仪礼义疏》35卷，北周沈重《丧服经义》5卷，北周李公绪《丧服章句》1卷，等等。这一类礼经文献，大都在史籍当中偶尔有零星的记载，宋以前各类目录著作中大都没有著录，说明他们可能在当时便已经散佚不存了。

第六类是《隋志》无著录，旧、新《唐志》均有著录者，如陈沈文阿《丧服经传义疏》4卷，陈沈文阿《丧服发题》2卷，等等。这一类文献较少，说明他们在隋朝以前流传范围较小，而在唐五代时期流传尚存。

二、隋唐五代礼经文献之散佚

（一）隋朝时期之礼经文献散佚

隋朝建立并平定全国以后，在继承了北周官藏和陈朝官藏图书的基础上,一方面继续颁布求书令,大量收集遗书,又召集全国工书之士到秘书省内补续残缺;但与此同时,却又对谶纬之书进行大肆禁毁。开皇年间,先后有官员编定了《开皇四年四部目录》、《开皇八年四部书目录》、《隋开皇二十年书目》、《香厨四部目录》、《七林》等一批官府藏书目录。隋炀帝时,又有柳顾言主持整理长安嘉则殿藏书,并编写了《大业正御书目录》,这本书后来成为编撰《隋书·经籍志》的底本。因此,要了解隋朝之际礼经文献的散佚情况,通过查阅《大业正御书目录》、《隋书经籍志》等目录著作即可获知。

尽管《大业正御书目录》等已经不存,但《隋书·经籍志》是在依据隋唐编修的上述目录著作基础上编纂而成,应当能客观反映隋朝官府的藏书和文献散佚情况。从中可以总结出几条礼经文献散佚的规律:

一是《隋志》直接注云"亡"者,基本上是根据梁刘孝标《文德殿正御四部目录》和阮孝绪《七录》两部目录著作加以对比的结果,这是隋代时已经亡佚的梁朝所藏文献。此类文献散佚书目,详见上文。

二是《隋志》、旧新《唐志》均无著录者,但在各种史籍人物志当中有所提及者,当已亡佚。例如,《北史·卢玄传》当中提及北魏卢道虔著有《难王俭丧服集记》,凡 70 余条,后来张鹏一著述《隋书经籍志补》时,即将此书著录其中,其实卢氏该书当在隋初时便已亡佚不存。又如,《北史·沈重传》当中提及北周学者沈重有《仪礼义疏》35 卷、《丧服经义》5 卷两种礼学著作,但是《隋志》、旧新《唐志》均无任何著录信息,实则隋初时二书当已亡佚。

(二)唐五代时期之礼经文献散佚

《宋史·艺文志·序》曰:"历代之书籍,莫厄于秦,莫富于隋唐。"从唐朝立国之初至晚唐结束时,尽管各个时期的统治者坚持不懈地收聚书籍,甚至其官府藏书一度达到了高峰阶段,但由于经历了安史之乱、黄巢领导的农民大起义等系列战乱之后,唐代官藏文献损失很大。例如,《旧唐书·经籍志》就声称:"及广明初,黄巢干纪,再陷两京。宫庙寺署,焚荡殆尽。旧时遗籍,尺简无存。及行在朝诸儒购辑,所传无几。"考察唐代《仪礼》文献的散佚情况,可以从以下三方面入手加以判断:

一是关于隋代以前各朝学者的文献著述,倘若《隋书·经籍志》有记载,但在五代所修《旧唐书·经籍志》和宋代所修《新唐书·艺文志》中缺乏著录者，则表明该种礼经文献在唐代已经亡佚。具体礼类文献书目，详见前文。

二是关于隋代学者的文献著述，同样需要详考各类目录著作，进而加以考量，审慎做出亡、存情况之判断。例如，张冲著有《丧服义》3卷、《仪礼传》80卷二种，在《隋志》中，著述有《春秋左氏义略》三十卷和《论语义疏》二卷两种；而在旧《唐志》、新《唐志》当中，仅著述张冲著有《春秋左氏义略》三十卷，三者均无此二种礼经文献记载，是隋代以来就散佚不存于世。再如，隋代学者李孟悊著有《仪礼注》一书，贾公彦在《仪礼疏·序》提及此书，但是《隋志》、旧新《唐志》中此书均无著录，是贾氏撰写《仪礼疏》时可能见过此书，但于中晚唐之际便已散亡，不传于世。

三是关于唐代学者的文献著述，目前已知的除贾公彦《仪礼疏》外，其他几种均已亡佚。其中就有数种不见载于旧、新《唐志》当中，如凌准著《仪礼注》1卷，如今仅见近人宋慈抱《两浙著述考》有记载；张荐著《五服图》一书，仅见清朱彝尊《经义考》载之并云“佚”。如此，则凌氏、张氏二书应是晚唐时便已亡佚。

五代十国时期，前后短短五十四年，连年战争与祸乱，即便是唐代东西两京的长安与洛阳，也没有逃脱严重破坏的结局，从官府藏书到民间的私家藏书，均难逃散佚亡失的劫运。宋王朝建立初期，宋太祖在汴京承继了后梁的图书遗产，仅仅只有12000余卷，着实少得可怜，由此可见当时文献散佚焚毁之严重程度。这一时期之礼经文献散佚情况，大致可以从旧《唐志》和新《唐志》的著录对比当中找到答案，凡是《隋志》、旧《唐志》二目录有著录之书，但在新《唐志》没有记载的礼经文献，如此前提及的南朝宋庾蔚之《丧服要记》36卷，齐王俭《丧服古今集记》3卷，梁皇侃《丧服文句义疏》10卷等，既然旧《唐志》有著录，说明五代时尚存在过，而有可能在五代十国的战乱中散佚了。

三、宋元时期礼经文献之散佚

（一）宋朝之礼经文献散佚

宋朝立国以后，统治者同样十分重视文献的收藏工作，宋太宗甚至把唐人所编定的《开元四部书目》作为查找内府馆藏缺书的依据，并派专使前往各地访求图书。通过多次的寻书活动,加之宋代雕版印刷的发展,出版印刷书籍成为一种社会时尚,由此国家藏书蔚为大观,仁宗朝甚至编定了著名的国家藏书目录——《崇文总目》。但是由于长期处于和辽国、金国、蒙古族之间的战乱当中,战事纷扰,宋代官府和私家的藏书事业可谓极其艰难,不少传世文献往往遭遇散亡焚毁。

考察宋代各类《仪礼》文献的散佚情况,可以从以下三方面入手加以判断:

其一,对于唐及唐以前著述的礼经学著述,借助此前各种官修目录著作,如从欧阳修等编《新唐书·艺文志》入手,将其和《隋书·经籍志》、《旧唐书·经籍志》加以对比,进而发掘出其中有脉络可寻的众多已经亡佚的唐以前礼经学著作,做出准确判断。例如,前文在介绍南北朝的文献著录时,谈到过《隋志》、旧《唐志》有著录,而新《唐志》无著录的情况,诸如宋庾蔚之《丧服要记》36 卷、齐王俭《丧服古今集记》3 卷、梁皇侃《丧服文句义疏》10 卷一类著作,充分说明欧阳修等修新《唐志》时,已经无法见到这些文献,证明当时他们在北宋时便已经亡佚不存于世。

其二,借助郑樵《通志·艺文略》等一类私修目录著作。众所周知,南宋学者郑樵的《通志·艺文略》既记现存的著作,亦记历代散佚亡缺的著作,由于该目录书没有标注存佚情况,我们可以借助它和《隋志》、新旧《唐志》进行对比,寻绎其中某些史志目录没有著录的文献著作,判定文献之存佚情况。例如,唐人殷价著《丧服极议》1 卷,庞景昭著《丧服制》1 卷,这两种唐人著作新、旧《唐志》均无著录,而郑樵《通志·艺文略》据各类史籍记载著录之,则说明此两种当时已经亡佚。

其三,宋代学者著述的礼经著作,同样存在本朝时亡佚的情况。如果《宋史·艺文志》没有载之,则可以查阅元、明、清诸朝学者编撰的私家目录著作,如明代王圻《续文献通考》、清人刘喜海《聚乐堂艺文目录》、朱彝尊《经义考》和近人宋慈抱《两浙著述考》等,以便进一步判定其存佚状况。例如,宋代学者郑起著有《乡饮酒书》,朱彝尊《经义考》注云"佚",则该书很可能在宋亡后即已亡佚不存于世。

(二)元朝之礼经文献散佚

元朝在统一全国大业的战争中,中国的藏书事业遭到惨烈的破坏,无论是官府藏书,还是书院藏书和私家藏书,都遭受到比较严重的破坏,致使大量文献散佚人世。加之不断对外扩张，“武功迭兴，文治多缺”，以及元末农民起义接连不断，历时98年的统治期间，整个元代社会经常处于动荡不安之中，尽管当时朝廷和私人藏书家都很重视藏书事业，但是藏书仍然受到了很大影响，原有的书籍多有损益。

关于元朝官府的藏书情况，明初修《元史》时未立《艺文志》，没有史志目录可供存照。一直到清代，陆续有清儒对其进行补撰，如金门诏撰《补三史艺文志》，吴骞撰《四朝经籍志》，张锦云撰《补元史艺文志》，黄虞稷与卢文弨合著《补辽金元艺文志》，钱大昕著《元史艺文志》，堪称填补了《元史》无《艺文志》之空白。其中影响较大的主要是金门诏、黄虞稷与卢文弨、钱大昕三家著述。查钱大昕所著《元史艺文志》卷一经部礼类著录，其中《仪礼》类文献很少，仅有吴澄《仪礼逸篇》八篇、《传》十篇，敖继公《仪礼集说》十七卷，顾谅《仪礼注》八卷，叶起《丧礼会记》，张翌《丧服总类》，赵居信《礼经葬制》，杨维桢《礼经约》，周成大《服制考详》，黄泽《礼经复古正言》，龚端礼《五服图解》一卷等10种，而且都是元人的礼经学著作，并非关于元代官府的藏书目录。因而无法真实反映出元代官府的真实藏书情况，特别是明代及明代以前学者著述的收藏情况。其他各类补《元史》“艺文志”部分之作大略也是如此。

元初，忽必烈曾诏修宋史，但因体例、年号不一而未成。元顺帝至正三年(1343)三月，下令修辽、金、宋三史，铁木儿塔识、贺惟一等七人任总裁官，史官斡玉伦徒、泰不华、于文传等23人预修此书。到至正五年(1345)十月，《宋史》成书，并于次年在江浙行省予以刊刻。考《宋史·艺文志》部分，共著录“《礼》类一百十三部，一千三百九十九卷。石憝《中庸集解》以下不著录二十六部，四百六十九卷”，其中著录的《仪礼》类文献有：《仪礼》白文经单行本；汉唐学者著述有郑玄《仪礼注》十七卷，陆德明《仪礼音义》一卷，贾公彦《仪礼疏》五十卷；宋代学者著述有张诜《丧礼》十卷，陆佃《仪礼义》十七卷，陈祥道《注解仪礼》三十二卷，《礼例详解》十卷，周燔《仪礼详解》十七卷，李如圭《仪礼集释》十七卷，张淳《仪礼识误》一卷，无名氏《仪礼类例》十卷，郑樵《乡饮礼》七卷，杨复《仪礼图解》十七卷，魏了翁《仪礼要义》五十卷；此外，还有朱熹《仪礼经传通解》二十三卷、《仪礼集传集注》十四卷、黄榦《仪礼经传通解续》二十九卷等通礼类著作。如果将此目录和《隋书·经籍志》、《旧唐书·经籍志》、《新唐书·艺文志》的著录进行对比的话，就可以发现，大量唐代及唐之前的礼经类文献仅存郑玄《仪礼注》、陆德明《仪礼音义》、贾公彦《仪礼疏》三种著录其中，由此亦可见当时元朝官府所藏礼经类文献种类、数量之匮乏，大部分魏晋南北朝时期的著述可能就是在宋末、元初这一时期亡佚不存的。

四、明代礼经文献之散佚

在明王朝统治的276年时间里，社会相对安定，战争较少，加之统治者沿袭唐宋科举制度，颇为重视教育，全国遍立府、州、县学，社会上普遍重视读书和藏书的风气也得以形成。尽管如此，这一时期的历代礼经学著述同样存在亡佚的情况。兹从官府藏书和私家藏书两方面略加说明如下。

（一）官府藏书之散佚

考察明朝官府藏书中历代礼经学文献著述的散佚情况，大致可以有三条发掘路线：

一是从明代的各种官府藏书目录中去寻找。明代宫廷藏书十分丰富，一方面洪武年间由于统一全国而汇集了宋、辽、金、元诸朝的各种内府藏书，一方面又注意从民间加以广事搜罗，随着时间的推移，内府藏书往往续有增加。由于明朝内府藏书的规模与数量之巨，较之此前其规模可谓前所未有，因而统治者十分重视宫廷藏书目录的编制。正统六年（1441），大学士杨士奇等人奉敕编成明代第一部官修的国家藏书目录——《文渊阁书目》。万历三十三年（1605），孙能传、张萱等依据内阁藏书校录编成《内阁藏书目录》。其他如《秘阁书目》、《明内府经厂书目》、《文华殿书目》等，都是根据明代宫廷藏书整理编撰而成的目录著作。根据这些目录著作，完全可以判定当时朝廷内府到底收藏了多少礼经学文献著述。

二是根据明朝编纂的《永乐大典》一书，通过深入研究和全面挖掘，可以整理出当时礼经学文献著述的大致概貌。众所周知，永乐年间，内阁首辅解缙主持编纂大型类书《永乐大典》，主要利用的是宫廷内府藏书，许多“元以前佚文秘典世所不传者，转赖其全部全篇收入”①，而得以保存下来。这次修书活动，是对丰富的宫廷藏书进行一次全面、系统的研究整理的结果，集中反映了明人在图书整理研究方面的成就。但就今人而言，考

---

① 永瑢等：《钦定四库全书总目》（整理本）卷一百三十七，中华书局1997年版，第1808页。

察明代文献的散佚状况，该《大典》却是一部很有帮助的类书。可惜，原本藏于文渊阁的《永乐大典》正本，于明崇祯十七年（1644）被焚毁；而藏于皇史宬的《永乐大典》副本也多有残缺，到清雍正初年时仅存5/6左右，所缺已达2000册，散毁相当严重。清代乾隆年间修《四库全书》，戴震等人就从《永乐大典》当中，辑录出李如圭所撰《仪礼集释》一书，并将其厘订为三十卷。事实上，乾隆年间并无《仪礼集释》一书单行本传世，当时学界端赖戴氏所辑，才得以发见《集释》原貌。

三是根据清人编撰的《明史·艺文志》的文献著录，通过它和历代各种史志目录的对比，来确定各类礼经文献的存佚情况。《明史·艺文志》，也能有所反映，该书共收录《礼》类著作"一百七部，一千一百二十一卷"，可惜的是，著录其中的《仪礼》类文献仅仅只是明朝学者的礼经学著作，而且只有汪克宽《经礼补逸》九卷、黄润玉《仪礼戴记附注》五卷、何乔新《仪礼叙录》十七卷、陈凤梧《射礼集要》一卷、湛若水《仪礼补逸经传测》一卷、郝敬《仪礼节解》十七卷等16种，至于明代以前的礼经学著作收藏情况，无法从中加以考索。

（二）私家藏书之散佚

要了解明代的私人藏书散佚情况，同样要从私家藏书目录的著录情况入手。这一时期，私家藏书之风大炽，从王公贵族到布衣百姓，从官场人物到山林隐逸，皆以藏书为尚，藏书规模日益扩大，特别是"江、浙两省相互颉颃、各领风骚，构成了明代私家藏书的独特风尚，代表了明代私家藏书的最高水平"①。正是这样一种藏书分为之下，明代私家藏书目录不断涌现，"从黄虞稷《千顷堂书目》中所著录的来看，明代私家藏书目录不下50余种，存世的约有20余种，其中朱睦㮮的《万卷堂书目》、黄虞稷的《千顷堂书目》、祈承㸁的《澹生堂书目》等为后世学者所称道"②。依据这些私家目录著作，不仅可以据之判定当时的礼经学文献收藏情况，同样也可以推断历代礼经学文献在当时的散佚情况。

从目前见到的各种私家目录著录情况来看，明代藏书家所藏各种礼经学文献并不宏富，例如，据河北涿县藏书家高儒《百川书志》著录，其家仅藏《仪礼》类文献6种：郑氏注贾公彦疏《仪礼注疏》十七卷，杨复《仪礼图》

---

① 徐凌志主编：《中国历代藏书史》，江西人民出版社2004年版，第294页。
② 徐凌志主编：《中国历代藏书史》，江西人民出版社2004年版，第263页。

十七卷、《仪礼旁通图》一卷，吴澄《仪礼考注》十七卷、《仪礼逸注》六卷、《仪礼传》十五卷，基本上属于唐、宋、元三朝撰者的著作；浙江山阴藏书家祁承㸁撰有《澹生堂书目》，虽然著录图书 9000 余种，但其中《仪礼》类文献仅 4 种：《仪礼注疏》（十七卷十二册）、《仪礼解诂》（四卷），郑玄《仪礼注》（十七卷六册），汪克宽《礼经补逸》（九卷二册）4 种；再如，江苏常熟藏书家毛晋，向以藏书与刻书著称于世，著有《汲古阁书目》，他收藏的图书大都以精善著称，其中既有宋代以来的各种刻本、抄本和影抄本等多种情况，但在他手上刊刻的历代礼经学著述也极其少见。

由此看来，历代学者著述的礼经学文献，在明代及明代之前焚毁散佚的情况已经相当严重，从朝廷内府藏书到私家藏书，都缺乏较为丰富的收藏和保存。可能正是这一缘故，清初修《明史 · 艺文志》时，难以著录清代学者的文献目录及其收藏情况，从而有别于历代史志目录的著录传统。

五、清代礼经文献之散佚

（一）官府修书与文献散佚

为了巩固政权，顺治、康熙、雍正、乾隆四朝，统治者大兴“文字狱”，严厉整肃私家藏书和文人创作，查禁违碍思想统治的图书，采取了相应的文化政策予以钳制和疏导。康、乾之际，在查禁异己思想之余，又大力推行儒家思想，以“崇尚经学”为标榜，并且打着“稽古右文”的旗号，开始了颇具影响力的文献整理工作。其中与礼经学文献整理密切相关的主要有两次，一次是乾隆初叶诏开三礼馆及其《三礼义疏》的官修活动，一次是乾隆中后期编修《四库全书》的官修活动。我们可以从这两次文献整理活动中，具体考察乾隆时期清廷内府藏书的大致情况，进而结合之后出现的各类目录学著作，对礼经学文献的存佚情况做出客观的考量。

以乾隆前期纂修《仪礼义疏》为例。根据林存阳《〈御纂七经〉引用姓氏统计表》的统计，《钦定仪礼义疏》引用历朝历代学者 196 家之说，其中数目较大的朝代情况分别是：汉代学者 39 家，晋代学者 21 家，唐代学者 17 家，宋代学者 65 家，元代学者 9 家，明代学者 25 家，其他朝代学者都不超过5家，而且许多朝代都只有1家。① 为进一步了解当时的礼经文献存佚情况，这里仅举元、明两朝学者的著述存佚情况加以考察分析。

《仪礼义疏》援引其说之元代10家学者依次为：马端临、敖继公、吴澄、金履祥、熊朋来、陈澔、陈栎、虞集、张养浩、汪克宽②。据王锷《三礼研究论著提要》和钱大昕著《元史艺文志》所载，元代出现的专门礼经学著作有：方回《仪礼考》、《觐礼辨》，吴澄《仪礼逸经传》、《重刊仪礼考注》，敖继公《仪礼集说》，顾谅《仪礼注》，汪克宽《经礼补逸》，叶起《丧礼会记》，张翌《丧服总类》、《释奠仪注》、《冕弁冠服图》，赵居信《礼经葬制》，杨维桢《礼经约》，周昌《礼经纂要》，周成大《服制考详》，黄泽《礼经复古正言》，龚端礼《五服图解》一卷，等等。然而，《仪礼义疏》中所引录的仅有吴澄、敖继二家的著述成果，至于其他学者的著述，据后来朱彝尊《经义考》记载，大都已经亡佚。由此看来，当时朝廷内府藏书并无方回、顾谅、叶起、赵居信、杨维桢等人的著述在内，可能当时便已亡佚不存了。

《仪礼义疏》援引其说之明代24家学者依次为：宋濂、冯善、邵宝、邱睿、黄润玉、王廷相、吕柟、杨廷和、薛蕙、何孟春、杨慎、唐顺之、杨继盛、魏校、湛若水、归有光、邓元锡、姜宝、朱载堉、王应电、郝敬、吕坤、王志长、黄叔旸等。据王锷《三礼研究论著提要》记载，明代出现的专门礼经学著作有：张睿卿《仪礼考》，许士元《泮宫射礼图谱》，黄润玉《仪礼戴记附注》，周南老《丧服举要》，徐骏《五服集证》，何乔新《仪礼叙录》、《仪礼明解》，夏琏《丧礼酌宜》，陈选《冠仪》，程敏政《仪礼逸经》、《仪礼注》，丁玑《仪礼注》，严永濬《射礼仪节》，陈凤梧《射礼集要》，傅鼎《乡射礼集要图说》，王廷相《丧礼备纂》，刘绩《丧服传考》，王承裕《昏礼用中》，蔡芳《丧礼酌宜》，湛若水《仪礼补逸经传测》，胡缵宗《仪礼郑注附逸礼》，梅鹗《读礼志》，梅鷟《仪礼翼经》，舒芬《士相见礼仪》，陈深《仪礼解诂》，薛蕙《为人后解》，郑若曾《士冠礼解》，阴秉衡《昏礼节要》，闻人诠《乡射图解》，徐樾《燕射礼仪》，彭良臣《射礼纂》，雷鸣春《礼经注疏》，骆问礼《乡饮序次图说》，谢少南《射礼纂要》，潘璜《仪礼经传五宗考义》，许孚远《乡饮酒礼会通》，李舜臣《礼经读》，王樵《校录古礼》，叶良佩《燕射古礼》，李黼《仪礼

① 林存阳：《三礼馆：清代学术与政治互动的链环》，社会科学文献出版2008年版，第148页。

② 汪克宽：《义疏》将其归入明代学者，此据《四库全书总目》将其归入元代。

集解》，朱缙《射礼集解》，何澄《刊正仪礼纂疏》，阮琳《仪礼经解》，冯应京《乡饮图说》，何栋如《乡饮图考》，朱载堉《乡饮酒乐谱》，杨道宾《射礼仪节》，张敌《饮射辑略》，郝敬《仪礼节解》，陈林《仪礼会通图》，胡宾《礼经图》，程宗猷《射史》，王志长《仪礼注疏删翼》，谭贞良《仪礼名物考》，林文奎《射礼图注易览》，吴霞《射礼辑说》，姚坤《射礼直指》，赵魏史《仪礼本义》，陆赞《居丧撮要》，钱士馨《仪礼说》，冯翼翁《士礼考证》，朱朝瑛《读仪礼略记》，宁成《为人后者三十六难》。两相对比，可以看出，《仪礼义疏》纂修者所见的明代礼经类官府藏书，相较于明代的所有此类著述，数量要少得多，当然，据朱彝尊《经义考》记载，其中未援引其说的明人著述大都已经亡佚。据此，亦可见清初散佚的明人礼经学著述其实颇多。

仍以元、明两朝学者著述为例，据此考察编修《四库全书》时期的各朝代礼类文献藏书情况。考《四库全书总目》，其中著录的元代《仪礼》类文献仅有吴澄《仪礼逸经》、敖继公《仪礼集说》、汪克宽《经礼补逸》3 种；著录的明代《仪礼》类文献则有郝敬《仪礼节解》、张凤翔《礼经集注》、朱朝瑛《读仪礼略记》3 种，而且都在“存目”之列。撇开四库馆臣对明代经学家的态度不论，很大一个原因就在于明人著述的礼经学著作很多已经亡佚，内府和民间所献此类图书有限，无法进行撰写详细提要的缘故。

《四库全书》修成后，和“北方四阁”一样，“南三阁”同样收藏了一套分藏《四库全书》和《古今图书集成》，以满足江、浙士子阅览的需要。但是到了清代后期，由于农民起义的风起云涌，太平军攻入镇江和扬州，文宗阁和文汇阁皆毁于战火，所有藏书均不知所终；咸丰十一年（1861），太平军攻克杭州，文澜阁倾圮，藏书大量散出。凡此种种，虽然由于“文渊阁”等北方藏书阁的存在，没有造成礼经文献的散佚，但在文献收藏史上着实是一次巨大的损失。

（二）私家藏书及其散佚

清代的私家藏书，无论是藏书群落、藏书规模，还是藏书质量以及藏家分布范围，在整个封建社会，都可称为集大成者。在《四库全书》修书期间，光是江苏、浙江、江西、安徽、福建等江南五省的呈书总数，就多达 11175 种，由此可见当时民间私家藏书规模之宏富。尽管如此，由于各种各样的原因，诸如水灾、火灾一类情况，举凡出现某些偶然因素，都有可能导致图书遭受毁灭而亡佚的下场。例如：钱谦益是明末清初时期的一位大藏书家，早年收得四家藏书，后更不惜重金，搜求古本。据史料记载，钱谦益晚年居红豆山庄，取出所藏图书，重加缮治，区分类聚，并建“绛云楼”以贮放收藏之书，有七十三大柜，其中多为宋刻孤本。就连向以阅书众多著称的黄宗羲也曾艳羡地说：“绛云楼藏书，余所欲见者无不有。”①然而就于顺治七年（1650）十月初二，绛云楼半野堂不慎失火，后楼前堂片刻煨烬，大量珍贵藏书付之一炬。钱氏所收藏的图书当中，应该就有一些宋刻本礼类文献，也随一把火炬而焚毁湮灭。之后，钱谦益慨然将烬余藏书全部送给了族孙钱曾，但后来也没有摆脱散佚不存的结局。

再如，明末清初学者黄宗羲也是当时一位著名的藏书家，称得上是一位“于书无所不窥者”，他“既治经，则旁求之九流百家，于书无所不窥者。愤科举之学锢人生平，思所以变之。既尽发家藏书读之，不足，则抄之同里世学楼钮氏、澹生堂祁氏，南中则千顷斋黄氏，吴中则绛云楼钱氏，穷年搜讨。游屐所至，遍历通衢委巷，搜鬻故书；薄暮，一童肩负而返，乘夜丹铅，次日复出，率以为常。……公晚年益好聚书，所钞自鄞之天一阁范氏、歙之丛桂堂郑氏、禾中倦圃曹氏，最后则吴之传是楼徐氏”。② 即便是黄宗羲如此好书之人，从顺治初年到康熙初年，他家藏书也屡有散佚，“而又经此流离兵火之余，盖不能存其四五，而存者亦复残腐败缺，错杂零星，道固穷书又不富。”③康熙二十九年（1690），黄宗羲家遭遇大水，图书损失惨重，仅仅是“其散乱者复整，其破损者复完，尚可得三万卷”④。黄宗羲是一位向以精通经史著称的经史大家，其家藏各种书籍当中，可能也有礼类文献散佚亡失其中的可能性。

不仅如此，嘉庆、道光以后，由于战争的频仍、社会的动荡不安、外寇的入侵等因素，同样可能导致私人藏书家各种书籍的散佚亡失，正如徐凌志等人所言：“随着乾嘉学术风气的浓厚，藏书队伍急剧扩大，特别是在鸦片战争以后，中国逐步沦为殖民地半殖民地，农村自然经济解体，这一阶层的藏书家多数因家道中落而造成藏书衰退。而一批因商致富的商人则趁机

---

① 黄宗羲：《思旧录》，见《黄宗羲全集》第一册，浙江古籍出版社 1985 年版，第 375 页。

② 全祖望：《梨洲先生神道碑文》，载《鲒埼亭集》卷十一，《续修四库全书》第 1429 册，第 48 页。

③ 黄百家：《续钞堂藏书目序》，载《学箕初稿》卷一，民国十八年上海商务印书馆影印《四部丛刊》初编本。

④ 全祖望：《二老阁藏书记》，载《鲒埼亭集外编》卷一七，《续修四库全书》第 1429 册，第 618 页。

跻身其中,或以谋利,或以传世,因此而成藏书大家的不乏其人。”①凡此种种,此不逐一赘举说明。

第四节 历代《仪礼》文献的辑佚实践

考察历代《仪礼》文献之辑佚实践,并不讨论有关“逸礼”经传文的辑佚状况,而主要考察各种礼经诠释文献(主要涉及二次文献、三次文献)的辑佚情况。详考各朝代《仪礼》学发展史,学者们的礼经文献辑佚实践活动主要集中在清代,并且出现了王谟、王仁俊、黄奭、马国翰等一批辑佚学家。因而,本节专就清代各家辑佚学者的礼经文献实践,逐一展开介绍说明。

一、王谟与礼经文献辑佚

王谟(1731—1817),字仁圃,一字汝麋,号汝上,晚称汝上老人。江西金溪(今属南城)人。乾隆三十三年(1768)中举。次年会试落第,侨居南昌为人教馆,编辑有《江阳典录》、《豫章十代文献略》。乾隆四十三年(1778)中进士,授知县,不久辞官,请改学职,选授建昌府学教授。终日采经摘传,搜罗散失旧闻,以补史书之缺。一生辑佚文献丰富,主要有:《汉魏遗书钞》,收书500余种,刊行者有经部108种(一说96种);《汉魏丛书》辑佚书86种,又广为94种;《汉唐地理书抄》分前后两编8册,都500余种。其所辑佚之书,为今人从事地理学、方志学、文学、经学的研究,提供了非常丰富的资料。

王谟的礼经文献辑佚实践成果,主要保存在《汉魏遗书钞·经翼》(第二集)当中,其中辑录的礼类文献非常丰富,大致情况如下:

《周礼》类有2种:马融《周官传》、干宝《周官礼注》。

《仪礼》类有6种:戴德《丧服变除》、马融《丧服经传》、射慈《丧服变除图》、王肃《丧服要记》、雷次宗《丧服经传略注》、刘智《丧服释疑》。

《礼记》类有5种:卢植《小戴礼记注》、射慈《礼记音义隐》、蔡邕《月

① 徐凌志主编:《中国历代藏书史》,江西人民出版社2004年版,第352页。

令章句》、蔡邕《明堂月令论》、崔寔《四民月令》。

三礼总论类有11种:阮谌《三礼图》、孙毓《五礼驳》、郑康成《三礼目录》、崔灵恩《三礼义宗》、郑康成《鲁礼禘祫志》、会稽贺《礼统》、戴圣《石渠礼论》、薛人叔《汉礼器制度》、孙通《问礼俗》、董勋《皇览逸礼》、淳于髡《谥法》。

从所辑佚之书的编排体例情况看,王氏往往于辑佚之书的卷首安排一则"序录",其目录提要体例则往往先胪列与之相关的文献对该书的介绍性文字,然后末附王氏自己的按语。以王氏所辑戴德《丧服变除》一书为例,该书"序录"部分,依次摘录《汉书·儒林传》、《经典叙录》之相关语料,然后加附按语指出:"《丧服变除》,亦当属《大戴礼》中篇目,非别为一书也。今《大戴礼记》无此篇目,而《隋志》亦不载此书,信乎,其无传学者也。今从《通典》钞出十一条,又《礼记注疏》二条。"①当然,《汉魏遗书钞·经翼》(第二集)当中有的辑佚之书,其卷首或亦无"序录"之文,如所辑马融《丧服经传》一书卷首即无"序录"部分。

此外,王氏往往在所辑条文之下,往往标示出文献辑佚的来源、出处。以所辑马融《丧服经传》一书为例,王谟先后从《春秋疏》、《丧服小记疏》、《通典》、敖继公《仪礼集说》、《仪礼疏》等典籍中,辑录出相关文献援引马氏之书的条文,然后逐一注明出处。倘若连续几条均出自同一文献,王谟则仅仅在最后一条之末,标明辑佚之文献出处。

单就王谟所辑的《仪礼》文献而言,这六种文献之时间跨度较大,作者涉及面广,既有汉代学者戴德、马融,也有三国两晋时期学者射慈、刘智、王肃,又有南朝宋学者雷次宗。这六种文献的散佚时间,也大都在南北朝乃至隋唐前期。较之后来马国翰的辑佚,虽然可能还略显粗疏,但却是清代首开魏晋南北朝礼经文献的先河,因而其意义可谓重大至极。

二、黄奭与礼经文献辑佚

黄奭(1809—1853),字右原,原名黄锡麟,江苏甘泉(今扬州市广陵区)人。出身于盐商之家,历官至刑部江西司行走、钦差委办兵部江北善后。少年时代在扬州安定书院读书时,其才华受到两淮盐运使曾燠的赏

① 王谟:《汉魏遗书钞·经翼》(第二集)所辑戴德《丧服变除》卷首,清嘉庆三年刻本。

识,因而被介绍给著名学者江藩从学。黄奭将一生精力都献给了古书辑佚事业,与著名学者马国翰并称辑佚两大家。黄氏编刻有《清颂堂丛书》,后又编《汉学堂丛书》、《汉学堂知足斋丛书》和《黄氏逸书考》,成就可观,共辑佚散失的古代书籍近三百种。

黄奭的辑佚工作,大约从道光时开始,编辑时每成一书,即付刊版,随刊随刷印存样,以备校勘。刊成后适值太平天国军兴,书版存樊汉镇僧舍,其后黄奭去世,存版亦有散失。光绪时,黄奭之子黄灏将存版购归,未及整理旋即谢世,灏弟黄澧谋继先志,委人经理重编印行,印成后,名之为《汉学堂丛书》。该丛书当中,计收经解逸书考八十五种,通纬逸书考五十六种,子史钩沉逸书考七十四种,附高密遗书十一种,共二百二十六种。收录辑佚的历代礼类文献颇不少,约有20来种,其中属于《仪礼》类的辑佚文献有5种,分属于三个部类。其中,该丛书《经解·礼类》收录:汉马融《仪礼丧服经传》一卷,魏王肃《仪礼丧服注》一卷,三国吴射慈《丧服变除图》一卷。《子史钩沉·史部·传记类》收录:魏王肃《丧服要记》一卷,《子史钩沉·史部·政书类》收录:汉郑玄《高密遗书》,其中有郑玄著《丧服变除》一卷。另外,该丛书还收录一些与《仪礼》学密切相关的"三礼总义"类著作,如汉郑玄《三礼目录》一卷、汉阮谌《三礼图》一卷、梁崔灵恩《三礼义宗》一卷,等等。

此书光绪年间印行之后,黄澧亦下世,书版展转为王鉴所得,王与秦更年又相与辑补校做,经整理补刊,共得二百八十五种,于1925年重印流通。王鉴以"逸书考"是原书所题,"汉学堂"不足以概括全书,因改名《黄氏逸书考》。此本收汉学堂经解一百十二种,通纬七十二种,子史钩沉八十四种,通德堂经解十七种,共二百八十五种。这其中,汉学堂经解又补收录南朝宋雷次宗《仪礼丧服经传略注》。如果再加上《汉学堂丛书》中收录的5种《仪礼》类辑佚文献,则一共就有6种之多。

如果将黄氏两种丛书当中的《仪礼》类辑佚书目和王谟所辑的《仪礼》文献对比的话,就会发现,二人均辑录有马融《仪礼丧服经传》、王肃《丧服要记》、射慈《丧服变除》、雷次宗《仪礼丧服经传略注》四种文献,而郑玄《丧服变除》、王肃《仪礼丧服注》两种则是王谟所未辑录的著作。

三、马国翰与礼经文献辑佚

马国翰(1794—1857),字词溪,号竹吾,山东历城人。幼年曾拜金宝川、吕心源为师,酷爱收藏古籍。道光十二年(1832)进士,历任陕西洛川、石泉、云阳等地知县。道光二十四年(1844)升任陇州知府,到咸丰三年(1853)便引疾归里。一生酷爱古籍,深慨历代古籍多亡佚,早年就对辑佚产生浓厚兴趣,嘉庆二十年(1815),他撰《春日宴孙耿贾氏南园感诗》云:"《训纂》遗搜鄠,《埤苍》字订婗。"可见其时即已开始从事古籍的辑佚工作。其辑佚成果后来大都收集在《玉函山房辑佚书》里。

马国翰在历代《仪礼》文献的辑佚方面颇具建树,其所辑《仪礼》文献较为丰富,汉代的著作有戴德《大戴丧服变除》、何休《冠仪约制》、郑众《郑氏婚礼》、马融《丧服经传马氏注》、郑玄《郑氏丧服变除》、郑玄撰吴薛综述《五宗图》、刘表《新定礼》,三国时期的著作有[魏]王肃《丧服经传王氏注》、王肃《王氏丧服要记》、[吴]射慈《丧服变除图》,晋代的著作有杜预《丧服要集》、袁准《丧服经传袁氏注》、孔伦《集注丧服经传》、陈铨《丧服经传陈氏注》、刘智《丧服释疑》、蔡谟《蔡氏丧服谱》、贺循《贺氏丧服谱》、贺循《贺氏丧服要记》、贺循《葬礼》、葛洪《葛氏丧服变除》、孔衍《凶礼》,南北朝时期的著作有宋裴松之《集注丧服经传》、南齐王俭《丧服古今集记》、南齐王逡之《丧服世行要记》、宋雷次宗《略注丧服经传》、宋崔凯《丧服难问》、宋周续之《周氏丧服注》,以上所辑诸书各 1 卷。另外,还有谢徽《丧服要记注》一卷,马氏为该书所撰《叙录》云:"《丧服要记注》一卷,谢徽撰。徽,不详何人,注贺循《丧服要记》。《隋志》不载,新、旧《唐书志》皆五卷,今佚。杜佑《通典》引之,据辑。《注》博引经传,并即贺与人答问之语,反覆推究,亦留心典故者矣。"①不详作者生卒年及成书年代。

综览马国翰《玉函山房辑佚书》,从其所辑历代《仪礼》文献佚文情况来看,大致呈现出如下诸方面文献辑佚特色:

其一,马氏所辑历代《仪礼》文献之佚书,所涉时间跨度大,从汉代以迄南北朝之际的论著都有辑录,其中又以南北朝之前的著作为主。从文献计量学的角度看,诸书大多属于《仪礼》学二次文献,可谓弥足珍贵。从研

---

① 马国翰:《玉函山房辑佚书》(二),广陵书社 2005 年版,第 878 页。

究内容来看，诸书皆属于专题性研究著作，其中又以研究《仪礼·丧服》篇为主要研究对象，一般不就整部《仪礼》全书作全方位研究。就诸书的训诂体例而言，又以注体为主，且兼及图解体等其他训诂体式著作。

其二，马氏的辑佚工作并不仅止于搜罗佚文排比成编，他还继承了历代史志目录治学的传统，为每一部著作撰写叙录，其所辑《仪礼》文献亦皆撰有叙录，并置于每部著作之编首。具体说来，其诸篇《叙录》大致包括这样几方面的内容：首先是考察作者之生平；其次是交代著述在历代史志目录之记载及其他相关流传情况，这在目录学上是具有重要价值的；再次为辨章学术源流，指明作者的学术传承及其在后来学术界之影响、地位。例如，其所辑何休《冠仪约制》编首《叙录》云："《冠仪约制》一卷，汉何休撰。休有《春秋公羊传解诂》，已别著录。此编《隋书·经籍志》、《唐书·艺文志》均不载，唯杜佑《通典》引之。意以古礼繁重，人多惮行冠礼，浸以日废，乃参酌时制，约而为此，亦委曲存礼之苦衷也。据录一家，欲复古道者或有取焉。"①这一段文字既交代了何休的著述情况及《冠仪约制》历代史志目录的记载情况，又讨论了何休著书的缘起。又如，其所辑射慈《丧服变除图》编首《叙录》云："《丧服变除图》一卷，吴射慈撰。《三国·吴志》无慈传。《孙休传》云：'从中书郎射慈、郎中盛冲受业。'《孙奋传》云：'傅相谢慈等谏奋。'裴松之《注》：'慈，字孝宗，彭城人。见《礼论》。撰《丧服图》及《变除》行于世。'案：射即谢姓之改，见《广韵》四十祃'射'字注。裴氏谓撰《丧服图》及《变除》，盖二书也。《七录》合之，《隋书·经籍志》注：'梁有《丧服变除图》五卷，吴齐王傅射慈撰，亡。'《唐书·艺文志》有《丧服天子诸侯图》一卷，已非梁时之旧本，今则佚矣。从杜佑《通典》采得二十七节，内一条与《太平御览》引异，参校订正。又从《南史》、《礼记正义》各采一节，合而录之。与徐整答问为多，整当是慈之门人。其书体例亦《郑志》之类也。"②由于历代史书传记缺乏射慈此人生平行实之详细介绍，故马氏首先广泛征引群籍补充成文；其外，马氏还依次说明了该文献本身的流传情况、引书出处及体例特征。凡此一类"叙录"内容，对后人了解和研究前人著作，极有价值。

其三，强调所辑佚书的文献校勘工作。马国翰的文献辑佚工作，不仅

---

① 马国翰：《玉函山房辑佚书》（二），广陵书社 2005 年版，第 824 页。
② 马国翰：《玉函山房辑佚书》（二），广陵书社 2005 年版，第 847 页。

重视广泛收集所能见到的各种历代《仪礼》文献材料，而且还十分重视对这些文献材料加以校勘，借以提高准确度。就这一方面情况而言，大致应包括两个方面内容：

一是对《仪礼》经文本身的校勘情况。兹举马国翰所辑马融《丧服经传马氏注》一书经文校勘为例，该编内引《丧服》篇文并加校勘，例如引经文云："庶子适妇。《传》曰：何以大功也？不降其适也。"马国翰在"庶子适妇"一句下出校记云："《通典》引作'为庶孙为适妇'。"①又如同书下引经文"大夫之妾为君之庶子女子子嫁者未嫁者为世父母叔父母姑姊妹"一文，马国翰出校云："《注疏》本分'大夫之妾为君之庶子'作一节，'女子子'已下作一节。郑元《注》旧读合'大夫之妾为君之庶子女子子嫁者未嫁者'，言大夫之妾为此三人之服也。贾公彦《疏》此马融之辈旧读如此。又《注疏》本此经及《传》在'大夫大夫之妾'上，《通典》用马融《注》叙次在其下，今依之。"②又如经文"从父昆弟之子之长殇昆弟之孙之长殇"一句下，马国翰出校云："《注疏》本此节在'为夫之从父昆弟之妻'上，今依《通典》引马融《注》次第录之。"③由此可见，马国翰对经文的校勘，主要运用对校及他校之法进行死校，且往往还表明自己的取舍之见，不过不说明取舍之理据所在。

二是对有关辑佚材料不同来源的校勘工作。这是马氏校勘的重点所在，也是马氏校勘不同于其他清代训诂著作的重要工作内容所在。马氏在佚文下除注明所出古籍以外，对于所辑佚文若有多重出处且有文字异同之例，往往以较为完整者为主要依据，参考出处所引异文则记于异文之下，或者附于全句之末。兹仍以马氏所辑《丧服经传马氏注》一书校勘为例，该编在经文"从母丈夫妇人报"一句下，辑录马融《注》文云："母之姊妹也，从母报姊妹之子男女也。（'从母报'句，据贾《疏》所引补。）言丈夫妇人者，异姓无出入降，皆以丈夫妇人成人之名名之也。（《通典》卷九十二又贾公彦《疏》引马氏云：'从母报姊妹之子男女也。丈夫妇人者，异姓无出入降。'若然，是皆成人长大之号。《通典》无'从母报'句，据《疏》补入末句，二文不同，贾约马义言之，兹从《通典》。）"④引文括号里的句子即为马国翰

① 马国翰：《玉函山房辑佚书》（二），广陵书社2005年版，第832页。
② 马国翰：《玉函山房辑佚书》（二），广陵书社2005年版，第833页。
③ 马国翰：《玉函山房辑佚书》（二），广陵书社2005年版，第836页。
④ 马国翰：《玉函山房辑佚书》（二），广陵书社2005年版，第835页。

校勘之文。对于这种同一引文而数书所引相异者,马氏总是能采缀异同,说明自已藉以取舍之依据,以便于读者独立作分析思考,判别是非高下,择善而从,体现出马氏颇具审慎的治学态度。

其四,详细注明所辑佚文出处。辑录佚文注明出处是辑佚学家治学审慎的一个重要衡量标志,它有利于读者了解佚文是否准确完整,以此衡量所辑佚书的质量高低。马国翰的辑佚活动在这方面极为慎重。从所辑《仪礼》文献佚书情况来看,其注明出处往往有这样几点方面特点:一是尽可能详尽注明佚文所见全部出处。例如其所辑晋蔡谟《蔡氏丧服谱》编首第一条佚文:"以二瓦器盛始死之祭系于木,裹以苇席,置庭中近南,名为重,今之凶门是其遗象也。《礼记》既虞而作主,今未葬未有主,故以重当之,礼称为主道,此其义也。(《晋书·礼志》中 杜佑《通典》卷七十九又卷八十四)。"①马氏于佚文末点明该条佚文的三处出处。二是注明出处时不局限于交代书名,而且还点明所辑之书的卷数与篇名。三是所辑佚文若有多重出处且存在文字异同之例,马氏则择取其一为准,斟酌思考,择善成文,并详加校勘注明不同。这种情况,以上论校勘时已举例说明,此不赘列。四是所辑佚文出处如亦属于转引之例,亦详加说明。例如所辑王肃《王氏丧服要记》末条佚文:"斩缞之丧,未葬主丧不除。"(《通典》卷一百三宋蔡廓问雷次宗引王肃。)②以上这几方面的特点,充分体现了马氏辑佚的审慎求实态度。除了在各编所辑佚文注明出处外,马国翰还往往在各编"叙录"部分,详细交代所辑之书的佚文来源,如郑众《郑氏婚礼》一书《叙录》交代云:"此书佚已久,兹据《通典》所引,参《艺文类聚》、《北堂书钞》、《太平御览》诸书,辑为一帙。"③又如王俭《丧服古今集记》一书《叙录》交代云:"《南齐书·礼志》引俭议《丧服》七篇,《文惠太子传》载一篇,《隋书》引二节,《春秋释文》亦引俭说。……皆《集记》之遗文,并据辑补。"④

其五,所辑诸书佚文编排次第。诸书佚文散见各书,不相连贯,难以考见其书体例原貌,也难以恢复原书本来面目。尽管如此,从评价一部辑佚书质量优劣、高低的角度看,所辑佚文编排是否能精确逼近原书篇第面貌,是衡量、评价的重要标准之一。王君南先生在论"釐篇第"之特点时,将其

① 马国翰:《玉函山房辑佚书》(二),广陵书社 2005 年版,第 866 页。
② 马国翰:《玉函山房辑佚书》(二),广陵书社 2005 年版,第 847 页。
③ 马国翰:《玉函山房辑佚书》(二),广陵书社 2005 年版,第 825 页。
④ 马国翰:《玉函山房辑佚书》(二),广陵书社 2005 年版,第 895 页。

编排体例方法归纳为三点:以经系注,以注归经;考核与所辑之书有渊源的书;在恢复原书篇第时,马氏还参考了前人对该书的论述。[①] 从所辑诸编《仪礼》著作的体例编排情况看,马氏编排的灵活性很大,很难划定一个统一的标准,有的根据文义而定。如杜预《丧服要集》一书第一条佚文"始封之君别子一人为祖"下云:"杜佑《通典》卷七十三传纯问贺循《要记》云云引杜氏,循其文义,宜为此篇之首,据补。"[②]有的则经、注相互系联,如马融《丧服经传马氏注》、王肃《丧服经传王氏注》、袁准《丧服经传袁氏注》、雷次宗《略注丧服经传》、裴松之《集注丧服经传》、谢徽《丧服要记注》、孔伦《集注丧服经传》、陈铨《丧服经传陈氏注》诸书,马国翰依《仪礼·丧服》篇经文顺序,以及一般注体著作的编排方式,首载经文,然后将马融《注》文附于所属各句经文之下。有的则据佚文出处篇目立文,如晋孔衍《凶礼》据杜佑《通典》引《宗庙藏主室》、《乖议》、《乖离论》,凡三篇,故马氏据此三篇篇目结构全书。有的则据别书所载篇目次第安排全编,如郑众《郑氏婚礼》"醮文三首"下马国翰云:"《晋书·礼志》下郑氏醮文三首具存,今佚,录其目。"[③]即包括"谒文"、"百官六礼辞"、"赞言"三目,每一目下条列从《通典》、《艺文类聚》、《北堂书钞》、《太平御览》诸书所辑佚文。总而言之,很难抽绎出一个编排体例标准。

站在现代辑佚学的学术理论视野高度看,当代学者戴南海先生曾经提出评价辑佚书优劣的五大标准:佚文出自何书必须注明,数书同引,则举其最先者;既辑一书,则必求备;须求真,若贪多而致误认他书为本书佚文则劣;原书篇第有可整理者应极力整理,力求还其书的本来面目;当视原书的学术价值如何,若寻常一俚书或一伪书,则无多大搜辑价值。[④] 依此标准去衡量马国翰所辑历代《仪礼》文献诸书,质量可谓相当得高。因而,这些所辑佚书,在今天《仪礼》文献辑佚史上仍然具有重要的价值。

纵观整个《仪礼》文献学史,马国翰的文献辑佚活动意义是重大的,所取得的成就也是巨大的。马国翰以一己之力,辑录了28部隋唐以前的《仪礼》学著作,保存了大量前人《仪礼》学研究的文献资料,可谓弥足珍贵。今天人们虽不能完全窥见原书全貌,但通过马氏这些辑佚成果,仍然可以

① 王君南:《马国翰〈玉函山房辑佚书〉研究》,山东大学1988年硕士学位论文。
② 马国翰:《玉函山房辑佚书》(二),广陵书社2005年版,第852页。
③ 马国翰:《玉函山房辑佚书》(二),广陵书社2005年版,第826页。
④ 戴南海:《校勘学概论》,陕西人民出版社1986年版,第171页。

了解他们的学术概貌，进一步探寻唐代以前《仪礼》学研究的学术视野及学术贡献。总而言之，马氏对这些著作的辑佚活动，在《仪礼》文献学史上具有极为重要的学术价值，有助于今后《仪礼》学史的深入研究。从微观角度来看，马氏所辑诸佚书中所载《仪礼》经文校勘材料及其校勘结论，为后人加强《仪礼》本身之校勘及深入诠释《礼》经大旨，提供了第一手翔实可靠的文献材料；至于马氏所撰诸书《叙录》，由于多论及作者生平及其著作的流传情况，且亦兼及著作者的学术渊源和文献的有关著述情况，颇具“辨章学术，考镜源流”之功。此外，在辑佚方法和佚文体例的重新编排上，马氏也为后人深入全面开展历代《仪礼》亡佚文献的辑佚工作，提供了方法论的指导。

四、王仁俊与礼经文献辑佚

王仁俊（1866—1913），一名人俊，字捍郑（或又写作杆郑、干臣）。江苏吴县人。晚晴著名的辑佚学家、史学家、金石学家。光绪十八年（1892）进士，朴学大师俞樾的弟子，张之洞门人。曾任宜昌知府、苏州存古学堂教务长，至京师任学部图书局副局长兼大学堂教习。王仁俊辑佚的领域极广，其中《玉函山房辑佚书续编》、《玉函山房辑佚书补编》和《经籍佚文》三部，是在马国翰《玉函山房辑佚书》的基础上增辑而成。考王仁俊《玉函山房辑佚书续编》，该丛书“经编礼类”收录所辑佚的礼类文献详目如下：

《周礼》类有 3 种：贾逵《周礼贾氏注》一卷、郑玄《周礼序》一卷、郑玄《答临顾周礼难》一卷。

《仪礼》类有 6 种：刘熙《谥法刘熙注》一卷《补遗》一卷、郑玄《婚礼谒文》一卷、王肃《丧服要记》一卷、贺循《贺氏丧服谱》一卷、王廙《出后者为本父母服议》一卷、何琦《孙曾为后议》一卷①。

《礼记》类有 4 种：蔡邕《月令章句》一卷、无名氏《礼记音义隐》一卷、无名氏《礼记外传》一卷、梁何胤《礼记隐义》一卷。

通礼类有 7 种：荀爽《荀氏礼传》一卷、叔孙通《汉礼器制度》一卷、刘

---

① 此六种《仪礼》类文献，仅有刘熙《谥法刘熙注》和郑玄《婚礼谒文》二种，王仁俊将其归入《仪礼》类，其他四种文献，王氏归入通礼类，此从王锷《三礼研究论著提要》的说法，归入《仪礼》类。

苍《南北郊冕服议》一卷、贺循《宗议》一卷、贺循《答庾亮问宗议》一卷、无名氏《魏尚书奏王侯在丧袭爵议》一卷、崔灵恩《三礼义宗》一卷。

王仁俊重视汉学,特别是汉人的释经旧注,故辑成《十三经汉注四十种辑佚书》。王氏在该书《自序》中说:"按诸经汉儒旧注,有曾见辑本者,有即见本经注者,有旁见某经注者,有散见群书者,其大端不外乎王谟之《汉魏汉晋遗书钞》、余萧客之《古经解钩沉》、马国翰之《玉函山房》以及孙星衍之《周易集解》、孙堂之《二十一家易注》、阮元之《诗书古训》、陈之《论语古训》、臧庸、叶蕙心诸家之《尔雅古注》,亦既详矣备矣。至辑述古义更为之疏证者,则有张惠言之《易虞莪》、惠栋之《易汉学》、陈乔枞之《今文尚书》、《欧阳小大夏侯说》、《三家诗遗说》之类,亦云众矣。仁俊不揣固陋,于诸家所辑外,更得汉注四十种。"①详考该书,收录之书凡四十种,其中有三十二种同样见于《玉函山房辑佚书续编》当中,此外还有八种不见于《续编》,当中就有班固《周礼班氏义》、《仪礼班氏义》二种礼类辑佚文献。如果加上前述《续编》的 20 种礼类文献,那么王氏所辑录的礼类文献就多达 28 种,其中有 7 种属于礼经学著作。

纵观王氏《续编》、《十三经汉注》所辑录的各种文献,其辑佚特色是辑佚的材料来源广博,并重视注明文献材料的来源和出处。王仁俊的辑佚成果,现有上海古籍出版社 1989 年出版的《玉函山房辑佚书续编三种》,《续编》、《十三经汉注》两种都收录其中,今人可以据之参考与深入研究。

五、其他学者之礼经文献辑佚

(一)戴震

戴震(1724—1777),字东原,一字慎修,号杲溪,休宁隆阜(今安徽黄山)人。乾隆二十七年(1762)中举人,以后六次入京会试皆不第。乾隆二十年(1755),戴震"避仇入都"②,与翰林院中的钱大昕、朱筠、纪昀、王昶、卢文弨等人交往论学。后经钱大昕举荐受聘于秦蕙田,助秦编纂《五礼通考》。乾隆二十二年(1757)离京客居扬州,结识著名经学家惠栋,二人论

① 王仁俊:《十三经汉注四十种辑佚书·自序》,载《玉函山房辑佚书续编三种》,上海古籍出版社 1989 年版,第 517 页。

② 语出《清史稿·戴震传》。对于戴震入京避难时间,钱大昕、凌廷堪等人认为是乾隆十九年(1754),是年戴震 32 岁,而段玉裁、洪榜等人则认为是乾隆二十年(1755),是年戴震 33 岁。

学往复，交相引为知己，自此戴震治学方式及思想观念发生很大改变。乾隆三十七年（1772）末，戴震往浙江余华，主讲于金华书院。次年，开《四库全书》馆，戴震以举人受特召任纂修官。乾隆四十年（1775）第六次会试下第，因学术成就显著，特命参加殿试，赐同进士出身，为翰林院庶吉士，仍从事《四库全书》的编纂。

在四库馆任纂修官期间，戴震“以文学受知，出入著作之庭。馆中有奇文疑义，辄就咨访。震亦思勤修其职，晨夕披检，无间寒暑”①。修书期间，戴震检阅《永乐大典》，从中辑录出李如圭所撰二部礼经学著作：一是李氏的《仪礼集释》。众所周知，清乾隆年间并无该书单行本流传，戴震发现后，将其厘订为三十卷。当时学界端赖戴氏所辑，才得以发见该书原貌。二是李氏《仪礼释宫》。《仪礼释宫》当时学界普遍误以为是宋代学者朱熹所作，端赖戴震根据《永乐大典》所采录之书记载，对当时的朱熹所作说进行了纠正，将其著作权还归于李如圭之手：“考《朱子大全集》亦载其文，与此大略相同，惟无序引。《宋中兴艺文志》称朱子当与之校定《礼》书，疑朱子固尝录如圭是篇。而集朱子之文者，遂疑为朱子所撰，取以入集，犹苏轼书刘禹锡语题姜秀课册，遂误编入轼集耳。观朱子《仪礼经传通解》，于《乡饮酒礼》‘荐出自左房’，《聘礼》‘负右房’，皆但存贾《疏》，与是篇所言不同，是亦不出朱子之一证也。”②戴氏从著录传授和思想渊源考察朱子《仪礼经传通解》中所释二段文字与《仪礼释宫》释言不同，证其不为朱子作，推测为汇录朱子文集者误收录朱子文集中。

（二）孔广林

孔广林（1746—1814），字丛伯，号幼髯，晚年自号赘翁，山东曲阜人。孔子第七十代裔孙，孔继汾之子，戴震弟子孔广森之兄。廪贡生，署太常寺博士。自幼好学，潜心研究经传，专攻郑玄之学，颇有成就。清代阮元曾赞扬说：“海内治经之人，无其专勤。”一生著作132卷，共45万余字，编为《孔丛伯经说稿》。

孔广林在礼经学上素有研究，著有《仪礼臆测》十八卷、《仪礼笺》一卷等。孔氏专攻郑玄之学，为此，他曾就郑玄各种文献进行辑佚，凡十八种，

① 赵尔巽：《清史稿》（册43）卷四百八十一，《列传二百六十八 · 儒林二》，中华书局1977年版，第13199页。

② 戴震：《仪礼释宫提要》，《戴震全书》（第6册），黄山书社1995年版，第622页。

汇成《通德遗书所见录》,又名《郑学十八种》。该书《山东通志》有著录,于该书目下撰写提要称:“所辑皆郑氏经学佚书,凡十八种。广林《叙录》略云:取经史诸子,以及先儒名家菩述,搜罗缀辑,补漏正舛,引而广之,录《六艺论》第一(一卷);《周易注》第二(十二卷);《尚书注》第三(十卷);《中候注》第四(六卷);《书大传注》第五(四卷);《毛诗谱》第六(一卷);《三礼目录》第七(一卷);《答周礼难》第八(一卷);《鲁禘祫义》第九(一卷);《丧服变除》第十(一卷);《箴左氏膏肓》第十一,《发公羊墨守》第十二,《释谷梁废疾》第十三(各一卷);《论语注》第十四(十卷);《论语篇目弟子》第十五(一卷);《驳五经异义》第十六(十卷);《郑志》第十七(八卷);《孝经注》第十八(一卷),凡七十一卷,都为一集,题曰《郑学》。……夫亦惟是,即目中所经见者,录备遗忘云尔,乃改题曰:《通德遗书所见录》。”①其中,就收录孔氏所辑录的郑玄《丧服变除》1 卷。

(三)袁钧

袁钧(1752—1806),字陶轩,一字秉国,号西庐,浙江鄞县(今宁波)人。袁氏颖悟绝人,曾执经于新安郑虎文之门,严冬隆暑,手不释卷,五年学成归。年十九补诸生。乾隆间拔贡,嘉庆十一年(1806)举孝廉方正。阮元抚浙时,被召置幕中,才誉日著,曾助阮元辑《经籍籑诂》,后复补订《经籍籑诂》,校勘《十三经注疏》。曾主讲稽山书院。

袁钧治经力尊古训,笃实谨严,甚为精通郑康成之学,认为两汉经师之学,郑玄集其大成,郑氏每发一义,无不贯穿群经。然郑玄之书多已散亡,遗文佚义,十不存一,因效仿宋代学者王应麟《郑氏周易注》之例,与友人李赓芸取诸经义疏,及他书征引,参考前人辑本,辨析讹谬,补正疏失,一一注明出处,并附以考证,辑为《郑氏佚书》七十九卷,凡二十三种。郑玄著作,除《天文七政论》、《乾象历注》、《论语释义》外,大多具备,其中就收辑有郑玄《丧服变除》1 卷。“此书自宋代王应麟辑郑玄《易注》,至清乾嘉中,孔广林、黄奭皆踵为之,搜罗渐广。袁钧书最晚出,较诸家为尤备,有功于郑学。”②叶德辉氏许为辑郑氏学者中最为详赡之书。光绪四年(1878),浙江学政翟鸿机命浙江书局刊行,遂得广泛流传开来。

(四)臧庸

① 转引自周洪才:《孔子世家艺文志》(上册),国家图书馆出版社 2015 年版,第 143 页。

② 浙江简志编委会:《浙江人物简志》(中册),浙江人民出版社 1986 年版,第 331 页。

臧庸(1767—1811),本名镛堂,字在东,更字西成,号拜经,江苏武进人。乾隆五十四年(1789),卢文弨主讲常州书院,臧庸与弟礼堂俱师从浙江其问学,"遂通九经三史,尤明小学"①。乾隆五十八年(1793),在苏州从钱大昕、王昶、段玉裁等时常讨论学术,学术大进。臧庸性格沉默朴厚,天性孝友。嘉庆二年(1797)阮元督浙江学政,臧氏曾帮助他汇辑《经籍籑诂》;书成后,阮氏复延之佐校《十三经注疏》。

臧庸为学严谨,长于校勘、释义,根据经传,剖析精微。臧庸之家塾名之为"拜经家塾",其中藏书颇为丰富。臧氏以弘扬学术、保存典籍为己任,"生平考辑古义甚勤,故辑古之书亦多"②。他曾辑录马融、王肃对《丧服》篇经传之注文,并将其合著为一卷,名之曰《仪礼丧服马王注》,所辑此书后来收录《问经堂丛书》当中。此外,臧氏还辑录有郑玄《三礼目录》、王肃《礼记注》等书,对后人了解汉魏礼学研究的状况,具有重要的参考价值。

(五)洪颐煊

洪颐煊(1765—1837),字旌贤,号筠轩,晚号倦舫老人,浙江临海人。嘉庆六年(1801)拔贡生,初为孙星衍门生。孙星衍署山东督粮道,颐煊客其幕,为撰《孙氏书目》及《平津馆读碑记》十二卷。入赀为直隶州州判,署广东新兴县事。阮元督两广,知颐煊吏才短而文学优,延之入幕。洪颐煊喜好藏书,岭南市多旧本,重赀购之,家藏书三万余卷,仅善本就有 300 多种,另有汉、唐、宋、元诸朝碑版二千余通,多世所罕见。

洪颐煊在辑佚学上的贡献,集中反映在《经典集林》三十二卷当中,其中与礼类相关的有两种,一是戴德的《丧服变除》,二是戴圣的《石渠礼论》。其他如刘向《别录》、《五经通义》、《五经要义》,刘歆《七略》,郑玄《六艺论》,董仲舒《春秋决狱》,等等,都是较为重要的两汉典籍。其中有的文献清代有其他辑本,也有的辑佚文献是洪氏所独有。"与同时代的辑本相比,本书内容有些单薄,如王谟《汉魏遗书钞》中所辑就要详尽得多",而且"所辑佚文不论多寡都一一详细注明出处,不像王谟只在序中指出在哪书辑有几条,而没有注明哪条辑自哪书"③。

嘉庆二年至嘉庆七年(1797—1802)间,承德(今辽宁沈阳)学者孙冯

---

① 阮元撰,邓经元点校:《揅经室二集》卷五《武进臧布衣传》,中华书局 1993 年版,第 496 页。

② 阮元撰,邓经元点校:《揅经室二集》卷五《武进臧布衣传》,中华书局 1993 年版,第 496 页。

③ 郭春环:《洪颐煊和他的辑佚成就》,《古籍整理研究学刊》1999 年第 1 期。

翼编辑《问经堂丛书》18 种,就将洪颐煊所辑《经典集林》收录其中并加刊刻传播,而其所辑戴德《丧服变除》1 卷也得以传播开来。嘉庆八年、十年、十一年、十三年,《问经堂丛书》又陆续增刊若干种,达到二十八种,其中多数由孙星衍校刊,故较为精审,为学界所重。

第五章

《仪礼》文献的目录研究

学习和研究古代礼经学,要注意懂得一些与之相关的目录学著作,便于掌握历代礼经学各种书籍的基本情况,了解一些礼经学发展的学术源流和研究门径。清朝学者江藩曾直接道出目录的这一作用:“目录者,本以定某书之优劣,开后学之先路,使人人知某书当读,某书不当读,则易学而成功且速矣”,“目录之学,读书入门之学也”①。我国目录类著作有一个优良的传统,文献学家通过编纂目录、分别书类来“辨章学术,考镜源流”,甚至于通过撰写“提要”的方式,来评介书的作者和内容,等等。历代从事礼经文献学整理与研究的学者,大都注意通过编纂和研读相关目录类著作,因而为后人留下了不少礼经学目录著作,有力地推动了礼经学研究的深入开展。前人治学,多从目录学入手,便是这个道理。本章主要对此方面内容略加介绍说明。

第一节 十七篇叙次及其各篇解题研究

从“三礼学”角度而言,郑玄的《三礼目录》是该领域的第一部专门性目录学著作,为后世研究《三礼目录》提供了相当有价值的史料 。考《隋书·经籍志》载:“《三礼目录》一卷,郑玄撰。”此外,《旧唐书·经籍志》、《新唐书·艺文志》也同时有该书的记载。可惜的是,到了南宋陈振孙《直斋书录解题》和元脱脱等人编撰的《宋史·艺文志》里面,却不曾著录有郑氏

① 江藩著,周春健校注:《经解入门》,华东师范大学出版社2010年版,第110页。

此书,可以推断,大概在南宋以后该书便已失传了,后人只能在贾公彦《仪礼疏》、《周礼疏》和孔颖达《礼记疏》所引的众多条文中考见《目录》基本著录内容概况。

一、《仪礼》十七篇叙次研究

汉初高堂生所传之《士礼》十七篇,就是今文《仪礼》。在两汉时期《仪礼》传习过程中,十七篇出现了三种不同的叙次,戴德、戴圣二人所传与刘向《别录》本之间皆有差异。具体地说,三家十七篇次第依次如下:

戴德本:《士冠礼》,《士昏礼》,《士相见礼》,《士丧礼》,《既夕礼》,《士虞礼》,《特牲馈食礼》,《少牢馈食礼》,《有司彻》,《乡饮酒礼》,《乡射礼》,《燕礼》,《大射仪》,《聘礼》,《公食大夫礼》,《觐礼》,《丧服》。

戴圣本:《士冠礼》,《士昏礼》,《士相见礼》,《乡饮酒礼》,《乡射礼》,《燕礼》,《大射仪》,《士虞礼》,《丧服》,《特牲馈食礼》,《少牢馈食礼》,《有司彻》,《士丧礼》,《既夕礼》,《聘礼》,《公食大夫礼》,《觐礼》。

刘向《别录》本:《士冠礼》,《士昏礼》,《士相见礼》,《乡饮酒礼》,《乡射礼》,《燕礼》,《大射仪》,《聘礼》,《公食大夫礼》,《觐礼》,《丧服》,《士丧礼》,《既夕礼》,《士虞礼》,《特牲馈食礼》,《少牢馈食礼》,《有司彻》。

东汉后期,郑玄作《仪礼注》,即依刘向《别录》本十七篇编排次第结构全书,唐贾公彦作《仪礼疏》亦完全遵循郑氏原貌。郑玄之所以依据刘向《别录》本诸篇次第,按照贾公彦的说法,是因为刘向《别录》十七篇之次"皆尊卑吉凶次第伦叙",而大戴、小戴二家之次"皆尊卑吉凶杂乱,故郑玄皆不从之矣"①。贾氏并且进一步申解郑氏之意云:"但《周礼》六官六十,叙官之法,事急者为先,不问官之大小。《仪礼》见其行事之法,贱者为先,故以《士冠》为先。无大夫冠礼,诸侯冠次之,天子冠又次之。其《昏礼》亦士为先,大夫次之,诸侯次之,天子为后。诸侯乡饮酒为先,天子乡饮酒次之,乡射、燕礼已下皆然。又以《冠》、《昏》、《士相见》为先后者,以二十而冠,三十而娶,四十强而仕,即有挚见乡大夫、见已君及见来朝诸侯之等,又为乡大夫、州长行乡饮酒、乡射之事已下,先吉后凶,尽则行祭祀、吉礼,次

① 郑玄注,贾公彦疏:《仪礼注疏》卷一,《十三经注疏》(上),中华书局 1980 年版,第 945 页。

叙之法,其义可知。”

由于郑玄、贾公彦《仪礼注疏》的学术影响力,其后学者大多数依从刘向《别录》本《仪礼》十七篇叙次结构篇第。目前,我们见到的各类礼经诠释著作,主要有晚清学者刘曾騄所著《仪礼可读》17 卷完全依照戴德本十七篇次序安排结构卷目。此外,蔡德晋《礼经本义》一书十七篇的编排次第,与大小戴、刘向三家顺序皆有不同,不过与刘向、郑玄编排次序更为相近,全书以嘉、宾、军、凶、吉五礼之次为序,嘉礼下所载礼书篇目次第为:《士冠礼》、《士昏礼》、《乡饮酒礼》、《乡射礼》、《燕礼》、《大射仪》、《公食大夫礼》;宾礼下所载篇目次第为:《士相见礼》、《聘礼》、《觐礼》,军礼则仍缺而未补;凶礼下所载篇目次第为:《丧服》、《士丧礼》、《士虞礼》(其中《士丧礼》分上、下篇,依郑玄《注》之见将《既夕礼》并入《士丧礼》,是为下篇);吉礼下所载篇次为:《特牲馈食礼》、《少牢馈食礼》(《有司彻》统此篇内),以上所论凡十六篇,每篇一卷。由此亦可见,郑玄《仪礼注》问世以来,在礼经十七篇编排上对后世著述的影响之大。纵观历代众多学者的研究论著,其中不乏对大、小戴及刘向《别录》本三家礼经十七篇叙次优劣的考量及理据分析,仅以清代及民国间学者的发覆研究情况为例,就有多家学者表明已见,兹从中择取数位礼经学家的相关见解介绍如下:

(一)王士让

王士让(?—1751),字尚卿,福建安溪人。雍正十年(1732)副贡。乾隆元年(1736)举鸿博,报罢。乾隆七年(1742),鄂尔泰、张廷玉以明经合荐与朝,诏入三礼馆参与纂修《三礼义疏》,书成,议叙知湖北蕲州,不久卒官。其毕生礼经学著作,仅有《仪礼训解》17 卷,其中多博采三礼馆诸儒所论撰而断以己意,凡六易稿而后定称,名曰“训解”。

该书在言及《仪礼》十七篇三种叙次问题时,对郑玄《仪礼注》取从刘向《别录》本篇次的合理因素有这样一番解释:“其篇次先后,要以礼始于冠,本于昏,达于相见,和于饮射燕食,尊于聘觐,重于丧祭,礼之大经也。”①这一论调,显然与其同时代学者盛世佐“诸篇次第,皆出于汉儒所定,未必合作经者之旧况,高堂生所传本以士礼为名,则其以士先大夫也固宜”②之言颇不相合。如果说盛世佐取从刘向《别录》本的编排次序既有不

① 王士让:《仪礼训解》卷一,《续修四库全书》(第 88 册),第 11 页。

② 盛世佐:《仪礼集编》卷三十四,《景印文渊阁四库全书》(第 111 册),第 513 页。

满又有肯定的成分，而王士让则从逻辑结构要素角度剖析了《别录》本编排次序的可行性。也正是如此，他的《仪礼训解》一书中，礼经十七篇次第完全依刘向、郑玄编排顺序。

（二）吴廷华

吴廷华（1682—1755），字中林，号东壁，浙江仁和（今杭州）人。乾隆初年开三礼馆时，尝以荐预纂修《三礼义疏》，例授朝议大夫；乾隆十五年（1750）举经学，吴氏以老病辞。考吴氏生平治学，“于六经笺疏，无所不窥”①，尤精于礼学，著有《三礼疑义》、《仪礼章句》。

关于《仪礼》十七篇的序次问题，吴廷华的见解可谓独树一帜，与历来治礼学者看法截然不同。在吴氏看来，既然《仪礼》一书为《周官·大宗伯》“五礼”之节目，那么其十七篇序次的编定就当以《周官·大宗伯》“五礼”节目之次为准，至于大、小戴及刘向三家的三种编排序次，则均欠允当。考《周官·大宗伯》云：“以吉礼事邦国之鬼神示”，吴氏以为此乃祭礼，祭有尊卑，因此，《少牢馈食礼》上篇当为第一，下篇（指《有司彻》）第二，《特牲馈食礼》为第三；《大宗伯》又云：“以凶礼哀邦国之忧”，凶礼之首曰丧，则《丧服》当第四，《士丧礼》上篇第五，下篇（指《既夕礼》）第六，《士虞礼》第七；《大宗伯》其次又云：“以宾礼亲邦国”，则《觐礼》当第八，《聘礼》第九，《士相见礼》第十；《大宗伯》其次又云“嘉礼亲万民”，并以昏冠宾射飨燕为目，则《士昏礼》当第十一，《士冠礼》第十二；又据《大射》先行燕礼，《乡射》先行乡饮酒礼，则《燕礼》第十三，《大射》第十四，《乡饮酒礼》第十五，《乡饮酒礼》第十六；食礼虽无文，但与飨、燕并行，则《公食大夫礼》当第十七。

吴廷华提倡更动《仪礼》十七篇叙次的主张，清末有学者于鬯对此提出异议，于氏在《读仪礼日记》一书前所附《论仪礼叙次》中明确申明：“《仪礼》十七篇叙次自不必更动，吴廷华《章句》据《周礼·大宗伯》五礼，欲变易旧次，不知彼言国礼，此乃士礼，士礼以一人之身言之，故始于冠终于丧，丧尽而后祭焉。”②可谓切中吴氏说之弊端所在。

（三）姜兆锡

姜兆锡（1666—1745），字上均，江苏丹阳人。康熙二十九年（1690）举

① 支伟成：《清代朴学大师列传》，岳麓书社 1998 年版，第 40 页。
② 于鬯：《论仪礼叙次》，《读仪礼日记》卷首，《续修四库全书》（第 93 册），第 345 页。

人。乾隆初因大学士鄂尔泰推荐,充三礼馆纂修官。其礼学著作颇丰,于三《礼》皆有研究,主要有《周礼辑义》12 卷、《古今丧服考》、《礼记章义》10 卷、《大戴礼删翼》4 卷、《仪礼经传内外编》28 卷等。关于礼经十七篇序次的认知,姜兆锡对郑玄《仪礼注》的编排颇有异议。戴德、戴圣及刘向《别录》本三家十七篇序次的不同,在姜兆锡看来,各自优劣有别,郑玄所采纳的刘向《别录》编排次第也并非是最佳的选择:"大戴篇目之序,盖以冠、昏、丧、祭为次,而递及于饮、射、聘、觐也。其以《丧服》居后者,上各篇皆言礼仪之节,而此篇乃因礼仪而及其丧服之制,以见凡行丧礼之仪所相依以为用者,故后之与。由是以推,刘向篇目之次固胜于小戴,而其视大戴则有不及者。郑氏盖未免失所从违也。"①与同时代学者不同的是,姜氏自辟门径,一方面肯定了刘向《别录》本篇目之次"固胜于小戴"的事实,同时却又认为它"视大戴则有不及者",表示出对大戴本十七篇序次的高度体认。

(四)黄以周

黄以周(1828—1899),本名元同,后改以周,以元同为字,号儆季,又号哉生,浙江定海人。于经学深有研究,学有所衷,而又不一味盲从前贤治学思想与学说,著有《礼书通故》100 卷等,在晚清学坛上,与俞樾、孙诒让并称为"浙江三先生"。

关于《仪礼》十七篇的序次问题,黄以周亦多有瞩目,认为汉人的三种序次当以大戴《礼》之序最为允当:"《礼经》十七篇以《冠》、《昏》、《相见》、《士丧》、《既夕》、《士虞》、《特牲》、《乡饮》、《乡射》九篇士礼居首。后仓传其学,作《曲台记》九篇,即说此《士礼》九篇,以推天子诸侯之制。大戴以此九篇列首,以明授受所自,而《少牢》、《有司彻》二篇与《特牲》类,故并入之。且《乡饮》、《乡射》亦兼大夫礼也。《燕》、《大射》以下为诸侯天子礼。《丧服》,通礼,终之。其次秩然。"②在黄氏看来,大戴《礼》序次恰好符合《礼记·王制》的士礼篇目,可以考见"司徒修六礼以节民性"之治礼目的,并且也有利于"明高堂生所传号为《士礼》者以此"③。

(五)邵懿辰

邵懿辰(1810—1861),字位西,浙江仁和(今杭州)人。道光十一年

① 姜兆锡:《仪礼经传内外编》卷首,《续修四库全书》(第 87 册),第 175 页。
② 黄以周撰,王文锦点校:《礼书通故》卷一,中华书局 2007 年版,第 6 页。
③ 黄以周撰,王文锦点校:《礼书通故》卷一,中华书局 2007 年版,第 9 页。

(1831)举人。他的礼学名著《礼经通论》乃是持守典型的今文经学立场，为一时独造之作。对于大、小戴与刘向《别录》本三家礼经篇次的差异，和姜兆锡一样，邵懿辰亦认为大戴本篇次最优。

邵氏在《论〈礼〉十七篇当从大戴之次本无阙佚》一文中辨析道："冠、昏、丧、祭、射、乡、朝、聘八者，礼之经也。冠以明成人，昏以合男女，丧以仁父子，祭以严鬼神，乡饮以合乡里，燕射以成宾主，聘食以睦邦交，朝觐以辨上下。天下之人，尽于此矣；天下之事，亦尽于此矣。而其证之尤为明确而可指者，适合于大戴十七篇之次序。"①邵氏列举了大戴本的篇次，通过比较对小戴本和刘向本进行了评点："大戴《士冠礼》一，《昏礼》二，《士相见礼》三，《士丧礼》四，《既夕》五，《士虞礼》六，《特牲馈食礼》七，《少牢馈食礼》八，《有司彻》九，《乡饮酒》十，《乡射礼》十一，《燕礼》十二，《大射仪》十三，《聘礼》十四，《公食大夫礼》十五，《觐礼》十六，《丧服》十七。是一、二、三篇，冠、昏也；四、五、六、七、八、九篇，丧、祭也；十、十一、十二、十三篇，射、乡也；十四、十五、十六篇，朝、聘也；而《丧服》之通乎上下者，附焉。小戴次序最为杂乱，《冠》、《昏》、《相见》而后，继以《乡》、《射》四篇，忽继以《士虞》及《丧服》，又继以《特牲》、《少牢》、《有司彻》，复继以《士丧》、《既夕》，而后以《聘礼》、《公食》、《觐礼》终焉。今郑、贾《注疏》所用刘向《别录》次序，则以丧、祭六篇居末，而《丧服》一篇，移在《士丧》之前，似依吉、凶、人、神为次。……较小戴稍有条理，而要不若大戴之次合乎《礼运》。疑自高堂生、后苍以来，而圣门相传篇序固已如此也。"②可见，邵氏于此多有自得之学，因而胡玉缙题解《礼经通论》时亦承认其说"谓冠昏丧祭射乡朝聘八者，适合《大戴》十七篇之次序，……读书得间，洵发先儒所未发"③。

(六)刘师培

刘师培(1884—1919)，字申叔，号左盦，江苏仪征人。师培幼承家学，饱读经书，12岁时便已熟习《四书》《五经》。平生喜沉思著述，治学相当广

---

① 邵懿辰：《论〈礼〉十七篇当从大戴之次本无阙佚》，载《礼经通论》，阮元、王先谦编《清经解·清经解续编》(第十三册)，第6350页。

② 邵懿辰：《论〈礼〉十七篇当从大戴之次本无阙佚》，载《礼经通论》，阮元、王先谦编《清经解·清经解续编》(第十三册)，第6350页。

③ 胡玉缙著，吴格整理：《续修四库全书总目提要礼类稿》，《续四库提要三种》，上海书店出版社2002年版，第855页。

博,在礼学方面著有《周礼古注集疏》、《西汉周官师说考》、《礼经旧说》、《逸礼考》等,都有较高的学术影响。对于《仪礼》十七篇之排列序次,较之前贤众多学者的研究,刘师培有了新的解读和优劣考量,对三家各自的排列理据进行了一次全面系统的解读:

一是关于《仪礼》大戴篇次理据的解读。刘师培解释说:"大戴所次,士礼在前,次以大夫礼,故《特牲》以下即列《少牢》、《有司彻》二篇。次以《乡饮酒》、《乡射》者,以此二礼兼有大夫、士,且所行之制或为大夫、士恒礼所无,故于次大夫礼后。次以《燕》、《大射》、《聘》、《公食》者,均诸侯礼。次以《觐》、《丧服》者,《觐》为天子礼,《丧服》一篇亦兼括天子以下制服也。此盖大戴次篇之义。即《汉书·礼乐》、《艺文》二志所谓'推士礼致之天子'者也。"在刘氏看来,大戴篇次之原则是"推士礼致之天子",亦即按照士、大夫、诸侯、天子的礼制次序对诸礼进行排列,"故凡礼之专属于士者,篇必列前,以章先卑后尊之旨"①。

二是关于《仪礼》小戴篇次理据的解读。刘师培考察《礼记》之文发现,"各记之中有合言冠昏、丧祭、朝聘、射乡者,如《礼运》言'达于丧祭、射乡、冠昏、朝聘',又言'其行之以货力、辞让、饮食、冠昏、丧祭、射乡、朝聘'是也;也有析言冠昏、丧祭、朝聘、射乡者,如《昏义》'始于冠,本于昏,重于丧祭,尊于朝聘,和于射乡'是也;又《经解》、《礼运》二篇均以婚姻之礼、乡饮酒之礼与聘觐之礼、丧祭之礼并文,《盛德》一篇亦以丧祭之礼、朝聘之礼与乡饮酒礼、昏礼并文",显然是将礼分为冠昏、丧祭、朝聘、射乡四大类。据此,刘氏认为,《仪礼》小戴篇次之划分即以《礼记》为依据:"若小戴之意,盖以《礼经》之次,应以类区。……故其次《礼经》之目,亦均隐据《记》文。"具体地说,就是"先以《冠》、《昏》、《相见》者,所以通冠昏为一类也。次以《乡饮酒》、《乡射》、《燕》、《大射》者,所以通射乡为一类也。次以《士虞》、《丧服》、《特牲》、《少牢》、《有司彻》、《士丧》、《既夕》者,所以通丧祭为一类也。终以《聘》、《公食》、《觐》者,所以通朝聘为一类也。"②

三是关于刘向《别录》本《仪礼》篇次理据的解读。刘师培将刘向《别录》本和小戴本《仪礼》篇次进行对比后发现,"《别录》所次,亦与小戴略同",但他同时也指出,《别录》本"惟于丧祭一类中先丧后祭,又以朝聘各

① 刘师培:《礼经旧说》卷一,刘晓东、杜泽逊编《清经解三编》(第八册),第566页。
② 刘师培:《礼经旧说》卷一,刘晓东、杜泽逊编《清经解三编》(第八册),第566页。

篇易居丧祭各篇前,故篇目未能尽合。其必易小戴之次者,所以区全经为吉、凶二类也”。刘师培认为,刘向将《仪礼》所记诸礼分为吉、凶两类,即“以《觐礼》以前为一类,统为吉礼;《丧服》以下为一类,统为丧服,即凶礼也;其《士虞礼》以下,则统属祭祀,其礼分属吉、凶之间,故别为一类,以据经末”。简言之,刘向《别录》“所据盖即《丧服四制》篇所谓‘吉凶异道,不得相干’也”①。

无论是大、小戴本,还是刘向《别录》本,《仪礼》之篇次均异中有同,即《士冠礼》、《士昏礼》均处《仪礼》经之首。那么,为什么三家都将《冠》、《昏》二篇列为经首呢?刘师培发覆说:“《汉书·匡衡传》载衡疏曰:‘故《诗》始《国风》,《礼》本《冠》、《婚》。始乎《国风》,原性情而明人伦也;本乎《冠》、《昏》,正兆基而防未然也。’《后汉书·荀爽传》载爽对策亦曰:‘且《诗》初篇实首《关雎》,《礼》始冠、昏,先正夫妇。’又《烈女·班昭传》载昭《女诫》云:‘是以《礼》贵男女之际,《诗》著《关雎》之戒。’,均据此言。”②刘氏考索《汉书·匡衡传》、《后汉书·荀爽传》、《烈女传·班昭传》之文,认为大、小戴和刘向将《冠》、《昏》列为经首,有出于“先正夫妇”、“贵男女之际”和“正兆基而防未然”的考虑因素在内。

刘师培还指出,郑玄注《仪礼》之时,“所据‘今文’,盖小戴本。其篇次,则从《别录》。然《既夕》、《有司彻》二篇,其篇名仍从小戴,不与《别录》相同。”不仅如此,师培还推阐郑氏《目录》于经文十七篇分属吉、凶、嘉、宾四礼之缘起,称郑氏“盖据《大宗伯》五礼为说”,并进一步指出:“因以推说,此经是即《三礼义宗》所谓‘吉礼三,凶礼四,宾礼三,嘉礼七,军礼皆亡’也。然郑氏以前礼家亦无此说,郑义虽古文合,然不得目为此经旧谊也。”③从“郑义虽古文合,然不得目为此经旧谊也”一语来看,刘师培对于郑玄注释《仪礼》采用刘向《别录》之篇次是不认可的,而更倾向于采纳大戴礼的十七篇序次。诚如今人潘斌所指出的那样,“刘氏认为,以《仪礼》诸篇分属吉、凶、嘉、宾四礼,郑玄以前并无是说,故郑氏取刘向之篇次与《仪礼》之旧谊不合。其十七篇序次用刘向《别录》本而非大戴本,乃郑玄

---

① 刘师培:《礼经旧说》卷一,刘晓东、杜泽逊编《清经解三编》(第八册),第566—567页。

② 刘师培:《礼经旧说》卷一,刘晓东、杜泽逊编《清经解三编》(第八册),第567页。“《礼》始冠、昏”之“始”,原本无,此据今本《汉书·匡衡传》补。“《关雎》之戒”之“戒”,据今本《烈女传·班昭传》,当为“义”之误。

③ 刘师培:《礼经旧说》卷一,刘晓东、杜泽逊编《清经解三编》(第八册),第567页。

之误”①。

二、《仪礼》十七篇解题研究

(一)郑玄《三礼目录》与礼篇解题

郑玄在给《仪礼》十七篇经文作注的同时,也为十七篇经文进行解题,这些成果都保存在郑氏的《三礼目录》当中。该《目录》不分附于《周礼》、《仪礼》、《礼记》之中,从唐人贾公彦《仪礼疏》、《周礼疏》、孔颖达《礼记疏》引证的《三礼目录》内容来看,它不仅是对《三礼》的篇目记载,同时也是一本单独的研究《三礼》的目录专著,包括释篇名、示要点、详篇次、分类别、记分合、考存佚、辨伪书等众多“辨章学术,考镜源流”的文献学考索工作②。现将贾公彦《仪礼疏》援引的与《仪礼》十七篇相关的郑氏《三礼目录》条文罗列如下:

《士冠礼》篇解题:“童子任职居士位,年二十而冠,主人玄冠朝服,则是于诸侯。天子之士,朝服皮弁素积。古者四民世事,士之子恒为士。冠礼于五礼属嘉礼,大、小《戴》及《别录》此皆第一。”

《士昏礼》篇解题:“士娶妻之礼,以昏为期,因而名焉。必以昏者,阳往而阴来,日入三商为昏。昏礼于五礼属嘉礼,大、小《戴》及《别录》此皆第二。”

《士相见礼》篇解题:“士以职位相亲,始承挚相见礼。《杂记》会葬礼曰:相见也,反哭而退,朋友虞祔而退。士相见于五礼属宾礼。大、小戴及《别录》皆第三。”

《乡饮酒礼》篇解题:“诸侯之乡大夫,三年大比,献贤者能者于其君,以礼宾之,与之饮酒,于五礼属嘉礼。《大戴》此乃第十,《小戴》及《别录》此皆第四。”

《乡射礼》篇解题:“州长春秋以礼会民,而射于州序之礼。谓之乡者,州,乡之属,乡大夫或在焉,不改其礼。射礼于五礼属嘉礼。《大戴》十一,《小戴》及《别录》皆第五。”

《燕礼》篇解题:“诸侯无事,若卿大夫有勤劳之功,与群臣燕饮以乐

---

① 潘斌:《二十世纪中国三礼学史》,南京大学出版2016年版,第224页。

② 参喻克明:《〈三礼目录〉的文献价值》,《四川教育学院学报》2001年第5期。

之。燕礼于五礼属嘉。《大戴》第十二,《小戴》及《别录》皆第六。"

《大射仪》篇解题:"名曰大射者,诸侯将有祭祀之事,与其群臣射以观其礼。数中者,得与于祭;不数中者,不得与于祭。射义于五礼属嘉礼。《大戴》此第十三,《小戴》及《别录》皆第七。"

《聘礼》篇解题:"大问曰聘。诸侯相于久无事,使卿相问之礼。小聘使大夫。《周礼》曰:'凡诸侯之邦交,岁相问,殷相聘也,世相朝也。'于五礼属宾礼。《大戴》第十四,《小戴》第十五,《别录》第八。"

《公食大夫礼》篇解题:"主国君以礼食小聘大夫之礼,于五礼属嘉礼。《大戴》第十五,《小戴》第十六,《别录》第九。"

《觐礼》篇解题:"觐,见也,诸侯秋见天子之礼。春见曰朝,夏见曰宗,秋见曰觐,冬见曰遇。朝宗礼备,觐遇礼省,是以享献不见焉。三时礼亡,唯此存。尔觐礼于五礼属宾。《大戴》第十六,《小戴》十七,《别录》第十。"

《丧服》篇解题:"天子以下,死而相丧,衣服、年月、亲疏、隆杀之礼。不忍言死而言丧,丧者,弃亡之辞,若全存居于彼焉,已亡之耳。《大戴》第十七,《小戴》第九,刘向《别录》第十一。"

《士丧礼》篇解题:"士丧其父母,自始死至于既殡之礼。丧于五礼属凶。《大戴》第四,《小戴》第八,《别录》第十二。"

《既夕礼》篇解题:"《士丧礼》之下篇也。既,已也。谓先葬二日,已夕哭时,与葬间一日。凡朝庙日,请启期,必容焉。此诸侯之下士一庙,其上士二庙,则既夕哭先葬前三日。《大戴》第十五,《小戴》第十四,《别录》名《士丧礼》下篇第十三。"

《士虞礼》篇解题:"虞,安也。士既葬父母,迎精而反,日中祭之于殡宫以安之。虞于五礼属凶。《大戴》第六,《小戴》第八,《别录》第十四。"

《特牲馈食礼》篇解题:"特牲馈食之礼,谓诸侯之士祭祖祢,非天子之士,而于五礼属吉礼。"

《少牢馈食礼》篇解题:"诸侯之卿大夫祭其祖祢于庙之礼。羊豕曰少牢。少牢于五礼属吉礼。《大戴》第八,《小戴》第十一,《别录》第十六。"

《有司彻》篇解题:"《少牢》之下篇也。大夫既祭傧尸于堂之礼。祭毕,礼尸于室中。天子、诸侯之祭,明日而绎。有司彻于五礼属吉。《大戴》第九,《小戴》第十二。《别录》,《少牢》下篇第十七。"

从上述援引的《三礼目录》行文来看,郑玄对于《仪礼》十七篇的解题,主要包括以下几方面的具体内容：

一是解释篇名。例如郑氏解释《聘礼》篇名说："大问曰聘。诸侯相于久无事，使卿相问之礼。小聘使大夫。"通过这一两句解题话语，不仅令读者明了篇名中的"聘"字含义，同时也了解了本篇礼文的适用范畴在"诸侯相于久无事，使卿相问"之列。

二是明示要点。例如郑氏解释《士昏礼》篇名说："必以昏者，阳往而阴来，日入三商为昏。"郑氏用寥寥十数字，即简要揭示了先人婚礼用"昏"时的特殊含义。

三是详述篇次。即详述具体礼经礼篇在大、小戴本和刘向《别录》本三家叙次中的具体位次情况，如《士虞礼》篇解题郑氏就说："《大戴》第六，《小戴》第八，《别录》第十四。"

四是分别礼类。即具体说明礼经礼篇在吉凶军宾嘉"五礼"当中的类属情况，如《士丧礼》篇解题郑氏就说："丧于五礼属凶。"换言之，就是说该篇属于"凶礼"的范畴。

五是记叙分合。例如，《有司彻》篇解题称"《少牢》之下篇也"，说明《少牢馈食礼》与《有司彻》二篇本属于同一篇；《既夕礼》篇解题称"《士丧礼》之下篇也"，说明《士丧礼》与《既夕礼》二篇本属于同一篇。

郑玄《三礼目录》关于《仪礼》十七篇礼文的解题工作，为此后学者的礼经研究提供了一个新方向。从此后学者相关礼经著作的研读情况来看，研礼者间或加附己见为之训解，具体争议也大都集中在《仪礼》各篇适用对象、礼制范畴等问题的探讨上，可谓歧见迭出，辩说纷纭。至于对于各礼篇的篇次、分合与所属礼类情况，学者们并无争议。为明晓相关情况，兹从历代众多礼经学家当中，择取贾公彦、方苞、吴廷华、韦协梦、郑珍、皮锡瑞等数家的相关研究情况，择要予以介绍和说明如下：

（二）贾公彦《仪礼疏》对郑氏《目录》之疏解

贾公彦在给礼经郑《注》疏解的同时，也援引郑玄《三礼目录》的相关条文申解经旨，并为之加以疏释说明。兹举数例如下：

《仪礼疏》卷四疏解《士昏礼》篇郑氏《目录》之语云："郑知是士娶妻之礼者，以'记'云'记士昏礼'，故知是士娶妻。郑云'日入三商'者，商谓商量，是漏刻之名，故三光灵曜亦日入三刻为昏，不尽为明。案马氏云：日未出、日没后皆云二刻半，前后共五刻。今云三商者，据整数而言，其实二刻半也。”①

《仪礼疏》卷七疏解《士相见礼》篇郑氏《目录》之语云:“郑云‘士以职位相亲,始承摯相见’者,释经亦有大夫及庶人见君之礼,亦士见大夫之法,独以《士相见》为名者,以其两士职位不殊,同类昵近,故以《士相见》为首。云‘《杂记》:相见也,反哭而退,朋友虞祔而退’者,以送葬之礼,恩厚者退迟,恩薄者退疾。引之者,证有执摯相见之义也。云‘士相见于五礼属宾礼’者,案《周礼·大宗伯》‘五礼’宾礼之别有八:春朝、夏宗、秋覲、冬遇、时会、殷同,此六者,是五等诸侯见天子,兼有自相朝覲之礼。彼又云‘时聘曰问,殷覜曰视’二者是诸侯使臣出聘,天子及自相聘之礼,并执玉帛而行,无执禽摯之法。此属直新升为士大夫之等,同国执禽摯相见及见君之礼,虽非出聘,亦是宾主相见之法,故属宾礼也。且士卑,唯得作介,从君与卿大夫出向他国,无身自聘问之事。案《周礼》行夫是士官,其有美恶无礼,特行无介,始得出向他邦,亦非聘问之法也。然昏、冠及丧、祭,尊卑各自有礼,及执摯相见,唯有此《士相见》。其篇内含卿大夫相见,以其新升为士,或士自相见,或士往见卿大夫,或卿大夫下见士,或见己国君,或士大夫见他国君来朝者,新出仕从微至著,以士为先后,更有功乃升为大夫已上,故以士为总号也。又天子之孤卿、大夫、士与诸侯之孤卿、大夫、士,执摯既同,相见之礼亦无别也。”②

《仪礼疏》卷十六疏解《大射仪》篇郑氏《目录》之语云:“云诸侯将有祭祀之事以下,交出于《射义》。”③

《仪礼疏》卷三十八疏解《既夕礼》篇郑氏《目录》之语云:“郑《目录》云‘《士丧礼》下篇’者,依《别录》而言,以其记下士之始死,乃记葬时,而总记之,故名《士丧礼》下篇也。郑又云‘先葬二日与葬间一日’者,验经云‘既夕哭请启期告于宾’,明旦夙兴开殡,即迁于祖一日,又厥明即葬,故知是葬前二日与葬间一日也。云‘必容’者,请启期在葬前二日,中间容朝庙一日,故云必容焉。郑又云‘此诸侯下士一庙,其上士二庙,则既夕哭先葬

---

① 郑玄注,贾公彦疏:《仪礼注疏》卷一,《十三经注疏》(上册),中华书局 1980 年版,第 961 页。

② 郑玄注,贾公彦疏:《仪礼注疏》卷七,《十三经注疏》(上册),中华书局 1980 年版,第 975 页。

③ 郑玄注,贾公彦疏:《仪礼注疏》卷十六,《十三经注疏》(上册),中华书局 1980 年版,第 1027 页。

前三日'者,以其一庙则一日朝,二庙则二日朝,故葬前三日中间,容二日,故三日。若然,大夫三庙者,葬前四日;诸侯五庙者,葬前六日;天子七庙者,葬前八日,差次可知。"①

由上述诸训释例可见,贾公彦对郑氏《三礼目录》解题之语的训释,依据"疏不破注"的训释原则,通过逐句揭示郑玄《目录》解题的理据所在,借以发覆郑玄解题的合理性。例如,卷四云"郑知是士娶妻之礼者,以'记'云'记士昏礼',故知是士娶妻",揭示郑玄《目录》依据《记》文解题之由;卷十六云"云诸侯将有祭祀之事以下,交出于《射义》",说明郑氏《目录》的依据在于《礼记·射义》篇;卷三十八云"郑《目录》云'《士丧礼》下篇'者,依《别录》而言,以其记下士之始死,乃记葬时,而总记之,故名《士丧礼》下篇也"之类,有助于把握郑玄《目录》记叙某些礼篇分合的依据缘起于刘向《别录》,等等。贾公彦通过对《目录》解题话语的疏解,进一步彰显出郑玄"以礼解礼"的诠释方法,启发后世学者或据礼经上下文解礼,或据本经他篇解礼,或据《周礼》、《礼记》解礼,为后世学者对礼篇的解题研究,提供了方法论的指导。

(三)方苞《仪礼析疑》对郑氏《目录》之修正

清初学者方苞著《仪礼析疑》时,以为"礼经残缺,学者宜折衷义理,而证以群经,不可以旧说自锢也"②。因而在《仪礼》十七篇各篇适用对象及适用范围的有关问题上,提出了一系列不同于前贤的独特见解,如他主张"盖《冠》、《昏》、《士相见》、《乡饮酒》、《乡射》乃乡党之通礼,王畿与列国宜通用之"③之说,与郑玄《目录》以为《冠》、《昏》、《士相见》乃诸侯之士之礼,《乡饮酒》乃诸侯之乡大夫之礼,《乡射》乃州长之射法等看法,截然有别。暂且不论方氏立说之是非,要皆着实彰显出他对此问题的关注和重视。兹举数例如下:

《士冠礼》篇,方苞解题称贾《疏》"疏义支离,皆缘郑《注》'任职居士位',必欲强伸其说",因为"古者十五入大学,九年而后出学。冠者不宜有任职之士,其用士礼,与《昏礼》之墨车同,乃摄盛也。盖公卿、大夫、玄士之适子并入成均,即士之庶子亦恒为学士,舍不帅教而屏之远方,鲜不登于

① 郑玄注,贾公彦疏:《仪礼注疏》卷三十八,《十三经注疏》(上册),中华书局1980年版,第1146页。

② 方苞:《仪礼析疑》卷四,《景印文渊阁四库全书》(第109册),第40页。

③ 方苞:《仪礼析疑》卷四,《景印文渊阁四库全书》(第109册),第40页。

天府者，故其始冠俾摄用士礼。及三十而娶，则有九年出学而升于司徒、升于大学、升于司马者，故摄用大夫之墨车。若农、工、商之子，虽能为学士，而其父非任职之士，冠不得用士礼，其室居不足以陈服器，亲宾不足以展礼仪也。"①在方氏看来，此冠礼之制，凡公卿、大夫、玄士之适子、庶子皆得行之，唯农、工、商之子"其父非任职之士，冠不得用士礼"也。至于大夫以上之"无冠礼"，"则《记》已明辨之"，就如"昏礼摄盛用墨车，则虽王朝之大夫，亦不容有加矣"②一般。

《士相见礼》篇，方苞解题称："所载不独士礼，而统曰士相见，何也？自卿大夫至于士，惟所贽之物及受贽、还贽、辞让之节相与之辞异，而所贽之饰、执之之仪，以及士见于大夫、卿大夫交相见、卿大夫见于君、异国之臣见异国之君、凡为臣者燕见于君传言之法，相与言之事，侍大人侍父言与视之宜、侍君子进退之度、侍饮食于君之礼，自称于君之辞，先生异爵者之礼，先于士，无一不与士同，故依类列叙，而以'士相见'名篇。"③

《乡饮酒礼》篇，方苞解题称："将兴贤能，其德之蓄，行之恒，艺之习，惟乡先生教之久，知之深，故就而谋焉。若州长习射，党正正齿位，则宾之爵齿德久著于众，无待于谋，《注》谓乡大夫兴贤能，不可易也。习射正齿位，乃平时所以教士，故可遵用其礼。……此礼不得为士大夫会饮，其征有三：先生异爵者请见，士必终辞而先走见，此则礼辞即出迎以兴贤能，乃国典上以诚求，下以实应，无庸辞至再三也。乡大夫戒宿，再至其门，而不往答，以宾兴之礼未成，不敢预拜其赐也。士大夫会饮，征惟所欲，所征者宜各自其家，而至此则介与众宾并集于宾之门，而从宾以入，正以乡大夫兴贤能乃功令，非私招，不可或先或后耳。《注》谓专指侯国之乡大夫，亦未安。……此篇贾《疏》据有磬无钟，决为诸侯之乡大夫，不知此非乡大夫之燕饮也。兴贤能义起于士，士为宾即以天子之乡老乡大夫举之，止宜用士礼。观《燕》虽诸侯举之，而以大夫为宾，乐亦无钟，惟《大射》以有事于宗庙，故备金石耳。"④

方苞从"折衷义理，而证以群经"的理念出发，大胆地提出了与郑氏《三礼目录》截然不同的解题说法："盖《冠》、《昏》、《士相见》、《乡饮酒》、

---

① 方苞：《仪礼析疑》卷一，《景印文渊阁四库全书》（第109册），第3页。
② 方苞：《仪礼析疑》卷四，《景印文渊阁四库全书》（第109册），第40页。
③ 方苞：《仪礼析疑》卷三，《景印文渊阁四库全书》（第109册），第32页。
④ 方苞：《仪礼析疑》卷四，《景印文渊阁四库全书》（第109册），第39—40页。

《乡射》乃乡党之通礼，王畿与列国宜通用之。惟《大射》、《燕》、《聘》、《公食大夫》、《士丧礼》、祭礼十篇，经有明文，为侯国之礼耳。若《丧服》，则自天子达于庶人，皆具焉。《觐礼》，惟王朝有之。”并批评“先儒臆决，谓前五篇为侯国之礼，不知事在乡党，不独大体略同，即仪物数度亦不容有异”。①凡此种种，不仅与郑氏《目录》的解题说法差异较大，即便是与方氏同时代的其他清代学者的认知也迥然有别。

（四）吴廷华《仪礼章句》对郑氏《目录》之修正

吴廷华著《仪礼章句》时，对于《仪礼》十七篇适用对象的认知，并不像郑玄《三礼目录》所说的那样，极少将礼文限定在“士礼”的范畴之列，所诠释的适用对象范围较诸郑氏所解范围要更大一些。例如：

《士冠礼》一篇，郑玄《目录》云：“童子任职居士位，年二十而冠，主人玄冠朝服，则是于诸侯。”郑氏以为此“士”为诸侯之士，吴氏则修正说：“《注》谓‘童子居士位，二十而冠’，于礼未合。又以此士为诸侯之士，其实王朝侯国通用之礼也。”主张《士冠礼》为“王朝侯国通用之礼”。②

《士昏礼》一篇，郑玄《目录》云：“士娶妻之礼，以昏为期，因而名焉。必以昏者，阳往而阴来，日入三商为昏。昏礼于五礼属嘉礼。”吴氏一方面延续郑氏之说称：“日入曰昏。取妻之礼，以昏为期，故曰昏。”但同时又修正说：“经本无‘士’字，据《曲礼》，三十而娶，则犹未仕尔，其曰‘士’者，郑《目录》所增也。”③

《士相见礼》一篇，郑《目录》云：“士以职位相亲，始承挚相见礼。”贾《疏》申解郑《注》云：“郑云‘士以职位相亲，始承挚相见’者，释经亦有大夫及庶人见君之礼，亦士见大夫之法，独以《士相见》为名者，以其两士职位不殊，同类昵近，故以《士相见》为首。”吴氏进一步发覆说：“古者以挚相见，凡公卿大夫士庶人于本国、异国之君若友初见时，挚虽不同，其礼则一。曰‘士相见’者，以经首挚用雉为士，故以‘士’冠之。”④适用对象较之郑《注》更广得多。

---

① 方苞：《仪礼析疑》卷四，《景印文渊阁四库全书》（第109册），第40页。

② 吴廷华：《仪礼章句》卷一，《清经解·清经解续编》（册二），凤凰出版社2005年版，第2109页。

③ 吴廷华：《仪礼章句》卷二，《清经解·清经解续编》（册二），凤凰出版社2005年版，第21页。

④ 吴廷华：《仪礼章句》卷三，《清经解·清经解续编》（册二），第2117页。

《乡饮酒礼》一篇，郑《目录》云："诸侯之乡大夫，三年大比，献贤者能者于其君，以礼宾之，与之饮酒。"吴氏一方面称"乡大夫三年宾贤能行此礼"（此与郑氏说同），一方面又修正扩展其礼制适用范畴说："凡养老诸饮酒礼皆用之。"①

《燕礼》一篇，郑《目录》云："诸侯无事，若卿大夫有勤劳之功，与群臣燕饮以乐之。"吴氏则修正说："经言'公'，是郑所谓诸侯之礼也。然天子燕礼亦未尝不以此准之。"②较之郑《注》以为诸侯之礼的说法，吴氏的燕礼扩大到天子身上，适用面亦更广。

《公食大夫礼》一篇，郑《目录》云："主国君以礼食小聘大夫之礼。"吴氏则修正说："上、下大夫，礼有等杀，如经八豆、六豆之等，其礼则一而已。郑《目录》第以为食小聘之大夫，未尽也。"③吴氏以为，上大夫与下大夫所遵礼制同一也，只是礼器、礼食方面略有等杀而已。

《觐礼》一篇，郑《目录》云："主国君以礼食小聘大夫之礼。"吴氏则修正说："《大行人》四时之朝本无详略异同，盖春秋虽有殊时，朝、觐不过一礼，即有同异，其节亦微。《注》因此经略而不详，遂谓觐、遇礼省，既与《大行人》经义不符，又遇礼无考，亦未便据此以例彼也。又此经飨礼，乃归以上为觐之正礼，此下疑为他篇脱烂之文，类附于此，若并以为觐礼，失之远矣。"④

《少牢馈食礼》一篇，郑《目录》云："诸侯之卿大夫祭其祖祢于庙之礼。"吴氏则修正说："少牢，羊豕也。谓之'少'者，杀于太牢也。《曲礼》：'士以羊豕。'则天子之士时祭于祖祢之礼，诸侯之卿大夫亦如之。郑《目录》则第以为诸侯之卿大夫也。"⑤

《有司彻》一篇，郑《目录》云："大夫既祭傧尸于堂之礼。祭毕，礼尸于室中。天子、诸侯之祭，明日而绎。"吴氏不同意郑《注》的看法，他对此提出质疑说："《注》以此为祊绎，据《诗》及《尔雅》，祊是祭前求神之礼，绎是明日又祭之礼，皆别用牲宾尸又祭之余节尔。此篇有宾而无祭，又牲即尸

① 吴廷华：《仪礼章句》卷四，《清经解·清经解续编》（册二），第21页。
② 吴廷华：《仪礼章句》卷六，《清经解·清经解续编》（册二），第2131页。
③ 吴廷华：《仪礼章句》卷九，《清经解·清经解续编》（册二），第2152页。
④ 吴廷华：《仪礼章句》卷十，《清经解·清经解续编》（册二），第21页。
⑤ 吴廷华：《仪礼章句》卷十六，《清经解·清经解续编》（册二），第21页。

食之余,尚可谓之绎乎?"①

由上述诸例吴氏之修正情况来看,吴氏并未从根本上纠正郑玄《目录》对礼篇礼制性质的认定,更多是对各礼篇适用范畴的修正,而且大都扩大了郑氏的解说。从诠释方法和诠释理据来看,也并未超脱郑氏礼制说解的说解范畴。

(五)韦协梦《仪礼蠡测》对郑氏《目录》之修正

韦协梦,字云吉,安徽芜湖人,韦谦恒(1715—1792)之子,乾隆三十九年(1774)甲午举人。少年时即悉心研读《仪礼》,后又曾"藉以授徒课子嗣"。《四库全书》纂修期间,韦氏父子二人均入职《四库》馆参与修书之事,其中韦谦恒担任武英殿提调官,而韦协梦则任职缮签官。关于《仪礼》十七篇各篇适用对象的认知,韦协梦虽有与前贤说解相同者,如《乡射礼》篇,韦氏云:"乡射之礼,主于州长。《周礼·乡大夫职》云:'退而以乡射之礼五物询众庶',即谓以州长乡射之礼也。"②与郑氏《目录》说法相同,但韦氏亦时常有不同于郑玄、贾公彦《仪礼注疏》的见解。兹将韦氏不同于二者之说解者胪列于此:

《士冠礼》、《士昏礼》二篇,郑氏《目录》:"童子任职居士位,年二十而冠,主人玄冠朝服,则是于诸侯。天子之士,朝服皮弁素积。古者四民世事,士之子恒为士。"又"士娶妻之礼,以昏为期,因而名焉"。乃专指童子任职居士位者而言,而韦氏则云:"士者,男子之美称。《王制》命乡论秀士升之司徒曰选士。是未仕者亦谓之士。"既然如此,则《士冠礼》"此篇所载,盖兼已仕、未仕而言也。古者四十强而仕,其未冠而仕,特偶有之,《注》犹未备"③,《士昏礼》"此篇所载,盖兼已仕、未仕而言也。《注》专据已仕言,亦未备。"④

《士相见礼》篇,郑氏《目录》:"士以职位相亲,始承挚相见礼。"贾《疏》:"释经亦有大夫及庶人见君之礼,亦士见大夫之法,独以《士相见》为名者,以其两士职位不殊,同类昵近,故以'士相见'为首。"皆主于为士者

① 吴廷华:《仪礼章句》卷十七,《清经解·清经解续编》(册二),第2192页。

② 韦协梦:《仪礼蠡测》卷五,《续修四库全书》(第89册),第576页。

③ 韦协梦:《仪礼蠡测》卷一,《续修四库全书》(第89册),第561页。

④ 韦协梦:《仪礼蠡测》卷二,《续修四库全书》(第89册),第566页。值得注意的是,韦氏并未将所有以"士"名篇的"士"者都兼已仕、未仕而言,如《士丧礼》篇,韦氏云:"《士丧礼》与《士冠》、《士昏》不同,《士冠》、《士昏》统已仕、未仕而言,则此专指已仕而言也,但未仕者之丧礼亦大同小异耳。"(卷十二,第636页)与该篇郑《注》、贾《疏》说法基本一致。

之礼。韦氏则说:"细玩此篇所载,或士自相见,或大夫自相见,或士见于大夫,或大夫见于士,或大夫士庶人见于本国及他国之君,以至言视之法侍坐侍食之仪,执玉称名之制,皆泛论相见之礼而已。"①较之郑、贾所说适用对象更广,主张是泛论相见之礼。

《燕礼》篇,郑氏《目录》:"诸侯无事,若卿大夫有勤劳之功,与群臣燕饮以乐之。"贾《疏》:"案上下经注,燕有四等。《目录》云诸侯无事而燕,一也;卿大夫有王事之劳,二也;卿大夫又有聘而来,还与之燕,三也;四方聘客与之燕,四也。"韦氏则云:"贾、吕所言,泛论'燕礼'之所有而已。其实此经所载,惟诸侯燕本国臣子之礼,若燕宾客燕族人,及天子燕诸侯,亦当视此仪制,而礼宜稍异。"②与郑氏说解大致相同,但与贾《疏》相异,说解适用对象更狭。

《聘礼》篇,郑氏《目录》:"大问曰聘。诸侯相于久无事,使卿相问之礼。小聘使大夫。"韦氏云:"此据侯伯之卿大聘而言,其公及子男之卿大聘亦当与此略同,但大国之卿七介,子男之卿二介,微异耳。"③虽然赞同郑氏之说,但又以为公及子男之卿大聘仪制大略相同,只不过"介"的数量略有差异而已。

关于《觐礼》一篇的适用对象,韦氏的看法与郑氏《目录》"诸侯秋见天子之礼"并无不同,但他又认为该篇礼文并不完整:"此篇自至郊始,而未入郊以前当更有仪节,文不具者,疑诸侯见天子之礼别有他篇可互见也。"④这种"疑"的态度,似乎并无多少实质上的意义。

(六)皮锡瑞《经学通论》对郑氏《目录》之修正

如上所述,关于《仪礼》十七篇适用对象是否有别,是否专属于士礼而言的问题,历来学者说法不一,晚近学者皮锡瑞亦颇多考索,并于《经学通论·三礼》当中,专列《论古冠昏丧祭之礼士以上有同有异》一目,详加讨论。在皮氏看来,《仪礼》"十七篇古称士礼,其实不皆士礼",各篇适用对象广狭不一。具体说来,可以分为以下几类:

属于"纯乎士礼者"之礼篇:《士冠礼》、《士昏礼》、《士丧礼》、《士相见礼》

---

① 韦协梦:《仪礼蠡测》卷三,《续修四库全书》(第89册),第570页。
② 韦协梦:《仪礼蠡测》卷六,《续修四库全书》(第89册),第587页。
③ 韦协梦:《仪礼蠡测》卷八,《续修四库全书》(第89册),第605页。
④ 韦协梦:《仪礼蠡测》卷十,《续修四库全书》(第89册),第624页。

属于"大夫礼者"之礼篇:《少牢馈食礼》、《有司彻》

属于"士大夫所通行"之礼篇:《乡饮酒礼》、《乡射礼》

属于"诸侯礼者"之礼篇:《燕礼》、《大射仪》、《聘礼》、《公食大夫礼》

属于"诸侯见天子礼"之礼篇:《觐礼》

以上五大类,共涉及礼经之13篇,如果考虑到《既夕礼》为《士丧礼》之下篇、《特牲馈食礼》为《少牢馈食礼》之上篇这一因素的话,则涉及15篇。除开"纯乎士礼者"的4篇外,其余诸篇"并非专为士设",而其之所以得通称"士礼"者,"盖以《士冠》列者,遂并其下通称为士,而不复分别耳。若士以上冠昏丧祭之礼,与士或同或异,不见于十七篇,而见于《记》与他书者,亦略可以考见"①。

第二节 "叙录"式大型目录研究

一、"叙录"式礼经文献目录著作概况

余嘉锡先生曾说:"盖目录之书莫难于叙录,而小序则尤难之难者。"又:"计现存书目,有小序者,《汉志》、《隋志》、《崇文总目》、《四库提要》四家而已,而《崇文总目》尚未足为重轻。"②《汉书·艺文志》、《隋书·经籍志》虽然有"大序",各部类又有"序"文叙源流明得失,但并未为每一种文献撰写"提要",加之《汉志》等本身不是独立的,而是属于史志目录,后面我们将另行介绍。

"叙录"或"提要"式《仪礼》文献目录学著作,纂修者所著"提要",一般会涉及历代《仪礼》文献的各个方面,诸如叙述作者的生平和时代、说明书籍的流传与版本情况、分析书籍的内容、对书籍的评价,等等,往往能起到"辨章学术,考镜源流"的作用。严格意义上说,与礼经文献著录密切相关的大型"叙录"式目录著作,主要有《四库全书总目》、《续修四库全书总目提要》、王锷《三礼研究论著提要》等几部著作。较之其他各类礼经目录

① 皮锡瑞:《论古冠昏丧祭之礼士以上有同有异》,载《经学通论·三礼》,中华书局1954年版,第20页。

② 余嘉锡:《目录学发微》卷二《目录书之体制之三·小序》,载《余嘉锡说文献学》,上海古籍出版社2001年版,第62页。

著作而言，主要有这样几大特点：

一是较之其他各类目录著作，此类目录著录的礼类文献较为丰富完备，而且数目较多。

二是著录的礼类文献时间跨度较大，往往包括多个朝代的同类著作，除少数情况外，一般不著录已散佚文献。

三是较之史志目录、私家目录，“叙录”类目录著录的礼类文献“提要”信息含量更加丰富，甚至具有学术批评史的价值。

二、《四库全书总目》

清乾隆年间，从干预和钳制思想文化的需要出发，组织大批文人官员编纂《四库全书》，在对历朝历代各类图书进行整理、校勘、辨伪、禁毁等一系列纂修过程中，为适应清理编次历代典籍、总结评判传统学术的需要，四库馆臣们往往为每一部文献撰写“提要”，由此《四库全书总目》这部官修目录学著作应运而生。《总目》的编纂者总结了历代目录著作的经验教训，选择传统目录学注重“条其篇目，撮其指意”的著录方式，明确规定了“提要”的撰写体例：“每书先列作者之爵里以论世知人，次考本书之得失，权众说之异同，以及文字增删，篇帙分合。”①并在统一的体例之下，因书而异，突出重点，或辨作者真伪，或述篇章体例，或考文字得失，或论内容大旨，或叙版本源流，使读者对《四库全书》著录、存目的各部书籍，都能有一个既完整清晰、又主次分明的理解，较好地起到了目录著作提要钩玄、指示门径的作用。

（一）礼类文献目录著述特点

《四库全书总目》在对历朝历代各类图书进行整理、校勘、辨伪、禁毁等一系列纂修过程中，处处彰显着强烈的官修意识，各级各类图书，被人为划分成“存目”与“非存目”两大类，体现出独特的纂修思想。具体就《仪礼》文献的纂修而言，可以从以下诸方面加以观照：

首先，从“存目”与“非存目”文献的时间断线来看，《总目》有关《仪礼》类文献的纂修方式和提要编排上，很明显地体现出尊古尚古的纂修思想。凡是汉、唐、宋、元四代的《仪礼》学著述，基本上被收录《四库全书》的

① 永瑢等：《钦定四库全书总目》（整理本）卷首《凡例》，中华书局 1997 年版，第 32 页。

“《仪礼》类”之中，即使是有“又疑《丧服传》违悖《经》义，非子夏作，皆未免南宋末年务诋汉儒之余习”之嫌，且颇多阙失的元人敖继公《仪礼集说》，四库馆臣也以为“继公所学，犹有先儒谨严之遗，固异乎王柏、吴澄诸人奋笔而改《经》者也”①，没有将其纳入“礼类存目”之列。反倒是明、清两代《仪礼》学著述，有相当一部分被编入“礼类存目”的范畴，如张凤翔《礼经集注》、吴肃公《读礼问》、朱建子《制服图考》等，皆被四库馆臣纳入“礼类存目”之列。

其次，从《总目》“存目”类著述遭指斥的情况分析来看，四库馆臣在纂修《四库全书》的过程中，强调将缺乏创新、考证粗疏、学术品味淡薄等一类著述排斥在纂修之列，只是将其纳入到“礼类存目”的范畴。具体说来，考察四库馆臣在《总目》提要中所诋斥和非议的文献情况，主要表现为以下几大类：

一是对明代郝敬《仪礼节解》的诋斥和非议。众所周知，郝敬《仪礼节解》一书，在清初学者那里，引录较为普遍，即使是官修《仪礼义疏》亦不排斥其说，然而四库馆臣却将该书列入到“礼类存目”的范畴，并严正指出：“敬所作九经《解》，皆好为议论，轻诋先儒。此编尤误信《乐史》‘五可疑’之说，谓《仪礼》不可为经，尤其乖谬。所解亦粗率自用，好为臆断。……敬之所辨，亦时有千虑之一得，然所见亦罕矣。”②从这一认知出发，对于“所录多郝敬、敖继公之说”的朱朝瑛《读仪礼略记》一书而言，自然亦只能被列入到“礼类存目”之中，不为四库馆臣所喜好。

二是对敷衍他说、无甚发明之类著述的诋斥和非议。“《总目》反对经学研究中‘莫敢同异’，‘及其弊也拘’的做法”③，对这一类礼学著作多颇有微词，如《总目》论马駉《仪礼易读》一书，馆臣谓其“大约以郑《注》、贾《疏》为主，而兼采元敖继公《集说》、明郝敬《节解》及近时张尔岐《句读》诸书”④，故将其纳入“礼类存目”的范畴；《总目》论朱董祥《婚礼广义》，馆臣谓其“斟酌今古之间，较为易行，然皆前人家仪所已有，无劳复衍为

① 永瑢等：《钦定四库全书总目》（整理本）卷二十，中华书局 1997 年版，第 254 页。

② 永瑢等：《钦定四库全书总目》（整理本）卷二十三，中华书局 1997 年版，第 297 页。

③ 宁夏江：《〈四库全书总目〉中〈书〉学著目的纂修思想》，《图书馆工作与研究》2011 年第 2 期。

④ 永瑢等：《钦定四库全书总目》（整理本）卷二十三，中华书局 1997 年版，第 300 页。

也"①,亦将其列入"礼类存目"的范畴;《总目》论姜兆锡《仪礼经传内外编》,馆臣谓其"大率以《仪礼》为主,《仪礼》所未备,则采他书以补之,类多因袭前人,发明最少"②,亦被列入"礼类存目"之中。

三是对牵强附会、空疏臆说之类著述的诋斥和非议。例如,胡抡《礼乐通考》一书,四库馆臣以为"抡欲篡改其书(按:指《仪礼经传通解》),而又嫌于改朱子,乃巧为之词,谓非朱子之亲笔,盖即宋儒删改诸经,托言于汉儒窜乱之故智。虽出尔反尔,足验好还,然尤而效之,夫亦可以不必矣"。又如,梁万方《重刊仪礼经传通解》一书,四库馆臣亦诋斥说:"此本名为'重刊',实则改修。大致据杨复《序》文,谓朱子称黄榦所续丧、祭二礼'规模甚善,欲依以改定全书'而未暇,遂以榦之体例,更朱子之体例,与榦书合为一编。补其阙文,删其冗复,正其讹误,又采近代诸说,参以己意发明之。其中间有考证,而亦颇失之芜杂。"③这种篡动经文的做法,尤为馆臣们所厌弃。有鉴于此认知,四库馆臣乃将二书列入到"礼类存目"的范畴。

四是对好立异说、考证不精之类著述的诋斥和非议。例如,徐世沐《仪礼惜阴录》一书,四库馆臣评价说:"亦疏于考证。……世沐心知其误,而不能究其所以误,殊核之未审。又此书多载郑《注》所引古今文,然阙漏不可枚举。"又如,毛奇龄《丧礼吾说篇》一书,馆臣质疑说:"奇龄说经,好立异义,而颠舛乖谬,则莫过于是书。大旨以子夏《丧服传》为战国以后人伪作,故逐条攻击,务反其说。其叛经之尤者,如谓丧服有齐衰无斩衰。……夫稍可穿凿之处,即改易其训诂句读以就己说。至必不可掩之处,则遁而谓之妄改。持是以往,天下复有可据之书乎?"④因此,二书均被列入"礼类存目"之中。

五是对治学固守偏执、学术视野狭隘之类著述的诋斥和非议。例如,朱朝瑛《读仪礼略记》一书,四库馆臣提出异辞说:"所录多郝敬、敖继公之说,取材颇俭。其自为说者,亦精义无几。"⑤又如,明代徐骏《五服集证》一书,四库馆臣以为其著述视野较为狭隘,"大旨于古制尊朱子《家礼》,当代

① 永瑢等:《钦定四库全书总目》(整理本)卷二十三,中华书局1997年版,第301页。
② 永瑢等:《钦定四库全书总目》(整理本)卷二十五,中华书局1997年版,第322页。
③ 永瑢等:《钦定四库全书总目》(整理本)卷二十五,中华书局1997年版,第322页。
④ 永瑢等:《钦定四库全书总目》(整理本)卷二十三,中华书局1997年版,第298—299页。
⑤ 永瑢等:《钦定四库全书总目》(整理本)卷二十三,中华书局1997年版,第298页。

之制则遵明太祖《孝慈录》。所采诸书,不过十余种而已。"①因此,二书均被列入"礼类存目"之列。

六是对注重普及、"为举业讲授而设"之类著述的轻诋。例如,汪基《三礼约编》一书,四库馆臣介绍说:"是书取《仪礼》、《周礼》、《礼记》删汰全篇,节录其文,盖取其便于诵习。"②这一类礼学著作,对于礼经研究并无裨益,因而四库馆臣亦将其列入"礼类存目"之中,并不过多关注。

续次,从《四库全书》收录书目及其《总目》提要评价态度来看,四库馆臣对于"非存目"类《仪礼》著述的选择亦有一定的价值评判标准,并据此作为收录《四库全书》的基本要求。概而言之,据其要者而言,约略有如下数端:

一是尊崇那些广稽博考《仪礼》"逸礼"之类著述。例如,元吴澄《仪礼逸经》一书,四库馆臣评述说:"是篇掇拾逸经,以补《仪礼》之遗。……取之郑康成《三礼注》所引逸文。其编次先后,皆依行礼之节次,不尽从其原文,盖仿朱子《仪礼经传通解》之例。……较之汪克宽书,则条理精密多矣。……《逸经》八篇,《传》十篇,适符其数。"③又诸锦《补飨礼》一书,四库馆臣评述说:"锦之所补,非属凿空。且是编以《周官》为宗,《经》固《仪礼》纲领。以经补经,固无訾于不类。至于分注之传、记,证佐天然,咸有条理,尤非牵强附会之比。"④又任启运《肆献祼馈食礼》一书,四库馆臣评述说:"是编以《仪礼·特牲》、《少牢馈食礼》皆士礼,因据三《礼》及他传记之有关于王礼者推之,不得于经,则求诸注疏以补之。……较之黄榦所续《祭礼》,更为精密。"⑤纂修官将此三部著述均收录于《四库全书》之中。

二是推崇那些言之有据、考据严谨、较有创见之类《仪礼》著述。例如,四库馆臣论及万斯大《仪礼商》一书,谓其"斯大学本淹通,用思尤锐,其合处往往发明前人所未发"⑥;论及方苞《仪礼析疑》一书时,言其"其用功既深,发明处亦复不少。……皆细心体认,合乎《经》义。其他称是者尚夥"⑦;论及任启运《宫室考》一书时,言其"启运能研究钩贯,使条理秩然。

① 永瑢等:《钦定四库全书总目》(整理本)卷二十三,中华书局 1997 年版,第 300 页。
② 永瑢等:《钦定四库全书总目》(整理本)卷二十五,中华书局 1997 年版,第 320—321 页。
③ 永瑢等:《钦定四库全书总目》(整理本)卷二十,中华书局 1997 年版,第 252—253 页。
④ 永瑢等:《钦定四库全书总目》(整理本)卷二十,中华书局 1997 年版,第 259 页。
⑤ 永瑢等:《钦定四库全书总目》(整理本)卷二十,中华书局 1997 年版,第 260—261 页。
⑥ 永瑢等:《钦定四库全书总目》(整理本)卷二十,中华书局 1997 年版,第 256 页。
⑦ 永瑢等:《钦定四库全书总目》(整理本)卷二十,中华书局 1997 年版,第 258 页。

中间有疵谬,而大致精核,要亦不愧穷经之目矣”①;论及江永《仪礼释宫增注》一书时,称其“多所发明补正,其稍有出入者仅一二条,而考证精密者居十之九。……其辨订俱有根据,足证前人之误,知其非同影响剽掇之学矣”②,等等。凡此之类《仪礼》著述,四库馆臣皆收录《四库全书》当中。

三是推许注重《仪礼》文献校勘的《仪礼》著述。例如,四库馆臣论及宋张淳《仪礼识误》一书时,称道其“核订异同,最为详审。……然是书存而古《经》汉《注》之讹文脱句藉以考识,旧椠诸本之不传于今者亦藉以得见崖略。其有功于《仪礼》,诚非浅小”③;论及张尔岐《仪礼郑注句读》一书时,推崇其“字句同异,考证尤详。所校除监本外,则有唐开成石刻本、元吴澄本及陆德明《音义》、朱子与黄榦所次《经传通解》诸家。其谬误脱落、衍羡颠例、《经》《注》混淆之处,皆参考得实。又明西安王尧典所刻《石经补字》,最为舛错,亦一一驳正”④,等等。凡此之类著述,皆有裨益于礼经的诠释和研究,故而亦深受馆臣们的重视与喜好,将其列入《四库全书》所收之列。

(二)《仪礼》文献“提要”之不足

作为一部重要的目录学著作,《四库全书总目》在具体撰写过程中颇具自身的独特评价标准,一是强调从实证角度,用较为客观的学术方法来看待和评价传统学术发展的轨迹和著述之特点,二是讲求历史经验与现实问题的结合,不空洞妄发议论。严格说来,《经部》中《仪礼》类诸“提要”的撰写也存在某些问题,归纳起来,大致有这样几个方面:

其一,历代《仪礼》文献的相关版本信息记录不完整,撰写人除说明底本来源外,对该版本之刊刻年代、版本性质等方面内容都缺乏明晰的交代。如敖继公《仪礼集说》只注明系两江总督采进本,汪克宽《经礼补逸》只注明两淮马裕家藏本,其他相关信息一并阙如。众所周知,《总目》“提要”只往往著录“所载某处采进本,某人家藏本,乃著其书之所从得,与版本无关”⑤,因而人们无法考见四库馆臣所据底本的更多情况。

---

① 永瑢等:《钦定四库全书总目》(整理本)卷二十,中华书局 1997 年版,第 260 页。
② 永瑢等:《钦定四库全书总目》(整理本)卷二十,中华书局 1997 年版,第 262 页。
③ 永瑢等:《钦定四库全书总目》(整理本)卷二十,中华书局 1997 年版,第 250 页。
④ 永瑢等:《钦定四库全书总目》(整理本)卷二十,中华书局 1997 年版,第 255 页。
⑤ 余嘉锡:《目录学发微》卷二《目录书之体制之四 · 板本序跋》,载《余嘉锡说文献学》,上海古籍出版社 2001 年版,第 75 页。

其二,有些《仪礼》文献的归类被错误地置于其他类目之下。例如毛奇龄的《昏礼辨正》、姜兆锡的《仪礼经传内编》被归入到通礼类当中,著者以为这种处理方式似有欠妥之处,《昏礼辨正》与一系列"五服"文献的研究性质是一样的,可以看作是运用先秦文献补正法之专门著作。而《仪礼经传内编》完全可以视为《仪礼》文献中的通释体著作,姜兆锡该书的根本目的在于疏解《仪礼》,并非将《仪礼》与《礼记》置于平行、同等的地位。

其三,如前所述,《总目》纂修者继承了目录学"条其篇目,撮其旨意"的传统,客观而言,《总目》发扬后一句"撮其旨意"比较好,而"条其篇目"则相当疏忽,余嘉锡先生在《目录学发微》中对此曾提出过批评,很中肯。当然,跟刘向时代比,图书状况有很大改变,单篇流布的现象很少见了,但在目录提要中具列篇目(或分别情况,有所选择)仍是必要的。特别是有些《仪礼》文献在十七篇顺次的编排上与《注疏》本颇有不同,体现出研究者的某些重要诠释观念,"提要"理应加以注明,但《总目》并未重视这一点,如蔡德晋《礼经本义》全书以嘉、宾、军、凶、吉五礼之次为序,与大、小戴及刘向的编排次第皆不相同,自有其考虑的出发点,然而《总目》撰者并未提及这一内容。又如,吴廷华主张《仪礼》十七篇序次的编定当以《大宗伯》"五礼"之次为准,并且在《仪礼章句》各篇标题下逐一交代新旧次序编排的不同位次,《总目》撰者亦失深考,故其"提要"亦未加说明。这种种处理方式,不能不说是《总目》在"条其篇目"方面的严重缺失。

其四,众所周知,《总目》各篇"提要"并非皆出自学养深厚的学者之手,每篇提要撰者所下的工夫并不均衡,"往往一书读未终卷,便尔操觚"①,造成某些书目"提要"在"撮其旨意"方面并不令人满意②。如贾公彦《仪礼注疏》一书"提要",撰者就缺乏"撮其旨意"。又如,徐乾学《读礼通考》一书"提要",仅仅交代了著者、成书缘起、全书纲目、参考文献等情况,未能对该书的"旨意"加以明晰的评价。当然,这一缺陷仅仅存在于少数"提要"当中。另外,《总目》的《仪礼》类书目"提要",有少数仅仅只是

---

① 余嘉锡:《目录学发微》卷二《目录书之体制之二·叙录》,载《余嘉锡说文献学》,上海古籍出版社 2001 年版,第 54 页。

② 当然,也不排除总其事者纪昀的因素。众所周知,纪昀在统稿总其成时曾对一些提要作过删改与修正,诚如余嘉锡先生所云:"其《提要》修饰润色,出于纪氏一人之手。纪氏不善宋儒,动辄微文讽刺,曲肆诋諆。"(《目录学发微》,载《余嘉锡说文献学》第 54 页)其中某些修正很可能是不合适的,这也会给提要的"撮其旨意"工作造成一定的影响。

根据原书的序跋汇总而成,而缺乏撰者本身对文献内容的具体、客观评价。

另外,在《仪礼》存目类"提要"中,不少书籍的介绍过于简要,影响了后人对该书的客观了解,如介绍《读仪礼略记》一书,除说明该书凡十七卷、所见底本系两江总督采进本外,仅云:"明朱朝瑛撰。朝瑛有《读易略记》,已著录。是书于经文不全录,第曰自某至某。所录多郝敬、敖继公之说,取材颇俭。其自为说者,亦精义无几。"①又如,介绍《仪礼训义》一书,除交代该书凡十七卷、所见底本系庶吉士蔡廷举家藏本外,仅云:"不著撰人名氏。前有自序,题康熙庚申,则近时人也。其书以一篇为一卷,第约取《注疏》而参以朱子及杨复之说,其余诸家概不采录。虽颇简易,然礼制委曲,非一家之言所可尽。《注疏》以外,限以朱子师、弟二人,遂举诸人而屏之,殆非该贯之道也。"②凡此之类,对于存目类文献的流布是不利的,在无法见到原书的情况下,人们无法通过提要深入了解文献的有关内容。

三、《续修四库全书总目提要》

《续修四库全书总目提要》系继清乾隆年间修《四库全书总目》之后,二十世纪二十至四十年代由日本控制的文化机构东方文化事业总委员会领导,在当时的北平组织中国学者编成的一部大型古籍提要目录(包括若干近现代著作),计著录《四库全书总目提要》未收,及《四库全书》编纂成书后问世的书籍近3.4万种,为现存规模最大的古代文献解题目录。从民国二十年至民国二十七年,先后有班书阁、陈壬孙(锹)、冯承钧、傅惜华、傅振伦、高观如、韩承铎、黄寿祺、瞿宣颖、瞿汉、柯昌泗、刘启瑞、刘泽民、陆会因、鹿辉世、伦明、罗福颐、茅乃文、沈兆奎、孙光圻、孙海波、孙人和、孙曜、谭其骧、吴廷燮、吴燕绍、夏仁虎、夏孙桐、谢兴尧、许道龄、叶启勲、余宝龄、张伯英、张寿林、赵录绰、赵万里等36位撰稿人承担撰写了基本书目19000余种。1993年,中科院图书馆罗琳等整理出版了《提要》的经部标点本,工作底本为油印本。分上、下两册,共二百四十余万字。1996年,齐鲁书社以中国科学院图书馆收藏《续修四库全书总目提要》稿本二百一十九

---

① 永瑢等:《钦定四库全书总目》(整理本)卷二三《经部·礼类存目一》,中华书局1997年版,第298页。

② 永瑢等:《钦定四库全书总目》(整理本)卷二三《经部·礼类存目一》,中华书局1997年版,第299页。

函提要稿本(末十二函是从《续修四库全书部目提要》档案中清理出来的)为底本,出版了《提要》一书的影印本,大类按《四库全书总目提要》体例分为经、史、子、集四部分类编排。

作为一部综合性的目录著作,该书礼经文献目录"提要",主要由吴廷燮、胡玉缙、谢兴尧、吴承仕、叶启勲、韩承铎、孙海波、黄寿祺等人撰写完成,每一种文献由一人主笔完成。在礼经文献的编制及其"提要"的撰写上,该目录具有以下几方面的特点:

其一,从所著录文献的选择标准情况来看。《续四库提要》撰者对于著录之礼经文献的选择,主要有两个来源:一是《四库全书总目》当中没有收录的清代学者之礼经学现存著作,二是《四库全书总目》没有著录的清代之前早已亡佚不存、但有马国翰之辑佚本著作。至于其他各类礼经学著作,《续四库提要》并未著录和撰写"提要"。

《续四库提要》收录的《仪礼》类文献多达93种,数量上远远超过了《四库全书总目》著录的礼经文献数目。有的文献著录,颇能弥补《四库全书总目》之不足,如:《四库全书总目》著录吴廷华《仪礼章句》一书,称"廷华所著《周礼疑义》,今未之见。而此书则名《章句》,未审别有《仪礼疑义》,抑或改名《章句》也"①。而《续四库提要》收录吴氏《仪礼疑义》一书,而胡玉缙撰写此书"提要"称"逘录诒经堂续经解写本","本五十卷,缺三十八、九两卷。……前有雍正乙卯自序"②。不仅如此,胡玉缙还效仿《四库全书总目》的做法,通过列举大量训释实例,对该书的诠释得失,进行了一番考证和评判,称《疑义》"其空疏抑亦不足责矣。然其书凡经胡氏《正义》节取处,亦颇可观,在学者之慎择焉耳"③,可见其评价较为客观中肯。

其二,从著录文献"提要"的信息要素情况来看。和《四库全书总目》比较来看,二者"提要"撰写的风格大体一致。如前所述,《四库总目提要》一书的"提要"往往"先列作者之爵里,以论世知人;次考本书之得失,权众说之异同;以及文字增删、篇帙分合,皆详为定辨,巨细不遗;而人品学术之醇疵、国纪朝章之法戒,亦未尝不各昭彰瘅,用著惩戒"④,对每一种文献详加考辨。《续四库提要》撰者基本上延续了这一撰述传统,举凡文献名、卷

---

① 永瑢等:《钦定四库全书总目》(整理本)卷二十,中华书局1997年版,第258页。

② 《续修四库全书总目提要(经部)》,中华书局1993年版,第500页。

③ 《续修四库全书总目提要(经部)》,中华书局1993年版,第502页。

④ 永瑢等:《钦定四库全书总目》(整理本)卷首《凡例》,中华书局1997年版,第32页。

数、作者简介、书的主要内容、治学得失、文献版本、学术影响等等，大都包含在“提要”行文当中。不过，也有与《四库总目提要》不同之处，后者往往不著录文献的版本信息，仅仅标明文献来源，而《续四库提要》撰者则详细说明“提要”撰写时所参考的文献版本情况，这是其胜过《四库总目提要》的一个方面。

可以说，《续四库提要》对清代乾嘉之后出现的各种礼经文献，及其马国翰辑佚的各类礼经文献的总结，开启了20世纪礼经目录学研究之先河，对于总结清代中后期《仪礼》学的研究成就，具有相当大的裨益。

四、《三礼研究论著提要》

王锷所著《三礼研究论著提要》一书，初版2001年由甘肃教育出版社出版。《论著提要》称得上是新中国成立以来的一部集大成式的经学目录学著作，也是记载历代礼类文献最为全面、系统的一部目录学巨著。该书分为上、下两编，其中上编收录汉至1999年历代学者研究《周礼》《仪礼》《礼记》(包括《大戴礼记》)的专著2683部，下编则收录1900年至1999年国内外学者的“三礼”学论文2123篇，文献数量位居各类目录著作收录的礼类文献之首，成为21世纪礼学研究者的必备工具书。2007年9月，该书出版增订本，仍由甘肃教育出版社出版发行，主要收录增补了一些该书初稿成书之后出现的一些礼类论著与论文。

作为一部专门的礼类目录著作，该书的文献目录编制具有以下几方面的特点：

其一，从著录之文献分类上看，它不仅延续了《隋书·经籍志》、《明史·艺文志》、《清史稿·艺文志》等几部史志目录的小类划分方式，分门别类地将礼类文献分为《周礼》类、《仪礼》类、《礼记》类(附《大戴礼记》)、三礼综论类四个类别的做法；不仅如此，该书还将三礼综论类文献进一步作类别划分，又独立分出三礼总义类、通礼类、杂礼书类等四小类礼类文献。“前修未密，后出转精”，可以看出，王锷的这一划分较之前贤更为细密，更适应当下学科分支更趋细密的学术特点。

其二，从著录之文献信息要素来看，所著录民国以前的专著皆有提要，内容包括文献名、卷数、作者简介、书的主要内容、学术价值、版本、存佚状况以及藏书单位等;至于单篇礼学论文,则著录文献篇名、作者、刊物名称、发表时间、卷(期)号及页码。无论是较之各类史志目录,还是较诸《四库全书总目》、《续修四库全书总目提要》,王锷该目录著作在文献目录内容要素方面有很大的突破。试举关于文献有无亡佚情况的记载为例,王锷往往根据实际情况分为多种情况加以表述,如:汉曹充《庆氏礼章句辨难》一书提要称“钱大昭《补续汉书艺文志》载之,今佚”,这是对前贤目录文献记载的回应;汉班固《仪礼班氏义》一书提要称“原书已佚,王仁俊辑有《仪礼班氏义》1 卷,收入《十三经汉注》”①,这是补叙亡佚文献的辑佚情况;南朝梁何佟之《丧服经传义疏》一书提要称“《经义考》卷 136 云佚,今佚”②,这是对前贤目录著作亡佚情况记载的现实考索与回应,等等。这种“今佚”文献情况的多层次考量和表述方式,着实有助于丰富目录记载的文献信息。

其三,从著录之文献版本的记载来看,王锷十分重视对“三礼”文献版本的考察,其中既包括对《周礼》、《仪礼》、《礼记》等白文经之版本的详审考察,同时更详细考察和搜罗了历代学者研究“三礼”衍生出来的各种文献之版本,并逐一在各种文献“提要”之后详加标注,说明版本存佚情况。以《仪礼》白文经的版本考察为例,王锷将宋以后《仪礼》白文经版本分为十七卷者、二十卷者、二十二卷者、不分卷者四大类,并对每类版本作了介绍;其中十七卷者有七种,分别是宋元间刻本、元刻本、元刻明印本、两种明刻本、清康熙刻本、《通志堂经解》本;二十卷者有明嘉靖刻本;二十二卷者有明刻本;不分卷者有叶绍钧辑本、黄侃手批本、标点本。对于同一种文献的不同版本系统排列,往往遵循先稿本次刻本、抄本的编撰顺序。此外,对于某些不甚流通的希见版本,王锷还特别标注出该本所藏地址信息。凡此种种,为当下研究者提供了极大便利。

其四,从著录之文献编排顺序上看,《论著提要》大致遵循这样一个原则:按朝代先后顺序、文献撰述者先后顺序、文献成书先后顺序依次著录文献目录。对于同一撰述者的不同礼经文献,也大致按照文献成书先后顺序排列。如果是难以考究具体撰述者生卒年代及其文献成书时间的,则大致放在所属朝代可考文献之后。对于同一撰述者的不同礼类文献,《论著提要》往往将其散置于不同礼类之下,只是在“提要”中做作者介绍时,首次

---

① 王锷:《三礼研究论著提要》,甘肃教育出版社 2001 年版,第 125 页。

② 王锷:《三礼研究论著提要》,甘肃教育出版社 2001 年版,第 141 页。

出现详述撰述者生平事迹，而以后出现时，仅标明“某有某书，已著录”，互相之间兼顾，较为到位。

其五，从“《仪礼》类”的前言部分来看，其中不少论述对当下开展《仪礼》文献学的研究具有颇多裨益。例如，对《仪礼》古文经和今文经知识的介绍，对两汉时期《仪礼》的师承传授的梳理，对《仪礼》十七篇叙次的历史渊源分析，对近年来出土的礼经情况之介绍，对《仪礼》白文经石经刊刻和刻本情况之溯源，凡此种种，皆颇具“《仪礼》文献学史”的学术价值，皆对初学者具有重要的启益。

其六，从对待以往一些目录学著作的处置方式角度来看，“提要”中往往会交代著录之文献在相关目录著作的记载情况。例如，元顾谅《仪礼注》一书，“提要”称“倪灿《补辽金元艺文志》、钱大昕《补元史艺文志》卷1载之”①；明夏琏《丧礼酌宜》一书，“提要”称“《经义考》卷137云未见，《两浙著书考》将姓名载为姜琏，书名为《丧礼书》，不知孰是？待考”②，等等。凡此种种，足以证明王锷编纂此书时，参考了大量的以往各类目录学著作记载，从而使得该书的集大成特色更为鲜明。

第三节 史志目录与私修目录研究

一、历代正史《艺文志》文献目录

历代正史《艺文志》文献目录，属于史书的诸志之一，或称“艺文志”，或称“经籍志”，属于史志体目录著作。其中又以《汉书·艺文志》为最早，其后有《隋书·经籍志》、《旧唐书·经籍志》、《新唐书·艺文志》、《宋史·艺文志》、《明史·艺文志》、《清史稿·艺文志》六种正史艺文志文献目录，其中均记载了各个朝代的《仪礼》类文献情况，读者从中可以考见特定时期官府的藏书概况和礼经文献的存亡散逸情况。

(一)《隋书·经籍志》

《隋书·经籍志》是唐代官修的一部目录，也是继《汉书·艺文志》之

---

① 王锷：《三礼研究论著提要》，甘肃教育出版社2001年版，第172页。

② 王锷：《三礼研究论著提要》，甘肃教育出版社2001年版，第173页。

后我国现存最古的第二部史志目录，反映了南北朝和隋朝之际的各类图书著录情况。该《志》按经、史、子、集四部分类列目，经部分为《易》、《书》、《诗》、《礼》、《乐》、《春秋》、《孝经》、《论语》、《纬书》、《小学》十个大类。各种礼类文献位在该目录"经部·礼类"之下，依次分"《周官》"、"《仪礼》"、"三礼总义"三大类，其中"《仪礼》"类下开列54种存世文献，所记载的传世文献信息一般包括书名、卷数、作者名等内容。特别值得一提的是，该《目录》编制者根据"合密以近"、"约文绪义，各列本条之下"的处置原则，著录了大量南北朝时期已经亡佚不存的图书，兹将"《仪礼》"类下所有此类条目胪列于此：

《仪礼》十七卷，王肃注。（梁有李轨、刘昌宗音各一卷，郑玄音二卷，亡。）（按内容"合密以近"）

《集注丧服经传》二卷，宋丞相谘议参军蔡超注。（梁又有《丧服经传》一卷，宋征士刘道拔注，亡。）（按朝代"合密以近"）

《丧服义疏》二卷，梁步兵校尉、五经博士贺瑒撰。（梁又有《丧服经传义疏》五卷，齐散骑郎司马宪撰；《丧服经传义疏》二卷，齐给事中楼幼瑜撰；《丧服经传义疏》一卷，刘瓛撰；《丧服经传义疏》一卷，齐徵士沈麟士撰；《丧服经传义疏》一卷，梁尚书左丞何佟之撰，亡。）（按内容"合密以近"）

《丧服义钞》三卷。（梁有《丧服经传隐义》一卷，亡。）（按内容"合密以近"）

《丧服要记》一卷，蜀丞相蒋琬撰。（梁有《丧服变除图》五卷，吴齐王傅射慈撰，亡。）（按内容"合密以近"）

《丧服要集》二卷，晋征南将军杜预撰。（又有《丧服要记》二卷，晋侍中刘逵撰，亡。）（按朝代"合密以近"）

《丧服仪》一卷，晋太保卫瓘撰。（梁有《丧服要记》六卷，晋司空贺循撰；《丧服要问》六卷，刘德明撰；《丧服》三十一卷，宋员外郎散骑庾蔚之撰；《丧服要问》二卷，张耀撰；《丧服难问》六卷，崔凯撰；《丧服杂记》二十卷，伊氏撰；《丧服释疑》二十卷，刘智撰。亡。）（按内容"合密以近"）

《丧服要记》十卷，贺循撰。（梁有《丧服要记》，宋员外常侍庾蔚之注；又《丧服世要》一卷，庾蔚之撰；《丧服集议》十卷，宋抚军司马费沈撰。）（按内容"合密以近"）

《丧服图》一卷，崔逸撰。（梁有《丧服祥禫杂议》二十九卷，《丧服杂议故事》二十一卷，又《戴氏丧服五家要记图谱》五卷，《丧服君臣图仪》一卷，亡。）（按内容“合密以近”）

上述目录条文，大都依据《隋大业正御书目录》著录；而各条正文后括符当中的文字，都是《隋志》关于南北朝时期的相关图书著录情况说明，主要依据梁刘孝标《文德殿正御四部目录》和阮孝绪《七录》两部目录著作；故多标识“梁有”字样，表明隋代已经残缺亡佚的藏书状况，这对于官方藏书史的研究是很有价值的。至于最后一个括符当中的文字，是我们对该条文处置原则的具体说明。

（二）《旧唐书·经籍志》

后晋高祖天福六年（941），石敬瑭命修唐史，赵莹、张昭远、刘昫等先后奉命监修《旧唐书》，到开运二年（945）耗时四年完成此书。其中《旧唐书·经籍志》两卷，基本上沿续了《隋书·经籍志》的文献分类方法，按经、史、子、集四部分类。和《隋志》相比，经部分类上发生了一些变化，《易》、《书》、《诗》、《礼》、《乐》、《春秋》、《孝经》、《论语》、《小学》九大类目继续保留，《纬书》更名为《图纬》，另外在《小学》类前又增加了《经解》、《诂训》两个大类。

就《仪礼》类文献目录情况来看，较之《隋书·经籍志》，《旧唐书·经籍志》记录的礼经文献数量上要少得多，仅有26种，几近乎只有前者的一半，而且每一条目录文字仅仅包括书名、卷数、作者名三项信息，不标示作者所处朝代名，目录“辨章学术，考镜源流”的学术功能较弱。就该《志》的礼类文献编排情况来看，有这样几个特点：

一是将礼经诠释者的文献整理研究形式，区分为“撰”和“注”两大类。

二是《仪礼》全经和《丧服纪》的不同注家注本，旧志往往仅列一次书名，其他同名者则仅标明卷数和作者名，如“《丧服纪》一卷，马融注”一条之后，目录又继续附上“又一卷，郑玄注”、“又一卷，袁准注”、“又一卷，陈铨注”、“又二卷，蔡超宗注”、“又二卷，田僧绍注”等数条目。至于其他同名书目，如果卷数和作者名不同，则出现几次文献名，如《丧服要纪》一书出现三次，依次为“《丧服要纪》一卷，王肃注”、“《丧服要纪》五卷，贺循撰，谢徽注”、“《丧服要纪》十卷，贺循撰，庾蔚之注”；再如《丧服谱》一书出现两次，依次为“《丧服谱》一卷，蔡谟撰”、“《丧服要纪》五卷，贺循撰”。

三是对于唐代出现的各类礼经文献,记载不够完备。按照学界一般看法,《旧唐书·经籍志》主要是通过对唐毋煚的《古今书录》(成书于开元九年,但收书只是截止到永辉、神龙为止)一书改编而来,除罗列的"《仪礼疏》五十卷,贾公彦撰"之外,唐开元年间及开元之后几百年的各类礼经文献,目录当中基本上无一记载和反映,完全不能展现有唐一代藏书之盛的。

(三)《新唐书·艺文志》

尽管五代时期《旧唐书》即已编成,但宋朝建立以后,不少学者认为《旧唐书》存在"纪次无法,详略失中,文采不明,事实零落"(《曾公亮进新唐书表》)等问题,宋仁宗采纳了宰相贾昌朝和宋庠等人重修旧书的建议,于庆历四年(1044)诏任命编修人员,同时设立"唐书局"正式开始纂修。前后修史历经17年,最后在欧阳修的主持下,范镇、宋敏求等编修官的努力下,于宋仁宗嘉祐五年(1060)完成了《新唐书》的修纂。

《新唐书·艺文志》的编纂,同样是以唐毋煚的《古今书录》为蓝本,但收书除据《古今书录》照录外,还增加了《旧唐书·经籍志》所不录的唐人著述二万七千一百二十七卷。在每个类目内,分"著录"与"不著录"两部分,其中"著录"是指《古今书录》原有的著录,而"不著录"是指欧阳修所新增入的唐代著作。在分类体系上仍按经、史、子、集四部分类法,其中经部分《易》、《书》、《诗》、《礼》、《乐》、《春秋》、《孝经》、《论语》、《谶纬》、《经解》、《小学》十一大类,较《隋书·经籍志》多出《经解》一类,将《旧唐书·经籍志》中的《诂训》、《小学》两类合并为《小学》一类。

《新唐书·艺文志》之《礼》类文献著录,共计"六十九家,九十六部,一千八百二十七卷。失姓名七家,元行冲以下不著录十六家,二百九十五卷"。就《礼》类目录下各文献编排情况来看,《新志》不像《隋志》、《旧志》那样,按照"《周官》"、"《仪礼》"、"三礼总义"三类隐性顺序依次排列,而是根据著述者的顺序逐一排列,兹撷取礼类前一部分借以存照:

《大戴德礼记》十三卷

又《丧服变除》一卷

郑玄注《小戴圣礼记》二十卷

又《礼议》二十卷

《礼记音》三卷曹耽解。

《三礼目录》一卷

注《周官》十三卷
《音》三卷
注《仪礼》十七卷《丧服变除》一卷
注《丧服纪》一卷
卢植注《小戴礼记》二十卷
马融《周官传》十二卷
又注《丧服记》一卷
王肃注《小戴礼记》三十卷
又注《周官》十二卷 注《仪礼》十七卷
《音》二卷
《丧服要记》一卷
注《丧服纪》一卷
……

从撷取的上述部分礼类目录编排情况可见,《新志》这种文献目录编排的特点有二:

一是以文献撰者为序编排礼类文献,打破了《隋志》、《旧志》按"《周礼》"、"《仪礼》"、"《礼记》"、"三礼总义"四小类分门别类的方法,从而有助于读者考见某一文献学家在《三礼》学上的总体著述成就。

二是增加了不少《旧志》疏漏的唐开元年间及开元之后的礼经文献,如"张镒《三礼图》"、"陆质《类礼》二十卷"、"韦彤《五礼精义》十卷"、"丁公著《礼志》十卷"之类。

三是在著录内容上较之《旧志》有所突破,每一种文献不仅标注文献名、卷数和作者名,少数条文还注意标识文献异名、作者身份、参与人等有关情况,主要有"《礼记正义》七十卷孔颖达、国子司业朱子奢、国子助教李善信贾公彦柳士宣范义郡、魏王参军事张权等奉诏撰,与周玄达、赵君赞、王士雄、赵弘智覆审"、"魏征《次礼记》二十卷亦曰《类礼》"、"《御刊定礼记月令》一卷集贤院学士李林甫、陈希烈、徐安贞、直学士刘光谦齐光乂陆善经、修撰官史玄晏、待制官梁令瓒等注解。自第五易为第一"、"《礼记字例异同》一卷,元和十二年诏定"数条。对于《礼记正义》之类多人参与的文献,《旧志》作者著录部分往往以一个人总纂其事,而忽略其他编纂者的作用,而《新唐书·艺文志》则逐一标明其他编纂者,这说明在观念上是一大步转变,反映了书籍编目思想的进一步发展。

但深入考察一番,《新志》却仍有诸多不便之处:一是《礼》类各小类的目录编排角度不明晰,于读者寻检《仪礼》文献之总体概况颇有不便之处;二是专就某一诠释者之《三礼》著作顺序情况考察来看,亦多有杂乱之处,这从郑玄、王肃二者之著述顺序即可得到印证;三是即便就作者情况来看,也并非按照时代先后与国别情况进行排列。

(四)《宋史·艺文志》

元至正三年(1343)三月,元顺帝下令修辽、金、宋三史。至正五年(1345)十月,《宋史》成书,其中卷202—209八卷为《艺文志》部分。《宋志》主要依据了以《馆阁书目》、《崇文总目》、《秘书总目》为基础的北宋《国史·艺文志》,再加以南宋修撰的《中兴馆阁书目》、《中兴馆阁续书目》而成。由于篇幅巨大,引用材料综错繁多,其内容不可避免地出现了"重复颠倒,不可枚数"①的状况。自《宋史·艺文志》成书以来,其舛误不足之处就一直被历代学者所指斥,而其繁杂重复的内容也备受目录学家的攻击,《四库全书总目》撰者更讥之云:"纰漏颠倒,瑕隙百出,于诸史志中之最丛脞者。"②尽管如此,《宋志》作为宋代正史的史志目录,它对于考察宋代《三礼》类文献的收藏情况,以及宋代学者的《三礼》学研究状况,依然具有其不可替代的价值。

考《宋志》分类体例,它承袭了《隋志》以来史志目录相继采用的四部二级分类法,以"经"、"史"、"子"、"集"为四大类;大类之下更设小类,其中"经"类又分为十小类:一曰《易》类,二曰《书》类,三曰《诗》类,四曰《礼》类,五曰《乐》类,六曰《春秋》类,七曰《孝经》类,八曰《论语》类,九曰经解类,十曰小学类。

就礼类著录的部分而言,《宋志》记载了"《礼》类一百十三部,一千三百九十九卷",此外,还有不著录的文献情况:"石憝《中庸集解》以下不著录二十六部,四百六十九卷。"就所著录的礼类文献编排具体情况考察来看,《宋志》文献目录编排有如下两大特点:

一是沿袭了《新唐书·艺文志》的做法,不以"《周礼》"、"《仪礼》"、"《礼记》"、"三礼总义"四小类分门别类,而是以文献撰者为序编排礼类文

① 姚名达:《中国目录学史》,上海书店出版社1984年版,第210页。
② 永瑢等:《钦定四库全书总目》(整理本)卷八十五,中华书局1997年版,第1129页。

献，大致以撰者之时代先后为序，逐一列出各家礼类文献信息。如果同一撰者有多部礼类文献，则依序分别叙次列出，如宋人陈祥道所著礼类文献，《新志》共依序列出如下 3 条："陈详道《注解仪礼》三十二卷"、"又《礼例详解》十卷"、"《礼书》一百五十卷"等。

二是在文献信息要素的安排上，它沿用了《隋书・经籍志》、《旧唐书・经籍志》等的做法，主要记载了撰者名、文献名、卷数三要素。至于《新唐书・艺文志》标识文献异名、作者身份、参与人等相关情况的做法，《宋志》并未沿用下来。

（五）《明史・艺文志》

今通行本所见《明史・艺文志》一书，基本上是以王鸿绪的《明史稿・艺文志》为底本改动 16 处地方而成的一个订正本，是清代官修的一部正史艺文志，由雍正元年（1723）诏令修撰，并于乾隆四年（1739）修订而成。而王氏之《志》在内容上多依据黄虞稷编撰的《明史・艺文志稿》，但又根据康熙年间尤侗编纂"艺文志"之"记一代著述"的做法，将黄氏《志》中宋、辽、金、元四个朝代学者的著述删去，还将明人著述中不明著者、不明卷数的文献也给删除，这样一来，仅剩明人的著述在内而已。因而今本《明史・艺文志》称："第就二百七十年各家著述，稍为厘次，勒成一志。凡卷数莫考、疑信未定者，宁阙而不详云。"在文献分类上，该《志》同样是按照经、史、子、集四部进行分类的，其中经部又分为十类："一曰《易》类，二曰《书》类，三曰《诗》类，四曰《礼》类，五曰《乐》类，六曰《春秋》类，七曰《孝经》类，八曰诸经类，九曰《四书》类，十曰小学类。"这其中的"诸经类"、"《四书》类"，却是《旧唐书・经籍志》、《新唐书・艺文志》、《宋史・艺文志》所没有的新分类。

就礼类著录的部分而言，《明史・艺文志》共收录《礼》类著作"一百七部，一千一百二十一卷"，在文献目录的编排上具有以下特点：

一是礼类文献目录分类上，重新恢复到《隋书・经籍志》、《旧唐书・经籍志》的做法，按照"《周礼》"、"《仪礼》"、"《礼记》"、"三礼总义"四小类分门别类，只是"三礼总义"类更名为"通《礼》"类而已。这种处置方式，显然要比《新唐书・艺文志》、《宋史・艺文志》更为便利合理一些。

二是收录和著录目录之中的礼类文献，仅仅只是明朝一个朝代的著作，其中《仪礼》类只有 16 种，较之同时代学者著述的《周礼》类、《礼记》类

文献,数量要少得多。这16种礼经文献依次如下:

汪克宽《经礼补逸》九卷

黄润玉《仪礼戴记附注》五卷

何乔新《仪礼叙录》十七卷

陈凤梧《射礼集要》一卷

湛若水《仪礼补逸经传测》一卷

徐骏《五服集证》一卷

王廷相《昏礼图》一卷,《乡射礼图注》一卷,《丧礼论》一卷,《丧礼备纂》二卷

舒芬《士相见礼仪》一卷

闻人诠《饮射图解》一卷

朱缙《射礼集解》一卷

胡缵宗《仪礼郑注附逸礼》二十五卷

郝敬《仪礼节解》十七卷

王志长《仪礼注疏删翼》十七卷

三是单就礼经文献的编排而言,从上述所列文献目录编排可见,编纂者也延续了《新唐书·艺文志》、《宋史·艺文志》的做法,将作者名放置在文献名之前,然后依次标识文献名和卷数情况。如果有某一撰者有多部礼经文献,则在第一种之后依次列出,如"王廷相《昏礼图》一卷,《乡射礼图注》一卷,《丧礼论》一卷,《丧礼备纂》二卷"之类。对于"通《礼》"类文献,由于涉及二礼或者三礼,编纂者往往还在所涉条文后说明牵涉情况,如"湛若水《二礼经传测》,六十八卷。大略以《曲礼》、《仪礼》为经,《礼记》为传"、"李黼《二礼集解》,十二卷。合《周礼》、《仪礼》为一,集诸家之说以解之"之类。这样做,有利于读者了解单礼在"通《礼》"类文献当中的研究著述情况,称得上是礼经史志目录著述上的一大创举。

(六)《清史稿·艺文志》

《清史稿》是由民国初年特设的清史馆编修而成,由赵尔巽任主编,缪荃孙、柯劭忞等为总纂,另设纂修、协修、提调、校勘等职。1914年,正式开始编纂,1920年编成初稿,1926年组织进行了一次修订,1927年秋大致完稿,前后历时十四年,先后参加编写工作的多达一百多人。《清史稿·艺文志》部分共分4卷,完全按照经、史、子、集四部进行分类。其中,经部共分

十类：一曰《易》类，二曰《书》类，三曰《诗》类，四曰《礼》类，五曰《乐》类，六曰《春秋》类，七曰《孝经》类，八曰《四书》类，九曰经总义类，十曰小学类。和《明史·艺文志》相比，仅仅是将后者之“诸经类”更名为“经总义类”而已，其他各类目并无差异。

就礼类著录的部分而言，《清史稿·艺文志》这一部分的文献著录主要有以下特点：

其一，和《明史·艺文志》的做法一样，《清志》著录之书仅限于清人著述，前代群书，一概不录。《清志》卷首之“序”文说：“《艺文》旧例，胥列古籍，兹仿《明史》为志，凡所著录，断自清代。”①《清志》所著录的50种清代《仪礼》类文献，大致先官修后私修、私修者按照文献的撰述先后顺序进行排列。与此同时，编纂者考虑到“唯清人辑古佚书甚夥，不可略之”的特殊情况，则马国翰《玉函山房辑佚书》中所辑种汉魏六朝礼经文献附载于清人礼经文献之后，并注明“以上均马国翰辑”字样予以标识。

其二，从礼类的小类划分情况来看，《清志》也是按照“《周礼》”、“《仪礼》”、“《礼记》”、“礼类总义”四小类分门别类。纂修者还在每一小类文献目录之后加附“以上《礼》类《周礼》之属”、“以上《礼》类《仪礼》之属”一类话语，提示读者下面即将另起一类。

其三，从著录之礼经文献信息情况来看，《清志》同样注意标识具体的文献名、卷数和作者名三项内容，但在著录的先后顺序上，则将作者名放置在最后的位置上，如“《读礼通考》一百二十卷，徐乾学撰”、“《仪礼述注》十七卷，李光坡撰”之类。如果同一作者有多部《仪礼》类著作，则标识为“《仪礼析疑》十七卷，《丧礼或问》一卷，方苞撰”、“《朝庙宫室考》十三卷，《肆献裸馈食礼》三卷，任启运撰”之类形式，作者名还是统一出现在最后，但仅出现一次而已。

其四，对于与官修相关的文献，编纂者往往还注明“奉敕”情况，如“《仪礼义疏》四十八卷。乾隆十三年，鄂尔泰等奉敕撰”、“宋李如圭《仪礼集释》三十卷，《仪礼释宫》一卷。以上均乾隆三十八年王际华等奉敕辑”之类，这对于了解文献的来源颇有裨益。

---

① 赵尔巽：《清史稿·艺文志》卷一百四十五，中华书局1976年版，第4220页。

二、与礼经学相关各类私修文献目录

自有私修文献目录著作以来,不同朝代的藏书家们往往注重对私家文献进行编制目录,借以彰显藏书之富有,但同时也有助于文献学家借助这些私修目录著作“辨章学术,考镜源流”,其中也有不少私修性质的文献目录著作记载了一批礼经文献的收藏情况和相关文献信息。例如,宋晁公武所著《郡斋读书志》一书卷二部分,著录礼类文献28种,但其中著录的《仪礼》文献仅有郑玄《仪礼注》和贾公彦《仪礼疏》2种。由于历代此类私修文献目录著作数量很多,这里仅介绍几种在礼经文献载录方面颇具学术价值的私修文献目录,便于当下读者寻检和研究使用。

(一)陈振孙《直斋书录解题》

陈振孙(1183—1261),原名瑗,字伯玉,号直斋,安吉(今属浙江)人。少壮时期受到书香熏染,勤于学习。宋宁宗、理宗之际,历溧水、绍兴、鄞县教授。嘉定间(1217—1224)任江西南城县令,宝庆三年(1227)任兴化军通判,端平三年(1236)以朝散大夫知台州,除浙东提举,次年改知嘉兴府。淳祐四年(1244),以精研经术,除为国子司业。这时他成了藏书家,图书目录的经验和知识也已经很丰富,开始了我国第二部著名的私家藏书提要题解目录——《直斋书录解题》56卷的编写工作,直到陈氏晚年退归居家,仍忙于该书的修订工作。

《直斋书录解题》在流传过程中,未能完整保存下来,清朝乾隆年间,四库馆臣从《永乐大典》中辑出此书,凡22卷,大致分经、史、子、集四录,53类,收书3 096种,51180卷。超过南宋官修目录《中兴馆阁书目》所著录之数。其中经部又分为《易》类、《书》类、《诗》类、《礼》类、《春秋》类、《孝经》类、《语》《孟》类、谶纬类、经解类、小学类等十个分支类别。据现今所见此之通行本《直斋书录解题》卷二的礼类文献目录著录情况来看,该书具有如下文献编目特点:

其一,从目录著作的体例和分类情况来看。和晁公武《郡斋读书志》的体例一样,《直斋书录解题》同样属于一种解题性质的目录学著作,部类之下有小序,书名之下有解题者。就礼类文献目录著录而言,它隶属于经部文献目录之下,其下尽管没有标注小的类别名称,但从其礼类文献编排顺序情况来看,又可以分为《仪礼》类、《周礼》类、《礼记》类、三礼总义类四个小类别。这其中,《仪礼》类著录文献 8 种,《周礼》类著录文献 13 种,《礼记》类著录文献19 种,三礼总义类著录文献5 种。据陈振孙《直斋书录解题》卷二部分统计,著录的《仪礼》文献有:郑玄《仪礼注》、陆德明《仪礼释文》、贾公彦《仪礼疏》、张淳《仪礼识误》、朱熹《仪礼经传通解》、黄榦《仪礼经传通解续》、李如圭《仪礼释宫》、《仪礼集释》等 8 种,除郑、陆、贾三家外,其余 5 种文献均为宋代礼经学著作。

其二,从所著礼类文献目录之先后次序情况来看。如前所述,陈氏《解题》礼类隐性地可以分为《仪礼》类、《周礼》类、《礼记》类、三礼总义类四个小类别。从类别上看,与此后出现的马端临《文献通考・经籍考》以及元代的《宋史・艺文志》二者并无区别,但从编排顺序情况看,却与《宋史・艺文志》略有出入,后者将《周礼》类文献著录在《仪礼》类之前,二者顺序恰好相反。从中可以看出,陈振孙之际学者们对于《仪礼》经学地位的尊崇,应该要高于对《周礼》经的尊崇。

其三,从著录文献的目录信息要素来看。陈氏《解题》不仅著录了礼类文献的作者、书名、卷数等信息,而且还创立了书目使用"解题"的先例,绝大部分的解题文字内容极其丰富而明切,或述撰人事迹,或论学术源流,或考真伪得失,而注重典籍的版本款式,称得上是该书的一大特色。从文献"解题"中可以看到,陈氏对许多典籍的刊刻时间和地点都有简要的记载,例如,"《古礼》十七卷、《释文》一卷、《识误》三卷"一条下,陈氏解题说:"永嘉张淳忠甫所校,乾道中,太守章贡曾逮仲躬刻之。首有目录一卷,载大、小戴、刘向篇第异同,以古监本、巾箱本、杭细本、严本校定,识其误而为之序,谓高堂生所传《士礼》尔,今此书兼有天子、诸侯、卿大夫礼,决非高堂所传,其篇数偶同,自陆德明、贾公彦皆云然,不知何所据也。"①这一则"解题"中包含的信息非常丰富,向为此后学者所推许,如清乾隆年间四库馆臣就肯定该书"解题"说:"然古书之不传于今者,得藉是以求其崖略;其传于今者,得藉是以辨其真伪,核其异同,亦考证之所必资,不可废也。"②

---

① 陈振孙:《直斋书录解题》卷二,上海古籍出版社 1987 年版,第 42 页。

② 永瑢等:《钦定四库全书总目》(整理本)卷八十五,中华书局 1997 年版,第 1132 页。

（二）马端临《文献通考·经籍考》

马端临（1254—1323），字贵舆，号竹洲，饶州乐平（今江西乐平）人。其父马廷鸾博学多才，藏书甚富，曾任南宋国史院编修官与实录院检讨官、右丞相，后因以忤贾似道归里。端临受父亲的影响较深，侍父家居期间即博极群书。咸淳年间，漕试第一，以荫补承事郎。宋亡，隐居不仕，历30余年专心著述。从早年起，马端临便决心以《通典》为蓝本，采摭诸书，重编一部记述我国历代典章制度的专著，并从宋朝咸淳九年（1273）开始准备，元朝至元二十七年（1290）开始纂写，直至元英宗至治二年（1322），历二十余年始告竣成，取名《文献通考》，同年刊行于世。

《文献通考》共348卷，记述上起三代、下终南宋宁宗嘉定五年（1212）的典章制度。其中卷174—249部分（共76卷）为《经籍考》。就礼类文献目录载录情况来看，主要收录在该书卷180—181两卷当中，详考这两卷目录之著录情况，主要体现出如下特点：

其一，从目录著作的体例情况来看。作为一部目录学著作，《文献通考·经籍考》一书采用"辑录体"形式，辑录晁公武《郡斋读书志》、陈振孙《直斋书录解题》、《汉书艺文志》、《隋书·经籍志》、《新唐书艺文志》、宋代各朝《国史艺文志》、《崇文总目》、《通志·艺文略》，以及原书的序跋、正史列传和文集、语录中的有关文字，然后将这些材料分别罗列于相关的书名之下，有的地方再加上马端临自己的按语，就成了一书的解题。这一目录编纂方式，对于参证考索某一书籍的相关材料，对于某一专题的研究极为方便。为彰显这一体例特点，兹摘录一种文献记载于此，借以显明其体例特征：

《古礼》十七卷，《释文》一卷，《释误》三卷

陈氏曰：永嘉张淳忠甫所校，乾道中，太守章贡曾逮仲躬刻之。首有目录一卷，载大、小戴、刘向篇第异同，以古监本、巾箱本、杭细本、严本校定，识其误而为之序，谓高堂生所传《士礼》尔。今此书兼有天子、诸侯、卿大夫礼，决非高堂所传，其篇数偶同。自陆德明、贾公彦皆云然，不知何所据也。

朱子曰：张淳云："如刘歆所言，则高堂生所得，独为《士礼》。而今《仪礼》乃有天子、诸侯、大夫之礼，居其大半，疑今《仪礼》非高堂生之书，但篇数偶同耳。"此则不深考于刘说所订之误，又不察其所谓《士礼》者，特略举

首篇以名之，其曰推而致于天子者，盖专指冠、昏、丧、祭而言，若燕、射、朝聘，则士岂有是礼而可推邪！

《朱子语录》曰：《仪礼》，人所罕读，难得善本。而郑《注》、贾《疏》之外，先儒旧说多不复见，陆氏《释文》亦甚疏略。近世永嘉张淳忠甫校定印本，又为一书，以识其误。号为精密，然亦不能无舛谬。张忠甫所校《仪礼》甚子细，然却于目录中《冠礼》玄端处便错了。但此本较他本为最胜。又谓汉初未有《仪礼》之名，疑后学者见十七篇中有仪有礼，遂合而名之。

……

特别值得注意的是，该书卷180卷首有如下一段引述各家目录著作的礼类文献书目记载：

《汉志》：凡《礼》十三家，五百五十五篇。

按：三代之礼，其流传于汉世，《周官》、《仪礼》、《戴记》三书而已，《艺文志》所述皆三书也。然其末则以《古封禅群祀》二十二篇、《封禅议对》十九篇、《汉封禅群祀》三十六篇、《议奏》三十八篇继之，而皆以为《礼》家。按封禅，秦、汉之事，难厕其书于礼经之后，今析入《仪注》门。凡削四家，一百一十五篇云。

《隋志》：一百三十六部，一千六百二十二卷（通计亡书，二百一十一部，二千一百八十六卷）。

《唐志》：六十九家，九十六部，一千八百二十七卷（失姓名七家，元行冲以下不注录十六家，一百九十五卷）。

《宋三朝志》：四十部，一千五十六卷（内十一部入《仪注》门）。

《宋两朝志》：三部，五十二卷（内一部入《仪注》门）。

《宋四朝志》：二十五部，三百六十七卷（内一部入《仪注》门）。

《宋中兴志》：六十四家，九十一部，一千二百六十五卷。

上述文字，先后援引了《汉志》、《隋志》、《唐志》、《宋三朝志》、《宋两朝志》、《宋中兴志》数种目录著作著录礼类文献的数量变化，对于纵观考察礼类文献的著录与流传情况，具有重要的引导功用。

其二，从所著礼类文献目录先后次序情况可见，该书《经籍志》著录礼类文献时，大致按照《仪礼》类、《周礼》类、《戴记》类、三礼总义类四大类及其顺序分别布居，这和陈振孙《直斋书录解题》、《宋史·艺文志》的分类基本一致。在文献分类的编排顺序上，与陈振孙《直斋书录解题》一致，但却与《宋史·艺文志》略有差异,后者则将《周礼》类文献目录著录于《仪礼》类之前。四大类礼类文献的著录文献条目数量依次为:《仪礼》类6条,《周礼》类15条,《戴记》类26条,三礼总义类13条,总计载录50条礼类文献目录。其中有的条文涉及2—3中礼类文献,如"《古礼》十七卷,《释文》一卷,《释误》三卷"1条就涉及张淳的3种文献,"《古礼经传通解》二十三卷,《集传集注》十四卷"1条涉及朱熹的2种文献,"《集释古礼》十七卷,《释宫》一卷,《纲目》一卷"1条涉及李如圭的2种文献,等等。所载入目录之文,囊括汉代以来所见之各类礼类文献,《仪礼》类6条之中,仅郑玄《仪礼注》和贾公彦《仪礼疏》两种,其余均为宋代学者所著,这对于考察宋人的礼学研究状况,具有重要的文献学价值。

其三,从著录文献的目录信息要素来看,由于该目录著作主于广泛辑录与某书相关的资料,来揭示著录之书的内容,因而马端临著录的文献信息较少,一般主要涉及文献名、卷数、作者名三要素,至于其他相关信息内容,则通过所辑录的与该文献相关的目录著作资料来揭示,间接实现目录编纂者的编制目标。

(三)江藩《国朝经师经义目录》

江藩(1761—1831),字子屏,号郑堂,晚号节甫,江苏甘泉(今扬州)人。监生。早年授业于余萧客、江声,博综群经,帅承惠栋,将经学分为汉学、宋学两派,熟于史事,阮元曾聘其担任丽正书院山长。对目录学多所论述,认为"目录者,本以定其书之优劣,开后学之先路,使人人知某书当读,某书不当读","目录之学,读书入门之学也"①。并撰有《国朝经师经义目录》一书,堪称治经学的门径。

《国朝经师经义目录》是一部经学目录学著作,仅著录《易》、《书》、《诗》、《礼》(附三礼总义)、《春秋》(附三传总义)、《论语》(附经总义)、《尔雅》(附音韵)、《乐》八类之书。每类之首先概述学术源流、师传授受,然后对历代重要经学家及经学著述进行简要评价。该书共著录清代经学重要著作91种,而且只列书名、卷数、作者。考该书与"礼"类相关的部分,篇幅不大,卷首"小序"当中有一段学术史性质的论述性话语,与礼经学相关的叙述部分,主要包括这样三方面内容:

一是对汉代礼经学的授受情况的概述;

---

① 江藩著,周春健校注:《经解入门》,华东师范大学出版社2010年版,第110页。

二是概述两晋至明一段时间的学术概况，也是寥寥数语，极为简约："自晋及唐，《三礼》皆用郑《注》。至宋儒潜心理学，不暇深究名物度数，所以于《礼经》无可置喙；……南宋以后，始改窜经文，补亡之说兴矣。《士礼》十七篇，文词古奥，宋儒畏其难读，别无异说。至敖继公始疑《丧服传》非子夏所作，而注文隐攻郑氏，巧于求胜，于是郝敬之臆断、奇龄之书说起矣。"

三是概述截止江氏著述为止清代礼经研究之总况："至国朝，如万斯大、蔡德晋、盛百二虽深于礼经，然或取古注，或参妄说，吾无取焉；方苞辈，则更不足道矣。"①从这一治学取向出发，《国朝经师经义目录》所受各类清代"礼学"著作极少，其中《周礼》类仅 6 部，《仪礼》类仅 7 部，《礼记》类仅 4 部，另附"三礼总义"类著作 3 部。该《目录》所列详目附载如下：

《周礼》类：《周官禄田考》三卷，沈彤撰；《禘祫说》二卷，惠定宇撰；《周礼疑义举要》七卷，江永撰；《考工记图》二卷，戴震撰；《弁服释例》十卷，任大椿撰；《车制考》一卷，钱坫撰。

《仪礼》类：《仪礼郑注句读》十七卷、《监本正误》一卷、《石经正误》一卷，张尔岐撰；《仪礼小疏》一卷，沈彤撰；《仪礼释宫增注》一卷，江永撰；《仪礼管见》四卷，褚寅亮撰；《仪礼正讹》十七卷，金曰追撰；《仪礼图》六卷，张惠言撰；《礼经释例》十三卷，凌廷堪撰。

《礼记》类：《深衣考》一卷，黄宗羲撰；《明堂大道录》八卷，惠定宇撰；《礼记训义择言》八卷、《深衣考误》一卷，江永撰；《深衣释例》三卷，任大椿撰。

"三礼总义"类：《礼说》十四卷，惠士奇撰；《礼经纲目》八十五卷，江永撰；《礼笺》十卷，金榜撰。

《国朝经师经义目录》之所以著录各类经学著作（包括清代"礼学"著作在内）极少，与著录文献的取舍原则有关，具体来说有四：言不关于经义小学、意不纯乎汉儒古训者不录；书虽存其名而实未成者不著录；书已行于世而未及见者不著录；其人尚存，著述仅附见于前人传后者不著录。再从江藩对清代学者礼经研究的上述评价来看，他的治学和目录著录着实立足于汉学家的立场，故此书所列礼类文献虽不多，然所论笃实而精到，皆关切

---

① 江藩：《国朝经师经义目录》，附载《国朝汉学师承记》，中华书局 1983 年版，第 141—142 页。

要,为研治清代三《礼》学的重要书目之一。

(四)张之洞《书目答问》

张之洞(1837—1909),字孝达,号香涛,晚号抱冰,直隶南皮人,同治进士,为后期洋务派代表人物之一。他任四川学政时,委托缪荃孙为成都尊经书院学生开列阅读书目,遂成《书目答问》一书,初刊于光绪二年(1876)。此书驭繁就简,慎择约取,选录了历代流传至今的重要典籍二千二百余种,在传统的经、史、子、集四部分类之外,另设丛书、别录两部,是对传统分类法的突破。其中,《四库全书》所未收者占十之三四,重要书目下作按语,附有初学读本,方便读者略识门径。张之洞在给王懿荣的书札中谈及此书说:"其去取分类,即偶加注记,颇有深意,即是无数语言,非仅止开一书单也。"①

详考张氏《答问》一书卷一部分礼类目录之文献著录情况,主要体现出如下特点:

首先,从《答问》礼类文献之著录叙次看张氏的礼类文献分类观。纵观张氏《答问》一书著录之礼类文献编排,大致是先《周礼》类,《仪礼》类次之,《礼记》类又次之,三礼总义类居于最后。这一著录序次,已与《四库全书总目》的"三礼"目录分类完全一致,也与元代以来各类目录学著作的三《礼》学序次保持一致。

其次,从《答问》礼类文献之著录文献选择看张氏的"三礼学"治学取向。据统计,《答问》一书中,著录《周礼》类文献 18 种,牵涉 14 位著者之文献;著录《仪礼》类文献 30 种,牵涉 29 位著者之文献;《礼记》类文献 24 种,牵涉 24 位著者之文献;三礼总义类文献 19 种,牵涉 19 位著者之文献。其中《周礼》类文献著录末尾云"以上《周礼》之属(疑经者不录。)",《仪礼》类文献著录末尾云"以上《仪礼》之属(有意攻驳古注者不录。)",《礼记》类文献著录末尾云"以上《礼记》之属", 三礼总义类文献著录末尾云"以上三《礼》总义之属(三《礼》家不考礼制、空言礼意者不录。)"。所谓"疑经者不录"、"有意攻驳古注者不录",明显彰显出张之洞对于汉学的尊崇,以及对于宋代以来治学疑经风气的不满;而所谓"三《礼》家不考礼制、空言礼意者不录",明显是将通礼类、杂礼书类礼学文献剔除了出去,再次

① 张之洞:《与王廉生(懿荣)函》,载《张之洞全集》卷二八二,"书札",河北人民出版社 1998 年版,第 10124 页。

彰显出目录著述者纯粹的“三礼学”观念。

再次，从礼类文献之目录著录信息看《答问》的礼经目录文献学价值。如同历代史志目录著作一样，张氏《答问》一书同样标注了各种文献之书名、卷数和作者名；然而不仅如此，《答问》还注意标注该种文献的相关文献版本情况，如张惠言“《仪礼图》六卷”之末注云“阮刻单行本，武昌局刻缩本。远胜宋杨复图”，江永“《仪礼释例》一卷”之末注云“张海鹏刻《墨海金壶》本，守山阁本。《墨海金壶》印行不多，所刻书皆在《守山阁丛书》中”，胡匡衷“《仪礼释官》九卷”之末注云“家刻本，学海堂本，胡肇智重刻本”，等等。张氏尽可能地著录文献的各种版本信息，以飨读者文献研读之便利。这一著录信息的记载，一方面丰富了目录著录的要素和内容，同时也具有了版本学的意识，为读者提供了可供选择的版本信息。

另外，从《答问》礼类文献之著录顺序来看。在《答问》著录的 30 种《仪礼》类文献当中，属于清代的礼经学文献就占了 26 种，而且基本上居于《仪礼》类文献目录之首；而清以前的礼经学文献只有 4 种，《答问》将他们置于同类文献之末，兹依次载述如下：

《仪礼识误》三卷。（宋张淳。聚珍本，杭本，福本，经苑本，荣誉刻《得月簃丛书》本。）

《仪礼集释》三十卷，《仪礼释宫》一卷。（宋李如圭。聚珍本，福本，经苑本。《释宫》有守山阁本，金壶本。二书虽善，已为今书概括。）

《仪礼逸经传》二卷。（元吴澄。《吴文正公集》本，通志堂本，《学津》本。）

据此可见，张之洞对清代礼经学研究的推崇，远远要高于对魏晋以迄晚明各朝的礼经学研究，所认同者，也仅仅只是张淳、李如圭、吴澄三家之著述而已。

第六章

《仪礼》文献的校勘研究

第一节 《仪礼》文献校勘概述

一、《仪礼》致讹之缘由

我国各种古籍在长期流传的过程中,经过无数次的传抄、翻刻、排印,往往会出现各种各样的错误现象,主要包括文字的讹、脱、衍、倒以及异文等情况,有时甚至包括标题款式之类的错误发生。一般说来,有些是刻书过程中刻工、校工的疏忽因素造成的,有些是传抄者的一时笔误产生的,更有甚者则是人为造成的有意行为,一些学者往往根据自己的理论阐发需要随意窜改经文,等等。

和其他各类经学文献一样,在历朝历代的文本传播过程中,《仪礼》白文及各类礼经文献也曾出现过衍文、脱文、讹字、倒文等一类情况。士子们日常研读礼经,如果凭据这种讹误相当严重的版本文献的话,其后果难以想象。因此,历代学者在研读礼经的同时,也相当重视对礼经白文和各类礼经学文献进行积极的校勘实践,以期具备一个完备可信的文献可供使用;甚至于有些学者在进行校勘实践之余,同时也注意加强了对导致礼经文献出现各种各样问题的成因情况探究。究其讹误因由,有主、客观两方面的众多因素。

首先,较之其他儒家经典,《仪礼》及其各类注释文献的受众者要更少得多。《仪礼》一经在"十三经"中向以难读著称,注释者代不乏人,诵习者寥若晨星，这也给《仪礼》文献的讹误产生提供了便利条件，所以有学者指出："唐以后，治此经者鲜，故刊本衍脱讹误积谬相仍，几不可读。"[①]以贾公彦《仪礼疏》为例，有些刊本往往"全书内时有前后违互者，且有一节内文义不甚融贯者，又加以颠倒舛误，古书之受诬，非一日矣"[②]。

其次，刻本的大量出现，使得礼经文本的传播出现了很多主观性和随意性因素。从社会历史发展的角度来看，众所周知，宋、元、明之际，由于雕版印刷术的兴盛，巨大的市场需求不断推进印刷事业的大规模发展，备受士人关注的各种礼经文献被大量刊刻和翻印，书商们出于逐利和讲求出版效率的考虑，无暇在版刻校对方面花费大量工夫，并不追求校勘精良的"定本"。再者，即便是士人们日常所习的各种礼经文献写本，也有可能出现各种不必要的讹误。

再次，某些历史时期士人治学心性的影响，也给礼经文献的传播带来很多不利的效果。例如，唐代"元宗（即唐玄宗）开元中，命卫包以改字，尽趋于俗谬。文宗开成间，命郑覃以刻石，转益其殽舛弥甚，《仪礼》则并经之正文且多脱误，而《注》文、《疏》文不待言矣"[③]；宋代，"至宋熙宁中，王安石始议罢之，不立学官，而道学诸公又喜谈德性，于制度文为一切置之不论，遂使十七篇传写镂刻之本误文误字较他经尤甚，虽张氏淳、杨氏复、敖氏继公类能究心于此，而亦殊多踳驳不纯。沿至明神宗时，监本误脱益不可问矣"[④]；特别是学风空虚、《礼》书高阁的明代，妄断臆改之风尤为盛行，"万历间人多好改窜古书，人心之邪，风气之变，自此而始"。凡此种种，都有可能导致人们对礼经文献文字的妄改情况出现。正源于这一因素，清初学者所见之石本《仪礼》经文常能发现众多误字，而日常研习的明监本《仪礼》脱误更是非常严重，这也是清代初、中期学者都很重视礼经文献校勘的主要原因。

另外，由于受朱熹《仪礼经传通解》的影响，在此后礼经文献的传播过程中，往往有对礼经白文删改的情况。向以校勘精善、成就斐然著称的有

---

① 曹元弼：《礼经校释》卷十八，《续修四库全书》（第94册），第487页。

② 曹元弼：《礼经校释》卷十七，《续修四库全书》（第94册），第467页。

③ 张式慎：《仪礼经注疏正讹后序》，载金曰追《仪礼经注疏正讹》卷首，《续修四库全书》（第89册），第422页。

④ 王鸣盛：《仪礼经注疏正讹序》，《仪礼经注疏正讹》卷首，《续修四库全书》（第89册），第419—420页。

清大儒阮元就曾经指出："贾《疏》文笔冗蔓，词意郁轖，不若孔氏《五经正义》之条畅，传写者不得其意，脱文误句往往有之。……朱子作《通解》，于《疏》之文义未安者多为删润，在朱子自成一家之书，未为不可，而明之刻《注疏》者，一切惟《通解》之从，遂尽失贾氏之旧。"①这一番话里，指出了两方面的原因，一是贾公彦《疏》行文语言"文笔冗蔓，词意郁轖"对传写者的影响，一是朱熹作《通解》删润贾《疏》对刻书者的影响，诚属笃论。

凡此种种情况，都给不同时期《仪礼》文献的传播带来了很多负面因素，但又在一定程度上大力推动了《仪礼》文献校勘事业的发展，引导礼经学朝更加深入的方向推进。

二、《仪礼》文献校勘之类别

纵观历朝历代的礼经文献校勘实践，学者们的礼经学文本校勘，大致包括三重对象，即《仪礼》白文、郑玄《仪礼注》及贾公彦《仪礼疏》。如果进一步审察众多校勘者的校勘著作，发覆他们各自校勘实践的具体对象、校勘手段及校勘性质，则那么我们便可以将礼经文献的校勘实践划分为六个不同类别：

第一类是对《仪礼》古今文的校勘考辨活动。最早发端于东汉学者郑玄的《仪礼》古今文校勘实践，但在清代中期，对郑玄《仪礼》今古文校勘成果的考辨成为一种热潮，先后出现了李调元《仪礼古今考》、程际盛《仪礼古文今文考》、徐养原《仪礼古今文异同》、宋世荦《仪礼古今文疏证》、严可均《仪礼古今文异同说》（存佚不详）、胡承珙《仪礼今古文疏义》等一批同类之作。另外，段玉裁《仪礼汉读考》、陈光煦《仪礼汉读考》也大体属于这一类校勘著作，但又融少量其他类别校勘内容于其中。

第二类是对《仪礼》白文及其《仪礼注疏》注释文本的专门体校勘。这一类校勘实践，在清代中期也最为普遍，出现了张尔岐《仪礼监本正误》、《仪礼石本正误》、沈彤《仪礼郑注监本刊误》、卢文弨《仪礼注疏详校》、金曰追《仪礼经注疏正讹》、阮元《仪礼石经校刊记》、《仪礼注疏校勘记》、孙诒让《仪礼注疏校记》、张光諟《仪礼正讹》等一批同类之作。

第三类是对前人校勘成果的具体考辨和修正。从事这一类校勘实践

① 阮元：《仪礼注疏校勘记序》，载《十三经注疏》（上册），中华书局1980年版，第942页。

的学者，其所考辨的对象大都为前人礼经著作的零星校勘成果，大都散存于诸家礼经诠释文献当中，校勘者通过对前人理校成果的考察，借此评判其校勘优劣。事实上，前两类校勘论著中，有时亦涉及这方面的考辨内容，但从校勘成果存在的载体形式而言，这一类校勘内容一般散存于各种《仪礼》诠释文献当中，不存在于专门的校勘著作。

第四类则是礼经白文的理校实践。通常是指在毫无版本可据情况下，训诂家对经文本身的理校活动，亦无专门论著，往往散存于各种注释体著作之中。如在清初学者张尔岐《仪礼郑注句读》、蔡德晋《礼经本义》、盛世佐《仪礼集编》等著作当中，往往皆存在对具体经文的理校内容。但在清代后期，此类理校实践逐渐销声匿迹。

第五类是指对某一诠释家《仪礼》文献进行专门的校勘活动，多以校正文献当中的文字衍、脱为主体，大都属于对文献训诂内容之拾遗补阙性质。目前所知的这一类校勘著作，仅见有翁方纲所著《仪礼蠡测签注》一书。

第六类是指各级官刻及私家刻书的校勘活动，如张尔岐《仪礼郑注句读》目录后有乾隆八年济阳高廷枢刻书识语云："详细对阅，胥借力于男之玥、侄之璇。盖若辈亦曾手录过也。既敷于板，又命侄之玫、之璐对堪，而后交工。每刻一页，刷印数纸，玥、璇两人对面唱答，一点一画，不许轻易放过。"①其子、侄等人交工之后所充当的工作，就是校工的校勘活动。

本书以下各节，将重点介绍和讨论前两类专门性质的校勘著作，以期对这两类校勘实践有一个大致的了解。

三、《仪礼》文献校勘之方法

历代学者对《仪礼》文献的校勘成果，大部分保存在大量的专门校勘类著作当中，同时也有部分成果保留在读书札记及各种注释体文献之中。纵览这些无可胜数的校勘成果，在校勘方法上，校勘学家往往"大抵以旧刊精校为据依，而究其微旨，通其大例，精孥博考，不参成见。其諟正文字讹舛，或求之于本书，或旁证之它籍，及援引之类书，而以声类通转为之錧

① 张尔岐：《仪礼郑注句读》卷首，载刘晓东、杜泽逊《清经解三编》（第7册），第741页。

键。”[1]孙诒让先生的这一番话，实际上是对历儒校勘方法之概括总结。若从现代校勘学角度看，则不脱现代校勘学家陈垣先生《校勘学释例》[2]卷六中所总结之四种方法：本校、对校、他校、理校。其中理校法之广泛运用，与清代考据学的兴盛以及文字、音韵、训诂等专门之学的迅速发展实有极大关联。

1. 本校法。“本校法者，以本书前后互证，而抉摘其异同，则知其中之谬误。”程千帆、徐有富《校雠广义・校勘编》具体归纳为这样几个方面：据相同词句校勘；据相同句式校勘；据对文校勘；据文义校勘；据目录与正文互校。[3]

2. 对校法。所谓对校法，“即以同书之祖本或别本对读，遇不同之处，则注于其旁。刘向《别录》所谓‘一人持本，一人读书，若怨家相对者’，即此法也。”

3. 他校法。“他校法者，以他书校本书。凡其书有采自前人者，可以前人之书校之。有为后人所引用者，可以后人之书校之。其史料有为同时之书所并载者，可以同时之书校之。此等校法，范围较广，用力较劳，而有时非此不能证明其讹误。”

4. 理校法。陈垣先生以为：“遇无古本可据，或数本互异而无所适从之时，则须用此法。”所谓理校法，就是注重通过逻辑推理委屈求证的方法。程千帆、徐有富《校雠广义・校勘编》指出：“人们使用理校法，主要是从语言、体例、史实三个方面着手的。”从语言方面入手，实际上就是通过文字、音韵、训诂等各种手段进行综合考察论证，以此来辨正文字是非。

以上各种校勘方法，在清人的具体校勘实践中往往是诸法并用的，由此根据各种理据做出明晰的是非判断；即使是学者们运用理校法进行校雠，也同样总是与本校、对校、他校结合在一起使用的。关于这一点，尤其是在《仪礼注疏》类校勘实践中，体现得相当明显，其中卢文弨、阮元等人的校勘尤为突出。

---

① 孙诒让：《〈札迻〉自序》，见《札迻》书首，齐鲁书社 1989 年版。

② 陈垣：《校勘学释例》，上海书店出版社 1997 年版，第 118—122 页。

③ 程千帆、徐有富：《校雠广义・校勘编》，齐鲁书社 1998 年版，第 398—401 页。

第二节 《仪礼》今古文类校勘研究

校勘是和异文相伴而生的。《仪礼》异文的产生可以追溯到西汉，根据《后汉书·儒林传》记载，《仪礼》今文经为高堂生所传《士礼》十七篇，而古文经则藏孔子家壁中及鲁淹中，凡五十六篇。两者之间除篇数不同以外，文字也往往多有差异，其中今文经是用汉代通行的隶书写的，古文经却是用六国古文字写的。在此后较长一段时间的传抄与传播过程中，无论是今文《礼经》，或者是古文《礼经》，都难免产生误字、衍字、倒文、坏字等情况。到东汉郑玄在给《仪礼》作注之际，因其治学今古文经学兼通博综，故郑氏不宗主一家之辞，凡遇两家中有误、衍、倒、坏之字的情况，皆不局限于株守某一家，而是往往择其中一家无误之字从之，即所谓“皆逐义强者为之”，而不论其为今文、古文，从而为后人留下了一部校勘精审、错误较少的《仪礼》白文版本，并流传至今。

郑氏的这一校勘，称得上是礼经学史上最早的一次文献校勘实践。由于其《仪礼注》中保存记载下来了大量可贵的校勘实例，历来受到《仪礼》研究者的重视，一方面它成为人们考察汉代《仪礼》今古文经学文献版本优劣的凭据，一方面也为后人诠释礼经白文提供了可资借鉴的重要文献版本。正是基于后一方面的文献价值，故历代颇有学者注目于此，特别是清代中期出现了李调元、程际盛、徐养原、宋世荦、胡承珙等一批专门从事于礼经今古文异文考辨的学者，他们通过对郑玄校勘成果的疏证式研究，借此实现礼经古今异文的互贯融通，著述完成这方面的《仪礼》文献校勘学专著，如李调元《仪礼古今考》、程际盛《仪礼古文今文考》、严可均、徐养原《仪礼古今文异同》、宋世荦《仪礼古今文疏证》、严可均《仪礼古今文异同说》（存佚不详）、胡承珙《仪礼今古文疏义》等，皆是这方面的代表性成果。

一、礼经今古文类校勘性质综论

如果说郑玄的今古文校勘主要属于文献版本的对校实践，那么后代学者对郑氏校勘成果的疏证，便涉及两方面的性质因素。一方面，通过后世学者的疏证,为郑玄的文本校勘与文字抉择提供了理论依据,理校色彩颇为浓烈;一方面,后世学者的疏证又为礼经文本的意义解读,为今古文异文之间的语义关系辨析,奠定了坚实的基础。

考察李调元、程际盛等人的礼经学校勘专著,究其文献类别性质而言,应当属于《仪礼》学文献体系中的三次文献,与贾公彦的《仪礼疏》文献性质颇为相类。若就其校勘实践的性质而言,李调元、程际盛等人所做的这类校勘工作,与《注疏》类校勘实践差异颇大,因为前者所运用的校勘方法多属于理校法,学者们往往运用文字、音韵、训诂等多方面的知识、手段,从礼经本身中去寻找文献材料,进一步加以互证,同时又往往强调广征博引,小学色彩十分浓厚;尽管有时也运用本校之法,但主要是和理校之法并存于具体的疏证之中,或者说是融本校于理校当中,纯粹的本校实例极少。

简言之,李调元、程际盛等人的校勘实践活动,不同于一般的活校工作,不主于校勘文字异同,而主于疏通论证,往往要对郑氏《注》所载今古文异文材料作出是非优劣的评判和取舍;此外,它还有一个更为特殊的任务,即揭示今古文经异文之间的音义关系,考察郑玄古今异文选择之凡例(又称"义例")。正是这一任务,使它与其他各种礼经训诂著作区别开来。因而,今天审视这些文献校勘成就,考察其校勘特色,必须从这一方面加以客观评价。

二、郑玄《仪礼注》与今古文校勘

郑玄(127—200),字康成,北海郡高密(今山东高密)人。曾入太学攻《京氏易》、《公羊春秋》等今文学,又从张恭祖学《古文尚书》、《周礼》和《左传》等,最后从马融学古文经。游学归故里之后,复客耕东莱,聚徒授课,弟子多达数千人。党锢之祸起,遭禁锢,杜门注疏,潜心著述。郑玄治学以古文经学为主,兼采今文经说,遍注群经,著有《六艺论》、《天文七政论》、《三礼目录》等书,共百万余言,世称"郑学",为汉代经学的集大成者。

众所周知,《仪礼》汉代有今文和古文两种不同的传本,其中汉初高堂生所传《仪礼》十七篇为今文本,《汉书·艺文志》著录的《礼古经》五十六篇则为古文本。"古文十七篇与高堂生所传者同,而字多不同,其余三十九篇绝无师说，秘在于馆。"①两种传本之间，不仅篇目次第有差别，即便是相同的各篇经文之间，往往也存在文字上的不同。因而郑玄在为《仪礼》经文作注时，首先便对《仪礼》经文的两种本子进行了一番校对，进行文字上的勘对和统一工作。这些今古文校勘成果，据今人杨天宇先生统计，共计371条，都保存在郑氏的《仪礼注》一书当中。

郑玄对《仪礼》经文今古文的校勘，不像后世学者对校整理古籍那样，仅仅注重忠实而客观地反映两种版本之间的文字差异，而是更强调对二者之异同是非进行准确取舍，就如贾公彦所说的那样："郑注《礼》之时，以今、古二字并之。若从今文不从古文，即今文在经，闑阈之等是也，于注内叠出古文，槷蹙之属是也。若从古文不从今文，则古文在经，注内叠出今文，即下文'孝友时格'，郑注云：'今文格为嘏。'又《丧服》注'今文无冠布缨'之等是也。"②尽管郑玄没有说明某处经文何以必从今文，何以必从古文，但却着实存在着一定的取舍原则和兼采条例。

据杨天宇先生研究，郑玄兼采《仪礼》今古文异文有五大原则③：

一是字义贴切的原则。简言之，就是从本字不从通假字，从本字不从义近字，从义训贴切之字不从易生歧义之字，从通假字不从义异之字，同为通假字从其于义切近者，二字义近从其义切者，二字通用从其义切者，二字异名同实从其名实较切者，从本字之后起字不从通假字。

二是习用易晓的原则。具体地说，就是从通假字不从本字，从区别字不从本原字，从易晓字不从义晦字，从通假字而不从通假字之通假字，同为假借字从其相承用久者，二字义同从其习用者，二字义近从本书中用多者，从习用之通假字而不从其本字之义近字，二字通用则从本书中用多者，二字通用而今古文亦每互作则不烦改字，二字异名同实则从本书中习用者，二字同为异体字从其习用易晓者，异体字而两从之，古今字而从通用之今字，已通用的假借字之假借字则从之而不改，异体字从其习用者，二字义同而礼书中用各有宜则据以决所从。

三是合理的原则。就是对今古文异文的取舍，郑玄强调要据礼制以决所从，据经义以决所从，据文意以决所从，据文理以决所从，据文例以决所

---

① 贾公彦：《仪礼注疏》卷一，《十三经注疏》（上册），中华书局1980年影印本，第946页。

② 贾公彦：《仪礼注疏》卷一，《十三经注疏》（上册），中华书局1980年影印本，第946页。

③ 杨天宇：《郑玄三礼注研究·校勘编》第二章，中国社会科学出版社2008年版，第309—331页。

从，据情理以决所从，据事理以决所从，据上下文以决所从，据行文语气以决所从。

四是符合规范的原则。郑玄对礼经今古文异文的取舍，还注意考察用字的规范性，往往从本字不从俗字，从正体字不从其异体字，二字音义同今古文亦互作则划一其字，不从误字，不从衍字，不从误倒字，不从坏字，据校定之字以决所从。

五是存古字的原则。郑玄校勘礼经今古文文本，从力图恢复初本原貌角度入手，往往从本原字不从后起字，二字义同从其于义较古者，同物异名而从名字近古者，同为假借字从其较古者，从本字不从后起之生僻字，存古之通假字而不破之。

郑玄兼采《仪礼》今古文异文，在遵循异文校勘取舍五大原则的同时，还特别形成了一套有益的今古文校勘取舍条例。杨天宇先生根据历代学者如贾公彦、胡承珙等人的研究疏证成果，总结出郑玄校勘礼经今古文的52则条例，兹转录于此：

从本字不从通假字，从本原字不从区别字，从本字不从后起之生僻字，从本字不从俗字，从本字不从义近字，从本字不从其义近字之通假字，从通假字不从本字，从通假字不从本字之义近字，从通假字不从通假字之通假字，从通假字不从义异之字，从区别字不从本原字，从后起字不从通假字或假借字，从易晓字不从义晦字，从义训贴切之字不从易生歧义之字，已通用的假借字之假借字则从之而不改，从通用字不从其训诂字，从正体字不从其异体字，同为假借字从其相承用久者，同为通假字从其于义切近者，同为假借字从其较古者，二字义同或义近从其习用者，二字义同从其于义较古者，二字义近从其于义尤切者，二字义近从本书中多用者，从习用之通假字不从其本字之义近字，二字通用从其义切者，二字通用从书中多用者，二字通用则不烦改字，二字异名同实则从书中习用者，二字异名同实从其名实较切者，二字同为异体字从其习用易晓者，二字音近义同今古文亦互作则划一其字，二字义同而礼书中用各有宜则据以决所从，不从误字，不从衍字，不从误倒字，不从坏字，据礼制以决所从，据经义以决所从，据文意以决所从，据文理以决所从，据文例以决所从，据情理以决所从，据事理以决所从，据上下文以决所从，据行文语气以决所从，据校定之字以决所从，异体字从其习用者，异体字而两从之者，古今字而从通用之今字，同物异名而从名字近古者,存古字而不破之。

上述52则条例的具体校勘实例,可以参考杨天宇所著《郑玄三礼注研究·校勘编》第一章,此不赘举①。此外,郑玄《仪礼注》中还保存了一些理校成果,或纠正音同音近之误字,或纠正形近之误字,或据礼制内容以纠正行文之误字,或据事理以纠正行文之误字,或据礼经文意以纠正行文之误字,等等。鉴于这方面的校勘不属于本节所讨论的范畴,此从省,亦可参看杨氏所著《郑玄三礼注研究·训诂编》第三章。

三、程际盛与《仪礼古文今文考》

程际盛,原名炎,字焕若,号东冶,江苏长洲(今吴县)人。乾隆四十五年(1780)进士,授内阁中书,官至监察御史。少学诗于沈德潜,去官后专心研究经学,其礼学方面的著作有《周礼故书考》1卷、《仪礼古文今文考》1卷、《礼记古训考》1卷、《夏小正》1卷,其中《仪礼古文今文考》一书是程氏校勘疏证《仪礼》古今异文的重要论著。具体说来,该书的校勘编排主要有以下三个方面的特点:

第一,全面裒集《仪礼》十七篇之古今异文,大致依十七篇次第分篇安排,其中诸篇古今异文材料相同者集中于首见篇首见之例下,以下各篇不重出。例如,该书《士昏礼》篇有这样一例:"'主人说服于房'注;又《乡饮酒礼》'说屦'注;《乡射礼》'弟子说束'注;《既夕》'主人说髦'注;《士虞礼》'丈夫说绖带于庙门外'注 今文说皆作税。"余皆类此。

第二,该书大部分条目下只详细胪列郑玄所见《仪礼》今古文情况,少数条目下亦加按语,但按语本身极简明扼要,多引三《礼》及其他先秦典籍同类异文材料,或引旧注破读材料为证,一般不作是非之辨。据统计,全书加按语的条目只有37例。例如《乡饮酒礼》篇,"'主人释服'注;又《大射仪》'获而未释获'注 古文释作舍。按:《周礼·大胥职》云:'春入学舍采',《注》云:'舍,即释也。'《占梦职》云:'乃舍萌于四方',《注》云:'舍读为释。'"此类按语中,程氏大都注意征引旧注予以佐证郑《注》所存异文材料,极少数情况下亦辨古今异文之是非,如《士昏礼》篇就有这样一例:

---

① 杨天宇:《郑玄三礼注研究·校勘编》第二章,中国社会科学出版社2008年版,第187—305页。

"'当阿'注 今文阿为庪。按:主人在阼阶,则宾当庪,今文似得之。"

第三,该书有时亦兼及疏解郑《注》破读之例,如《士丧礼》篇有云:"'久之'注 久读为灸。按:《周礼·庐人》'灸诸墙',《说文》引作'久',云:'从后灸之,象人两胫,后有距也。'是久为古文,灸为今文,灸从火久声,古文省火。"其他如《士冠礼》篇论"宵读为《诗》'素衣朱绡'之绡"例,《觐礼》篇论"四当为三"例,因与古今异文校勘不类,此不赘述。

四、李调元与《仪礼古今考》

李调元(1734—1803),字羹堂,又字赞庵、鹤洲,号雨村、墨庄,四川罗江人。乾隆二十八年进士,历官广东提学使,直隶通永兵备道。李氏在《仪礼》学方面的贡献,主要在于《仪礼》古今异文的校勘考辨上,并著成《仪礼古今考》一书。关于该书的成书缘起,李氏《仪礼古今考序》曾有明晰交代:"朱子撰古礼经《通解》,以十七篇为主,而取大小戴及他书传所载凡系于礼者附入之,此实百世之定论也,但古今文所不同未及详加笺校,今特博采群书,摘古今之参互者悉书考订,折衷于古以补注疏之阙,以释从今之非,庶乎读礼经者一目了然,不致开卷而叹文公之所苦也。"①

从《仪礼古今考》一书看,李氏的古今异文考校勘大致有这样几个特点:

其一,在《仪礼》各篇古今异文的选择上,大体依从古文用字情况,在李氏看来,"今之《仪礼》乃古今文互出之杂本也,余以为《仪礼》古礼经当从古文,不当从今文,盖今文出于传而古文出于篆,传者口授或讹,篆者古本犹存也"。② 遍观《仪礼古今考》一书,李氏的校勘考辨,重在校正《仪礼》原文之误,大多采从古文之说,悉心考辨今文之非,这从以下所列举的一些可以得到印证。李氏虽然重视古文,但亦不忽视今文的价值,往往亦择今文之善者辨而从之,例如:《聘礼》:"贿,在聘于贿",《古今考》卷下:"古文贿皆作悔。考《集韵》:悔,虎猥切,音贿,乃音之讹。"③又如,《觐礼》:"四传摈",《古今考》卷下:"古文传作傅,系偏旁讹。"④皆从今文而不

---

① 李调元:《仪礼古今考序》,载《仪礼古今考》卷首,《续修四库全书》(第89册),第195页。
② 李调元:《仪礼古今考序》,载《仪礼古今考》卷首,《续修四库全书》(第89册),第195页。
③ 李调元:《仪礼古今考》卷下,《续修四库全书》(第89册),第205页。
④ 李调元:《仪礼古今考》卷下,《续修四库全书》(第89册),第207页。

从古文为说，且指出古文错讹的具体原因。

其二，在校勘方法上，李氏基本上运用除对校法之外的本校、他校、理校三法。兹列举《仪礼古今考》中有关训例予以说明：(1)《士相见礼》："某将走见"，《古今考》卷上："今文无考。考《士昏礼》亦有此句，应系脱。"① 该例李氏运用本校法，依据《仪礼》本经他篇文进行考论分析。(2)《士相见礼》："若君赐之爵"，《古今考》卷上："今文无君字，考《礼·玉藻》有君字，系今文脱落。"②该例李氏运用他校法，依据《礼记·玉藻》篇文进行古今异文的校勘抉择。(3)《聘礼》："贿，在聘于贿"，《古今考》卷下："古文贿皆作悔。考《集韵》：悔，虎猥切，音贿，乃音之讹。"又："赐饔无饔饩"，《古今考》卷下："古文饔作羔。饔，《说文》从羔从美，故古文从羔。"③以上二例，李氏分别从音韵、字形分析的角度入手，考论异文形成的原因，这种语言分析法自然属于理校法。

其三，强调校勘须从金石、小学入手，在博采群书的基础上，运用文字、音韵、训诂诸方面研究手段，对《仪礼》古今异文进行悉心考订和校勘，足见李氏于经文小学研讨之深。例如，《聘礼》："十筥曰稷，十稷曰秅"，《古今考》卷下："古文稷作緵。考《韵会》，《周礼》：四秉曰筥，十筥曰稷，十稷曰秅，稷犹束也。《论语》注：六百四十解曰稷。《说文》：'稷，布八十缕。'徐锴正之曰：'此即十筥稷也。'盖言非八十缕布也。诸韵书皆释稷为八十缕布，误。案：《集韵》稷、緵通作子红切，音嵕。案《史记》'令徒隶衣七緵布'，注：緵，八十缕也。与布相似，七升布用五百六十缝，是稷、緵古通用也。"④考论中，李氏既有文字音韵训诂方面的分析，还注意广泛征引各种典籍材料进行论证，考订颇为精细。

其四，重视对《仪礼》古今异文形成原因的探讨和分析。例如，《士冠礼》："眉寿万年"，《古今考》卷上："古文眉作麋。考古文眉、麋二字通用，《荀子·非相篇》：'伊尹之状无须麋'。"⑤这就说明了眉、麋二字之间的通假关系。当然，由于时代因素的制约，李调元关于古今异文之间的音义关系的分析，认识往往是不清晰的，特别是对音转字、通假字、同源字、古今

---

① 李调元：《仪礼古今考》卷上，《续修四库全书》（第 89 册），第 199 页。
② 李调元：《仪礼古今考》卷上，《续修四库全书》（第 89 册），第 205 页。
③ 李调元：《仪礼古今考》卷下，《续修四库全书》（第 89 册），第 205 页。
④ 李调元：《仪礼古今考》卷下，《续修四库全书》（第 89 册），第 205 页。
⑤ 李调元：《仪礼古今考》卷上，《续修四库全书》（第 89 册），第 197 页。

字、异体字之间的音义关系往往不甚明晰,有时甚至影响了他对古今异文选择的客观判断,如《聘礼》:“公于宾壹食,再飨”,《古今考》卷下:“今文飨作乡,非。”①按:罗振玉《增订殷虚书契考释》云:“古公卿之卿,乡党之乡,飨食之飨,皆为一字,后世析而为三。”据此可知,“乡”、“飨”二字,从历时角度看是一组古今字,在表示“飨食”的意义上音义相同,李氏谓今文非是,失考。

尽管李氏强调运用小学知识进行今古文异文的校勘考辨,然而在一些校勘实例的考辨与取舍上,仍有可商之处;另外,涉及有些训例的具体分析上,李氏对古今异文形成原因及声义关系的探讨有时则显得不够到位。关于这一点,请参考拙著《清代〈仪礼〉文献研究》第八章第三节的举例,此不赘举。

五、徐养原与《仪礼古今文异同》

徐养原(1758—1825),字新田,又字饴庵,浙江德清人。夙承家学,读书有深识。嘉庆六年(1801)副贡生。父母先后卒,遂无意攻制举业。通文字、音韵、历算等学,其于字书,多辨析于象形、指事、会意、形声四者,著《六书故》、《急救篇考异》等;于古音,曾增定段氏十七部为十九部,有《说文声类》、《毛诗类韵》等传世。阮元抚浙江,征入诂经精舍校《尚书》、《仪礼》。徐养原因《仪礼》多脱文错简,遂著成《仪礼古今文异同》5 卷。

考《仪礼古今文异同》一书,徐氏对礼经古今异文校勘疏证主要有这样几个特点:

其一,对《仪礼》古今文的校勘疏证,突出理校,强调文字、音韵、训诂等多种手段的综合考察。关于音韵方面,徐氏运用了“凡同声旁之字古多通假”等系列音韵理论,如《聘礼》:“使者载旜”,郑《注》:“古文旜皆为膳。”《异同》卷三:“养原按:凡从亶、从善之字古多通用。《集韵》譱隶作善,亦作嬗,是其证也。”②他如云“凡从亶、从单之字古多通用”③之类是也。此外,其判定古今文中文字讹误之例,亦都能从音韵角度加以考察,如

① 李调元:《仪礼古今考》卷下,《续修四库全书》(第 89 册),第 204 页。
② 徐养原:《仪礼古今文异同》卷三,《续修四库全书》(第 90 册),第 304 页。
③ 徐养原:《仪礼古今文异同》卷一,《续修四库全书》(第 90 册),第 284 页。

《特牲馈食礼》:“不諏日”,郑《注》:“今文諏皆为诅。”《异同》卷五:“诅之与諏,双声叠韵皆不合也。諏本训谋,疑诅乃谋之讹。”①徐氏从音韵、训诂两方面入手,探究今文之讹,结论虽有可商,但其疏证方法却值得肯定。除运用理校法外,有时亦运用本校法,从《仪礼》本经上下文或他篇寻找证据,例如:《士虞礼》:“荐此常事”,郑《注》:“古文常为祥。”《异同》卷四:“养原按:下经云‘荐此祥事’,则此当为常。”②继承了《仪礼》治学贯通的传统。

其二,注意运用金石文献材料进行佐证,吸收金石学成果进行校勘研究。例如,《大射仪》:“媵觚于宾”,郑《注》:“古文媵作腾。”《异同》卷二:“养原按:《隶释》石经《仪礼》残碑:‘入盥洗,升,媵觚于宾’,石经熹平所立,乃今文也,与此《注》合,足证《燕礼》注称今文为传写之误。”③又如,《士冠礼》篇“古文眉作麋”例,徐氏引《集古录》有关石刻及古器铭文字材料相互佐证。虽然这类实例较少,但于校勘古今异文极为有价值。

其三,注重前人校勘成果之吸收和考辨,不盲从,不妄疑。凡引用同时代学者校勘成果者,若属正面引述,则不复详加按语考辨,如该书卷三论《聘礼》篇“今文讶为梧”一例,徐氏只引惠栋疏证语而不作任何补充说明,此属正引。

其四,对《仪礼》古今文语义关系的把握大多比较准确,分析到位。在徐氏看来,古今异文主要有两大类,即:“有字异而音义亦异者,有字异而音义不异者。”④故徐氏据群书略为疏证。例如,《士昏礼》:“当阿”,郑《注》:“今文阿为庪。”《异同》卷一:“养原按:阿与庪不同,此古今文异字异义也。既有四檐,何妨有四栋?《注》言入堂深示亲亲,故从古文作阿。”⑤这是属于“有字异而音义亦异者”之例,他如“古文席为筵”(卷四)之类是也。至于“有字异而音义不异者”之例,如《士相见礼》:“宅者在邦”,郑《注》:“今文宅为託。”《异同》卷一:“养原按:《说文·宀部》:‘宅,所託也。’託在铎韵,宅在陌韵,古音同部,故《说文》以同声相训。又《人部》:‘侂,寄也。从

① 徐养原:《仪礼古今文异同》卷五,《续修四库全书》(第90册),第331页。
② 徐养原:《仪礼古今文异同》卷四,《续修四库全书》(第90册),第330页。
③ 徐养原:《仪礼古今文异同》卷二,《续修四库全书》(第90册),第300页。
④ 徐养原:《仪礼古今文异同》卷一,《续修四库全书》(第90册),第284页。
⑤ 徐养原:《仪礼古今文异同》卷一,《续修四库全书》(第90册),第284页。

人,厇声。'厇,古文宅。此虽与讬字各见而音义无别。"①他如"古文纯为钧"(卷一)、"古文曳作抴"(卷一)之类是也。

另外,该书凡古今异文诸篇前后重复者,只于首见例加案分析,余例之列条目分析从省。此不详述。当然,该书的研究亦存在某些不足,例如:

一是关于文字音韵地位的分析,过于注重中古音的分析,大量爬梳《广韵》、《集韵》、《释文》注音及《说文》所附反切材料的情况,而忽视了上古音、中古音之语音变异。考察其从音韵角度分析实例来看,其论述文字通假主要涉及双声、叠韵、一声之转、同音等几种情况,其中徐氏又将"省文"情况单独置于假借之外,如该书卷一论"古文栉为节"时云:"节为栉之省文。大抵古文多假借,又多从省,如立位、工功是也。"②就今而言,这一处理方式似颇不科学,它实际上只是通假之一种情况而已。此外。徐氏有时亦过于依赖音韵之分析,结果转致疏证错误,如《士昏礼》"赞启会,却于敦南",郑《注》:"今文启作开。"《异同》卷一:"养原按:启、开同音相借,汉景帝名启,讳启之字为开。然此经作开,自因假借,非为避讳也。"按:启、开二字为一组同义词,徐氏以为"开"、"启"同音假借是不对的。

二是在古今异文的音义关系上,虽然在破假借方面颇有贡献,但对异文之间音义关系情况,如古今字关系、音转字关系、同源字关系等,仍缺乏清晰的认识。另外,对郑玄有关古今异文去取的凡例也不甚明晰。

简言之,该书对《仪礼》古今异文的考辨颇具参考价值,胡玉缙以为此书"视宋世荦《疏证》为胜,而不逮胡承珙之《疏义》",又说"其书颇具汉学家师法,虽不及胡书,而亦足以资考证"③,可谓非常客观、中肯的评价。

六、宋世荦与《仪礼古今文疏证》

宋世荦(1765—1821),字卣勋,号确山,浙江临海人。年十五,彭文勤公视学至台,拔补弟子员。时有神童之誉。乾隆五十三年(1788)举人,官陕西扶风知县。罢归后,始闭门授徒,考订经史,搜集乡邦文献,从事著述,著有《周礼故书疏证》6 卷、《仪礼古今文疏证》2 卷、《诂经文字古义通释》

---

① 徐养原:《仪礼古今文异同》卷一,《续修四库全书》(第 90 册),第 290 页。
② 徐养原:《仪礼古今文异同》卷一,《续修四库全书》(第 90 册),第 281 页。
③ 《续修四库全书总目提要·经部·礼类》,中华书局 1993 年版,第 512 页。

等多种。其中,《仪礼古今文疏证》一书分卷上、卷下两个部分,卷首有王引之《王伯申侍郎札》,谓“大著勤求古义以释古经,触类引伸,四通六闢,中如袂当为秩,酌当为,尤见卓识精思,非熟于谐声假借之例不能有此”,评价极高,揆诸该书,称其“触类引伸,四通六闢”,当为溢美之词,但该书亦实有其可取之处。

详审《疏证》一书,其中值得注目之处表现在如下诸方面:

其一,具体疏证当中,裒集三《礼》及先秦两汉典籍异文材料全面充实,在一定程度上贯通了群经,尤其是贯通了三《礼》的语料,大大提高了郑玄所存异文材料的可信度。例如:《士冠礼》:“面枋”,郑《注》:“今文枋为柄。”宋氏《疏证》卷上:“《士昏礼》‘皆南枋’,注:‘今文枋为柄。’《特牲馈食》注‘东枋’,《释文》:‘枋,本亦作柄。’《周礼》‘内史掌王之八枋之法’,《释文》:‘枋,本又作柄。’《小戴记·礼运》‘以四时为柄’,《释文》:‘柄,本又作枋。’《五经文字·木部》:‘枋,古柄字。’”①将三《礼》“柄”、“枋”异文材料搜罗殆尽。就此而论,该书的价值要优于徐养原《仪礼古今文异同》一书。

其二,对于古今异文的音义关系,《疏证》的认识显然比较模糊,但具体疏证当中却也透露出这方面意识,只是不够明晰。例如,《公食大夫礼》:“坐奠于鼎西”,郑《注》:“今文奠为委。”宋氏《疏证》卷下:“《诗·采苹》‘于以奠之’,传:‘奠,置也。’《吕览·执一》‘置质为臣’,注:‘置,犹委也。’”②按:宋氏援引两则古注,通过前后注语相互递训的方式揭示了“奠”、“委”为一组同义词。又如,《少牢馈食礼》:“勿替引之”,郑《注》:“古文替为袂,袂或为戴。”《疏证》下:“《注》替、戴声相近。世荦案:袂乃秩字之讹。《文选·东京赋》、《魏都赋》、《景福殿赋》押秩字,并直至反。又戴即戜字,《诗·巧言》‘秩秩大猷’,《说文·大部》引作‘戜’。《汉书·地理志》‘四戜’,即《诗》‘驷驖’,《文选·西征赋》‘与政隆替’,替字亦当音铁也。”③这段疏证一方面指出了《注》“袂”为“秩”字之误,同时亦通过广引异文的方式论证了“替、戴声相近”这样一种音义关系。

其三,体例上的照应特点:该书按郑氏十七篇次第编排,凡首见已加疏

① 宋世荦:《仪礼古今文疏证》卷上,《续修四库全书》(第91册),第291页。
② 宋世荦:《仪礼古今文疏证》卷下,《续修四库全书》(第91册),第309页。
③ 宋世荦:《仪礼古今文疏证》卷下,《续修四库全书》(第91册),第323页。

证之相同古今异文,其后不复论证,只注明见某篇某条。

除了以上几方面外,《疏证》也透出宋氏治学上的些许不足:

一是过于注重广罗异文相证,而忽略了分析异文之间的音义关系。如《士冠礼》:“眉寿万年”,郑《注》:“古文眉作麋。”宋氏《疏证》卷上:“《方言》注:‘麋,犹眉也。’《大戴记·王言》‘孔子愀然扬麋’,注:‘麋,一作眉。’《荀子·非相》‘孔子面无须麋’,注:‘麋与眉同。’《集古录》:‘汉故北海相景君碑有云:“不永麋寿。”余家集录三代古器铭,有云“眉寿”者皆为“麋寿”。盖古字简少通用,至汉犹然也。’”按:宋氏未作任何音义分析,只是指出“麋”、“眉”之间存在通用现象。而徐养原《仪礼古今文异同》除引述《方言注》外的其他材料,尚有如下数语:“《少牢》注:‘眉,古文作微。’《春秋》庄廿八左氏经:‘筑郿’,二《传》作‘微’,陆氏二《传》《音义》并云:‘左氏作麋。’是眉、麋、微三字古通用。”虽同样未作音韵分析,然贯通视野更趋开阔无疑。

二是对郑《注》的通例未分晓,因而全书对郑氏从古文或从今文缺乏总体把握。如同为通假关系,郑玄时而从正字,时而从借字,宋氏《疏证》皆缺乏明晰交代说明。王引之《札》谓其“熟于谐声假借之例”,实属溢美之词,并不允当。

三是对异文的考察忽略了结合经文本旨,忽略了本经具体语境因素的融通互贯。须知,具体异文的抉择,虽然属于语言文字之范畴,但如果脱离了《礼》经本身具体语境因素的综合考察,实难保证其说的科学度与合理性。

七、胡承珙与《仪礼今古文疏义》

胡承珙(1776—1832),字景孟,号墨庄,安徽泾县人。嘉庆十年(1805)进士,选翰林院庶吉士。散馆,授编修。寻迁御史,转给事中。后官至台湾兵备道。自少工词章,通籍后,究心经学,不苟同前人。于《毛诗》用力尤深,著《毛诗后笺》、《仪礼古今文疏义》等。其中《仪礼古今文疏义》一书主于今古文发凡起例,创始于京曹,卒业于在闽渡台之后,每日公务馀暇,辄纂数事,终著成17卷。

若以校勘考辨今古文异文而论,《仪礼古今文疏义》较之此前数种更

具特色,大致体现在以下几个方面:

其一,第一次对郑玄折衷古今异文之抉择义例进行了系统的探究。这在金曰追、宋世荦、徐养原等人著作中皆无所反映。细考该书《自序》及其各卷实例,其所总结之义例约略有如下数端:

(1)“有必用其正字者,取其当文易晓”例。例如,《士冠礼》:“侧尊一甒礼在服北”,郑《注》:“古文甒作庑。”《疏义》卷一:“《说文》无甒字,古皆借庑为之。《方言》:‘甒,甖也。周、魏之间谓之甒。’此亦必本作庑,瓦旁乃后人所加耳。郑不从古文作庑者,《疏》云:此甒为酒器,庑是夏屋两下,亦当句易晓意也。”①《疏义》中此类实例颇多,他如从盥不从浣(卷一)、从伸不从信(卷三)、从早不从蚤(卷三)之类皆是也。

(2)“有即用其借字者,取其经典相承”例。例如,《乡饮酒礼》:“众宾辩有脯醢”,郑《注》:“今文辩皆作徧。”《疏义》卷四:“郑于《注》或用徧、或用辩,不尽依经文,如《乡饮》云‘皆如宾酬主人之礼,辩’,《注》云:‘辩,辩众宾之在下者。’《有司彻》‘辩受爵,其荐脯醢与胥’,《注》云:‘徧献乃荐。’是辩、徧二字《注》则便文通用,惟于经则皆依古文作辩。郑于古今文假借字多从本字,此独不然者,疑徧乃后出之字,故郑于经文必皆从辩,以存古字古义也。”②将经文之取舍与注语之用字结合起来考察,尤为可信。他如从脇不从嗌(卷十四)之类是也。

(3)“有务以存古者”例。例如,《士昏礼》:“视诸衿鞶”,郑《注》:“视乃正字,今文作示,俗误行之。”《疏义》卷二:“承珙案:《小雅》‘视民不恌’,《笺》云:‘视,古示字。’《曲礼》注云‘视,今之示字’者,谓此视字即今人所用之示字,古人正作视不作示耳。孔《疏》云:‘郑注经中视字者,是今之以物示人之示也。’是举今以辨古,此语得之。贾《疏》谓《曲礼》注破视从示,非也。”③如承珙所考,“视”、“示”当属于一组古今字,郑氏从古字不从今字,体现了语言的发展变化规律。

(4)“有兼以通今者”例。例如,《丧服》:“冠六升,外毕,锻而勿灰。衰三升。”郑《注》:“布八十缕为升。升字当为登。”《疏义》卷十一:“承珙案:《说文·禾部》:‘布八十缕为稯。’《王莽传》‘十緵布二匹’,孟康云:‘緵,

① 胡承珙:《仪礼古今文疏义》卷一,《续修四库全书》(第91册),第499页。
② 胡承珙:《仪礼古今文疏义》卷四,《续修四库全书》(第91册),第518页。
③ 胡承珙:《仪礼古今文疏义》卷二,《续修四库全书》(第91册),第512页。

八十缕也。'《说文》有'稯'无'緵',盖此无正字,故贾《疏》又谓之'宗'。稯、宗、登、升皆一语之转。郑既破'升'为'登',而诸经注仍用'升'字者,则以经典相承已久,不复追改耳。"①胡氏据古注及音韵角度疏通四字乃一音之转的结果,很有说服力。

(5)"有因彼以决此者,则别白而定所从"例。例如,《公食大夫礼》:"雍人伦肤七",郑《注》:"今文伦或作论。"《疏义》卷九:"《少牢馈食礼》'雍人伦肤九',郑云:'伦,择也。肤,胁革肉。择之取美者。'此篇训伦为理,理亦择也。精理滑脆者,即谓择取胁革肉也。伦或作抡,《周礼·山虞》'凡邦工入山林而抡财不禁',《注》云:'抡,犹择也。'《说文》:'抡,择也。''侖'下云:'从品、仑。仑,理也。'伦、论字皆从仑,声兼义,故古文作伦,今文作论。郑以《少牢》决之,故从古文。"②胡氏在指出伦、论声义同源之同时,谓郑氏乃"以《少牢》决之",故从古文作"伦"。这种情况,在《乡饮酒礼》、《乡射礼》、《特牲馈食礼》、《少牢馈食礼》诸篇所论尤为习见,此不逐一胪举。

(6)"有互见而并存者,可参观而得其义"例。例如,《士冠礼》:"加柶,面枋",郑《注》:"今文枋为柄。"《少牢馈食礼》:"加二勺于二尊,覆之,南柄。"郑《注》:"古文柄皆为枋。"《疏义》卷一:"案:《说文》:'柄,柯也。从木,丙声。''枋,木作车。从木,方声。'此经之义作柄为近。然古音方声、丙声同部,从方从丙字多通,故郑于此从古文作'枋',而于《少牢馈食礼》则又依经文作'柄'也。"③胡氏从"同声必同部"的音韵角度论"柄"、"枋"之相通,进而考察《士冠》、《少牢》二篇郑氏抉择之异,推求义例之所属。

(7)"因训诂字代正文"例。例如,《既夕礼》:"加茵,用疏布,缁翦,有幅",郑《注》:"今文翦作浅。"《疏义》卷十三:"承珙案:《考工记·鲍人》云,则是以博为帴也。郑司农云:'帴读为翦,谓以广为狭也。'郑君云翦者如俴浅之俴。考《诗·小戎》传云:'俴,浅也。'是先郑以翦为狭,后郑以翦为浅,其意略同。翦字亦作前,《周礼·巾车》'前樊鹄缨',《注》:'前读为缁翦之翦,浅黑也。'然翦可训浅,不当即作浅字。今文翦作浅,乃以训诂字代,故郑不从。"④胡氏据古训细为推导"翦"有浅义,发明郑氏义例。

---

① 胡承珙:《仪礼古今文疏义》卷十一,《续修四库全书》(第91册),第550页。
② 胡承珙:《仪礼古今文疏义》卷九,《续修四库全书》(第91册),第545页。
③ 胡承珙:《仪礼古今文疏义》卷一,《续修四库全书》(第91册),第503页。
④ 胡承珙:《仪礼古今文疏义》卷十三,《续修四库全书》(第91册),第566页。

其二,胡氏对异文音义关系的探讨,较之金、宋、徐三人有了更进一步的认识,除了音义通假关系、语义对等之同义关系、讹字与正字关系外,第一次引进了古今字的概念说明异文之关系。例如,《士丧礼》:"右人左执匕,抽扃,予左手,兼执之。"郑《注》:"古文予为與。"《疏义》卷十二:"案:《说文》:'與,党与也。从舁从与。'又:'与,赐予也。一勺为与。'二字皆与'予'通。'予,推予也。象相予之形。'予又借为予我之予,《仪礼》古文、左氏《传》则皆作余。郑注《曲礼》曰:'余、予,古今字。'此推予之予,则又予與为古今字也。"①在诸多音义关系的分析中,当以通假字音义关系的揭示最为普遍,务存折衷。

其三,其理校之法的运用既有文字、音韵、训诂等小学层面的介入,同时亦继承了《礼》经治学的传统,强调审本句文辞、审本篇上下文、审他篇礼文的综合考辨。例如,《士相见礼》:"众皆若是",郑《注》:"今文众为终。"《疏义》卷三:"若众为终,不独与'卒视面'卒字为复,且上文又云'毋改',郑云'毋自变动',不必复言'终皆若是'矣。"②胡氏从本篇文辞分析入手,指出当从古文为是。

其四,由于胡氏精通小学,因而是书特别注意《说文》、段《注》与郑说之异同比较,或增成郑《注》训义,或考辨郑、许所从异同。例如,《觐礼》:"侯氏裨冕,释币于祢",郑《注》:"今文冕皆作絻。"《疏义》卷十:"《说文》:'冕,大夫以上冠也。从曰,免声。絻,冕或从糸作。'段氏玉裁曰:'《觐礼》注云:"今文冕皆作絻。"许或之者,许意从古文也。絻字亦见《管子》、《荀卿子》及《封禅书》。'承珙案:《逸周书》冕字亦皆作絻,郑出今文,于《注》意正与许同。"③这是与郑说相同之例。相异之例如该书卷十四疏"古文曰:左股上。"④此不赘引。

此外,和宋世荦《仪礼古今文疏证》一样,胡氏也强调典籍异文材料之广综博采,但在处理方式上与宋氏略有不同。胡氏将《仪礼》本经诸篇相同异文材料全部置于首见之篇,以后各篇不再逐一条举,至于其他先秦两汉典籍异文材料则置诸按语当中。

---

① 胡承珙:《仪礼古今文疏义》卷十二,《续修四库全书》(第 91 册),第 563 页。
② 胡承珙:《仪礼古今文疏义》卷三,《续修四库全书》(第 91 册),第 514 页。
③ 胡承珙:《仪礼古今文疏义》卷十,《续修四库全书》(第 91 册),第 548 页。
④ 胡承珙:《仪礼古今文疏义》卷十四,《续修四库全书》(第 91 册),第 577 页。

八、段玉裁与《仪礼汉读考》

段玉裁(1735—1815),字若膺,号茂堂,曾字乔林、淳甫,又号砚北居士、长塘湖居士、侨吴老人,江苏金坛人。乾隆二十五年(1760)举人。乾隆二十八年(1763)从戴震受业。以官教习授贵州玉屏县知县,坐事罢官,复起任四川富顺知县。乾隆四十七年(1782)以疾辞官归乡,居苏州三十余年,闭门著述。嘉庆四年(1799)阮元为浙抚,建"诂经精舍",集天下学人,辑《十三经校勘记》,便由段玉裁主其事。段玉裁精通典籍,毕生既谨守戴震之学,又将师学发扬光大,在文字、音韵、训诂方面皆有深刻研究,是乾嘉学派中的著名皖派学者。一生著述甚富,达三十余种。

《仪礼汉读考》是段玉裁唯一一部《仪礼》学著作,可惜只成 1 卷,即《士冠礼》篇,其余十六篇未成。该书共 29 条,皆首摘经文及郑《注》为纲,疏通证明礼义,虽不专主今古文,但疏通论证郑玄古今异文之例达 21 条,为该书主体内容,且其余 8 条并皆为校勘内容。该书校勘疏证研究颇具精义,主要有这样几个特点:

其一,段氏区别古今,形音义互求,特别是从分析古音入手,运用其《六书音均表》所分古音十七部理论,沟通文字音义关系。例如,《士冠礼》:"某有子某",郑《注》:"古文某为谋。"段氏《汉读考》:"此同音假借,某、谋古音同在第一部也。《说文》谋从某声,古文作㖼,亦作 䜊,度淹中古经,当是古文谋字,郑君《注》则从小篆作耳。"又如,同篇"孝友时格",郑《注》:"格,致也。今文格为嘏。"《汉读考》:"各声、叚声同在第五部,此犹《尚书》古文作格,今文作假也。郑从古文者,谓格为正字,嘏为假借也。"以上二例郑玄采从正字,段氏则皆从古音韵部相同、叠韵通假的角度揭示今古文之通借关系。

其二,注意考辨郑玄、许慎对古今文取从之异同情况。许慎是古文学家,《说文叙》中亦标榜古文经书,但"《说文》引经传却不限于古文,凡于证形、证音、证义有用者,不论今古文,一概征引信从。"①和许慎同是东汉学者但处晚期的郑玄,其治学兼涉今文、古文,兼通今古文,往往立足于古文

① 孙钦善:《中国古文献学史》,中华书局 1994 年版,第 147 页。

而又不一概排斥今文,而是各取所长,互相补充,这从其治《礼》经对今古文择善而从中可以得到印证。如果就许慎所作《说文解字》与郑玄注《仪礼》今古文用字取用情况加以比较,不难发现二者之间有异有同。段玉裁是治《说文》之大家,因而其在《仪礼汉读考》当中往往比较分析两者之间用字的异同取舍情况,例如,《士冠礼》:"采衣紒",郑《注》:"紒,结发。古文紒为结。"《汉读考》云:"案:《说文·糸部》有'结'无'紒',此从古文不从今文也,是以《髟部》:'鬠,卧结也。''髽,丧结也。''髫,簪结也。''鬟带,结头饰也。'字皆作'结'。结、紒古今字,皆即后世'髻'字。郑君从今文,是以《少牢馈食礼》注、《周礼·追师》、《弁师》注、《礼记·杂记》注皆作'紒'。凡许、郑二家用字不同类如此。"

其三,对郑《注》今古异文漏略之例,段氏注意作精密推理。段玉裁治学专精,尤长于小学考据,在文字、音韵、训诂方面均有精深的造诣,这由其所著《说文解字注》之精审可以推知。在《仪礼汉读考》中,段氏运用小学知识推论郑玄作注今古异文交代疏漏之失,区分古今,颇值得今人重视,例如,《士冠礼》:"宰告曰:质明行事。"郑《注》:"质,正也。宰告曰:旦日正明行冠事。"《汉读考》:"《说文·日部》'晢'字下曰:'昭晢,明也。从日,折声。《礼》曰:晢明行事。'按:《说文》凡言'礼'者,皆谓《仪礼》十七篇,《序》云:'其称《礼》、《周官》,《礼》谓《仪礼》,《周官》谓《周礼》。'郑本作质,许本作晢,未知孰为今文孰为古文。以戴《记》多从今文推之,《礼器》、《昏义》皆云'质明',则质今文,晢古文也。郑不叠古文者略也。"

其四,该书除辨析郑玄今古文校勘释例外,另有 8 例虽非辨析《仪礼注》今古异文之例,然亦皆为其他校勘类别释例,有辨析郑玄其他校勘文之例,又有校勘郑《注》注文之例,如《士冠礼》:"赞者盥升,立于房中。"郑《注》:"盥升,盥于洗西,由宾阶升也。"《汉读考》:"各本作'赞者盥于洗西',《注》无'盥升'二字。"后引汪肇龙疏证之文,此不繁征。凡此之类,亦皆有功于《仪礼》之学,因不属于古今异文校勘内容,不复赘论。

由上可见,段氏之校勘疏证工作极具特色,主于推本郑君治礼家法,考证细密,其从上古音韵角度论证古今异文之音义关系,尤其值得重视,此为宋世荦、徐养原、胡承珙诸书所未及。可惜该书只成《士冠礼》一篇,故其书卷末云:"《礼经汉读考》一卷,其他十六卷未成,后之人当有能踵为之者。"后来,陈光煦踵继段氏之作,作《礼经汉读考》17 卷,亦可愈发推显该书在《仪礼》校勘学史上之重要地位。

九、陈光煦与《礼经汉读考》

陈光煦，四川酉阳人。精于小学，善以小学治经学。其所著《仪礼》学著作有《礼经汉读考》17 卷和《仪礼通诗释》17 卷，其中《礼经汉读考》当属于《仪礼》古今异文类校勘著作，乃踵武段玉裁《仪礼汉读考》一书而作。段玉裁曾于其书卷末交代云："《礼经汉读考》一卷，其他十六卷未成，后之人当有能踵为之者。"有鉴于此，陈光煦接踵而起作成该书。

该书共十七卷，其中卷一为段玉裁《仪礼汉读考》原文，但陈光煦收录此书时又有增补，标以"光煦按"字样予以区别；卷二至卷十七则全出陈氏所著。陈氏该书的疏证，以《仪礼》古今异文的疏证为主，深入探讨郑氏异文取舍之由，少数条目则兼及郑氏破读释例。该书在今古异文的校勘疏证方面，较之此前学者的研究又有所突破，主要体现在以下几个方面：

其一，通过上古音韵知识探究《仪礼》今古文异文的音义关系。段氏之前学者亦强调疏通今古文音义关系，但他们所运用的音韵理论大都还很不成熟，往往从中古音入手进行音韵学分析，而陈光煦则更强调运用清儒上古音研究成果，特别是段玉裁的古音十七部划分理论，进行古音韵地位的分析，因而理据更为明晰，说服力强。例如，《士相见礼》："在野，则曰草茅之臣。"郑《注》："古文茅为苗。"陈氏《汉读考》卷三："《说文》：'苗，草生于田者。''茅，菅也。'虽同为草而迥别。此古文以茅为苗者，苗古音在第二部，茅古音在第三，音近古多假借耳。《洛阳伽蓝记》云：魏时苗茨之碑，实即茅茨，取尧舜茅茨不翦也。"①此类实例甚众，恕不繁引。

其二，和此前各家的古今异文疏证相比，陈氏对古今字的概念运用更为广泛，不过陈氏所说的"古今字"仍不同于目前语言学界所称狭义范畴之义，它既包括了狭义方面的内容，但同时又涉及其他范畴的内涵在内。这里仅举该书卷二所言数例为证，例如：《士昏礼》："北止"，郑《注》："古文止作趾。"陈氏疏云："《尔雅·释言》：'趾，足也。'《释名》：'趾，止也。言行一进一止也。'《诗·豳风》：'四之日举趾。'皆以趾训足。止、趾古今字。"又如，《聘礼》："并南上"，郑《注》："竝当作併。"陈氏疏云："《聘礼》：

① 陈光煦：《礼经汉读考》卷三，宣统元年（1909）石印本。

‘西陈,皆以二竝’,《注》云:‘竝皆作併。’《祭义》:‘行肩而不併’,《注》:‘老幼竝行,肩臂不得併。’贾谊《治安策》:‘高皇帝与诸公併起。’併,部迥切;竝,亦部迥切。《书·立政》‘以竝受此丕丕基’,《诗·齐风》‘竝驱从两狼兮’,《礼运》‘圣人参于天地,竝于鬼神’,竝皆训併。竝、併古今字。”按:竝、併二字《说文》互训,上古音亦同。此二例所指即今古汉语所言古今字之义。又如,《聘礼》:“又弗能教”,郑《注》:“古文弗为不。”陈氏疏云:“《说文》:‘不,鸟飞上翔不下来也。从一,一犹天也。象形。’经传多与‘弗’字通用。《春秋·僖公二十六年》:‘公追齐师,至巂弗及。’《公羊传》曰:‘弗者,不之深者也。’《书·尧典》‘绩用弗成’,《诗》‘瞻望弗及’,均作不字用,是弗、不古今字。”按:“弗”、“不”当为一组音转字关系,在语音上,“弗”上古音为邦母术部,“不”上古音为邦母之部,古声纽相同;在用法上,二字亦略有区别,一般说来,凡用“弗”字之处皆可以用“不”字,但先秦时期“弗”字后面的动词不出现宾语。因此,陈氏谓之古今字似并不十分科学。

其三,引据详博,考辨精审。陈氏撰写该书的一个重要目的,是强调据音韵、训诂以辨今古异文之是非,明辨郑《注》取舍之精,因此,他在引据侧重点方面,与程继盛、宋世荦、胡承珙等人有很大程度上的不同,此前的同类著作更注重强调先秦典籍异文材料之广综博采,而陈氏该书的引据则大致分两个重点:

一是小学类,包括字书、音韵学类文献材料以及大量前人训诂材料,例如,《大射仪》:“记拾取矢,梱之”,郑《注》:“梱,齐等之也。古文梱作魁。”陈氏《汉读考》卷七:“光煦按:梱、魁皆假借字,本字当作稛。《说文》:‘梡,稛木薪也。’‘稛,梡木未折也。’《一切经音义》四引《通俗文》曰:‘合薪曰稛。’又十二引《纂文》曰:‘未判为稛。’《尔雅·释木》:‘髡梱’,郭《注》云:‘未详。’考《尔雅》之‘髡梱’,即《说文》之‘梡’‘稛’,为合薪之义。此郑《注》云齐等之者,谓合四矢使齐等也,与合薪同义。梱、稛声亦相近,古或通用,因稛讹梱,梱又讹捆,又借作魁。”此例广引大量文字、训诂工具书材料推论今文“梱”当为“稛”字之讹,当为理校之法。

二是三《礼》等经学原典及其他先秦文献材料,一般重在推论分析,故不赘引其他文献的异文材料,考辨色彩更强。例如,《乡射礼》:“退少立”,郑《注》:“古文曰:少退立。”《汉读考》卷五:“光煦按:《乡饮酒礼》‘司正退，共少立’，《燕礼》‘司正北面，少立’，《大射仪》‘司正北面，少立’，据彼证此，少下立上无退字，故郑不从古文。”这是考察《仪礼》各篇行文辞例推论郑氏去取之由。又如，《乡射礼》：“适堂西”，郑《注》：“今文曰：适序西。”《汉读考》卷五：“按：上文宾与大夫之弓倚于序西，主人之弓矢在东序，众弓则皆倚于堂西，矢在其上，此司射取矢，自当云‘适堂西’。又《大射仪》司射诱毕亦云‘遂适堂西’，故郑以彼决此，从古文而不取今文。”既考察上下文，又考察他篇用辞之例，推明郑《注》取舍之故。又如，《士丧礼》：“宰洗柶，建于米，执以从”，郑《注》：“今文宰不言执。”《汉读考》卷十二：“据上文‘主人洗贝，执以入’，下文‘商祝执巾从入’，皆有执字，此宰亦当言执。”乃考察上下文辞例辨今古异文之取舍。凡此之类甚众，恕不一一枚举。陈氏这一方面文献语料的征引，以《仪礼》本经文句为主，尤其注意探考本经行文辞例情况，深入分析挖掘郑氏或从古文或取今文之依据。

其四，郑注今古异文注语本身的校勘。郑《注》在流传的过程当中，其所存记载古今异文之语往往也出现了讹误现象，陈光煦《礼经汉读考》对这一现象颇为关注，并取得了大量的研究成果，这是其书超越以上诸书的一个重要方面。这一校勘包括两方面：

一是古文或今文文字的讹变考证，例如，《觐礼》：“乃朝以瑞玉”，郑《注》：“今文玉为圭。”《汉读考》卷十：“毛本圭作璧。《周官》‘典瑞掌玉瑞、玉器之藏’，又‘子执谷璧，男执蒲璧，……以朝觐宗遇会同于王。诸侯（相）见，亦如之。瑑圭璋璧琮，缫皆二（采一）就，以覜聘。’是知玉为瑞玉总名，璧为子男所执二物，郑意言玉则兼圭璧，言圭则嫌不见子男，故取古文为长。璧，《通解》作圭，是瑞玉举其总名，圭璧为之区别于侯伯子男。”既有本校法之运用，又据《周礼・典瑞》文挖掘郑玄取从古文之意。又如，《士丧礼》：“渜濯弃于坎”，郑《注》：“古文渜作缘，荆沔之间语。”《汉读考》卷十二：“《说文》：‘渜，汤也。从水，耎声。’《释文》：‘渜，奴乱反。与濡音义俱别。’今《丧大记》作‘濡濯弃于坎’，孔《疏》引皇氏云：‘濡为烦润其发。’竟作濡字解，误矣。误于偏旁本从耎，讹而从需，其音亦由此乱。古文渜作缘，音土乱反，音近假借，荆沔间谓湪为渜，缘为湪之误字。”考辨文字，引工具书语料为证，理据详明无误。

二是“古文”、“今文”之互讹，例如，《既夕礼》：“幂用疏布”，郑《注》：“今文幂皆作密。”《汉读考》卷十三：“《礼》经今文或鼏或幂，无作密者，惟古文多作密,乃同音假借。此《注》'今文'当亦'古文'之误。"陈氏对《仪礼》全书今古文各自用词作总的考察,据此判定目前所见郑氏《注》语"今文"为"古文"之误,颇为可信。

其五,和胡承珙著作一样,陈光煦对《仪礼》各篇相同古今异文之例,只于首见例下加以疏证,其余诸例则只列目注明参见某某篇。

由以上分析来看,陈氏对《仪礼》古今异文的疏证研究精审广博,考据详明,对《仪礼》经文的训诂极具价值,实在可谓为《仪礼》学第二类校勘著作中最具代表性之著作。诚如赵藩《跋》所云:"辨析今古文之同异,博取群经故训以为佐证,阙疑存信,精当不苟,于郑《注》时有推勘,非第足以究段已。"①应是较为公允的评价。

第三节 《仪礼注疏》类校勘研究

一、《注疏》类校勘性质综论

(一)本类别校勘对象及其性质问题

该类属于历代《仪礼》文献校勘的第二类别,其校勘对象包括三个内容,即《仪礼》经文、郑玄《注》、贾公彦《疏》,涉及礼经文献的三个层面。这种类别的礼经文献校勘,源起较早,南宋学者张淳所作《仪礼识误》一书中的校勘,即属于这一类别。但真正大规模出现主要是在清代,尤其是清代中后期较为普遍,出现了张尔岐《仪礼监本正误》、《仪礼石本正误》、沈彤《仪礼郑注监本刊误》、浦镗《仪礼注疏正字》、卢文弨《仪礼注疏详校》、金曰追《仪礼经注疏正讹》、阮元《仪礼石经校刊记》、孙诒让《仪礼注疏校记》、张光諟《仪礼正讹》等一批此类校勘专门文献。

就其性质而言,该类校勘文献既涉及"死校"性质的校勘,亦有"活校"性质的校勘。在校勘方法上,主要采用本校法,据所见各种版本进行文字校勘,强调版本的互校,校勘的具体内容则包括讹、脱、衍、倒乙、错乱等多种情况。此外,诸文献也涉及其他校勘方法,只是占据次要地位而已,这就要求校勘者必须对《仪礼》经文本身及其他相关文献有较为深入的了解,

① 赵藩:《礼经汉读考·跋》,载《礼经汉读考》卷末,宣统元年(1909)石印本。

以便确保具有较高的校勘质量。

(二)据以校勘之礼经文献版本情况

如上所述,这种类别的礼经文献校勘源起较晚,主要出现在清代,因而这里主要谈谈清人进行《仪礼》经文及郑《注》、贾《疏》校勘的版本依据情况。大致说来,主要涉及以下诸类礼经文献版本系统:

其一,唐开成石经本。宋元之际,唐开成石经本颇不受重视,张淳校订《仪礼》及朱熹撰《仪礼经传通解》皆不及此。到了清代,石经本骤显于世。最早运用此石经本者,当为顾炎武作《九经误字考》据以校勘。稍后张尔岐据之作《仪礼监本正误》,但石经本也存在讹误现象,故又兼作《仪礼石本正误》。清嘉庆二年(1797),严可均校读石经本发现,石经文字有磨改之迹,乃杂出郑覃、唐玄度、韩泉、张自牧四人之手。其后经冯登府等研究,清人所据石经摹本为剪裁割裂之"装潢本"①,大失旧貌。乾隆中,阮元任石经校勘官,曾对磨改补刻之迹详加考察,再作校雠,创获颇丰。凡此种种,均在一定程度上促进了传世《仪礼》本经与石经本之互校工作。

其二,宋元明刻本。据金曰追《仪礼经注疏正讹·例言》交代:"《注疏》本之流传于世者有五,一宋刻,一元刻附注释文本,一万历北监重刻本,一毛氏汲古阁本,一建本。"宋代刻本主要为宋严州单《注》本和宋苏州所刻的单《疏》本,此二本皆为嘉庆初年黄丕烈所访得,可谓"于宋椠书籍中为奇中之奇、宝中之宝,莫与伦比者也"②。清人张敦仁萃刻《仪礼注疏》时,就将严州单《注》本和景德官《疏》本合刊为一书,顾千里称其为善本。另据彭林先生考证,"张淳(字忠甫)于乾道八年校定《仪礼》时,参校本有北宋监本、京师巾箱本、杭州细字本及严州本等四种。北宋监本乃沿用五代刻本,为宋刻祖本。细字本及巾箱本分别为北宋南北方之翻刻本。严州本系以巾箱本为底本翻刻者"③。由此看来,宋本还有北宋监本、京师巾箱本、杭州细字本三种。明代流传下来的刻本有四,一为明陈凤梧所刻《注疏》本,二为明万历北监重刻本,三为崇祯年间汲古阁翻刻本,是为毛本,四为明嘉靖间徐氏翻刻宋单注本。不过徐氏翻刻本亦在清嘉庆间为人所求得,阮元作《仪礼注疏校勘记》时就未见是本,而胡培翚撰《仪礼正义》时得

① 冯登府:《石经补考自序》,见《石经补考》卷首,光绪十六年四川尊经书局刻《石经汇函》本。

② 黄丕烈:《百宋一廛书录》,1912 年刻《适园丛书》本。

③ 彭林:《论清人〈仪礼〉校勘之特色》,载《经学研究论文选》,上海书店出版社 2002 年版。

见徐氏本，故其校勘弥精。

其三，宋、元诸大儒注释《仪礼》旧籍传本。这些版本大致包括宋朱熹《仪礼经传通解》本、杨复《仪礼图》本、张淳《仪礼识误》本、李如圭《仪礼集释》本、《释文》本、魏了翁《仪礼要义》本、敖继公《仪礼集说》本，等等。其中张淳《仪礼识误》、李如圭《仪礼集释》及《仪礼释宫》是乾隆间修《四库全书》时从《永乐大典》中辑佚出来的。另外，据考证，阮元校勘《仪礼》石经时，曾据内廷《天禄琳琅》所收诸宋元本、曲阜孔氏宋本综而核之。

其四，据以校勘之清代版本。主要有三种情况，一是据清朝所勘前人著述加以校勘，如清朝重修国子监《注疏》本，清武英殿《注疏》本，徐乾学刻通志堂《仪礼音义》本、通志堂《仪礼图》本、通志堂《仪礼集说》本等；二是参考本朝《仪礼》文献的校勘成果，如张尔岐《仪礼郑注句读》、方苞《仪礼析疑》、吴廷华《仪礼疑义》、《钦定仪礼义疏》、盛世佐《仪礼集编》等；三是据当朝前期校勘专著校勘成果加以校勘，如浦镗《十三经注疏正字》本、卢文弨《仪礼注疏详校》本、顾炎武《九经误字》、张尔岐《仪礼误字》等。后两种情况在嘉庆之后的校勘专著当中非常普遍。

二、张淳《仪礼识误》校勘

张淳（1121—1181），字忠甫，永嘉（今浙江温州）人，五试礼部而不中，被人荐之于朝。墓志铭称：“忠甫为人，严重深博，善忍事镇物，绝有材智，抑不使出。其气貌沈沈，伟然丈人也。”颇有才智，与薛士龙、郑景望齐名，为乾、淳间大儒。毕生仅著有《仪礼识误》一书传世。

根据《仪礼识误》自序，张淳撰作该书之旨趣有这样几点：其一，暗射王安石废罢《仪礼》。其二，慨叹《仪礼》版本之失真。其三，欲于正文字、订讹误之中恢复《仪礼》旧貌，以此昭示圣人礼制于天下，恢复《仪礼》之地位。

《仪礼》一书在宋代屡经翻刻后，已经出现很多讹脱衍倒之处，由于诵习者少，很少有人问津。朱熹曾慨叹说：《仪礼》人所罕读，难得善本。因而，《仪礼》经注的校勘，已经迫在眉睫。南宋乾道八年（1172），两浙转运判官直秘阁曾逮刊刻《仪礼郑氏注》十七卷，陆氏《释文》一卷，张淳为之校定《仪礼》文字的讹误，将所改字句，汇为《仪礼识误》三卷。

就《仪礼识误》一书的治学与校勘情况而言，主要有如下几个特点：

一是具有强烈的版本校勘意识。《四库全书总目》撰者称："今观其书，株守《释文》，往往以习俗相沿之字转改六书正经，则朱子所谓'不能无舛谬'者，诚所未免。然是书存而古经汉注之讹文脱句藉以考识，旧椠诸本之不传于今者，亦藉以得见崖略。其有功于《仪礼》，诚匪浅小。"①其所引据的版本，有周广顺三年(953)及显德六年(959)刊行的监本，有津京的巾箱本、杭州的细字本、严州的重刊巾箱本等，又参考陆德明《经典释文》和贾公彦《仪礼疏》，比较异同，再定取舍，至为详审。张氏为宋代名儒，后人有"南宋初，治《仪礼》者莫如张促甫(忠甫)"之语，故此书亦深得后人好评。《朱子语录》也转录朱熹之评价称："永嘉张忠甫所校《仪礼》甚仔细，……此本较他本为最胜。"②

二是善于运用本校、他校诸法。这主要表现为以下三方面：

一是读《注》、《疏》而得经注之误。忠甫深于《仪礼》之学，故多有创获，如《聘礼》："辞曰：非礼也，敢。对曰：非礼也，敢辞。"郑注："辞，不受也。对，答问也。二者皆卒曰敢，言不敢。"据郑注，辞、对"二者皆卒曰敢"，可知经文对曰"敢辞"，辞字羡。

二是据《仪礼》本经校勘经文文字讹误。《丧服》："女女子适人者。""女女子"一词不可解。忠甫查检《丧服》经全文，而见前章有"女子子适人者为其父母"，"女子子在室为父"之语。郑注："女子子者，女子也，别于男子也。"由此可知"女女子"为"女子子"之误。

三是以《释文》校经注之误。《士丧礼》郑注："将悬重者也。"《释文》释此"重"字注云："于重同。"可见重字之前本有"于"字，张淳据《释文》补之。用早于唐石经之《释文》校《仪礼》，是张氏之校勘卓识，对后世学者颇有启益。

张淳之校语为后人留下校勘方法论之识见，不乏精辟之论，足以启迪后学。

---

① 永瑢等：《钦定四库全书总目》(整理本)卷二十，中华书局1997年版，第250页。

② 黎靖德：《朱子语类》卷八十五，《景印文渊阁四库全书》(第701册)，第790页。

三、浦镗《仪礼注疏正字》校勘

浦镗，字金堂，号声之，一号秋稼。浙江嘉善人，廪贡生。尝与同里陈唐、周澧、章恺为讲学之会，各攻一业，浦镗独究心注疏之学。每遇古籍善本，辄广为购借。于文字之异同，参互考订，前后历十二年，成《十三经注疏正字》八十一卷①，其中卷三十三至卷四十三为《仪礼注疏正字》。

《注疏正字》校勘对象有四层：《仪礼》经文、郑《注》、贾《疏》、陆德明《仪礼音义》，其中对陆氏《音义》的校勘，其后金曰追、卢文弨、阮元等人皆无。从校勘方面看，举凡四个校勘对象的衍脱、讹误、倒乙皆有所正。从校勘方法上看，浦镗主要运用对校法校勘异文及其他情况，其所据《注疏》版本有四，即监本、重修监本、陆氏闽本、毛氏汲古阁本；而陆德明《音义》的校勘，则一以徐乾学刻通志堂本为准，如《士昏礼》"下达"节，陆氏《音义》云："取妻，七住切，下同。"《正字》卷三十三："'七'字脱。"②除对校法以外，浦镗有时亦据他校法加以校勘，如《特牲馈食礼》注"《诗》有'素衣朱宵'，《记》有'元宵衣'"，《正字》卷四十二："宵，《毛诗》作'綃'，《记》作'绡'；素衣，毛本误'素有'。"③浦镗在《仪礼注疏正字》当中，一般不运用本校法和理校法，在这一点上与其后的卢文弨、阮元等人的《仪礼》文献校勘相比存在很大的差距。

浦镗在对待前人随文注释体文献之校勘成果方面，涉及面较窄，对敖继公《仪礼集说》的校勘结论收罗征引颇众，而且大多数校例都属于正面征引，例如《特牲馈食礼》"三拜众宾，众宾答再拜"，《正字》卷四十二："案：敖氏继公云：'众宾答一拜，言"再"者字误也。'"④似此之类，不一而足。相反，对于清初学者之随文注释校勘成果缺乏应有的重视。

从校勘方式来看，浦镗校勘《仪礼注疏》时，特别强调对版本文字异同及语词顺序倒乙一类情况做出明确的是非判断，每一条校勘实例皆先标其

---

① 关于《十三经注疏正字》一书的作者，《清史稿·艺文志》、唐鉴《国朝学案小识》、钱林《文献征存录》等主沈廷芳所撰说，此从徐世昌《清儒学案》卷八十《浦镗小传》说，主张系浦镗所撰说。

② 浦镗：《十三经注疏正字》卷三十三，《景印文渊阁四库全书》(192 册)，第 447 页。

③ 浦镗：《十三经注疏正字》卷四十二，《景印文渊阁四库全书》(192 册)，第 553 页。

④ 浦镗：《十三经注疏正字》卷四十二，《景印文渊阁四库全书》(192 册)，第 553 页。

本句,而后疏其讹误于下,“其据某本改者,并显出之;有未定者,则以疑存之;或有据某人说者,亦缀附焉。于形声‘六体’,尤所究详”①。浦镗一般不详细交代其校勘结论之理据所在,而往往根据自身的判断使用一定的行文范式加以说明,其书《凡例》当中有一个总纲性的说明:“一字一本误者曰某本误,并误者曰某字误,某误而无可考者曰当某字误,可商曰疑某字误,不可知曰某字疑,或脱或衍或误而不能定则概曰疑。”②读者可从其行文表述据以推断校例之类型。由于浦镗《正字》缺乏应有的理据说明,有时必然会存在这样那样的一些校勘失误,武断之说在所难免,因而清儒研究《仪礼》时极少采信其校勘结论进行训诂。

关于浦镗《十三经注疏正字》一书的学术地位,《四库全书总目》之此书“提要”有一段评价:“是书所举,或漏或拘,尚未能毫发无憾。至于参稽众本,考验六书,订刊板之舛讹,祛经生之疑似;《注疏》有功于圣经,此书更有功于《注疏》。较诸训诂未明而自谓能穷理义者,固有虚谈、实际之分矣。”③该书“提要”撰者从清初《注疏》流传版刻情况出发,指出谱校勘在当时学术研究所具有的实际意义和学术价值,虽然《仪礼注疏正字》只是其中的一部分,但它与整部书的治学风格是完全一致的,因而这一番话应是对浦镗《仪礼》文献校勘较为允当的论述。从整个清代《仪礼注疏》的校勘情况来看,该书的校勘学地位与卢文弨、阮元等人的论著并不能站在同一个层次上,实在难以与之伦匹。

四、金曰追《仪礼经注疏正讹》校勘

金曰追,字对扬,号璞园,浙江嘉定(今上海)人,岁贡生。为王鸣盛高第弟子。研究实学,好古而具深识。其于九经正义,旁及《孝经》《论语》《孟子》《尔雅》,精心雠技,并有成书,统名曰《十三经注疏正讹》。其中有《仪礼经注疏正讹》17 卷,是金氏从事《仪礼》文献校勘的重要成就。

该书著述体例颇具特点:首先,金氏依仿唐宋《正义》旧例,于每节经文仅标起止各二字,而以所校经、《注》、《疏》明于下。其次,凡经文有脱

---

① 永瑢等:《钦定四库全书总目》(整理本)卷三十三,中华书局 1997 年版,第 437—438 页。
② 浦镗:《十三经注疏正字·凡例》,《景印文渊阁四库全书》(192 册),第 3 页。
③ 永瑢等:《钦定四库全书总目》(整理本)卷三十三,中华书局 1997 年版,第 438 页。

讹,则顶格书一经字,而旁注异同脱误,然后列经文于下;《注》则于次行低一格标一"注"字,《疏》则于又次行低两格标一"疏"字,而旁注异同脱误,然后列《注》文《疏》文于下;至于辨讹之语,则不论经、《注》、《疏》皆低三格写。

金曰追《仪礼经注疏正讹》一书对《仪礼》经文及其《注》、《疏》语的校勘,吸收了此前同时代学者的校勘成果,取朱子《通解》为主,辅以宋杨复之图、元敖继公之说、明陈钟两《郑注》本,以及近代昆山顾氏之《九经误字》、济阳张氏之《句读》、山阴马氏之《易读》、吴江沈氏之《小疏》;凡一字一句之异同,莫不博加考定,折衷至当。例如顾炎武《九经误字》之校勘结论金氏既有采信例,亦有批驳、补正者,如《乡射礼》:"相揖退反位",《正讹》卷五:"顾炎武曰:'"反位"上,石经有"退"字,监本脱。'追按:《通解》、杨《图》及陈氏、钟氏诸本并无'退'字,则其脱不自监刻始矣。"金氏广据所见版本,对顾炎武之校勘结论进行了局部修正。由此可见,金氏的校勘成果是不可忽视的。具体而言,该书在校勘上有以下几个特色:

其一,就校勘底本的选择而言,金氏以为"读经《疏》者当先考之万历监本,然后更订监本、毛本(即'毛氏汲古阁本')之讹"。就校勘参本的选择而言,如上所述,该书专据朱熹《仪礼经传通解》为主,附以杨复《仪礼图》、敖继公《仪礼集说》,元陈凤梧、明钟人杰两郑《注》本,以及沈彤《仪礼小疏》、马駉《仪礼易读》诸说。

其二,此前清代学者对《仪礼》文献的校勘,主要集中在《仪礼》经文及其郑《注》的校勘上,金曰追充分吸收了前人这方面的研究成果,但同时又有所突破,这种突破主要表现在两个方面,一方面是金氏更深入地探讨了现存《仪礼》经、《注》本的各种误衍讹脱现象,另一方面是继浦镗之后又一次对贾《疏》作了系统全面的校勘,虽然其中不乏失误的情况。就前一方面内容的突破而言,王鸣盛在其所作《仪礼经注疏正讹序》中有这样一番描述:"即以顾氏所校经之正文与璞园所校参观之,如《士昏礼》一篇:'主人'至'答拜'节,'主人拂几授挍',挍当改校;'馔于'至'皆盖'节,'葅醢四豆',葅当改菹;'女从'至'其后'节,'被蹞黼',蹞当改纐;'席于北牖下'节,牖当改墉;'命之'至'宗事'节,'命之辞曰',辞字衍。此五条皆顾氏之所未及而璞园得之,其他可知矣。”①

至于金氏对贾《疏》的校勘,主要是依据朱熹《仪礼经传通解》校《注疏》本之讹误,由于朱熹引据贾《疏》业已做过文字增删润色,因而金氏的这种做法多遭其后学者非议,后面我们将另作说明。需要指出的是,即使是这一类校勘亦时有可取之处,例如《士昏礼·记》“妇乘”至“相对”节,贾《疏》:“若王后则履石,诸侯夫人亦应有物履之。”《正讹》卷二:“《通解》引《疏》误倒‘夫人’于‘诸侯’之上,今本又因《通解》而讹,以‘夫人’为‘大人’,作‘大人诸侯亦应有物履之’,则误之又误者也。”似此一类,理应受到今人重视。

其三,在校勘方法上,金曰追《正讹》主要采取对校法,有时亦兼及本校法和他校法。例如,《乡射礼》:“(误字)改取一个挟之”,金氏《正讹》卷五:“取,今误作依,唐石经及《通解》、杨《图》、钟氏诸本正之,《疏》文亦曰改取。”这是依据诸本校勘经文误字情况。又如,《乡射礼》“众宾”至“上耦”节,贾《疏》:“(误字)宾、主人射,则司射摈升降。”《正讹》卷五:“摈,今误宾,据《记》文改正。”这是运用本校法校勘经文。又如,《士昏礼》“御衽”至“北止”节,郑《注》:“(异字)吾将见良人之所之。”《正讹》卷二:“旧本作见,今本作覸,《疏》引《孟子》作覸,举郑《注》作见,又以覸义为见而解郑之改字,则作见是也。按《释文》覸、见并存,则当时原有此两本,特贾所从者为见字本耳,今本作覸,与《疏》不合。”这是依据贾《疏》及《释文》所载标明异字情况。某些情况下,金氏往往将各种校勘方法结合起来运用,如《乡饮酒礼》:“(羡字)宾乡服以拜赐”,金氏《正讹》卷四:“追按:《注》云:‘今文曰:宾服乡服。’明古文经‘宾’下无服字,郑不从今文可知。今作‘宾服乡服’者衍也。依唐石经及《通解》诸本校乙服字。”金氏先用本校法,考郑《注》所载今文情况进行推论,又据对校法校勘所见诸本情况。

偶尔金氏亦采用理校法,例如,《士昏礼》“赞者”至“于房”节,郑《注》:“(异字)待主人梧授。”金氏《正讹》卷二:“梧授,今本作迎受,此依陆德明《释文》校。按:《聘礼》‘宾进,讶受几于筵前’,《注》:‘古文讶为梧。’《公食大夫礼》‘从者讶受皮’,《注》:‘今文曰梧受。’《既夕礼》:‘若无器,则梧受之。’盖梧与讶古本同音,而古今文又无适从,故郑叠出其文以广

---

① 王鸣盛:《仪礼经注疏正讹序》,载金日追《仪礼经注疏正讹》卷首,《续修四库全书》(第89册),第420—421页。

异耳。疑此《注》本作梧，传写作讶，后人又以迎、讶同义，遂更转而为迎也。”这里金氏首先遍考《仪礼》全书，指出“讶”、“梧”异文为古今《仪礼》异文通例，又指出“梧”、“讶”二字古音同，且又因“讶”、“迎”同义，故传写者遂写作迎，理据分析颇为科学。

其四，校勘内容广泛，基本上涉及了校勘的各个方面，包括脱文、脱句、脱字、异文、异句、异字、误句、误字、衍文、衍字、误倒等十一大类目。

如前所述，金曰追对《仪礼注疏》的校勘确实有许多可取之处，但毋庸置疑的是，该书同样亦存在某些不足之处，大略有如下两点：

一是随意根据朱熹《仪礼经传通解》删改增补贾《疏》。众所周知，朱熹《通解》援引贾《疏》往往有变动，常常移易其前后，后所见乃前所删，偶或亦有朱熹增成的成分在内。金曰追据《仪礼经传通解》校勘贾《疏》时，未能细察朱子引《疏》体例，专依《通解》为正，对于《通解》前后移易之例，往往忘贾《疏》前文之所有，而遽以后文为脱去，辄以《通解》增补；对于《通解》所增成的成分，金氏亦往往据以补入，殊为疏舛。关于这一点，周中孚《郑堂读书记》一书专有抨击之辞。另外，其后卢文弨作《仪礼注疏详校》，亦逐一指出金氏校勘中这方面的失误。

二是所见校勘参本有限，未能依据各种宋元旧本进行校勘，颇有根据薄弱之嫌，有时甚有武断之嫌，比之其后的卢文弨《仪礼注疏详校》远有未逮。例如，《士冠礼》篇“有司”至“北上”节，郑《注》：“（误字）今时卒吏及假吏皆是也。”《正讹》卷一：“卒吏，《通解》引《疏》作‘卒史’。沈彤曰：按《汉书·倪宽传》‘补廷尉文学卒史’，《黄霸传》‘补左冯翊卒史’，《儒林传》‘置五经百石卒史’，皆作史，当据改正。”撇开其校勘是非不论，就其对各种版本文字情况交代而言亦不全面，如朱子《通解》载郑《注》仍作“卒史”，此外魏了翁《仪礼要义》引郑《注》亦作“卒史”，金氏对此却略而不说，是其疏舛所在。另外，对于清人业已取得的理校、对校成果，也没有予以收录补充。

以上两方面的问题往往具有一定普遍性，此外，《仪礼经注疏正讹》还存在其他方面的失误现象，例如，《士冠礼》“乃醴”至“之礼”节，郑《注》：“（脱三句）稻醴清糟，黍醴清糟，粱醴清糟。”《正讹》卷一：“《注》‘重醴’下脱‘稻醴清糟，黍醴清糟，粱醴’十字，据《内则》元文及敖《集说》本增定。其《通解》、钟本又于‘重醴’下误衍‘清糟’二字，亦误也。盖《疏》括《注》

语，本曰‘云“重醴”至“清糟”者’，不知何时脱去‘至’字，遂使传写者反据《疏》中‘重醴’‘清糟’四字，转抹去《注》中‘稻醴’以下十字，真可叹也。”金曰追谓“重醴”下脱“稻醴清糟”十字极是，但云“《疏》括《注》语，本曰‘云“重醴”至“清糟”者’”则不妥，胡玉缙先生在给该书所作的《提要》中称云：“殊弗思《疏》引《内则》注，先释‘清糟’二字，乃云‘稻醴’以下是也。是《疏》举《注》语，未必总括五句，不应有‘至’字。且《疏》凡标目用‘至’字，述《注》则从不用‘至’字。”①胡氏从贾《疏》标目和举《注》语存在不同体例的角度，指出金曰追考辨之误，颇具说服力。

五、卢文弨《仪礼注疏详校》校勘

卢文弨（1717—1795），字绍弓，号矾渔，又号檠斋，人称抱经先生，浙江仁和人。乾隆十七年（1752）进士，授翰林院编修，直上书房，官至侍读学士。乞养归，先后主讲崇文、紫阳、三立、钟山、龙城诸书院。生平喜校书，可谓乾嘉时期著名校勘学家，广校群书，所校达二百多部，经其所校之书多被称为善本，对此后学术研究影响极大。卢氏本人后来取其以为校勘最精审者，著为《群书拾补》，收书 38 种；又汇刻所校书有《抱经堂丛书》，颇称精善，实为传世善本。

卢文弨对《仪礼》文献的校勘成果，大致保留在《仪礼注疏详校》17 卷之中。该书成于乾隆年间，卢氏 64 岁那年，因“稍得见诸家之本往往有因传写之讹误，而遂以訾郑、贾之失者，于是发愤先为《注疏》校一善本”②。之所以称“详校”，是因为该书“凡经、《注》及《疏》一字一句之异同，必博加考定，归于至当”③。

在卢文弨多年的实践当中，形成了一整套鲜明的校勘思想、校勘原则和主张，例如他提出了“相形而不相掩”④的著名校勘原则，主张不论正误，一律不能随意改动底本文字，而是通过校语注明异文情况，即保存异文以显其异，是一种“不持择之”的做法，有利于存真。与此同时，卢氏又“主张

---

① 《续修四库全书总目提要·经部·礼类》，中华书局 1993 年版，第 505—506 页。

② 卢文弨：《〈仪礼注疏详校〉自序》，见《仪礼注疏详校》卷首，《丛书集成初编》本。

③ 凌廷堪：《〈仪礼注疏详校〉序》，见《仪礼注疏详校》卷首，《丛书集成初编》本。

④ 卢文弨：《与王怀祖庶常论校正〈大戴礼记〉书》，《抱经堂文集》卷二十，民国间直隶书局刻本。

应校立说之是非,但不可能‘尽加更正’,只能‘即其书而略正之’,‘缀一二语’以说明问题,决不可改得面目全非。”①因而在《仪礼注疏详校》一书中,卢氏的校勘往往是校是非与校异同相并重,换句话说,校勘兼有纠缪的任务。卢氏在《〈仪礼注疏详校〉自序》中还说:“郑、贾之说实有违错,凡后人所驳正信有证据,知非凭臆以蕲胜于前人也,因复亟取而件系之。向之订讹正误,在于字句之间,其益犹浅;今之纠缪释疑,尤为天地间不可少之议论,则余书亦庶几不仅为张淳、毛居正之流亚乎?”所谓“订讹正误”即定立说之是非,而“纠缪释疑”即校底本之是非。显然,在卢氏的校勘学思想当中,“纠缪释疑”处在比“订讹正误”更高内涵的一个层次上。

该书的校勘对象有三,即《仪礼》经文、郑玄《注》、贾公彦《疏》,校勘方法较为全面,并呈现出独特的校勘特色;校勘内容方面,卢文弨《详校》不仅留意订正字句的讹误、脱衍、倒乙和错简,并且还注意纠正后人刻书之变乱旧有体式,力求恢复古书行款格式以及篇第之原貌,甚至连补圆圈、改空格亦逐一注明。后一方面之校勘工作,与古人注重探求著述义例、考察旧刻格式的主张是相适应的。朱一新《无邪堂答问》卷五云:“不通其书体例,不能读其书,此即大义之所存,昔人所谓义例也。”②如果不通义例,于各本比而同之,随意互改,其校勘结果必然会多失其真,愈校愈误。卢文弨对《仪礼注疏》的校勘,非常注意义例的考察,他在《自序》中有这样一番交代:“《通解》于贾疏往往有移易其前后者,后之所见乃前之所删。嘉定金氏作《正讹》,专依朱子为正,忘贾疏前文之所有而遽以后文为脱去,辄以《通解》补之。今既灼知其误,不以录入,其他亦有一二为朱子所增成者,宋本各家本皆无之,本亦人所易晓,故不据以增补。”又说:“贾疏本多謇涩,传写弥复滋讹,朱子《通解》一书细为爬疏,或润色其辞,或增成其义,读者易以通晓,致为有功。今凡改订不多处,即连于贾疏中,但注某字为朱子所增所改所删,可以一览了然。若贾语微滞而义不甚违,则宁仍其本文,或以朱子所改注其下,不致全失本文。”这是通过考察朱熹《通解》引用贾《疏》的方式,一方面用以判定金日追《正讹》校勘之误,同时也恰当处理了《仪礼注疏详校》一书引述贾《疏》的体例。

卢文弨在校勘过程中,特别注意吸收此前学者的校勘成果,其所称引

① 孙钦善:《中国古文献学史》(下册),中华书局1994年版,第1053页。
② 朱一新:《无邪堂答问》卷五,民国九年(1920)广雅丛书本。

的著作,清代以前的有陆德明《仪礼音义》、张淳《仪礼识误》、李如圭《仪礼集释》、朱熹《仪礼经传通解》、黄榦《仪礼经传通解续》、杨复《仪礼图》、魏了翁《仪礼要义》、敖继公《仪礼集说》等书,参考引用的此前清人《仪礼》文献主要有张尔岐《仪礼郑注句读》、方苞《仪礼析疑》、吴廷华《仪礼疑义》、《钦定仪礼义疏》、盛世佐《仪礼集编》、浦镗《十三经注疏正字》、金曰追《仪礼经注疏正讹》等,除此以外,还有吴绂、程恂、周学健、戴震、金榜、汪肇漋等人的部分说解。至于摭取清儒随文校勘和浦镗、金曰追之说时,只是"采其确然至当者,以小字缀之于下,论之驳者不具录也"①。

由于运用多种版本对校是其最普遍的一项工作,因而在校勘方法上,卢氏主要以对校为主,在对校的基础上兼用其他方法。具体而言,卢氏《仪礼注疏详校》之运用对校法,有三种处理方式:一是只是指出各本文字异同,不作是非的具体评判,例如:《士冠礼》:"爵弁、皮弁",郑《注》:"爵弁者,制如冕。"卢氏校云:"《疏》引有'而'字,朱、李、杨各本无。"②二是既指出各本文字异同,又说明异文去取,例如:《士昏礼》:"大羹湆在爨",郑《注》:"爨,竈也。"卢氏校云:"各本皆讹作火上,今从宋本改正。"③又如,《乡饮酒礼》:"进,坐奠觯",贾《疏》:"'若亲受谦也'者,若于人手相接受,名为受",卢氏校云:"《通解》作'若于人手相所授,而己受之,则名为受',浦据此欲易本文,今案:本文亦甚明白,可不改。"④三是指出系何人所校补或校改、校删,亦不作是非说明,例如:《大射仪》:"司马师受虚爵",贾《疏》:"卒司马师受虚爵",卢氏于《疏》文"卒司马师"下作校云:"石经有,浦、金校补。"⑤凡此之例,不详胪举。

从上述诸例来看,卢文弨并不像清代一些学者只重理校而轻对校,且其运用对校法丝毫不逊色于顾广圻等人,其所见版本众多,如宋本、石经本、官本(官刻《注疏》本)、汲古阁本、明监本尽皆囊括在内,且前人注本(如《通解》本、《集释》本、《释文》本、《义疏》本等)及其校勘成果一并得以反映,因而其对《仪礼》经文及其注疏的校勘,远远超过了此前清代其他学者的死校成果,这些与其本身喜藏群书实有很大关系。另外,卢氏运用对

① 卢文弨:《仪礼注疏详校·凡例》,《续修四库全书》(第88册),第492页。
② 卢文弨:《仪礼注疏详校》卷一,《续修四库全书》(第88册),第497页。
③ 卢文弨:《仪礼注疏详校》卷二,《续修四库全书》(第88册),第504页。
④ 卢文弨:《仪礼注疏详校》卷四,《续修四库全书》(第88册),第517页。
⑤ 卢文弨:《仪礼注疏详校》卷七,《续修四库全书》(第88册),第554页。

校法进行校勘时,注意校勘底本的选择,遵循底本流行广泛性的原则,具体到《仪礼注疏》一书的校勘,据其《自序》所云,“外间常行之本,惟汲古阁所刻,家有其书,今所摘误字皆就此本”,可见卢氏实以汲古阁刻本为校勘底本。

自宋以来,《仪礼》经文及其《注疏》相传已有讹误,纯据本校很难保证校书质量,因此,卢文弨也重视他校法,以此来弥补对校之不足。卢氏运用他校法主要涉及三种情况:一是校勘《注疏》引文的异文情况。郑玄《注》、贾公彦《疏》往往引用先秦典籍训诂经文,阐释经义,卢氏根据传世文献校勘其引文的异文情况,例如:《士冠礼》:“曰伯某甫”,贾《疏》:“桓公十五年,天王使嘉甫来求车是也”,卢氏于《疏》“嘉”字下校云:“《春秋》作‘家’。”①贾《疏》引《春秋》为证,故卢氏据所见《春秋》文作异文校勘。二是校勘《注疏》引文的书名称谓讹误情况。例如,《聘礼》:“公升二等”,贾《疏》:“君行一,臣行二,此《齐语》晏子辞。”卢氏校云:“《齐语》无,见《韩诗外传》四。”②是例贾《疏》标明引文出处有误,故卢氏作校记加以说明。三是校勘《仪礼》经文及其郑《注》、贾《疏》训语的异文情况。例如,《士冠礼》:“周弁”,郑《注》:“收,言所以收敛发也”,卢氏校云:“此下有‘齐所服而祭也’六字,李无。金云:‘钟本无,亦郑注《郊特牲》文而《通解》移入者,传写者不知而误仍耳。’案:《郊特牲·疏》全引此两节《注》文而无‘或谓委貌为玄冠’及‘齐所服而祭也’二句,尤可证。”③这是依据《礼记·郊特牲·疏》文所引校勘郑氏《注》文。又如,《乡射礼·郑目录》下《疏》云:“大射卿大夫士射”,卢氏于“卿”下校云:“疑当作乡,《射义》虽作‘卿’,而《正义》却引作‘乡’,可证。”④点明《正义》引文有别。

卢氏对《注疏》的校勘,同样也注意运用本校法校勘异文是非,通过《仪礼》经文及其《注》、《疏》本身寻找证据,通过本身的语言事实互证,借此校勘文字异同之是非。例如,《士冠礼》:“主人戒宾”,郑《注》:“古者有吉事,则乐与贤者欢成之”,卢氏校云:“(欢)李作劝,讹。欢成,正与下凶事‘哀戚’相对,‘劝’字无义。”⑤按:卢氏据郑《注》本文,运用考对文之法

---

① 卢文弨:《仪礼注疏详校》卷一,《续修四库全书》(第88册),第500页。
② 卢文弨:《仪礼注疏详校》卷八,《续修四库全书》(第88册),第561页。
③ 卢文弨:《仪礼注疏详校》卷一,《续修四库全书》(第88册),第501页。
④ 卢文弨:《仪礼注疏详校》卷五,《续修四库全书》(第88册),第521页。
⑤ 卢文弨:《仪礼注疏详校》卷一,《续修四库全书》(第88册),第495页。

判定李本《注》文之讹。又如,《士冠礼》:“请醴宾”,郑《注》:“必帷幕簟席为之”,卢氏校云:“《通解》、《集释》俱作以,宋本作必。文弨案:必字胜,乃意度之辞。”“案:《聘礼》:‘次以帷,士或用簟席’,两者不定,则作必字是也。”①这是根据《聘礼》篇辞例的考察对诸本异文进行是非的论断。

卢文弨兼通小学,娴熟古代名物典制,同时对古书编撰体例也有很深的认知,故其校勘《注疏》时,亦往往能运用理校之法,从语言、体例、史实等不同角度推断其错误原因,进行改正。例如,《士昏礼》:“祝盥妇”,贾《疏》:“言若张子、李子也”,卢氏校云:“当依《特牲》注作伯子、仲子为是。”②卢文弨以为贾《疏》用词不当,当依《特牲·注》作改动。又如,《聘礼》:“夫人使下大夫劳以二竹簠方”,卢氏校云:“石经簠作簋,敖同,戴校《集释》亦从之,并注‘簠亦作簋’。文弨案:此从《释文》作‘簠’是也。簠者外圆,今云‘竹簠方’,故《注》云‘状如簋而方’,簋者方,知此虽名竹簠而实不圆,状如簋之方也。若本是簋,则何必更言方?至云‘状如簋而方’,更不辞矣,是知‘簠’字为是。”③卢文弨一方面考察了簠、簋二物异形之事实,同时又考察郑《注》文辞特点,得出从“簠”为是的结论。卢氏往往还通过《注》、《疏》各自体例的考察,校勘文辞次第等。如:《士冠礼》:“蒲筵二在南”,贾《疏》:“云筵席也者”,卢氏校云:“句上‘郑注’二字衍。案:旧本俱经注连释,官本始分作两段,然体例亦不尽合。”④通过考察贾《疏》体例判定衍文情况。又如,《公食大夫礼》:“先者反之,由门入,升自西阶”,贾《疏》:“释曰:反之者”,卢氏校云:“此《疏》五十五字旧误作《注》,大书于‘先者反之’之下,考朱、李、杨本皆不误,今官本从之。依大例,尚当增小字阴文‘注’字,并添‘庶羞至取也’及一圈,方合作《疏》之式。”⑤从贾《疏》自身的体例角度考察判定旧本之误。

总之,卢氏凭一己之力完成如此鸿篇巨制,这种精神实在让人赞赏。卢文弨虽以对校著称于世,但从上述校勘实例可以看出,他在具体校勘实践当中,总是尽可能综合运用各种校法,因而这在一定程度上确保了校勘理据之充分和校勘结论的扎实可信。当然,由于时代因素的制约,卢氏所

---

① 卢文弨:《仪礼注疏详校》卷一,《续修四库全书》(第88册),第498页。
② 卢文弨:《仪礼注疏详校》卷二,《续修四库全书》(第88册),第508页。
③ 卢文弨:《仪礼注疏详校》卷八,《续修四库全书》(第88册),第559页。
④ 卢文弨:《仪礼注疏详校》卷一,《续修四库全书》(第88册),第497页。
⑤ 卢文弨:《仪礼注疏详校》卷九,《续修四库全书》(第88册),第574页。

见到的与《注疏》相关的文献版本有限,较诸阮元时代难以相匹比,同时又受卢氏自身《仪礼》文献娴熟程度的影响制约,因而《详校》之中存在一些缺陷在所难免,后来阮元等作《十三经注疏校勘记》便纠正了该书的一些失误。

六、阮元《仪礼》文献校勘

阮元(1764—1849),字伯元,号芸台,又号雷塘庵主,江苏仪征人。乾隆五十四年(1789)进士,授编修,官湖广、两广、云贵总督,至体仁阁大学士,历官所至,以倡学术、兴学教士为己任,曾在杭州创立"诂经精舍",广州设置学海堂。曾罗致学者从事编书刊印工作,主编《经籍籑诂》,校刻《十三经注疏》,汇刻《皇清经解》等。在《仪礼》文献校勘方面,阮元取得了可喜的成就,他奉旨主持完成了《仪礼石经校刊记》4 卷、《仪礼注疏校勘记》50 卷两部重要的校勘学著作,皆属于第一类校勘著作。

(一)《仪礼石经校刊记》研究

"《仪礼》汉石经仅有残字,难校全经。自郑康成作注参用今古文后,至隋末陆德明始作《释文》校其异同,今《释文》本又多为唐宋人所乱。唐开成石经所校未尽精审,且多朱梁补刻及明人补字之讹。宋张淳校刻浙本,去取复据臆见。"①当时所见《仪礼》石经本多有残字,而其校本又未尽精审,急需重作校勘。有鉴于此,阮元奉旨充石经校勘官,据各种《仪礼》版本重加校勘,并择辨其是非。具体说来,该书校勘主要有这样几个特点:

首先,校勘所据版本众多。阮元校勘《仪礼》唐石经,所据版本搜罗较广,胪列诸本,择善而从,每一条校勘例之首载诸本文字异同情况,然后才进行疏证考辨,如《乡饮酒》:"遵者降席席东",《校刊记》卷一:"石经、李本、杨本、敖本、《义疏》、殿本皆如此,惟监本作'降席东',少一'席'字。臣元谨按:《乡射礼》云:'大夫降席席东南面',大夫即遵者也,彼亦叠席字,今拟从石经诸本。"首先交代诸本文字异同,然后运用本校法进行文字去取之辨择。该书校勘中所据参校底本情况,阮氏《序》有交代云:"臣今揔汉石经残字、陆德明《释文》、唐石经、杜佑《通典》、朱熹《经传通解》、李如圭

---

① 阮元:《仪礼石经校刊记序》,载《仪礼石经校刊记》卷首,乾隆六十年七录书阁刻本。以下所引校勘记语皆据此本,恕不逐一出注。

《集释》、张淳《识误》、杨复《图》、敖继公《集说》、明监本、《钦定义疏》、武英殿《注疏》诸本以及内廷《天禄琳琅》所收诸宋元本、曲阜孔氏宋本综而核之,经文字体择善而从。”

其次,校勘疏证详博,强调文字异同是非之择辨。该书校勘疏证部分,阮元在对校工作基础上,往往有针对性地加以辨非,择善而从。该书主要采用本校之法,从《仪礼》经文本身当中寻找证据,例如,《乡射礼》:“众宾皆”,《校刊记》卷一:“臣元谨按:敖继公谓此三字衍,非是。诸篇仪节相同者,属辞不妨互有详略,转以相补,非互为衍脱也。敖说虽细密,多武断。”又如,《有司彻》:“主妇洗于房中”,《校刊记》卷三:“石经、李本、宋本、敖本、《义疏》皆如此,监本、殿本‘洗’下有‘爵’字。臣元谨按:《少牢馈食》亦有‘主妇洗于房中’之文,与《特牲馈食》‘主妇洗爵于房’不同者,《少牢》、《有司》之爵皆为妇赞者所授,则洗之为洗爵者;《特牲》篇不言赞者授爵一节,故云‘主妇洗爵于房’。此古人文字之疏密也。拟从石经。”强调考察《仪礼》诸篇的属辞、行文文例、上下文等方面,借以判定各本文字是非,择善而从。

除运用本校法外,阮氏有时亦运用他校法和理校法进行疏证和辨非,如《士虞礼》:“佐食隋祭”,《校刊记》卷三:“李本、郑注《周礼》经文及注引皆作隋,石经、《释文》、杨本、监本、《义疏》、殿本作堕,敖本作绥。臣元谨按:郑注:‘下祭曰堕,堕之言堕下也。《周礼》曰:‘既祭,则藏其堕。’谓此也。’考《周礼·春官·守祧》经文及注,证《仪礼》皆作隋,知此经及《注》上二‘堕’字引多引《周礼》‘堕’字,皆误加土也。敖继公改从今文作绥,愈非是。拟从隋。”阮氏据《周礼》及其郑《注》,断言《士虞礼》经文当从“隋”字为是。又如,《士丧礼》:“苴绖大鬲”,《校刊记》卷三:“石经、《释文》、李本、宋本、《义疏》、殿本皆作鬲,敖本作搹。臣元谨按:石经、《释文》皆作鬲,敖继公改从搹,意在与《丧服传》‘苴绖大搹’画一,不知以字体而论,鬲古于搹,《士丧礼》乃周初人所撰,《丧服传》乃周末人所撰,其间字体已略变异,未可画一。况鬲,搤也,搤与扼同,《考工记》大车鬲与扼虽二物,其扼牛颈义同也。拟从鬲义长,近古。”从《士丧礼》、《丧服传》成书年代不同入手,考察鬲、搹二字乃文字形体演变之结果,说明不能以时代较晚之书推考年代更早的著作之用字情况。

乾隆六十年(1795),焦循刊刻该书并为之作《后序》云:“胪列诸本,反覆经义，兼又博访通儒，务从人善。”又说：“是编博综约取，袪其成见，不期骇俗，择善惟公，学者得此，籍以贯通此经，为不难矣。”①大致反映了该书校勘的实际情况，评价较为客观公允。

（二）《仪礼注疏校勘记》研究

嘉庆年间，阮元主持编纂了《十三经注疏校勘记》，聘请了段玉裁、顾广圻等当时的一批知名学儒参加。该书原名《十三经注疏考证》，后改名为《校勘记》，共217卷。《校勘记》实行分任纂辑，其中《仪礼注疏》部分乃由徐养原负责汇合诸本，属详列异同，然后经阮元复加核定其是非。该书系阮元巡抚浙江时所作，整部《十三经注疏校勘记》乃于嘉庆十一年（1806）完稿。《仪礼注疏校勘记》一出，海内研治《仪礼》学者大为受益。故林伯桐盛赞云：“读阮宫保《十三经注疏校勘记》，精深广大，三《礼》会通，本末具详，折衷一是，尊其所闻，固治礼者之幸也。”②由此亦可见该书深具学术价值，影响甚为宏大。

在阮氏《校勘记》之前，学界业已出现数部《仪礼》注疏类校勘著作，如沈廷芳《仪礼注疏正字》、金曰追《仪礼经注疏正讹》、卢文弨的《仪礼注疏详校》、段玉裁《仪礼汉读考》等，可谓已取得了相当丰富的校勘成果。然前修未密，后出转精，阮氏在继承和总结前人校勘成果的基础上，又有所深入发展，终使之成为清代《仪礼》注疏类校勘研究之集大成者。该书校勘尤值得一提的，约略有如下数端：

其一，十分注重版本的选择。校勘工作首要的是选择好的底本，阮氏强调选择当时所能目见的最古礼经文献版本，作为其校勘所资的原始底本，“大约经、《注》则以唐石经及宋严州单《注》本为主，《疏》则以宋单行本为主，参以《释文》、《识误》诸书，于以正明刻之讹。”③阮氏选定北宋苏州所刻的单疏本，是贾氏的原书，比其他《注疏》采用的宋十行本还早。此外，阮氏校勘时贵博尚古，参校之文献版本十分多。据《仪礼注疏校勘记序》后所附《引据各本目录》，其所用以校勘《注疏》之版本有：唐石经、宋严州单注本、明嘉靖徐氏翻刻宋单注本、明钟人杰单注本、明永怀堂单注本、宋单疏本、李元阳注疏本（闽本）、明北京国子监注疏本、汲古阁注疏本、国

---

① 焦循：《仪礼石经校刊记后序》，载《仪礼石经校刊记》，乾隆六十年七录书阁刻本。

② 林伯桐：《修本堂稿》卷五，清道光二十四年（1844）《修本堂丛书》本。

③ 阮元：《仪礼注疏校勘记序》，载《十三经注疏》（上册），中华书局1980年影印本，第942页。

朝重修国子监注疏本、《经典释文》本、张淳《仪礼识误》本、李如圭《仪礼集释》本、朱熹《仪礼经传通解》本、魏了翁《仪礼要义》抄本、杨复《仪礼图》通志堂本、敖继公《仪礼集说》通志堂本、浦镗《十三经正字》本、卢文弨《仪礼注疏详校》本、顾炎武《九经误字》、张尔岐《仪礼正误》。可见,在同类校勘著作当中,该书参校版本最为众多,较之卢文弨《仪礼注疏详校》更胜一筹,故为此后治《礼》学者所器重、推崇。

其二,在校勘原则及成果编纂的体例上,阮氏也有自己的独到之处。在阮元看来,"刻书者最患以臆见改古书,今重刻宋板,凡明知宋板之误字,亦不使轻改,但加圈于误字之旁,而别据校勘记择其说,附载于每卷之末",以便于还《仪礼注疏》之原貌,"俾后之学者不疑于古籍之不可据,慎之至也,其经文、注文有与明本不同,恐后人习读明本,而反臆疑宋本之误。"①《仪礼注疏》流传到嘉庆年间,时间业已久远,各个版本之间难免存在差异,对此阮元亦有自己独到的看法:"盖经典相沿已久之本,无庸突为擅易,况师说之不同,他书之引用,未便据以改久沿之本也,但当录其说之不同,他书之引用。"②故《校勘记》多重视《注疏》版本异同比较,罗列诸家异同,校正讹误脱漏,便于读者作出自己的正误判断,而校书者的意见仅供参考而已,不随意强加于人。

其三,该书的校勘对象、校勘内容及校勘方法情况。从具体的校勘对象看,作为第二类校勘著作,阮氏该书的校勘涉及《仪礼》经文及其郑《注》、贾《疏》三方面内容,由于阮氏在此之前已经著有《仪礼石经校刊记》一书,并对经文进行过精深细致的校勘,因而《校勘记》校勘重点集中在郑《注》、贾《疏》上。从校勘内容看,涉及面较为全面,各种版本的异文校勘及讹字、衍文、脱文、语词顺序之倒乙等皆有所涉,同时还涉及对《注疏》著述之编排格式的校勘。

在校勘的方法选择上,该书以使用对校法为主,这与阮氏十分强调校勘资料"贵博尚古"的理念密切相关。其次则为他校法和本校法,他校法主要体现在阮氏从他书寻找引文证据,而本校法的运用则更多重视从上下文文意角度进行推理,对各种版本异文情况予以抉择。理校法虽亦时有运

---

① 阮元:《江西校刻宋本十三经注疏书后》,《揅经室三集》卷三,民国十八年(1929)商务印书馆重印《四部丛刊》初编本。

② 阮元:《十三经注疏校勘记序》,《揅经室一集》卷十一,中华书局 1993 年版,第 254 页。

用,然在其中所占比例较少。令人注目的是,阮氏往往将两种或两种以上的校勘方法综合起来使用,这同样与其反对以臆见改古书之治学主张是相适应的。正是如此,从而在极大程度上确保了该书校正讹误脱漏结论的可信度,如《聘礼》“凡致礼”,贾《疏》“亦实于罋者”,《校勘记》云:“《要义》同,毛本‘罋’下有‘筐’字。魏氏曰:‘温本“罋”下有“筐”字’。按:下文两言豆实实于罋,则无‘筐’是也。《注》内‘筐’字恐系衍文,经不言簋实,不必有筐字。”①阮氏先用对校法,后用本校法,据上下文意进行推理,辨正毛本之非。

其四,与其校勘理念相适应的是,阮氏也十分关注《注疏》讹误原因的探讨,有时还进一步指出其讹误产生的年代。例如:《士相见礼》“宾对曰”,《校勘记》云:“‘对’,唐石经补刻误作‘用’。”②说明系补刻唐石经者窜改所致。又如,《聘礼》“无摈”,《校勘记》云:“毛本‘摈’作‘傧’,唐石经、徐、陈、闽、葛、《集释》、《通解》、杨、敖俱作‘摈’,与《述注》合。李氏曰:‘摈当作傧,下经、《记》无摈,及《注》不摈宾。’按:篇中言‘无傧’者,旧本俱作‘摈’,今本俱作‘傧’,殆因李说而改。”③指出作“傧”者系承李光坡之校而误。著者还注意到,阮氏的许多校勘仅仅停留在胪列各种版本之异同层面上,这种处理方式与其反对随意强加于人之主张是一脉相承的;同时也应指出,这种静态层面的异文材料之胪列,有些异文情况易于辨识是非,有些实例则不利于治《礼》学者的训诂工作,关于这一点,著者将在后面举例说明。

其五,十分重视吸纳同时代学者的校勘成果。在阮氏编著该书之前,有关《注疏》类校勘的成果,除散见于其他清儒注释体著作之外,并且出现了金曰追《仪礼经注疏正讹》、卢文弨《仪礼注疏详校》两部同类校勘文献,此外段玉裁《仪礼汉读考》等古今异文类校勘著作也有少数这类校勘成果,有鉴于此,阮氏强调吸纳金曰追、卢文弨、段玉裁等人同类著作之校勘成果。至于其他清人《仪礼》注释文献之校勘成果,其著录则较为有限。征引方式上,则有以下两类:

---

① 阮元:《仪礼注疏校勘记》,载《十三经注疏》(上册),中华书局1980年影印本,第1078页。

② 阮元:《仪礼注疏校勘记》,载《十三经注疏》(上册),中华书局1980年影印本,第978页。

③ 阮元:《仪礼注疏校勘记》,载《十三经注疏》(上册),中华书局1980年影印本,第1066页。

一是直接地正面征引。往往通过收录他人校勘成果,表明持赞同态度,从而避免了重复式的劳作。例如:《士昏礼》“妇乘以几”,贾《疏》“是石几之类也”,《校勘记》云:“段玉裁云:‘当作“几石”,此误倒也。’”①

二是反面式征引。此类征引不仅仅摘录前人的校勘结论,而且对其说加以批驳。例如:《士相见礼》“凡侍坐于君子”,郑《注》“具犹辩也”,《校勘记》云:“辩,《释文》作辨。张氏曰:‘《注》曰“具犹辨也”。案:《释文》云:“辨,皮苋反。”《特牲馈食》注亦曰:“具犹辨也。”从《释文》。’按:张氏所见《注》作‘辨’,与今本异。《说文》有‘辨’无‘辦’,则当以‘辨’为证,作‘辦’非也,作‘辩’尤误。”②阮氏力辩张氏从“辦”之非。凡此一类甚众,恕不复赘引。

和其他《注疏》类校勘著作一样,阮氏的校勘千虑之失固所难免,《校勘记》同样也存在这样或那样的一些错误。众所周知,整部《校勘记》卷帙浩繁,工程量大,阮氏不可能有更多时间与精力逐一精研,故其后汪文台作《仪礼注疏校勘记识语》专门就其中的某些校例加以补正,而清末大儒孙诒让所著《仪礼注疏校记》亦时有驳议其校例之文。另据清人刘秉璋交代,“高邮王石臞观察曾手斠是书,题识追遍”,“惟所记多证经文,未及《注疏》”③,可惜今未能见到传本遗世。据晚清孙诒让所校正的情况看,阮氏校勘中存在的不足之处,主要表现在如下几个方面:

其一,对所参校诸版本异文择取偶有疏忽失误之处,例如:《觐礼》“飨礼乃归”,贾《疏》“欲解经变食燕而言之礼”,《校勘记》:“《要义》同,毛本‘之’作‘飨’。按:‘之’是也,下同。”④孙诒让《校记》:“闽本亦作‘飨’,下同。案:依文义作‘飨’是也。”⑤又如,《丧服》“朋友麻”,郑《注》“则其吊服素冠委貌”,《校勘记》:“陈、闽、监、葛俱作‘则其素冠委貌’,与《疏》合。”⑥孙诒让《校记》:“《司服》疏引作‘则其吊冠素委貌’。案:当作‘则其

---

① 阮元:《仪礼注疏校勘记》,载《十三经注疏》(上册),中华书局1980年影印本,第974页。

② 阮元:《仪礼注疏校勘记》,载《十三经注疏》(上册),中华书局1980年影印本,第979页。

③ 刘秉璋:《〈十三经注疏校勘记识语〉序》,见《十三经注疏校勘记识语》卷首,《续修四库全书》本。

④ 阮元:《仪礼注疏校勘记》,载《十三经注疏》(上册),中华书局1980年影印本,第1095页。

⑤ 孙诒让:《十三经注疏校记》,齐鲁书社1983年版,第433页。

⑥ 阮元:《仪礼注疏校勘记》,载《十三经注疏》(上册),中华书局1980年影印本,第1126页。

吊服冠素委貌’，今本倒‘冠素’二字，不可通。”[①]以上二例，前者孙氏据闽本及文义定阮校之非，后者孙氏则据贾氏《周礼·司服》疏所引指出各本有文字倒乙之误，说明阮校失考。当代学者段熙仲先生在谈到阮氏版本校勘的失误情况时，也曾指出：“阮校本误于顾千里盲从钟本，未见严州本、徐氏本之真面目，致二本经常混淆。”[②]后来胡培翚作《仪礼正义》，便弥补了阮氏校勘中的这方面不足。

其二，引据同时代学者校勘成果偶有失考、沿袭错误之例，例如：《士丧礼》“东方之馔”，郑《注》“盛之也”，阮元《校勘记》：“段玉裁校本作‘神之也’，云下文《注》云‘弥神之’正蒙此，《疏》同。”[③]孙诒让《校记》：“‘弥神之’是承小敛而言，《疏》说甚明，不可据此改‘盛’为‘神’，段校未允。”[④]又如，《特牲馈食礼》“众宾及众兄弟”，郑《注》“私臣自己所辟除者”，《校勘记》：“按：段玉裁云：‘“自”当是“目”字，此与《丧服》注“私兄弟目其亲族也”同。’”[⑤]孙诒让《校记》：“《（有）司彻》注云：‘私人家臣，己所自谒除也’，则‘自’字不误，段校未塙。”[⑥]以上二例，阮元皆采信段玉裁的校勘成果，孙诒让则指出段校与经文以及《注》语不合，以此表明阮氏之失察。

其三，该书的许多校勘往往只校勘版本异同，不校是非，阮氏在《仪礼注疏校勘记序》中指出要“复定其是非”，只是针对部分情况而言，并非指全体校勘情况，这种编纂体例虽然和阮氏的校勘主张相吻合，但少数校例之异文情况比较复杂，校勘者极有必要提供自己的看法供读者参考，不作是非之辨似有不妥。例如：《聘礼》“卿为上摈”，郑《注》“则乡受之，反面传而上”，阮元《校勘记》：“徐、陈、《集释》同，毛本‘乡’作‘飨’。按：《礼记·聘义》引作‘乡’。”[⑦]孙氏《校记》：“‘乡受’与‘乡本受命’之‘乡’同，与‘反面’对文，不当作‘飨’也，毛误。”[⑧]孙氏从郑《注》前后文用词情况之对

① 孙诒让：《十三经注疏校记》，齐鲁书社1983年版，第436页。
② 段熙仲：《胡氏〈仪礼正义〉引用书目》，见《仪礼正义》附录四，第2469页。
③ 阮元：《仪礼注疏校勘记》，载《十三经注疏》（上册），中华书局1980年影印本，第1144页。
④ 孙诒让：《十三经注疏校记》，齐鲁书社1983年版，第441页。
⑤ 阮元：《仪礼注疏校勘记》，载《十三经注疏》（上册），中华书局1980年影印本，第1195页。
⑥ 孙诒让：《十三经注疏校记》，齐鲁书社1983年版，第448页。
⑦ 阮元：《仪礼注疏校勘记》，载《十三经注疏》（上册），中华书局1980年影印本，第1055页。
⑧ 孙诒让：《十三经注疏校记》，齐鲁书社1983年版，第419页。

比,指明异文的取从情况。又如,《既夕礼》“商祝执功布”,贾《疏》“葬时乘人”,阮元《校勘记》:“《通解》、《要义》同,毛本‘人’作‘东’。”①孙氏《校记》:“‘乘人’,《杂记》文,毛本妄改。”②孙氏通过点明贾《疏》语出处,说明毛本之非。以上二例,阮氏只是说明各本文字异同,而皆未交代去取情况。

除此以外,也存在其他方面不足的校勘情况,如在对有关版本异文与各篇《注疏》本身用词情况材料之收集上仍不够全面,该书存在失收的现象,例如:《乡射礼》“礼射不主皮”,郑《注》“凡祭取余获陈于泽”,阮元《校勘记》云:“‘凡’,《要义》作‘己’,‘取’上有‘则’字。”③孙氏《校记》补充说:“《礼记·射义》正义引《书传》亦作‘凡祭’。”④又如:《少牢馈食礼》“食举”,郑《注》“先饮啗之”,阮元《校勘记》云:“‘饮’,《释文》、《集释》、杨氏俱作‘食’,陆氏曰:‘作饮饭者皆非。’按:《疏》亦作‘食’。”⑤孙氏《校记》补充云:“《特牲》注亦作‘先食啗之’。”⑥事实上,凡此一类《注疏》本身的用词材料,其收集非常重要,极有利于校勘结论之论定。

虽然《仪礼注疏校勘记》存在上述种种不足,然从总体而言,该书及《仪礼石经校刊记》的完成,使《仪礼》经文及《注疏》本身的许多讹谬得到了纠正。这充分体现出,阮元在《仪礼》校勘学上的成绩是显著的,泽溉后学之功不可没亦难以没,即使称阮氏《校勘记》为清代《仪礼》校勘文献之最佳者,恐亦不属为过。诚如清代学者夏炯所言,“仪征阮氏就宋刊本为《校勘记》,诸经《注疏》从此易读,其功非浅显矣。”⑦

七、黄丕烈《严本仪礼郑氏注校录》校勘

黄丕烈(1763—1825),字绍武,又字荛圃、荛翁等,号有抱守老人、荛圃主人、士礼居主人等,江苏长洲(一作吴县)人。少读书,务求精纯;发为文

---

① 阮元:《仪礼注疏校勘记》,载《十三经注疏》(上册),中华书局1980年影印本,第1156页。

② 孙诒让:《十三经注疏校记》,齐鲁书社1983年版,第443页。

③ 阮氏此校后引段玉裁及许宗彦校语,此不赘录。见《十三经注疏》第1013页。

④ 孙诒让:《十三经注疏校记》,齐鲁书社1983年版,第443页。

⑤ 阮元:《仪礼注疏校勘记》,载《十三经注疏》(上册),中华书局1980年影印本,第1205页。

⑥ 孙诒让:《十三经注疏校记》,齐鲁书社1983年版,第443页。

⑦ 夏炯:《夏仲子集》卷四,民国十四年(1925)刻本。

章,必以六经为根柢。乾隆五十三年(1788)中举。嘉庆六年(1801)入都,由举人挑一等,以知县用,签发直隶,不就,纳赀议叙,得六部主事,旋归故里。平生鲜声色之好,惟喜聚书,闻有宋元精椠,或旧抄善本,不惜多方购置。久之,得宋刻近百种,为当时东南之巨擘,颜其藏书之所曰"百宋一廛"[又名学耕堂、县(悬)桥小隐、学圃堂等]。又重校勘,每获一书,日夜雠校,研索订正,所刻《士礼居丛书》虽寥寥十余种,率附札记。又喜刻书,所刻之书皆精,版式一般皆从宋版,并附撰《札记》或《校录》,钱大昕、段玉裁等称其所刻书"可矫近世轻改古书之弊"。其所刻之书,皆收录《士礼居黄氏丛书》。

嘉庆二十年(1815),黄丕烈重刻宋严州本《仪礼郑注》十七卷①,附《严本仪礼郑氏注校录》一卷,于严本之是非悉校录之,属于经、《注》校勘方面的重要代表著作。众所周知,黄丕烈与顾广圻关系非常密切,诚如孙钦善先生所言,"孙星衍、黄丕烈、胡克家、张敦仁、秦恩复等先后请他主持校刻古书","士礼居所刻诸书,大多由顾正定,世并称顾、黄"②。不过,黄丕烈所作《宋严州本仪礼经注精校重雕缘起》并未有托付顾氏校刻之言。因此,著者虽怀疑此《校录》大抵亦出顾广圻之手,惜无足够证据,姑妄存疑之。

从《校录》研读的情况来看,该书的校勘对象包括《仪礼》经、《注》两重对象,其中尤以郑《注》校勘为主。其所据以校勘的版本主要有:明叶石君影宋抄《释文》本,单行五十卷贾《疏》宋刻本,《四库全书》聚珍板之宋李如圭《仪礼集释》本,宋张淳《仪礼识误》本,影宋刻魏了翁《仪礼要义》本。就《校录》经、《注》校勘情况而言,大致有如下特点:

首先,《校录》强调校勘的善本依据,既重视宋本而又不迷信宋本,较其得失,兼采众本之长。对校是黄丕烈《校录》最擅长的,在黄氏看来,宋代《仪礼》相关刊本较少讹舛,故多据宋本校勘其他版本经、《注》的讹误。例如,《士冠礼·注》"韇,藏筮之器",《校录》云:"李本'筮'作'筴'。案:

---

① 在黄丕烈重刻宋严州本《仪礼经注》之前,阮元曾据之加以校勘,如《严本仪礼郑氏注校录》卷首所附《宋严州本仪礼经注精校重雕缘起》云:"国朝顾氏炎武、张氏尔岐只取唐石经以校明监本,余先后收得宋刻《经注》本及宋刻单行《疏》本,各校副本流传于外,阮芸台侍郎取以入《仪礼校勘记》中者是也。"

② 孙钦善:《中国古文献学史》(下),中华书局1994年版,第1064页。

影宋刻魏氏《要义》'篮',严本不误"。① 此例黄氏据影宋刻魏氏《要义》佐证严州本不误,并据此断言李如圭《集释》本有误。又如,《特牲馈食礼》"及两铏芼",《校录》云:"张本所见严本'铏'作'鈃',云监本多一'鈃'字,张本从诸本作'及两鈃',李本增一'鈃'字。案:严本宋刻'鈃'作'铏','铏'字不重。"此例亦据宋严州本加以校勘。不过,黄氏并不一味信从宋本,有时亦指正宋本文字之讹误所在,如《大射仪·注》"其诗有射诗侯首不朝者之言",《校录》云:"宋本'诗侯'作'诸侯'。案:'诸'讹,为'诗'形涉而误。"此例指出宋本之形涉而误。又如,《丧服·注》"止者不降",《校录》云:"李本'止者'作'此著'。案:单《疏》述《注》'此著',严本'此著',乃皆误字。"此例指出宋刻单《疏》本和严州本误字情况。又如,《丧服·注》"治其缕如小功而成布尊四升半",又"以服至也",《校录》云:"张本移'尊'字在'至'字下,谓上句多一'尊'字,下句少一'尊'字,据《疏》也。李本'尊'字未误。案:此严本误。"此例指出宋严州本之误。凡此种种,皆说明校勘者的态度是辩证的,并没有迷信宋椠本到"佞宋"的地步。

其次,《校录》强调校勘各本之失,注重通过比较来考察各本异文演变之源流,溯其失误之本末因由,创获尤多。黄丕烈由于藏书甚富,特别是收藏了大量的善本书,因而校勘中得以考其源流,较其得失,兼采众长,这样就避免了孤立的文字对校。例如,《士昏礼·注》"将见良人之所之",《校录》云:"张本改'见'为'覸',据陆也。李本'见'。案:《释文》云:'今本亦作见。'严盖用亦作本。又案:单《疏》引《孟子注》云:'覸,视也。'彼'覸'为视,亦得为见,故郑此注为'见'也。贾所见郑《注》,与严本合。"又如,《燕礼·注》"寝露寝",《校录》云:"张本改'露'为'路',据《疏》也。李本同。案:单《疏》'路'。'露'、'路'古通。"以上二例,黄氏皆指出了张淳《识误》本改字的依据所在,并进而分析其得失所在。又如,《聘礼·注》"豕束之",《校录》云:"张本出'束'字于上,而原文作'豕东之',是张所见严本为东也,故引《疏》云:'豕束缚其足。'是张改'东'为'束'者,据《疏》也。李本'束',今严本宋刻未误。"此例黄氏详细分析了张淳改字的理据所在。由此可见,在这一方面,《校录》的校勘要远远胜于卢文弨《仪礼注疏详校》的孤立胪列和版本异同比较。

---

① 黄丕烈:《严本〈仪礼〉郑氏注校录》,《士礼居黄氏丛书》民国十一年上海博古斋影印原清黄氏刊本。下同。

再次,《校录》既重视对校,又不局限于对校,参以运用其他各种校法,避免了妄改宋本及他本文字之失。例如,《大射仪》"洗象觚",《校录》云:"宋本'觚'作'觶',案:《注》云:'觚当为觶。'则经文不应改字。《释文》云:'音觶。'则但当读如觶音,不得改从'觶'文也,严本不误。"这是据《注》文校勘宋本经文之误,乃参以他校法。又如,《特牲馈食礼·注》"季,小也",《校录》云:"张本改'小'为'少',据陆也;李本'小'。案:《注》'挂祛以小指者',则'小'字不误。"这是参以本校法纠正张本之误。不过,《校录》的校勘,基本上不运用理校法借以辅助异文之是非判断。

此外,《校录》亦注意征引时哲(如段玉裁)的研究论说作为论据,帮助佐证对校结论。例如,《觐礼·注》"其盟愒其著明者",《校录》云:"李本'愒'作'揭'。案:单《疏》述《注》'愒',影宋钞《释文》同。段氏曰:字作'愒'从心,义作'揭'从手。揭者举也,谓王巡守及诸侯之盟祭其就祭之所日山川月最著明者也。愒,盖'揭'字之假借,应基竭切,而陆氏乃苦盖反。贾《疏》亦不定'愒'字之义,皆其疏也。"此例黄氏乃依据段玉裁的论说加以校勘。又如,《丧服·注》"如著幓头焉",《校录》云:"张本云:'监本"幓",从诸本"幓"。'案:'监本"幓"'下,戴氏云:'案此下有脱文,当是言监本"幓"作"幧"。'据此,则作'幧'者惟监本矣。李本'幓',单《疏》'幓',段氏曰:'"幓"非"幧"是。'"此例黄氏依据戴震和段玉裁二人的考证为说。凡此之类,皆足证黄氏重视吸收他人的研究结论。

嘉庆二十二年(1817),黄氏又刊《严本仪礼郑氏注续校》,弥补此前《校录》的缺失。他在《续校》题首下有一段缘起的交代:"余既刊严本《仪礼》,并附校语行世,近同年友张君翰宣读是书,举其误数十条来谂于余。余惟是刊悉存严本面目,其中讹缺断坏之字,间据陆、贾、张、李四家书是正完补,即校语有未尽举出之字,多见芸台侍郎《仪礼校勘记》及段若膺《仪礼汉读考》中,读者自能得之,已于前校《缘起》涉及,而张君精心解诂,妙悟博通,是有以助余不逮,为不可没,故复校雠一过,续刊所举。并冀世之如张君者复有以告余也。"由此看来,该《续校》乃黄氏张翰宣同年友所校勘,而黄丕烈又曾"复校雠一过",弥补了此前《校录》的不少漏校例,极有价值。《续校》共49条,其中补校《乡饮酒礼》篇3条,补校《大射仪》篇5条,补校《聘礼》篇6条,补校《公食大夫礼》篇3条,补校《觐礼》篇2条,补校《丧服》篇4条,补校《士丧礼》篇5条,补校《既夕礼》篇8条,补校《士虞礼》篇5条,补校《特牲馈食礼》篇1条,补校《少牢馈食礼》篇3条,补校《有司彻》篇4条。这些校例,大多仍以对校为主,校勘风格与《校录》之例大致相同,恕不逐一举例说明。

八、孙诒让《仪礼注疏校记》校勘

孙诒让(1848—1908),字仲容,号籀庼,浙江瑞安人。同治六年(1867)举人,官刑部主事。晚年曾主温州师范学校,充浙江教育会会长。与黄以周、俞樾并称清末浙江三先生。孙诒让有极为深厚的小学根柢,毕生无意仕宦,博览群籍,“年十六七,读江子屏《汉学师承记》及阮文达公所集刊《经解》,始窥国朝通儒治经、史、小学家法”[①],景慕乾嘉考据之学,长于训诂,勤于校勘,治学成就极高,章炳麟谓诒让“治六艺,旁理墨氏,其精专足以摩掇姬汉,三百年绝等双矣!”[②]孙氏著述繁富,其中《周礼正义》为清代《周礼》学集大成之作,其他如《札迻》、《墨子间诂》等皆为训诂学重要著作。

关于古书之校勘,孙诒让亦甚为重视,这些校勘成果大都存于其所著《札迻》及《十三经注疏校勘记》等文献之中,校勘成果非常丰硕。究其原因,与孙氏对古书流传讹误的形成原因存在清醒认识是分不开的。他曾在《〈札迻〉自序》中有过这样一番精辟的论述:“尝谓秦汉文籍,谊恉奥博,字例文例多与后世殊异,……骤读之,几不能读其语。复以竹帛梨枣,钞刊屡易,则有三代文字之通假,有秦汉篆隶之变迁,有魏晋正草之混淆,有六朝唐人俗书之流失,有宋元明校椠之羼改,逵径百出,多歧亡羊,非覃思精勘,深究本原,未易得其正也。”

《仪礼注疏校记》为其所著《十三经注疏校记》之一种。[③] 从《校记》研读情况来看,孙氏校读《十三经》系以江西刻阮元校勘之《十三经注疏》为底本,《仪礼注疏校记》同样如此,如其校《注疏》卷九《〈乡饮酒礼〉疏》“以

---

① 孙诒让:《〈札迻〉自序》,载《札迻》书首,齐鲁书社1989年版。

② 章炳麟:《孙诒让传》,《太炎文录》卷二,上海书店1992年版。

③ 据雪克之《辑点说明》交代,是书生前未经刊定,其中“札记实有先后,非一时之作”,包含了孙氏中年和晚年校经的手笔,雪克先生称此书是继阮元《十三经注疏校勘记》之后“清代学者通校《十三经》的又一份重要的学术成果”,诚属笃论。

其云献荐脯醢"云:"'献'字不当删,闽本误,余初校误从之。"①雪克先生指出:"阮氏《校勘记》云:'闽本无献字',孙校据阮《记》而言。"可证。由此亦可证实,此书"札记实有先后,非一时之作",从中亦可见孙氏治学之求精、严谨、务实态度。

从校勘对象角度来看,与其他《注疏》类校勘著作不同的是,孙诒让之作并不对《仪礼》经文本身进行校勘。孙氏的《仪礼》文献校勘只针对贾《疏》本身,纠正其中的文字讹误及其他某些相关方面,不过有时亦兼及对郑《注》的校勘,如:《注疏》卷十三《〈乡射礼〉注》"今文糅为缩",孙氏校云:"以后《记》注例之,疑'缩'当为'縮'。"②又《注疏》卷四十八《〈少牢馈食礼〉注》"举,牢肺正脊也。先饮啖之,以为道也"一文,孙氏校云:"'饮'当作'饭',《疏》作'食',义同。"③不过这一类校例在《仪礼注疏校记》当中并不多见。其所校贾《疏》讹误情况,大致包括衍文、脱文、异文、讹文、倒乙等各个方面,例如《注疏》卷七《〈士相见礼〉疏》"《燕礼》亦云:'君与卿同事之时,有北面位,无常之法也。'"孙氏校云:"'同'当作'图'。"④此乃校文字讹误之例。又如《注疏》卷三十四《〈丧服〉疏》"以其三衰共有弁绖,当事著皮弁亦同",孙氏校云:"'当事'上疑有'不'字。"⑤此系校贾《疏》脱文。又如《注疏》卷三十五《〈士丧礼〉疏》"故《礼纬》云:'天子之旗九刃'",孙氏校云:"'旗',《司常》疏作'旌'。"⑥此为校异文之例。凡此之类,不一赘举。

《校记》的校勘,并不仅仅局限于《疏》文讹误方面,往往还包括其他方面内容,有校正《疏》引书出处之误,如《仪礼注疏》卷四《〈士昏礼〉疏》"《郊特牲》云五齐加明水,三酒加玄酒,不言郁鬯者,记人文略也",其校云:"此《郊特牲》注文,非正文,不得云'记人文略'。"⑦又如《注疏》卷十三《〈乡射礼〉疏》"歧蹄以上《山海经》文。《周书》见于《国语》也"一文,孙氏校云:"《周书》出《王会》篇,此云《国语》,误。"⑧又如《注疏》卷三十六

① 孙诒让:《十三经注疏校记》,齐鲁书社1983年版,第408页。
② 孙诒让:《十三经注疏校记》,齐鲁书社1983年版,第411页。
③ 孙诒让:《十三经注疏校记》,齐鲁书社1983年版,第449页。
④ 孙诒让:《十三经注疏校记》,齐鲁书社1983年版,第405页。
⑤ 孙诒让:《十三经注疏校记》,齐鲁书社1983年版,第435页。
⑥ 孙诒让:《十三经注疏校记》,齐鲁书社1983年版,第437页。
⑦ 孙诒让:《十三经注疏校记》,齐鲁书社1983年版,第404页。
⑧ 孙诒让:《十三经注疏校记》,齐鲁书社1983年版,第412页。

《〈士丧礼〉疏》"是以郑注《周礼·鞮鞻氏》云:'鞮屦者无絇之扉'"一文,孙氏校云:"此《曲礼》注说,《周礼》注无此文,贾误。"有纠正贾疏句读之失者,如《注疏》卷十三《〈乡射礼〉疏》"故郑又云'折以大夫之余体也'",孙氏校云:"'折'当属上句读,贾失之。"①有指正贾《疏》说解自相矛盾者,如《〈乡射礼〉疏》云:"纯三只,只八寸,二尺四寸者,据缯幅也。《周礼》《郑志》《士丧礼》云:'亡则以缁长半幅。'"孙氏云:"此《疏》与《〈士丧礼〉疏》说异。"②这是就《仪礼疏》本身之前后矛盾相质疑之例。又如卷二十七《〈觐礼〉疏》"又云'燕与俶献无常数',又不言致燕以币,则无致燕之礼,亲燕亦无酬币,《鹿鸣序》云'燕群臣嘉宾也'",孙氏云:"《周官·酒人》疏又引《鹿鸣序》证燕有酬币,与此《疏》自相抵牾,何也?"③这是指出贾公彦《仪礼疏》与《周礼疏》相互矛盾之处。有指明贾《疏》引文出处者,如《注疏》卷一《〈士冠礼〉疏》"故《大戴礼·公冠》篇云'公冠四加'者,缁布、皮弁、爵弁、后加玄冕,天子亦四加,后当加衮冕矣。"孙氏交代云:"《冠义》正义。"④有贾《疏》申论郑《注》之义讹误者,如《注疏》卷二十四《〈聘礼〉疏》"云'杂采曰缫'者,凡言缫者皆象水草之文",孙氏云:"'象水草文'非郑义。"⑤有申论贾《疏》称名之由,如《注疏》卷三十九《〈既夕礼〉疏》"案两小传皆云车马曰赗",孙氏云:"唐人俗语以《公羊》、《谷梁》为小传,此《疏》偶用之。"⑥以上诸多方面,都是同朝代其他《仪礼》注疏校勘类著作所缺乏的。由此可见,孙诒让的《注疏》校勘与卢文弨、阮元等人的校勘关注之重点并不相同,具有更多训诂疏证的性质,并非处在同一个校勘性质层面上。

除校勘郑《注》、贾《疏》外,孙诒让亦重视对阮元《校勘记》校勘结论之疏证考论。孙氏往往将各卷之《校勘记》文与《注疏》文校勘单独区分开来,如阮刻《注疏》本卷十九首载一例《疏》文校勘,然后附载《校勘记》文之二例再校勘。据统计,《仪礼注疏校记》之中这一类校勘实例有31条,就其考论角度而言,有的主于指出其校勘之误,如阮刻《注疏》卷四《校勘记》

---

① 孙诒让:《十三经注疏校记》,齐鲁书社1983年版,第411页。
② 孙诒让:《十三经注疏校记》,齐鲁书社1983年版,第411页。
③ 孙诒让:《十三经注疏校记》,齐鲁书社1983年版,第432页。
④ 孙诒让:《十三经注疏校记》,齐鲁书社1983年版,第399页。
⑤ 孙诒让:《十三经注疏校记》,齐鲁书社1983年版,第423页。
⑥ 孙诒让:《十三经注疏校记》,齐鲁书社1983年版,第442页。

云:"'故指币体而言':《要义》同,毛本'体'作'礼',是也。"孙氏校云:"'体'不误,毛本非。"①又如《注疏》卷十一《校勘记》云:"'《乡饮酒》亦云宾介':毛本'介'作'降'。按:毛本是。"孙氏校云:"此夺'降'字耳,'介'字则不当删,毛改未尽允。"②对于阮氏没有说明异文取舍者,孙氏则往往加以深入考辨,如《注疏》卷七《校勘记》云:"'侯执身圭':闽本、《要义》同,毛本'身'作'伸'。"孙氏校云:"作'身'者,郑《大宗伯》义。然此《疏》自证'伸'、'信'字通,则当以作'伸'为是。《曲礼》孔《疏》引江南儒者解'信圭'义如此,盖贾所本也。宋本作'身',乃后人以郑义改之。"③有的则说明前人所校依据,如《注疏》卷二十四《校勘记》云:"'礼玉束帛乘皮':毛本作'礼用玉帛乘皮',《要义》作'礼用束帛乘皮'。"孙氏校云:"毛本据《司仪》注校。"④有的亦主于补充异文情况,如《注疏》卷七《校勘记》云:"'先饮啖之':'饮',《释文》、《集释》、杨氏俱作'食',陆氏曰:'作"饮饭"者皆非。'按:《疏》亦作'食'。"孙氏校云:"《特牲》注亦作'先食啖之'。"⑤此类校勘,大多具有拾遗补阙之性质,颇有助于推动《仪礼》之学诸方面的深入发展。

从校勘方法上看,此书不像孙氏《札迻》那样以理校见长,很少据理校之法进行校勘,同时亦不广据各种《注疏》本或单行本进行对校。孙氏《校记》一般运用本校法和他校法,在运用本校法方面,又主要侧重于据文义校勘郑《注》、贾《疏》,例如:《注疏》卷二十《〈聘礼〉疏》"若然,此侯伯之卿礼,其公之臣亦以币帛致",孙氏校云:"以文义校之,此当云'其公之臣亦不以币帛致',今本脱'不'字,遂与下引《司仪》注文迕。"⑥又如,《注疏》卷二十七阮氏《校勘记》"'欲解经变食燕而言之礼':《要义》同,毛本'之'作'飧'。按:'之'是也,下同。"孙氏校云:"闽本亦作'飧',下同。案:依文义作'飧'是也。阮云'之是',未详其说。"⑦最为普遍使用的仍属他校法,例如,《注疏》卷二十三《〈聘礼〉注》"《周礼》曰:'宾从拜辱于朝,明日,客

---

① 孙诒让:《十三经注疏校记》,齐鲁书社1983年版,第403页。
② 孙诒让:《十三经注疏校记》,齐鲁书社1983年版,第409页。
③ 孙诒让:《十三经注疏校记》,齐鲁书社1983年版,第406页。
④ 孙诒让:《十三经注疏校记》,齐鲁书社1983年版,第423页。
⑤ 孙诒让:《十三经注疏校记》,齐鲁书社1983年版,第449页。
⑥ 孙诒让:《十三经注疏校记》,齐鲁书社1983年版,第418页。
⑦ 孙诒让:《十三经注疏校记》,齐鲁书社1983年版,第433页。

拜礼赐,遂行之'",孙氏校云:"《司仪》无'之'字,此疑涉《疏》而衍。"①《注疏》卷三十六《〈士丧礼〉疏》"王公立饫,则有房俎"一文,孙氏校云:"'房俎',《周语》作'房烝'。"②这一类校勘实例甚众,恕不逐一征引。

在对待前人校勘成果之态度上,孙诒让的态度是求真务实的,既有取从,更对前人校勘之失多所纠驳,这从以上论孙氏对阮氏《校勘记》的校勘情况完全可以得到印证。除阮氏外,《校记》亦多称引曹元弼《礼经校释》和黄以周《礼书通故》二者之说,不过一般是从正面转引其说,如《注疏》卷一《〈士冠礼〉疏》"故以庙决堂",孙氏《校记》:"曹云:'"庙决堂","庙"疑当为"门"。'"③又如,《注疏》卷二十五《〈公食大夫礼〉疏》"若非祢庙,则言庙祧",孙氏《校记》:"曹云:'"庙祧","祧"似当为"号"。'"④等等,不一而足。

如上所述,孙氏《校记》的校勘是精审严密的,它还在一定程度上弥补纠正了阮氏《校勘记》的许多不足,"裨补遗阙"之功极大,更多方便了此后治《仪礼》学者的研究。当然,我们也应注意到,该书也有许多校例仅仅只是交代其校勘结果,而不说明校勘理据所在,如《注疏》卷十一《〈乡射礼〉疏》"今大夫言席于尊东,明为宾夹尊可知"一文,孙氏校云:"'为',当为'与'。"⑤凡此之类,可能与该书未经刊定有关。这小小缺失,仍丝毫无损于《校记》一书的整体价值。

---

① 孙诒让:《十三经注疏校记》,齐鲁书社 1983 年版,第 422 页。
② 孙诒让:《十三经注疏校记》,齐鲁书社 1983 年版,第 439 页。
③ 孙诒让:《十三经注疏校记》,齐鲁书社 1983 年版,第 399 页。
④ 孙诒让:《十三经注疏校记》,齐鲁书社 1983 年版,第 424 页。
⑤ 孙诒让:《十三经注疏校记》,齐鲁书社 1983 年版,第 409 页。

第七章

《仪礼》文献的辨伪研究

我国古籍之富世所罕见,但由于历史上的种种原因,往往会出现各类伪书。宋代朱熹就曾感叹说:“天下多少是伪书！开眼看得透,自无多书可读。”①清初学者吴廷华也声称:“读三代以上书,当别真伪;读三代以下书,当别是非。就《三礼》论,《周礼》、《仪礼》多后人参杂之说,此真伪之当辨者;《礼记》本汉人作,与古多不合,此是非之当辨者。”②自汉代以来,礼经学家往往围绕《仪礼》经文及其《记》、《传》的撰者与创作年代、三者有无经文互混,以及后世诠释类著作有无真伪等问题,进行了一次次论争。

第一节 《仪礼》经文的作者及创作时代

关于《仪礼》经文的作者与撰作年代问题,由于《书大传》有周公居摄“六年制礼作乐”之语,故旧说大都以为成书于西周之际,出自周公之手,如唐陆德明《经典释文·序例》、孔颖达《礼记正义序》、贾公彦《仪礼疏序》、宋魏了翁《礼记要义序》、元敖继公《仪礼集说序》等,都说是周公所作。当然,也有不同的声音,如汉代司马迁、班固等人就认为,礼经系孔子所编定。但从宋代以后,关于《仪礼》的作者及撰作时代,在学界争议较大,有的继续主张《仪礼》为周公所作,也有人认为系孔子编著,甚至有学者以为是孔子之后的儒者所作,等等。兹就各家不同观点进行简要的介绍

① 黎靖德:《朱子语类》卷八十四,《景印文渊阁四库全书》(第701册),第783页。

② 沈廷芳:《朝议大夫吴先生廷华行状》,《碑传集》卷一百二,《清代传记丛刊》(111册),明文书局1985年版,第553页。

与说明下面：

一、礼经周公所作说

（一）宋以前学者的说法

崔灵恩："《仪礼》者，周公所制。吉礼，惟得臣礼三篇。凶礼，得四篇，上自天子，下至庶人，其礼同等。余三篇，皆臣礼。宾礼惟存三篇，军礼亡失，嘉礼得七篇。"①

陆德明《经典释文·序例》："《周》、《仪》二礼，并周公所制。"②

孔颖达《礼记正义序》："武王没后，成王幼弱，周公代之摄政，六年致太平，述文、武之德而制礼也。故《洛诰》云：'考朕昭子刑，乃单文祖德。'又《礼记·明堂位》云：'周公摄政六年，制礼作乐，颁度量于天下。'但所制之礼，则《周官》、《仪礼》也。"③孔颖达根据《礼记·明堂位》中周公"制礼作乐"之说，推断《仪礼》是周公制礼作乐的产物，《仪礼》的作者是周公。

贾公彦《仪礼疏序》："至于《周礼》、《仪礼》，发源是一。理有终始，并是周公摄政太平之书。"又称："然《周礼》言周不言仪，《仪礼》言仪不言周，既同是周公摄政六年所制。"④

由上述诸家言辞可见，唐朝之时，学者们大都认为《仪礼》为周公所撰，其因由就如胡培翚所云："《礼记·明堂位》曰：'周公摄政六年，制礼作乐。'故崔氏灵恩、陆氏德明、孔氏颖达及贾氏皆云《仪礼》周公所作也。韩氏愈云：'文王、周公之法制，具在于是。'盖亦以为周公作也。孔子、孟子所云'学礼'，即谓此书。"⑤可以说，上述诸家的观点，代表了汉代以来绝大部分古文经学家的看法。

（二）宋、元、明诸朝学者的说法

宋魏了翁《仪礼要义·自序》："《周礼》、《仪礼》发源是一，理有终始，理有终始，分为二部，并是周公摄政太平之书。"⑥

---

① 朱彝尊：《经义考》卷一百三十，《景印文渊阁四库全书》（第678册），第638页。
② 陆德明：《经典释文》，中华书局1983年版，第4页。
③ 孔颖达：《礼记正义·序》，载《十三经注疏》，中华书局1980年版，第1224页。
④ 贾公彦：《仪礼注疏·序》，载《十三经注疏》，中华书局1980年版，第945页。
⑤ 胡培翚：《仪礼正义》卷一，《续修四库全书》（第91册），第595页。
⑥ 魏了翁：《仪礼要义·自序》卷首，《景印文渊阁四库全书》（第104册），第342页。

宋叶时《礼经会元》:“夫礼仪三百,《经礼》也,说者谓《周礼》是也。威仪三千,《曲礼》也,说者谓《仪礼》是也。二书皆周公所述也。”①

元敖继公《仪礼集说·自序》:“《仪礼》何代之书也?曰:周之书也。何人所作也?曰:先儒皆以为周公所作,愚亦意其或然也。何以言之?周自武王始有天下,然其时已老矣,必未暇为此事也。至周公相成王,乃始制礼作乐,以致太平。故以其时考之,则当是周公之书。又以其书考之,辞意简严,品节详备,非圣人莫能为,益有以见其果为周公之书也。”②

魏了翁、叶时、敖继公三家的说法,在很大程度上能代表宋、元、明之际相当一部分学者的观点,称得上是当时学界的主流观点。而朱熹及其门下弟子杨复、黄榦等人在《仪礼经传通解》、《通解续》等礼学著作中,也都对周公所作说没有提出过异议。

(三)清代学者的说法

有清一代,大多数学者如张尔岐、李光坡、蔡德晋、胡培翚、曹元弼等人,仍坚持《仪礼》为周公所作,但也有两种不同的声音,一种是单纯地表示《仪礼》为周公所作的观点,没有提及孔子在其中扮演何种角色。例如:

清初学者盛世佐《仪礼集编》:“《礼记》出于汉儒之纂录,犹可曰是夏殷法也;《仪礼》、《周礼》皆周公制作时所定,不应枘凿乃尔。”③

清初学者马驌《仪礼易读·凡例》言:“后世陋儒疑是经为周末人作,固属庸妄之见,若意以为周公之手笔,似又不然。其大纲非圣人不能定,若其是非曲折书,谅由史臣润色以成之,而道揆法守皆于是乎在。或訾其中多重复,但欲备其制,不得不多其文,亦典册之体裁宜尔也。朱子论《周官》云:‘《周礼》规模皆是周公做,但其言语皆是他人做,如今时宰相提举敕令,岂是宰相一一下笔?有不是处,周公须与改,至小处,或未及改。’吾于此经亦云。”从这一段叙述中可以看出,马驌认为《仪礼》一书大纲由周公所定,史臣在此基础上执笔成文,最后由周公整理删定,大致上与其受朱熹关于《周礼》著者及其成书性质的认定有关。

清中期学者凌廷堪指出:《仪礼》十七篇,乃是“礼之本经也”,“信非大

---

① 叶时:《礼经会元》卷一上,《景印文渊阁四库全书》(第92册),第2页。

② 敖继公:《仪礼集说·自序》卷首,《景印文渊阁四库全书》(第105册),第34页。

③ 盛世佐:《仪礼集编》卷二十一,《景印文渊阁四库全书》(第111册),第5页。

圣人不能作也”①,“非周公制礼,则后世将无人伦”②。当然,依凌氏之见,周公当时所制之礼并非如今本《仪礼》那般只有“士礼”,同时也还涉及大夫礼、诸侯礼、天子礼等各个层面的礼制规定。例如,凌廷堪曾经指出:“天子即位之礼,《仪礼》无此篇,其不传久矣。惟《尚书·顾命》尚存其制,必是周公所制之礼,康王循之而行耳。盖康王之时,全礼俱存,未必如今之十七篇。后人据《顾命》以补《礼经》之阙可也。”③简言之,凌廷堪认为,现存《仪礼》十七篇并非周公制礼之完本,《尚书·顾命》就尚存其制,后世所谓“逸礼”,可能便是周公制礼之遗存内容,因而后世学者据各类可信的传世文献以“补《礼经》之阙可也”。

晚清学者胡培翚更是站在古文经学家的立场上,对有关《仪礼》经、《记》、《传》作者问题的认知上,进行了一番总结与回应:“《礼记·明堂位》曰:‘周公摄政六年,制礼作乐。’故崔氏灵恩、陆氏德明、孔氏颖达及贾氏皆云《仪礼》周公所作也。韩氏愈云:‘文王、周公之法制,具在于是。’亦以为周公作也。孔子、孟子所云‘学礼’,即谓此书。……唯《仪礼》为礼经之稍完者,先儒谓其文质彬彬,乃周公制作之遗。今案,据此诸说,《三礼》惟《仪礼》最古,亦惟《仪礼》最醇矣。《仪礼》有经、有《记》、有《传》,《记》、《传》乃孔门七十子之徒之所为,而经非周公莫能作。”④又云:“此经古本相传已久,未可据易”⑤,“今比其例而观之,虽微文琐节,井井然若网在纲,有条而不紊,始知《礼经》广大精深,非圣人必不能作也”⑥。

曹元弼《礼经学》卷五《解纷》言:“《仪礼》有经有《记》有《传》。经制自周公,传之孔子;《记》与《传》则出于孔门七十子之徒之所为。……而近儒顾氏栋高著《左氏引经不及〈周官〉、〈仪礼〉论》,疑《仪礼》为汉儒缀辑,非周公书。及考其说之所据,则曰:孔孟所未尝道,《诗》、《书》、三《传》所未经见。呜呼!何其不察之甚欤!”⑦

上述诸家,分处有清前、中、后各个时期,但都对礼经周公所作之说,表

---

① 凌廷堪:《礼经释例序》,《校礼堂文集》卷二十六,中华书局1998年版,第241—242页。
② 凌廷堪:《拜周公言》,《校礼堂文集》卷五,中华书局1998年版,第40页。
③ 凌廷堪:《读〈顾命〉》,《校礼堂文集》卷五,中华书局1998年版,第37页。
④ 胡培翚:《仪礼正义》卷一,《续修四库全书》(第91册),第595页。
⑤ 胡培翚:《仪礼正义》卷二,《续修四库全书》(第91册),第638页。
⑥ 胡培翚:《仪礼正义》卷九,《续修四库全书》(第92册),第98页。
⑦ 曹元弼:《胡氏培翚〈仪礼〉非后人伪撰辨》《礼经学》卷五《解纷》,《续修四库全书》(第94册),第732—733页。

示出了高度的认同感，极具代表性。此外，清代也有一小部分学者在认同《仪礼》为周公所作说的同时，又表示《仪礼》曾经经过孔子之手整理或者删定而成。例如：

张尔岐《仪礼郑注句读·自序》："在昔周公制礼，用致太平，据当时施于朝廷乡国者勒为典籍，与天下共守之。其大体为《周官》，其详节备文则为《仪礼》。"又说："《仪礼》则周公之所定、孔子之所述。"①

蔡德晋《礼经本义》："此书亦周公所作，载行礼仪文节次之详，乃礼之条目也。汉高堂生所传凡十七篇。后于孔壁中得《礼古经》五十六篇，于十七篇外增多三十九篇，盖孔子所定礼之全经也。"②

惠栋《吕坤尊朱子而驳周公》："《仪礼》为周公所定，夫人而知之。《经典叙录》曰：'周公居摄，曲为之制，故曰经礼三百，威仪三千。经礼谓《周官》也，威仪谓《仪礼》也。'"③又《周易述》中记载说："孔子当春秋之世，有天德而无天位，故删《诗》，述《书》，定《礼》，理《乐》，制作《春秋》，赞明《易》道。"④

上述张尔岐、蔡德晋、惠栋三家在礼经撰者的认知上说，大体上都主张与周公、孔子二人都有内在关系，但仍有一定的差异，如蔡德晋认为《礼古经》五十六篇是经过孔子编定的《仪礼》全本，今本《仪礼》十七篇是其简本；而张尔岐、惠氏二人并无这一观点，只是在承袭周公所作这一古文经学家传统说法的同时，肯定地称《仪礼》经过孔子之手而最终确定下来，并无全本与简本之别。

综上各个时期崔灵恩、贾公彦、孔颖达乃至于清代众多学者的说法，他们主张周公所作说的一个重要根据，似乎是《礼记·明堂位》记载的周公"制礼作乐"一语。如果认为"制礼"是指制定礼经(即《仪礼》和《周礼》)的话，那么，《礼记》的这句话似乎就是《仪礼》作者是周公的文献依据，并可由此推测，"作乐"是指周公编纂今已失传的《乐经》。然而事实上，就诚如沈文倬先生所说的那样，"由礼物、礼仪构成的礼典早已存在于殷和西周

---

① 张尔岐：《仪礼郑注句读·自序》，载刘晓东、杜泽逊《清经解三编》(第7册)，第736页。

② 蔡德晋：《礼经本义》卷一，《景印文渊阁四库全书》(第109册)，第500页.

③ 惠栋：《吕坤尊朱子而驳周公》，《九曜斋笔记》卷二，《丛书集成续编》(第92册)，第513页下。

④ 惠栋：《周易述》卷十一《象上传》，《景印文渊阁四库全书》(第52册)，第119页。

时代”,“礼书至春秋以后开始撰作”①,人们至今仍然没有确凿的理由来证实,“制礼作乐”一语中的“礼”、“乐”二字,就是指的后来人们所指称的《礼经》和《乐经》。至于蔡德晋的《仪礼》全本与简本之说,更是毫无文献证据,难以令人完全信服。

二、宋代学者礼经伪书说

宋朝是一个疑古、疑经之风大盛的年代,如欧阳修撰《易童子问》以为《易经》之《系辞》、《文言》以下皆非孔子所作,苏轼怀疑《周礼》“非圣人之制也,战国所增之文也”②,等等,当时学术界考辨古书真伪的潮流可谓蔚然成风。对于《仪礼》经文的辨伪,也往往在其范畴之列,其中尤以北宋学者乐史(930—1007)、徐积(1028—1103)和南宋学者章如愚、张淳(1121—1181)为代表,他们对古文经学家主张的礼经周公所作这一传统旧说,大胆地提出了质疑,但又未能提出具体的撰作者。

(一)乐史

乐史的质疑言论,主要保存在清人朱彝尊《经义考》一书所引章如愚转述之语当中。在乐史看来,传世《仪礼》其中可疑之处有五:

其一,从礼经的传授情况来看,“汉儒传授《曲台杂记》,后马融、郑众始传《周官》,而《仪礼》未尝以教授,一疑也”。

其二,从礼经的目录著录情况来看,“《周礼》缺《冬官》,求之千金不可得,使有《仪礼》全书,诸儒宁不献之朝乎?班固《七略》、刘歆九种并不著《仪礼》③,魏、晋、梁、陈之间是书始行,二疑也”。

其三,从与《周礼》礼制记载的比较来看,“《聘礼》篇所记宾行饔饩之物,禾米刍薪之数,笾豆簠簋之实,铏壶鼎甕之列,考之《周官·掌客》之说不同,三疑也”。

其四,从《丧服》篇的文体风格来看,“其中一篇《丧服》,盖讲师设问难以相解释之辞,非周公之书,四疑也”。

其五,从礼经与《周礼》各自适用对象及完阙情况来看,“《周官》所载,

---

① 沈文倬:《略论礼典的实行和〈仪礼〉书本的撰作》(上、下),分载《文史》第15辑、第16辑。

② 苏轼:《东坡续集》卷九《策·天子六军之制》,《四部备要》本。

③ “班固《七略》、刘歆九种”,应为“班固九种、刘歆《七略》”之误。

自王以下至公、侯、伯、子、男，皆有其礼，而《仪礼》所谓《公食大夫礼》及《燕礼》，皆公与卿大夫之事，不及于王，其他篇所言曰主人、曰宾而已，似侯国之书，使周公当太平之时，岂不设天子之礼？五疑也。”①

对于乐史提出的上述五大疑点，有学者认为，“其中一、二疑是疑所不当疑；三、四、五疑虽然结论基本正确，但所提的论据不周延。汉儒《仪礼》传授之迹基本上是清楚的，并非‘未尝以教授’。刘歆《七略》、班固《汉书》都著录了《礼古经》，即《仪礼》。至于《聘礼》篇所记礼数与《周官·掌客》之说不同，也不足作为怀疑的论据，因为二书并不出于一人之手，也非同时，记载互异也属正常。正如《六经奥论》作者所说：‘三代之书，所成非一人，所作非一时，作《周礼》者未尝与《仪礼》谋，作《仪礼》者未尝与《周礼》、《礼记》谋，又乌能使之无乖异也？’至于以没有天子之礼而疑非周公之书，也没有多少说服力。唯第四条以《丧服》为讲师问难之辞，非周公之书，论据较为坚实。”②事实上，即便是乐史第四条以《丧服》为讲师问难之辞，也不确切，因为其所谓“何以”、“何也”之类问难之辞，并非《丧服》篇经文，而是相传子夏所作的《丧服传》文。

（二）张淳

南宋之时，张淳校定古礼，受当时疑古风气的影响，他也对礼经周官撰作说提出了质疑：“《仪礼》未知孰作，或曰周公作之也。孔子、孟子有学礼之言，《礼记》有读礼之文。当是时，固已有简牍之传矣，决非秦汉间笔也。其制度必出于圣人。若曰周公作之，则非淳之所知也。”③据此，张淳也不认为《仪礼》是周公所作。

不仅如此，张淳还认为，今本《仪礼》并非高堂生所传之书。“鲁人高堂生传《士礼》十七篇，其篇数与今《仪礼》同，陆德明、贾公彦皆以为今《仪礼》。考之西汉《艺文志》，高堂生之《礼》，后仓最明。仓以传大、小戴。古经者出鲁淹中，多天子、诸侯、卿大夫制，愈于仓等推士礼以致天子。夫如是，则高堂生所传特士礼尔。今《仪礼》中所谓‘士礼’，有《冠》、《昏》、《相见》、《丧》、《既夕》、《虞》、《特牲馈食》七篇，他皆天子、诸侯、卿大夫礼，必非高堂生所传者，不知贾、陆二子何据而云尔？”张氏认为，高堂生所传为

---

① 朱彝尊：《经义考》卷一百三十，《景印文渊阁四库全书》（第678册），第641—642页。

② 杨世文、李国玲：《宋儒对〈仪礼〉的注解与辨疑》，《四川大学学报》（哲学社会科学版）2004年第4期。

③ 张淳：《仪礼识误·序》，《景印文渊阁四库全书》（第103册），第3—4页。

《士礼》,而今本《仪礼》十七篇只有《士冠礼》、《士昏礼》等七篇才属于“士礼”,其他十篇却是天子、诸侯、大夫之礼,两者之间名实不符,应当不是同一回事,只是篇数偶然相同而已。

(三)章如愚

南宋学者章如愚之说,今载于朱彝尊《经义考》。章氏在乐史质疑言论的基础上,对乐史的质疑深表认同。他进一步发挥说:“今考其书,犹有可疑者。且吉、凶、宾、嘉皆有其礼,而军礼独缺焉。自天子至士皆有冠礼,而大夫独无焉。《乡饮酒》之礼有党正以正齿位,而今独不载焉。宾礼之别有八,燕礼之等有四。《冠》、《昏》之篇皆冠以士。《大射》之礼,独名曰‘仪’。朝遇之礼不录,而独存《觐礼》。其他礼,食不载,而独有《公食大夫礼》。以至言本末之异同,是皆考究精微者焉。”①

上述诸家,皆系纯粹属于宋代学者的片面质疑之辞,但均未提出具体的礼经撰者系何人何时伪作的答案。乐史、章如愚二家之说,看似颇有道理,然则均不能成立。关于这一点,今人刘建国先生对此曾有逐条辩驳,参刘氏所著《先秦辨正》第九章②,此不逐一引录。至于张淳之说,同样也站不住脚,诚如朱熹所指出的那样:“此则不深考于刘说所订之误,又不察其所谓士礼者,特略举篇首以名之。其曰‘推而致于天子’者,盖专指冠、昏、丧、祭而言,若燕、射、朝、聘,则士岂有是礼而可推耶?”③

三、礼经孔子编定说与所撰说

早在战国时期,便已经有人认为孔子是“六经”的编纂者了。例如,《庄子·天运篇》就记载说:“孔子谓老聃曰:‘丘治《诗》、《书》、《礼》、《乐》、《易》、《春秋》六经,自以为久矣。’”不论记载是否确凿,但至少说明了孔子与《诗》、《书》、《礼》等几种儒家典籍发生过一定的关系。汉代以后,便有学者认为《仪礼》是孔子编订的,甚至晚清今文学家干脆有人认为《仪礼》就是孔子所作的。下面介绍几家较有影响的学者之说。

(一)司马迁、班固的孔子编定说

---

① 朱彝尊:《经义考》卷一百三十,《景印文渊阁四库全书》(第678册),第641—642页。

② 刘建国:《先秦伪书辨正》第九章,陕西人民出版社2004年版,第88—90页。

③ 朱熹:《仪礼经传通解》卷首《篇第目录》,载《朱子全书》(修订本第2册),上海古籍出版社、安徽教育出版社2010年版,第29页。

这一说法首出汉儒，其中又以司马迁的说法影响很大。司马迁在《史记·孔子世家》中声称："孔子之时，周室微而礼乐废，《诗》《书》缺。追迹三代之礼，序《书传》。上纪唐虞之际，下至秦缪，编次其事。曰：'夏礼吾能言之，杞不足征也；殷礼吾能言之，宋不足征也。足，则吾能征之矣。'观殷夏所损益，曰：'后虽百世可知也。以一文一质，周监二代，郁郁乎文哉，吾从周。'故《书传》、《礼记》自孔氏。"①这里的《礼记》，实际上就是《仪礼》。如果说《史记·孔子世家》当中，司马迁仅仅是肯定了孔子与《仪礼》有着密切的关系，那么他在《史记·儒林列传》中就说得相当直接了："夫周室衰而《关雎》作，幽厉微而礼乐坏，诸侯恣行，政由强国。故孔子闵王路废而邪道兴，于是论次《诗》、《书》，修起《礼》、《乐》。"②很显然，司马迁认为，《仪礼》是经过孔子的编修加工而成。

到东汉班固撰《汉书》时，同样持这一说法。《汉书·儒林传》在传述孔子与六经的关系时，说："于是叙《书》则断《尧典》，称乐则法《韶舞》，论《诗》则首《周南》。缀周之礼，因鲁《春秋》，举十二公行事，绳之以文、武之道，成一王法，至获麟而止。盖晚而好《易》，读之韦编三绝，而为之传。皆因近圣之事，以立先王之教，故曰：'述而不作，信而好古'，'下学而上达，知我者其天乎！'"③班固所谓"缀周之礼"，意思就是指春秋时期孔子把周代残留的礼采缀成《仪礼》一书。这和《礼记·杂记下》上记载的"恤由之丧，哀公使孺悲之孔子，学士丧礼，《士丧礼》于是乎书"说法，大体上是一致的。

（二）邵懿辰的"周公所制孔子所定"说

晚清之际，邵懿辰站在今文礼学的立场，提出《仪礼》是春秋时孔子所定的主张。邵氏认为，《仪礼》是由孔子"定礼乐"时删繁就简而成，本无阙佚，今所习《仪礼》十七篇之数也是孔子当时所定。邵氏的见解，主要是出于下列三方面因素考虑：

其一，从"礼"的发展演变角度来看。在邵懿辰看来，《仪礼》"本非一时一世而成，积久服习，渐次修整，而后臻于大备，旁皇周浃而曲得其次序，

---

① 司马迁：《史记》，中华书局1982年版，第1935页。
② 司马迁：《史记》，中华书局1982年版，第3115页。
③ 班固：《汉书》卷八十八，中华书局1962年版，第3589页。

大体固周公为之也。其愈久而增多,则非尽周公为之也”①。

其二,从《仪礼》本身的内容情况来看。邵氏在《论〈礼〉十七篇当从大戴之次本无阙佚》一文中指出:“夫《经礼》三百,《曲礼》三千。《仪礼》所谓《经礼》也,周公所制,本有三百之多,至孔子时即礼文废阙,必不止此十七篇,亦必不止如《汉志》所云五十六篇而已也。而孔子所为定礼乐者,独取此十七篇以为教,配六艺而垂万世,则正以冠、昏、丧、祭、射、乡、朝、聘八者为天下之达礼耳。”②

其三,从《士丧礼》与孔子的关系情况来看。《礼记·檀弓》云:“恤由之丧,哀公使儒悲学士丧礼于孔子,《士丧礼》于是乎书。”邵氏据此认为,《士丧礼》既出于孔子之手,则其余诸篇亦当为孔子所定,是孔子从周公当年所制订的三百多篇《经礼》中选定,而汉代学者之所以以十七篇立学并尊之为经,正因其书为孔子所定故也。

(三)廖平的“周公所作”说

在《仪礼》一书的作者问题上,继邵懿辰提出《仪礼》乃孔子“定礼乐”时删繁就简而成,其十七篇之数也是孔子当时所定之说后,清末著名今文经学家廖平从《仪礼》属于古文经的角度出发,又提出更为激进的观点,干脆将其归结到孔子所创作,认为根本与周公制礼之说无关。诚如杨君所言:“经学初变期,廖平平分今、古,将今、古文经皆归于孔子所作,指出古文经为孔子早年言论,今文经为孔子晚年学说。”③

在初变期所作《今古学考》中,廖平反复申论自己不相信孔子托古改制而祖周公。在他看来,《王制》是孔子晚年有感于周制“文胜之弊”而欲“改周从质”的素王新制:“《王制》改周制,皆以救文胜之弊,因其偏胜,知其救弊也。……春秋时诸君子皆欲改周文以相救,孔子《王制》即用此意,为今学之本旨。何君解今礼,以为《春秋》有改制之文,即此意也,特不知所改之文,全在《王制》耳。”④换句话说,孔子所改的《王制》,仅仅只是周制大纲。至于《仪礼》经文,它属于古文经的范畴,而且所说的都是周代礼

---

① 邵懿辰:《论孔子定〈礼〉〈乐〉》,载《礼经通论》,阮元、王先谦编《清经解·清经解续编》(第十三册),凤凰出版社2005年版,第6351页。

② 邵懿辰:《论〈礼〉十七篇当从大戴之次本无阙佚》,载《礼经通论》,阮元、王先谦编《清经解·清经解续编》(第十三册),第6350页。

③ 杨君:《晚清今文礼学研究》,2004年山东师范大学硕士学位论文,第26页。

④ 廖平:《今古学考》卷下,载舒大刚、杨世文主编《廖平全集》(第一册),第58页。

仪方面的琐仪细节,只能因袭而不能去改动:“凡所不改,一概从周。……又孔子所改皆大纲,如爵禄、选举、建国、职官、食货、礼乐之类。余琐细,悉不改。”①又曰:“凡其所改,专为救弊,此今学所以异古之由。至于《仪礼》节目与一切琐细威仪,皆仍而不改。以其事文郁足法,非利弊所关,全用周制。”②《仪礼》既与周公无关,且其内容皆主述周代礼仪琐仪细节,非关利弊,无用加以改制,因而其书只能是孔子周代礼仪情况撰写而成。廖平此说,后来得到了同时代今文经学家康有为的极力认同和响应。

等到二变期时,廖平进一步重申指出,《仪礼》经记根本上就与周公制礼作乐无关,孔子也没有周公礼制之文进行删繁就简,《仪礼》实质乃是孔子制礼作乐的产物。

例如,在《知圣篇》中,廖氏继续考论道:“‘六经’,孔子一人之书;学校,素王特立之政。所谓‘道冠百王,师表万世’也。刘歆以前,皆主此说,故《移书》以‘六经’皆出于孔子。后来欲攻博士,故牵涉周公以敌孔子,遂以《礼》、《乐》归之周公,《诗》、《书》归之帝王,《春秋》因于史文,《易传》仅注前圣。以一人之作,分隶帝王、周公,如此是六艺不过如选文、选诗。或并删正之说亦欲驳之,则孔子碌碌无所建树矣。”③廖氏主张彻底将儒家的“六经”与周公之间的关联完全割裂开来,那么,作为“六经”之一的《仪礼》自然也不是周公所作,孔子对《仪礼》的贡献也绝非仅仅只是做了“删正”的工作,这与孔子的身份地位不相称。廖氏还认为,后人之所以将“《礼》、《乐》归之周公”,跟刘歆之后古文经学家有必然关联:“考究古文家渊源,则皆出许、郑以后之伪撰。所有古文家师说,则全出刘歆以后据《周礼》、《左氏》之推衍。又考西汉以前,言经学者,皆主孔子,并无周公;六艺皆为新经,并非旧史。”④

《知圣篇》里,廖氏还进一步申述孔子所作理由说:“按周时礼仪,上下名分不严。孔子作《礼》,明尊卑,别同异,以去祸乱之源。凡礼多出于孔子,传记以为从周者,托辞也。《仪礼》为孔子所出,《孺悲传》、《士丧礼》可证。盖《仪礼》为《王制》司徒六礼之教,与《春秋》礼制全同。亦为经制,非

① 廖平:《今古学考》卷下,载舒大刚、杨世文主编《廖平全集》(第一册),第80页。

② 廖平:《今古学考》卷下,载舒大刚、杨世文主编《廖平全集》(第一册),第66页。

③ 廖平:《知圣篇》,载舒大刚、杨世文主编《廖平全集》(第一册),第340页。

④ 廖平:《经学六变记·四益馆经学四变记·二变记》,载舒大刚、杨世文主编《廖平全集》(第二册),上海古籍出版社2015年版,第886页。

果周之旧文。而《记》乃孔子弟子所记也。今将经记同为经制，为素王所订之‘礼经三百’，先师所云‘制礼正乐’者是也。”①至此，廖氏又明确提出，谓“《仪礼》为孔子所出”，是指《仪礼》本经为孔子所作，但不包括《仪礼记》，后者乃是孔子弟子所记，两者截然不可并提混为一谈。

（四）皮锡瑞的“周公所制孔子所定”说

和邵懿辰、廖平、康有为等今文经学家一样，皮锡瑞也很重视《仪礼》十七篇的成书问题。他在《经学通论·三礼通论》中，明确赞同邵懿辰的见解，主张将《仪礼》十七篇的著作权归之于“孔子所定”：“邵氏此说犁然有当于人心，以十七篇为孔子所定，足正后世疑《仪礼》为阙略不全之误。以《仪礼》为经礼，足正后世以《周礼》为《经礼》、《仪礼》为《曲礼》之误。”表明了他对邵懿辰《礼经通论》之说的高度认同。他的主要论据是《礼记·杂记下》记载的：“恤由之丧，哀公使孺悲之孔子学士丧礼，《士丧礼》于是乎书。”皮氏推论道：“据此则《士丧》出于孔子，其余篇亦出于孔子可知。汉以十七篇立学，尊为经，以其为孔子所定也。”②言“孔子所定”，显然又不同于廖平、康有为二人“孔子所作”说，没有否定《仪礼》与周公的关联性。

此外，他还在《经学历史·经学开辟时代》里，重加申述阐明他的主张：“《仪礼》十七篇，虽周公之遗，然当时或不止此数而孔子删定，或并不及此数而孔子补增，皆未可知。观‘儒悲学士丧礼于孔子，《士丧礼》于是乎书’，则十七篇亦自孔子始定；犹之删《诗》为三百篇，删《书》为百篇，皆经孔子手定而后列于经也。”③据此可见，皮锡瑞认定：《仪礼》十七篇本出于周公之遗，孔子在周公礼文基础上加以“删定”或“补增”而成。至于为什么孔子要作这一整理工作，皮氏曾推衍说：“《仪礼》所谓经礼也，周公所制本有三百之多，至孔子时即礼文废阙，必不止此十七篇，亦必不止如《汉志》所云五十六篇而已也，而孔子所为定礼乐者，独取此十七篇以为教，配六艺而垂万世，则正以冠昏丧祭射乡朝聘八者，为天上之达礼耳。”④说解颇为详审。

---

① 廖平：《知圣篇》，载舒大刚、杨世文主编《廖平全集》（第一册），上海古籍出版社 2015 年版，第 352—353 页。

② 皮锡瑞：《经学通论·三礼》，中华书局 1954 年版，分见第 15、13—14 页。

③ 皮锡瑞：《经学历史》，中华书局 1959 年版，第 19—20 页。

④ 皮锡瑞：《经学通论·三礼》，中华书局 1954 年版，第 15 页。

（五）康有为的“孔子所作”说

1897年，康有为《孔子改制考》刊成。该书以发扬“太平之治”、“大同之乐”为己任，很少谈及礼学的相关内容，仅有的部分篇幅主要集中在《六经皆孔子改制所作考·礼》一文里面。康氏论述《仪礼》：“《礼》旧名。三代列国旧制，……今十七篇，孔子作，高堂生传本是也，即今《仪礼》。今文十七篇皆完好，为孔子完文，汉前皆名为《礼》，无名《仪礼》，亦无名《士礼》者。自刘歆伪作《周官》，自以为《经礼》而抑孔子十七篇为《仪礼》，又伪《天子巡狩》等礼三十九篇，今目为《逸礼》，而抑《仪礼》为《士礼》。”①

不仅如此，在《孔子改制考》里，康氏立足于廖平之说并进一步推阐其说，将包括《仪礼》在内的儒家六经，一揽子归之孔子所作：“汉以来皆祀孔子为先圣也，唐贞观乃以周公为先圣，而黜孔子为先师。孔子以圣被黜，可谓极背谬矣。然如旧说，《诗》、《书》、《礼》、《乐》、《易》皆周公作，孔子仅在删赞之列，孔子之仅为先师而不为先圣，比于伏生、申公，岂不宜哉？然以《诗》、《书》、《礼》、《乐》、《易》为先王周公旧典，《春秋》为赴告策书，乃刘歆创伪古文后之说也。歆欲夺孔子之圣而改其圣法，故以周公易孔子也，汉以前无是说也。……孔子所作谓之经，弟子所作谓之《传》，又谓之《记》，弟子后学展转所口传谓之‘说’，凡汉前传经者无异论。故惟《诗》、《书》、《礼》、《乐》、《易》、《春秋》六艺为孔子所手作，故得谓之经。”按照这一说法，康氏显然是主张《仪礼》本经是孔子所作，而《仪礼记》文则是孔子弟子后学所传述。

上述有关《仪礼》创造者的观点，显然是对早期“《仪礼》，经为古，《记》为今；盖经为周公所制，记为七十子后学所记也”观点的极大修正，与早期礼学思想已有极大的拓展和改变，散发着浓烈的政治色彩。诚如周予同先生所指出的那样，“《孔子改制考》是在打通《春秋》、《公羊传》、《王制》、《礼运》、《论语》以及其他各经各子，以为倡言变法改制的张本。康氏著作的目的在于假借经学以谈政治”②。

（六）梁启超的“孔子定礼乐”说

在梁启超看来，“《仪礼》这书，真伪没有问题，绝对不是西汉以后的人

① 康有为：《孔子改制考》，《中国现代学术经典·康有为卷》，河北教育出版社1996年版，第572—573页。

② 周予同著，朱维铮整理：《周予同经学史论著选集》，上海人民出版社1983年版，第523页。

伪造的”①。考《汉书·艺文志》记载:“汉兴,鲁高堂生传《士礼》十七篇。”这十七篇《士礼》和《春秋左传》所载的《礼》,在周代一度通行。既然如此,那么《仪礼》成书于什么年代呢?

首先,梁氏认为,既然《士冠礼》的颂词全采自《诗经》,那么“《诗》成于春秋末,那么《仪礼》似成于《诗》成以后,最少也是同时”②。又:《乡射礼》有“乃合乐,《周南·关雎》、《葛覃》、《卷耳》,《召南·鹊巢》、《采蘩》、《采苹》,工不兴,告于乐正曰:‘正歌备’”一段,梁氏据此推论说:“正歌据说就是《小雅》,可见《仪礼》至少是成于《小雅》、二《南》通行之后。《小雅》、二《南》作于西周、东周之间,通行必在东周”③,《仪礼》当然也应该成书于东周、春秋之际。

其次,梁氏推衍说:“《仪礼》的一部分,许是西周已有,因为礼是由社会习惯积成的,不是凭空由圣人想出来。西周习惯的礼,写成文字,成为固定的仪节,许是比较的很晚。”④换言之就是,《仪礼》的成书只不过是将西周习惯的礼转换成文字,成为一种固定的仪节供周人使用,不是圣人凭空创造出来的产物。

出于上述两方面考虑,梁氏进而将《仪礼》十七篇的著作权归之于孔子手上:“今十七篇许是出于孔子之手。”⑤并表示他不信孔子曾删诗书,反倒有点相信孔子曾定礼乐。梁氏的这一主张,建立在以下几方面的立论根据上:

其一,梁氏引《礼记·杂记下》中哀公遣孺悲向孔子学“士丧礼”一事,证明《士丧礼》是孔子手定或口授孺悲写定的。

其二,梁氏引《论语》“宰我问‘三年之丧’”、《孟子·滕文公上》、《礼记·三年问》等文献有关论“三年之丧”的记载,证明“三年之丧是孔子的主张,不是周公的制度”⑥。

其三,梁氏认为,《仪礼》全部并非都由孔子创造,例如:《乡饮酒礼》、《乡射礼》二篇便是“依《论语》、《礼记》所记,孔子时已有,不过编定成文”

① 梁启超:《古书真伪及其年代》卷二,中华书局1936年版,第104页。
② 梁启超:《古书真伪及其年代》卷二,中华书局1936年版,第104页。
③ 梁启超:《古书真伪及其年代》卷二,中华书局1936年版,第105页。
④ 梁启超:《古书真伪及其年代》卷二,中华书局1936年版,第105页。
⑤ 梁启超:《古书真伪及其年代》卷二,中华书局1936年版,第105页。
⑥ 梁启超:《古书真伪及其年代》卷二,中华书局1936年版,第106页。

而已。显然,梁氏认为,即使是《乡饮酒礼》、《乡射礼》之类孔子之时已有的礼文,经孔子之手"编定成文"。不仅如此,梁氏还说:"也许全部出自孔子,因《士丧礼》决是孔子所定,其余也可推定是孔子审定过的,大致不会十分很错吧。"①

基于上述三方面因素考虑,梁启超主张将《仪礼》一书推定为是孔子审定过的。较之皮锡瑞的推论,梁氏的立论更加充足,论证更趋严密,结论也更具有说服力。

(七)段熙仲的"孔子所作"说

现代今文经学家段熙仲先生也力主《仪礼》为孔子所作,并非周公旧典。他说:"窃以为即《礼经》言之,其成书决不及西周之盛,而为东周衰世所传,圣人发愤于诸侯上僭天子,大夫专命,公族式微而有作也。"②段氏之所以如此断言,主要是出于以下四方面的考虑:

其一,《仪礼》"属词既同乎《春秋》,则成书亦当相去不远矣"。

其二,《小戴记》于《士丧礼》一篇有明文记载。《杂记》云:"恤由之丧,哀公使孺悲之孔子学士丧礼,《士丧礼》于是乎书。"

其三,"孟、荀、墨子生于战国,其书中已征引及之,则知《礼经》之成书,不晚于春秋之末也。"

其四,"《史记》、《汉书》俱以《礼经》出于孔子也"。

段氏依据上述四条证据,主张"《礼经》为孔子垂教而书 ,非姬公之遗文明矣"。

(八)杨天宇的"孔子修起"说

在杨天宇先生看来,周公作《仪礼》之说亦不可据信,"盖礼仪乃因俗立制,有一个长期形成的过程。《大戴礼记·礼三本》所谓'凡礼,始于脱,成于文,终于隆',讲的正是这个道理"。考察《史记》一书的记载,其中《孔子世家》篇称"《书传》、《礼记》自孔氏"(此处"礼记",即指《仪礼》),《史记·儒林列传》谓"孔子闵王路废而邪道兴,于是论次《诗》、《书》,修起《礼》、《乐》"。杨氏认为:"按史公说法,孔子对《仪礼》是'修起',而不是'作'。'修起',就是整理修复,免于澌灭。孔子生当春秋'礼坏乐崩'之世,对三代之礼,特别是周礼,上下搜讨,力求其重建。"而《礼记·杂记下》

① 梁启超:《古书真伪及其年代》卷二,中华书局1936年版,第106—107页。
② 段熙仲:《礼经十论》,《古文献研究集刊》第二辑,凤凰出版社2008年版,第10—12页。

“恤由之丧,哀公使孺悲之孔子学《士丧礼》,《士丧礼》于是乎书”,以及《檀弓》篇的相应记载,都是孔子“修起”《仪礼》的确证。至于《礼记·礼运》记孔子答子游问礼时所称“夫礼,必本于天,殽于地,列于鬼神,达于丧祭射御冠昏朝聘”,恰好是对《仪礼》十七篇基本内容的高度概括。据此杨氏认为,“《仪礼》一书的内容,非一时一世而作,大致形成于西周末春秋初,孔子编定为十七篇,使周代礼仪之大体,得以保存流传下来”①。

(九)今人刘建国的“周公时代成书孔子整理编订”说

当代学者刘建国先生在其所著《先秦伪书辨正》一书中,一方面指出:“《仪礼》经的部分为周公时代的作品,或周公自撰,或周公时礼官所撰。”②在刘氏看来,有以下诸方面论据可以支撑此观点:

一是历代《史志》目录均有记载和著录;

二是《仪礼》的结构可以证明《仪礼》是周公时代的作品,不是后人或汉儒伪造;

三是《仪礼》的传言体裁可以证明是周代的作品;

四是《仪礼》中多提及周初的占卜习俗;

五是《仪礼》中记载各种礼仪仪式多唱周初的诗歌;

六是在《左传》中有多处涉及《仪礼》的内容和史实;

七是在《仪礼》中有《尔雅》所解释过的文字内容;

八是《礼记》中有周公制《礼》作《乐》的记载。③

与此同时,他也认为,今本《仪礼》并非周公时代的作品原貌,而是“孔子在周代流行之《仪礼》的基础上整理和编订过此书”④。这主要是出于以下四方面因素的考虑:

一是孔子处于礼崩乐坏的春秋末期,《论语》中所倡导的“名不正,则言不顺;言不顺,则事不成;事不成,则礼乐不兴;礼乐不兴,则刑罚不中;刑罚不中,则民无所措手足”、“非礼勿视,非礼勿听,非礼勿言,非礼勿动”、“克己复礼为仁”等,都是孔子主张恢复周礼的言论,可见孔子有整理礼书的思想基础和条件。

二是《士冠礼·记》在谈到缁布冠的“緌”饰时,有援引孔子的话:“孔

---

① 杨天宇:《〈仪礼〉简述》,载《仪礼译注》卷首,上海古籍出版社 1994 年版,第 8 页。
② 刘建国:《先秦伪书辨正》,陕西人民出版社 2004 年版,第 93 页。
③ 刘建国:《先秦伪书辨正》,陕西人民出版社 2004 年版,第 91—93 页。
④ 刘建国:《先秦伪书辨正》,陕西人民出版社 2004 年版,第 93—94 页。

子曰：'吾未之闻也。'"这说明孔子很熟悉《士冠礼》。

三是《礼记·檀弓》子路的言语、《礼记·杂记下》"恤由之丧"一番话、《礼记·礼运》中孔子答子游问礼之所言，足以证明孔子与《仪礼》存在必然的关系。

四是《士冠礼》后面的《记》文，亦为《礼记·郊特牲》篇所援引，说明孔子修改过《仪礼》。①

四、礼经春秋战国之际成书说

(一)郝敬的"作于衰世"说

晚明学者郝敬深谙于礼经，他在《仪礼节解·读〈仪礼〉》当中认为，"《仪礼》非尽先圣之旧也。后儒纂述旧闻，杂以历代仪注，荟蕞成书。皆士大夫行礼节目"②。他之所以持这一说法，主要是基于这样两条原因：

首先，在郝敬看来，"作《仪礼》者，亦未及亲见古人，故其辞多罔象"。例如，"凡礼行于庙，竟不言告庙之仪；冠冕、衣裳，皆不定其制度；物色、庙寝、堂阶、房室、户牖，皆不明言其向背"。这样一来，其结果是"使后人猜度影响，迄无定论。每于篇终，引《记》闻参伍，其无画一之见可知。亲见古人必不尔"③。

其次，在郝敬看来，礼经当中充溢着许多衰世僭越之礼制内容："《仪礼》作于衰世，故其仪文虽详，而大纲不清。虽不及天子之礼，而时或杂越，以大夫乱诸侯，诸侯乱天子，往往有之。如：《燕礼》称君为公，是诸侯之礼也。诸侯称公，已为僭矣，而其臣又有称诸公。位在卿大夫上者，惟天子有三公，诸侯之臣贵，无加于卿而称公，是乱天子也。……周衰礼废，诸侯强梁，大夫士无等，作者承袭其讹，非尽先圣之旧也。"④

(二)姚际恒的"周末儒者所撰"说

姚际恒在《仪礼通论》卷首《序》言中开宗明义地指出："《仪礼》作于衰周，上不及文、武之盛，下不尽裨后世之用。"⑤姚氏之认定《仪礼》系周末

---

① 刘建国：《先秦伪书辨正》，陕西人民出版社2004年版，第93—94页。
② 郝敬：《仪礼节解》卷首《读〈仪礼〉》，《续修四库全书》(第85册)，第546页。
③ 郝敬：《仪礼节解》卷首《读〈仪礼〉》，《续修四库全书》(第85册)，第547页。
④ 郝敬：《仪礼节解》卷首《读〈仪礼〉》，《续修四库全书》(第85册)，第547页。
⑤ 姚际恒：《仪礼通论序》，载《仪礼通论》卷首，《续修四库全书》(第86册)，第7页。

儒者所作，其依据有三：

首先，“昔者元圣制作，布在方策，传于天府，非若后代章程法令，昭示乎民，又非若儒生发凡起例，勒成一书，思以垂诸来世，是以礼独无传，其后典籍仅存，降至战国，已复尽去。则此书者，《孟子》不举其义，汉世稍出其传，推之春秋战国，往往而合，其为周末儒者所撰，夫复奚疑！”①姚氏认为，《孟子》一书中未尝提及《仪礼》之义，而且《仪礼》所载往往与春秋战国情形相吻合，因而确认《仪礼》当为周末儒者之作。

其次，“《仪礼》是春秋以后儒者所作，如《聘礼》皆述春秋时事，又多用《左传》事，尤可见春秋时人之文寓工巧于朴质，若七国以后，则调逸而气宕矣，此犹近春秋本色也。”②姚氏以为《仪礼》所述多为春秋时事，且又多用《左传》所载之事，犹近春秋本色，可知《仪礼》应为春秋后人所作。

其三，《士冠礼》“祝辞”下，姚氏申解说：“祝辞多用《诗》语，便知《仪礼》为春秋后人所作。胡与遐通，‘胡福’即《诗》‘降尔遐福’也。”③《士冠礼》篇经文之末有祝辞、醴辞、醮辞、字辞等礼辞，姚氏因为其文中多有《诗》语，故推论《仪礼》一书应作于周末，为春秋后人所作。

其四，《仪礼》中隐括包含着衰世之礼，故亦可以考见其中所载衰世之意，不可“弃而过之”。如《仪礼通论》卷六《燕礼》篇题下姚氏云：“此诸侯与其臣燕饮之礼，郝氏因其中有‘诸公’字，谓斯礼本公燕臣，而臣又称公，乃衰世之意。按：作《仪礼》者本春秋后人，其言自应尔，然上下相交，略分而言情，《彤弓》、《湛露》犹可想见其万一焉，必以为衰世之礼而弃之则过矣。”④姚氏以为《燕礼》篇文称诸侯之臣为“公”于礼非正，乃为衰世之礼无疑。又卷八《聘礼》篇评议“介与宾雍之费用”云：“无论薪米狼戾，即街衢充塞，何地可容？晏婴所谓‘饮食若流’者其然与？故《聘礼》为季世之衰政，非先王旧典也。”⑤姚氏由此亦断言《仪礼》并非周公所作，而应为衰周之人所作。

总之，姚际恒断言《仪礼》并非周公所作，也非孔子所作，而主张其系周末儒者所作。但关于《仪礼》一书到底为何人所作，姚氏没有提出具体

---

① 姚际恒：《仪礼通论序》，载《仪礼通论》卷首，《续修四库全书》（第86册），第4页。
② 姚际恒：《仪礼论旨》，载《仪礼通论》卷首，《续修四库全书》（第86册），第25页。
③ 姚际恒：《仪礼通论》卷一，《续修四库全书》（第86册），第68页。
④ 姚际恒：《仪礼通论》卷六，《续修四库全书》（第86册），第263页。
⑤ 姚际恒：《仪礼通论》卷八，《续修四库全书》（第86册），第403页。

作者人名，只是以为成书于一人之手当属无疑。他在该书《仪礼论旨》中说："愚于《礼记》分为三帖，而是书无分焉。又《礼记》篇各一人，是书十七篇皆一人之作，辞旨符同，尤无庸分其优劣耳。"又说："《周礼》蹈袭二《礼》，填塞满纸，无异饾饤，不若《仪礼》自为一书，首尾完善，犹为今中之古也。又其为文外若质实排叙，而其中线索穿插最为巧密，章句字法一一皆备，旨趣隽永，令人寻绎无尽，非深心学古而得古文之妙者未易知。"

（三）毛奇龄的"战国后儒所作"说

在毛氏眼里，"三礼"的地位是有差别的，《礼记》成书最早，也更为可信，而《仪礼》与《周礼》一样都是作于战国之后。在上述所及毛氏诸书中，奇龄多次指出："夫《礼记》者，夫子之后之书也。《周礼》、《仪礼》虽或为周时所著，然并非春秋以前夫子经见之书也。"①又说："春秋战国言礼不一，总不足据，但其中有最可笑者，《曲礼》本战国时书，而《士礼》又在战国之后。"②毛氏所谓《士礼》，即是指《仪礼》。由上诸言可知，毛氏以为《仪礼》一书断非周公所作，其成书年代当在战国之后。

在他的《经问》一书中，毛氏亦多次反复加以申说："《礼记》旧谓孔子诏七十子共撰所闻以为记，虽其间杂以他儒如荀况、公孙尼子诸篇合以成书，然大抵不出春秋战国之间。若《仪礼》则显然战国人所为。"③又云："二《礼》与《礼记》俱出自战国。而《礼记》引经多与经合，《周礼》次之，《仪礼》抑末矣。"④又云："《周礼》自非圣经，不特非周公所作，且并非孔孟以前之书。此与《仪礼》、《礼记》皆同时杂出于周秦之间"，"皆战国后儒所作，而《仪礼》、《周礼》则又在衰周之季吕秦之前，故诸经说《礼》皆无可据。"⑤这种关于《仪礼》战国后儒所作的说法，乃是对《仪礼》持一种否定的态度，既与传统的说法大不相同，也与清初万斯大、姚际恒等人的主张迥然有别。

另外，《丧礼吾说篇》中对于《士丧礼》、《丧服》两篇的成书情况也有说明："《杂记》'恤由之丧，哀公使儒悲学士丧礼于孔子，于是乎有《士丧礼》书。'此固战国后人借孔子以为名者。至《丧服》一篇，直称为子夏之传，而

---

① 毛奇龄：《昏礼辨正》"总论"，《四库全书存目丛书》（第108册），第518页。
② 毛奇龄：《丧礼吾说篇》卷四，《四库全书存目丛书》（第87册），第675页。
③ 毛奇龄：《经问》卷三，《景印文渊阁四库全书》（第191册），第32页。
④ 毛奇龄：《经问》卷十二，《景印文渊阁四库全书》（第191册），第148页。
⑤ 毛奇龄：《经问》卷二，《景印文渊阁四库全书》（第191册），第19页。

注者又疑主客答问有似《公羊》。公羊,子夏弟子也。是不知何时何人遥援七十子之徒以为依附,显然非东周以前之礼。而乃《丧服记》、《杂记》彼此窃比相倚成说,其不可问抑多矣。”①这一论调,显然与前者论《仪礼》作于战国之后的说法是趋于一致的。

(四)崔述的“春秋战国之际成书”说

崔述不同意古文经学家出自周公之手的说法,乃力辩《仪礼》非周初周公所作之书,认为当初周公制《礼》只是制定了一个大纲,“盖凡传记所称周公制礼之者,亦出制其大纲而已”,“至于润泽,则亦随其国之俗”;至于目前所见之《仪礼》,则是春秋战国间学者所记,两者不能完全等同视之。为此,崔述在《丰镐考信录》当中,从目前所见《仪礼》的繁文缛节、费用之奢、礼节之乱、与史实记载不尽相符等几个方面,逐一加以论证说明②。崔氏的这一主张,大致是站在今文经学家的立场所发之言,为有清后期的今文经学派《仪礼》研究首开了先河。

作为一名辨伪学家,崔述对《仪礼》之作者问题亦有研究,他不同意古文经学家出自周公之手的说法,乃力辩《仪礼》非周初周公所作之书,以为:当初周公所制之《礼》只是制定了一个大纲,“盖凡传记所称周公制礼之者,亦出制其大纲而已”,“至于润泽,则亦随其国之俗”;至于目前所见之《仪礼》,则是春秋战国间学者所记。崔述认为,这可以从目前所见《仪礼》的繁文缛节、费用之奢、礼节之乱、与史实记载不尽相符等几个方面得到印证③。崔述的这一论调,主要立足于以下诸方面理据:

首先,崔述从繁文缛节与否的角度对古礼与《仪礼》之异加以比较。他说:“周公曰:‘享多仪,仪不及物,曰不享,惟不役志于享。’孔子曰:‘先进于礼乐,野人也;后进于礼乐,君子也。如用之,则吾从先进。’然则圣人所贵在诚意,不在备物;周初之制犹存忠质之遗,不尚繁缛之节明矣。今《礼经》所记者,其文繁,其物奢,与周公、孔子之意判然相背而驰,盖即所谓后进之礼乐者,非周公所制也。”崔述以为周初之礼制不尚繁缛之节,圣人所贵在于诚意,而今所见之《仪礼》却多繁文缛节,不存古人忠质之意。

---

① 毛奇龄:《丧礼吾说篇》卷八,《四库全书存目丛书》(册87),第708页。

② 崔述:《丰镐考信录》卷五,顾颉刚编订《崔东壁遗书》,上海古籍出版社1983年版,第214—216页。

③ 崔述:《丰镐考信录》卷五,顾颉刚编订《崔东壁遗书》,上海古籍出版社1983年版,第214—216页。

其次，崔述辩《仪礼》所述之礼讲究费用之奢而以为非先王之制："古者公侯仅方百里，伯七十里，子男五十里；而今聘食之礼，牲牢笾豆之属多而无用，废而无当，度其礼每岁不下十余举，竭一国之民力犹恐不胜。至于上士之禄仅倍中士，中士仅倍下士，下士仅足以代其耕；而今《士礼》，执事之人实繁有徒，陈设之物粲然毕备，又岂分卑禄薄者所能给乎？此必春秋以降，诸侯吞并之余，地广国富，而大夫士邑亦多，禄亦厚，是以如此其备，非先王之制也。"由于《仪礼》所述之礼讲究费用之奢，故亦不合古人忠质之意。

其次，崔述以为《仪礼》存礼节淆乱之弊，与典籍所存古礼遗制不符。"襄王赐齐侯胙曰：'以伯舅耋老，加劳赐一级，无下拜。'齐侯曰：'小白，余敢贪天下之命，无下拜？'下拜登受。是古礼，臣拜君于堂下，虽君有命，仍俟拜毕乃升，未有升而成拜者也。齐桓为诸侯盟主，权过于天子，然犹如是，则寻常之卿大夫可知矣。秦穆公享晋公子重耳，公子赋《河水》，公赋《六月》。公子降拜稽首；公降一级而辞焉。是古礼，君自行君之谦，臣自循臣之节；辞者自辞，拜者自拜；不因其辞而遂不成拜于下也。晋文乃邻国之公子，旦夕为晋君，于秦穆同列，然犹如是，则本国之卿大夫可知矣。故孔子曰：'拜下，礼也；今拜乎上，泰也。'今《礼经》，臣初拜于堂下，君辞之，遂升而成拜，是孔子所谓'拜上'矣。齐桓、晋文所不敢出而此书乃如是，然则其为春秋以降沿袭之礼而非周公之制明矣。"

其次，崔述从《仪礼》"诸公"称名的角度，申论《仪礼》成书于春秋、战国时期："名也者，圣人之所尤重者也。吴楚之僭王也，《春秋》书之曰'子'，慎其名也。故曰'王臣公，公臣大夫'，曰'一国三公，吾谁适从'。王之下不得复有王，即公之下不得复有公明矣。今《礼经》诸侯之臣有所谓'诸公'者，此何以称焉？说经者无可置词，乃以'大国之孤'当之。大国之孤仅见于《周官》，经传未尝有也。宋，公爵也，春秋之世谁为之孤者？即使大国果有孤，既名为孤矣，亦不当复称为公；而孤止一人，亦不当称之为'诸公'也。……然则此书乃春秋、战国间学者所记，所谓'诸公'即晋三家、鲁三桓之属，周公时固无此制也。"以为周公之时无诸侯之臣有所谓"诸公"之称名，此称应在春秋、战国之际。

其次，从《觐礼》与《聘礼》礼制记载详略轻重颠倒的角度论今存《仪礼》之失："觐礼，诸侯朝于天子，天下之大礼也。聘礼，诸侯使大夫聘于诸侯,礼之小焉者耳。觐礼之详,虽百聘礼不为过;而今《聘礼》之详反十倍于《觐礼》,此何故哉?此无他,春秋以降,王室微弱,诸侯莫朝,觐礼久失其传矣,但学士大夫闻于前哲者大概如此,因而记之;若聘礼乃当世所通行,是以极其详备。然则此书之作当在春秋以后明甚。若果周公所为,岂容于其大者反略而其小者反详,轻重之颠倒如是乎?”崔述以为《觐礼》之义大于《聘礼》,因而其为文亦当详繁于《聘礼》,而今略于《聘礼》者,轻重颠倒,因此《仪礼》当作于春秋以后无疑。

最后,从《士昏礼》及《丧服》二篇所载仪制与史实记载不尽相符角度论非周公之作:“郑世子忽取于陈,陈鍼子送女,先配而后祖,鍼子曰:‘是谓不夫妇,诬其祖矣!’今《昏礼》篇正配而后祖。然则郑人昏礼,先配后祖;陈人昏礼,先祖后配也。果周公所制之礼颁行天下,不应陈人独不知;即不知,亦不当反以此为讥也。王穆后崩,太子寿卒,晋叔向曰:‘王一岁而有三年之丧二。’今《丧服》篇为妻期年。叔向博通古今,楚欲傲以所不知而不能;果周公所制之礼,叔向何容不知?叔向不知,天下之人又谁知之?”

基于上述诸方面原因,崔述以为《仪礼》一书绝非周公所作,当成书于春秋、战国之际。他又认为:“盖凡传记所称周公制礼之者,亦出制其大纲而已。”又云:“周公所制,特其大略,至于润泽,则亦随其国之俗。”有关《仪礼》成书的大致情况,他以为,“盖自周衰,礼乐散佚,圣贤采列国之文献,参互考订”,故成今所见之书。另外,崔氏还以为,孔子有整理《仪礼》之可能,因为“《记》曰:‘恤由之丧,哀公使儒悲学士丧礼于孔子,《士丧礼》于是乎书。’是《士丧礼》之文出于孔子。以一反三,则他篇亦必非周公之笔”。同时崔氏又进一步指出:“然今《士丧礼》篇亦未必即孔子之所书。司马氏之《史记》,褚先生补之,后汉人续之矣;刘向之《列女传》,后汉人续之矣;许慎之《说文》,徐铉更定之矣。况于秦火以前,安能必其为当日之原本?犹不敢必为孔子之书,况欲笃信其为周公之事乎?”

另外,崔氏在《五服异同汇考》一书中,又单独论及《仪礼》“丧礼”部分之经文非周公所作。他在《五服余论》中也说:“考经与《记》所载丧礼之繁,可谓极矣。说者以为周公所制,非也。此乃周末文胜之弊,当时习于礼者载之册耳。孔子曰:‘先进于礼乐,野人也;后进于礼乐,君子也。如用之,则吾从先进。’岂有于丧礼而多为是繁文末节者哉?且父母初丧,为人子者心肝崩裂哀痛之不暇,何暇一一详辨其仪节而遵行之?而丧本凶礼,又非可尝试演习于平日者，故孔子曰：'丧与其易也宁戚。'子游曰：'丧致乎哀而止。'苟笃于哀，必不能致详于仪节，若此时尚能一一致详于仪节，吾恐其必减于哀也。"①他从《仪礼》"丧礼"仪节之繁琐与孔子所倡导的尚简精神相违入手，提出礼经存在"周末文胜之弊"的问题，从一个侧面再次表明《仪礼》并非周公制礼作乐的产物。

（五）曹聚仁的"战国杂书"说

现代学者曹聚仁虽然是古文经学大师章太炎的弟子，但他在《仪礼》作者与撰作时代的认识上，基本上接受了疑古派的观点。他说："《仪礼》是战国时代人胡乱抄成的杂书，清代毛奇龄、顾栋高、袁枚、崔述等人已经证明的了。《周礼》是西汉末年刘歆伪造的，两《戴记》中十之八九是汉代儒士所作的 。"②仅仅只是表明对毛奇龄等人说法的认同，缺少自己的考证，没有更多的文献依据支撑其说法。

五、礼经汉儒纂辑与撰作说

（一）徐积的"汉儒伪作"说

北宋学者徐积对礼经撰者的认知，也主张非周公所作，并首次提出《仪礼》是汉儒伪作之说，尽管并未明言系何人所作。其说同样保存在朱彝尊《经义考》一书当中："徐积曰：《仪礼》粗为完书，然绝非尽出乎圣人。何以知之？夫礼者，出于人情也；而《仪礼》有云：'父在，母不可以为三年之服。'又曰：'嫂叔无服，所以避嫌也。'又曰：'师无服。'此岂人情哉？盖多出于汉儒喜行其私意，或用其师说，或利其购金而为之耳。"③

事实上，这一说法显然有些片面性，众所周知，早在《庄子·天运》篇中就已列有"六经"之名，其中明确就有"礼"之名。况且徐积所据以推断《丧服》篇经文违背"礼者，出于人情也"制礼原则的证据，也属于以今律古的情况。至于徐积的汉儒伪作之说，并未提供任何充分的证据，令人难以信从。

---

① 崔述：《五服余论》，《五服异同汇考》卷三后附，《续修四库全书》（第 95 册），第 339—340 页。

② 曹聚仁：《中国学术思想史随笔》，生活·读书·新知三联书店 1986 年版，第 40 页。

③ 朱彝尊：《经义考》卷一百三十，《景印文渊阁四库全书》（第 678 册），第 640 页。

（二）《六经奥论》的“汉儒所作”说

旧题南宋著名学者郑樵所作的《六经奥论》一书，其中有《仪礼辨》一篇①，专门讨论《仪礼》这部经书的撰作时代问题。在《六经奥论》撰者看来，《仪礼》一书有两种：

一种是周成王之际成书、“周公损益三代之制”而成的《仪礼》，早已亡佚不传：“古人造士以《礼》《乐》与《诗》《书》并言之者，《仪礼》是也。古人六经，以《礼》《乐》《诗》《书》《春秋》与《易》并言者，《仪礼》是也。《仪礼》一书，当成王太平之日，周公损益三代之制，作为冠婚丧祭之仪，朝聘射飨之礼，行于朝廷乡党之间，名曰《仪礼》，而乐寓焉。正如后世《礼乐》《舆服志》之类。”

一种是郑玄为之注释以来并传习已久的今本《仪礼》十七篇：“今《仪礼》十七篇，郑康成、王肃等为之注，唐贞观中孔颖达撰《五经正义》，疑《周礼》、《仪礼》非周公书。”据此，《仪礼》系汉代儒者所作的“盖晚出无疑者”。

《六经奥论》作者之所以认为今本《仪礼》一书系汉儒所作，而不是周公所作，其立论观点主要出于以下诸方面考虑：

一是就西汉初年高堂生所传《士礼》与鲁淹中所出《礼古经》二者对比情况来看：“汉兴，传《仪礼》者出于高堂生《士礼》十七篇，而鲁徐生善为容，文帝时以容为礼大夫。后礼之《古经》出于鲁淹中，河间献王得之，凡五十六篇，并威仪之事。其十七篇与高堂生所传《士礼》同，而字尤多略。今二十九篇乃《逸礼》。”是《士礼》与《礼古经》二者不仅篇数有出入，而且相同的十七篇文字也有详略之别。

二是就礼经的著录和传习情况来看。《六经奥论》撰者认为，“周公损益三代之制”而成的《仪礼》，“班固九流、刘歆《七略》并不注《仪礼》，往往汉儒见高堂生所传十七篇，遂模仿《礼经》而作之。而范晔作《后汉书》，云《礼古经》与《周官》经前世传其书，未有名家者。中兴以后，郑众、马融等为《周官》作传，并不及《仪礼》”。书作者还特别作注称：“郑众、马融以传《周官》，而《仪礼》一书未尝教授。至康成传《周官》《仪礼》，始为之注也。”在他看来，郑玄所注之十七篇才是今本《仪礼》，“盖晚出无疑者”，与

① 郑樵：《仪礼辨》，载《六经奥论》卷五，《景印文渊阁四库全书》（第 184 册），第 97—98 页。下所引均同此，不重复出注。

高堂生所传十七篇并不是一回事。

三是从今本《仪礼》记载与相传周公所作的《周礼》两相对比情况来看："《聘礼》一篇所记宾介饔饩之物，禾米薪刍之数，笾豆簠簋之实，铏壶时饔之列，考于《周官·掌客》之礼，皆不相合。"

四是就《丧服》篇行文用辞来看："《丧服》一篇，凡发'传曰'以释其义者，凡十有三。又有问者曰'何以'、'何也'之辞，盖出于讲师设为问难以相解释。此皆后儒之所增益明矣。"

五是就春秋时期的行礼情况来看："《仪礼》之书，作于周公，春秋以来，礼典之书不存，礼经之意已失。三家僭鲁，六卿擅晋，礼之大者已不存矣。士大夫略于礼而详于仪，故殽烝之宴，武子不能识；彝器之荐，籍谈不能对。郊劳赠贿，鲁昭公非不知礼，而女叔齐以为仪也，非礼也。揖逊周旋之间，赵简子非不知礼，而子太叔以为仪也，非礼也。而古人礼意未有能名者。传至后世，汉旧仪有二，即为此容貌威仪事。"至于汉代学者传习《仪礼》，"徐氏、张氏不知经，但能盘辟为礼容，天下郡国有容吏，皆诣学学之。则天下所学《仪礼》者，仅容貌威仪之末尔"。

基于上述几点考察，《六经奥论》作者主张今本《仪礼》系汉儒所撰，与周公所撰之《仪礼》属于同名而异指。然而，这一说法并为得到历代治礼经学者的认同，晚近学者黄侃就对此说有过一番驳斥："郑氏不知《仪礼》之名出于后之题署（疑始于郑君）；古但名《礼》，或曰《礼经》，并《记》言之，则曰《礼记》。汉世十七篇，以《士冠》、《士昏》、《士相见》等冠首，故全书冢其称，曰《士礼》；郑君称之曰《曲礼》（见《礼记目录》），此皆名目偶异。郑则眩惑不辨，遽疑古经为晚出，良可诧也！若《聘礼》，与《掌客》不尽相合，此由《掌客》一经，文多讹舛，且有误中之误；其体例难通处，疏家虽强为之说，终当在存疑之科；岂可据此驳文以讥《礼经》耶？又：《丧服传》相传以为子夏所为，以释正经，其引'《传》曰'者，乃子夏转引旧《传》以证己义；事出增益，何待烦言；并疑正经，将无瞀惑？"①黄侃的批驳有力地抓住了《六经奥论》作者立论的误区，其说着实难以成立，无以说服读者。

---

① 黄侃：《礼学略说》，载《中国现代学术经典·黄侃刘师培卷》，河北教育出版社 1996 年版，第 379—380 页。

（三）顾栋高和刘沅的"汉儒纂辑遗文"说

清初学者顾栋高（1679—1759）虽然没有形成专门的《仪礼》论著，不过对《仪礼》一经的成书问题亦有所研究，并首先提出了汉儒掇辑遗文而成之说。他在《春秋大事表》卷四十七《左氏引经不及〈周官〉、〈仪礼〉论》中论云："非特《周礼》为汉儒傅会，即《仪礼》亦未敢信为周公之本文也。……夫书为孔、孟所未尝道，《诗》、《书》、三《传》所未经见，而忽然出于汉武帝之世，其为汉之儒者掇拾缀辑无疑。"①可惜缺乏充足可信的依据，理据不详，并未受到当时学者的重视与响应。

有清后期，学者刘沅（1768—1855）接踵顾氏之说，亦反对周公所作之说。他在《仪礼恒解》卷十"总论"部分明确地说："此书为汉儒所采葺，所记特其仪文耳。"认为《仪礼》一书乃汉儒纂辑遗文而成。其主要理由有二：

一是从所叙"比礼比乐之事"详略有无加以考察。刘沅论《乡射礼》云："古人射以观德，而《乡射礼》尤造士之本。然其射也，以习礼仪、敦齿让而已，尤要者在比礼比乐而能内志正外体直，故为难事。此篇所记于进退周旋志仪略备矣，而比礼比乐之事未详，盖汉儒纂辑遗文之书，非孔孟门墙传习之书。"②刘沅论《大射仪》篇亦然，"此篇所记详于射饮诸仪而略于比礼比乐之事，盖汉儒掇拾遗文，非周公当日所颁行于天下者。且篇中明云诸公卿，则其为天子之大射无疑。"③刘沅于《有司彻》篇"总论"又云："此书所记繁文缛节甚详，而于乐不言，盖战国以后先王礼乐亦已凌迟，行礼者袭春秋繁文之失，铺张扬厉，作为此书。"④

二是《仪礼》只是有关斤斤于仪节之叙，所载多半不合情理，有失文、武、周公制礼之意，"篇中所载半多不情，其为后儒所辑昭然可见"⑤，"盖周末胜斤斤于器数周旋之末，而失文、武、周公之意……汉儒袭周末之俗网缉旧文以为此篇（案：指《丧服》篇）"⑥。刘沅具有强烈的疑古精神，较之顾氏说解尽管更加明晰，但究心而论，仍然缺乏充足的理据，故响应者极少，

---

① 顾栋高：《春秋大事表》，《景印文渊阁四库全书》（第180册），第565页。
② 刘沅：《仪礼恒解》卷五，《续修四库全书》（第91册），第381页。
③ 刘沅：《仪礼恒解》卷七，《续修四库全书》（第91册），第405页。
④ 刘沅：《仪礼恒解》卷十六，《续修四库全书》（第91册），第495页。
⑤ 刘沅：《仪礼恒解序》，载《仪礼恒解》卷首，《续修四库全书》（第91册），第330页。
⑥ 刘沅：《仪礼恒解序》卷十一，《续修四库全书》（第91册），第444页。

并未受到其后清儒的重视。

六、其他各种礼经撰作说

（一）顾颉刚的“孔门弟子编订”说

二十世纪前期，疑古之风大盛，原来被尊为圣人的孔子遭到严重污名化，原来被认定为孔子所编的经典亦被认为是伪书，并且形成了以顾颉刚为代表的疑古学派。顾氏在怀疑各种儒家文献典籍的同时，也对《仪礼》“周公撰作”说和“孔子编订”说提出了质疑：“《礼经》这书由于经师们太过尊崇，他们认为说它作于孔子还嫌不够味儿，因此又上推为周公所定而孔子所述。其实，它固然出于孔门，却不出于孔子手定，清代学者如毛奇龄、汪琬、顾栋高、袁枚、崔述等都有检举。”①

在将《礼经》撇清和周公、孔子的关系之后，顾颉刚进一步指出，《仪礼》是孔门弟子所编定，因为“孔子是一个好行古礼的人，……他既讲仪文又讲礼意，所以他的门弟子中很多礼学专家，蔚成一个极大的学派。这班门弟子的身份都是士，为要切合实用，所以讲的士礼特多。但士是可以上升为大夫的，就常得和国君相见，所以也要讲些大夫的礼，又诸侯朝见天子时该由大夫们作摈、介，所以又连带讲到觐礼。这样地讲了二三百年，写定了一部《礼经》，作为规范化的各种仪节，从此每回演习和实行时就有一定的方式了。”②按照顾氏的这一说法，《仪礼》并非一人之所作，而是孔子弟子及再传弟子共同编写的产物，可能时间跨度长达二三百年之久。

（二）钱玄同、洪业的“荀子之学者所作”说

现代疑古派的主将钱玄同承袭毛、姚等人的观点，进一步明确提出撰作者当为战国时荀子一派的学者，他说：“其书（指《仪礼》）盖晚周为荀子之学者所作。其为晚周之书，毛奇龄、顾栋高、袁枚、崔述、牟庭皆有此说。近见姚际恒之《仪礼通论》，亦谓《仪礼》为春秋后人所作。……看姚氏所论，可知《仪礼》的确作于晚周；五经之中，当以《仪礼》为最晚出之书。不信康氏（有为）之说者，多从旧书，以为周公所作。实则康氏以为作于孔子

① 顾颉刚：《〈仪礼〉和〈逸礼〉的出现与邵懿辰考辨的评价——〈礼经通论〉序》，《文史》第三十八辑。

② 顾颉刚：《〈仪礼〉和〈逸礼〉的出现与邵懿辰考辨的评价——〈礼经通论〉序》，《文史》第三十八辑。

尚嫌太早;若作于周公之旧说,则离事实更远,真是无征之臆谈矣。”①

遵崇钱说的洪业在《仪礼引得·序》中,为钱玄同的这一说法进行了辩护和圆融:“荀子所述之礼仪,亦颇与今之《仪礼》有歧异。则高堂生之传本,编纂于荀子之后也。”②认为荀子所讲的礼仪之所以与后人所见到的《仪礼》有许多不相吻合的地方,这是因为后人所见到的《仪礼》是汉高堂生的传本,而高堂生的《仪礼》传本编纂于荀子之后。钱、洪二人也没有为他们的说法提出非常有力的证据。

(三)沈文倬的“孔子弟子及其后学陆续撰作”说

当代礼学大家沈文倬充分吸取近代考古学者的研究成果,结合文献记载,加以分析综合后,撰作《略论礼典的实行和〈仪礼〉书本的撰作》③一文,提出了《仪礼》是孔子的弟子及其后学陆续撰作而成,其成书年代在春秋战国之间的观点。沈文倬先生之所以主张这一说法,主要是基于以下诸方面考虑:

其一,“典礼是实践先于文字记录而存在”,“由礼物、礼仪构成的礼典早已存在于殷和西周时代”;“礼书至春秋以后开始撰作”,而作为“礼书”性质的《仪礼》,只不过是殷周时代各种礼书的残存部分,“不应该以现存十七篇的范围来看待殷、周典礼”,“历代经学家侈谈周公制礼作乐,便把《仪礼》说成是周公所作,是西周初年的作品,无疑是错误的”。

其二,“《论语》述礼之文不下四十余章”,其中有的指斥当时贵族们的违礼行为,有的概述某些礼仪内容,有的阐述关于礼的理论与作用,有的阐述“容礼”的情况,等等。由此可见,“孔子时礼的书本还没有撰作,而礼物和礼仪所构成的典礼正在普遍实现”。而就孔子而言,“孔子是知礼者,担任过赞礼(摈、相)一类的职务,所以在他和弟子的问答中,反映了那么多礼的理论和礼的实践,但在他所有礼的言论中,没有直接援引《仪礼》原文,有力地证明礼书还不存在,各种门类的礼典还没有被记录成文”。

其三,考察孔子之后成书的《墨子》、《孟子》、《荀子》,以及二戴所辑《礼记》,都在援引《仪礼》之文,这说明这些文献的“作者们手里都持有今

---

① 钱玄同:《重论今古文学问题——重印〈新学伪经考〉序》,载方国瑜标点本康有为《新学伪经考》,古籍出版社1956年版,第406页。

② 洪业:《仪礼引得·序》,上海古籍出版社1986年版。

③ 沈文倬:《略论礼典的实行和〈仪礼〉书本的撰作》,《文史》第十五、十六辑,中华书局1982年版。又载沈文倬《菿闇文存》,商务印书馆2006年版,第1—58页。

本《仪礼》及其已佚诸篇的书本，那么，这四种书的开始撰作，即是《仪礼》撰作时代的下限”。墨子、孟子、荀子等人都是战国时期的人，这说明《仪礼》在战国早期即已成书。

上述关于《仪礼》十七篇作者与撰作时代问题诸家之说的情况介绍，大致反映出历来人们对于这一问题认识的复杂性，但随着这一话题讨论的渐趋深入，人们愈加倾向于孔子与《仪礼》存在着一定的关联，至少对礼经进行过一番编纂和整理。上述诸家之说，当代学者丁鼎先生曾撰有《试论〈仪礼〉的作者与撰作时代》①详加评述，对今人深入发覆各家观点立论的是非得失颇多启益，此不赘言讨论。

第二节　礼经《记》、《传》的作者及创作时代

除了对《仪礼》经文的撰者及成书年代进行考索辨伪外，历代颇有一些学者还将目光投注到经文后的《记》文和《丧服传》撰者的讨论上，虽然这方面的辨伪成果并不多见。尤其是在清代，随着礼经学研究的更加深入全面，颇有一些学者对《记》、《丧服传》文的撰作问题，进行了深入研讨。这里重点择取数家礼经学著作中的此类研究成果加以介绍与说明。

一、礼经《记》文的作者及创作时代

今本《仪礼》十七篇中，除了《士相见礼》、《大射仪》、《士丧礼》、《少牢馈食礼》、《有司彻》五篇之外，其余十二篇每篇末尾在“经”之外，还有《记》文。由于《士丧礼》是《既夕》的上篇，因此《既夕礼》的《记》文实际上也是《士丧礼》的《记》文，所以《仪礼》十七篇实际上只有四篇没有《记》文。这些《记》文，或阐发礼的意义，或追述远古仪制，或补充说明仪制变化的原因，或详述器物的形制、规格和数量，或附录礼典仪式中所用之“辞”。然而，这些《记》文的作者，据元人敖继公说，“《汉・艺文志》言《礼经》之《记》，颜师古以为七十子后学者所记”②，但因史无明文记载，而往往

---

① 丁鼎：《试论〈仪礼〉的作者与撰作时代》，《孔子研究》2002 年第 6 期。
② 敖继公：《仪礼集说》卷十一，《景印文渊阁四库全书》（第 105 册），第 439 页。

引起了历代经学家们的争议。历代学者普遍认为《记》文与礼经经文并不作于同一个人之手,《记》文的撰作年代要晚于经文的撰作年代;但在现代,也有学者持不同论调,认为属于同一作者所撰。

(一)朱熹的"子夏以后人作"说

据《朱子语类》记载,朱熹的弟子子升问:"《仪礼》《传》、《记》是谁作?"朱熹回答说:"《传》是子夏作,《记》是子夏以后人作。"①由此可见,朱熹相信子夏作《丧服传》,而各篇经文后《记》文的出现则要晚于《丧服传》,应该是"子夏以后人作"。至于具体依据,朱氏没有详说,今人无从考述。

(二)盛世佐、马駉的"汉儒窜入经师说"

乾隆年间,盛世佐著述《仪礼集编》一书时,认为《仪礼》经文后所附《记》文,主要有三种不同的成分来源:"凡为《记》者有三,有记经所未备者,有记礼之变异者,有各记所闻颇与经义相违者。记经所未备者,周公之徒为之与经并行者也;记礼之变异,则非周之盛时书矣,……其在春秋之际乎?至于各记所闻而颇失经意者,则七十子后学者所记也。意其初经与《记》分,《记》与《记》亦不相杂,至汉儒掇拾灰烬之余,窜以经师之说,而三者之辨不可复知。且有经连于《记》、《记》混于经者,错乱无次,于《记》为甚,读者不可不分别观之也。"②按照盛氏的说法,《记》文原本有三种情况,有的是"周公之徒为之与经并行者",有的则非"周之盛时书",有的则是孔子"七十子后学者所记",到汉代时,有的儒者"掇拾灰烬之余,窜以经师之说",将他们杂错在一起,最终成为现在所见到的这番样子,其结果往往令后人无从辨别。

不仅如此,盛氏还对诸《记》文的存书情况,进行了一番推论:"据《汉书·艺文志》所载,诸《记》与经文各自为书,本不相杂,以《记》附于逐篇之下者,其始于郑氏乎?郑氏注《易》,合象象于经,亦其例也。"③可见,盛氏认为诸《记》文原本独立于经文之外,直到郑玄注释礼经之时,才被合并到相应篇章之末。

盛世佐的这一主张,后来得到了同时代学者马駉的响应,马氏在他的《仪礼易读》一书中便重复了盛氏的这一见解④,此不重复赘引。而追寻二

---

① 黎靖德:《朱子语类》卷八十四,《景印文渊阁四库全书》(第701册),第783页。

② 盛世佐:《仪礼集编》卷二,《景印文渊阁四库全书》(第110册),第107页。

③ 盛世佐:《仪礼集编》卷二,《景印文渊阁四库全书》(第110册),第124页。

④ 马駉:《仪礼易读》卷一,《四库全书存目丛书》(第88册),齐鲁书社1997年版,第16页。

氏之说的源头,可能与姚际恒《仪礼通论》中的发覆论调有关。例如,姚氏以为,《士冠》末端所记杂事乃汉儒妄取《礼记·郊特牲》之文以增入者,“《士冠》、《士相见》仪文皆简,即以杂事三数端附缀于后,不令立《记》名,其实亦《记》也。后人因《冠礼》为一书之首而无《记》,遂取《郊特牲》之文以填入之”①;《觐礼》篇末章之文,姚际恒亦以为“此一节乃后人所窜入者,宜删去,意其人必以《觐礼》文字寥寥,故妄为增益,与《冠礼》之《记》正同”②。

(三)刘沅的“汉儒纂辑遗文”说

在刘沅看来,既然《仪礼》乃汉儒纂辑遗文而成,那么,今所见《仪礼·记》文也应该为秦火之后汉儒汇记而成,“周之典礼明备,凡《经礼》、《曲礼》,盖皆有方策记之。周衰渐以凌迟,孔门弟子采缀其要及所闻于孔子者记之,《大》、《小戴》之类是也;二戴亦从秦火之后就其所闻见所得者汇记之。此下(案:指‘记冠义’字)与《冠义》与《戴记》所载详略不同,又汉儒撮其要者附于篇后,以明冠礼之概,不必执同异以相疑也。”③其论《士昏礼》篇《记》文云:“此下杂记昏礼诸事经所不备者,盖汉儒以所闻实之。”④论《燕礼》篇《记》文云:“后儒杂记经文之所未备。”⑤另外,《乡饮酒礼》篇《记》文,《注疏》本从“乡朝服而谋宾介,皆使能,不宿戒”一句开始,刘沅则以为“此‘记’字当在上文‘宾若有’三字上,错简入此”⑥。上述诸如此类的论断,要言之,皆是建立在刘沅所谓《仪礼》一书乃“汉儒所采葺”之说的基础上进一步推断而来。

(四)黄以周的“七十子后学所记后仓所传”说

在黄以周看来,“盖七十子后学各记所闻,一经不止一记也”。从此认知出发,他认为,现存《仪礼》十七篇经文后所附《记》文,与大、小戴《礼记》文虽然解礼经的性质一致,但是来源却不相同,前者是今文家之《记》,而后者则是兼采今文礼、古文礼的结果:“后仓所传《礼》十七篇,为今文。大、小戴所辑诸《记》,多系今文,而亦间存古文也”,“今《礼经》中诸《记》,

---

① 姚际恒:《仪礼通论》卷一,《续修四库全书》(第86册),第71—72页。
② 姚际恒:《仪礼通论》卷一〇,《续修四库全书》(第86册),第475页。
③ 刘沅:《仪礼恒解》卷一,《续修四库全书》(第91册),第339页。
④ 刘沅:《仪礼恒解》卷二,《续修四库全书》(第91册),第346页。
⑤ 刘沅:《仪礼恒解》卷六,《续修四库全书》(第91册),第389页。
⑥ 刘沅:《仪礼恒解》卷四,《续修四库全书》(第91册),第360页。

为后仓所传今文家之《记》,小戴有《冠》、《昏》、《乡饮》、《燕》、《射》诸《记》,大戴有《朝事仪》,盖出于古文家者"①。

(五)胡培翚的"七十子之徒所作"说

胡培翚在《仪礼正义》一书中指出,《仪礼》"经文精微详悉,非周公莫能作。《记》、《传》,亦皆圣贤之徒为之。但此《传》为子夏所作与否,似当在阙疑之列。近儒乃谓《传》文有莽、歆增窜者。《礼经释例》云:'《周官》晚出,故宋人或疑为莽、歆伪撰,若《仪礼》,自西汉立学以来,从无有疑及之者。为其论者,自非丧心病狂,不至于此。'盖深恶其说之足以害经也。"②由此可见,胡氏主张《仪礼》本经应是周初周公所作,而《记》、《传》文的成文,持出于孔门七十子之徒之说;对于将《丧服传》归之于子夏所作的传统说法,胡氏则持表示"阙疑"的态度。

(六)曹元弼的"七十子之徒所作"说

关于《仪礼·记》的撰者问题,曹元弼也赞成胡培翚以为《记》文出于孔门七十子之徒之说的主张。曹氏在《校释》中申言:"《记》本记经不备,盖礼坏之后儒者及见逸经者著之,虽未必无千虑一失,而岂妄庸之徒所得轻议?"③具体地说,"《记》出七十子之徒",但是少数情况亦有例外,例如"《服记》有子夏传者,卜氏弟子增续耳"④。由此看来,曹氏主张《记》之主体部分出于孔氏之门,其中《丧服》篇《记》文则由子夏传之、卜氏弟子增续之。同时,曹氏也注意到,各篇《记》文详略及内容性质存在一定差异,以《士冠礼》与《士昏礼》二篇之《记》文为例,"《冠礼》经详,故《记》惟言其义;《昏礼》经略,故《记》备言其制。后人执彼定此,妄议古经,误矣。"⑤

(七)沈文倬的"经《记》同源"说

沈文倬在《略论礼典的实行和〈仪礼〉书本的撰作》一文中⑥,指出从与《仪礼》本经之间的关系上看,《记》文存在与经文难以明确界线的情况。例如:

其一,十七篇中四篇无《记》文,但经文中有些段落文字颇类《记》文。

---

① 黄以周撰,王文锦点校:《礼书通故》卷一,中华书局2007年版,第10—11页。

② 胡培翚:《仪礼正义》卷二十一,《续修四库全书》(第92册),第358页。

③ 曹元弼:《礼经校释》卷六,《续修四库全书》(第94册),第211页。

④ 曹元弼:《礼经校释》卷一,《续修四库全书》(第94册),第129页。

⑤ 曹元弼:《礼经校释》卷一,《续修四库全书》(第94册),第129页。

⑥ 沈文倬:《略论礼典的实行和〈仪礼〉书本的撰作》,《文史》第十五、十六辑,中华书局1982年版。又载沈文倬《菿闇文存》,商务印书馆2006年版,第1—58页。

如《士相见礼》篇末记载进言之法节、侍坐于君子之法节、称谓及执贽之容节,显属记文,因其篇无记字而被当作经文了。

其二,礼经白文当中内容性质相似的章节文字,不同篇目有的属于经文,有的属于《记》文。如《士冠礼》经文有"冠辞"、"醴辞",而《士昏礼》"六礼"之辞俱归入《记》文。

其三,某些篇目经后所附《记》文如果删除的话,则经文单独看起来就显得残缺不全。如《士昏礼》篇宾主之辞在《记》内,如果删去的话,经文就有无辞可用之嫌。

其四,汉唐之际,一些学者著述(如《礼记》、杜佑《通典》、郑玄《毛诗笺》、何休《公羊解诂》等)援引《仪礼》文句,多将"经"与"《记》"混称。有的把《记》文当作经,有的把经当作《记》文,有的引述《记》文出处一会儿称"《礼》"一会儿称"《记》"。

1958 年甘肃武威汉墓出土了汉简《仪礼》七篇九卷。沈文倬分析了这七篇汉简《仪礼》的编排方式,发现七篇汉简《仪礼》中,《丧服》、《特牲馈食礼》、《燕礼》三篇经文后都有今本《记》文,但是经文与《记》文之间都没有标出"记"字加以区分,其编排方式是:《丧服》经文、《记》文不书于同一简,经文止于前一简之中部,《记》文另简书写,《记》文之前标有一大"O"。《特牲馈食礼》篇的编排情况,与《丧服》篇大致相同,只是《记》文前所标是小"O"。《燕礼》篇的《记》文也是另简书写,但《记》文前没有任何标记。而"O"这一标记符号,并不是专门用来区分经、《记》的符号,因为经文的分章符号也是"O"。沈文倬先生据此认为:今本用以分别前经后记的"记"字实际上是后人臆加的,由于《记》文都属解释性、补充性的文辞,不便插入正文,故而附录在篇末;"附经之'《记》'本来就是经文的组成部分,'于是乎书'时便已包括在内,经与附经之'《记》'不是前后撰作的两种书,而是同时撰作的一书的两个部分。"①

(八)丁鼎的"经《记》同源"说

和沈文倬先生的认知一样,丁鼎先生也主张"经《记》同源"说,即和《记》文本身就是《仪礼》经文的一个重要组成部分,二者的撰作者是一致的。

① 沈文倬:《略论礼典的实行和〈仪礼〉书本的撰作》,载沈文倬《菿闇文存》,商务印书馆 2006 年版,第 37 页。

丁鼎在《〈仪礼·丧服〉考论》第三章,从传世文献和地下实物两方面,重申了某些汉代文献、两晋文献称引《仪礼》经、《记》不加区分的事实,以及沈文倬先生关于武威汉简《仪礼》经、《记》编排方式的考证与推断,得出结论说:“《仪礼》附经之‘记’本来就是经文的组成部分,孺悲从孔子学士丧礼,‘士丧礼于是乎书’的时候,经与《记》即已都包括在所书的内容之中。”

不仅如此,丁鼎同时还指出,《仪礼·记》的“编作权也应归于孔子及七十子后学”,“主要是由孔子对前世流传下来的礼典加以损益整理,当然,七十子后学也必定对其中的许多内容做过增删损益的工作”①。这一论调,和丁鼎主张《仪礼》经文“编作权主要应归于孔子”、“七十子后学也有可能续加编作与增益”,《仪礼》十七篇“本来可能是孔子依据前世流传下来的古礼选编整理而成的、用以教授弟子的教本,而前世所流传下来的古礼中自当包括周公制礼作乐的部分内容”②这一认知观,基本上是一脉相承的。

二、《丧服传》文的作者及创作时代

《仪礼·丧服》篇除“经”文、“记”文之外,还有“传”文,即是人们通常称谓的《丧服传》(有时也称《服传》)。关于《丧服传》的作者是谁,历来学者往往各执一端,众说纷纭,迄今仍是一个悬而未决的问题。

(一)传统旧说——“子夏传”

相传本篇《传》文是孔子弟子子夏所“传”或“作”。例如,《隋书·经籍志》称:“其《丧服》一篇,子夏先传之,诸儒多为注解,今又别行。”今本《仪礼·丧服》篇题下标有“子夏传”三字,贾公彦《疏》曰:“传曰者,不知是谁人所作,人皆云孔子弟子卜商字子夏所为。案《公羊传》是公羊高所为,公羊高是子夏弟子,今案《公羊传》有云‘者何’、‘何以’、‘曷为’、‘孰谓’之等,今此《传》亦云‘者何’、‘何以’、‘孰谓’、‘曷为’等之问。师徒相习,语势相遵,以弟子却本前师,此传得为子夏所作,是以师师相传,盖不虚

① 丁鼎:《〈仪礼·丧服〉考论》,社会科学文献出版社2003年版,第105页。
② 丁鼎:《〈仪礼·丧服〉考论》,社会科学文献出版社2003年版,第83—84页。

也。”①贾氏从语言运用的延续情况，以及和《公羊传》对比发现二者具有共同的体例结构，申述《丧服传》子夏“所作”的必然性。

唐开成石经《仪礼·丧服》篇标题作“丧服第十一子夏传”。不过，“据阮元《仪礼·丧服》校勘记，石经此题原刻作‘丧服经传第十一’，无‘子夏传’三字，后磨改为现今的样子。而前述简本《服传》亦无‘子夏传’三字。”②可见在隋唐以前，人们通常还只是传说《丧服传》为子夏所“传”或“作”；至隋、唐之际，人们始将《丧服传》的“传者”或“作者”明确著录为子夏。

（二）朱熹的“子夏作”说

据《朱子语类》记载，朱熹的弟子子升问：“《仪礼》《传》、《记》是谁作？”朱熹回答说：“《传》是子夏作，《记》是子夏以后人作。”③由此可见，朱熹相信子夏作《丧服传》。他之所以持此传统旧说，其实是将《隋书·经籍志》“其《丧服》一篇，子夏先传之”的“传”字解释成“作”之意。至于具体依据，朱氏没有详说，无从考述。

（三）敖继公的“《记》后所作”说

对于朱熹认为子夏作《丧服传》的说法，元人敖继公颇不以为然。他在所著《仪礼集说》中指出：“先儒以《传》为子夏所作，未必然也。今且以《记》明之。《汉（书）·艺文志》言《礼经》之《记》，颜师古以为七十子后学者所记，是也。而此《传》则不特释经文而已，亦有释《记》文者焉。则是作《传》者又在于作《记》者之后，明矣。今考《传》文，其发明礼意者固多，而其违悖经义者亦不少。然则此《传》亦岂必皆知礼者之所为乎？而先儒乃归之子夏，过矣。”④显然，敖继公认为，《仪礼》十七篇经文后面的《记》文，是孔门七十子后学者所作，而《丧服传》成书则要晚于《记》文。

对于敖氏此说，凌曙以为“此真妄诞不经之谈”，为此进行了一番激烈的辩驳。他首先转述孔颖达《正义》之言，指出“《仪礼》未有作《礼经》之《记》者”，“七十子后学者所记是《礼记》而非《仪礼》也”，这是其一。其二，“汉已来之注《仪礼》者与注《丧服》者皆分别言之”，如郑玄注《仪礼》

① 贾公彦：《仪礼注疏》卷二十八，载《十三经注疏》（上册），中华书局1980年版，第1096页。

② 丁鼎：《子夏与〈丧服传〉关系考论》，《江苏大学学报》（社会科学版）2004年第1期。

③ 黎靖德：《朱子语类》卷八十四，《景印文渊阁四库全书》（第701册），第783页。

④ 敖继公：《仪礼集说》卷十一，《景印文渊阁四库全书》（第105册），第439页。

全经称《仪礼注》,而单注《丧服》者如马融、王肃之辈,陆德明明曰"自马以下皆注《丧服》者",颜师古注《汉书·萧望之传》"又从夏侯胜问《论语》、《礼》服"曰"礼之丧服也",皆说明了"从未有《丧服》一门谓之《礼经》之《记》者,但目之为《丧服》而不总目之曰《仪礼》者"。其三,《汉书·艺文志》云"《记》百三十一篇",并未云"《礼》经之《记》","亦不得以上有《礼古经》五十六篇、经七十篇牵扯合而为一,改《礼古经》为《礼经》,删去'古'字,又合下《记》为一,名之曰《礼经》之《记》"。① 因此,凌氏认为敖继公之说并不可信。

(四)方苞的"子夏再传后门人记述,王莽、刘歆增窜"说

关于《丧服传》一文,方苞对子夏所作说也持怀疑态度,认为可能系子夏的"一再传后门人记述而间杂以己意"而成,今所见《丧服传》甚至还有王莽、刘歆增窜的成分在其中。他说:"余少读《仪礼·丧服传》,即疑非卜氏所手订,乃一再传后门人记述而间杂以己意者;而于经文,则未敢置疑焉。惟尊同者不降,时憯然不得于余心。乃试取《传》之云尔者剟而去之,而《传》之文无复舛复支离而不可通晓者;更取《经》之云尔者剔而去之,而《经》义无不即乎人心;然后知是亦歆所增窜也。盖丧服之有厌降,见于子思、孟子之书。惟尊同不降,则秦、周以前载籍更无及此者。而于莽之过礼竭情以侍风疾,及称大皇太后,义不得服功显君事尤切近,故假是以为比类焉。"②

在方苞看来,不仅《仪礼》经文当中有部分王莽、刘歆增窜的成分,而且《丧服传》当中同样掺杂着王莽、刘歆增窜的成分。例如,方氏论《丧服》"大夫为祖父母适孙为士者"时,即以为莽、歆是出于维护"尊同而不降"之说,而妄增《传》文所致。在方苞看来,"汉、唐诸儒治经虽勤,程、朱既作取其不当于理者辨析而更易之,诚惧经之本指以之蔽晦,况害义伤教如此其甚者乎?"③

事实上,据戴震《与任幼植书辨〈丧服经传〉》一文记载,在方苞明确主张《丧服传》掺杂着王莽、刘歆增窜成分说之后,乾嘉时期仍有一些学者持相类似的论调,例如江苏兴化学者任大椿便是其中一员。戴震《与任幼植

---

① 凌曙:《礼说》卷二,《续修四库全书》(第110册),第522页。
② 方苞:《方苞集》卷一,上海古籍出版社1983年版,第24页。
③ 方苞:《仪礼析疑》卷十一,《景印文渊阁四库全书》(第109册),第176页。

书辨〈丧服经传〉》中明言："幼植奋笔加驳于孔冲远、贾公彦诸儒，进而难汉之先师郑君康成矣，进而訾汉以来相传之子夏《丧服传》为刘歆、王莽傅会矣，进而遂訾《仪礼》之经、周公之制作为歆、莽之为之矣。"可见，清人任大椿同样认为《丧服传》并非子夏所传，主张系刘歆、王莽辈傅会伪造，较之方苞的掺杂说可谓更进了一步。对此，戴震大发感慨说："呜呼！《记》不云乎：'毋轻议礼。'……俗学肤浅，往往求之不可通，辄肆指摘云刘歆窜入。"①

无论是方苞的"王莽、刘歆增窜"说，还是任大椿的"刘歆、王莽辈傅会伪造"说，后来均遭到了晚清学者胡培翚的批驳："《记》、《传》亦皆圣贤之徒为之。但此《传》为子夏所作与否，似当在阙疑之列。近儒乃谓《传》文有莽、歆增窜者。《礼经释例》云：《周官》晚出，故宋人或疑莽、歆伪撰，若《仪礼》自西汉立学以来，从无有疑及之者。为此论者，自非丧心病狂，不至于此。盖深恶其说之足以害经也。"②只不过胡培翚并未明言《传》文出于何人之手，仅仅称"此《传》为子夏所作与否，似当在阙疑之列"而已。

（五）焦以恕的"孔门七十子所作"说

关于《丧服》篇《传》文的作者，焦以恕也有不同于一般学者的看法。他在《仪礼汇说》中明确声称："《传》之作后于经，经为周公、孔子所定，则《传》出七十子之手，固宜有之。而敖氏以为又在作《记》者之后，则臆说，未足凭矣。"③焦氏不赞成《传》文子夏所作之说，但却没有明言作者到底是谁，只是推论《传》文出自孔门"七十子"之手的可能性最大。

与此同时，焦氏还以为，说："《周易十翼》、《春秋左传》皆不与经文相杂，而后世儒者移而置之经文之间，则《仪礼》之《传》亦同斯例可知也。敖氏谓康成为之者，未知果否也。"焦氏通过类比法，推断《丧服传》其初原与《丧服》经文不相杂，今所以相杂者，系出于后世儒者移置的结果，至于敖继公以为系郑玄作《仪礼注》时所为，焦氏则未明确认同。

（六）曹元弼的"子夏所作"说

关于《丧服传》的撰者问题，曹氏从古文经学家的立场出发，仍继续主张子夏所作的旧说。曹氏指出："《疏》云'人皆云'，云'师师相传'，则作

① 戴震：《与任幼植书辨〈丧服经传〉》，载曹元弼《礼经学》卷五，北京大学出版社 2012 年版，第 262 页。

② 胡培翚：《仪礼正义》卷二十一，江苏古籍出版社 1983 年版，第 1340 页。

③ 焦以恕：《仪礼汇说》卷十一，《续修四库全书》（第 89 册），第 96 页。

《传》者为子夏,自周以来旧说也。作者,创始之辞;后儒传述增续,但可谓之述,不可谓之作。……此《传》云子夏作,盖同斯例。《传》文兼释经、《记》,经是周公所制,释经者实子夏,原文《记》是七十子后学所为,释《记》者皆后师增续。其释经处有一二未安,为郑《注》所驳者,或数《传》后失其本说,而以意补之,未能尽善如《诗小序》。……然或续或补,亦皆推演子夏之旨而为之,且不过十之一二,故师师相传,惟云子夏作而已。"①

另外,从维护"子夏所作"说出发,对方苞等人主张汉儒增窜附会之说,曹元弼踵武戴震、胡培翚之后,也进行了一番指斥:"浅妄之徒因《传》有释《记》处,遂谓此《传》全出作《记》之后,非子夏所为,致启歆、莽增窜之诬,殊可叹也。"

(七)陈梦家的"后仓或其徒庆普所作"说

1959 年 7 月甘肃武威县出土了比较完整的九篇《仪礼》,一篇写于竹简,八篇写于木简。其中《仪礼·丧服》篇部分,甲本和乙本(均为木简)《传》文却基本上与今本《传》文相同,但所录的经、《记》俱不足今本经、记的二分之一;丙本(竹简)仅有《丧服》篇经、《记》之文,没有《传》文,属于别本单行的单经本。据此,陈梦家先生认为,甲、乙本《服传》为删经删记的《丧服经传》本,是汉人依据西汉时施行丧服的实际情况而删去部分经、记后所形成的本子。

陈梦家先生进一步考证推论说,《服传》当作于汉宣帝甘露石渠会议之后,"有可能为后仓或其徒庆普所作或流传","它的撰作或行世,当在昭、宣之世"。因为庆普与大小戴同为后仓之弟子,故又推定其为今文学。其根据有二:

其一,宣帝甘露三年二月举行石渠阁会议所写成的《石渠议奏》,引有《丧服》篇经文"庶人为国君"与《记》文"宗子孤为殇",这些都不见于简本《服传》。陈氏遂以为此等经、《记》之文已被《服传》作者所删削,从而判断简本《服传》之成书"当在甘露之后"。

其二,根据《石渠议奏》、《丧服变除》、大小戴、闻人通汉等说解《丧服》之义与《服传》有同有异,陈氏遂以为《服传》"不可能出于后氏诸徒小戴、闻人(通汉)之手","是二戴以外的家法",从而断定汉简甲、乙本《服传》

---

① 曹元弼:《礼经校释》卷十二,《续修四库全书》(第 94 册),第 317—318 页。下同,不复出注。

“可能是庆普之学”,属今文学,而“删经与撰《传》同时进行”①。

(八)沈文倬的“甘露之后撰作”说

1974年,沈文倬又撰写《汉简〈服传〉考》一文②,其中也针对《服传》的成书问题提出了看法。沈文倬先生虽然也不相信子夏作过《丧服传》,但他不同意陈梦家先生将《服传》的成书时代定在汉宣帝甘露之后的观点。其主要理由有如下几点:

其一,《通典》所引《石渠议奏》中,有三处引用《服传》之文,足证闻人通汉等人见过《服传》其书,由此亦可见《服传》应当作于汉宣帝“甘露”年号出现之前,绝非“甘露”以后庆普所撰。

其二,“石渠阁会议”参加者皆为今文家,从大小戴、闻人通汉等人对《服传》抱无视、曲解、非难的态度,可推定《服传》不可能是今文学,而且很有可能属于古文学。

其三,郑玄所作《仪礼》注,于《服传》无今、古文校勘,但以其他篇目中所校古今文异字来核对简本《服传》,则简本《服传》之文每同于古文,从而可推定《服传》当为古文。

其四,《服传》中有引用小戴的《礼记》中的《丧服小记》、《大传》、《丧大记》、《问丧》、《服问》、《间传》、《三年问》、《檀弓》、《丧服四制》等篇之文,而这些篇目大多为七十子后学所记,故断定《服传》撰作时代之上限在《礼记》论礼诸篇成书以后。

总之,“《服传》是《丧服》经的传记,又是在七十子后学所撰《礼记》论礼诸篇的严重影响下撰作的”。至于《服传》的撰作时代,“其上限在《礼记》论礼诸篇成书以后,即周慎靓王以后(公元前315年),其下限在秦始皇三十四年(公元前213年)焚书以前”③。

沈氏据《石渠议奏》有引《服传》之文,驳陈氏以为《服传》作于汉宣帝甘露后之非,又据郑玄校古今文之例,推论《服传》为古文,着实理充分详明据,令人信服。至于沈氏与陈梦家等人彻底否定子夏与《丧服传》有关

① 中国科学院考古研究所,甘肃省博物馆:《武威汉简》,文物出版社1964年版,第17—35页。

② 沈文倬:《汉简〈服传〉考》,《文史》第二十四、二十五辑,中华书局1985年版。又载沈文倬《菿闇文存》,商务印书馆2006年版,第276—345页。

③ 沈文倬:《汉简〈服传〉考》,载沈文倬《菿闇文存》,商务印书馆2006年版,第333—334页。

的观点，丁鼎先生认为仍有重新探讨的必要，因为“说《丧服传》完全由子夏所‘作’，可能与史实不符。但将《丧服传》看成是由于夏所‘传’，还是不容轻易否定的。虽然唐人说《丧服传》为子夏所‘传’似乎是出于传说，但传说不一定无据；虽然由于文献不足征，现已难以确切认定子夏与《丧服传》的关系，但种种迹象显示《丧服传》由子夏所‘传’的可能性是完全存在的”。简言之，“子夏具备‘传’《丧服》的资格和条件”①。

（九）丁鼎的“子夏传”说

当代礼学家丁鼎先生认为，《丧服传》“当是孔子弟子子夏所承传，就是子夏将其师从孔子学礼时所习得的有关解释《仪礼·丧服》经、记的内容，再口授给其弟子，后由其弟子与再传弟子‘师师相传’下去，并著于竹帛，编订为《丧服传》一书”。② 他之所以主张《丧服传》为子夏所“传”的观点，主要是基于下列传世文献的记载：

其一，《论语》一书中记载子夏的文字有23处，仅次于子路（47处）和子贡（44处），比孔子最得意的弟子颜渊还多6处。由此可见子夏在孔门中的地位。而据《论语·八佾》载，孔子甚至认为子夏思想对自己有启发作用，这在孔门弟子中是绝无仅有的。

其二，《吕氏春秋·慎行论第二·察传》载，子夏校勘“晋师三豕过河”，谓“非也，是己亥也。夫己与三相近，豕与亥相似”，这说明子夏具备传授儒家经典的学养和能力。

其三，考《史记·仲尼弟子列传》、《儒林传》及《吕氏春秋·察贤》等文献记载，孔子去世后，子夏便到魏国西河讲学，传授儒家经典，颇负盛名，影响很大，而且弟子甚众。

其四，东汉戴宏《春秋说序》在讲述《春秋》的传承关系，东晋元帝时太常荀崧则于奏疏中叙述《春秋公羊传》传授源流，以及杨士勋《春秋谷梁传注疏》的相应记载，皆说明《春秋公羊传》与《春秋谷梁传》二书都是传自子夏，充分说明子夏对春秋时期礼制文化素有研究，在儒家经典的承传上，较其他孔门弟子曾发挥过更重要的作用。

其五，东汉司空徐防于和帝时上疏说：“臣闻《诗》、《书》、《礼》、《乐》定自孔子，发明章句，始于子夏。”丁鼎认为，“所谓‘发明章句’即是指进行

---

① 丁鼎：《子夏与〈丧服传〉关系考论》，《江苏大学学报》（社会科学版）2004年第1期。

② 丁鼎：《子夏与〈丧服传〉关系考论》，《江苏大学学报》（社会科学版）2004年第1期。

注解一类的工作,而《丧服传》实际上就是《仪礼·丧服》经文与《记》文的注解,然则上引徐防之疏文就是肯定《丧服传》传自子夏”。

其六,宋人洪迈在《容斋随笔·续笔》卷十四“子夏经学”条,所述子夏在诸经传授中的作用,都是本于两汉魏晋人之说,尽管未必完全可信,但其关于子夏与《仪礼·丧服》之说当是有所本的,不会是空穴来风。

其七,《礼记》论礼诸篇为春秋战国之际七十子后学所陆续纂辑,现已基本成为学界共识。而在《礼记·檀弓上》、《礼记·曾子问》等论礼诸篇中,载有不少子夏向孔子请教或与其他人商讨丧礼与丧服之事,可见子夏确实对丧服制度很有兴趣,也很有研究。

其八,从《丧服传》与《公羊传》、《谷梁传》的句式对比中,可以发现三书的句式非常相似,从而可以推定可能在师承传授上有一定的渊源关系。

在丁鼎看来,综上诸方面考虑,传世文献《论语》、《史记》等的相关记载,足以说明子夏具备传授《丧服传》的条件和资格,认为《丧服传》是由子夏所承传,后由其弟子与再传弟子“师师相传”下去,是站得住脚的。

第三节 《仪礼》经、《记》的窜乱互混问题

礼经学家对于《仪礼》白文的辨伪性论辩,不仅涉及《仪礼》经、《记》、《传》三者的作者及成书年代的论争,少数学者在诠释《仪礼》文句的同时,认为《仪礼》经、《记》当中存在窜入了汉儒的妄增成分情况,甚至于认为白文当中存在经、《记》互混的现象。尤其是在清康熙、乾隆年间的礼经学著作当中,颇不乏这一类论调。本节将撷取姚际恒、盛世佐、孔广林三家的说法,逐一加以介绍说明。

一、姚际恒的“汉儒窜乱《记》文”说

姚际恒认为,《仪礼》当中“《记》”文的作用是“杂记其事,以补前文所未备”,可能“或作《仪礼》者所自作,或后人所作,则有不可知也”①。姚际恒对《仪礼》中《记》文的考辨,主要集中在《士冠礼·记》及《觐礼》篇末章

---

① 姚际恒:《仪礼通论》卷一,《续修四库全书》(第86册),第71页。

上。《通论》卷首《仪礼论旨》云:"每篇后《记》其文零星,缀述更多齐古,惟《冠礼》之《记》乃后人窜入者。"又说:"《礼记》中多后人窜入,予不自揣,一一辨出;《仪礼》犹少,惟《冠礼·记》及《觐礼》末一章并系窜入。"试分别言之如下:

另外,姚氏《通论》在讨论《仪礼》之《士冠礼》、《士相见礼》等六篇经文无《记》的缘由时,也涉及相关经、《记》互混问题的讨论:"《士冠》、《士相见》仪文皆简,即以杂事三数端附缀于后,不另立《记》名,其实亦《记》也。"①按照姚氏的说法,《士冠礼》、《士相见礼》经文末端"以杂事三数端附缀于后",其实质就是《记》文,只不过没有标明《记》文而已。考其理据,亦稍欠充分,因而未能引起此后治礼经学者的响应和重视。

关于《士冠礼·记》文,姚氏以为乃汉儒妄取《郊特牲》之文以增入者,"《士冠》、《士相见》仪文皆简,即以杂事三数端附缀于后,不另立《记》名,其实亦《记》也。后人因《冠礼》为一书之首而无《记》,遂取《郊特牲》之文以填入之"②,故主张宜删去为宜。姚氏之所以有这一看法,主要是基于以下六个方面矛盾因素的考虑:

其一,"记者补前文所未备,今'醮于客位'、'三加弥尊'、'冠而字之'等语皆前文已有,何必重加赘论";

其二,"《郊特牲》言诸侯天子冠礼及士官爵谥法,此乃别为推广之义,与冠礼毫无交涉";

其三,"他《记》从无引孔子之言,而此引之";

其四,"他《记》从不陈三代之道,而此陈之";

其五,"他《记》皆短句叙事,而此则长调,行文又别一格";

其六,"礼辞《昏礼》不列正文,今此后有《记》而以礼辞为正文,与《昏礼》参差。"

以上六个方面,姚氏分别从引文、内容、句法、体例各角度辨别真伪,从而断言《士冠礼》之《记》是伪窜而入之文,故主张将其删去。

关于《觐礼》篇末章之文,姚际恒同样也以为"此一节乃后人所窜入者,宜删去,意其人必以《觐礼》文字寥寥,故妄为增益,与《冠礼》之《记》正

---

① 姚际恒:《仪礼通论》卷一,《续修四库全书》(第86册),第71—72页。

② 姚际恒:《仪礼通论》卷一,《续修四库全书》(第86册),第71—72页。

同”①。姚氏之所以论定此文为伪窜而入之文,有两个理由:

其一,“其文与《仪礼》绝不类,有目之士可一望而辨,且非正文非后《记》,不知何属。其中如曰上玄、上圭,又曰东方青、东方圭,两用‘圭’字,又为玄又为青,因上甫言圭,故以东方叙于南西北之后,避其重,极为可笑”。姚氏认为,这一段文句欠缺条理,与《仪礼》绝不相类。

其二,这一段文字所叙事义悉不经,颇类纬书,例如,“其祀方明,设六色、六玉,象上下四方,天子乘龙及升龙、降龙,又分四方门,礼日月四渎山川丘陵等语,事义悉不经,颇类纬书。”基于此,姚氏以为治《礼》经者宜删去之。

姚氏的上述两则论断,价值亦各不相同。就前一论断而言,它与今人王锷认为《郊特牲》中谈论加冠礼的一段文字是抄自《士冠礼》的说法截然相反:“《郊特牲》中谈论加冠礼的一段文字,与《仪礼·士冠礼·记》相比,除‘始冠之缁布之冠也’一句中,多前一‘之’字外,其他完全相同。该段简首有‘冠义’二字,保存《士冠礼》之旧,肯定是抄自《士冠礼》。”②两者孰是孰非,目前还难以断下结论,但姚氏的这一番言论,的确可以启发我们对《仪礼》的书本形成做更深入的思考。至于后一论断,则未免有稍显武断的成分在内,谁又能保证《仪礼》诸《记》文作于一时一人之手呢?

二、盛世佐的“经、《记》互混”说

盛世佐的“经、《记》互混”说,主要涉及《士冠礼》、《士相见礼》二篇这类情况的讨论。

关于《士冠礼》篇经、《记》,盛氏认为二者有相互混淆的现象存在:“窃谓此篇之经至‘归宾俎’而止矣,自此以下皆《记》也。”盛氏之所以得出如此结论,主要是通过与《昏礼·记》文的比较而来:“试以《昏礼》较之,此‘若不醴’及下文‘若杀’,犹《昏礼·记》‘若不亲迎’也,所谓记礼之变异也。‘若孤子’、‘若庶人’及‘冠子母不在’,犹《昏礼·记》‘庶妇及宗子无父’之类,所谓记经未备也。诸辞,则《昏礼》俱属《记》,尤为明证。唯屦制一节,朱子移附陈器服节之末,或是彼处脱简,然详其文体,亦似《昏礼·

① 姚际恒:《仪礼通论》卷一〇,《续修四库全书》(第86册),第475页。
② 王锷:《礼记成书考》,中华书局2007年版,第249页。

记》'挚不用死'、'腊不用鲜'之类,经盖以屦贱,不与冠服并言,而《记》者详之,亦是记所未备也。自'冠义'以下,乃汉儒取戴《记》、《家语》以成文,观其中载孔子之言,而篇末又杂出老氏之意,其非本《记》之旧明矣。首以'冠义'二字题之,若小戴《记》篇目,然十七篇无此例也。作者原不敢自附于本经之《记》,而编礼者误以记之一字加之,若移彼'记'字于此节之首,则得矣。"盛氏运用审文例的训诂方法,将《士冠礼》后一部分与《昏礼·记》文加以比较,发现它们之间存在很多相同之处,因而得出今本《士冠礼》篇存在经、《记》混淆的结论来。盛氏进而指出,"此非愚之创见也。朱子谓醴宾节以上正礼已具,以下皆礼之变,固亦微示其意矣。张氏未尝见《通解》,亦谓送宾归俎以上《士冠礼》正经,似与朱子有暗合者,愚故推明之,以自附于窃取之意云。"进一步申解自己的这一见解是受朱熹《仪礼经传通解》、张尔岐《仪礼郑注句读》的研究启发,进一步推明之而已。

另外,《士冠礼》经文后的诸辞(如戒宾辞、宿宾辞、醴辞、醮辞等)部分,盛世佐认为亦应属于经、《记》文混于经文的内容,"诸辞之当为《记》,敖氏已见及之,特狃于汉儒所定本而未能断耳,且不知是篇之《记》混于经者固不止此也"①,是盛氏承敖继公《仪礼集说》之端倪而发此见。盛氏还考证指出:"诸辞唯醮辞后人拟作,其余皆周公制作时所定,未必周公自作,盖祝雍、史佚辈承旨为之,使天下后世皆遵而用之。《大戴礼·公冠》云:'成王冠,周公使祝雍祝王曰:达而弗多也。'是其征矣。"②是盛氏认为诸辞中"醮辞"属于后人拟作,其余诸辞则周公制作时所定,应是祝雍、史佚之辈承旨而为之也。

最后一点,对于今本《士相见礼》篇没有《记》文的情况,盛氏亦有发见,认为并非古来就没有《记》文,只不过已经被归并到原有经文当中,后人难以分辨而已。在盛世佐看来,《士相见礼》篇《记》文的"消失"现象,只不过是"编礼者误合于经耳"造成的结果。那么,《士相见礼》篇中哪些篇幅属于《记》文的性质呢?"此篇之经止'士相见'一章,自'士见于大夫'以下皆《记》也。其中见大夫、大夫相见、见君三节,文与本篇相似,犹可曰自士相见推之也;至'凡燕见于君'以下,则其体宛似戴《记》,且与彼大同

① 盛世佐:《仪礼集编》卷二,《景印文渊阁四库全书》(第110册),第116页。
② 盛世佐:《仪礼集编》卷二,《景印文渊阁四库全书》(第110册),第120页。

小异者，亦多有以是续经，其为编次之误无疑。”①同样，盛氏乃运用审文例的方法，将其与小戴《礼记》文体相比较，断定《士相见礼》篇“士见于大夫”以下为《记》文。盛氏的这一看法，后来遭到了韦协梦的驳斥，以为其立论无法成立。在韦协梦看来，《士相见礼》篇“此篇总论卿大夫士相见之礼，本《记》体也，何必又为《记》以赘于后乎？盛氏强分士相见一章为经，士见于大夫以下为《记》，夫士见于大夫以后诸章各为一体，与士相见礼绝不相关，安见彼为经而此为《记》乎？盖盛氏不知此篇乃泛论相见之礼，非仅为士立文也，故不能不为是割裂耳”。②

三、姜兆锡的“《记》文误入经文”说

乾隆间，姜兆锡认为，今所习《仪礼》经文有《记》文混入的情况存在。例如，《士相见礼》一篇即是如此。《士相见礼》篇经文：“凡自称于君，士、大夫，则曰下臣；宅者，在邦则曰市井之臣，在野则曰草茅之臣；庶人，则曰刺草之臣；他国之人，则曰外臣。”这几句话，今传习本都在经文当中，然而姜氏《内编》卷十却声称：“本《记》。旧误在经文，今按当为《记》。”③其所谓“本《记》”，即是指现今传习《仪礼》一书中的《记》文，以与大小戴《礼记》的称谓有别。依据姜氏的说法，是经文混入到《记》文当中了。

再如同篇“凡侍坐于君子”数句，姜氏在《内编》卷十中指出：“旧文与‘燕见于君’礼错杂，而亦误与《士相见礼》合为一篇。”又说：“窃念汉儒承秦火之后，既误以士见大夫及大夫相见以下凡六篇之文而通目为士相见之礼，说经者初不体正其误，而于各礼复率为之训如此，则先圣之遗经将益晦矣。”④

四、程瑶田的“《传》文误入经文”说

在程瑶田看来，今本《丧服》篇存在《传》文混入经文的情况。例如，《丧服》篇缌麻章末有如下数句：

---

① 盛世佐：《仪礼集编》卷五，《景印文渊阁四库全书》（第110册），第205页。
② 韦协梦：《仪礼蠡测》卷三，《续修四库全书》（第89册），第570页。
③ 姜兆锡：《仪礼经传内外编》卷十，《续修四库全书》（第87册），第338页。
④ 姜兆锡：《仪礼经传内外编》卷十，《续修四库全书》（第87册），第340页。

《传》云:“何以缌也? 以为相与同室,则生缌之亲焉。长殇中殇降一等,下殇降二等。齐衰之殇中从上,大功之殇中从下。”

程氏以为,后面四句《传》文,即“长殇中殇降一等,下殇降二等。齐衰之殇中从上,大功之殇中从下”,原本应该属于《丧服》篇经文,因为“若《传》则皆依经发义,无凭空立义之例”。程氏认为,之所以造成这种经文混入《传》文的现象,是源于“郑氏误以上文同室生缌之《传》连言,遂并此四句以为《传》文而注之;又不审此经发殇服之例者,专为制大功、小功两‘殇服’章而发之”,加之郑氏“不审两‘殇服’章专为成人服齐衰,今为长中殇降在大功,下殇降在小功,而为之制此服也”。那么,程氏又是何以知晓它属于“专为成人服齐衰者而制之”的情况呢? 他的诠释法宝,便是根据《丧服》经文“比例而知之”而来。“其降一等之大功殇服,齐衰之长中殇也;降二等之小功殇服,齐衰之下殇也。所以有降一等、二等之殊者,以齐衰之殇中从上,故长殇、中殇并降一等,而下殇则降二等也,故特发此例以明制两‘殇服’章之精义微意。若大功成人之殇则中从下,并服缌麻,而不为之特制中下殇之服也。”①在程氏看来,既然是“专为制大功、小功两‘殇服’章而发之”,那么再将其看作是《传》文就难以成立了。

程氏这一说法问世以后,即遭到了学界中人的一片反对之声,如凌廷堪《礼经释礼》、张履《丧服足征记辨误》、凌曙《礼说》、叶大庄《丧服经传补疏》等学者,他们纷纷著述立说,或隐刺其非,或明辨程氏之失。例如,凌廷堪在《礼经释礼·封建尊尊服制考》中云:“盖小功殇服重,故《传》以大功、小功别之,缌麻殇服轻,故《传》以齐衰、大功别之。其例甚明,本不烦言而解。近有谓此四句为《丧服》经文误入《传》中者,无端平地起波。嘘宋儒错简之烬,其风不可长也。”②较之凌廷堪,稍后学者夏燮批驳程氏力度更大,立论亦更加详明。《五服释例》卷七“齐衰大功之中殇从上从下例”下,夏氏云:“《传》于小功章特发其中殇不见之问,所以明中从下之例之在于缌章也;又于缌章再发其中从下之例,而推本于成人,所以明大功之再降与齐衰再降之例异也。盖大功再降之例,或单举中殇,或单举下殇,或中殇下殇并举,经皆于缌麻章中错综见例,故《传》发其例于本章之末,而必先借齐衰以明之。至于小功但有一降,其再降则无服,且大功之降小功

① 程瑶田:《仪礼丧服文足征记》卷二,《续修四库全书》(第95册),第162页。

② 凌廷堪著,邓声国、刘蓓然点校:《礼经释例》卷八,江西人民出版社2017年版,第184页。

既中从下,则小功之降缌麻亦中从下可推,故《传》不及也。程氏误以《传》为归重齐衰,因疑其经文之烂入于《传》下者,不知缌章《传》义正为大功之再降者而发,又何有凭空立义之疑哉?"①夏燮的批驳颇为可信。

而与程氏所处时代大致相近的凌曙批评尤其激烈,"程以为经误,人疑《传》则非之,己疑经则是之,何其果于自信乎?将谓《丧服》文足征邪?'长殇'云云,在《传》而不在经,抑谓《丧服》文不足征,而改《传》为经以伸己说邪?则与己书命名之意相左矣。果如郑误,则'三殇'之《注》皆妄矣;如其程误,则《丧服足征》之书可废也。儒者治经,门户之见不可有,岂是非之心亦不可有邪?实事求是,据经、《传》以证之,可乎?"②在凌曙看来,程瑶田治学缺乏实事求是的科学态度,因此其所言并不"足征"。

五、孔广林的"经记互混"说

孔广林的"经记互混"说,主要集中在《士冠礼》和《士相见礼》两篇的《记》文上,不过后来都遭到曹元弼的驳斥。试分别言之:

关于《士冠礼》篇中之《记》,孔氏《臆测》申解称:"此字(指'记'字)当在'戒宾曰'之上,诸辞及三屦乃《士冠记》也,简烂文错,误著此字于《记》末。"③曹氏《校释》则申言反对孔氏说,谓:"《冠礼》经详,故《记》惟言其义;《昏礼》经略,故《记》备言其制。后人执彼定此,妄议古经,误矣。"④反对将《士冠礼》篇诸辞视之为本经《记》文的一部分。

至于《士相见礼》一篇,孔广林主张"凡燕见于君"以下为《记》文。他在《仪礼臆测》中言:"是经'下大夫相见'已下皆《记》,'记'字脱灭,遂与经文并耳。知者,篇以士相见名,不得杂厕卿大夫在内,况《昏礼》、《士丧》、《特牲》诸经亦各止及士礼,此又非其例。郑君于'宾反见'注云:'下云"凡燕见于君"至"凡侍坐于君子",博记反见之燕义。'是郑君亦目之为《记》矣。"⑤针对这一说法,曹元弼进行了有力的辩驳,"《士相见礼》,自汉以来相传无《记》,自首至尾皆经也。后人以'凡燕见于君'以下为《记》,不

① 夏燮:《五服释例》卷七,《续修四库全书》(第95册),第458页。
② 凌曙:《礼说》卷四,《续修四库全书》(第110册),第542—543页。
③ 孔广林:《仪礼臆测》卷一,《续修四库全书》(第89册),第220页。
④ 曹元弼:《礼经校释》卷一,《续修四库全书》(第94册),第129页。
⑤ 孔广林:《仪礼臆测》卷三,《续修四库全书》(第89册),第226页。

知事礼三千，其中必有以类相从零星间见如《曲礼》、《少仪》、《玉藻》者，赖此可以梗概，安得反以其似《记》而疑之乎？《玉藻》诸篇，乃礼文散逸之后，知礼君子拾其零章断句，或非出一人之手，故前后颇有参差互见者。若其本经，则当以类相从、条理井井如此篇也。此篇有与《玉藻》同者，则知《玉藻》等篇固多逸经在其中矣。"①

第四节 其他《仪礼》文献的辨伪研究

礼经学的辨伪，主要是围绕《仪礼》经文及其《记》、《丧服传》三者的撰者和创作年代来展开。但也有其他方面的辨伪活动，例如，辨别《逸礼》之真伪，辨别汉代之后各类《仪礼》诠释类著作的真伪，等等。本节将着重介绍几家后一方面的辨伪实践情况。

一、张尔岐考辨《仪礼考注》撰者之伪

张尔岐既深于《仪礼》，不仅对之加以句读，还对坊间传本吴澄《仪礼考注》加以订正，著为《吴氏仪礼考注订误》一卷。张尔岐之有意为此，乃受何乔新《书仪礼叙后录》之断《三礼考注》非出于吴澄之手的启发。其论之曰："《考注》一书，前人已判其为伪，而犹流传至今者，以此经习之者鲜，人不及深考，遂致坊贾流布不已耳。愚为拈出，庶不使后学受其疑误。将以暇日准吴氏所序次第，订为一书，当亦《礼》家之巨观也。"②张氏《句读》成书后，乃取吴氏《考注》为之勘订。张氏《订误》可惜已不传于今世，无法探寻其书原貌，然而在张氏《蒿庵闲话》里，有3条关于吴澄《三礼考注》中《仪礼考注》的考述，主于考辨当时所传吴氏《仪礼考注》之伪，其中以卷二第一条考辨论证最为全面。

在张尔岐看来，尽管此传本吴氏《考注》大都"采自郑贾"，但又"往往失其端末，至其自为说，则大违经意"，兼且"其不用郑贾者四十余事，唯《少牢篇》'尸入正祭'章补出'尸受祭肺'四字为有功于经，余皆支离之甚，

① 曹元弼：《礼经校释》卷三，《续修四库全书》（第94册），第148页。
② 张尔岐著，张翰勋整理：《蒿庵闲话》卷二，齐鲁书社1991年版，第355页。

不须剖击，疵病立见，疑其书殆庸妄者托为之，不然草庐名宿岂应疏谬至此？”后来，他找来《三礼考注序》读之，又取其书与之覆较，遂确然断定其坊间传本《仪礼考注》非吴氏之旧也。这一见解，后来为四库馆臣所采纳。张氏之所以判定其为伪书，主要是基于三方面的考虑：

其一，《仪礼・记》文的编排方式不同：“《序》云‘忘其僭妄，辄因朱子所分礼章重加伦纪，其经后之《记》依经章次秩序其文，不敢割裂，一仍其旧，附于篇终。’今此书则割裂《记》文，散附经内矣。”依《序》文所述，吴氏原书对《记》文的编排是“依经章次秩序其文”，“一仍其旧，附于篇终”，没有割裂开来；而世所传《仪礼考注》却将《记》文割裂开来，散附经内，编排处理不同。

其二，从《序》文所列正经、《逸经》、《传》之篇目考证世传《仪礼考注》之伪：“《序》有云：‘二戴之《记》中有经篇，离之为《逸经》，礼各有义，则经之《传》也，以戴氏所存，兼刘氏所补，合之而为《传》，《传》十五篇。’今此书十五篇则具矣，《士相见》、《公食大夫》二篇但采掇《礼记》之文以充数，求所谓清江刘氏之书，无有也。至于《逸经》八篇，《序》则又详列其目矣，《公冠》、《迁庙》、《衅庙》取之《大戴》，《奔丧》、《投壶》取之《小戴》，《中霤》、《禘于大庙》、《王居明堂》取之郑氏《注》。《逸经》虽曰八篇，实具其书者五篇而已，其三篇仅存篇题，非实有其书也。今此书则取《大戴・明堂》列之第二，盖不知《王居明堂》之与《明堂》为有辨也。三者与《序》皆不合，其出于吴氏也审矣。”

其三，根据《序》文所列各篇卷目次第归属，与今传习本《仪礼考注》次第处理的差异情况，来判定该书之伪作：“《序》又云：‘正经居首，《逸经》次之，《传》终焉，皆别为卷而不相紊。此外悉以归诸戴氏之《记》。朱子所辑及黄氏《丧礼》、杨氏《祭礼》，亦参伍以去其重复，名曰《朱子记》，而与《二戴》为三。’草庐本书次第略见于此数言，今此书《朱记》了不可见，而又杂取二戴之书名为《曲礼》者八篇，庞杂猝会，望之欲迷，与草庐所云‘此外悉以归诸戴氏之《记》’者又不合矣。何物妄人谬诬先儒至此，真可恨也。”①

在另一条中，张氏也指出：“吴氏《三礼考注》于《仪礼》诸篇皆以《记》随经，而取二戴《公符》、《投壶》、《衅庙》等篇继之，曰《仪礼逸经》。又名《射义》、《聘义》等篇曰《仪礼传》。盖略仿朱子《古经经传通解》之例，而

① 张尔岐著，张翰勋整理：《蒿庵闲话》卷二，齐鲁书社 1991 年版，第 354 页。

解处多误，当时何不据朱黄成书表章之，而又自生枝节也。如《冠礼》角柶，以角为四升酒器，柶为楔齿，皆谬甚。”以上所论证据皆很充分，论证严密，因而张尔岐的结论是可信的，深为有功于清代及其后学人。

二、姚际恒考辨《逸礼》之伪

《礼古经》是汉武帝时期发现的先秦礼书，《礼古经》又称古文《礼》。根据《汉书·艺文志》的说法，《礼古经》共五十六篇，其中十七篇与《仪礼》相同，其余三十九篇称之为《逸礼》，如《汉书·儒林传》：“平帝时又立《左氏春秋》、《毛诗》、《逸礼》、《古文尚书》。”关于《礼古经》的发现者、篇数、内容，以及它和《仪礼》的关系等问题历代学者争论不休，迄无定论。姚际恒在《仪礼通论》开篇《仪礼论旨》中便对《礼古经》加以考辨，并直斥《逸礼》为伪书，其理由如下：

其一，姚氏认为，《汉书·艺文志》“《礼古经》者，出鲁淹中及孔氏”的说法是袭用了刘歆《移让太常博士书》中的说法：“鲁恭王坏孔子宅，得古文于坏壁之中，《逸礼》有三十九，《书》十六篇，孔安国献之，遭巫蛊之难，未及施行。”刘歆所说的“《书》十六篇”，姚氏认为就是伪造的《古文尚书》，“其所云《书》十六篇者既伪，则此《逸礼》三十九篇岂必为真?”连带着怀疑刘歆所说的《逸礼》三十九篇也是伪书。

其二，姚氏认为，“郑康成注《仪礼》，多曰古文作某，间亦援引之，则康成当时已见，乃独注此十七篇而不及彼，以其伪也。夫以康成之务博好信，而尚遗之，则其书可知矣。”姚氏推断，郑玄之所以没有给《逸礼》作注，便在于《逸礼》为伪书，也因故而失传。

其三，姚氏认为，“刘歆称《逸礼》孔安国所献，而《隋志》以为河间献王，亦不相合。大抵作史者从不留心经学，故其《艺文志》极易传讹，难以尽信也。”姚氏认为，《逸礼》出处记载不同，说明史家很少留意经籍，《汉书》轻信刘歆，是以讹传讹。

其四，姚氏认为，《仪礼》并不残缺，既然不残缺，那就无所谓《逸礼》，《礼古经》自然就是伪造的了。

上述四点理由，根据今人张颖的说法，皆不足以成立。第一点，“现在学界普遍认为此处刘歆所说的《古文尚书》十六篇与《史记》和《汉书》中记载的几处《古文尚书》一样，都是先秦流传至汉代的真《古文尚书》，与后来东晋梅赜所献《古文尚书》不可等量齐观。《汉书·艺文志》与《隋书·经籍志》对典籍的源流和学术的流变记载多有不同，姚氏不加考证一概否定，有失轻率。”第二点，《逸礼》失传的原因不在于它的伪书性质和郑玄的无注，“贾公彦说：‘古文十七篇与高堂生所传者同而字多不同，其余三十九篇绝无师说，秘在于馆。’这就可以说明汉代确实有《逸礼》，但是因为其‘决无师说’，传习者很少，流传不广，最终失传”。第三点，“《汉书·艺文志》与《隋书·经籍志》对典籍的源流和学术的流变记载多有不同，姚氏不加考证一概否定，有失轻率”。至于第四点，“‘《仪礼》不残缺’，这一观点也是错误的，不用征引别的文献，仅从《仪礼》中就能找出反证”①。由此看来，姚氏对《礼古经》及其《逸礼》的考辨，基本上是不能成立的。

三、戴震考辨《仪礼释宫》撰者之伪

戴震是清代引领一时学术风尚的考据学大师，治学注重“辨章学术，考镜源流”，对古人作伪之书能够博综群籍，参互考证，使伪者自出，真者自存。乾隆三十八年(1773)二月，乾隆皇帝下令开四库馆。这年秋天四库全书馆正总裁于敏中以纪昀、裘曰修之言，向乾隆帝推荐戴震，特召入京为四库馆纂修官，一直到戴震终老时为止，凡五年时间。在四库馆任纂修官期间，戴震对所接触到的许多古书条别参证，辨明真伪，“对所校官书从撰人名氏、著述时代、著录传授、思想渊源、材料来源、原书文体等方面综合考辨，体现出辨伪方法的高明和见解的审慎”②。今本《四库全书总目》当中，《仪礼注疏》、《仪礼识误》、《仪礼释宫》、《仪礼集释》四部书的提要，均出自戴震的手笔，可见其在礼经学文献整理方面，做出了不少成绩。

在礼经学文献的辨伪方面，主要是对《仪礼释宫》一书撰者的辨伪，并将其作者还原给宋人李如圭。例如，李如圭《仪礼释宫》一书，当时学界普遍误以为是宋代学者朱熹所作，《朱子大全集》甚至将该书收录其中。端赖戴震根据《永乐大典》所采录之书记载，对当时的朱熹所作说法进行了

---

① 张颖：《从〈仪礼通论〉看姚际恒的辨伪思想》第3节，郑州大学硕士学位论文，2010年，分见第24、25、33页。

② 徐道彬：《戴震辨伪成就述论》，《古籍整理研究学刊》2007年第1期。

纠正,将其著作权还归于李如圭之手:"考《朱子大全集》亦载其文,与此大略相同,惟无序引。《宋中兴艺文志》称朱子当与之校定《礼》书,疑朱子固尝录如圭是篇。而集朱子之文者,遂疑为朱子所撰,取以入集,犹苏轼书刘禹锡语题姜秀课册,遂误编入轼集耳。观朱子《仪礼经传通解》,于《乡饮酒礼》'荐出自左房',《聘礼》'负右房',皆但存贾《疏》,与是篇所言不同,是亦不出朱子之一证也。"①戴氏从著录传授和思想渊源考察朱子《仪礼经传通解》中所释二段文字与《仪礼释宫》释言不同,证其不为朱子作,推测为汇录朱子文集者误入朱子集中。

四、邵懿辰考辨《逸礼》之伪

关于古文《逸礼》三十九篇,邵懿辰主张其实乃刘歆之伪言,"妄有以淆人耳目而塞其聪明也",《仪礼》十七篇"未尝无大夫以上之礼";且《逸礼》三十九篇亦多刘歆剽取他文而成,"况其逸文之存如《太平御览》引《巡狩礼》文辞不古,及三皇禅云云五帝禅亭亭,既诞而不足信矣;而《月令》注及《皇览》引《王居明堂礼》数条皆在《尚书大传》第三卷《洪范五行传》之中,吴氏不知其有全文而仅引《礼》注合为一篇,然观其文意,实与伏生《五行传》其后相协,必非古《王居明堂礼》,而伏生全引入《大传》也,则为刘歆剽取《大传》以为《王居明堂礼》明矣。即此一端,而其他可知。"②据此可见,邵氏认为古文《逸礼》实不足取信。

邵氏此说之提出,与晚清今文经学派"喜为要眇之思"的治学风尚有密切关联。"初时诸家不过各取一书为局部的研究而已,既而寻其系统,则此诸书者,同为西汉末出现,其传授端绪,俱不可深考,同为刘歆所主持争立。"所以梁启超声称:"盖自刘(逢禄)书出而《左传》真伪成问题,自魏(源)书出而《毛诗》真伪成问题,自邵书出而《逸礼》真伪成问题。"③邵氏等人的辨伪风尚,深深地影响到此后廖平、皮锡瑞等今文经学大师的治学趣向。

邵懿辰关于古文《逸礼》三十九篇出自刘歆伪造的说法在学界传开

---

① 戴震:《仪礼释宫提要》,《戴震全书》(第6册),第622页。

② 邵懿辰:《论〈逸礼〉三十九篇不足信》,载《礼经通论》,阮元、王先谦编《清经解·清经解续编》(第十三册),第588页。

③ 梁启超:《清代学术概论》,东方出版社1996年版,第69页。

后,当时有儒者丁晏对此颇以为不足取信。丁氏申言:“位西此论谓《逸礼》不足信,过矣,当依草庐吴氏别存逸经为允。至斥《逸礼》为刘歆诬伪,颇嫌臆断。且《逸礼》古经,汉初鲁共王得于孔壁,河间献王得于淹中;《朝事仪》见于大戴《礼》,《学礼》见于贾谊书,皆远在刘歆以前,未可指为歆赝作也。”①丁氏所论,可谓切中邵氏其说存在之弊陋。

另外,对于邵懿辰此说,清后期学者黄以周(1828—1890)亦曾有所评论,肯定前说而否定后一说:“《王制》以冠、昏、丧、祭、乡、相见为六礼,司徒修六礼以节民性,则所谓冠、昏、丧、祭、乡、相见,士礼也。大戴以此居《礼经》之首,亦以明高堂生所传号为《士礼》者以此。《礼运》通天子、诸侯为文,两言‘冠、昏、丧、祭、射御、朝聘’,《家语》引作‘达之丧、祭、乡射、冠、昏、朝聘’,邵氏以‘射御’之‘御’为‘乡’之形讹,不为无据。以此八者为约十七篇而言之,十七篇为完书,所见亦卓。但因此遂议《逸礼》三十九篇为奸言,殊不足信。”②

---

① 丁晏:《附注》,载于邵懿辰《礼经通论》之《论〈逸礼〉三十九篇不足信》篇末,阮元、王先谦编《清经解·清经解续编》(第十三册),凤凰出版社2005年版,第6353页。

② 黄以周撰,王文锦点校:《礼书通故》卷一,中华书局2007年版,第9—10页。

第八章

《仪礼》文献的注释研究

存世的各类礼经文献著作,大都是通过对礼经文句的注释形式出现的,注释涉及的内容很广,往往包括明句读、校勘、释词、名物图解、仪文节度的阐微、解句、揭示义理、篇章性质及范畴的考辨等多个方面。其中,礼经的词句校勘和篇目解题一类内容,本书此前相关的章节,已经有过探析。而尤其引人关注的,是对礼经具体语词的解释和对相关仪文节度的阐释两项内容,这往往是历代学者研究《仪礼》最为突出的亮点所在,也是最能彰显学者们治学路径、研究取向之所在。因而有必要通过一个个具体的训诂实例,把握解经家的主要注释任务,梳理他们的注释方法,进而从理性的角度认知历代《仪礼》研究的训诂实践,并上升到文献学理论探讨的层面,这是当代文献学者整理各类《仪礼》文献所要面临的重要课题。

考察历代礼经学者的注释实践,大致有两个基本任务:"一是'解释的训诂',它既要探求《仪礼》经文疑难字词的表义内容,使处于具体语境中的语词意义得到具体的解释,同时也要探求《仪礼》经文中所隐含的仪文节度,予以明确的交代说明,这是一个从未知推向已知的训诂过程,存在于各级文献类目之中;二是'论证的训诂',一方面它要从文字的形、音两角度入手,对所训诂的语词之义进一步论证,考察语词的形义关系和音义关系,另一方面它还要对业已揭示的《仪礼》经文隐性仪文节度内容,进一步论证推导,通过大量文献的广征博引,使读者对《仪礼》经文的字词与仪节内涵的了解,由知其然进而至于知其所以然。"①

在已知的礼经注释任务目标确立以后,往往还要选择和取舍一定的文

① 邓声国:《清代仪礼文献研究》,上海古籍出版社 2006 年版,第 299 页。

献注释体式,以及确立注释所要运用的一定方式和方法。如果说文献注释体式和注释方式决定着著述者的著述体现形式,属于外在表象的话,那么注释方法则属于一种内在隐性的文献研究手段,文献注释者往往它由未知推向已知,由知其然进而知其所以然,是为完成注释的预定目标和基本任务服务的。基于上述认识,本章第一节将主要介绍历代礼经学家注释礼经白文经常采用的一些注释方式,而第二、第三两节则讨论礼经学家注释《仪礼》字词,及其仪文节度两方面内容,经常采用的一些具体注释方法。

第一节 《仪礼》白文的常见注释方式

清人陈澧曾经说:"《仪礼》难读。昔人读之之法,略有数端:一曰分节,二曰绘图,三曰释例。今人生古人后,得其法以读之,通次经不难矣。"①事实上,陈澧所说的读《仪礼》之法,就是许多注释家注解《仪礼》的几种独特的注释方式。

一、分节

考察历代《仪礼》诠释史,注释家对《仪礼》采用"分节"的注释方式,起源较早。

(一)《仪礼》经文分节

关于《仪礼》本经的分节源始,清初学者盛世佐认为:"分节法昉于《通解》,而后之说《仪礼》者多遵之,以其便于读者也。"②然而后来陈澧的《东塾读书记·仪礼篇》则说:"《士冠礼》:'筮于庙门。'贾《疏》云:'自此至"宗人告事毕"一节,论将行冠礼,先筮取日之事。'贾《疏》全部皆如此。此读《仪礼》第一要法也。《有司彻》郑《注》屡言'自某句至某句',此贾《疏》分节之法所自出也。"③据此,则是郑玄《仪礼注》第一次采用这一方法对礼经经文进行分节,但仅仅限于某一篇目,而贾公彦《仪礼疏》则是全部采用

① 陈澧著,杨志刚点校:《东塾读书记》,生活·读书·新知三联书店1998年版,第138页。
② 盛世佐:《仪礼集编·凡例》,《景印文渊阁四库全书》(第110册),第5页。
③ 陈澧著,杨志刚点校:《东塾读书记》,生活·读书·新知三联书店1998年版,第138页。

"分节"之法诠释礼经十七篇。

倘若将贾公彦《仪礼疏》和朱熹《仪礼经传通解》进行比对，就能发现，在标注分节的位置上，二者是有差异的。贾公彦《疏》往往在每一节的第一句话之后，标云"自此至某句，论某事"；而朱熹《通解》则在每一节经文的末端，另起一行标云"右某事"，如该书卷一《士冠礼》篇，朱氏《通解》屡称"右筮日"、"右戒宾"、"右筮宾"、"右宿宾"之类。从形式上看，朱熹《通解》的分节诠释功能特征更加鲜明，而贾《疏》的"分节"更类似于现代中学语文课分段和概括段落大意的做法。

根据陈澧《东塾读书记·仪礼篇》的考察，贾公彦《仪礼疏》的"分节"就已经相当细密了。例如《聘礼》一篇，贾氏《疏》屡云："自此尽'官具'，论聘人及用币之事"，"自此尽'受书以行'，论陈币付使者之事"，"自此尽'亦如之'，论宾与上介将行告祢之事"，等等。更有甚者，《特牲馈食礼》篇贾《疏》有分节者称："自此尽"卒复位"，论宾长献尸，及佐食并主人主妇致爵之事。此一科之内，乃有十一爵：宾献尸，一也；主妇致爵于主人，二也；主人酢主妇，三也；主人致爵于主妇，四也；主妇酢主人，五也；尸举奠爵酢宾长，六也；宾长献祝，七也；又献佐食，八也；宾又致爵于主人，九也；又致爵于主妇，十也；宾献主人酢，十一也。"①贾氏不仅总括此节主旨，更将此节经文的"献酢"活动，总结分解为十一环节，极其细密。针对贾氏这种分节的注解方式，陈澧发出感慨说："此一科而分十一节也。《有司彻》疏，如此类者最多，不可枚举。其分析细密，使读之者心目俱朗彻矣。"②

至于朱熹《通解》，其各篇的分节较之贾氏《疏》更加细密。以《士冠礼》一篇为例，贾《疏》仅分 11 节，已经称得上是细密的了。然而朱子《通解》则更为具体，共分为筮日、戒宾、筮宾、宿宾、为期、陈器服、即位、迎宾、始加、再加、三加、醴冠者、冠者见母、字冠者、宾出就次、冠者见兄弟姑姊、奠挚于君乡大夫乡先生、醴宾、醮、杀、孤子冠、庶子冠、母不在、女子笄，凡 24 节。更能彰显朱子《通解》"分节"解经功能的是，朱熹将《士冠礼》一篇原本属于经文的"戒宾辞"、"宿宾辞"、"始加祝辞"、"再加祝辞"、"三加祝辞"、"字辞"、"醮辞"等，完全放置在相应一节概述性文字（指"右筮日"、"右戒宾"）的后面，二者之间用"O"隔离开，既彰显出这些"辞"的解经性

① 贾公彦：《仪礼注疏》卷四十五，《十三经注疏》（上册），中华书局 1980 年版，第 1185 页。
② 陈澧著，杨志刚点校：《东塾读书记》，生活·读书·新知三联书店 1998 年版，第 139 页。

质，又对帮助理解具体某一节经文有很大的裨益。

朱熹《通解》给《仪礼》经文分节并在节段后面标注节旨的做法，对清代学者的治学影响较大，如张尔岐《仪礼郑注句读》、吴廷华《仪礼章句》、江永《礼书纲目》、徐乾学《读礼通考》、秦蕙田《五礼通考》等书，均延续了《通解》的这一注释方式。

（二）《仪礼·记》文分节

关于《仪礼·记》文的分节之源始，盛世佐在《仪礼集编·凡例》中称："《记》文旧不分章，张氏《句读》始分之。"①考贾公彦《仪礼疏》，尽管他对《仪礼》经文也有具体"分节"，但在注释《记》文时，却未进行分节。至于朱熹《仪礼经传通解》，更是将《记》文分解开来，放置到相应的经文分节文段总括语之后，用"O"隔开，将其和《礼记》之类解经性质的语料放置一块，便利于读者深层次理解经义。简言之，朱子并未对《仪礼·记》文进行分节。因此，盛氏谓《记》文分章始于张尔岐著述《仪礼郑注句读》一书，应该是可信的。

以《特牲馈食礼》篇为例，张尔岐将该篇《记》文，共分为 8 节，依次为"记祭时衣冠"，"记器具品物陈设之法"，"记事尸之礼"，"记佐食所事因及宗人佐食齿列"，"记设内尊与内兄弟面位旅酬赞荐诸仪"，"记祭灶之节"，"记宾送尸反位之节"，"记诸俎牲体之名数"②。较之贾公彦《仪礼疏》不分节《记》文的做法，张氏《句读》处置要合理得多；较之朱熹《通解》将《记》文附载在各节之后的做法，张氏《句读》更突出了《记》文自身的独立性。但从彰显《记》文原本补充注释经文的功能来说，张氏《句读》这一处置方式可能还不如朱熹《通解》更加直观便利。

二、绘图

（一）礼经绘图源起概说

绘图是礼经研究中常见的一种注释方式，起源应该很早。陈澧《东塾读书记·仪礼篇》认为："郑、贾作《注》作《疏》时，皆必先绘图，今读《注

① 盛世佐：《仪礼集编·凡例》，《景印文渊阁四库全书》（第 110 册），第 5 页。

② 张尔岐：《仪礼郑注句读》卷十五，载刘晓东、杜泽逊编《清经解三编》（第八册），齐鲁书社 2012 年版，第 39—41 页。

疏》，触处皆见其踪迹。”例如，《大射仪》：“揖，以耦左还，上射于左。”郑《注》：“上射转居左，便其反位也。上射少北，乃东面。”贾《疏》：“云‘上射少北，乃东面’，知不少南者，以其次在楅东南，北面揖时，已在次西面，故知上射少北，乃东面，得东当次也。”[①]据此，陈澧认为，“此亦郑有图，故知少北；贾有图，故知不得少南，皆确不可易也。”[②]按照这一说法，那么礼经的注释工作，从东汉郑玄时便已开始，此后研究者多遵循这一传统注释方式，甚至以此方式撰写专门性质的礼经图解类著作。

（二）历代礼图类著作概说

据王锷《三礼研究论著提要》一书统计，专门以绘图方式著述成书的礼经学文献，历代出现得不少。兹据该书著录的文献目录，大略看看不同时期的礼图文献的著述情况。

三国魏晋南北朝隋唐时期，主要有：蜀国谯周著有《丧服图》，吴国射慈著有《丧服变除图》5 卷、《丧服天子诸侯图》1 卷；西晋崔游著有《丧服图》1 卷，东晋蔡谟著有《丧服图》1 卷；南朝齐王俭著有《丧服图》1 卷，贺游著有《丧服图》1 卷，无名氏著有《丧服礼图》、《五服图》、《五服图仪》、《丧服君臣图仪》、《冠服图》（以上据《隋书·经籍志》所载）；唐张荐撰《五服图》，仲子陵撰《五服图》10 卷。

宋元时期，主要有：宋朱熹撰《仪礼图》，赵彦肃撰《士冠士昏馈食礼图》，杨复撰《仪礼图》17 卷、《仪礼旁通图》1 卷，杨明复撰《冠婚丧祭图》；元张翌撰《冕弁冠服图》。

明清时期，主要有：明傅鼎撰《乡射礼集要图说》，王廷相撰《昏礼图》、《乡射礼图》，骆问礼撰《乡饮序次图说》，陈林撰《仪礼会通图》，胡宾撰《礼经图》；清陈天佑撰《丧服图》，王绍兰撰《仪礼图》，吕宣曾撰《古宫室图》、《古冠服图》，孔继汾撰《丧服表》，庄有可撰《仪礼丧服经传分释图表》，张惠言撰《仪礼图》，俞樾撰《士昏礼对席图》，刘发书撰《礼节图》，吴之英撰《仪礼礼事图》、《礼器图》，蒋彤撰《仪礼丧服表》。

从上述文献目录情况来看，三国魏晋南北朝隋唐时期的礼图，大都主要以《仪礼·丧服》篇为主要注释对象，这和当时整个社会学术界重视“五服”文化的应用和传承，是密切相关的。而真正意义上的《仪礼》全经礼图

---

① 贾公彦：《仪礼注疏》卷十七，《十三经注疏》（上册），中华书局 1980 年版，第 1036 页。
② 陈澧著，杨志刚点校：《东塾读书记》，生活·读书·新知三联书店 1998 年版，第 141 页。

著作,主要是从宋代学者杨复的《仪礼图》17 卷开始才出现的。不过,宋代的其他礼图著述者,更少关注于全经的礼图研究,更多属于某一礼类的礼图著述。等到了明清之际,礼经的礼图类著述研究一下子兴盛起来,出现了陈林《仪礼会通图》、胡宾《礼经图》、王绍兰《仪礼图》、张惠言《仪礼图》、刘发书《礼节图》、吴之英《仪礼礼事图》、《礼器图》等多部全经类礼图著作,涉及的礼图类别极其丰富。

此外,在明清时期其他各种非图解体文献当中,也往往包含各种图表的内容,属于附载图解体,此不逐一赘举。例如,褚寅亮《仪礼管见》一书,在"宾辞,北面坐迁而东迁所"一句考证文后,附《图公食大夫礼陈馔式》一幅;郑珍《仪礼私笺》论《士昏礼》新婚夫妇对席的敦、菹醢等位次时,插入了《贾氏〈疏〉说图》、《杨氏图》、《敖氏〈集说〉图》、《沈氏〈小疏〉图》和《张氏图》五幅位次图,通过绘图的方式,将贾公彦、杨复、敖继公、沈彤、张惠言五人的不同说解,借助图解的方式,直观地反映出来,极为形象而生动。

(三)历代礼图的分类

对于礼图的系统分类,源起于清代学者黄以周《礼书通故》一书。黄氏《礼书通故》分三大类,即礼节图表、礼节图、名物图。其中"礼节图表"包括冕服表、弁冠服表、妇服表、丧服升数表、丧服表、变除表、宗法表、井田表、学校表、六服朝见表;"礼节图"则按照《仪礼》十六篇(《丧服》篇除外)的先后顺序,按照各篇经文的分节情况,逐篇绘制具体的礼节图;"名物图"包括九大类:一曰宫室,二曰衣服,三曰玉瑞符节,四曰尊彝鼎,五曰乐器,六曰射器,七曰兵器,八曰车制,九曰器服、器器。名目极为细致全面,其中有部分内容超出了礼经学的范畴,而属于《三礼》学、泛礼学的范畴。

不仅如此,黄以周还在书中具体说明了各类礼图绘制发展的源起和变迁情况。例如,黄氏论及"礼节图"时,考证说:"礼节有图,昉于赵彦肃、杨信斋,堂阶粗具,槼矱全非。"①指出张惠言《仪礼图》"较有度数"。论及"名物图"时,考证说:"礼器制度,昉于汉叔孙通。郑、阮礼图,多本其说。后之学者,迭相增改,古意滋失。"黄氏并提出其"名物图"的考订途径云:"据经记之文,参注疏之言,疑以传疑,信以传信,虽曰仿佛,思过参半。"②

2004 年,著者提出,将历代各类图解体著作所绘制的礼经图例,分解

① 黄以周:《礼书通故》卷四十八,中华书局 2007 年版,第 2088 页。
② 黄以周:《礼书通故》卷四十九,中华书局 2007 年版,第 2257 页。

为仪节图、宫室图、器物图、表解图四个类别①。其中,“仪节图”主要绘制有关各仪节行进次序及其人物立处方位一类图式,大致相当于黄以周《礼书通故》(卷四十八)的“礼节图”;“器物图”主要绘画《仪礼》十七篇中所涉器物之图象、形制,大致与黄氏《礼书通故》“名物图”相当,但考虑到“宫室”图例往往与《仪礼》仪节行式密切关联,与其他名物颇不相同,故将这一类独立处理,另立“宫室图”一类;至于“表解图”,则主要适用于绘制《丧服》篇各种“五服”制度义例之归属,黄以周《通故》原本“礼节图表”的一部分,如妇服表、丧服升数表、丧服表、变除表等,即属于此类。这样划分,更多是考虑到礼图的内容性质因素而做出的分类。

(四)张惠言《仪礼图》概说

为彰显历代学者的礼图绘制成就,这里举张惠言所著《仪礼图》一书,来彰显和全方位展示张氏礼经研究的重要创见。作为一部图解体著作,张氏《仪礼图》凡六卷,卷一包括“宫室图”与“衣服图”两部分,其余各卷则涉及《仪礼》经文仪节图、器物图、服制表解图三类。其中,卷二分列《士冠礼》、《士昏礼》、《士相见礼》各篇诸图,卷三分列《乡饮酒礼》、《乡射礼》、《燕礼》、《大射仪》诸图,卷四分列《聘礼》、《公食大夫礼》、《觐礼》各篇诸图,卷五分列《丧服》、《士丧礼》、《既夕礼》、《士虞礼》各篇诸图,卷六分列《特牲馈食礼》、《少牢馈食礼》、《有司彻》各篇诸图。

众所周知,在张氏之前,宋代学者杨复著有同名之作《仪礼图》十七卷,又分《宫庙门》、《冕弁门》、《牲鼎礼器门》,制图 25 幅,名为《仪礼旁通图》附于之后。为明了张惠言礼图研究的继承和创新情况,今将二者加以对比分析,藉以彰显张氏礼图研究的诠释特色:

首先,从著述的诠释目的来看,张氏与杨复著述礼图的目的不同。作为朱熹的弟子,宋人杨复治学更着眼于遵循朱熹、黄榦《仪礼经传通解》、《通解续》中所倡导的朱子“《仪礼》为经”的思想,因而他撰著《仪礼图》不以追求礼图的实用性和可操作性为治学目的,这与《通解》、《通解续》的著述思想是一脉相承的。而张惠言则不同,他研究《仪礼》,一开始就具有很强的现实性目的。在《迁改格序》中,张惠言指出:“夫决嫌疑、定犹豫、别是非,舍礼,何以治之?故礼者,道义之绳检,言行之大防,进德修业之规矩

① 邓声国:《清代〈仪礼〉文献研究》,上海古籍出版社 2006 年版,第 275—276 页。

也。君子必学礼，然后善其所善，过其所过。"[①]张氏从他所界定的"礼"之内涵出发，主张《仪礼》礼图研究必须具有很强的实践性和可操作性功能，借以达成"经世致用"的诠释效果。诚如今人王志阳所说，"张惠言解读《仪礼》的过程注重考查《仪礼》内容的可行性，固然有宗汉的门户偏见因素，但更为深刻的原因是张惠言持《仪礼》在清代具有可行性的观点"。张氏试图"通过构筑具体详细的礼图来帮助习礼者掌握礼仪，虽和杨复《仪礼图》有交集，但是其出发点却是着力于实现礼图的实用性和可操作性。"[②]正是基于这一考量，阮元在给张氏《仪礼图》作序时，称："昔汉儒习《仪礼》者必为容，故高堂生传《礼》十七篇，而徐生善为颂，礼家为颂皆宗之。颂即容也。……然则编修之书非即徐生之讼乎？"[③]他把张惠言《仪礼图》抬高到与汉代徐生所为之"颂"相同的地位，其实质就是突出张氏礼图具有和徐生之"颂"相同的实用性功能。换言之，杨复的礼图研究礼经学色彩要鲜明一些，而张惠言的礼图研究礼俗学、泛礼学色彩更突出一些，二者皆借助于《仪礼》礼图的制作来达成自己的诠释目标。

其次，从著述的"宫室"研究情况来看，张氏与杨复对"宫室"研究的认知与重视程度颇有差异。杨复《仪礼图》主体十七卷未列宫室图，而是在卷后所附《仪礼旁通图》中的《宫庙门》部分，绘制了 7 幅图，包括：寝庙辨名图、两下五架图、郑《注》大夫士东房西室图、诸侯五庙图、贾《疏》诸侯五庙图、大夫三庙图、贾《疏》大夫三庙图等，颇为疏略。而张惠言则将"宫室图"的研究抬到相当高的地位，他注意到，历代儒者研究《仪礼》多有昧于宫室不明的情况，"言朝则昧于三朝、三门，言庙则闇于门揖、曲揖，言寝则眩于房室、阶夹，言堂则误于楹间、阶上"[④]，因而后人研治《仪礼》，必先明古人宫室之制，然后才能知所位所陈及揖让进退之节。有鉴于此，张惠言《仪礼图》卷一里，首述"宫室图"，兼采唐以来及清代诸儒研究心得，断以经、《注》，绘图凡 7 幅，依次为：郑氏大夫士堂室图、天子路寝图、大夫士房室图、天子诸侯左右房图、州学为榭制图、东房西房北堂、士有室无房堂。

---

① 张惠言：《迁改格序》，载《茗柯文编·二编》卷上，《续修四库全书》（第 1488 册），第 526 页。

② 王志阳：《论杨复〈仪礼图〉与张惠言〈仪礼图〉之关系》，《中南大学学报》（社会科学版）2015 年第 2 期。

③ 阮元：《仪礼图序》，载张惠言《仪礼图》卷首，《续修四库全书》（第 90 册），第 427—428 页。

④ 阮元：《仪礼图序》，载张惠言《仪礼图》卷首，《续修四库全书》（第 90 册），第 428 页。

这些图例中，既有传统礼学家相沿已久的情况，如“郑氏大夫士堂室图”一图，后来曹元弼《礼经学》收录时更名为“礼家相传大夫士堂室图”，也包括有张氏本人的研究创新所得之图例。这些“宫室图”，对于其他仪节图例具有导向性的作用。

再次，从著述的“仪节”研究情况来看。若将张惠言《仪礼图》与杨复《仪礼图》相比，不难发现张氏的仪节图研究，对杨氏的礼图既有所继承也有所发展，总的说来则更趋细密、精审。按照四库馆臣的说法，“复因原本师意，录十七篇经文，节取旧说，疏通其意，各详其仪节陈设之方位，系之以图，凡二百有五。”①杨复《仪礼图》仍录《仪礼》十七篇经文，且节取旧说疏通其意，在各节经文之后系之以图，图解仪节陈设之方位，共计 205 幅图。与之相比，张惠言《仪礼图》既有相似之处，又有不同的地方，该书卷一至卷五不详载礼经原文，仅依郑氏《仪礼》十七篇次第，随事逐篇立图，结合卷一“宫室图”的房室、堂榭考订成果，绘制图文，或纵或横，或左或右，便于读者对揖让进退之仪节位次了然于胸。相较而言，张氏的仪节划分更趋细致，因而所作图例数量也要更多一些。以《聘礼》篇为例，杨复礼图凡 13 幅，依次为：授使者币图、使者受命图、致馆并设飧图、揖宾入及庙门图、受玉图、受享币图、礼宾图、宾私觌图、公送宾问君问大夫劳宾介图、归宾饔饩图、宾问卿面卿图、还玉图；而张氏礼图则有 30 幅，依次为：夕币、释币于祢、受命、受劳、傧劳者、致馆设飧、迎宾、聘、享、礼宾、宾以臣礼觌、宾觌、介以臣礼入觌、拜介礼、上介觌、士介觌、答士介拜、公出送宾、送宾大门内、致饔饩、傧大夫、饩士介、问卿、宾面卿、上介面卿、众介面卿、夫人归礼陈位、大夫饩宾陈位、还玉、反命。除《丧服》篇外，其他十五篇仪节图例亦是如此。此外，即便是就同一仪节的礼图情况进行比较，张惠言的礼图也要更趋精密。

杨复礼图中的用语，大都与《仪礼》经文相一致。而张惠言的礼图则“不局限于《仪礼》经文，还结合了郑注、贾疏及《礼记》的内容，细化了杨复《仪礼图》的内容，完善了礼图的细节，增强了礼图的实用功能”②。最值得称许的是，与杨复礼图相比，张惠言在每一幅仪节类图例中，不仅强调和追

① 永瑢等：《钦定四库全书总目》（整理本）卷二十，中华书局 1997 年版，第 252 页。

② 王志阳：《论杨复〈仪礼图〉与张惠言〈仪礼图〉之关系》，《中南大学学报》（社会科学版）2015 年第 2 期。

求礼图所体现出来的行礼流程、方位的准确性,更强调凸显有关行礼之人数量、行礼之物摆设规格和位次等内容的精密度,力求通过礼图客观呈现出礼经行礼过程的繁文缛节,克服文字叙述带来的种种弊端。由此可见,张氏对《仪礼》经文章节内容的划分与认知,更趋全面、周密,更有助于读者掌握经文之仪节。

续次,从《丧服》篇礼图类型处理情况看,杨复、张惠言二者礼图之《丧服》篇,均包括表解图和器物图两个大类,但侧重点各不相同。杨复《丧服》篇礼图在该书卷十一中,其中《丧服斩衰正义服图》、《齐衰三年降正服图》、《齐衰杖期降正服图》、《齐衰不杖期降正义服图》、《齐衰三月义服图》、《大功殇降服图》、《大功降正义服图》、《小功殇降服图》、《小功降正义服图》、《缌麻降正义服图》、《五服衰冠升数图》等图,并非表解或图解,而是依照《丧服》篇经文次第,依次条列所属服制之服文条目;表解图,则依次有:《本宗五服图》、《天子诸侯正统旁期服图》、《己为姑姊妹女子子女孙适人者服图》、《大夫降服或不降图》、《大夫妇人为大宗服图》、《己为母党服图》、《母党为己服图》、《妻为夫党服图》、《己为妻党服图》、《妻党为已服图》、《臣为君服图》、《臣从君服图》、《君为臣服图》、《妾服图》、《公士大夫士为妾服图》等,并不崇尚考证;器物图则较少,仅有《衰裳图》、《冠图》、《绖带图》三图。整体而言,杨复这一部分,主要在于总结概括《仪礼·丧服》及《礼记》相关丧服服例,通过罗列的方式反映出来。

而通观张惠言有关《丧服》一篇的图例情况,其属于表解图的仅有《亲亲上杀下杀表》、《丧服表》、《衰服变除表》、《麻同变葛表》等四幅图;属于器物图的则有衰裳、中衣、冠、绖、绞带、屦、笄、杖、明衣裳、绞、紟、衾、夷衾、冒、鬠笄、布巾、掩、瑱、幎目、握手、决极、角柶、浴衣、铭、重、夷槃、轴、侇床、柩车、柩饰、折、抗木抗席、茵、苞、御柩功布等 35 幅图,没有杨复礼图条列的条目处置方式。通过对比,可以发现:

一、张惠言打破了《丧服》篇经传的次第,不以服制类属和服期专门列表,体现出更强的综合色彩。

二、张惠言的服制条文,既包括《丧服》篇及《礼记》中"五服"诸条文,又跳出了礼经的范畴,如《亲亲上杀下杀表》,完全依据"尊尊"、"亲亲"的服制原则进行推演,"各以其服降服田此而进退焉"①。

---

① 张惠言:《仪礼图》卷五,《续修四库全书》(第 91 册),第 102 页。

三、较诸杨复，张氏对于丧服文化所涉各类器物，显得颇为重视，并将《丧服》、《士丧礼》、《既夕礼》中出现的各种丧葬器物，逐一绘制图文，加以考证说明。

四、张惠言注意从礼仪的实际应用，以及男女服制有别的认知出发，部分图表增加了女子服制的内容。例如，“衰裳”图共分五幅图，分别为斩衰前、斩衰后、斩裳、妇人衰前、妇人衰后等。有论者以为，张氏的这一举措，乃是恢复了黄榦《通解续·丧服图式》分别男女差异的制图传统，“弥补黄榦《丧服图式》的《男子成服旁通图》附有《冠衰裳制》的不完整体例，使张惠言《仪礼图》更贴合制图的目标，即指导学者学习《仪礼》的目的”①，可谓的论。

另外，从著述中的文献引证情况来看。张惠言《仪礼图》虽然尊尚《仪礼》郑氏《注》，但也注意吸纳历代礼学家的研究成果，诚如阮元所说：“兼采唐、宋、元及本朝诸儒之义，断以经、《注》。”②通观《仪礼图》全书的文字考释部分，张惠言在文献引证方面最为突出的有如下几方面：一是大量引用小戴《礼记》文句加以佐证，“张惠言对小戴《礼记》中诸多篇目的引用多达 29 处，约占《仪礼图》引文总数的 37%。”③这其中，又以引述《服问》、《间传》、《玉藻》诸篇之文居多。二是充分重视杜佑《通典》中的礼文材料，尤其注意吸纳和引述《通典》之《礼》类所述内容，或持赞同意见，或持反对意见。例如，张惠言在解释“衰裳”时，专门转引《通典》之文：“开领处左右各开四寸，向外辟厌之，谓之适。”此后又加附按语说：“以郑用布阔中八寸案之，不得如《通典》所言。”④其批评杜佑的落脚点，正是郑玄《注》所谓“辟领广四寸，则与阔中八寸也”⑤。三是在汲取清代前期礼经学研究成果方面，大量参考了阎若璩、江永和戴震诸人之研究成说，特别是其恩师金榜《礼笺》中的一些观点，据以解释《仪礼图》中的诸多图形规制。四是对于郑玄《三礼注》文及其贾公彦、孔颖达的《疏》文称引，不仅征引次数众多，而且在礼图的制作数量及命名方面，也力求简化汉唐注疏的同时，努力确

① 王志阳：《论杨复〈仪礼图〉与张惠言〈仪礼图〉之关系》，《中南大学学报》（社会科学版）2015 年第 2 期。

② 阮元：《仪礼图序》，载张惠言《仪礼图》卷首，《续修四库全书》（第 90 册），第 428 页。

③ 周茂仲：《张惠言学术渊源研究》，扬州大学 2011 年硕士学位论文，第 31 页。

④ 张惠言：《仪礼图》卷五，《续修四库全书》（第 91 册），第 127 页。

⑤ 贾公彦：《仪礼注疏》卷三十四，《十三经注疏》（上册），中华书局 1980 年版，第 1125 页。

保了所引《注》、《疏》内容的完整性与准确性。

综上所述可见，张惠言《仪礼图》是在继承杨复《仪礼图》研究成果的基础上，在批判性吸收历代礼经家《仪礼》研究成果的基础上，依据礼图绘制和文字诠释的需要，“断以经、《注》”而成的一部创新性著作，达到了那个时代应有的礼图研究高度。关于张惠言的《仪礼》研究，清人支伟成有如是一番评价：“先生治《礼》，专宗康成。以宋杨复作《礼仪图》，虽经文完具，而地位或淆，因兼采唐、宋、元及近儒之义，断以经注，首述宫室图，而后依图比事，按而读之，步武朗然。又详考吉凶冠服之制，为之图表，别成《仪礼图》六卷。”①支伟成的评述是较为客观而准确的，但同时也应注意到，张氏的礼图研究仍然存在一定的阙失。仅就器物图的绘制而言，至少存在着几方面的处置阙失：

一是礼图所对应的《仪礼》篇目记载有误，例如，绞、紟、衾、夷衾、冒、鬠笄、布巾、掩、瑱、幎目、握手、决极、角柶、浴衣、铭、重、夷槃、轴、俠床、柩车、柩饰、折、抗木抗席、茵、苞、御柩功布等一类器物，明显出现在《士丧礼》、《既夕礼》篇经文当中，但张惠言却将它们归入到《丧服》篇中。

二是某些器物如绞、紟、衾、夷衾、冒等，仅有文字说明而无图例绘制，与全书通例不符，亦与全书称名不相吻合。

三是为照顾《仪礼》篇目及其吉、凶之制的对应性，人为将器物图分割为两个部分，分别放置在卷一（如“衣服图”所涉冕、弁、爵弁、冠、衣、裳、深衣中衣、带、韠韨、舄屦等）和卷五两个地方，造成了“宫室图”、“仪节图”、“器物图”三种图例的杂错出现，体例不够严谨，等等。

当然，上述诸如此类阙失，无碍于张氏《仪礼图》的学术贡献和学术价值，无怪乎赢得了清后期学者皮锡瑞“绘图张惠言最密”②的美誉。

三、释凡例

在《周易》、《仪礼》、《春秋》等儒家典籍的诠释史上，诠释者们往往善于通过“发凡起例”的方式来解经。杜预《春秋左传序》谈到《左传》解释《春秋》的笔法时，称“其发言以言例，皆经国之常制，周公之垂法，史书之

① 支伟成：《清代朴学大师列传》，岳麓书社1998年版，第244页。
② 皮锡瑞：《经学通论·三礼》，中华书局1954年版，第32页。

旧章。仲尼从而修之,以成一经之通体。其微显阐幽,裁成义类者,皆据旧例而发义,指行事以正褒贬。……经之条贯,必出于传。传之义例,总归诸凡。推变例以正褒贬,简二传而去异端,盖丘明之志也”①。在杜预看来,发明经书当中的“例”,不仅仅是解经学者对儒家经典文本行文内容的一种归纳,同时也是历代诠释者诠释经典的重要手段和方式。

(一)历代礼经学“释凡例”著述类型概说

对于礼经诠释者来说,发明《仪礼》文献的凡例,包括礼经自身的凡例和郑玄《注》、贾公彦《疏》文的凡例,是他们诠释礼经文献的重要工作之一。根据程克雅先生的研究②,依据各种礼经学释例著述各自的范围和对象差异,可以将其分为以下三大类:

一是本经释例。在礼经文献学史上,凌廷堪的《礼经释例》一书,将《仪礼》经文中的仪节实例异同,逐一罗列阐述,称得上是一部专门以“释凡例”名篇的礼学著述,分析礼经“凡例”最为完备的礼学著述。

二是专题释例。例如江永《仪礼释例》一书,实则只有《释服》一个部分的内容,它通过“释例”的形式,第一次系统论述了从天子到庶人的古服制情况。全书依次为天子冕服、诸侯冕服、大夫冕服、爵弁服、皮弁服、韦弁服六个类目。其中“大夫冕服”一目,《仪礼》经文未见,江永依据郑玄《注》语加以考论分析,为后人提供了清晰的文字说明。每一类目下,往往先引述《仪礼》及其郑注、贾疏中各种有关的服饰、礼制之文,然后广引三《礼》及其他经籍文献加以注解,佐证其中的是非得失。再如,李如圭的《仪礼释宫》,任大椿的《弁服释例》、《释缯》,胡匡衷的《仪礼释官》,等等,都是以专题释例为诠释方式的代表性著作。

三是专家释例。例如陈澧《东塾读书记·仪礼篇》即此类,该书的释例包括经注疏立文之例及读经例两大方面。在该书“释凡例”部分,陈澧所述历代训诂家揭示凡例之条目:有《记》文之发凡者;有郑《注》发凡而贾《疏》辨其异同者;有郑《注》不云“凡”而与发凡无异,贾《疏》申明为凡例者;有郑《注》不发凡而贾《疏》发凡者;有经是变例,郑《注》发凡而贾《疏》申明之者;有贾《疏》不云“凡”而无异发凡者。凡此种种,对于今人深入发

---

① 杜预:《春秋左传集解序》,载《春秋左传正义》卷一,《十三经注疏》(下册),中华书局1980年版,第1705—1707页。

② 程克雅:《胡培翚仪礼正义释例方法探究——兼述段熙仲之“以例治礼”》,《国立中央大学中国文学研究所集刊》1995年第2期。

明郑玄《注》和贾公彦《疏》"发凡起例"的情况，极具裨益。

为进一步发覆"释凡例"对于礼经研究著述方式的影响，下面列举凌廷堪《礼经释例》和曹元弼《礼经学·明例》深入剖析，进而考见二者在礼经文献学史上的价值和影响。

（二）凌廷堪《礼经释例》

凌廷堪治学特别强调对于礼经的"发凡立例"，并藉此安排《礼经释例》的著述体式，按类分卷。考之该书的文献整理体式，明显属于单书释例体中的专门释例体著作。它通过归纳《礼经》通例，以例治经，为研治礼经学开辟了一条新的学术路径。

凌氏《礼经释例》乃仿照杜预《春秋释例》而作。《释例》全书共分通例、饮食之例、宾客之例、射例、变例、祭例、器服之例、杂例八类，各类目下所列礼例数目依次为40例、56例、18例、20例、21例、30例、40例、21例，全书释例凡246例。至于宫室之例，则因宋人李如圭已著有《仪礼释宫》一书而不再别为之立例。礼例的总结条目明晰，类目合理，颇具纲举目张之功效，有助于经文具体仪节的训诂。这种礼例式的礼经研究方法，往往建立在一种排比式的文献考察基础上，因而其对于读者正确理解本经是很有好处的。具体说来，凌氏的"发凡立例"类礼制诠释，有以下两重特点：

一是凌氏释例条目所涉综例，有仪节凡例的综合总结，也有具体名物及其文例的总结。例如，该书卷三所列"凡荐脯醢在升席先，设俎在升席后"、"凡酢如献礼，崇酒，不告旨；礼杀者，则以虚爵授之"之类，皆是属于对《仪礼》"饮食之例"的高度概括。又如，卷十一"器服之例（上）"部分，其中所列20则凡例，诸如"凡取矢之器曰福，饮不胜者之器曰丰"，"凡酌酒而饮之器曰爵"，"凡扱醴、扱羹之器曰柶"之类，均属于器服之类名物的训诂范畴。再如，卷四"饮食之例"部分云："凡君之酒曰膳，臣之酒曰散。"又："凡食宾以币曰侑币，饮宾以币曰酬币。"又"祭例"部分云："凡尸未食前之祭谓之堕祭，又谓之挼祭。"（卷九）凡此之类，皆属于对礼经文例的总结之例，力求从《仪礼》本经的融通互贯入手，进一步疏通和发掘《仪礼》本身存在的潜在的隐性"礼例"内容。简而言之，凌氏概括的这些文例，兼有释词与解释仪节两重功能，研究重点极为突出鲜明，与当时学者普遍强调以具体经文字词训诂为基础的研究传统并不形成冲突，对于通达《仪礼》经文礼文及礼义、礼意，颇具裨益。

二是凌氏礼例的考察，既注重礼经常例、正例的总结，又深入探讨具体仪节的正变之别和盛杀差异，寻求礼节差异的因由分析，并且在礼制互证的对等性原则把握上极具创获。主要体现在三个方面：

第一，从立例类目的分类上，专门设置“变例”一目，下列21例凡例性质的仪节综例。

第二，从各卷所举综例的内容性质看，也注意到礼节的正变和盛杀。如“饮食之例”，有这样一个具体凡例条目：“凡献酒，礼盛者受爵告旨，卒爵，皆拜，酢主人；礼杀者不拜告旨，又杀者不酢主人。”（卷三）就专论盛杀仪节之别。

第三，在具体礼经凡例的分析考辨中，亦注意在考察常例、正例之后，诠释礼经所涉诸种变例情况。如该书卷一“凡以臣礼见者则入门右”条下，凌氏首先详考《燕礼》、《大射仪》、《觐礼》、《聘礼》以臣礼见入门右之例，然后胪举以上诸篇变例，谓以客礼则入门左，分析详明，理据充分可信。

从文献引证的采纳和援引情况来看。与其他学者研治礼经一样，凌廷堪治学崇尚质朴，注重从传世儒家经籍中寻求诠释立论的依据，进而揭示礼经凡例之正变、盛衰的礼义和礼意。具体到《释例》对众凡例的训释考据而言，大致体现在两个方面：

一是凌氏多强调从《仪礼》经文及其郑《注》取以为证，经文仪节叙述详明者录之，经文略而不具或语焉不详之例举而阐释之，务求使得每一条礼经“凡例”的考证都能达到精善的地步。《释例》既然强调以材料作为礼制事实说话，因而凌氏的凡例概括和考证，往往建立在穷尽式的礼例发微基础之上。即便是说明不符合凡例的仪节情况，凌氏也力求列出所有经文与郑《注》材料，务使自身的结论可取可信。这一考证诠释举措，充分彰显出凌廷堪对于《仪礼》经文礼制内涵的融贯汇通，科学地避免了“不会通其例一以贯之，只厌其胶葛重复而已耳，乌睹所谓经纬途径者哉”[①]的诠释阙失。

二是凌氏对礼制引证文献的采录，不仅关注礼经自身语料的取用，同时也涉及《周礼》、《礼记》、《诗经》、《尚书》、《春秋》及三《传》、《论语》等儒家经典的采录，以及《荀子》、《吕氏春秋》、《白虎通》等诸子文献的语料取用。与此同时，对于《开成石经》之类石刻文献，《尔雅》、《经典释文》之

---

① 凌廷堪：《礼经释例序》，《校礼堂文集》卷二十六，中华书局1998年版，第242页。

类小学文献，凌氏亦莫不引证采录之。

三是凌氏善于汲取同时代学者的研究成果，但又持谨而慎之的客观态度。举凡他人有可取以证成己说者征引之，有不足取信者，或是尚待存疑之例，《释例》亦援引入内，据凡例加以发覆否定。即便是凌廷堪所仰慕的江永、戴震二人，对于他们的研究见解，《释例》也不一味妄从、盲从，而是从凡例的提炼出发，对于不同见解加以区别对待。有学者统计，"《礼经释例》中5次引用江氏之文，其中肯定1次，否定3次，存疑1次"，"《礼经释例》中8次引用戴说，其中肯定4次，否定2次，存疑2次"①。这充分表明，凌廷堪治学并不因私而废学，而是把持着一种客观公正的考量态度。

（三）曹元弼《礼经学·明例》

曹元弼治《仪礼》学非常重视经注等的文例问题，《礼经学》最大的礼学贡献便在于，通过卷一《明例》部分，疏通了《仪礼》经文及其《注疏》的"文例"。细言之，主要表现为以下几个方面：

首先，曹氏强调研究《礼》经时须明其"大体"，否则无以辨明礼意。考《礼记·大传》："亲亲也，尊尊也，长长也，男女有别，此其不可得与民变革者也。"《中庸》："亲亲之杀，尊贤之等，礼所生也。"又"天下之达道五，曰：君臣也，父子也，夫妇也，昆弟也，朋友之交也。"有鉴于此，曹氏以为礼之大体有五，曰亲亲、尊尊、长长、贤贤、男女有别。亲亲之礼有八，包括《士冠礼》、《士昏礼》、《士丧礼》、《既夕礼》、《士虞礼》、《特牲馈食礼》、《少牢馈食礼》、《有司彻》；尊尊之礼有五，包括《燕礼》、《大射仪》、《公食大夫礼》、《聘礼》、《觐礼》；长长之礼有二，即《乡饮酒礼》、《乡射礼》；贤贤之礼有三，即《士相见礼》、《乡饮酒礼》、《乡射礼》；男女有别之礼惟一，即《士昏礼》；亲亲、尊尊、长长、贤贤、男女有别五者皆备之礼一，曰凶礼《丧服》篇。其中，各礼之"大体"又有经、纬之别：凡《冠礼》，以亲亲为经而尊尊长长贤贤纬之；凡《昏礼》，以亲亲、男女有别为经而尊尊贤贤纬之；凡《丧礼》，以亲亲为经而尊尊、贤贤、男女有别纬之；凡《祭礼》，以亲亲为经而尊尊、长长、贤贤、男女有别纬之；凡《燕礼》，以尊尊为经而长长、贤贤纬之；凡《大射》，以尊尊为经而贤贤纬之；凡《聘礼》，以尊尊纬经而亲亲、贤贤、长长纬之；凡《食礼》，以尊尊为经而贤贤纬之；凡《觐礼》，以尊尊为经而亲亲、贤贤纬之；凡《乡饮酒》、《乡射》，以长长、贤贤为经而尊尊纬之；凡《士相见》，

---

① 李富侠：《凌廷堪〈礼经释例〉研究》，安徽大学硕士学位论文，2013年，分见第71、72页。

贤贤为经而尊尊、长长纬之。通过这样一番礼意"大体"情况的阐述,形象地把握住了《仪礼》诸篇所隐含的古代宗法制度,对后人深入探寻儒家的思想价值观,具有全局性的指导意义。

其次,和凌廷堪、胡匡衷等学者的礼学研究一样,曹元弼治《仪礼》特别注重礼经行文有关凡例的总结。《礼经学》卷一"明例"部分,内容非常广博,其中涉及本经凡例的细目,包括节文等杀例、丧服例、宫室例、职官例、经文例、礼通例、记传例等7个类目。自叙云:"若夫节文等杀、器服之例,则莫详于凌氏廷堪《礼经释例》;宫室之例,则莫详于李氏如圭《仪礼释宫》;职官之例,则莫详于胡氏匡衷《释官》。"①有鉴于此,曹氏在继承前贤时哲有关研究成果的基础上,又融入自己的创见,编缀而成如下各类目:"节文等杀例",曹氏详载凌廷堪《礼经释例》具体条目之文,其原有之具体疏解则阙而不录;"丧服例",曹氏以为凌氏"惟《丧服》一篇大义虽举,微言未析,疏略抵牾亦时有之"②,故重新更定义例,改其参错,掇其精要,以亲亲、尊尊、名、出入、长幼、从服等六术隐括全篇,每一术下各举凡例条文数则;宫室例,详细胪列李如圭《仪礼释宫》纲目之要者,具体考证不举其文;职官例,则删节胡匡衷《自序》及《仪礼释官凡例》之文,然后按十七篇叙次,逐一列举各篇诸侯官职细目,至于原书证释经文之语,惟掇其有关大例者。由此看来,曹氏《礼经学》一书的礼经凡例类目,可谓集清代学者凡例研究之大成,既综合纂辑了前人研究之成果,又在此基础上有所整合和修改,将自己的诠释创见融入其中。显然,这已经摆脱了简单的前人成果汇编工作,而更多地具有了重新诠释的色彩。毋庸置疑,这亦是一种有意义的诠释整理工作。

至于经文例、礼通例、记传例等3类目,曹氏之前并无他人做过类似的归纳总结,显然是他将其单独作为新的类目加以标明,具有更多原创的色彩成分。以"经文例"为例,在曹氏看来,"经例"与"礼例"是两个不同的事物,凌廷堪《礼经释例》只是在"释礼例而未及经例",但经例不明,则圣人治礼之精义不能得到完全准确的明察,甚至于有可能陷入"经文详略异同若有与礼例不符者,其何以解害辞害志之惑而深塞离经叛道之源欤"的困惑之中。因此曹氏主张,"治礼者必以全经互求,以各类各篇互求,以各章

① 曹元弼:《礼经学》卷一,《续修四库全书》(第94册),第548页。
② 曹元弼:《礼经学》卷一,《续修四库全书》(第94册),第557页。

各句互求”，而后才可能“辞达义明，万贯千条较若画一”①。有鉴于此，曹氏从郑玄《仪礼注》中“得例五十事”，为学者举隅其经文例，如“凡经文叙事至纤至悉”，“凡经文仪节并行者叙事不相夺伦”，“凡经文多省文互见，有前后诸篇互见者”，“凡经文览文自明者异义不嫌同辞”，等等，皆其例也，深有助于后人明了古人经文行文“立言之法”。他如“礼通例”、“记传例”之归纳总结，亦皆类此。

再者，曹元弼治《仪礼》学，不仅重视礼经自身之“经例”与“礼例”等的归结，同时也重视礼经《注》、《疏》立文之例及读经例的总结。综括言之，计有“注例”13 条，“疏例”2 条，“校贾疏举例”1 条，如“凡郑注说制度、职官必据《周礼》，说谊理必本《礼记》”、“凡郑注说制度至详时以汉制况周制”、“凡郑注引《礼记》多约文”、“凡郑注发一义必贯通全经”、“凡经文疑似之处，注必别白言之”、“贾疏大例有二，一据旧疏为本，一易旧疏之失”②，等等，莫不建立在对郑《注》、贾《疏》高度概括与认知的基础上。至于“读经例”及“注疏通例”部分，在曹氏看来，“经注疏立文之例及读经例，则莫详于陈澧《东塾读书记・仪礼篇》”③，无庸另起炉灶，只需在陈氏《东塾读书记・仪礼篇》基础上“比缉要删”即可。尽管如此，这其中也体现了曹元弼自身的独到思考与认知。

第二节 《仪礼》经文的语词训诂方法

古书训诂，首重字词，《仪礼》亦不例外。唐代大学者韩愈苦《仪礼》之难读，有多方面的原因。但其中文字词义的古今变异及多存通假等现象，确实给《仪礼》的准确解读带来很大的困难，影响了一代代学者对经文仪节和大意奥旨的探究。只有扫除语言文字上的障碍，才能求得《仪礼》经文的准确理解，进而分析其间的器位仪法及先圣治礼之意。因此，历代《仪礼》诠释者都把探求文字古义作为他们的主要任务之一。正是由于他们不懈的努力，后人才得以大体读懂《仪礼》。2004 年，笔者著述《清代〈仪礼〉

① 曹元弼：《礼经学》卷一，《续修四库全书》（第 94 册），第 568 页。
② 曹元弼：《礼经学》卷一，《续修四库全书》（第 94 册），第 574—576 页。
③ 曹元弼：《礼经学》卷一，《续修四库全书》（第 94 册），第 548 页。

文献研究》时,曾经结合清人文字训诂实践语料的考察,发覆其中蕴含的各种训诂方法,并从专书文献学的理论建设高度,对清人的礼经语词诠释方法作过一次系统而科学的总结①,兹迻录于此,不另行撰文。

一、古注互推法

古注互推法,这是一种训诂求证的重要方法,指训诂家援引他书或本书的前人语词训诂结论来推证本书所解语词之词义。这种训诂方法更多地运用于"论证的训诂"之中,主要是为了纠正原注中的"漏释"和前人误训之错误,有时也用来佐证前人之正确训语,在疏注体及其考辨体等一类训诂著作中运用最为广泛。例如:

《乡饮酒礼》:"羹定",王引之《经义述闻》卷十:"郑《注》曰:'定犹孰也。'《疏》曰:'孰云定者,孰即止,故以定言之。'引之谨案:郑训定为孰,而《疏》以为定止,非郑义也。定者,成也,言成孰也。《吕氏春秋·仲冬篇》'以待阴阳之所定',《淮南·天文篇》'秋分而禾蕈',高《注》并曰:'定,成也。'《晋语》'谋既成矣',《吴语》'吴晋争长未成',韦《注》并曰:'成,定也。'《乐记》曰:'王者功成作乐,治定制礼',定与成互文耳。《孟子·告子篇》'苟为不孰',赵《注》曰:'孰,成也。'《吕氏春秋·明理篇》'五谷萎败不成',高《注》曰:'成,孰也。'是'定'、'成'、'孰'三字同义。《晋语》曰:'秦岁定',谓秦岁孰也。《吕氏春秋·审时篇》谓稻成孰为定孰,故曰'定犹孰也'。"②王氏广泛征引《吕氏春秋》、《淮南子》、《国语》、《孟子》诸书及有关注释材料,申明论证郑《注》训语之义,疏证详明,极为有据。

《既夕礼》:"甸人抗重出自道",于鬯《香草校书》卷二十八云:"'抗'有高义,《淮南子·说山训》高诱《注》、《后汉书·董卓传》李贤《注》并云:'抗,高也。'郑《注》云:'抗,举也。'特浑释耳。'抗'与'举'义有轻重之别,举者不必抗,抗者举之高。《礼》不言'举重'而言'抗重',明此高举而出也。"③于氏据高诱《注》、李贤《注》及郑《注》材料,推论"抗重"内在之精微语义,通过"抗"、"举"内在细微差异的比较,准确地揭示出其所潜藏的

---

① 邓声国:《清代〈仪礼文〉献研究》,上海古籍出版社2006年版,第300—312页。
② 王引之:《经义述闻》卷十"羹定"条,江苏古籍出版社2000年版,第239页。
③ 于鬯:《香草校书》(中册)卷二十八,中华书局1984年版,第569页。

义素内容和作者行文之大意。

二、审文例推证法

这里所说的“审文例推证法”，最为常见的方法之一就是考互文，即利用两相对偶的对文，借助一方印证另一方以达到训诂词义的效果；或者是考察全书或某一独立文献个案的语词使用习惯，并据此考察作者用词规律和被训词使用义的具体所指是什么。换句话说，在解证《仪礼》一书字词的词义时，可以援引本书中有关的互文词语为证，考察相对词语在词义联系上所表现出来的某种规律性，借以取证被释词的确切含义。互文的词语可以是同义词，也可以是反义相对的词语。礼学家在进行《仪礼》经文的训诂时，为求得准确的训释结论，时常亦运用“审文例推证法”证成己见。

例如：

《丧服》“大功九月”章：“为夫之昆弟之妇人子适人者。”郑《注》：“妇人子者，女子子也。”《仪礼私笺》卷六：“经称‘妇人’，此条外凡四见，皆与‘丈夫’对举，为男子女子，则此‘妇人子’亦独女子子耳。”[①]案：以上一例，郑珍笺疏郑康成《注》义，从考察《丧服》篇诸条目文例入手，发现经文“妇人”、“丈夫”往往对举之特征，故得以准确申明郑《注》义之所由出，并据此批驳晋人陈铨训释分解“妇人子”为二人之误。

又如，《聘礼》：“大夫来使，无罪，飨之；过，则饩之。”韦协梦《仪礼蠡测》卷八：“过，即上文所云‘罪’也。或云‘罪’，或云‘过’，互文以见义耳。”[②]韦氏从考察互文角度入手，指出“罪”、“过”词义大致相同，可谓颇具识见。事实上，确如韦氏所言，“罪”、“过”指称的对象相近，只不过“罪”指失误之大者，而“过”则指失误之小者，两者的词义在程度上略有轻重而已。

特别需要指出的是，当《仪礼》被释词语在他书（特别是《周礼》、《礼记》）之中能找到相应的互文，可以用来提示本书词语的词义线索，有些礼学家亦取来作为训释的证明，只是这一类训例较为少见而已，不复赘举。

---

① 郑珍：《仪礼私笺》卷六，《郑珍集·经学》，贵州人民出版社1991年版，第128页。

② 韦协梦：《仪礼蠡测》卷八，《续修四库全书》（第89册），第620页。

三、因声求义法

因声求义法，顾名思义，就是通过文字的声音线索，利用语言的内在形式——语音，揭示出语词声音和意义之间的各种关系。换句话说，就是训诂家突破文字的形体蔽障，探求事物命名取义之由，或破除行文语词之假借、用字现象。因而，因声求义法又可以区分为推求语源法和揭示通假法、音转词推论法。推求语源法重在探求事物命名立意之义；揭示通假法则重在破除先秦文献用字的假借现象，从而找出其本字及其相应的语境之义；音转揭示法则主于通过语音线索，破除音转之语词各形体变化所造成的语义训释困难，探求具体语境中的语词意义。

（一）推求语源法

在清儒的《仪礼》经文语词训诂当中，此法虽然运用并不广泛，然亦可在他们的研究论著当中找到一些实例。

就其使用的角度来看，有的是从“解释的训诂”角度运用的，如《乡饮酒礼》：“阼阶上北面再拜崇酒”，姜兆锡《仪礼经传内编》卷四：“崇之言隆，谓之崇酒者，谢宾酢之隆施，犹《记》下天上施之意耳。”①姜氏申述“崇酒”称名之所由。又如，《乡饮酒礼》：“左何瑟，后首，挎越，内弦，右手相。”胡培翚《仪礼正义》卷六：“《礼记·杂记》‘朱弦而疏越’，注：‘越，瑟孔也。’《乡射礼》‘越’，注：‘越，瑟孔，所以发越其声也。’案：越之为言阔也，阔其孔以发其声，因谓之越。”胡氏谓“越”因“阔其孔”而称名。

有的则是从“论证的训诂”角度运用的，例如《士昏礼》：“宾升西阶，当阿，东面致命”，郑《注》：“阿，栋也。入堂深，示亲亲。今文阿为庪。”沈彤《仪礼小疏》卷三云：“阿之言倚，屋宇倚焉；庪之言阁，屋宇阁焉。名异实同，故缘此致误。”②其云“阿之言倚”、“庪之言阁”，即是揭示事物命名取义之由。

王聘珍《仪礼学》一书也有这方面的实例，如该书第18条云：“‘宾出奏《陔》’，《注》：‘《陔》，《陔夏》也。陔之言戒也。’案：《周礼》‘陔夏’之‘陔’作‘祴’，杜子春云：‘祴读为陔鼓之陔。宾醉而出奏《陔夏》。’《说文》

---

① 姜兆锡：《仪礼经传内外编·内编》卷四，《续修四库全书》（第87册），第230页。
② 沈彤：《仪礼小疏》卷三，《景印文渊阁四库全书》（第109册），第920页。

'祴'字《注》云:'宗庙奏祴乐。从示,戒声。'郑云'陔之言戒也'者,义从乎声。"据古注说明郑《注》训语"陔之言戒也"之意。又如该书第30条云:"《大射仪》'乐人宿县于阼阶东,笙磬西面,其南笙钟',《注》:'笙,犹生也。东为阳中,万物以生。《春秋传》曰:"大蔟,所以金奏赞阳出滞;姑洗,所以修洁百物考神纳宾,是以东方钟磬谓之笙。"'案:《白虎通义》云:'笙者,大蔟之气,象万物之生,故曰笙。'《说文》云:'笙,正月之音物生,故谓之笙。'《释名》云:'笙,生也,象物贯地而生也。'凡此皆笙磬、笙钟之义,后人谓笙磬、笙钟者以其声与笙协应,故得名笙,非古义也。"王氏广征先秦文献申明郑《注》训解"笙磬"、"笙钟"取义之缘。

(二)揭示通假法

揭示通假法,即是指训诂家揭示文献当中的借字现象,从声音的线索入手探求借字用以替代的正字及其具体语言环境中的含义。当训诂家发现现有字形的字义做出的解释与上下文不合时,往往需要运用此法,借助于现有字形的古音分析,参之以合于上下文的词义方面的解释,去寻找与该字音、义相关的字形,探求文献语境之义的本字或正字所在。这种方法一般要受到三方面因素的制约,一是正字与借字之间是否存在古音相同或相通的关系;二是正字与借字的通假有无相关的文献旁证材料;三是所探求的正字之义是否与上下文及文献原意相吻合。《仪礼》作为先秦儒家重要著作,其中用字的假借现象为数不少,由于清代古音学的进步和发达,注释和研究《仪礼》学者在这方面取得了非常可喜的成果,兹枚举两则训释实例加以说明:

《少牢馈食礼》:"主妇被锡侈袂",世佐《仪礼集编》卷三十七:"被、髲通,《诗》云'被之僮僮'、'被之祈祈'是也。《庄子》'秃而施髲',即此'被'字。"①按:从音理上看,被、髲二字俱从皮得声,同声必同部,上古皆並母歌部字,因而二字同音,该例属于借同音字进行假借。

《燕礼·记》:"凡公所辞,皆栗阶。凡栗阶,不过二等。"王引之《经义述闻》卷十:"引之谨案:栗阶,即历阶也。古栗、历声近而通。《考工记》'栗氏为量',古文栗或作历,是也。古音栗在质部,历在支部,二部之字或相通,若《士冠礼》古文鼏为密,《周官·大司寇》故书跸作避,是其例也。

① 盛世佐:《仪礼集编》卷三十七,《景印文渊阁四库全书》(第111册),第609—610页。

密、跸在质部，鼏、避在支部。《记》云‘凡栗阶，不过二等’，则‘栗阶’亦当然。”①从现代古音学研究角度看，栗，《广韵》力质切，上古时为来母质部字；历(歷)，《广韵》郎击切，上古时为来母锡部字。二字声纽相同，韵部不同，属于借音近之字相通假。

(三)揭示音转法

所谓揭示音转法，就是指训诂家通过音韵分析，揭示音转字各形体之间的变异情况，说明音转字语词形、义之间没有必然的联系，以此达到揭示语词在该具体语境中的使用义。这种训诂方法，只适用于对双音结构的音转字训释，而且语境中的音转字词形变异多较大，词形比较陌生，难以直接辨识其义。《仪礼》经文在语言的使用上，同样有音转字的运用，其中有些词形还较为生僻，这一类语词语义的解释，往往需要借助音转揭示法来达成训释的目的。清代中期以后，由于古音学理论的发展，许多学者往往借用此法进行语词的训诂，取得了丰硕的研究成果，治《礼》学者也不例外，只不过这方面用例较为少见而已。例如：

《士相见礼》：“执玉者则唯舒，武举前曳踵”，于鬯《香草校书》卷二十六：“窃谓‘唯舒’双声，此当以声求之，不当以义求之也。唯舒者，盖犹委蛇也。唯之与委，舒之与蛇，以今音言之，皆为双声；以古音言之，唯、委叠韵，舒蛇双声，故或称委蛇，亦称唯舒，本由声得义，亦不必分正假字也。委蛇者指足言，(专字盖当作‘逶迤’，并从辵，与足义合。)《诗・羔羊》篇‘委蛇委蛇’，毛公《传》云：‘委蛇，行可从迹也。’孔广森《经学卮言》云：‘慎之至，虽跬步亦有常度。’盖得‘委蛇’二字之解，即‘唯舒’二字之解矣。故曰‘武举前曳踵’，即申言‘唯舒’之义也。”②于氏运用古声韵学的理论，指出“唯舒”即“委蛇”，两者之间存在双声叠韵的语音联系，只不过是联绵词的不同形体变化而已，从而实现了词义解释的目的。

四、据形索义法

据形索义法是建立在形义统一原则的基础上的，强调通过考察汉字字形的设计与意义表达之间的内在关联，进而推求汉字古义与文献词义。应

① 王引之：《经义述闻》卷十，江苏古籍出版社2000年版，第245页。
② 于鬯：《香草校书》(中册)之《仪礼一》，中华书局1984年版，第527—528页。

当注意到,运用据形索义法,往往诠释的是汉字语词的本义或语源义,因为引伸义与字形的关系是间接的,有时甚至是模糊不清的,而通假字的训诂更不可完全据之以为论断,因为"通过借字是不可能探索到本字表达的本义的,因而采用以形索义的方法必须识别与排除借字,通过《说文》和文献语言材料找到本字,为正确而直接地以形索义创造条件"。① 例如:

《士冠礼》:"适东壁,北面见于母。"于鬯《香草校书》卷二十六:"东壁谓东屋也。此壁字非墙垣之谓,盖庭左右偏屋曰壁,故《礼》经每有东壁、西壁之文。《尔雅·释天》云:'营室,东壁也。'此虽释星名,而'东壁'即'营室',则'壁'字之义可会矣。……凡谐壁声之字多有偏义,如从止之躄、从辵之避、从肉之臂、从人之僻以及从刀之劈、从门之闢,物劈分左右,门闢亦左右,是皆偏义所推也。《广雅·释诂》云:'辟,半也。'左庄二十一年《传》'郑伯享王于阙西辟',孔颖达《正义》云:'辟是旁侧之语。'引服虔曰:'西辟,西偏也。'是辟原有半义、旁侧义、偏义。则谐辟声之字宜得有偏义矣。'西辟'之称,即'西壁'也,又即'壁'为偏屋之证。苟无屋,何以享乎?《说文·广部》云:'廦,墙也。'是以廦与壁为同字,然其字从广,则有屋义,故朱骏声《通训》曰:'廦当训旁室也。'然则'东壁'、'西壁'之'壁',当以'廦'为正字,'壁'、'辟'并为假字。"②于氏从一组同源词的声旁及形旁分析入手,考察了它们之声义关系及取义情况,并进一步结合形旁情况,指出正字之所从,理据详明。

对于《仪礼》经文语词的词义训诂来说,据形索义法更多的只是一种辅助性的训诂方法,这是因为经文中的语词意义并不一定就是文字的本义,但同时它仍有助于帮助训诂家破除文字假借,以及语词本身词义系统之分析与选择,不过宜慎加使用,否则容易得出错误结论。例如,《燕礼·记》:"若与四方之宾燕,……宾为苟敬,席于阼阶之西,北面",朱氏《仪礼经注一隅》卷上:"按:苟,自急敕也,字从羊省,从包省。《注》以从艸句声之字解之,恐非。"③按:郑《注》云"苟,且也,假也",朱氏不同意该说,他从形体分析入手,以为郑《注》之误源出于形近文字之辨非是,此"苟敬"之"苟"非从艸句声之字,而应为从羊省、从包省、从口之"苟"字,《说文·苟

① 宋永培:《当代中国训诂学》,广东教育出版社2000年版,第283页。
② 于鬯:《香草校书》(中册)之《仪礼一》,中华书局1984年版,第519页。
③ 朱骏声:《仪礼经注一隅》卷上,《续修四库全书》(第93册),第15页。

部》云："苟，自急敕也。"①故当从《说文》解释为宜。不过，于氏这一说法遭到了王引之的异议，王氏运用据文证义之法，从考察语境入手提出了辩驳，详见本节"据文证义法"所列举之例中。

五、语法推证法

所谓语法推证法，是指训诂家从语法角度考察语词在具体文句中的句式类型和语法功能，并在相近语法句式语句的比较中推论语词之使用义。这种方法是立足于语言材料本身的语法分析基础上的，一般不涉及具体语境中的深层次内涵。其所用以对比的相类语法之文句，可以从本书中寻找例证，亦可以从同时代其他文献中寻找材料。清儒训诂《仪礼》语词之义时，运用此法并不普遍，但仍有这类释例，如：

《士相见礼》："下大夫相见，以雁，饰之以布"，郑《注》："饰之以布，谓裁缝衣其身也。"曹元弼《礼经校释》卷三："吴云：'经明言饰，若以布而不缋，何取乎饰也？'案：饰字，《注》谓'裁缝衣其身'，义至明确，如吴意，则饰字竟似代缋字者，经文为不辞矣。此经'饰之以布'与《记》'饰羔雁以缋'文法一例，皆直截易明，吴牵合为一，乃支离不可通。"②在这一段论证当中，曹氏通过将经文"饰之以布"和《记》文"饰羔雁以缋"这两个句法相同句子的比较，批驳吴廷华说解的歪曲与支离，肯定郑玄训诂是正确的，诚为可信。

应当注意的是，从确保训解结论的可信度角度来考虑，语法推证法的运用应与其他训诂方法结合起来使用，否则很可能得出错误结论，或在不同解释之间容易游移不定，无所适从。例如，《士冠礼·记》："公侯之有冠礼也，夏之末造也。"褚寅亮《仪礼管见》卷上之一："《注》训'造'为作，则'夏之末'三字略读，句法与'大人造也'同。徐师曾《郊特牲注》训为末世，则'末造'二字连读，句法与'天造草昧'相似，亦通。"褚氏仅从语法角度进行分析，游移于两种不同训解之间而难以进行取舍，这种"亦通"的方式于经文阐释实属不利。

---

① 此从大徐本《说文》之形体分析，段玉裁改为"从羊省、从勹口"，见《说文解字注》九篇上，上海古籍出版社1988年版，第434页。

② 曹元弼：《礼经校释》卷三，《续修四库全书》（第94册），第149页。

六、博征类比法

所谓“博征类比法”，是指广泛征引历代有关文献典籍之语言材料作为例证，从中归纳和总结出语词本身的语境之义，类比成释。使用这种训诂方法，其所征引的语言材料，具有很强的时代制约性，必须与训诂对象的使用年代大致相当，一般不能征引晚于训诂对象成书年代著作的语言材料，具体到《仪礼》一书的语词训诂而言，应以先秦时代语言材料为类比对象。

例如：《燕礼》：“以请吾子之与，寡君须臾焉。”于鬯《香草校书》卷二十七：“‘须臾’二字叠韵，‘须臾’即‘须’也。《战国·燕策》云‘心惛然恐不能须臾’，《燕丹子》作‘心不能须也’。《荀子·王制篇》、《性恶篇》杨倞注并云：‘须，须臾也。’盖单言曰须，累言曰须臾，而其义皆当训待。《昏·记》云‘某敢不敬须’，《丧礼》云‘须以宾入’，并单言须，郑《注》皆云：‘须，待也。’《燕策》之‘心惛然不能须臾’，又《史记·淮阴侯传》云‘足下所以得须臾至今者’，并累言‘须臾’，而其义亦为待也。”①一般学者读此句子皆作“以请吾子之与寡君须臾焉”，解释“须臾”为片刻、瞬间之义，而于鬯则不赞同这种句读法，以为“须臾”与“须”之义相同，表示等待的意思，颇具新意。

七、据文证义法

据文证义法，又可以称作“据境索义法”，陈绂先生解释为：“根据文献中的具体语言材料，去说解词义，也就是根据文意来推求词的含意。”②简而言之，该训诂方法的特点是：“针对具体语言环境中的字词问题，利用语言环境和社会文化环境来探求有关字词的具体的使用义。”③实际上，此法在很大程度上依赖于训诂家们的逻辑推理，要求对《仪礼》经文整体有一个深层次的理性认识与义理把握。清代礼学家们同样注意到这种方法的

① 于鬯：《香草校书》（中册）卷二十七《仪礼二》，中华书局1984年版，第542页。

② 陈绂：《训诂学基础》（函授教材），北京师范大学中文系1986年版，第28页。

③ 张猛：《传统训诂方法的可行性及其局限》，《北京大学百年国学文粹》（语言文献卷），北京大学出版社1998年版。

重要性,并将其运用到具体的训诂实践当中,例如:

《燕礼·记》:"宾为苟敬,席于阼阶之西,北面。"王引之《经义述闻》卷十:"下文'与卿燕,则大夫为宾;与大夫燕,亦大夫为宾',《注》曰:'不以所与燕者为宾者,燕为序欢心,宾主敬也。'是主人于宾惟主恭敬而少欢心。今宾既辞为宾而就诸公之位,则欢心对而敬少。既不可专事恭敬,又不可全不敬,故谓之苟敬也。(上文'宾取肺坐,绝祭,嚌之',又'席末坐,啐酒',此则云'不嚌肺'、'不啐酒',则其礼杀于宾可知。)《聘礼·记》'燕则上介为宾,宾为苟敬',《注》曰:'燕,私乐之礼,崇恩杀敬也。宾不欲主君复举礼事礼己,于是辞为宾,君听之,从诸公之席,命为苟敬。苟敬者,主人所以小敬也。'是'苟敬'有崇恩杀敬之义。命为苟敬者,所以别于正宾之全主敬也。若训为主君之所诚敬,及自急敕而敬宾,则与正宾之全主敬者无以异矣,非经意也。"①该例训诂当中,王氏考察了《燕礼·记》与《聘礼·记》有关燕饮之礼所蕴含的所谓"深意",断言敖继公、戴震二人说解"苟敬"之非,指出"苟敬"有崇恩杀敬之义。

八、综合考辨法

综合考辨法,即综合使用以上两种或数种方法进行考辨之法,往往多强调音、形、义的综合考察。由于这种训释方法的训释效果显著,训释结论亦较为可信,因而在清儒的语词训诂当中广为运用。例如:

如《乡饮酒礼》:"若有诸公大夫",于鬯《读仪礼日记》云:"案:诸,发声辞也。《公羊·桓六年》:'其诸以病桓与',何解:'其诸,辞也。'《小戴·郊特牲记》:'或诸远人乎'孔义'诸'是语辞。然则'诸公大夫'者,公与大夫矣,非公有数人而言诸也。若公有数人而言'诸',则大夫当有数人,何以不言'诸'?若谓诸字已兼公与大夫言,则下文又何以云'大夫则如介礼,有诸公则辞加席',又云'无诸公则大夫辞加席',诸公与大夫分别如此,明'诸'字不属大夫专属公也。下文郑《注》云'大国有孤,四命谓之公',解公字自碻。《燕礼》云:'若有诸公,则先卿献之,如献卿之礼。'诸公先卿,则位在卿上可知矣。若非四命之公,其谁当之?而彼《注》云'孤一人',言诸者,容牧有三监,于是后人又以三监为殷制非周制,迭起异议。或

① 王引之:《经义述闻》卷十"宾为苟敬"条,江苏古籍出版社2000年版,第244页。

以为兼寄公而言，不知寄公诸侯也，献之必有异礼，又何得云‘如献卿之礼’乎？或以为兼县公而言，然春秋时县公唯楚独多，王其臣僭公，则又不宜见之古礼。盖皆不明‘诸’字之为辞，而误以实义求之也。凡《礼经》言公，多指君公，故于四命谓之公之孤者则称诸公以别之。论其行文之例，诸公与公正未始无别，而论其字义则诸公即公耳。《左·僖公九年》传曰：‘以是藐诸孤’，诸孤指奚齐也，则诸亦发声辞。一公而言诸公，犹一孤而言诸孤，以《传》之诸孤证《礼》之诸公，‘诸’字之为辞尤恍然矣。又《尔雅·释鱼》：‘龟前弇诸果，后弇诸猎。’邢释亦云：‘诸，辞也。’《释鸟》：‘鸬诸雉。’郭注：‘或云即今雉。’‘诸雉’即雉，则诸亦辞矣。然则古人发声而言辞，其类正多。”①以上之例，于氏广引前人旧注，并考察《礼经》行文之意，推绎“诸”字之为发声辞，可谓发前人所未言。

第三节 《仪礼》经文的仪制诠释方法

《仪礼》之得名，本于升降揖让动作威仪之所发而为名。昔者韩愈苦《礼经》之难读，即与该书专叙微文琐节大有关联，其间器物陈设之多，行礼节次之密，升降揖让裼袭之繁，他书向无可比。以《乡射》、《大射》二篇考之，射礼繁缛之极，司射与司马迭为进退，几于心目俱眩。若不明辨仪节位次之第，以进退揖让为末节，则不能贯通全经，必致“言朝则昧于三朝三门，言庙则闇于门揖曲揖，言寝则眩于房室阶夹，言堂则误于楹间阶上”②之陋识。因而对《仪礼》仪节之诠释，历代治礼者视之为研究之大端，概不例外。可以说，仪文节度的诠释最能体现礼经诠释者治学的价值取向，他们在具体仪制条文诠释中所运用的各种训诂方法，理应纳入到当代礼学研究者的研究视野和研究范畴之列。2004 年，笔者著述《清代〈仪礼〉文献研究》时，曾经从专书文献学的理论建设高度，对清人仪制的诠释方法作过一次系统而科学的总结③。现在看来，当时所概括的一些礼经仪制诠释方法，也基本上适用于历代礼经学家诠释《仪礼》仪制的诠释实践。兹将其

---

① 于鬯：《读仪礼日记》，中华书局 1984 年版，第 348 页。
② 阮元：《仪礼图序》，载张惠言《仪礼图》卷首，《续修四库全书》（第 90 册），第 428 页。
③ 邓声国：《清代〈仪礼〉文献研究》，上海古籍出版社 2006 年版，第 314—331 页。

中这方面文字迻录于此,作为此节正文,不另行撰文。

一、本篇互证法

所谓"本篇互证法",又称"语境推阐法",是指诠释家经由《仪礼》经文的具体仪节语境考察,阐发隐性仪节的具体揖让程式、位次等方面内容。这种专从《仪礼》本篇经文语境推求仪节礼制的方法,大致表现为四种方式:

一是审文辞推论法,即通过《仪礼》经文用辞的考察,探讨其中可能隐含的仪节性话语成分。例如:《燕礼》:"请致者,若命长致,则媵爵者奠觯于篚",张尔岐《仪礼郑注句读》卷六:"前媵爵云'若命皆致',此媵爵云'若命长致',皆不定之辞,非谓前必二人后必一人也,欲互见其仪耳。"又如,《士冠礼》:"冠者见于兄弟,兄弟再拜,冠者答拜;见赞者,西面拜,亦如之。"《蠡测》卷一:"据经云:'见赞者,西面拜',则是冠者先拜赞者,'亦如之'者,赞者亦再拜,冠者复答拜也。……若然,则冠者见于兄弟,亦当先拜兄弟,兄弟再拜,而冠者又答拜也,不言者,于见赞者言之,则兄弟可知。冠者见赞者且先拜之,则上文见于母亦宜先拜母,而后母拜受其脯也。"①又如,《聘礼》:"摈者入告,出,许。上介奉币,俪皮,二人赞。"《蠡测》卷八:"庭,宾用皮用马,惟其所有。经于宾言马,于上介言皮,互文也。上介若用马,则亦二马与。"②以上二例,韦氏皆据各篇上下文诠释经文之仪节,使行文之意得以大显。

二是审文法推论法,又可称"审文例互证法",往往表现为通过全篇文法、结构的考察,或通过上下文语言叙述体例,进行仪节的诠释与补充。王士让论《乡射礼》篇文时,曾对此有过一番说明:"经有叙次中见文法,如前曰'作相为司正',中曰'司正为司马',此曰'司马反为司正',末曰'乃息司正',古圣人岂有意为是哉?而转轴结构自然如此,所谓顺理成章也。又如遥接文法,若未饮酒时先张侯,至将射方说束,前云'不系左下纲',后云'遂系左下纲',文法何一丝不乱也?又如一爵也,奠于某所,取于某所,皆遥相照应。推之他篇文义,如升拜成拜等仪,礼容如绘,化工之文也,可以

① 韦协梦:《仪礼蠡测》卷一,《续修四库全书》(第89册),第564页。
② 韦协梦:《仪礼蠡测》卷八,《续修四库全书》(第89册),第610页。

类参。”[①]所论极为形象，亦极为准确。

三是审文意推论法，就是通过经文所述仪节细微处的探求，进而推演古人制礼之意。翁方纲在给韦协梦《仪礼蠡测》作《序》时曾经有这样一段评述：“今韦君之书于其事同者则以本经他篇证之，于其节同者则以本篇上下章证之，经未显者必析言之，礼见于文外者必质言之。”[②]其所谓“礼见于文外者”，实际上就是通过经文细微处探求仪文节制的言外之意或深意，例如：《士冠礼》：“主人玄冠、朝服、缁带、素韠，即位于门东，西面。”《蠡测》卷一：“筮必朝服，重冠事也。《注》专指尊蓍龟，义犹未尽。”[③]又如，《士昏礼》：“尊于房户之东，无玄酒。篚在南，实四爵，合卺。”《蠡测》卷二：“无玄酒者，玄酒非当饮之酒，特陈之以表不忘古耳，故无庸再陈也。”[④]皆此类。

四是上下文推导法，是指倘若《仪礼》各篇上下章节里有相关仪节相同而行文不详者，可以通过上下文的相互推求阐发训释有关仪制情况。例如：《乡饮酒礼》：“主人以介揖让升，拜如宾礼。”褚寅亮《仪礼管见》卷上之四：“以下经‘众宾复位’之文决之，则此时介与众宾已在西阶下宾南之位矣。”又如，《大射仪》：“诸公卿取弓矢于次中”，《仪礼管见》卷中之七：“上经言‘诸公卿适次，继三耦以南’，至此始言‘取弓矢于次中’，则射位在次外明矣。”另外，翁方纲所言“于其节同者则以本篇上下章证之”，即属于此训法之一种情况。

值得一提的是，如果不了解通过本篇行文可以互证的《仪礼》有关仪制叙述风格，则其训释必然就会横生枝节，乃至出现“指鹿为马”一类的训诂错误。清人于鬯在其《读仪礼日记》中就明确指出：“凡《仪礼》之文多蒙上而省，因其省文而竞出别解，则支说多矣。”这种现象即使博学如吴廷华之流的礼学大家亦难以避免，如《士冠礼》“筮人还，东面，旅占”一句，于氏《读仪礼日记》云：“吴廷华《仪礼章句》解‘筮人还’云‘转而西面’，解‘东面’又云‘转而东面，乡主人也’，并不误；而解‘旅占’云‘不言坐，则离席立占也’，离席立占，则当立于何所？上文所谓‘即位于西方’者，乃所以待事，非即行事于彼处也。且果在彼处旅占，则虽东面而其实在主人之南，不得谓‘乡主人’，不且与‘东面，乡主人’之解自相剌谬乎？……上文云‘右

① 王士让：《仪礼训解》卷五，《续修四库全书》(第88册)，第104页。
② 翁方纲：《〈仪礼蠡测〉序》，载《仪礼蠡测》卷首，《续修四库全书》(第89册)，第559页。
③ 韦协梦：《仪礼蠡测》卷一，《续修四库全书》(第89册)，第561页。
④ 韦协梦：《仪礼蠡测》卷二，《续修四库全书》(第89册)，第566页。

还，即席坐，西面，卦者在左'，此言'筮人还'，省言'右'，知其亦右还也；省言'即席坐'，知其亦即席坐也。特言'东面'者，因上文言西面也；特言'旅占'者，因上文止一卦者在左也。此古经之简而有法也。"①于氏从上下文例角度的辨析入手，考察《章句》有关仪节训解存在的问题，并指出古经虽"简而有法"的特点。

二、他篇互证法

所谓"他篇互证法"，是指训诂家在训诂某一具体经文文句所涉仪制时，考察《仪礼》他篇相关仪制的记载情况，或求其同，或存其异，以此达到仪文训诂的目的。翁方纲所说的"于其事同者则以本经他篇证之"，说的就是此法。这种训诂方法，实际上是立足于对《仪礼》经文叙述体例（"义例"）的总体把握之上的，通过他篇显性叙述文字补足本篇的隐性话语成分，或考辨两者仪节之异同。礼学大家方苞曾揭示《仪礼》行文义例云："礼同则互备，《少牢》、《特牲》是也；相类则参见，《乡饮》与《大射》是也。"②这正是礼学家们运用"他篇互证法"揭示仪节礼制的基础。这样一种训诂方法，运用范围极广，无论是解释的训诂，抑或是论证的训诂，无论是正面的立论，或者是反面驳议，更不用考虑训诂文献本身的分级分类情况，在历代治礼学者《仪礼》白文的具体训诂活动中，得到了淋漓尽致的张扬与发挥。

以《乡饮酒礼》与《乡射礼》二篇为例，韦协梦《仪礼蠡测》多互引经文予以证明礼制。例如，《乡饮酒礼》："主人坐取觯于篚，降洗。宾降，主人辞降，宾不辞洗，立当西序，东面。"《蠡测》卷四："《乡射礼》主人奠觯辞降，此亦宜然。又《乡射礼》主人奠觯辞降下有'宾对，东面立。主人坐取觯，洗'十一字，当以《乡射》为正。"③这是据《乡射礼》引证《乡饮酒礼》篇仪文之略。又如，《乡射礼》："主人坐取爵于上篚以降，宾降，主人阼阶前西面坐奠爵，兴，辞降，宾对。"《蠡测》卷五："取爵于上篚以降，降洗也；坐奠爵，奠爵于阶前也。不言者，与《乡饮》互见也。"④这是据《乡饮酒礼》引证《乡

---

① 于鬯：《读仪礼日记》，《续修四库全书》（第93册），第346页。

② 方苞：《仪礼析疑》卷十五，《景印文渊阁四库全书》（第109册），第245页。

③ 韦协梦：《仪礼蠡测》卷四，《续修四库全书》（第89册），第573页。

④ 韦协梦：《仪礼蠡测》卷五，《续修四库全书》（第89册），第577页。

射礼》篇仪文叙述之略。遍观《蠡测》全书,言与他篇“互见”、“互文见义”、“互备”、“不言者文略”之类随处可见,此不一一枚举。

具体说来,《仪礼》经文各篇的仪节叙述,往往存在多种照应方式:

(一)详略互补法

《仪礼》诸篇经文相同仪节的叙述,文辞有详略之别,其中一篇仪节的叙述往往语焉不详,这时可据他篇详者论述之,可以称为“详略互补法”。“详略互补法”对于具有相同或相类仪节之诸篇训诂最为普遍,训诂家通过不同篇次仪节之比较类推,依据仪节记载详细之篇所叙情况,补充诠释简略之篇经文仪节内容,着眼点在于仪节叙述之细微处。例如:《士冠礼》:“筮人还,东面,旅占,卒,进告吉。”《蠡测》卷一:“旅占,亦其长先占,然后众筮人共占之。《特牲》云‘长占’,与此文互备也。”①又如,《乡射》:“司正洗觯,升自西阶,由楹内适阼阶上,北面受命于主人。”《蠡测》卷五:“《乡饮酒》只言‘阼阶上北面受命于主人’,不言‘由楹内’,此详之。”②以上二例,韦协梦皆通过各篇仪制详略的对比,达到补充诠释的效果。

(二)互文见义法

《仪礼》十七篇经文在有关相同仪节的叙述方面,往往于其中某一篇详加记述,而他篇行文则不作任何暗示性交代,较之前一种情况隐性成分更大,极易于忽略不见,训诂家必须作更深入的“义例”探讨,挖掘他篇省略仪节的成分,可以称之为“互文见义法”。

“互文见义法”是立足于对《仪礼》经文行文“义例”的准确把握基础上的,需要对全书十七篇所呈现出来的各种仪节“互文”、“省略”情况有全局性的把握,否则就不可能指出经文的隐性成分来。此法与上法不同之处在于:“详略互补法”所揭示的是经文细微内容之省略处,而此法所揭示的则是经文仪节之重要环节,带有过程性的内容。著者注意到,韦协梦在他的《仪礼蠡测》中就非常注意这方面内容的训诂。例如:《乡饮酒礼》:“宾降洗”,《蠡测》卷四:“此不言‘以虚爵降’,《乡射》不言‘降洗’,皆互文。”③又如,《特牲馈食礼》:“酢如主人仪”,《蠡测》卷十五:“《少牢礼》祝易爵洗酌授尸,主妇拜受爵,则《特牲》尸酢主妇亦当易爵,不言者,文省,亦以《少

① 韦协梦:《仪礼蠡测》卷一,《续修四库全书》(第89册),第561页。

② 韦协梦:《仪礼蠡测》卷五,《续修四库全书》(第89册),第580页。

③ 韦协梦:《仪礼蠡测》卷四,《续修四库全书》(第89册),第572页。

牢》已见之,则《特牲》可知也。”①

又如,《士虞礼》:“葅四豆,设于左”,孔广林《仪礼臆测》卷十四:“敖君善云:‘庶羞唯用葅,亦变于吉。’或云:四豆皆葅,故不言南上。广林谓:《少牢》云‘羞葅用两瓦豆,有醢’,亦用瓦豆;《特牲》‘羞庶羞四豆’,亦云‘有醢’,则此亦当葅、醢各二豆,但葅皆豕葅耳,不与《特牲》同,变于吉,且从略也。不言有醢及所上,皆文从省。”②亦此类。

(三)互证见异法

《仪礼》十七篇经文对于同一礼节活动的叙述,出于吉凶、正变多方面因素的考虑,仪节叙述异同并现,训诂家通过比较说明,探究同中存异、异中存同的隐性内涵,可以称之为“互证见异法”。

“互证见异法”,本质上说,就是探求“同中之异”的仪节内容,清代学者凌廷堪在《礼经释例》一书中就特别注意这方面的训诂工作,他在《礼经释例序》有一段推论饮食之礼诸篇“同中之异”的论述:“《有司彻》献尸、献侑及受尸酢,有豆笾、牢俎、匕湇、肉湇、燔从诸节,《乡饮酒》献宾、献介及酢主人,但荐与俎而已;《有司彻》献尸、献侑之礼,主人、主妇、上宾凡三献,《乡饮酒》但主人一献而已;《有司彻》献尸侑毕,复有献长宾、主人自酢及酬宾之仪,《乡饮酒》但献众宾而已;《有司彻》旅酬,使二人举觯于尸侑以发端,《乡饮酒》但使一人举觯于宾而已;《有司彻》无算爵,宾党则用主人酬宾之觯,主人党则用兄弟后生所举之觯以发端,《乡饮酒》则但使二人举觯于宾与介而已,此同中之异也。”③这种诠释内容,有助于读者对《仪礼》经文各种相近仪节的总体把握。

其他清代治《礼》学者同样注意使用此法,例如,《公食大夫礼》:“有司卷三牲之俎归于宾馆。”韦协梦《仪礼蠡测》卷九:“《乡饮》、《乡射》、《燕礼》、《大射》宾皆执脯以出,而俎于未燕时已彻之;《特牲》、《士虞》有肵俎者盛之肵俎,无则盛之于篚;此既无肵俎之可盛,而归宾又不可徒手执之,故《注》谓与《士虞》同盛于篚,敖氏乃以卷为尽以俎与其实归之,公俎岂可以归宾乎?”④韦氏从全书的同类仪节考辨入手,析言此篇乃卷三牲之俎于篚而归于宾馆。

① 韦协梦:《仪礼蠡测》卷十五,《续修四库全书》(第 89 册),第 650 页。

② 孔广林:《仪礼臆测》卷十四,《续修四库全书》(第 89 册),第 280 页。

③ 凌廷堪著,邓声国、刘蓓然点校:《礼经释例·序》,江西人民出版社 2017 年版,第 2 页。

④ 韦协梦:《仪礼蠡测》卷九,《续修四库全书》(第 89 册),第 623 页。

(四)异中求同法

所谓“异中求同法”,就是从《仪礼》他篇行文之仪节叙述不同之处入手,从中找出其中所潜在的相同之处或内在关联来。

与“互证见异法”正好相反,“异中求同法”主于经文仪节之“异中之同”现象的考察论述。凌廷堪《礼经释例序》在推论饮食之礼时,同样有一段阐明食礼诸篇“异中之同”的一段论述:“《乡饮酒》,此饮食之礼也,而《有司彻》祭毕饮酒,其例亦与之同。尸即《乡饮酒》之宾也,侑即《乡饮酒》之介也。主人献尸,主人献侑,主人受尸酢,即《乡饮酒》之主人献宾,主人献介,宾酢主人也。主人酬尸,奠而不举,即《乡饮酒》之主人酬宾,奠而不举也。旅酬、无算爵,即《乡饮酒》之旅酬、无算爵也。此异中之同也。”①通过比较,找出其中的共性仪制。

三、三礼互证法

所谓“三礼互证法”,是指训诂家从《周礼》、《礼记》当中寻找证据,揆诸《仪礼》本经的仪节探究方法。即通过考察《周礼》、《礼记》二书有关礼制记载来申解、阐发《仪礼》经文仪节及相关涵义,前人谓礼学研究需《三礼》融通互证,即是据此而言。例如,《聘礼》:“公退,宾从请命于朝。”《仪礼蠡测》卷八云:“此经言‘请命’,《周官》言‘拜辱’,盖互文也。宾从公至朝,再拜稽首,拜辱,然后请命。请命者,恐主君有命传于本国之君也。”②韦氏通过《仪礼》与《周礼》互文语词的对比,指出所谓“请命”与《周礼》之“拜辱”存在仪制的互文现象,简言之,所谓“宾从请命于朝”只是简略的说法,实际上应该包括“宾从公至朝,再拜稽首,拜辱,然后请命”等一系列仪节礼式。

又如,《士相见礼》:“宾入,奠贽,再拜,主人答壹拜。”《钦定仪礼义疏》卷五:“案:《曲礼》云:‘大夫于其臣,虽贱,必答拜之。’是见为臣者亦答拜矣,况旧臣乎？亦所以辟国君也。”③该训例中,纂修者通过征引《礼记·曲礼》文,加以补充佐证礼制。又如,《乡饮酒礼》:“其牲狗也,亨于堂东北。”

---

① 凌廷堪著,邓声国、刘蓓然点校:《礼经释例·序》,江西人民出版社 2017 年版,第 2 页。
② 韦协梦:《仪礼蠡测》卷八,《续修四库全书》(第 89 册),第 614 页。
③ 《钦定仪礼义疏》卷五,《景印文渊阁四库全书》(第 106 册),第 198 页。

郑《注》:“狗取择人。堂东,祖阳气所始也。”《义疏》卷七:“案:《春官·小宗伯职》‘毛六牲’,郑氏众曰:司徒主牛,宗伯主鸡,司马主马及羊,司寇主犬,司空主豕,是狗亦牲之一也。狗不在牢数,而《燕》与《大射》皆用之者,以燕射轻于飨食也。乡饮不可有加于燕,乡射不可有加于大射,其同用狗也,固宜以堂东为祖阳气。虽本《乡饮酒义》,而其说终阔。当以敖氏为长。”①纂修者将郑玄《注》之说列入“存疑”一列,然后加注按语,征引《周礼·春官·小宗伯》及汉郑众注语,说明郑玄《注》语之迂阔不可信,当从敖继公说为宜。

再以清初张尔岐所著《仪礼郑注句读》一书为例,张尔岐精通《三礼》,他往往在不违郑《注》之意这一基本原则下,广引《周礼》、《礼记》中的文献材料发明经义。例如,《乡射礼·记》:“荐脯用笾,五膱;祭半膱,横于上;醢以豆,出自东房。膱,长尺二寸。”张尔岐《句读》卷五:“《曲礼》云:‘以脯修置者,左朐右末。’是横设人前,祭半脡横其上,于脯为横,于人则为缩也。”②这是引《礼记·曲礼》篇申明经义。《乡射礼·记》:“凡侯,天子熊侯,白质;诸侯麋侯,赤质;大夫布侯,画以虎豹;士布侯,画以鹿豕。”张氏《句读》卷五:“侯制有三:大射、宾射、燕射。大射之侯用皮,王三等虎熊豹,诸侯二等熊豹,大夫用麋,所谓栖皮之鹄,《梓人》云‘张皮侯而栖鹄,则春以功’是也。”③这是引《周礼·梓人》申明训义。像这一类引《三礼》文献申明《仪礼》经义的训例,《句读》中比比皆是。

四、先秦文献补正法

所谓“先秦文献补正法”,其实质就是从具体的仪制训诂需要出发,将引证的范围扩大到先秦的经史子集各类典籍,找寻其中可信的早期礼制史实记载,与《礼经》彼此证发,而不囿于《三礼》本身之材料,便于探索中国上古时代的礼制实际情况,实现经文本身的静态仪制与其他史料的动态史实的贯通性研究,增强《仪礼》训诂的可信度。

例如,《既夕礼·记》:“既殡,主人说髦。”韦氏《蠡测》卷十三:“《诗·

---

① 《钦定仪礼义疏》卷七,《景印文渊阁四库全书》(第106册),第261页。

② 张尔岐:《仪礼郑注句读》卷五,刘晓东、杜泽逊《清经解三编》(第7册),第788页。

③ 张尔岐:《仪礼郑注句读》卷五,刘晓东、杜泽逊《清经解三编》(第7册),第789页。

鄘风》'髧彼两髦'，则髦当有两，儿生三月始鬋发，其不鬋者结其发为角形，夹于脑盖之两旁，《甫田》诗所谓'总角丱兮'是也。今时儿始生结发垂于头角，亦谓之髦。女子则三髦，其形亦与男子同，观《卫风》之'总角之宴'可知。经不言女子说髦之节，其既笄即说之与。"①这是根据《诗经》篇文说解"髦"的相关俗制。

有些清儒在广征先秦文献补正方面，花费了相当大的工夫，甚至有人专门运用此法进行《礼经》的训诂工作，例如清后期陈光煦所著《仪礼通诗释》一书，就专主于《诗》、《礼》之文献材料互证。陈氏采取注体这一训诂体式，摘取《礼经》与《诗》文可互相发明贯通者诠释之。例如，《仪礼通诗释》卷一云："《士冠礼》：'兄弟毕袗玄'，注：兄弟，主人亲戚也。《小雅》：'兄弟无远。'《笺》：'兄弟，父之党，母之党。'"之所以如此，陈氏有一番如下申明："卜氏因《诗》悟《礼》，孔子云：'不能《诗》，于《礼》谬。'汉儒说《礼》多引《诗》，小戴《记》、《仪礼》郑注引《诗》百有一条。"②故陈氏强调根据《诗》文解释《仪礼》经文。

由上可知，不学习其他先秦典籍，就无法精通礼学，《仪礼》学尤其如此。不过，此法在不同清儒那里运用的适度有大小、广狭之别，这是因为不同学者对先秦典籍的史实记载信任程度不同③，受文献真伪的影响很大。值得注意的是，许多持《仪礼》经文散佚说的学者，在进行佚礼的补辑时，尤其重视运用先秦文献补正法来弥补传世原典的不足，如清初诸锦所著《补飨礼》及各种通释体著作都是如此，此不一一赘举。

五、推注诠经法

所谓"推注诠经法"，是指训诂家根据本经（及《周礼》、《礼记》）他处郑《注》的仪制训诂话语来推阐揭示本句经文的仪节情况。这一方法中所择取的郑《注》，主要来源于《仪礼注》，因为《仪礼注》往往前后是相照应的；有时亦兼采《周礼注》和《礼记注》的相关训释话语，这是由于《三礼注》通贯了郑氏的礼学观念，从《周礼》、《礼记》之《注》当中可以弥补《仪礼

① 韦协梦：《仪礼蠡测》卷十三，《续修四库全书》（第89册），第644页。

② 陈光煦：《仪礼通诗释·序》，国家图书馆藏抄本。

③ 拙著《清代〈仪礼〉文献研究》第三章第一节讨论万斯大、毛奇龄二人的《仪礼》诠释情况时，就有这方面情况的说明，请另行参考。

注》之偶失。例如韦协梦《仪礼蠡测》于“主人再拜稽首。祝告曰”条下云：“《特牲》主人宿尸时尸出门左，西面，郑谓不敢南面当尊。若然，则大夫尸亦门左、西面，而不敢当门南面矣。”①此为据本经郑《注》推阐仪制情况。又如，程瑶田《仪礼经注疑直》于“经乃张侯下纲不及地武”条下疏云：“按：《大射仪》‘大侯之崇见鹄于参，参见鹄于干，干不及地武’，郑《注》：‘糁侯去地一丈五寸少半寸，大侯去地二丈二尺五寸少半寸。’然则此采侯二正之侯，同《大射》干侯之不及地武也。”②此程氏据《大射仪》篇郑《注》，补充说解《乡射礼》篇经文礼制情况。

除了解释的训诂可以运用此法外，有时为了批驳和推翻有关训诂家之训释结论时，亦可以通过推阐他文郑《注》之意，达到否定其说的效果。例如：《乡饮酒礼》：“主人洗，献众宾。”贾《疏》云：‘以下不更言洗，则以下不复洗矣。’张惠言《读仪礼记》卷上：“案：《记》云：‘众宾之长一人辞洗，如宾礼’，《注》云：‘余二人虽为之洗，不敢辞其下不洗。’《疏》未分明。”③该训例中，张氏据《记》文之《注》推论贾《疏》训诂之失。这种信郑而非贾之例，在清代《仪礼》文献中并非少见。

需要说明的是，对于郑玄的错误训释，有时亦可以其本身不同之处的注释来达到辨非之效，这种情况下越发推显“推注诠经法”之功。例如：《大射》：“乃管新宫三终。”郑玄《注》：“立于东县之中。”张尔岐《句读》卷七：“《注》‘立于东县之中’句可疑。愚案：《燕礼》‘笙入立于县种’，《注》云：‘县中，县中央也。’《乡饮酒礼》曰：‘磬南，北面。’《疏》云：‘诸侯轩县，阙南面而已。’故得言县中。《乡饮酒》唯以磬县而已，不得言县中，而云磬南。《注》引《乡饮酒》者，欲见此虽轩县，近北面县之南也。此经虽设乐无北面县，但移东县建鼓在阼阶西，又设一建鼓在西阶东，正当北面一县之处，簜在建鼓之间，《注》云：‘簜，谓笙箫之属，倚于堂。’又与《燕礼》笙入所立之位同。疑设之在此者，亦奏之于此。至此‘管新宫三种’，《注》乃云‘立于东县之中’，不知于经何据？若云辟射位，射事未至，无可辟也。且上文太师等立于鼓北，亦当是此建鼓之北，《注》以为西县之北，不知西县何以单名为鼓，且以太师等立此，或亦以将奏管故临之，非徒立也。至于管

---

① 韦协梦：《仪礼蠡测》卷十六，《续修四库全书》(第89册)，第653页。

② 程瑶田：《仪礼经注疑直》卷二，《丛书集成续编》本。

③ 张惠言：《读仪礼记》卷上，《续修四库全书》(第90册)，第412页。

三终，乃相率而东耳。即从工从入，公升堂，笙即立堂下，亦其宜也。姑存此疑，以质知者。”①张氏结合他篇郑氏《注》语，对本句郑氏有关位次解说提出质疑，且论证详博，提出了相应的理据所在，颇值得重视。

六、礼俗互证法

所谓“礼俗互证法”，就是强调通过《礼》经所载与民间礼俗的各种冠、婚、丧葬、燕饮一类习俗相比较，并在纵向的比较当中探求古礼在民间礼俗的继承与演变情况。这种训诂方法往往是为弥补前此数种仪节训诂方法之不足而出现的。

清初学者毛奇龄就特别喜好运用此法。在毛氏看来：“礼失求野。古礼虽亡，然尚有草蛇灰线可隐相踪迹。”②对于古礼之佚失者，应通过民间礼俗去进行探求，例如毛氏《丧礼吾说篇》卷七“三年之丧不折月说”条下有云：“唐元陵仪注：禫日百官服惨公服，诣延英门，问皇帝起居。次日平明，皇帝改服惨吉服。其所为惨，则黪声之误，即织服之色之稍变者。盖织色黑白，与黪之浅清色同，故赵宋民俗尚有于禫祭之初，先服黪三日而后行祭。即司马温公所辑《书仪》亦尚有男子服黪纱幞头黪衫角带，妇人以鹅黄青碧皂色为衣履，正与禫服之织冠素端黄裳诸色隐隐相合。”从民俗探求礼制的另一种形式，是以今礼证所论之古礼，如《昏礼辨正》“妇见”一目下云：“士礼，舅姑醴妇与飨妇皆妇至之次日一日行事，《昏义》次日醴妇，又次日飨妇，则三日矣，各不同。今俗三日宴妇，本此。”③这是以今婚俗与《昏义》相印证。又如“庙见”一目下云：“后汉魏晋以来，有拜时之妇，即三月庙见也。”④由此可见，毛奇龄是很讲求从民间礼俗中探求古代礼制的。

另外，毛氏亦注重历代礼说、礼制的纵向比较说明。毛奇龄《丧礼吾说篇》中，其解说丧制，往往多论及历代礼制的情况以作对比，例如该书卷一“属𢒫楔缀沐袭含说”条“袭”一目下毛氏曾交待说：“古凡丧祭礼最重冠服。葬之为藏，所以藏衣冠也。葬而立庙，所以为游衣冠之地也。故《杂记》子羔之袭用皮弁一、爵弁一、玄冠一，而《家语》孔子之丧亦袭以冠。是

---

① 张尔岐：《仪礼郑注句读》卷七，刘晓东、杜泽逊《清经解三编》（第7册），第807页。
② 毛奇龄：《丧礼吾说篇》卷七，《四库全书存目丛书》（第87册），第707页。
③ 毛奇龄：《昏礼辨正》，《四库全书存目丛书》（第108册），第526页。
④ 毛奇龄：《昏礼辨正》，《四库全书存目丛书》（第108册），第527页。

以后汉周磐与皇甫士安欲却冠服，则必以幅巾代其冠；而隋唐葬制，凡有官者用冠服，封者用冕服，否则或白帢或介帻，无非冠也。”①“含”一目下毛氏又说：“今行含礼者，唐宋以钱，明世多用钱一盂，米一盂，奠而不含（以二盂入圹中），然其礼不可泯也。”②以上二例着眼于从礼制的承袭情况作一交代。毛氏《丧礼吾说篇》中特别注意古经礼制与时俗丧制不同情况的说明，今所传清康熙刻《西河合集》本中，该篇篇目后、正文前收录清人王恬所记《丧礼吾说篇标记》，对该书各篇有关古经与时俗不同者详加列目③，从这些条目来看，毛氏所论古代丧制内容与民间礼俗的差异是很大的。

又如，李清植撰《仪礼纂录》一书时，亦十分强调通古今礼制之变，他主张并强调，研究《仪礼》不能一味泥古，须通古今之变，例如《士冠礼》篇论冠服之制云“爵弁服：纁裳、纯衣、缁带、靺韐。皮弁服：素积、缁带、素韠”之类，李清植《仪礼纂录》卷上则以为：“案：冠服代有新制，难以泥古，今或以成人冠袍代缁布元端，以雀顶圆领代皮弁素积，以七品顶带代爵弁服，理亦可行。”从中体现了一种发展的礼学观念。有时，李氏还考订和指正其所处时代相关民俗礼制之失，如《乡饮酒礼》“乃席宾主人介”句下，李氏诠释云：“《注》言敷席面位，可订今日乡饮隅坐之失。”④以郑玄《注》文来否定乡村习俗之失。

七、综合考辨法

所谓“综合考辨法”是指清儒在进行有关仪制的训诂中，不满足于以上各种单一性训法的使用，而将各种方法加以综合考察和运用，力求达到“揆之本文可行，协诸他文亦通”的训释效果。“综合考辨法”的运用，是针对各种训诂方法的不足而采取的一种措施，在一定程度上确保了注释内容的准确性，并达到了诸经典之互贯融通。事实上，清儒《仪礼》注释体著作中，他们对《礼经》仪制的训诂往往体现出综合考辨法的广泛运用之特色。从某种层面上说，“综合考辨法”已经不是一种严格意义上的训诂方法，它

① 毛奇龄：《丧礼吾说篇》卷一，《四库全书存目丛书》（第87册），第654页。

② 毛奇龄：《丧礼吾说篇》卷一，《四库全书存目丛书》（第87册），第655页。

③ 具体条目，可参见拙著《清代〈仪礼〉文献研究》第三章第一节，上海古籍出版社2006年版，第73—75页。

④ 李清植：《仪礼纂录》卷上，道光十一年《榕村全书》本。

更多外化为一种《礼经》仪节阐释的治学趋势,代表了清儒的一个治学走向。因此,吴绂《仪礼训解序》称:"不合《周官》、《戴记》治之,而更旁通于《周易》、《书》、《诗》、《春秋三传》、《国语》、《尔雅》、周秦诸子之言,无以考证而征其信也;不反覆于汉注、唐疏及宋元明诸儒之所著述,无以画其义类而定是非之所折衷也。"①这一番话,实际上客观地指出了"综合考辨法"对仪节训诂工作的重要性,是清儒研究《仪礼》之学的宣言书。

例如:李如圭《仪礼释宫》云:"序之外谓之夹室。"江永《仪礼释宫增注》考证其说之误云:"序外之室,《仪礼》及《顾命》皆言东夹、西夹,未有言夹室者。盖此处所夹者堂,不可谓之夹室,注疏或有言夹室者,因《杂记下》'衅庙'章及《大戴礼·衅庙篇》而误耳。《杂记》云:'门、夹室皆用鸡。'先门而后夹室。又云:'夹室中室。'此'夹室'二字本不连,夹与室是二处,室谓堂后之室也。室是事神之处,衅庙不可遗,先儒读者误连之,则事神之室胡独不衅?而序外夹堂之处谓之夹室,亦名不当物矣,当正其名曰东夹、西夹。"②以上考证,江永据《仪礼》本经及《尚书·顾命》、《大戴礼记》所载宫室之制情况,推论指出《仪礼释宫》之误及其所以误,引据详实,辩驳有理有力,应从其所论为是。从江氏所用的仪制训诂方法类型看,综合运用了本经互证法、礼经互证法及其他先秦文献补正法,其中的综合性因素非常明显。

众所周知,凌廷堪的《礼经释例》在仪节礼制的诠释方面影响甚大,该书以"凡例"的形式揭示了《仪礼》经文中的仪节正例和变例,在具体的论证过程中,旁征博引各类文献材料,一般不作简单的考证,而是运用各种训释方法证成己见,取得了良好的训释效果。如《通例上》"凡以臣礼见者则入门右"一例下,凌廷堪考证云:"廷堪案:《燕礼》:'小臣纳卿大夫,卿大夫皆入门右。'《大射仪》:'小臣师纳诸公、卿大夫,诸公卿、大夫皆入门右。'《觐礼》:'侯氏入门右。'《注》:'入门右,执臣道,不敢出宾客位也。'是以臣礼见者皆入门右也。《聘礼》:'宾觌,入门右。'《注》:'以臣礼见也。'又云:'摈者辞,宾出。'《注》:'辞其臣。'又云:'摈者请受。'《注》:'请以客礼受之。'又云:'宾奉币入门左,介皆入门左。'《注》:'以客礼入,可从介。'《疏》云:'对入门右,行臣礼,不得从介也。'又上介觌,皆入门右者,此亦先

---

① 吴绂:《仪礼训解序》,载王士让《仪礼训解》卷首,《续修四库全书》(第88册),第3页。
② 江永:《仪礼释宫增注》,《景印文渊阁四库全书》(第109册),第889—890页。

以臣礼见也。又云：‘摈者辞，介逆出。’此亦辞其臣也。又云：‘摈者请受。’亦请以客礼受之。又云：‘上介奉币，皮先，入门左。’此亦以客礼入也。又云：‘摈者又纳士介，士介入门右。’《注》：‘终不敢以客礼见。’盖觌是私事，故先以臣礼见，入门右，主国之君辞之，然后出，复以客礼见，入门左也。唯士介贱，但入门右，虽辞之，终以臣礼见也。又问卿毕，宾面，‘入门右，大夫辞，宾遂左’。又上介特面，入门右，大夫辞，摈者反币，介奉币入。敖氏继公曰：‘介入门左。’又众介面，入门右，此聘宾及介面，主国之卿之礼。夫概与宾觌君同，宾介非卿之臣，何以先入门右？《注》谓‘见，私事也。虽敌，宾犹谦。入门右，为若降等然’，是也。大夫辞，宾即左者，杀于君也。《觐礼》：觐毕，‘乃右，肉袒于庙门之东，乃入门右’；天子辞，侯氏出自屏南，适门西，遂入门左，此亦先入门右。天子辞之，乃复入门左。侯氏前听事，故从臣礼；后天子劳之，故从客礼也。又《燕礼》：命宾毕，‘宾出，立于门外’，‘射人纳宾，宾入及庭’。《大射仪》：命宾毕，‘宾出，立于门外’，‘摈者纳宾，宾及庭’。此宾入门，经不云左右，蒙上文，或亦入门右欤？盖君自燕其臣，虽命之为宾，亦终不敢当客礼也。又案：臣于君入门右，犹之拜礼，臣于君降阶、再拜稽首也，皆见君之常礼。若君以客礼待之，则辞，于是出，乃复入门左，犹之拜礼，君以客礼待之，则辞，于是升堂，复再拜稽首，谓之升成拜也。《玉藻》：‘公事自闑西，私事自闑东’，但据《聘礼》而言，非礼之通例。且私觌虽先入门右，至主君辞之，仍入门左也，唯士介终入门右耳。《曲礼》曰：‘士大夫出入君门，由闑右’，专指见君之礼，方为得之。又《燕礼·疏》云：‘由闑东者，臣朝君之法；由闑西者，聘宾入门之法。’亦据《玉藻》文。窃谓由闑西者，凡宾客皆然，不独聘宾也。”①上述一段考证当中，凌廷堪运用了本篇互证法、他篇互证法《三礼》互证法及推《注》诠经法等多种诠释方法，细致区分出“以臣礼见则入门右”与“以客礼见则入门左”两种情况，旁征博引至广。

本节所叙上述各种仪制诠释方法，是立足于《礼经》十七篇整体而言的。然而我们也发现，十七篇中《丧服》篇的训释颇为特殊，由于该篇经文本身内容较为独特，因而其所使用的训诂方法与其他诸篇亦略具差异，存在一定的特殊性。有关这方面的特殊诠释方法，如情义性诠礼法、《传》

---

① 凌廷堪撰，邓声国、刘蓓然点校：《礼经释例》卷一，江西人民出版社2017年版，第10—11页。

《记》申经法等，笔者曾经在《清代“五服”文献概论》一书中，对此专门加以介绍和论述，本章将不再设立专门小节分析说明，请自行参看①。

第四节 礼经仪制诠释的原则及注意事项

在对历代《仪礼》文献的淘洗梳理过程中，令我们进一步思考一些更加具有理性意义的话题，即：在《仪礼》经文仪节的具体诠释实践中，如何确定自身的注释宗旨、诠释原则；诠释家又如何处理训诂中各种注意事项遵循限度之问题，等等。这是礼学诠释者在具体诠释实践中，不可回避也无法避免的一个重要方面，更是历代礼学研究中的共性问题，虽然历代《仪礼》诠释文献里，没有给我们留下现成的明晰的答案，但今人可以从一条条散而有纲的笺注疏证材料中，对其加以提炼挖掘和梳理。根据我们所了解的情况来看，礼经诠释所需遵循的主要原则及其注意事项大致如下，现逐一予以说明。

一、礼经仪制诠释的原则

考察清儒的《礼》经具体仪制诠释情况，不难发现，诠释家在具体的《仪礼》经文的仪制诠释当中，所必须遵循的主要原则有三，即：对等性原则、层级性原则、贯通性原则。诠释家对于这些原则尊崇的程度如何，在很大程度上影响着其作品仪制诠释研究结论可信度之高低。在某种意义上说，《仪礼》文献学研究之宋学派学者，如吴澄、敖继公、郝敬等人的研究之所以屡受清儒之批驳，并非与其治学方法的运用有关，而在于原则遵循的严密性如何。兹逐一分析说明如下：

(一)对等性原则

对《仪礼》经文的仪节诠释，首先需要遵循的一个原则，就是对等性原则。所谓“对等性原则”，是指在运用各种方法诠释仪节时，用于推论和被推论的两种或两种以上仪节的性质相同。这种性质的内涵包括多方面的对应情况，如礼之正礼与变礼、隆礼与杀礼、祭礼与常礼、吉礼与凶礼、妇人

① 邓声国：《清代“五服”文献概论》，北京大学出版社2005年版，第150—164页。

礼与男子礼、天子礼与诸侯大夫士礼，等等。这一原则遵循得如何，往往成为评判诠释得失情况的一个杠杆，影响着其著述成就的大小。有清中期学者凌廷堪在他的《礼经释例》一书中，其所叙经文"凡例"条目之论证过程当中，就特别强调遵循仪制诠释的对等性原则，为后来的《礼》经研究者所尊崇与重视。

（二）层级性原则

"层级性原则"是立足于征引文献的层面而言的一个诠释原则。它强调注释引文与《仪礼》经文本身仪节论证之间，往往存在这样一个层级状况：本篇—本经—其他礼经—他经—先秦诸子—两汉文献。本篇经文为第一层级，除本篇之外的《仪礼》其他篇目为第二层级，《周礼》、《礼记》为第三层级，《春秋》及三传等先秦儒家经学著作为第四层级，先秦诸子为第五层次，两汉文献（不包括各种注释体著作）则应纳入第六层级。至于各级文献的历代注释体著作，其层级次第大致可以纳入诠释对象所属层面，但在单经注释体著作中也仍然存在一个层级性，如从历代有关《仪礼》诠释著作成果的征引方面看，郑玄《仪礼注》当为第一层级，贾公彦《仪礼疏》为第二层级，其他成果则依次为第三层级、第四层级，等等。其他文献的诠释著作层级性大致仿此而分类。特别需要指出的是，注释体著作征引的层级性，与单经文献本身的分层分级有交叉之处，但分类出发点不同，更多地将文献出现的时代先后、单经研究的可信程度、后人重视程度等因素结合起来考虑。

（三）贯通性原则

就以上所论诸般仪节诠释方法而言，其实质是对儒家先秦文献尤其是三《礼》经文本身进行系统贯通，只是所设定的材料范围有广狭之别而已，有的侧重于单篇经文的梳理，有的侧重于《仪礼》本经的系统研究，有的侧重于三《礼》经文的融会，有的则置于整个先秦文献大背景下进行考察，较同辨异。具体到每一个文献学家个体之《仪礼》诠释工作而言，由于不同学者对文献熟悉的情况不同，及其各自穷尽式梳理的程度不同，每一位诠释者取得的成就必然有所差异，尽管如此，各家皆应强调诠释材料的条理性与贯通性，这是他们诠释礼经的根本所在，也是近两千年来《礼经》研究的宝贵传统，是值得我们重视、继承与发展的。

二、礼经仪制诠释的注意事项

1. 在征引文献进行考辨互证时,必须考察文献材料的时代性。我们强调要考察文献材料的时代性,是因为不同时代的文献礼制记载必然要反映当时的礼制情况,虽然礼制内容有一定的继承性,但礼的形式方面内容同时又是可变化的,不用时代有不同时代的礼制情况,不可能完全一成不变,即使是战国时期的礼制情况也应与西周初年的礼制情况稍有不同,无论是冠礼、昏礼、食礼,抑或是射礼、祭礼、丧礼,大致都是继承中有细微变化,如果时间跨度越大,礼制变异也越大。因而,在进行《仪礼》的仪制诠释过程中,可以广征先秦文献材料来阐释有关仪制情况,但绝不能完全凭据两汉时期的文献著作仪制记载情况,来推断《礼》经叙述的真实性,可以类比印证,但不可以据此而代彼。清代学者的《礼》经诠释,在征引文献时大都非常注意这方面的情况,较少出现这方面的失误。

2. 必须正确对待诠释中伪书文献材料的征引问题。换句话说,就是要强调引文本身真伪问题的考察,增强引文材料本身的可信度。众所周知,目前所见到的某些传世文献,如《孔子家语》之类,据后世学者多方考证,学界公认属于伪作,有些注释文献也属于伪托,因而《仪礼》诠释家们在引用这一类文献材料时,应慎而又慎,必须考察其文献记载的历史渊源是否可靠,是否有其他可信文献佐证所载史实之真实性。

3. 对于礼经说解纷纭之处,若无确切文献可考,应当持宁缺毋滥、实事求是的治学原则。在历代《仪礼》各方面诠释工作当中,仪制的诠释是非常困难的一项工作,有些经文具体仪制的诠释往往言人人殊,诠释家所据方法和文献依据不同而阐释亦弗同,论述互有出入,不可追驳前贤,妄指瑕疵,曲从附会某家之说。对于各家互有出入之论述而又难以论断是非之处,仍当从大量典籍文献记载中寻找证据入手,倘能找到可靠证据和方法,加以会通,固然甚妥;若万一缺乏充足可信的文献证据,则仍当以从本经原文作解,兼存各家之说以待贤哲,不能随意横加去取,强加会通,否则只能造成妄断之弊。

4. 注意考察礼制变异情况的特殊性对各种诠释方法运用的制约因素。例如,《士虞礼》:“淳尸盥,执槃西面,执匜东面,执巾在其北东面,宗人授巾南面。”孔广林《仪礼臆测》卷十四:“吴中林云:《少牢》执事者皆宗人,彼执巾者即授巾,此亦宜然。广林谓《特牲记》云:‘奉槃者东面,执匜者西面,淳沃执巾者在匜北,宗人东面取巾,振之三,南面授尸。’与此《记》正同,唯槃匜东西互易,则吉凶相变耳。是士礼唯授巾为宗人,与《少牢》皆宗人执事者异,故《注》云:‘执巾,不授巾,卑也。’以《少牢礼》律此,左矣。”[①]吴廷华依据本经各篇互证法,孔广林则指出《少牢礼》、《士虞礼》存在吉礼与凶礼之别,礼经诠释中不可完全据此论彼。

5. 不可轻易依据他经(或先秦典籍)否定或径改本经叙述之仪节记载。这就是说,根据《仪礼》本经行文或凡例叙述考定出来的仪节内容,倘若与其他先秦文献的有关礼制记载发生冲突之时,应以本经推论之结果为据;即使是《周礼》、《礼记》中的有关记载与本经有矛盾之处,亦必须有大量充分的证据加以证明,例如清人崔述就曾经指出:“大抵记礼之书篇各自为义,例不必悉同,故记往往与经差互,不得尽以彼而证此也。”[②]这是因为《仪礼》本经是一个单一的完整的个案,十七篇并非成书于多人之手,行文当中存在一定的文例与统一的叙述风格,也正由于这一行文特点,包括郑玄在内的许多《礼》经研究者,其研究《仪礼》都强调从考察经文本身的凡例入手,并撰写出专门的释例体著作,对《礼》经研究影响极大。

三、对礼经互证法、先秦文献补正法之歧见

一些清儒在对礼经互证法、先秦文献补正法运用的认识上,往往持有不同的看法。换句话说,就是对《礼》经诠释的层级性原则认识有广狭之分,圈定的大小范围不等。例如,清人万斯大的《礼》经研究,便特别强调《仪礼》与《礼记》相互发明,主张应根据《礼记》的仪制记载诠释《仪礼》仪制内容,“《仪礼》之义,固有即《仪礼》而可考者,况又有《礼记》可相发明哉?”而对《周礼》则不甚强调,以为“《仪礼》、《礼记》与《周礼》绝不可通,故置弗论不宣”[③]。另外,清初南方大儒姚际恒亦主张,不可以尽为牵合

① 孔广林:《仪礼臆测》卷十四,《续修四库全书》(第89册),第281页。

② 崔述:《五服异同汇考》卷二,《续修四库全书》(第95册),第318页。

③ 万斯大:《与陈令升书》,载《仪礼商》附录,《景印文渊阁四库全书》(第108册),第286页。

《周礼》之文说解《仪礼》,因为《周礼》"原名《周官》,则官也,况又伪书"①,且《仪礼》作于周末春秋之后,而《周礼》出于西汉之末,原多蹈袭《仪礼》、《礼记》二书,故"注疏有非处,多与辨正,若其《周礼》袭此而郑氏反据《周礼》为解者,尤必详辨焉"②。此外,他还强调《礼》学与其他经籍、传记的博通互证,但要居于次要地位。与万氏、姚氏二人同时的学者毛奇龄,则主张解说礼制当以《春秋》、《论语》、《孟子》为主,"礼莫备于《春秋》,故予之说礼,必以《春秋》为主,而三《礼》次"③,反倒是将《礼记》和《周礼》置于次要地位。

与万、毛二氏不赞同《周礼》与《仪礼》互证的主张相反的是,清初儒者方苞特别讲究运用《周礼》中的文献材料对《仪礼》经义的发明。此外,同是清初的学者马駉亦有不同见解,与万、毛、姚等人的看法截然相异。马駉治《仪礼》并不十分强调《仪礼》与《周礼》、《礼记》二书的互相考证,更强调专就《仪礼》经文本身进行推敲,细加解释,这是因为马駉以为:"第恐礼家言非出一人之手,世远传疑,安能尽合?若牵强比附,反多葛藤。"④这一点,毫无疑问,与其对《周礼》、《礼记》的成文情况认识有关,马氏怀疑《周礼》中有出于后人之手的成分,同时小戴《礼记》也只是后儒阐释《仪礼》之《记》言,距离周公治礼年代久远,难免有牵强比附之处,不可完全取之以与《仪礼》相互证。关于这一方面情况,突出表现在其"案语"之中,例如,《大射仪》:"若命曰复射,则不献庶子,司射命射,唯欲。"马駉案云:"'若命曰复射'一节,因燕而射也,与《燕礼》所云'若射,则大射正为司射'同,唯'命射,唯欲'以下为异耳。《燕礼》在宾媵爵于公之前,今降于此者,远正射也。"⑤马氏解释此篇仪制,将其与《燕礼》结合起来比较异同,十分有助于经义的准确理解。

清中期学者崔述在其所著《五服异同汇考》一书中,亦不赞同据《礼记》诠释《仪礼》经文有关仪制方面的内容,因为在崔氏看来,"大抵记礼之书篇各自为义,例不必悉同,故记往往与经差互,不得尽以彼而证此也。"⑥

---

① 姚际恒:《仪礼通论》,《续修四库全书》(第86册),第6页。
② 姚际恒:《仪礼通论·论旨》,《续修四库全书》(第86册),第30页。
③ 毛奇龄:《丧礼吾说篇》卷五,《四库全书存目丛书》(第87册),第685页。
④ 马駉:《仪礼易读》卷首《凡例》,光绪十四年汤馥藻刻《仪礼易读指掌》本。
⑤ 马駉:《仪礼易读》卷七,光绪十四年汤馥藻刻《仪礼易读指掌》本。
⑥ 崔述:《五服异同汇考》卷二,《续修四库全书》(第95册),第318页。

如该书卷二“为父之君”条下，崔氏云：“春秋之季大夫之适子多有侍君侧者，如郑之门子楚之御士，此固不可不如士服，《服问》之说盖因乎此，所谓礼以义起者未必本当如是也。若晋之公族又不当仅以士服服君矣，说者缘此遂谓大夫父子皆为君斩，误矣。”由此可见其治学主张之一斑。

特别需要指出和说明的是，在清初学者那里，先秦文献补正法运用更为普遍，而乾嘉之后以迄清末这一段时期里反倒使用得较少，这可能与他们的治学取向有关，清初学儒治学讲求广博，从大量的先秦文献那里寻找经世致用的义理方面内容；而乾嘉、道咸之际，学者们更主张治学之专而精，将大量精力投注于校勘和文字诠释工作，更注重从三《礼》尤其是《仪礼》本身出发，如韦协梦著《仪礼蠡测》一书，胡玉缙称“是书不尚引证，意在空隙处推求，凡事之相同，义之未显，或以本经他篇，或以本篇上下，互相比附，而有得有失”①，这一诠释理路，可谓代表了有清中后期治《礼》学者研究之大体趋势。

① 《续修四库全书总目提要·经部·礼类》，中华书局1993年版，第509页。

第九章

历代《仪礼》文献学发展概况（上）

作为一门学问的《仪礼》文献学产生很早，几乎可以认为，当《仪礼》一书问世的时候，这门学问便已萌芽。因为在文献产生之后，由于地域的隔阂、时代的推移、社会的变迁、文化的传承等等原因，人们在传播和研习、整理《仪礼》之书时，无论是“口耳相传”，还是书面讲解，都必须掌握相关的目录、版本、校勘和训解知识，只不过这些知识大都属于一种感性的东西，并没有形成《仪礼》文献学的理论体系。从《仪礼》诞生以来，有关于它的传播和整理、研究就从未断焉，一代代延续了下来，至今已有两千多年的历史。在这两千多年的《仪礼》学术传播与研究史中，不同时期往往有不同的学术特征，根据这些特征的演变情况，大致可以将整个《仪礼》文献学的发展历史划分为六个阶段。

第一节　两汉时期的《仪礼》学

一、汉代《仪礼》学研究概况

（一）汉代《仪礼》学发展概况

两汉时期（前206—前220），《仪礼》学研究得到了迅速的发展，特别是到了东汉时期，它作为经学一个重要学术分支的地位得到巩固。如果说春秋迄于战国只是《仪礼》文献学形成的萌芽阶段，那么，这一时期便是《仪礼》文献学的奠定与形成阶段。之所以出现如此局面，究其原因主要表现在这样几个方面：首先，秦朝之际的焚书坑儒事件造成了传统文化的毁坏与断层，刺激了汉初的最高统治者，迫使他们采取了一系列措施抢救包括《仪礼》在内的大批先秦典籍，挽救传统文化。其次，由于汉字形体的演变以及交际语言的发展，给士人阅读《仪礼》带来了一定的语言障碍，需要一部分学者从事解释和说明。再次，包括古文《仪礼》在内的当时所能见到的各种《仪礼》简册，往往存在文字异同和文字讹误现象，需要有一部分学者从事这方面的校勘和研究。另外，两汉之际今文经学与古文经学的斗争，加快了《礼》学文化的推广与传播，同时也促进了《仪礼》的深入研究。

1. 官学与私学的双轨制

汉武帝确立"罢黜百家，独尊儒术"的文教政策以后，教育被提高到"治国之本"的地位，官学有了很大发展。武帝元朔五年（前 124），朝廷为博士置弟子 50 人，这是汉代太学建立的标志。此后太学的规模不断扩大，成帝时发展到 3000 人，东汉质帝时更多达 30000 人。太学里面，朝廷通常聘请精通儒经的权威学派的名儒来担任博士，主讲儒家经典。除太学外，还有专门为皇室宗亲子弟开设的宫邸学和为文学、艺术见长者设立的鸿都门学。平帝元始三年（3），朝廷甚至颁布地方官学学制，要求各级地方政府普遍设学，推行教化。①

至于汉代私学，出现更早，如汉初济南伏生将私藏在墙壁中的《尚书》发掘出来，教学传授弟子。尽管官学有很大发展，但其规模远远无法满足读书人的要求。于是经师宿儒讲学之风大为盛行，特别是在齐、鲁、燕、赵等地，出现了"经馆"、"精舍"、"精庐"等多属专经研习阶段的私学。当时儒家五经的教学十分活跃，教学水平往往不亚于太学。而到东汉时，不少大师名儒因不愿卷入统治集团内部的斗争，或政治上不得志，于是避世隐居，收徒讲学，客观上使得私学更加兴盛。

2. 今、古文《仪礼》的流传与授受

《仪礼》在汉代有今、古文两种本子，其中今文《仪礼》是用汉代通行的隶书写定的，而古文《仪礼》则是用先秦古文字写定的经典。关于汉代今文《仪礼》的授受情况，《汉书·儒林传》有详细记载："汉兴，鲁高堂生传

---

① 其中设在郡国的称为"学"，设在县的称为"校"，设在乡的称为"庠"，设在村落（"聚"）的称为"序"。

《士礼》十七篇，而鲁徐生善为颂。孝文帝时，徐生以颂为礼官大夫，传子至孙延、襄。襄，其资性善为颂，不能通经；延颇能，未善也。襄亦以颂为大夫，至广陵内史。延及徐氏弟子公户满意、桓生、单次皆为礼官大夫。而瑕丘萧奋以《礼》至淮阳太守。诸言《礼》为颂者由徐氏。"又说："孟卿，东海人也。事萧奋，以授后仓、鲁闾丘卿。仓说《礼》数万言，号曰《后氏曲台记》，授沛闻人通汉子方、梁戴德延君、戴圣次君、沛庆普孝公。孝公为东平太傅。德号大戴，为信都太傅；圣号小戴，以博士论石渠，至九江太守。由是《礼》有大戴、小戴、庆氏之学。通汉以太子舍人论石渠，至中山中尉。普授鲁夏侯敬，又传族子咸，为豫章太守。大戴授琅邪徐良斿卿，为博士、州牧、郡守，家世传业。小戴授梁人桥仁季卿、杨荣子孙。仁为大鸿胪，家世传业，荣琅邪太守。由是大戴有徐氏，小戴有桥、杨氏之学。"①另据《后汉书·曹褒列传》记载："曹褒字叔通，鲁国薛人也。父充，持庆氏《礼》，建武中为博士，……拜充侍中。作《章句辩难》，于是遂有庆氏学。褒少笃志，有大度，结发传充业，博雅疏通，尤好礼事。……褒博物识古，为儒者宗。十四年，卒官。作《通义》十二篇，演经杂论百二十篇，又传《礼记》四十九篇，教授诸生千余人，庆氏学遂行于世。"②可见，曹充、曹褒父子在东汉初年均曾被征拜为博士，都传习庆氏之《礼》。

从目前已知文献记载来看，整个汉代的《仪礼》今文学传承情况，大致如下表所示（见下页）：

至于古文《仪礼》，它的来源主要有如下几条渠道：

（1）汉景帝末年鲁恭王兴建王府，拆除孔子旧宅，从旧宅墙中发现一批以先秦古文字写成的儒家经典，其中就有《仪礼》等儒家典籍。《汉书·艺文志》："武帝末，鲁共（恭）王坏孔子宅，欲以广其宫，而得《古文尚书》及《礼记》、《论语》、《孝经》凡数十篇，皆古字也。"③《汉书·刘歆传》载刘歆《移让太常博士书》，还具体指出其中有"《逸礼》有三十九，《书》十六篇"④。

---

① 班固：《汉书·儒林传》卷八十八，中华书局1962年版，第3614—3615页。
② 范晔：《后汉书》卷三十五《曹褒列传》，中华书局2012年版，第950—953页。
③ 班固：《汉书·艺文志》卷三十，中华书局1962年版，第1706页。
④ 班固：《汉书·刘歆传》卷三十六，中华书局1962年版，第1969页。

两汉《仪礼》今文经师承授受图

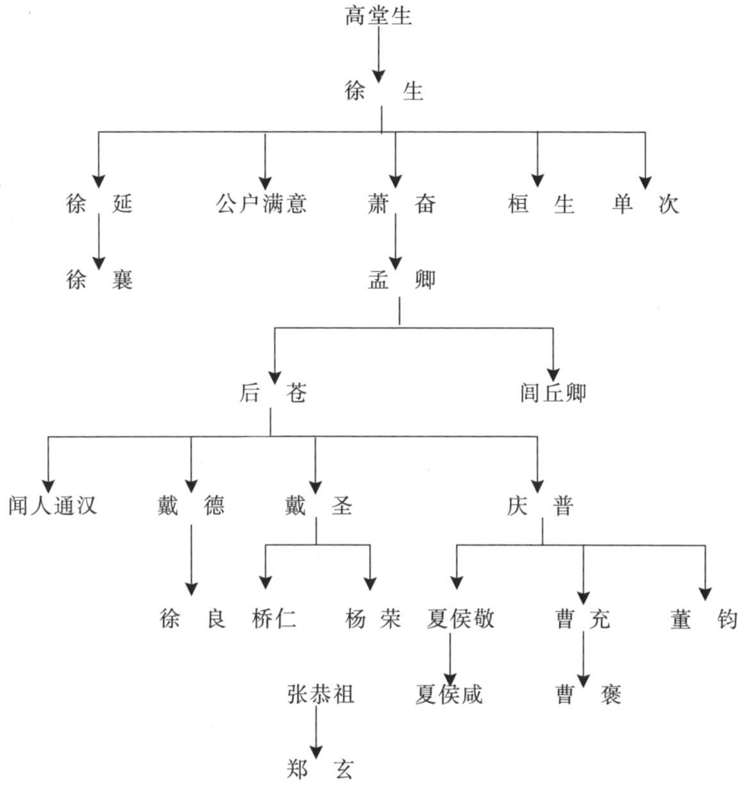

(2)景帝、武帝之际,河间献王刘德从民间收集了大批先秦典籍,其中就有《仪礼》一书。《汉书·河间献王传》:"河间献王德以孝景前二年立,修学好古,实事求是。从民得善书,必为好写与之,留其真,加金帛赐以招之。繇是四方道术之人不远千里,或有先祖旧书,多奉以奏献王者,故得书多,与汉朝等。……献王所得书皆古文先秦旧书,《周官》、《尚书》、《礼》、《礼记》、《孟子》、《老子》之属,皆经传说记,七十子之徒所论。"①

(3)鲁淹中(曲阜里名)发现的《礼古经》。《汉书·艺文志》:"《礼古经》者,出于鲁淹中及孔氏,与十七篇文相似,多三十九篇。"②

众所周知,今文《仪礼》十七篇在西汉时已立学官,长期处于学界主导地位。而古文《仪礼》被发现后,长期藏于秘府,没有受到当时学界的重

① 班固:《汉书·河间献王传》卷五十三,中华书局1962年版,第2410页。
② 班固:《汉书·艺文志》卷三十,中华书局1962年版,第1710页。

视,也无人传习它。直到汉成帝时,刘向、刘歆校理中秘古籍时,才发现了包括《逸礼》在内的一批古文经。刘歆认为古文《仪礼》经较今文经更为完备,应立于学官,却遭到了今文经学诸博士的共同抵制。一直到王莽专权当政,才将它和其他几部古文经一同立于学官。但不久便随着王莽政权的垮台,期间立于学官才短短20余年,《礼古经》便再度遭到冷落而被废置,逐渐走向式微。一直到东汉末期,随着今文经学的衰微,以及经学集大成者郑玄对《仪礼》今、古文重新进行校勘,兼采《仪礼》用字,整理出一部今、古文相混合的《仪礼》新文本,并第一次对《仪礼》十七篇全文进行注释,形成了历史上"礼是郑学"的辉煌一页。

3. 熹平《仪礼》石刻

《熹平石经》是我国刻于石碑上最早的官定儒家经本,因其字体俱为隶书,故又称"一体石经"。《隋书·经籍志》记载:"又后汉镌刻七经著于石碑,皆蔡邕所书。"东汉熹平四年(175),汉灵帝命人在洛阳太学开刻《易》石经、《礼》、《春秋》等七种儒家典籍,共46块,镌刻四十六碑,立于洛阳城南的开阳门外太学讲堂前。现存《熹平石经》残片中,有79片《仪礼》经残片,多数残片只有几个字,也有少数几片上还有四五十个字,但是,由于各片材质蚀损本身的原因,没有任何一片上留有那么长的连续而不中断的段落。在一残片上刻着一个篇名及其篇次:"《乡饮酒》第十。"由此看来,石经《仪礼》的底本很可能是大戴本,因为只有大戴本的第十篇是《乡饮酒》,其他本子的《乡饮酒》是第四篇。

4. 武威汉简《仪礼》

1959年,人们在武威磨嘴子墓群6号汉墓中发现了469枚27298字的仪礼简。这批汉简绝大部分是木简,每简长约50.5~6.5厘米,每简有字60个左右,都是用汉代通行的隶书写成,上有削改和阅读的记号。这批汉简可贵之处在于,首先它拥有九篇完整的《仪礼》,不是散乱的残简零札,而是完整齐全具有页码的书册,而且是西汉经书的样本,大多数墨迹如新,虽稍有残损,但每一篇的首尾俱全,保存了原书的篇题、页码和顺序。像这样完整的《仪礼》简,是出土汉简中空前的发现。

这些汉简的研究整理者认为,所发现的《仪礼》简本代表了前汉末年通行的一种新《仪礼》传本。这批汉简《仪礼》,存在三种不同简本,整理者分别称其为甲本、乙本、丙本。甲本木简398枚,每枚长55.5—56厘米,宽

0.75 厘米,包括《士相见》、《服传》、《特牲》、《少牢》、《有司》、《燕礼》、《泰射》7 篇。乙本木简 37 枚,每枚长 50.05 厘米、宽 0.5 厘米,内容仅《服传》一篇。整理者认为,甲、乙本《服传》,为昭、宣之世出现的删定本。丙本竹简 34 枚,每枚长 56.5 厘米、宽 0.9 厘米,内容仅《丧服》一篇,应该为西汉初(约当景、武之世)相承的经《记》本。

此次武威汉简《仪礼》的出土,说明汉代之际《仪礼》的传播,可能在郑玄所述今文本和古文本《仪礼》之外,还有其他传授版本存在。

(二)《隋书·经籍志》著录文献及其他

汉代学者对《仪礼》十七篇的研究,大多在《隋书·经籍志》中有著录,主要有:马融《丧服经传注》1 卷;郑玄《仪礼注》17 卷(注);郑玄《仪礼音》2 卷;郑玄《丧服经传注》1 卷;郑玄《丧服谱注》1 卷;刘表《新定礼》1 卷。另外,据王锷《三礼研究论著提要》,这一时期还有一些《隋志》未能著录的著作,例如:郑众《郑氏婚礼》1 卷;戴德《丧服变除》1 卷;曹充《庆氏礼章句辨难》;崔骃《昏礼结言》;班固《仪礼班氏义》1 卷;卢植《仪礼解诂》;何休《冠礼约制》1 卷;郑玄《婚礼谒文》1 卷;郑玄《丧服变除》1 卷。

从上述著述目录来看,这一时期的礼经研究有这样两个特点:一是《仪礼》经学与小学音义研究并重;二是大多数学者的研究焦点主要集中在《丧服》篇上,只有郑玄等较少学者才注重《仪礼》全经的注释研究。至于各种文献的诠释内容和诠释特点等情况,由于大都(除郑玄《仪礼注》外)以及亡佚不存,无法详悉。

二、郑玄的《仪礼》研究

郑玄(127—200),字康成,北海高密(今山东省高密市)人。曾入太学攻《京氏易》、《公羊春秋》,又从张恭祖学《古文尚书》、《周礼》、《左传》等,最后师从马融学古文经。游学归里之后,杜门注疏,潜心著述,综合今、古,遍注群经,终成一位集两汉经学之大成的经学家。一生著述宏富,多达 56 种,其中尤以在《三礼》学、《诗经》学的影响最大。

从郑玄所著《仪礼注》一书来看,郑玄的《仪礼》研究具有如下几方面的特点:

其一,精心校雠《仪礼》今、古文异文,编纂了一部今、古文相混合的

《仪礼》新文本。郑玄兼通今文经学和古文经学，他将《仪礼》经的今、古文两种本子相互参校，每逢异文，便择善而从，或采今文，或采古文。“古文十七篇与高堂生所传者同，而字多不同，其余三十九篇绝无师说，秘在于馆。郑注《礼》之时，以今、古二字并之。若从今文不从古文，即今文在经，闑、阈之等是也，于《注》内叠出古文，槷、蹷之属是也。若从古文不从今文，则古文在经，《注》内叠出今文，即下文‘孝友时格’，郑《注》云‘今文格为嘏’，又《丧服注》‘今文无冠布缨’之等是也。”①经过郑玄杂采今古文并为之作《注》的《仪礼》，就是今传习本《仪礼》。此后，郑注所整理的《仪礼》十七篇就成为《仪礼》的定本，一直流传到现在。

其二，注释广泛征引各种典籍证成己见，体现出博综古今、广洽精详的特点。郑玄注释《仪礼》经文，无论是解释字词的含义，或者是解释礼文仪制和礼意，往往通过各类儒家典籍如《三礼》、《春秋传》等语料，通过明引或暗引的方式，借以发明佐证己见。如《士冠礼》：“宰自右少退，赞命”，郑《注》：“赞，佐也。命，告也。佐主人告所以筮也。《少仪》曰：‘赞币自左，诏辞自右。’”贾《疏》：“引《少仪》者，取证赞命在右之义，以其地道尊右，故赞命皆在右。”②凡此之类，遍及各卷注文，奠定了以经解经的治学优良传统。

其三，注释方式、方法丰富多样，为后世礼经学研究提供了方法论的指导。在郑玄之前，诸家传授《仪礼》均只有师授而无注解。郑玄遍注群经，谙熟《三礼》，因而在给《仪礼》作《注》时，往往据《仪礼》本经各篇互证、同篇互证，甚至于《三礼》互证、群籍互证。不仅如此，他还注意发明经文中的叙事“凡例”，如《士冠礼》：“主人迎，出门左，西面再拜”，郑《注》：“左，东也。出以东为左，入以东为右。”③后来凌廷堪据此及其他经文发覆“凡入门，宾入自左，主人入自右，皆主人先入”一条礼例，显然受郑氏治学的影响。凡此种种，从诠释方法论层面，为此后学者注释《仪礼》白文，提供了方法论的指导。

其四，由于郑玄兼通今古文经学，《仪礼注》往往呈现出“玄质于辞训，通人颇讥其繁”④的注释风格。和当时今文经学家为发挥经文“微言大义”

---

① 贾公彦：《仪礼注疏》卷一，《十三经注疏》（上），中华书局1980年版，第956页。
② 贾公彦：《仪礼注疏》卷一，《十三经注疏》（上），中华书局1980年版，第946页。
③ 贾公彦：《仪礼注疏》卷二，《十三经注疏》（上），中华书局1980年版，第951页。
④ 范晔：《后汉书》卷三十五《郑玄传》，中华书局2012年版，第958页。

而往往“浮辞繁长,多过其实”①注释风格相比,郑玄的注文显得较为简约,即便是诠释礼经礼意,也多要言不烦,如《丧服》篇:“斩衰裳,苴绖、杖、绞带”,郑《注》:“绖之言实也。明孝子有忠实之心,故为制此服焉。”②然而与古文经学家“不为章句,训诂通而已”③的诠释相比,又难免有“章句之徒”的嫌疑。

其五,注释内容丰富全面,注释术语准确规范。考《仪礼注》注文,郑氏解释《仪礼》经文内容非常全面,从名物训诂到疑难字词解释,从仪制串讲到以今旷古,从发覆礼文仪节隐微到发覆仪文礼意,从概括相关段落大意到礼经十七篇解题,可谓无所不囊。

第二节　三国两晋南北朝的《仪礼》学

一、三国《仪礼》学研究概况

(一)魏国的《仪礼》学研究

魏国《仪礼》学的代表人物主要有王肃、杜袭、缪袭等人。

1. 王肃

王肃(195—256),字子雍,东海郯县人(今山东郯城县)。三国时期魏末最重要的经学家。王肃与郑玄一样遍注群经,对整个经学的诠释和发展做出了比较重大的贡献。在经学史上,王肃经学被称为“王学”,以与两汉经学的集大成者郑玄经学相对抗而著名于世。王学与郑学可谓是两大学派,郑王之争也是经学史上一个非常重要的议题。

王肃经学著作等身,有关三礼学的著作也不在少数,其中有关《仪礼》研究的著作有:《仪礼注》17 卷,《仪礼音》1 卷(《三礼音》之一),《丧服经传注》1 卷,《丧服要记》1 卷,《丧父变除》,等等。王肃的这些礼经学著作基本上已经亡佚,只能通过后世学者的一些征引才能考见其中的一些内容。清代学者马国翰、黄奭等所辑录的《玉函山房辑佚书》、《汉学堂经解》

---

① 范晔:《后汉书》卷三十七《桓荣传》,中华书局 2012 年版,第 993 页。

② 贾公彦:《仪礼注疏》卷二十八,《十三经注疏》(上),中华书局 1980 年版,第 1096 页。

③ 班固:《汉书·扬雄传》卷八十七上,中华书局 1962 年版,第 3514 页。

等丛书当中，就辑录了王肃的一部分注释条文。此外，台湾学者李振兴在其研究王肃经学的专著《王肃之经学》当中，对今存《丧服经传注》之王肃注文有详细列表，并对现存的佚文进行了逐条考释，是今人深入研究王肃礼学的重要文献材料。

从目前所已知的情况来看，王肃的礼经学研究主要有以下几大特点：

首先，从治经涉略面来看，和研治其他儒家经典著作一样，王肃治礼经同样强调遍考群经，并对今古文经学众说加以汇通，进而自成一家之言。正如《三国志·魏志·王肃传》记载的那样："肃善贾、马之学，而不好郑氏，采会同异，为《尚书》、《诗》、《论语》、《三礼》、《左氏》解，及撰定父朗所作《易传》，皆列于学官。"①晚清学者皮锡瑞也言："合今古文说礼，使不分明，始于郑君而成于王肃。"②尽管王肃治学"不好郑氏"，但在兼通今古文经学和各家礼经之说这一点上，却是与东汉后期郑玄治学可谓有共通之处。这与王肃早年研习郑玄经学颇有很大关系："自肃成童，始志于学，而学郑氏学矣。"③可见，王肃的学术起点是郑玄的经学，后者是其研治经学的重要学术渊源。也正因为如此，在借助王肃自身宗室关系的基础上，他的礼经学诠释得以流行开来，在当时产生了非常大的影响。

当然，由于郑、王二人所依据的儒家典籍文献差异，往往就导致二人对于礼经文本的解读出现很大的歧见。例如，对《士虞礼》"中月而禫"一句，二人就出现了不同的理解。郑玄注："中，犹间也；禫，祭名也。与大祥间一月，自丧至此二十七月。"郑玄以二十七月为禫，其依据是《礼记·杂记》"父在，为母为妻十三月大祥，十五月禫"，因为既然为母为妻祥、禫尚且异月，三年之丧的祥、禫也应当中间间隔一月。而王肃则根据《礼记·三年问》"三年之丧，二十五月而毕"，认为《士虞礼》"中月而禅"之"中"即中间的意思，而不是郑玄理解的间隔之意；王肃还考察《春秋》文公二年冬"公子遂如齐纳币"，僖公之丧，至此二十六月，《左传》称"纳币，礼也"。丧期结束后"纳币"，《左传》认为合礼，故以为二十五月禅除丧毕才是确诂，由此而引发了后世礼学家的争议。王肃虽持与郑玄不同的见解，但这种根据各种儒家典籍记载进行训释的理路，凿然是汉代经学大师的治经传统。所

① 陈寿：《三国志·魏志·王肃传》卷十三，中华书局1999年版，第315—316页。

② 皮锡瑞：《经学通论·三礼》，中华书局1954年版，第35页。

③ 王肃：《孔子家语序》，载王国轩、王秀梅译注《孔子家语》卷首，中华书局2011年版，第1页。

以有学者指出："王学对郑学并非仅仅是反动，而更多的是继承"，"王肃之重礼学正是在郑学所开辟道路上的继续前行"①。

其次，从礼经诠释风格来看，比较王肃与郑玄二者经说的行文就能发现，王肃礼经的注释无论是在《仪礼注》追求名物训诂方面，还是在对《丧服》经传的礼意诠释方面，都已摆脱了汉代儒生说经烦琐考证的弊端，转而呈现出崇尚简约的诠释特征。纵观王肃的礼经诠释佚文，往往训诂话语简约明了，字数不多，这和王肃对其他儒经的诠释风格是一致的。有学者在谈到王肃注解《诗经》时说，"王肃之述毛，颇类于两汉经师对师法家法的恪守"②，其实他对礼经的诠释也是如此，避免了汉初学者烦琐漫长的诠释取向，呈现出化繁为简的诠释倾向，着实是对汉代儒者治经的一种修正。至于他的《仪礼音》，则更是以简约的语词释音为诠释要务，为此后陆德明《仪礼音义》的撰修开启了先河。

再次，从《丧服经传注》对《丧服》经传的诠释原则来看，王肃对"尊尊"与"亲亲"两条礼制基本原则颇为尊崇，更加注重《丧服》经文礼意的阐释，具有更多的义理化特征。如果将其和郑玄注释相对比，郑玄更为重视"尊尊"原则，而王肃则多重视"亲亲"，这在二者的歧义性诠释中表现得更加明显。例如，《丧服》篇："改葬缌"，郑玄《注》从"尊尊"角度诠释说："服缌者，臣为君也，子为父也，妻为夫也。必服缌者，亲见尸柩，不可以无服。缌，三月而除之。"而王肃则改从"亲亲"角度诠释道："本有三年之服者，道有远近，或有艰故，既葬而除，不待有三月之服也。非父母无服。无服则吊服加麻。司徒文子改葬其叔父，问服于子思。子思曰：'礼，父母改葬缌而除。'不忍无服送至亲也。"③将人情作为丧服制度说解的重要依据，可谓与魏晋时期的礼学发展趋势一脉相承。二人的这种诠释差异，台湾学者简博贤先生分析得颇为到位："康成说经辄祖谶立言；所以务神其说，而严其所尊也。昔人尝疵其以谶乱经矣，而不知康成崇信谶纬正其尊尊封建意识之显衍，非徒惑于休咎之验也。王肃排谶纬，斥妖妄所以申情理，而推阐随时

---

① 郝虹：《魏晋儒学新论——以王肃和"王学"为讨论的中心》，中国社会科学出版社 2011 年版，第 133 页。

② 许佩玲：《"述毛"与"难郑"——王肃〈诗经〉学的语境还原及历史建构》，《中华文史论丛》2016 年第 2 期。

③ 王肃：《丧服经传注》，载马国翰《玉函山房辑佚书》（二），广陵书社 2005 年版，第 844—845 页。

之训也 。"①

2. 杜袭

杜袭,字子绪,生卒年不详,颍川郡定陵县(今河南省襄城县)人。东汉末及三国时曹魏官员。杜袭投奔曹操之后,历任西鄂县令、议郎、丞相府军祭酒、侍中、丞相府长史、驸马都尉等职。魏文帝时期,出任督军粮御史、尚书,晋封关内侯、武平亭侯。魏明帝时期,出任曹真和司马懿的军师、太中大夫,晋封平阳乡侯,去世后谥号定侯。杜袭在学术上不甚知名,著有《丧服礼式》一书。据丁国钧《补晋书艺文志》卷一载:"此书见《华阳国志》袭本传。"此书今天已经亡佚不传,无法考见杜氏礼说。

3. 缪袭

缪袭(186—245),字熙伯,东海兰陵(今山东苍山兰陵镇)人。三国魏文学家。父缪斐,字文雅,该览经传,事亲色养。征博士,六辟公府。汉帝在长安,公卿博举名儒。时举斐任侍中,并无所就。缪袭于建安中出仕,在御史大夫府供职,历事曹操、曹丕、曹叡、曹芳四世,官至尚书、光禄勋。与仲长统友善。多有撰述。其《魏鼓吹曲》十二首,大都为歌颂曹操功业之作。原有集5卷,《列女传赞》1卷,已散佚。今存诗文收录严可均《全上古三代秦汉三国六朝文》及逯钦立《先秦汉魏晋南北朝诗》。缪袭著作有《祭仪》、《皇览逸礼》、《大射》、《缪袭集》等等,据侯康的《补三国艺文志》记载:"缪袭《祭仪》",今已亡佚不存。

(二)蜀国的《仪礼》学研究

蜀国的代表人物主要有蒋琬、谯周等人。

1. 蒋琬

蒋琬(?—246),字公琰。零陵湘乡(今湖南省湘乡县)人。三国时期蜀汉宰相。与诸葛亮、董允、费祎合称"蜀汉四相"。初随刘备入蜀,被任命为广都长,后因为不理政事激怒刘备,在诸葛亮的劝说下,蒋琬免于一死,后重新被启用,诸葛亮将其悉心培养,并密表刘禅可以作为诸葛亮的接班人。建兴十二年(234),诸葛亮死后,蒋琬执政。拜尚书令,又加行都护,假节,领益州刺史,再迁大将军,录尚书事,封安阳亭侯,并被受命开府,后加大司马,总揽蜀汉军朝。曾制定由水路进攻曹魏的计划,但未被采纳。延熙九年(246)病卒,谥号恭。蒋琬的礼学著作有《丧服要记》1卷,《隋书

① 刘丰:《今存三国两晋经学遗籍考》,台北三民书局1986年版,第322页。

·经籍志》、朱彝尊《经义考》、侯康《补三国艺文志》均有记载，今已亡佚不存。

2. 谯周

谯周（201—270），字允南，巴西西充国（今四川西充槐树镇）人。三国时期蜀汉学者、官员。幼贫丧父，少读典籍，精研六经，颇晓天文，为蜀地大儒之一，门下有陈寿、罗宪等学生。诸葛亮做益州牧时，任命他做劝学从事。诸葛亮死后，谯周前往奔丧，虽然朝廷随后下诏禁止奔丧，但谯周仍因行动迅速而得以到达。刘禅立太子时任命他做太子仆，调令家令，之后迁任中散大夫，光禄大夫。在蜀汉任官时期，一向以反对北伐战略而闻名。见姜维多次北伐而虚耗蜀汉国力，因而不满，著《仇国论》力陈北伐之失。炎兴元年（263），魏国三路伐蜀，谯周因劝刘禅投降，被封为阳城亭侯，迁骑都尉，散骑常侍。

谯周是我国历史上一个颇有争议的人物，因其劝后主投降而受到后世史家的诟病。然在当世，谯周却是蜀汉的硕学鸿儒，不仅于经学上建树颇多，而且在史学上也成就斐然。谯周于经学上有《谯子法训》、《五经然否论》、《论语注》，于史学上有《古史考》、《后汉记》、《蜀本纪》等，在地理学上则有《三巴记》、《益州志》、《巴蜀异物志》等著述。虽然谯周的著述现已大多亡佚，但他是蜀汉时期巴蜀学术的集大成者。在三礼学方面，谯周著有《丧服图》、《祭志》等书，如今均已经亡佚不存。

受东汉后期以来儒家学者郑玄等人治学的影响，谯周在经学研究方面也呈现出古今文经学皆治的特点，为蜀汉学术的集大成者。谯周一生以读书教学，蜀地名儒多出其门下，对巴蜀文化的传续起着承上启下的作用。据史书记载，其弟子知名者有陈寿、文立、李密、罗宪、杜轸等，其中文立治学亦今古文兼通，尤其擅长《毛诗》、《三礼》等；李密则深读《春秋左传》，陈寿则熟习《尚书》与《春秋三传》，他们在品性上都秉承了谯周的淡泊与内敏。

（三）吴国的《仪礼》学研究

吴国的代表人物为射慈（一作谢慈）。射慈（205—253），字孝宗，三国吴彭城（今江苏铜山）人，三国吴中书郎。齐王孙奋的傅相。因谏阻孙奋叛变而被杀害。射慈精于礼学，著有《丧服变除图》5 卷，《丧服天子诸侯图》1 卷，《隋书·经籍志》有记载，朱彝尊的《经义考》云亡佚，侯康的《补三国艺文志》云："射慈《丧服变除图》五卷，王谟曰此书出《通典》三十一条，载徐整与慈问答者十二，整自为立论者一，则整亦盖为礼服之学者。"《丧服变除图》已经亡佚，王谟的《汉魏遗书钞·经翼第二册》辑有1卷，另外，黄奭的《汉学堂经解》、《汉学堂知足斋丛书》，马国翰的《玉函山房辑佚书》等著作当中都有辑佚。

二、两晋《仪礼》学研究概况

(一)两晋礼经学著述概说

根据《隋书·经籍志》和王锷《三礼研究论著提要》等的著录，两晋时期《仪礼》学论著主要有：袁准《丧服经传注》1卷，《仪礼音》1卷；孔伦《集注丧服经传》1卷；陈铨《丧服经传注》1卷；杜预《丧服要集》2卷；刘逵《丧服要记》2卷；卫瓘《丧服仪》1卷；贺循《丧服要记》6卷，《丧服谱》1卷，《葬礼》1卷；刘德明《丧服要问》6卷；环济《丧服要略》1卷；蔡谟《丧服谱》1卷，《丧服图》1卷；葛洪《丧服变除》1卷；孔衍《凶礼》1卷；崔游《丧服图》1卷；刘兆《仪礼注》；刘智《丧服释疑》20卷；伊说《丧服杂记》20卷，刘昌宗《仪礼音》1卷；李轨《仪礼音》1卷；范宣《仪礼音》1卷；何琦《孙曾为后议》1卷；范汪《祭典》3卷；王堪《冠礼仪》1篇；何祯《冠仪约制》，等等。

从上述文献目录可见，当时的礼经学研究仍以《丧服》经传为主要诠释对象，至于贺循的《葬礼》、孔衍的《凶礼》、范汪的《祭典》、王堪的《冠礼仪》、何祯的《冠仪约制》等，同样都是强调从切合于现实社会的客观需求出发而进行的著述。至于袁准、刘昌宗、李轨、范宣等人的《仪礼音》，由于诸书已亡佚，无法考见原貌，但从文献名称来看，但是小学类注释为主，实用性较为突出。

(二)西晋代表性礼经个案学者

西晋时期《仪礼》学的代表人物，主要有杜预、刘智、贺循等人。

1. 杜预

杜预(222—285)，字元凯，京兆杜陵(今陕西西安东南)人，西晋时期著名的政治家、军事家和学者，灭吴统一战争的统帅之一。历任曹魏尚书郎、西晋河南尹、安西军司、秦州刺史、度支尚书、镇南大将军，官至司隶校尉。

杜预出生在曹魏政府的高级官僚家庭，祖父杜畿是三国时期曹魏的名臣，担任河东太守十六年，曹丕即位后担任关内侯；父亲杜恕，魏明帝曹睿即位后担任散骑常侍等职务。虽然生长在官宦人家，但杜预不是那种只知享乐的纨绔子弟，从小便博览群书，举凡经济、政治、历法、法律、数学、史学和工程等学科，其皆有研习，因而被时人誉为“武库”，称赞他博学多通，就像武器库一样，无所不有。功成之后，耽思经籍，博学多通，勤于著述。杜预特别爱读《左传》，自称有《左传》癖，所撰写的《春秋左氏经传集解》三十卷，是《左传》注解流传至今最早的一种，收录《十三经注疏》中，至今仍有重要的学术价值。据《隋书·经籍志》记载，杜预的书保留到唐世，还有《春秋左氏传音》三卷，《春秋左氏传评》二卷，《春秋释例》十五卷，《律本》二十卷，《杂律》七卷，《丧服要集》二卷，《女记》十卷以及他的文集十八卷。另有《春秋长历》、《善文》五十卷等。

在杜预著述当中，与礼学相关的主要有《丧服要集》2 卷，《隋书·经籍志》有记载，朱彝尊《经义考》云佚，马国翰从《北堂书钞》、《初学记》、《通典》等著作当中辑佚出了一部分，收录《玉函山房辑佚书》当中。

2. 刘智

刘智，字子房，西晋高唐（今属山东聊城）人，官至侍中尚书。刘智出身贫苦，年少之时常常砍柴卖薪度日，性喜读书，素有儒行，因此为乡里敬重。刘智深明经学，在《仪礼》学研究方面，著有《丧服释疑》20 卷，《隋书·经籍志》著录，朱彝尊《经义考》云佚。丁国钧的《补晋书艺文志》有记载。刘氏此书现已亡佚不存，王谟、马国翰等学者有辑佚本，分别收录在《汉魏遗书钞》、《玉函山房辑佚书》中。

3. 贺循

贺循（260—319），字彦先。会稽山阴（今浙江绍兴）人。东吴中书令贺邵之子。善属文，博览群籍。与纪瞻、闵鸿、顾荣、薛兼等齐名，号为“五俊”。建武初，拜太常。朝廷疑滞皆询之，循辄依经礼而对。卒，追封司空，谥号穆。

贺循的礼学著作有《丧服要记》6 卷、《丧服谱》1 卷、《葬礼》1 卷，今皆亡佚不存。马国翰等有其书辑本传世。考察贺氏的礼学研究，主要有以下几个特点：

一是善于择取众家之长，从前贤往哲和同时代学者的著述当中汲取营养。据典籍记载，会稽贺氏源出庆氏，为庆普之后代。庆普是汉代著作礼学大师，创立庆氏礼学。东汉贺纯以及贺循之父贺邵皆以儒学闻名，贺循自幼便接受传统家学——庆氏礼学影响。不仅如此，贺循还广泛地向前贤学习，兼采众家之长。从今存佚文来看，贺循礼学亦受郑玄和王肃二人礼经学说的影响，诚如马国翰《贺氏丧服要记序》所云："郑康成作《丧服谱》，循亦作《谱》；王肃作《丧服要记》，循亦作《要记》，其书似参用郑、王而酌其中。"①自汉末以来，郑学与王学盛行，学者多宗之，贺循受二者的影响势所必然。

此外，从贺循著作中遗留下来的只言片语当中可以考见，贺循同样也受到了马融、射慈等人礼经研究成说的影响。例如，关于庶母之服，贺循依从的便是马融观点："庶母，士父之妾也，服缌麻。大夫以上无服。按：马融引《丧服》云：大夫以上庶母无服。"②正是建立在这种创造性地借鉴往哲时贤众多研究成说的融通视野基础上，贺循的丧服制度研究得以超越前人，自成一家之言。

二是在具体的丧服规制诠释中，贺循沿袭了前贤"以情解礼"的诠释方法，从而使得枯燥的丧服条文变得有情有义，更易让人接受。刘宋时庾蔚之曾为贺循《丧服要记》作注，评点贺氏之诠释特点说："昔贺循以为，夫服缘情而制，故情降而服轻，既虞，哀心有杀，是故以细代粗，以齐代斩耳。"③此虽谈的是五服变除，但可以代表贺循"以情解礼"的礼学特点。例如，贺氏论及"为后服"的议题时说："礼有节权，恩义相顾，为所生无绝道，其余皆宜权制也"，"初出情亲，故不夺其亲而与其降；承出之后，义渐轻疏而绝其恩。绝其恩者以一其心，其心一则所后亲，所后亲则祭祀敬，祭祀敬则宗庙严，宗庙严则社稷重，重社稷以尊百姓，齐一身以肃家道：此殆圣人之意也"④，等等。诸如此类完全从人情的角度解释出后子为本亲服丧问题的情况，《通典》中援引贺循情礼并重的例子颇为普遍，体现出鲜明的时代特征和人性化色彩。

三是重视"五服"规制的开放性与发展权变特征，既强调严守古礼的经典性，使之有理有据，同时又主张要结合现实时代因素，讲究权变，因时

① 马国翰：《贺氏丧服要记序》，载《玉函山房辑佚书》（二），广陵书社 2005 年版，第 874 页。
② 杜佑：《通典》，中华书局 1988 年版，第 2510 页。
③ 杜佑：《通典》，中华书局 1988 年版，第 2397 页。
④ 杜佑：《通典》，中华书局 1988 年版，第 2589 页。

制礼。例如，古有诸侯为君、臣为君服斩衰三年之制，而在贺循之际，群臣丧礼日渐宽松，东晋时甚至规定臣为君服斩衰，既葬而除。当时有人想要恢复旧制，贺循力加反对，声称“若当远迹三代，令复旧典，不依法令者，则侯之服贵贱一例，亦不得唯一人论”①。这一发展性的礼制嬗变观，得到了后来许多礼经学家的广泛认可。

（二）东晋代表性礼经个案学者

东晋时期《仪礼》学的代表人物主要有陈铨、孔伦、范汪等人。

1. 陈铨

陈铨，晋人，生卒年及仕履不详。著有《丧服经传》1 卷，《隋书·经籍志》有著录，朱彝尊《经义考》云佚。其书亡佚已久，清人马国翰据《通典》中引用的条目辑佚为《丧服经传陈氏注》1 卷，收录《玉函山房辑佚书》中。王锷先生在《三礼研究论著提要》中说：“观其注，似喜攻康成之学者，大抵王肃学之徒，然立论亦有理有据。”

2. 孔伦

孔伦，字敬序，晋会稽（今属浙江）人。在东晋时官至庐陵太守。有《集注丧服经传》1 卷，《隋书·经籍志》、《经典释文序录》、《新唐书·艺文志》著录，朱彝尊《经义考》云佚，孔伦是书乃集众家注解而成。清人马国翰从陆德明《经典释文》、《通典》中辑得 1 卷，收录《玉函山房辑佚书》中。

3. 范汪

范汪（约 308—373），字玄平，南阳顺阳（今河南内乡）人。东晋大臣，著名医学家。曾任东阳太守，故称范东阳。在郡大兴学校，甚有惠政，迁中领军、本州大中正，官至安北将军、徐兖二州刺史，晚年屏居吴都。咸安二年，卒于家，时年六十五，赠散骑常侍，谥号为穆。《春秋谷梁传集解》作者范宁为范汪之子，在经学史上享有盛誉。

范汪虽善清谈，但他在东阳太守任内“大兴学校，甚有惠政”②。在礼学方面很是精湛，《通典》载其议丧礼之文甚多。有文集十卷。《全晋文》收录有《在东阳郡表瑞》、《请严诏谕庾翼还镇疏》、《为旧君服议》、《与王彪之书》、《与江惇书》、《答高崧问》、《答高崧访》、《祭典》、《棋品》等奏疏及作品。据《隋书·经籍志》记载，范汪著有《祭典》3 卷，原书久佚不存，马

① 房玄龄等：《晋书》卷七十八，中华书局 1974 年版，第 2064 页。
② 房玄龄等：《晋书》卷七十五，中华书局 1974 年版，第 1983 页。

国翰从《北堂书钞》、《初学记》等类书当中辑佚出了一部分,收录其《玉函山房辑佚书》当中。又《通典》中记载了很多范汪论礼的条目,可以看出范汪在礼学方面的造诣。

受范汪影响,其子范宁撰《春秋谷梁传集解》之时,多引用《三礼》内容诠释《谷梁传》,特别是对其中某些语焉不详之处,往往依据《三礼》的礼制记载,对其进行解释和补充。

三、南北朝《仪礼》学研究概况

(一)本阶段礼经学研究特点

"南北朝《儒林传》记载兼通《三礼》者,犹不乏人。"①据《隋书·经籍志一》和王锷《三礼研究论著提要》著录,南北朝时期《仪礼》学研究非常盛行,其中南朝之际留下的《仪礼》学论著最多,各朝著述大致如下:

宋有:庾蔚之《丧服》31 卷,《丧服要记》36 卷,《丧服世要》1 卷;裴松之《集注丧服经传》1 卷;崔凯《丧服难问》6 卷;雷次宗《略注丧服经传》1 卷;傅隆《祭法》5 卷;周续之《丧服注》;费沈《丧服集议》10 卷;蔡超《集注丧服经传》2 卷;刘道拔《丧服经传注》1 卷;王隆伯《丧礼钞》3 卷。

齐有:谢超宗《仪礼注》2 卷;田俊之《集解丧服经传》2 卷;楼幼瑜《丧服经传义疏》2 卷;刘瓛《丧服经传义疏》1 卷;沈麟士《丧服经传义疏》1 卷;王俭《丧服古今集记》3 卷,《丧服图》1 卷;司马宪《丧服经传义疏》5 卷;王逡之《丧服世行要记》10 卷;黄庆《仪礼章疏》,等等。

梁有:伏曼容《丧服集解》;贺玚《丧服义疏》2 卷;何佟之《丧服经传义疏》1 卷;裴子野《丧服传》1 卷;皇侃《丧服文句义疏》10 卷,《丧服问答目》13 卷;何胤《士丧仪注》9 卷;庾曼容《丧服义文字体例》。

陈有:皇侃《丧服文句义疏》10 卷;谢峤《丧服义》10 卷;顾越《丧服义疏》;袁宪《丧礼五服》7 卷;沈文阿《丧服经传义疏》4 卷,《丧服发题》2 卷。

至于北朝时期的《仪礼》学研究,较之南朝,研究风气要淡得多,目前已知的主要有:

北魏礼经学论著有:索敞《丧服要记》,柳玄达《丧服论》,卢道虔《难王俭丧服集记》。

---

① 皮锡瑞:《经学通论·三礼》,中华书局 1954 年版,第 29 页。

北齐礼经学论著有:张耀《丧服要问》2 卷。

北周礼经学论著有:沈重《仪礼义》35 卷,《丧服经义》5 卷;李公绪《丧服章句》1 卷。

除上述文献外,还有一些未知作者姓名的文献,如《隋书·经籍志》所载无名氏《仪礼义疏》2 卷、《仪礼义疏见》2 卷、《丧服经传隐义》1 卷、《丧服礼图》1 卷、《五服略例》1 卷等 20 余种。从上述南北朝时期《仪礼》文献的著录情况来看,这一阶段礼经研究明显呈现出如下几大诠释特点:

一是由于丧服制度关系着人与人之间的亲疏远近,丧服制度的现实功用特别明显,因而这一时期《丧服》篇的诠释与说解受到诠释者的关注和重视,并纷纷围绕这一热点话题著述立说。

二是注重阐释申解郑玄礼经注释语,出现了一批《丧服》篇"义疏"体著作。南北朝义疏学非常发达,南北朝时期大多数经解著述都冠以义疏之名,这以前几乎没有冠以义疏之名的经学著述。义疏主要特点是在经、传、注的基础上,对儒家经典作进一步的阐释。义疏在两汉、魏晋旧注的基础上,主要通过对旧注的阐发,来达到疏通经义之目的,既是对两汉、魏晋传注之学的继承和发展,也是南北朝至唐初经学成果的集中体现。南北朝有关《仪礼》的著述主要是义疏体例的。据《隋书·经籍志》记载,有贺砀《丧服义疏》二卷、司马宪撰《丧服经传义疏》五卷、楼幼瑜《丧服经传义疏》二卷、刘瓛《丧服经传义疏》一卷、齐沈麟士《丧服经传义疏》一卷、何佟之《丧服经传义疏》一卷、皇侃《丧服文句义疏》十卷,等等。这类著述的出现,为唐代贾公彦著述《仪礼疏》奠定了礼经疏解和诠释的基础。

三是以《仪礼》十七篇为诠释对象的著作尤为少见,仅有无名氏《仪礼义疏》2 卷、《仪礼义疏见》2 卷和谢超宗《仪礼注》、黄庆《仪礼章疏》、沈重《仪礼义》等少数几种,而且著述大都篇幅短小,和贾公彦《仪礼疏》之类著述规模无法比拟。可见,当时学者的礼制诠释传统,不像汉代今文经学家那样空疏蔓衍。

四是注释内容较为丰富而又有自身的特色。"一方面,在汉代章句之学的影响下,南北朝三礼义疏重视对字词、名物、制度的考据;另一方面,在佛、玄、道的影响下,南北朝三礼义疏注重问答与辩难,并具有一定的形而上色彩。南北朝礼学家在诠释经注时同时具备了'我注六经'与'六经注我'两个特点。"①

(二)南朝与北朝礼经研究之差异

南朝与北朝礼经研究尽管都重视对《丧服》经传的研究,但在诠释风格上颇有差异。

南朝的礼经研究,尽管重视对郑玄《仪礼注》的继承和发展,但却多存在背弃郑注而另寻新说的现象,如《仪礼·丧服》篇"父为长子。传曰:何以三年也?正体于上,又乃将所传重也。庶子不得为长子三年,不继祖也",郑《注》:"重其当先祖之正体,又以其将代己为宗庙主也。"雷次宗《略注丧服经传》则说:"父子一体也,而长嫡独正,故曰体。既为正体,又将传重,兼有二义,乃加其服。自非亲正,兼之情体俱尽,岂可凌天地、混尊亲也?"②郑玄认为体为"先祖之正体",雷次宗则认为体为"父子一体也,而长嫡独正"之义。类似这种情况,在南朝学者的著述中极其普遍,所以有学者称,"有些情况下,郑注与经文之间表面上看有矛盾,此时南朝礼学家一般都会据此否定郑注"③。

至于北朝的礼经学研究,和南朝的治学风尚恰恰相反,"北朝三礼学家则极力维护郑注,尽力证成郑注之说",而且北朝义疏类著作即便是作新说,处理方式上也颇有差异,"和南朝三礼义疏作新说而背郑注不同的是,北朝三礼义疏在作新说的同时,并不否定郑注"④。例如:《丧服》篇:"君子子为庶母慈己者。《传》曰:君子子者,贵人之子也,为庶母何以小功也?以慈己加也",郑《注》:"国君世子生,卜士之妻,大夫之妾,使食子,三年而出,见于公宫,则劬非慈母也。士之妻自养其子。"而在《礼记·曾子问》"孔子曰:'非礼也。古者男子外有傅,内有慈母,君命所使教子也,何服之有?"一文下,郑玄《注》又云:"言无服也。此指谓国君之子也。大夫、士之子,为庶母慈己者服小功,父卒乃不服。"两相对比便可发现,二处郑玄的解释存在矛盾之处。对此,北朝学者皇侃和熊氏皆不指斥郑说之非是,而是努力加以弥缝,"皇氏云:'有士误也。'熊氏云:'士之适子无母,乃命妾慈己,亦为之小功。知者,以士为庶母缌,明士子亦缌,以慈己加小功,故此连

① 张帅:《南北朝三礼学》,山东师范大学博士学位论文,2013年,第186页。

② 雷次宗:《略注丧服经传》,载马国翰《玉函山房辑佚书》(二),广陵书社2005年版,第885页。

③ 张帅:《南北朝三礼学》,山东师范大学博士学位论文,2013年,第119页。

④ 张帅:《南北朝三礼学》,山东师范大学博士学位论文,2013年,第119—120页。

言大夫士也。’”①熊氏认为,《曾子问》之所以有士,是因为士的嫡子无母,士就命士之妾作士子之慈母,又以“以士为庶母缌”证士之子亦为其庶母缌,若此庶母慈已,则己亦应为此庶母服小功,故而郑《注》“大夫”与“士”连言也。而皇侃虽然称郑玄《注》文“有士误也”,然而据张帅考证,“虽然皇《疏》常有背离郑《注》之处,但皇《疏》与郑《注》相左之处多是枝节问题,凡是重大礼学问题,皇《疏》都遵从郑说”②。

第三节　隋唐时期的《仪礼》学

一、隋代《仪礼》研究概况

(一)社会文化学术背景

由于南北朝的长期分裂,南北经学陷入多门歧义的状态中:“江南河北,义例不同。博士不能遍涉。学生皆持其所短,称己所长。”③公元589年,隋文帝杨坚平陈,结束南北分裂的纷乱局势,建立隋朝,政治趋向统一,社会趋于稳定,学术亦倾向统一。《隋书·儒林传序》:“于是四海九州强学待问之士,靡不毕集焉。……。于是超擢奇秀,厚赏诸儒,京邑达乎四方,皆启黉校。齐、鲁、赵、魏,学者尤多,负笈追师,不远千里,讲诵之声,道路不绝。中州儒雅之盛,自汉、魏以来,一时而已。”④隋代学术的趋于一统为唐朝义疏之学创造了有利条件。

(二)本时期研究概况

隋朝一代历时短暂,留下关于《仪礼》的著作极少,主要有张冲《丧服义》(3卷)《仪礼传》(80卷)和李孟悊的《仪礼注》,但均散佚。

1. 张冲

张冲,字叔玄,隋吴郡(今江苏苏州)人。官至汉王侍读。梁零陵太守僧绍子。仕陈为左中郎将,右军将军,非其好也。乃覃思经典,潜心著述,

---

① 孔颖达:《礼记正义》卷十八,载《十三经注疏》(上册),中华书局1980年版,第1393—1394页。

② 张帅:《南北朝三礼学》,山东师范大学博士学位论文,2013年,第146页。

③ 魏征等:《隋书》卷七十五《儒林传·房晖远》,中华书局1997年版,第1716页。

④ 魏征等:《隋书》卷七十五《儒林传·房晖远》,中华书局1997年版,第1716页。

著有《春秋义》、《论语义》等书。其有关《仪礼》论著有《丧服义》3 卷,《经义考》卷 136 云佚,张鹏一《隋书经籍志补》卷 1 载之,今佚。此外,还有《仪礼传》80 卷,《经义考》卷 131 载之,并云佚,今佚。

2. 李孟悊

李孟悊,隋朝人。其有关《仪礼》论著《仪礼注》,不见正史,唯贾公彦《仪礼疏序》提及李氏有此书,并多引之。《经义考》卷 131 载之,今佚。贾公彦《仪礼疏》载:"是以《周礼》注者则有多门;《仪礼》所注,后郑而已。其为章疏则有二家,信都黄庆者,齐之盛德;李孟悊者,隋曰硕儒。庆则举大略小,经注疏漏,犹登山远望而近不知;悊则举小略大,经注稍周,似入室近观而远不察,二家之疏,互有修短;时之所尚,李则为先。"①由此可见,贾公彦乃取二家之长而著成《仪礼疏》。

二、唐代《仪礼》研究概况

(一)社会文化学术背景

唐朝建立后,十分重视礼制文化建设,礼制活动的整顿,如太宗贞观、高宗武后时期,玄宗开元、德宗贞元和宪宗元和时期,都有大的礼制活动。唐初修《贞观礼》,是继《隋礼》之后,对南北朝礼学成果的总结。其后经历《显庆礼》的补充,到开元时期对二礼加以调整和增删,制成《大唐开元礼》。这些举措,在一定程度上促进了当时学者对礼学经典的阐释和注解。

唐太宗时提出"朕虽以武功兴,终以文德绥海内"的治国总纲,偃武修文②,更为尊崇经学,大兴教化。先后开设文学馆、弘文馆,立十八学士讲述经义,又广征天下儒士,凡能通一经以上者,都可以为官,故而儒学复兴。太宗有感于南北朝流传下来的经学异说纷纭,不利于科举取士,便下令国子祭酒孔颖达等人撰定五经义疏,统一经义,定名《五经正义》并颁行全国,于是经学统一。

从"以文德绥海内"的治国方略出发,一方面,朝廷统治者十分重视儒学之士。唐太宗锐意经籍,开文学馆以待四方之士。大儒高士廉、颜师古、姚思廉、孔颖达、陆德明、盖文达,经学名家的名臣魏征、褚亮、房玄龄、杜如

① 贾公彦:《仪礼注疏》卷一,《十三经注疏》(上册),中华书局 1980 年版。
② 《全唐文》卷 1 太宗《遗萧德言书》。

晦等都得以重用。与此同时,还组织学者考定《五经》,令天下传习。长期的社会分裂使得南北朝学术未能统一,典籍版本与经义的训释颇有分歧,不利于推行和振兴儒学,故而太宗命大儒颜师古、孔颖达等考定五经、撰述经义、训诂疏义,以实现统一儒学的历史重任。贞观十二年,太宗命孔颖达等撰定《五经正义》,征天下名儒为学者,四方学者云集京师,高丽、百济、高昌、吐蕃皆遣子弟至长安求学,国子监生徒达 8000 余人。《五经正义》成为官方经学的定本,自此至宋代数百年间,每年科举考试,都被天下士子奉为必循之标准。再次,制定《贞观礼》等礼典。贞观初,诏中书令房玄龄、秘书监魏征礼官学士群考旧仪,制定新礼。贞观七年正月,诏颁示《贞观礼》。贞观十一年四月,唐太宗下诏颁行唐礼及郊庙新乐。

玄宗时,朝廷设"九经正义"以取士,《仪礼》用贾公彦《仪礼疏》,《仪礼疏》提高到与《仪礼注》相平等的地位,并开始作为经学的范本而被广大士子习用。据记载,唐代取士科举取士分等,"凡《礼记》、《春秋左氏传》为大经,《诗》、《周礼》、《仪礼》为中经,《易》、《尚书》、《春秋公羊传》、《穀梁传》为小经。通五经者,大经、小经各一,若中经二。通三经者,大经、中经、小经各一。通五经者,大经皆通,余经各一,《孝经》、《论语》皆兼通之。"①

(二)本时期学者礼经学著述情况

纵观整个唐代,当时的礼经研究集大成者为贾公彦的《仪礼疏》。除此以外,尚有如下几种著述值得关注:

1. 通释类著作研究者:王方庆、凌准等

(1)《礼经正义》10 卷,王方庆撰。

王方庆,唐雍州咸阳(今属陕西)人。官至太仆少卿,中宗即位后,追赠吏部尚书,谥曰贞。其博学好著书,撰有杂书二百余卷,尤精《三礼》,好事者多询之,家藏书甚丰,不减秘阁。《新唐书·艺文志》、《经义考》卷 131 均载此书,今佚。

(2)《仪礼注》1 卷,凌准撰。

凌准,字宗一,唐德宗时富阳(今属浙江)人。官至翰林学士,著有《六经解围》等书。其所著《仪礼注》1 卷,《两浙著述考》载之,今佚。

2. "五服"类专门著作研究者:孟诜、张荐、殷价、庞景昭等

唐代有关《仪礼》研究除体现在贾公彦等人对《仪礼》全书的研究外,

---

① 欧阳修、宋祁等:《新唐书》,中华书局 1975 年版,第 4 册,第 1160 页。

还有一个显著的特色是对“五服”类专门著作研究。主要有:孟诜《丧服正要》(2卷)、张荐《五服图》、殷价《丧服极议》(1卷)、庞景昭《丧服制》(1卷)、裴茝《五服仪》(2卷)、仲子陵《五服图》(10卷)。

(1)《丧服正要》2卷,唐孟诜撰。

孟诜,唐梁(今属安徽)人。举进士,垂拱初官凤阁舍人,官至同州刺史。《新唐书·艺文志》载之,《经义考》卷137云佚,今佚。

(2)《五服图》,张荐撰。

张荐,字孝举,唐陆泽(今属河北)人。敏锐有文辞,德宗时官充史馆修撰,官至御史中丞,卒谥宪。《经义考》卷137载之并云佚,今佚。

(3)《丧服极议》1卷,唐殷价撰。

殷价,唐朝学者。《通志·艺文略》载之,《经义考》卷137云佚,今佚。

(4)《丧服制》1卷,唐庞景昭撰。

庞景昭,唐朝学者。《通志·艺文略》载之,《经义考》卷137云佚,今佚。

(5)《五服仪》2卷,唐裴茝撰。

裴茝,唐元和时官太常少卿。《新唐书·艺文志》载之,《经义考》卷137云佚,今佚。

(6)《五服图》10卷,仲子陵撰。

仲子陵,唐峨眉(今属四川)人。举贤良方正,官太尝博士,通礼学。《通志·艺文略》载之,《经义考》卷137云佚,今佚。

(三)本时期礼经研究之风格与特色

其一,对南北朝时期义疏体成果的集大成。唐代传承了南北朝时期的义疏体,有关《仪礼》的著述亦多沿袭南北朝时期的义疏体。唐代有关《仪礼》义疏体著述主要有贾公彦撰《仪礼疏》五十卷,以南朝齐黄庆的《仪礼章疏》与隋代李孟悊的《仪礼注》为底本,广搜博辑,择善而从,兼增己义,成书五十卷。贾公彦的《仪礼疏》对后世经学的发展影响很大,现今流传的《十三经注疏》之《仪礼注疏》即采用郑玄《仪礼注》与贾公彦《仪礼疏》的合刻本。另外,唐代官修《五经正义》,明确地将《礼记》上升到经的位置,而对《仪礼》的重视程度不及《礼记》。至唐文宗开成年间,石刻《九经》,内列《仪礼》,从此《仪礼》之名便成定称。唐代自贾公彦之后,《仪礼》研究开始衰落。

其二,关注《丧服》经传的研究。贾公彦《仪礼·丧服》疏,通过对汉魏以来《丧服》研究的继承和创新,阐述了一套以父权制伦理道德为基本内容的家庭理论。其理论核心是对父权制的论证和维护,主要内容则是父权制家庭和家族体系的构建和维护。一方面,极力完善以父系亲属为中心的家庭结构和亲属关系模式,严格家庭等级身份制度;另一方面,着重通过对女性家庭身份地位的依附性、边缘化、卑幼化论述来树立父家长的独尊地位。凡此之类,构成了唐代国家丧服制度建设的理论基础。

其三,论著数目较少,体例缺乏创新。唐代《仪礼》学的发展极为缓慢,论著数目极少,除贾氏《仪礼疏》外,这些著作在后世的影响也都不大,学子所宗奉的仍是郑《注》和贾《疏》。贾公彦《仪礼疏》一出,基本上整个唐代的经学就停滞在这一点上,也没有可以超越或替代此书的著作出现。因此,终唐一代,《仪礼疏》在唐代《仪礼》学史上的地位实际上就是它在科举史上的地位。在体例上,贾公彦的《仪礼疏》与《五经正义》一样,都遵循"疏不破注"的原则,"注不驳经,疏不破注",是在解释郑《注》基础上的解经实践。唐代《仪礼》研究著述虽然在观点上有所创见,但体例多沿袭义疏体,因循旧注,体例上缺乏创新。

其四,研究视角缺乏新意,无极重大创见。贾公彦在维护儒学正统地位,统一经学思想的旨令影响下,为《周礼》、《仪礼》作疏解。贾公彦的《仪礼疏》成为唐代最早疏解《仪礼》十七篇的著作。《仪礼》在唐代虽然位列"九经"之一,但终究由于其文字古简、经义晦涩,又不能适应读书人的仕宦求官的现实要求,所以很少有人问津。再加上唐代研究《仪礼》的注疏不仅体例沿袭义疏体,缺乏创新,研究视角亦多不脱前人圭臬,较少新意,因而大多没有留传下来,影响较小。

三、贾公彦的《仪礼》学研究

贾公彦,生卒年不详,唐初重要的经学家。据《旧唐书·儒学传》本传记载,贾氏系洺州永年(今河北省邯郸市东北)人,永徽年间官至太学博士。曾从张士衡学习礼学,故贾氏亦精于三礼之学,撰有《周礼疏》50卷,《仪礼疏》40卷,《礼记疏》80卷,遗憾的是《礼记疏》已经亡佚不存。又据《新唐书·艺文志》记载,贾氏担任国子助教之时,也曾参与过孔颖达《五经正义》的编撰工作。

(一)《仪礼疏》撰作背景

在《仪礼》学史上,《仪礼疏》是继郑玄《仪礼注》之后的集大成之作,又一部承前启后之作,也是整个唐代《仪礼》研究的巅峰之作。《仪礼疏》的撰作与产生,有其必然的客观原因,特别是受到了以下几方面因素的影响所致:

首先,从唐初的社会政治与学术环境因素角度来看。唐王朝立国之初,即采取以经学取士的人才任用政策,包括《三礼》在内的诸部儒家原典,成为国子监和京都、都督府、州、县各级地方学校生徒研读的重要读本。唐太宗甚至下诏要求整理《五经正义》予以推广传播,并将其作为"明经取士"的重要范本和教科书,"每年明经以此考试,自唐至宋,明经取士,皆尊此本"①。"贞观以来,手不释卷,知风化之本,见政理之源。行之数年,天下大治而风移俗变,子孝臣忠"②。在其影响下,经学教育、教化与研究得到自上而下的高度重视和尊崇,成为一种时代风尚。

其次,从儒家经学尤其是三礼学自身的发展趋势来看。唐初之际,南北朝时期义疏之作大多已散佚殆尽,而且除《丧服》篇外,《仪礼》其他十六篇的义疏注释成果尤为少见。因此,为适应经学发展的需要,适应经学教育和科举取士的需要,对《仪礼》经文文本及其郑玄注语重新做一番整理和疏解,在唐初就显得尤为必要。

再次,从贾公彦的学术渊源情况来看。贾公彦研究《三礼》学多有传承,贾公彦早年受业于张士衡,张士衡从熊安生问学,熊安生从李铉,李铉从徐遵明,徐遵明习郑氏《三礼》,师承授受非常清晰。从这一礼经传承授受情况可知,贾氏接受的是南北朝时期的北学路子,主要是以郑学为宗,因而四库馆臣在谈到贾氏《周礼疏》时,对其给予了相当高的评价:"公彦之疏亦极赅,足以发挥郑学。"贾公彦为《仪礼》所做的《疏》,和《周礼疏》一样,同样遵循了北学"礼是郑学"的治学理路。他在总结齐黄庆、隋李孟悊二家旧有疏说的基础上,进一步参照其他各家,去其瑕疵,保存精华而成。

(二)《仪礼疏》著述体例特点

作为一部义疏类著作,贾公彦的《仪礼疏》在著述体例上具有以下几重特点:

---

① 皮锡瑞:《经学历史》,中华书局2008年版,第198页。

② 吴兢:《贞观政要》卷十《慎终》,上海古籍出版社1978年版,第294页。

其一,从诠释局部的体例安排上看,与孔颖达《五经正义》以及贾氏自身的《周礼疏》一样,采取了“疏注体”的诠释体式。《仪礼疏》采用汉代学者郑玄的注,逐字、逐句、逐章地解释经文和注文。贾公彦作《疏》时,往往先标示下文要解释的经文起止,再具体串讲解释礼经正文;释经完毕,接着又标注郑氏注文起止,然后解释注文申解之所以然。释经与释注不相混乱,有条不紊,显得全书行文体例秩然有序。

其二,从诠释篇章的体例安排上看,贾公彦对《仪礼》十七篇各篇的诠释还表现为给具体经文划分章节,并概括总结各节章旨,从而呈现出一种独特的诠释方式。贾公彦在疏解礼经正文时,一般以“自此至某某,论……”来概括这一部分的主要礼节内容,对经文注文内容进行划分段落,总结段意。

其三,从诠释郑《注》所涉及的情况来看,较为严整地遵循着“疏不破注”的疏证诠释原则。贾公彦《仪礼疏》在遵循“疏不破注”原则的基础上,对郑《注》的疏解,遵循着“补注、申注、附注、订注”的原则开展礼经诠释疏证工作:

申注者,即申解发覆郑《注》训释之所以然,主要涉及两种情况:一是说明郑《注》训释之理据所在,二是说明郑《注》训释之潜在意蕴。这是贾《疏》诠释疏证工作的重点要务。

补注者,“补郑君所未备”,即补充训释《仪礼》经文郑玄《注》文疏漏的相关仪文及语词情况。

附注者,即“近儒所说,虽异郑恉,义可旁通,附而存之,广异闻,袪专己”①,对于前贤有与郑《注》解释相异者,贾公彦有时也兼采纳入《疏》中,以便增广郑氏的训解。

订注者,“郑君注义偶有违失,详为辨证,别是非,明折衷也”,即纠正郑氏训释之误也。例如,《士昏礼》篇郑玄《目录》云:“士娶妻之礼,以昏为期,因而名焉。必以昏者,阳往而阴来,日入三商为昏。”贾疏:“郑云‘日入三商’者,商谓商量,是漏刻之名,故《三光灵曜》亦日入三刻为昏,不尽为明。案:马氏云:‘日未出、日没后皆云二刻半,前后共五刻。’今云三商者,据整数而言,其实二刻半也。”按:贾公彦在疏证郑氏《目录》“日入三商为昏”一语之意之余,又兼采郑玄之师马融之说,进而又称“今云三商者,据

① 胡培翚著,段熙仲整理:《仪礼正义》,江苏古籍出版社1993年版,第1页。

整数而言，其实二刻半也”，表面上看是在调和郑、马二家之说，其实质是更为认同马融的说解，而不赞成郑玄的解说也。

（三）礼经仪节诠释特点

自郑玄开始，礼经的仪文节制便是历代《仪礼》诠释者关注的重点和难点，并为此倾注了大量精力，贾公彦疏解礼经及其郑《注》亦不例外。无论是对礼经正文的逐字逐句解释，还是对郑玄注文的申解疏证，贾公彦都在充分吸纳前贤注疏成果的基础上，运用各种诠释手段，阐释礼经经文蕴含的隐微仪节，充分还原礼经的仪文节制内容。具体而言，贾《疏》在对礼经仪节内容进行诠释的过程中，主要呈现出如下几方面特点：

其一，注重从各类文献典籍中寻找大量的相关性材料，予以征引帮助进行礼制阐释。贾公彦在作《仪礼疏》时，尤为注重旁征博引，取材非常繁富，举凡与礼经所载礼制相关的文献材料，皆受其关注。贾氏《疏》文引书大体上有这样几类：一是援引《仪礼》本经进行疏证；二是援引《周礼》、《礼记》二礼之文进行疏证；三是引用《诗经》、《尚书》、《春秋》及三《传》、《尔雅》、《论语》、《孝经》等各类儒家经典文献；四是援引《山海经》、纬书；五是援引传世的各类经师旧说、礼图等。贾氏引书数目众多，种类繁杂。

其二，强调对礼经行文和郑玄《注》文进行发凡起例，归纳和总结礼例。对礼经行文进行发凡起例，郑玄《注》文就已出现，而贾《疏》疏解礼经文本，延续了这一治学传统，或总结礼例，或总结行事的方法，要皆有助于经文礼制之发覆。此外，还善于总结郑玄注释礼经当中的凡例情况，如声称郑《注》“或从今，或从古，皆逐义强者从之”，针对郑《注》从今从古的不同情况作出具体分析，并为之发凡立例。清人陈澧总结郑玄与贾公彦的发凡情况说：“郑《注》发凡者凡数十条，有郑《注》发凡，而贾《疏》辨其异同者；有郑《注》不云凡，而与发凡无异，贾《疏》申明为凡例者；有郑《注》不发凡而贾《疏》发凡者；有经是变例，郑《注》发凡而《疏》申明之者；有贾《疏》不云凡而无异发凡者。”[①]由此亦可见，贾公彦对于礼经正文及其郑《注》理解之深刻。

其三，长于考察礼经行文文例，并据此发覆行文蕴含之隐奥礼文节制内容。贾公彦特别强调发覆礼文叙述中存在的独特行文方式，如“省文”、“互文”、“相兼乃具”、“散文”、“对文”、“此经文不具，当依彼文为正”等，

---

① 陈澧著，杨志刚点校：《东塾读书记》，生活·读书·新知三联书店1998年版，第143页。

进而补充诠释和发覆礼经行文之隐奥仪节情况。

(四)礼经行文语词诠释特点

语词诠释是郑玄《仪礼注》的重要诠释工作方面,同样也是贾公彦诠释工作中的重要方面。贾氏作《疏》时,对于郑玄的语词训释语,往往做出有针对性的阐发,从不同诠释方面加以申解发覆,帮助读者知其然而且知其所以然。其中颇具特色的特点如下:

其一,长于运用汉代学者的"六书"理论分析字形,并据此进行字词的训释分析。

其二,重视透过发覆文字之间的音义关系,揭示经文异文存在的通假现象。贾氏揆度上下文,破除通假字,确定本字,务使文从字顺,把握郑注古今异文取舍之理据。

其三,注重疏通和辨析同义词之间的共性与细微差别。特别值得称许的是,贾氏尤为注重疏通经文名物的历时称谓变化,从而有助于读者明了古今异语的嬗变情况,进一步加深人们对于郑玄注语的认知,取得了较好的训释效果。

其四,长于从特定的语境角度,尤其是从所谓"对文"与"散文"的视角,考察语词之间的意义指称关系,对于礼经行文的深入解读颇具指导性。

总之,贾公彦《仪礼疏》确实有着自身独到之处,他在宗主郑氏注解的基础上,逐字逐句解释经文和注文,并旁征博引古籍和前贤的解说,补注文所未备,释注文所未详,着实是对唐以前学者《仪礼》研究成果的一大总结,具有承前启后之地位。诚如黄侃先生所说:"《仪礼疏》有条不紊,选言既富,阐义亦周,对于经注细心推勘,如遇不合,必求其致误之由,其博不及孔,而精细则过之。"①这番评述并不为过,整个隋唐时代,也没有出现一部超越之作,后世人们研究《仪礼》也难以离开这部礼经学著作,可谓令人瞩目。

---

① 黄侃:《礼学说略》,载陈其泰等编著《二十世纪中国礼学研究论集》,学苑出版社 1998 年版,第 431 页。

第十章

历代《仪礼》文献学发展概况（下）

第四节 两宋时期的《仪礼》学

一、社会文化背景

公元960年，赵匡胤黄袍加身，建立宋朝。此后相继灭了后蜀、南汉、南唐等，实现了国家的局部统一。然而，宋真宗及其后即位的诸多帝王，一直面临着辽国、西夏、金国等少数民族的抢劫掳掠与战争纷扰。由于宋朝军事力量的薄弱，双方征战往往以宋军败退收尾，甚至于在靖康二年，宋徽宗、钦宗二帝被金人所掳，导致宋室南迁，北宋从此覆灭，南宋王朝拉开序幕。此后相继经历了五次宋金战争，两次宋元战争，最终被蒙古灭国。然而，在频繁的战争之下，宋代的文化却出现了繁荣昌盛的局面。在忧国忧民的社会背景之下，儒者们往往充满着忧患意识，并力主用儒家的经典思想为政治改革服务。如王安石推崇《周礼》，著有《周官新义》，其所推行的变法在很大程度上借鉴了经学的研究成果。

连年的战乱之下，民生凋敝，社会礼俗也随之逐渐地凋敝、毁坏。面对如此的情形，宋代的儒者表现出了一定的担忧，不少知名的学者如胡瑗、李觏、苏轼、苏辙、程颢、程颐等人，纷纷推崇礼学，倡导礼学研究。其中朱熹在礼学方面下的工夫尤其大，他不仅培养了一批从事礼学研究的人才，还组织弟子门人编修礼书。在朱熹培养的弟子中，黄榦、杨复都是其中不可多得的人才。黄榦和杨复跟随朱熹的学术脚步，协助朱熹编纂了《仪礼经传通解》和《仪礼经传通解续编》，一改前人的治礼方法，对后世礼学产生了深远的影响。杨复另外编有《仪礼图》，以《仪礼》当中的礼节为对象，用绘制礼图的方法进行阐述。

事实上，可以说，《仪礼》之学至宋而微。宋神宗熙宁四年（1071），王安石改革科举制度之时，宣布废罢诗赋及明经诸科。当时《仪礼》在废罢之列，古代科举分房阅卷，自此之后，诵习《仪礼》的学者寥若晨星，《仪礼》之学受到冷落。除朱熹及其门下弟子外，宋代在《仪礼》校勘和研究方面仍有不少值得称道的著作，如张淳的《仪礼识误》，李如圭的《仪礼集释》、《仪礼释宫》，魏了翁的《仪礼要义》等，都在礼经学史上具有重要的影响力。

二、张淳与《仪礼识误》

张淳（1121—1181），字忠甫，永嘉（今浙江温州）人，五试礼部而不中，被人荐之于朝。墓志铭称："忠甫为人，严重深博，善忍事镇物，绝有材智，抑不使出。其气貌沈沈，伟然丈人也。"[①]颇有才智，与薛士龙、郑景望齐名，为乾、淳间大儒。著有《仪礼识误》一书传世。

根据《仪礼识误》自序及彭林先生之研究[②]，张淳撰作该书之旨趣有这样几点：其一，暗射王安石废罢《仪礼》。其二，慨叹《仪礼》版本之失真。其三，欲于正文字、订讹误之中恢复《仪礼》旧貌，以此昭示圣人礼制于天下，恢复《仪礼》之地位。

《仪礼》一书在宋代屡经翻刻后，已经出现很多讹脱衍倒之处，由于诵习者少，很少有人问津。朱熹曾慨叹说：《仪礼》人所罕读，难得善本。因而，《仪礼》经注的校勘，已经迫在眉睫。南宋乾道八年（1172），两浙转运判官直秘阁曾逮刊刻《仪礼郑氏注》十七卷，陆氏《释文》一卷，张淳为之校定《仪礼》文字的讹误，将所改字句，汇为《仪礼识误》三卷。

就《仪礼识误》一书的治学与校勘情况而言，主要有如下两个特点：

首先，具有强烈的版本校勘意识。四库馆臣云："今观其书，株守《释文》，往往以习俗相沿之字转改六书正经，则朱子所谓'不能无舛谬'者，诚

① 陈傅良：《止斋集》卷四十七，《景印文渊阁四库全书》（第1150册），第872页。
② 彭林：《张淳〈仪礼识误〉校勘成就论略》，《北京图书馆馆刊》1996年第3期。

所未免。然是书存而古经汉注之讹文脱句藉以考识，旧椠诸本之不传于今者，亦藉以得见崖略，其有功于《仪礼》，诚匪浅小。”①其所引据的版本，有周广顺三年（953）及显德六年（959）刊行的监本，有津京的巾箱本、杭州的细字本、严州的重刊巾箱本等，又参考陆德明《经典释文》和贾公彦《仪礼疏》，比较异同，再定取舍，至为详审。张氏为宋代名儒，后人有“南宋初，治《仪礼》者莫如张促甫（忠甫）”之语，故此书亦深得后人好评。

其次，善于运用本校、他校诸法。这主要表现为：

一是读《注》、《疏》而得经注之误。忠甫深于《仪礼》之学，故多有创获，如《聘礼》：“辞曰：非礼也，敢。对曰：非礼也，敢辞。”郑注：“辞，不受也。对，答问也。二者皆卒曰敢，言不敢。”据郑注，辞、对“二者皆卒曰敢”，可知经文对曰“敢辞”，辞字羡。

二是据《仪礼》本经校勘经文文字讹误。《丧服》：“女女子适人者。”“女女子”一词不可解。忠甫查检《丧服》经全文，而见前章有“女子子适人者为其父母”，“女子子在室为父”之语。郑注：“女子子者，女子也，别于男子也。”由此可知，“女女子”为“女子子”之误。

三是以《释文》校经注之误。《士丧礼》郑注：“将悬重者也。”《释文》释此“重”字注云：“于重同。”可见重字之前本有“于”字，张淳据《释文》补之。用早于唐石经之《释文》校《仪礼》，是张氏之校勘卓识，对后世学者颇有启发。

张淳之礼经校勘，为后人留下不少校勘方法论之识见，不乏精辟之论，足以启迪后学。

三、朱熹与《仪礼经传通解》

朱熹（1130—1200），字元晦，又字仲晦，号晦庵，晚称晦翁，谥文，世称朱文公。祖籍徽州府婺源县（今江西婺源），出生于南剑州尤溪（今福建尤溪县）。宋朝著名的理学家，闽学派的代表人物，儒学集大成者，世尊称为“朱子”。

朱熹在《仪礼》方面的研究成果，除散见于后人所编《朱子文集》及《朱子语类》中，更集中呈现《仪礼经传通解》当中。朱熹《乞修三礼札子》称

① 永瑢等：《钦定四库全书总目》（整理本）卷二十，中华书局1997年版，第250页。

“以《仪礼》为经,而取《礼记》及诸经史杂书所载有及于礼者,皆附本经之下,具列注疏诸儒之说,略有端绪”①,元代方回《桐江集·读朱文公仪礼经传跋》称“朱文公取《仪礼》十七篇,分配门类,广掇诸书,充衍其义,已成者《家礼》、《乡礼》、《学礼》、《邦国礼》。有《仪礼》以为之经,而诸书之不出于《仪礼》者,亦揭之以为经;低一字而书之者为之传;有注或疏,间断以己见,名曰《仪礼经传通解》。《王朝礼》无经而有传,名曰《仪礼集注》,盖为未成书也”②,皆指此书。

《通解》始修于庆元二年(1196),朱熹临终前仅修成《家礼》、《乡礼》、《邦国礼》、《王朝礼》四礼,因无力续作,便将《丧礼》、《祭礼》部分嘱诸弟子黄榦。宋宁宗嘉定十二年(1219),黄榦始著成《丧礼》,即《仪礼经传通解续》。而后又将《祭礼》稿本授杨复。信斋随时咨询,抄识以待笔削,而勉斋不久即逝,此后“信斋自念齿发浸衰,曩日幸有所闻,不可不及时传述,遂据稿本参以所闻,稍加更定,以续成其书”③。

该书采取通释体的体式编撰而成。在篇章设计上,《通解》并没有以《周礼·春官·大宗伯》中所称述的“吉、凶、宾、军、嘉”的“五礼”分类模式进行编排,而是以家礼、乡礼、学礼、邦国礼、王朝礼、丧礼、祭礼的模式进行篇章编排的,这大体是对《仪礼》各篇进行分类之后而确定的模式,即以《士冠礼》、《士昏礼》为家礼,以《士相见礼》、《乡饮酒礼》、《乡射礼》为乡礼,以《燕礼》、《大射》、《聘礼》、《公食大夫礼》为邦国礼,以《觐礼》为王朝礼,以《丧服》、《士丧礼》、《士虞礼》归于丧礼,以《特牲馈食礼》、《少牢馈食礼》、《有司彻》归于《祭礼》。这和东汉的郑玄开始将《仪礼》各章分别归于五礼系统的思路全然不同。

在内容编排上,《通解》各篇大多以“经”、“传”(或“记”)、“注”三方面的内容成篇。对于《仪礼》诸篇,以及所附《礼记》的相应内容,《通解》一书是分为经、传而各录其原文,随文而对其中的一些文字加以训诂,随文记录郑玄《注》、贾公彦《疏》、孔颖达《疏》,然后再以“今按”、“今详”的形式对汉唐注疏加以评点、申述或补充。

---

① 朱熹:《乞修三礼札子》,载朱熹《仪礼经传通解》卷首《目录》,《景印文渊阁四库全书》(第131册),第12页。

② 方回:《桐江集》卷三《读朱文公仪礼经传跋》,江苏古籍出版社1988年影印原《宛委别藏》本,第192—193页。

③ 载宋淳祐六年《仪礼经传通解续》刻本之《仪顾堂续跋》。

此外,该书不拘于《仪礼》十七篇篇目的内容,突破经传的界限分别,贯通《三礼》,融会诸子史书,扩大古礼文献资料和解说材料的选取范围,从而以经补经、以传补经、以经补传、以子书补经、以史补传,就成为《通解》一书的最突出特点。

作为一部具有"新的经、传、记篇章"的礼学著作,《仪礼经传通解》往往通过附加"今按"一类的方式,整理和疏解《仪礼》所载白文及其郑《注》、贾《疏》的相关语料,主要涉及句读、校勘及经文注释、郑《注》、贾《疏》之申解与纠谬等方面。其中一鳞半爪的诠释见解,对于读者研读和探究经文本身深有裨益。尽管其所加附的按语数量并不多,但透过这些有限的按语,可以深入检讨朱熹整理《仪礼》白文及《注疏》之得失所在。

朱熹编纂《通解》一书时,为了读者研习之便,他在张淳《仪礼识误》一书校勘的基础上,对当时通行本之《仪礼》白文及其郑《注》、贾《疏》文字的某些讹误再次进行了校勘整理。通过对上述诸卷"今按"之校勘实例分析来看,较诸张淳《仪礼识误》一书,朱熹对相关《仪礼》文献的校勘既有与之相似的地方,亦有其自身的独到之处。大致说来,通过对这些"今按"之校勘实例的分析检讨,可以看出,主要有以下几方面的校勘特点:

首先,从文献校勘的类别上看。朱熹对于《仪礼》文献的校勘,其所关注的主要在于通行本《仪礼》白文本身,及其相应之郑《注》和贾《疏》训语的校勘上,并不对陆德明《仪礼释文》一书的词句进行校雠,大致包括误字、衍文、脱文等各个方面。

其次,从文献校勘的方法运用上看。考察《通解》据以校勘的依据情况,朱熹校勘《仪礼》及其郑、贾《注》、《疏》的方法,主要存在这样几种情况:

一是以《仪礼》本经校经文之误。据《仪礼》本经上下文,或据他篇记载,不仅可以帮助训解《仪礼》本经之仪文节制情况,同样也可以据以纠正通行本经文之误衍讹脱等情况,朱熹校勘通行本经文亦颇注意此法。

二是据《礼记》、《周礼》而得经文之误。在朱熹看来,"《仪礼》是经,《礼记》是解《仪礼》","《仪礼》礼之根本,而《礼记》乃其枝叶。《礼记》乃秦汉上下诸儒解释《仪礼》之书,又有他说附益于其间"①;又说:"《周官》一书固为礼之纲领,至其仪法度数,则《仪礼》乃其本经,而《礼记·郊特

① 黎靖德编:《朱子语类》卷八十四,《景印文渊阁四库全书》(第701册),第782页。

牲》、《冠义》等篇乃其义疏耳。”①故朱氏校勘《仪礼》经文,亦注意依据《礼记》、《周礼》之文而校勘通行本《仪礼》经文之误也。

三是读《注》、《疏》而得经文之误。读《注》、《疏》而得经文之误,可谓一较重要的校勘经文错误之途径。朱熹乃深于此法,并屡屡据此校勘经文。当然,朱熹在运用此法校勘经文之时,亦不妄据所见通俗本贾《疏》之语而轻易校改《仪礼》经文,并不随意增删《仪礼》经文以编入其书中。朱氏《通解》的这一做法,是较为审慎合理的做法,颇为允当。

四是读《疏》而得《注》文之误。南宋以前《仪礼》之郑《注》与贾《疏》各自单行。“郑《注》每每先引经之字句,再作训释;贾疏《释》经注, 则先标明从某字至某字,再作疏解。翻刻者,往往经文刻错,而注未刻错;或注虽刻错,而别本之疏未刻错,若两相比勘,便可知其误。间有经及注之引文并误,则可于注疏之训释中辨识其误。单注本与单疏本别行、翻刻非出于一手,于其歧异处每可有所得,此其可贵之处。”②朱熹深于《仪礼》之学,故多有创获。

五是读经、《注》而得《疏》文之误。朱熹不仅通过考察《注》、《疏》行文而考通行本经文之误,同时也注意反向校勘《仪礼》经文及其郑《注》。

六是据他书所引而得经文之误。《仪礼》一书,在春秋战国之后广为援引,至于在魏晋南北朝乃至唐代各种注疏类典籍中,更多所采录之文。因此,后人往往据各种典籍校勘通行本之《仪礼》经文。这种他校之法,朱氏《通解》也较为重视。

七是据他人校语而得经文之误。朱熹在校勘通行本《仪礼》经文之误时,也注意吸纳他人的校勘成果,通过考辨分析,据以作出是非之评判,其可信者予以采录,加附按语说明之。

八是据他书原文而得贾《疏》引文出处之误。贾《疏》在申解郑氏《注》语时,往往广征博引,增加了申解的可信度,然而贾公彦有时对于引文的出处存在标明错误的情况。

再次,从文献校勘的态度上看。朱熹对于《仪礼》白文及其郑《注》、贾《疏》文字的校勘态度,可谓极为审慎认真。可从朱氏处理校勘结果的两

---

①　朱熹:《乞修三礼札子》,载《仪礼经传通解》卷首《目录》,《景印文渊阁四库全书》(第131册),第12页。

②　彭林:《张淳〈仪礼识误〉校勘成就论略》,《北京图书馆馆刊》1996年第3期。

者方式可以得到印证：

一是在据通行本援引《仪礼》及其郑《注》、贾《疏》时，并不随意删改其原有文字，而是在保留原貌的基础上，加附按语予以说明。

二是在对相关《仪礼》经文及其郑《注》、贾《疏》的校勘中，倘若缺乏明显的证据，乃以"未详孰是"、"恐误"、"疑衍"、"疑脱"、"疑当作"等一系列不确定的字眼明确加以标识，表示自己的怀疑和结论的不确定性。

四、杨复与《仪礼图》

杨复，字志仁，一字茂才，福建福州人，受业于朱熹，颇有才智，尤善于考索，真德秀督闽，为其修建贵德堂，以供杨复著述讲学，学者称信斋先生，有《祭礼》、《家礼杂说附注》诸书。

杨复《仪礼图》十七卷，附《仪礼旁通图》一卷，于绍定元年（1228）正式成书，是礼学史上第一部依据《仪礼》制作的完整礼图，是朱子学派礼学思想发展的重要结晶。其《自序》中称："复曩从先师朱文公读《仪礼》，求其辞而不可得，则拟为图以象之，图成而义显。凡位之先后秩序，物之轻重权衡，礼之恭逊文明，仁之忠厚恳至，义之时措合宜，智之文理密察，精粗本末昭然可见。……盖《仪礼》原未有图，故先师欲与学者考订以成之也。复今所图者，则高堂生十七篇之书也，厘为家乡、邦国、王朝、丧祭礼，则因先师《经传通解》之义例也。附《仪礼旁通图》于其后，则制度名物之总要也。"①就杨氏著述根本而言，主要是用礼图的形式来解读《仪礼》的作品。此书全录《仪礼》十七篇经文，疏解文意，均以图示，共205幅。又按宫庙门、冕弁门、牲鼎礼器门等分类，作图205幅，称之为《仪礼旁通图》，附于书后。此书依经绘象，随事立图，读者可据此粗见古礼之梗概。但有些图或纵或横，方向不定，远近大小，全无规矩，条理不明，令人端绪莫寻。宫庙门的七图，颇有漏略。

在编撰体例方面，杨复《仪礼图》的各篇内容分为两部分：第一部分是《仪礼》的经文内容，而对郑《注》、贾《疏》的内容仅限于"疏通"经文的目的而酌量删减；第二部分则是依据《仪礼》的经文内容，"各详其仪节陈设

---

① 杨复：《仪礼图序》，转引自《经义考》卷一百三十二，《景印文渊阁四库全书》（第678册），第662—663页。

之方位”而绘制出相应的礼图。上述体例贯穿于杨复《仪礼图》全书，甚至篇数都与《仪礼》相同，显示出杨复《仪礼图》乃是严格依照《仪礼》制作礼图。至于不属《仪礼》经文明确记载的内容，如《仪礼》记文、郑《注》、贾《疏》等有关礼仪内容，则被统一收录在《仪礼旁通图》内，附于《仪礼图》后，由此也证实了杨复《仪礼图》的首要任务正是解读《仪礼》。书中绝大部分图都能循经而绘，古礼之梗概，于此书可睹其大端，对后学颇有启发，极有裨益。

杨复除著述《仪礼图》一书外，还有《仪礼经传通解续》之“祭礼”十四卷，于绍定四年（1231）书修成。根据刁小龙先生的研究，杨复《通解续》“祭礼”的研究，有这样两大特点：一是本诸师训，述而成书；二是依违贾《疏》，回归师门。即以再修“祭礼”之章句而言，其中包括以下几种情况：有再修之分解贾《疏》章句者，有综合贾《疏》章句者，有订正贾《疏》章句者，又有于黄榦章句之未密处杨复亦修订之者。无怪乎刁小龙先生高度评价说：“朱子之学终结于礼学，而门人弟子黄榦、杨复前赴后继，终于续成礼书，至杨复竟秉承遗训，先后编撰《礼图》与再修二书，一遂朱子、黄榦之志。”①

五、李如圭与《仪礼集释》

李如圭（1167—？），字宝之，庐陵（今江西吉安）人，南宋绍熙癸丑年（1193）进士，官至福建路抚干，宋《中兴艺文志》称其曾与朱子一起校定礼经。除著《仪礼集释》外，李如圭还撰《仪礼释宫》以论宫室之制，著《仪礼纲目》以别章句之旨。

《集释》全录郑玄注文，并出入经传，旁征博引，为之诠释，多发明唐人贾公彦《疏》所未备，可以说得上是极有功于《仪礼》郑氏学。《集释》的具体礼学创解，主要反映在该书的“释曰”部分。据统计，除卷五卷六《乡射礼》、卷九卷十《大射仪》两篇无“释曰”部分外，《集释》其余十五篇共分26卷，全书计出现1326则释例，这些释语“穷探博采，出入经传，以发明前人

---

① 刁小龙：《杨复〈仪礼〉学初探——以〈特牲馈食礼〉、〈少牢馈食礼〉章句论为中心》，《中国典籍与文化》2014年第1期。

之未备"①,训释内容涉及方面可谓相当广泛。从解经学意义的学术范畴来看,无论是对《仪礼》经文的阐释,还是对郑玄注语的申解,这些诠释性话语的学术意义都极为重大。

(一)对《仪礼》经文的申解

首先,从训释内容角度看李氏的解经特色。李如圭《集释》"释曰"中的释经部分,既有对《仪礼》经文语词的训解、校勘、释音等内容,也有对于经文行礼仪节、器物度数、礼仪礼意等方面的阐发,涉及面较广。李氏《集释》的经文训释视角,颇具有独到之处:

一是善于通过经文用词的辨析,借以考见《仪礼》经文行文之用辞文例。在李如圭看来,对《仪礼》经文繁文缛节之梳理,首先要从考察经文行文之用词文例入手,从具体语词用例的辨析入手。故李氏注意发掘《仪礼》经文之用辞文例情况,加深读者对经文的认知。

二是善于通过经文仪节规制、器物度数等的辨析,借以考见《仪礼》经文谊理之所存。如同其尊奉郑玄治礼一样,李如圭同样重视典章制度之考证,强调就其中器物度数的有关规制说解《仪礼》经行文的礼意所在。

三是重视对于某些特殊语词的语音发微,借以辨明多音语词之具体语境义,或辨明祝辞一类语段的合辙押韵情况。

四是注重在朱熹《通解》礼经校勘的基础上,进一步校勘礼经讹误之文。主要有这样几种情况:一是对郑《注》所存今古文用字之抉择提出异议;二是对据所见别本校勘今本《仪礼》经文流传之讹误;三是据《仪礼》本经同篇上下文推论经文流传之讹误情况;四是据《仪礼》本经不同篇章经文推论经文流传之讹误情况。校勘中,李氏往往据《仪礼》经文及其礼意加以发挥,校勘家法甚严。

其次,从仪制训释角度看李氏的解经特色。李氏《集释》中,往往强调"以礼释礼"的解经原则,强调"治礼以例"的解经原则,强调考察礼之正变的解经原则,强调申说仪节礼意的解经原则,等等。其中最为鲜明的仪制诠释特色,主要有如下数端:

一是善于将《仪礼》置于经文各篇类似的仪制比较中,借以考见《仪礼》十七篇所载相似礼文仪节度数之差异所在。

二是善于通过发掘礼经行文中的礼例情况,即所谓"治礼以例",从中

① 陈汶:《仪礼集释序》,载《仪礼集释》卷首,《景印文渊阁四库全书》(第103册),第35页。

考见《仪礼》经文隐微之仪文节度内容,借以摆脱难以厘清的诠释困惑。众所周知,郑玄注释礼经多注意发凡立礼,贡献极大,李如圭亦承其治礼之法,对郑《注》未尽言之礼经凡例加以揭櫫。

三是善于通过《仪礼》经文之行文措辞分析,借以推阐本经行文叙事之隐微精妙处。李氏推论经文中所隐含的礼仪仪节时的不少识见,颇称允当精妙。

四是善于结合古代礼仪文化背景,或者结合先秦典籍所载有关事类,借以阐释补充《仪礼》经文所载仪文节度之有关情况。

再次,从文献引证角度看李氏的解经特色。和历代礼经注释者一样,李如圭同样强调通过援引各类典籍材料,借以与礼经行文相互发明,加深读者对于经文礼制规程的理解。从文献引证的书目情况来看,李氏引书最为广泛、最为普遍的应是《三礼》及《大戴礼记》之文,其中尤以小戴《礼记》称引最多;其次则遍及宋人所谓十三经之其他儒经,如《诗经》、《尚书》、《春秋左氏传》、《论语》、《尔雅》等;其次又推及《荀子》、《国语》、《孔子家语》、《管子》之文,其余各类先秦典籍文献则基本上不予援引。特别值得注意的是,在《春秋》三传中,李氏往往主要关注《左氏春秋》所叙事类,而较少援引《公羊传》、《穀梁传》二书语料。此外,对于汉代以来各类典籍注释语料,李氏亦较少给予关注,一般不予援引纳入其"释曰"之中。

从文献引证功用的角度来看,李氏《集释》的解经亦具有自身的独到之处。李氏援引各类文献材料,其所起到的释经功用是多种多样的:一是通过援引文献典籍,实现对经文语词的诠释之功;二是通过援引文献典籍,实现对自身经文语词诠释的辅证之功;三是通过援引文献典籍,实现对经文礼意的诠释之功;四是通过援引文献典籍,实现对自身经文礼意诠释的佐证之功;五是通过援引文献典籍,实现对经文礼事的诠释佐证之功;六是通过援引文献典籍,实现对经文仪制诠释的佐证之功。

(二)对《仪礼》郑注的申解

李如圭《集释》"释曰"部分的解经学价值,不仅体现在解释《仪礼》经文上,同样体现在它对于郑玄《注》文的申解与阐发上。

首先,从语词训释角度看李氏的释注特色。李如圭著《集释》时,特别注意申解郑《注》行文中的相关语词之义。值得注意之处有如下几点:一是强调从疏通郑《注》文意的角度,重视对注语中的某些生僻疑难语词加以训释，便于读者明晰注语要旨；二是对于郑《注》中的某些虽然较为通俗却又易于引起误解之语词者，《集释》亦常加附训语申解说明之；三是善于考察礼经上下文行文特征，进一步推阐郑《注》语词训释之缘由；四是善于对郑《注》中的某些特殊义训例加以辨析，换从另一视角诠释，进一步推阐郑《注》语词训释之义。

其次，从仪制训释角度看李氏的申注特色。《集释》对郑《注》梳理的视角是多方面的，或推阐郑《注》仪文节度训释之所由，或发掘训语其中隐性的相关仪文节度详情，或发明郑《注》仪节训释中隐性的礼意内涵，或对郑《注》所释礼意进一步加以深化解说。从仪制及其礼意训释角度审察李氏《集释》的申注特色，主要体现在如下几个方面：一是善于考察礼经上下文行文措辞，进一步推阐郑《注》仪文节度训释之所由；二是善于通过辨析郑《注》行文语词，发明郑《注》所叙礼经仪文节度之详情；三是善于考察礼经上下文，进一步明辨郑《注》仪制、礼意训释之所由；四是善于考察礼经上下文，进一步推阐郑《注》所释仪制之隐含礼意内容；五是善于考察礼经上下文，推阐解释郑《注》训语概括性文辞，加深对经文仪节的认知。

再次，从补释注文角度看李氏的申注特色。《集释》往往通过补释注文的方式，对郑氏注文加以补释，或补充解说郑玄《注》文训释较为模糊之处，或补释其中训解不到位的地方，等等。其补释注文之特色，大致包括：一是对于郑《注》释义表述不够明晰之例，注意进一步发覆补充之；二是对于郑《注》未见明确训释而又易于引起误解者，注意加以补释之；三是强调补充解说与经文、郑《注》所述密切相关的礼制情况。

续次，从文献引证角度看李氏的申注特色。《集释》引书最多的应是《三礼》及《大戴礼记》之文，其中尤以小戴《礼记》称引最多；其次则是其他儒经，如《诗经》、《尚书》、《春秋左氏传》、《论语》、《尔雅》等；其次又推及《荀子》、《国语》、《孔子家语》、《管子》之文。至于其他各类先秦典籍文献，李氏则基本上不予援引。在《春秋》三传中，李氏主要关注《左氏春秋》所叙事类，而较少援引《公羊传》、《穀梁传》二书语料。此外，对于汉代以来各类典籍注释语料，李氏亦较少给予关注，一般不予援引纳入其“释曰”之中。

李氏援引各类文献材料的诠释功用：一是注意通过援引相关文献典籍语料，进而发覆郑玄《注》文有关语词训释的依据和来源；二是通过直接援引相关文献典籍语料，证明郑玄注语仪制训释的正确性；三是有时通过直接援引相关文献典籍语料，实现对郑氏注语相关语词进行解释的功效，而不加附任何注释性话语；四是申解阐述郑《注》有关语句礼仪所指内容之际，亦常援引相关文献典籍语料加以佐证。

另外，从校勘释音角度看李氏的释注特色。《集释》中的某些校勘，往往将其和自身的释注特色贯通在一起，即将校勘的视角集中在了对郑《注》行文校勘结论的抉择方面：一是对于郑玄有关于《仪礼》今古文择取的剖析；二是对于今古文校勘之外的其他校勘语的评判抉择。这对于诠释礼经白文，是非常有裨益的。

六、魏了翁与《仪礼要义》

魏了翁（1178—1237），字华父，号鹤山，邛州蒲江（今属四川）人。庆元五年（1199）进士，授签书剑南西川节度判官。历任国子正、武学博士、试学士院，以阻开边之议忤韩侂胄，改秘书省正字，出知嘉定府。嘉定四年（1211），擢潼川路提点刑狱，历知遂宁、泸州、潼川府。嘉定十五年（1222），召为兵部郎中，累迁秘书监、起居舍人。宝庆元年（1225），遭诬陷后黜至靖州居住。绍定五年（1232），起为潼川路安抚使、知泸州。端平元年（1234），召权礼部尚书兼直学士院，以端明殿学士、同签书枢密院事之职督视江淮京湖军马。

魏了翁对儒家经典多有研究，著有《九经要义》一书，《仪礼要义》即为其中之一种，颇受后世学者关注。理宗宝庆元年魏了翁遭朱端常弹劾，诏降三官，靖州居住。该书便完成于魏氏谪居靖州期间，“山中静坐，教子读书，取诸经、《三礼》自义疏以来重加辑比，在我者益觉有味，不知世间何乐可以如此。”①所谓“九经”，是除去《公羊》、《穀梁》、《尔雅》和《孝经》之外的九部经典。其所谓“要义”，乃魏了翁删节“九经”正义或注疏，取其可阐发义理者，而绝不轻改一字。《仪礼要义》共五十卷，在诸经要义中，卷数仅次于《春秋左传要义》，由此可见魏了翁对于《仪礼注疏》一书的重视。

魏了翁整理《三礼》的目的，根本上是为了剔除其中后人的附会之处，

① 魏了翁：《答范殿撰》，《鹤山集》卷三十四，《景印文渊阁四库全书》（第1172册），第401页。

以恢复圣人本义。在《三礼》当中,他认为《仪礼》为本,《礼记》居中,《周礼》为末,他的《仪礼要义》取郑玄《注》、贾公彦《疏》之精华,分列纲目,条理井然。

关于《仪礼要义》一书的内容和体例,《四库全书总目》云:“于每篇各为条目,而节取《注》、《疏》,录于下方,与《周易要义》略同。”又说:“了翁取而删翦之,分胪纲目,条理秩然,使品节度数之辨,展卷即知,不复以词义轇轕为病。其梳爬剔抉,于学者最为有功。虽所采不及他家,而《仪礼》之训诂备于郑、贾之所说,郑、贾之精华备于此书之所取。后来诠解虽多,大抵以《注疏》为蓝本,则此书亦可云提其要矣。”①

《九经要义》的一个重要特点,是该书称得上是一部考据、义理兼备的经学著作,《仪礼要义》也是如此。但其编撰目的并非要继往开来,流传后世,胡玉缙先生曾说:“《要义》为谪居靖州时所作,盖读经自课,摘要以便检阅,并无删订之心。故每篇各为条目,经文、《注》文皆阙略不完,又不甚依经次第。”②可见,魏了翁的《仪礼》诠释,继承了汉代学者群籍诠释兼顾字词训诂和义理发微的治学特性。

第五节　元明时期的《仪礼》学

一、元明《仪礼》研究概况

元、明两朝,经学因尊崇程朱理学而其说多空衍义理,与汉唐时期的注疏之学形成显著差异。受当时整体儒家经学研究风气影响,“《仪礼》宋学”作为《仪礼》学的一个学术分支开始抬头,注入了宋学重义理的某些学术特质。与此同时,礼经补佚之风逐渐兴盛,研究风气不够浓郁,礼经地位逐步下降,研究论著偏少,著述体例缺乏创新。明代礼经学地位继续下降,《五经大全》未能列入,礼经补佚之风有所下降,图解研究受到重视,《仪礼》经文单篇研究得到继续加强,礼经文献刊刻风气较浓郁。《明史·

① 永瑢等:《钦定四库全书总目》(整理本)卷二十,中华书局1997年版,第252页。

② 中国科学院图书馆整理:《续修四库全书总目提要(经部)》,中华书局1993年版,第546页。

艺文志》对通论《仪礼》的著作仅著录汪克宽《经礼补逸》九卷,黄润玉《仪礼戴记附注》五卷,何乔新《仪礼叙录》十七卷,湛若水《仪礼补逸经传测》一卷四种。其他关于婚礼、丧礼、射礼、乡饮酒礼的仅少数几种。朱彝尊《经义考》于黄氏、何氏、湛氏书皆注“未见”,又补入程敏政《仪礼注》、丁现《仪礼注》、胡缈宗《仪礼郑注附逸礼》、何澄《正仪礼纂疏》等十余种,且其中几部亦注曰“未见”。《四库提要》于明代《仪礼》类著作竟未著录一部。当下存目之《仪礼》著作,主要有郝敬《仪礼节解》十七卷,张凤翔《礼经集注》十七卷,朱朝瑛《读仪礼略记》十七卷三种。总的说,明代关于《仪礼》的著作确乎不多见。

二、吴澄与《仪礼逸经传》

吴澄(1255—1330),字幼清,晚年改字伯清,抚州崇仁(今属江西)人。幼聪敏好学,曾受教于朱熹再传弟子饶鲁的门人程若庸,与其族子程巨夫为同学。宋度宗咸淳六年(1270),应乡贡中选。次年,就试礼部,落第。授徒于乡里,作草屋以居,题名“草庐”,因此被称为草庐先生。入元后,避兵乱隐居乐安布水谷,从事著述,至元二十年(1283)还居草庐。二十三年,程巨夫奉诏到江南蒐罗人才,从之至人都,不久即辞归。元贞年间,讲学于龙兴(今江西南昌),为江西行省左丞董士选所赏识,荐于朝。大德五年(1301),授应奉翰林文字,次年至京,而该职已改授他人,遂南还。八年,被任为江西等处儒学副提举,迁延不赴,后称病辞职。至大元年(1308),授国子监丞;四年,升司业。皇庆元年(1312),辞职还家。次年,集贤院奏请召为国子祭酒,反对者指责他为陆学,不合许衡尊信朱子之义,不可为国子师,于是作罢。延祐五年(1318),授翰林直学士,遣虞集驰驿召入朝,中途因病不行。至治三年(1323),超拜翰林学士,复遣近臣至其家征召,乃入京。泰定元年(1324),命为经筵讲官,复命修《英宗实录》。二年,《实录》成,辞官南归。晚年仍致力于著述、讲学,南北士人来从学者甚多。元统元年(1333),卒于家,谥文正。

吴澄著述丰富,尤精研诸经,在《仪礼》学方面素有研究,先后著述有《仪礼逸经传》、《三礼叙录》等相关著作。其中,《三礼叙录》一卷,是书以《仪礼》为首,因朱子所分礼章,重家伦纪,编纂之法,条而不紊。其后则

《周官》、《大戴礼记》序次为之。

《仪礼逸经传》二卷。吴澄深惜《仪礼》17 篇尚不完备，于是从《礼记》、《大戴礼记》、《小戴礼记》以及郑玄《三礼注》等广泛摄拾，编成《仪礼逸经》8 篇，即《投壶礼》、《奔丧礼》、《公冠礼》、《诸侯迁庙礼》、《诸侯衅庙礼》、《禘于太庙礼》、《王居明堂礼》。他又从《大戴礼记》、《小戴礼记》中采摭，编成《仪礼传》10 篇，即《冠仪》、《昏仪》、《士相仪》、《乡饮酒仪》、《乡射仪》、《燕仪》、《大射仪》、《聘仪》、《公食大夫仪》、《朝事仪》等。此书仿朱熹《仪礼经传通解》之例，按照古人行礼之节次编纂经传文字，其条理显得较为缜密。所引逸文，编次先后，依行礼节次，不尽原文。所引二戴《礼记》，注明出处，于郑氏《三礼注》则否。

至于《重刊仪礼考注》一书，根据清初学者张尔岐的说法，"《考注》一书，前人已判其为伪，而犹流传至今者，以此经习之者鲜，人不及深考，遂致坊贾流布不已耳"①。如此，则今人所见此书并非吴澄所撰，而是后人冒名之伪书。不仅如此，《蒿庵闲话》里，有 3 条关于吴澄《三礼考注》中《仪礼考注》的考述，主于考辨当时所传吴氏《仪礼考注》之伪，其中以卷二第一条考辨论证最为全面。张氏之所以判定其为伪书，主要是基于三方面的考虑：一，该书《仪礼 · 记》文的编排方式不同；二，从《序》文所列正经、《逸经》、《传》之篇目来看，可以证实世传《仪礼考注》之伪；三，根据《序》文所列各篇卷目次第归属，与今传习本《仪礼考注》次第处理的差异情况，可以判定该书属于伪作。张氏的《考注》伪作说，后来为四库馆臣所采纳。

三、敖继公与《仪礼集说》

敖继公，生卒年不详，字君善，福建长乐人，寓居于吴兴。据《宋元学案 · 艮斋学案》，敖继公尝擢进士，因对策忤时相，遂不仕。大德中荐为信州教授，未任而卒。其人深通经学，赵孟頫尝师之。敖继公生前"深通经学，动遵礼法"②，为跨宋入元的宿儒，一生勤于《仪礼》学研究，其所传世之《仪礼集说》一书，是为驳议郑玄的《仪礼注》而著，全书共十七卷，分别一一对应原著，附郑玄《注》，一些地方也附上贾《疏》作为参量。

---

① 张尔岐著，张翰勋整理：《蒿庵闲话》卷二，齐鲁书社 1991 年版，第 355 页。

② 纳兰性德：《通志堂经解》，上海古籍出版社据清康熙间刻本影印 1997 年版，第 163 页。

《仪礼集说》一书成书于元大德五年(1301)。众所周知,《仪礼》一书文古义奥,郑玄始为作注,此后学者多恪守郑学。唐疏之后则罕有习《仪礼》者,虽有朱熹等人承继绝学,终未成显学。至元代,敖继公因郑《注》"疵多而醇少,学者不察",故撰《仪礼集说》十七卷,"删其不合于经者,而存其不谬者;意义有未足,则取疏记或先儒之说以补之;又未足则附之以一得之见"①。

就全书体例而言,《仪礼集说》采取随文释义的解经方式,列郑《注》或贾《疏》,或解释经义,或考辨经文,部分卷末附有正误以考辨字句。因解经简明,一度颇有影响力,明代及清初治礼者多宗其说。例如,明人郝敬《仪礼节解》、清初学者姚际恒《仪礼通论》等,在训释《仪礼》经、《记》时即称颂引录;清初学者纳兰性德、徐乾学等裒集宋元经注,将其编入《通志堂经解》,纳兰氏甚至撰《仪礼集说序》文,为之申解。

就治学取向而言,敖继公主于在郑玄之外可自成一家《仪礼》解经家法。众所周知,宋儒崇尚思辨,好谈心性理气,不信汉人注疏,好用义理疑经、解经。因此,尽管郑氏经学闳通博大,简明义精,结构严密,但已和宋末、元初的时代要求相抵牾。为了使宋学在经学上与汉学抢占高地,也为了事功立名,敖继公凭借宋学派极少人具备的《仪礼》学功底,担当起经学在《仪礼》研究领域向汉学的冲击。敖继公在《仪礼集说·自序》中这样写道:"此书旧有郑康成注,然其间疵多而醇少,学者不察也。予今辄删其不合于经者,而存其不谬者;意义有未足,则取《疏》、《记》或先儒之说补之;又未足,则附以一得之见焉,因名曰《仪礼集说》。……然初学之士或有取焉,亦未必无小补云。"②简言之,是书于礼学衰微之际多方会通礼义,于礼学传承之功甚伟,且书中多有创见,往往有其根据,于郑玄之外可自成家法,故其影响深远,元明清三朝学者,多为之披靡。但也因为破除了郑玄的解经家法,故在乾嘉考据学兴起后,礼学家则多力诋敖氏为异说,更趋向于以郑玄治学家法为宗。

关于《仪礼》经文后之《传》、《记》文,敖继公亦多有独到认知。例如,他主张《丧服传》一文并非子夏所作,反对传统的认知观。《丧服》篇末敖氏加附案语说:"此《传》则不特释经文而已,亦有释《记》文者焉,则是作

---

① 敖继公:《仪礼集说·自序》卷首,《景印文渊阁四库全书》(第105册),第36页。
② 敖继公:《仪礼集说·自序》卷首,《景印文渊阁四库全书》(第105册),第36页。

《传》者又在于作《记》者之后明矣。今考《传》文，其发明礼意者固多，而其违悖经义者亦不少，然则此《传》亦岂必皆知礼者之所为乎？而先儒乃归之子夏，过矣。"又说："后之儒者见其为经、《记》作《传》，而别居一处，惮于寻求，而欲从简便，故分散《传》文而移之于经、《记》每条之下焉。疑亦郑康成移之也。"①力求自谓新解。另外，朱熹作《仪礼经传通解》时，曾将《仪礼》中十三篇的《记》加以割裂，分属于经文各条之下。敖氏认为，《记》有专为一条而发者，有兼为两条而发者，有兼为数条而发者，还有在经义之外别见于他礼者，若任意移掇其文，则将有失《记》之本意。因此，敖氏将《记》文全部聚归原处，这是很有识见的。

为了追求新解，敖氏常取"以意求之"的解经态度，颇有斥经文为"长语"（意即废话）的举措；又动辄谓《仪礼》经文有脱文、衍文的现象存在，此以后世文理推断古经，目无圣人，其为正统经生如褚氏反感者实在此。如《士昏记》："贽不用死，皮帛必可制"，敖氏云："此文在皮帛之前，则是指纳采之类言也。夫贽云者，亲奉其物以相见之称也。纳吉之类，礼虽用雁，然遣使为之，固不可谓之贽。以贽为言，记者过也。且'不用死'之云，亦似长语。古人非昏礼而用雁，岂有用死者乎？似重失之。制，制为衣裘也，然则他礼之用皮帛者，其有不可制者乎？亦似长语矣。"②两句《记》文在敖氏看来，既是废话又是错误，此绝非汉学解经态度。又《仪礼》经、《记》互有详略，敖氏或谓"过于详"，"似不必言"，或谓"文意又似失之不备"，直欲替圣人改文。经文多发凡，敖氏往往质疑，如《乡饮酒记》"主人、介凡升席自北方，降自南方"，敖氏云："此仪各一见于经《记》。云'凡'者，似为不见者言也。二席南上，升降皆当由下，其降由上者，由便耳。若例指为正礼，则似失之。且经于主人之酢云自席前适阼阶上，是其降亦未必皆自南方也，乃言'凡'，何与？"③总之，在敖继公看来，"郑《注》疵多而醇少，删其不合于经者，意义有未足，则取《疏》、《记》或先儒之说以补之；又未足，则附以一得之见。"④郑《注》简约，又多古语，贾《疏》未能一一申明，敖氏则逐字研求，务畅其旨，故颇能有所发挥。

尽管敖氏以破除郑氏解经家法为宗尚，但是他也不一味反对郑玄的解

① 敖继公：《仪礼集说》卷十一，《景印文渊阁四库全书》（第105册），第439页。
② 敖继公：《仪礼集说》卷二，《景印文渊阁四库全书》（第105册），第85页。
③ 敖继公：《仪礼集说》卷四，《景印文渊阁四库全书》（第105册），第13页。
④ 敖继公：《仪礼集说·自序》卷首，《景印文渊阁四库全书》（第105册），第36页。

经方法，相反还多有继承与发扬。郑《注》素称简奥，贾《疏》亦不能尽得其义，后人不得注义，每转从贾《疏》，其实贾《疏》多望文阐义，非关实学。敖氏钻研《仪礼》极深，故于郑学亦深入堂奥。通校敖氏《集说》，其云“凡”，大抵经以求例，复据例以通经，包含名物、仪节及礼意诸多方面，其言或详宾主之礼，或重尊卑之义，皆礼例之大者，实本郑玄家法。清人凌廷堪《礼经释例》引敖氏发凡起例加以推证者，就颇为不少。因而有学者认为，“观敖氏说解，每每前后呼应，用心细密，实非出主入奴、抄撮义疏之辈可以比拟。敖氏于注末往往另附案语，多为郑注之引申和补充，亦无轻视之意。”①

该书名曰《集说》，正表明为“集解”之学。《集说》博采唐宋经说，立论多以经为据，本经不可通，则引他经相比例，所得多出郑《注》之外，于所不知则秉阙疑之道，称“未闻”、“未详”或“不可强通”。《集说》虽多新解，但简明扼要，且重视“礼意”阐释，故后儒乐于从事。《集说》引注疏、后儒说之后，多以“继公谓”表达己见，末尾所缀“继公案”，则多为对郑注之订补。

四、郝敬与《仪礼节解》

郝敬(1558—1639)，字仲舆，号楚望，因世居湖北京山，世称“郝京山先生”。“早岁出入佛老，中年依傍理学，垂老途穷，乃输心大道。”②明万历十六年(1588)中举，次年进士及第。万历十八年(1590)，郝敬被任命为浙江缙云县知县，一年后改调为永嘉县令，由于政绩颇佳，三年后升任礼科给事中。郝敬在此任上仅一年，即因家事告假归家，三年后复补户科给事中。在这个职位上，郝敬极尽谏诤及纠察之责，屡屡陷入政治争斗，直到万历三十二年(1604)挂冠而归，闭门筑园著书，不通宾客，终老田园。

郝敬在《仪礼》学方面的研究，传世之作有《仪礼节解》十七卷。就该书的《仪礼》研究考察情况而言，既有与其他诸经研究共通之处，也有不同于他经研究的地方。概括说来，郝敬的《仪礼》研究有以下几个特点：

(一)不拘成说，自成一家

黄宗羲称郝敬治学“《仪礼》、《周礼》、《论》、《孟》各著为解，疏通证

---

① 顾迁:《敖继公〈仪礼集说〉与清代礼学》,《史林》2012年第3期。

② 郝敬:《时习新知·自序》卷首，明万历崇祯间郝洪范刻《山草堂集》增修本。

明,一洗训诂之气。明代穷经之士,先生实为巨擘"①。其解经注经巨著《九经解》,即五经之外加上《仪礼》、《周礼》、《论语》、《孟子》等九部经典的疏解,包括《周易正解》、《尚书别解》、《毛诗原解》、《周礼完解》、《仪礼节解》、《礼记通解》、《春秋直解》、《论语详解》、《孟子说解》等多种。之所以名为"九经"而非传统所言的"五经",是因为郝敬认为:"《三礼》皆礼也,《论》、《孟》皆传也,犹之五也。五用九,天则也。"②完全取消了"四书"的说法。从具体到礼的认知来说,在郝敬看来,天地万物之自然差别即蕴含礼。此是人间制礼的根据。礼仪虽繁,而其根据则约。《仪礼》十七篇说礼繁多,但只是礼的一部分。礼之项目节次无穷尽,关键在得其精神。得其精神就是得其纲领。礼之精神,在郝敬看来,就是孔门之仁爱。礼仪若无仁爱为其根本,则为虚文浮格。他说:"礼非强作,是人道之经纬。无礼则无人道。孔子曰:仁者,人也。亲亲为大。义者,宜也。尊贤为大。亲亲之杀,尊贤之等,礼所生也。仁义生尊亲,尊亲生等杀,等杀生礼。天地之大德曰生。知生之说者,则知天;知天之说为经。夫仪之不可为经,犹经之不可为仪也。经者,万世常行;仪者,随时损益。父子、君臣、夫妇、长幼、朋友,经也;礼仪三百,威仪三千,仪也。皆以节文斯五者。"③天所表现的伦理原则是经,具体仪文是经的表现。

(二)重仪文之内涵

郝敬由重视礼之精神内涵而称叙述外在仪节的《仪礼》为"虚影",认为只有掌握了礼的本质,外在的仪节才是有意义的,并对郑玄注礼之方向甚有微词,他说:"《仪礼》皆古人虚影。学者精神淹贯,方有理会。若但寻行数墨,如郑康成辈校勘同异,辨正文字,按本演习,如傀儡登场,无生机血脉,老聃所谓刍狗,庄生所谓蜩甲,辜负圣人雅言之意。"④郝敬由此对《仪礼》诸多不敬之辞,如:"《仪礼》作于衰世,故其仪文虽详,而大纲不清。虽不及天子之礼,而时或杂越,以大夫乱诸侯,诸侯乱天子,往往有之。"⑤又如:"作《仪礼》者亦未及亲见古人,故其辞多罔象。"⑥"是书详处太琐。"郝

① 黄宗羲:《明儒学案》卷五十五,中华书局2008年版,第1313页。
② 郝敬:《谈经题辞》,《谈经》,明万历至崇祯间郝氏《山草堂集》刻本。
③ 郝敬:《读仪礼》,载《仪礼节解》卷首,《四库存目丛书》(经部第87册),第344—345页。
④ 郝敬:《读仪礼》,载《仪礼节解》卷首,《四库存目丛书》(经部第87册),第345页。
⑤ 郝敬:《读仪礼》,载《仪礼节解》卷首,《四库存目丛书》(经部第87册),第345页。
⑥ 郝敬:《读仪礼》,载《仪礼节解》卷首,《四库存目丛书》(经部第87册),第345页。

敬《读仪礼》用了大量篇幅指出《仪礼》太过琐细之处，丧礼、祭礼、冠冕、服色、饮食、宫室、车骑、名义皆有。他的结论是："若斯之类，风影附合，诪张为幻，不可从也。""《仪礼》成于后儒之手，而古籍亡矣。"①他认为，如此繁琐、屑细的仪节，且不说其中有大量讹蚌难通之处，即使辑补完整，校勘精切，也不能一一用于今日。

(三)好以私意穿凿解经

《四库提要》评论郝敬之《仪礼节解》说："敬所作《九经解》，皆好为议论，轻诋先儒。此编尤误信乐史'五可疑'之说，谓《仪礼》不可为经，尤其乖谬。所解亦粗率自用，好为臆断。……敬之所辨，亦时有千虑一得，然所见亦罕矣。"②郝敬注《仪礼》，首明《仪礼》成于后儒之手，非圣人之书，故对其中内容多不惬于心。礼学大师郑玄之注，前人尊信，莫敢异同，郝敬则大力抨击。他对《仪礼》，未如他经恭敬，重言攻击处甚多。郝敬此书前有《读仪礼》一篇，以上对《仪礼》之见解，尽见于此篇中。郝敬之不喜《仪礼》，首先起因于他轻视礼的仪节形式，着重礼的本质这一点。他于《读仪礼》开篇即说："夫道莫大于礼。天高地下，万物散殊，而礼制行矣。故礼未可以一端尽也。圣贤以礼修身，以礼教人，而不举其数。……圣人盛德至善，从心所欲，自然周旋中礼。惟其有温良恭俭让之意，而后有鞠躬椒踏之容。虚文浮格，似是而非，是象恭也。承迷习醉，可由而不可知，是凡民也。故圣人教人以礼，而其言礼以约。得其要，即一拜一揖，见古人之精神；不得其要，虽三千三百，木偶而衣冠耳。"③对朱子之以《仪礼》为纲，《周礼》、《礼记》为辅从和补充的观点，郝敬明确表示不同意，就是因为他不甚看重《仪礼》。对朱子《仪礼》难读的说法，郝敬也不以为然，他质疑道："昔人谓《仪礼》难读，未知文辞难耶，义理难耶？义理不奥于他经，文辞烦琐，详思自解。三礼惟戴《记》多名理，《周礼》多疑窦，《仪礼》差易。郑康成拘泥名理，殊非所长。人见其附会多端，以为特详于制，然纰漏处难可一二数也。"④认为《仪礼》并不难读，是郑注之繁琐名理导致其难读。

由此看来，郝敬注经解经的方式，实在于开清初学者回归"六经"之先声，对此后学术界产生了广泛而持久的影响。"郝敬注经解经，与其说是注

---

① 郝敬：《读仪礼》，载《仪礼节解》卷首，《四库存目丛书》(经部第 87 册)，第 349 页。
② 永瑢等：《钦定四库全书总目》(整理本)卷二十三，中华书局 1997 年版，第 297 页。
③ 郝敬：《读仪礼》，载《仪礼节解》卷首，《四库存目丛书》(经部第 87 册)，第 344 页。
④ 郝敬：《读仪礼》，载《仪礼节解》卷首，《四库存目丛书》(经部第 87 册)，第 346 页。

释,不如说是借注经之名表达自己的思想。他从未把研究重点放在训诂考据上,也没有满足于批驳朱王空疏、玄虚之弊,而是强调由虚返实,回归经典的治学理路,继而提出重实践、重实事的思想精神,并突出利用经典解决当下问题的现实意义。”①

第六节　清代及民国的《仪礼》学

清代《仪礼》研究非常兴盛,《仪礼》学著作浩繁。根据对王锷《三礼研究论著提要》的统计,单是这一时期《仪礼》专经类研究专著就有225部,涉及的学者多达177人,文献数量占整个古代《仪礼》学研究总数的21.4%。鉴于各阶段著述过多,研究侧重点和著述风格差异较大,本节拟将这一时期的礼经研究分为前期、中期、后期,分别加以概述说明。至于礼经学家著述介绍,考虑到难免挂一漏万,这里不再遴选数家代表性的论著进行介绍,可以参看拙著《清代〈仪礼〉文献研究》、《清代“五服”文献概论》二书;此外,笔者将另行出版《清代〈仪礼〉学史》一书,更有详细探究。本节将更多从总体角度,对各阶段礼经研究进行宏观性的说明。

一、清代前期《仪礼》研究概说

(一)本期著述文献概说

从顺治初年延至乾隆二十年前后,这一时期的礼经学著作大致有61种。从文献整理体式角度来看,这些礼经学著作大致可以分为四大类:

一是考辨体和考证体著作。其中,考辨体著作有毛奇龄《昏礼辨正》、吴廷华《仪礼疑义》、万斯大《仪礼商》、吴肃公《读礼问》、《仪礼析疑》、江永《仪礼释宫增注》、沈彤《仪礼小疏》等,考证体著作有毛奇龄《丧礼吾说篇》、《三年服制考》、毛先舒《丧礼杂说》、严际昌《丧服通考》、姜兆锡《仪礼丧服考》、《古今丧服考》、汪琬《丧服或问》、方苞《丧礼或问》、任启运《朝庙宫室考》、《肆献祼馈食礼》等。这种礼制考证与考辨,或是对当下民间礼俗的疵议,如万斯大、毛奇龄、姚际恒、汪琬、朱建子等人,折衷于古代

① 左攀:《郝敬生平及学术特质述论》,《荆楚学刊》2013年第3期。

礼制和历代民间礼制的异同考察，从情、义、理等诸多方面进行理性思辨，结合《仪礼》及《礼记》、《大戴礼记》等典籍记载，考辨礼制是非，务求有助于民间礼制文化重构；或是对礼经礼制进行考证，强调礼经与其他先秦儒家典籍的互贯融通，考察典籍礼制记载中的正礼与变礼异同，务使礼经与儒家诸传记文献实现融通式考察，从而深入挖掘其中的礼义与礼意内涵所在。

二是纂集体、通释体著作。其中，纂集体著作有李清植《仪礼纂录》、盛世佐《仪礼集编》和官修之作《仪礼义疏》，通释体著作有徐乾学《读礼通考》、江永《礼书纲目》、姜兆锡《仪礼经传内外编》、胡抡《礼乐通考》、秦蕙田《五礼通考》、梁万方《重刊朱子仪礼经传通解》等。这表明，当时学界在《仪礼》诠释理念上兼采汉、宋治学风尚已经悄然普遍形成，而且在当时社会的高层知识分子身上体现得尤为明显。纂集体著作研究者关注的焦点，在于对历代《仪礼》研究的主要成果之摭录，借以从中发见各家解说之是非优劣，进而廓清元、明两朝学者的许多错误诠释影响。

三是疏注体、章句体和评点体等体式著作。其中，疏注体著作有张尔岐《仪礼郑注句读》、李光坡《仪礼述注》、徐世沐《仪礼惜阴录》，章句体著作有王文清《仪礼分节句读》、吴廷华《仪礼章句》、蔡德晋《礼经本义》等，评点体著作有姚际恒《仪礼通论》、马駉《仪礼易读》等。疏注体、章句体一类著作的广泛著述，说明清初诸儒对于汉、唐学者治经方法的高度体认，但又不拘泥、曲徇、盲从郑《注》，注重对郑玄、贾公彦等先贤说解错误之处进行补正，讲究有理有据。

四是吕宣曾的《古宫室图》、《古冠服图》、陈天佑的《丧服图》等 3 部专门图解体著作和一些附载图解体著作。3 部专门图解体著作可惜皆未流传下来，但在大量的附载图解体著作中，往往有相关的礼图内容，如汪琬《古今五服考异》卷二的丧服器物图，卷三的丧服图表；姜兆锡《仪礼经传外编》卷三至卷五所载《仪礼图考》，依五礼次第先分后合，一至五依次为嘉礼、军礼、宾礼、凶礼、吉礼图考，《图考六》为后附图考，《图考七》为五礼总图考，等等，大都是对历代学者重视礼图研究治学传统的继承与扬弃，迎合了清初批判程朱理学、讲求“实学”的治经风气。

从诠释内容角度来看，这些礼经学著作不仅关注于《仪礼》白文的语词训诂，经文仪文节度诠释，经文礼意的阐发，与此同时，许多学者也关注于《仪礼》经文全局宏观性问题的探讨，从《仪礼》十七篇序次、适用对象、“五礼”归属，到《仪礼》经传的撰者、《记》文的性质、经《传》《记》文有无互混等问题，都有涉及。清初学者在朴实穷经、研礼热潮的驱动下，纷纷将关注现实改革的倡言与礼经的实践性考索结合起来，他们重视儒家经学原典的研究，考辨前贤成说之是是非非，着实有益于当时礼经学研究的全面深入与健康发展。

（二）礼经诠释策略状况

清代前期学者对于《仪礼》文本及其礼制的诠释策略主要有如下几种情况：

其一，纂集重构——以结构为基础的诠释策略。它往往“从结构入手，通过调整全书的篇章结构次序，以达到建构礼学思想体系的目的”①。在清代前期学者看来，“朱子《通解》之书，纯是汉唐注疏之学”②。因而，张扬朱氏学派学者扬弃并发展了这一诠释策略。如姜兆锡《仪礼经传内编》、江永《礼书纲目》等，皆是这一诠释策略的礼经学著作。

其二，礼学知识的考古——以考据为基础的诠释策略。往往通过对《仪礼》文本中经传语词的训诂、名物的考订和仪文节制的具象化阐释，探讨礼制文化的物质层面与礼经礼义、礼意之间的独特关系。清前期此类著述对于礼学知识的考据，形式极其多样，有的注意厘析《仪礼》经、《记》的文本章句，概括各仪节章旨，由分章括旨而彰明礼经之义理，如张尔岐《仪礼郑注句读》、吴廷华《仪礼章句》、李光坡《仪礼述注》、马駉《仪礼易读》之类；有的从前贤注疏成果中精心挑选各种不同训释见解，或通过正义、辨正、通论、余论、存疑、存异、总论之类的编排义例精择众注，或通过加注方式附以己意，从而实现一种新的诠释方式，如官修《钦定仪礼义疏》、盛世佐《仪礼集编》之类；有的通过校勘补正前人注疏之遗漏错误，特别是汉郑玄《仪礼注》、唐《仪礼疏》、元敖继公《仪礼集说》、明郝敬《仪礼节解》等人的错误成说，将《仪礼》与他经比勘而考辨长期聚讼之疑义；有的专门著述礼图成书，或在著述中附加部分礼图内容，发覆礼经仪文节度内容。

其三，意义空间的时代转换——以义理为基础的诠释策略。清代前期学者在关注礼制实学的同时，也强调“阐发‘礼时为大’精神，注重对礼义

---

① 曾军：《义理与考据——清中期〈礼记〉诠释的两种策略》，岳麓书社 2009 年版，第 13 页。
② 陈澧著，杨志刚校点：《东塾读书记》，中西书局 2012 年版，第 151 页。

的探讨”①,因为“礼文之中有礼意焉,不可不知也。不明礼文,不可以求礼意;然明礼文而不明礼意,则或疑古礼不可行于后世,不知古今礼文异而礼意不异”②。进而达到还原礼经中蕴含的礼制思想内涵的目的,展示周人制礼作乐的文化本质与思想基础。在清初学者中,方苞《仪礼析疑》堪称其中的代表之作。方苞从“称情立文”、“缘情制节”、“依人性作仪”等先王制礼的原则入手,分析《仪礼》所述之繁文缛节是因时因情因人而制定的,其中蕴含着圣人精微之学,主张“圣人制礼,称情以立文”③之说,并据此诠释经文礼意。

(三)文献整理工作方面概说

清前期礼经文献整理工作,涉及注释学、目录学、版本学、校勘学、辨伪学、编纂学等众多领域,其中礼经版本研究方面并无专门论著,大都只是零星的文字记载说明;礼经文献目录的著录,大都是藏书家之所为;至于礼经文本的注释,是这一时期礼经学家研究工作的重点,下文另行加以介绍。兹就校勘、辨伪与辑佚、编纂等方面,略作说明如下。

1. 校勘类研究概说

校勘《仪礼》经文与郑《注》,是清初学者礼经研究的一个重要方面。这一时期的礼经文献校勘主要有如下特点:

一是关注礼经校勘成为学者的普遍共识,但专门从事礼经文献校勘的著作极少,除顾炎武《九经误字》中的《仪礼误字》,张尔岐《仪礼郑注句读》附录中的《仪礼监本正误》、《仪礼石本正误》外,几乎没有其他同类著作问世。大部分《仪礼》校勘成果主要保存在各类随文注释体礼经文献当中,融贯于礼经文本的诠释过程当中。

二是在校勘对象的选择上,以《仪礼》本经文字词句的讹误、衍脱为主,有时也涉及对郑玄《注》、贾公彦《疏》文字词句的校勘情况,但并不占据主体地位。

三是较少采取对校法和他校法两种文献校勘方法。即便在运用对校法校勘礼经时,大多数人都把民间流传的明监本《仪礼》作为校勘的底本,而据以校勘的其他版本则较少,主要以唐石经为主,有时亦涉及朱熹《通

---

① 林存阳:《清初三礼学》,社会科学文献出版社2002年版,第312页。

② 陈澧:《赠王玉农序》,载杨寿昌《陈兰甫先生澧遗稿》,《岭南学报》1932年第二卷第三期。

③ 方苞:《仪礼析疑》卷十二,《景印文渊阁四库全书》(第109册),第197页。

解》本、吴澄《考注》本、郝敬《节解》本、敖继公《集说》本，不同学者略有差异，但几乎普遍都很少据宋、元精刻精校椠本进行对校。

四是理校法运用频率极高，且喜好校订文字讹误衍脱之是非，又多不交代理校依据，推论性色彩较为浓烈。例如，吴廷华《仪礼章句》中许多理校实例就是如此。

总体而言，清初学者注重校勘《仪礼》本经及其《注疏》的治学倾向，亦与清兴而来的重视实学的学术潮流相合拍，而他们对理校法的高频率运用，更与诠释者自身对道、礼关系的思想体认密切关联。

2. 辨伪与辑佚类研究概说

受清初治学风气的影响，一些学者纷纷重视重新审视和考订《仪礼》“周公所作说”的真伪问题，先后有姚际恒、毛奇龄、方苞、马驌等礼经学者对此说辩难。姚际恒明确主张《仪礼》是衰周时期的产物，为春秋后人所作，“《仪礼》是春秋以后儒者所作，如《聘礼》皆述春秋时事，又多用《左传》事，尤可见春秋时人之文寓工巧于朴质，若七国以后，则调逸而气宕矣，此犹近春秋本色也”①。稍后，毛奇龄也肯定地说，“《周礼》、《仪礼》虽或为周时所著，然并非春秋以前夫子经见之书也”②，由此更将现存《仪礼》创作的时间推后到战国时期，“《曲礼》本战国时书，而《士礼》又在战国之后”③。

三礼馆副总裁方苞没有直接否定《仪礼》周公所作说，但他又辨正说，先儒“盖以《仪礼》早列于学官，疑其为完书，必周公所手订耳，不知莽招群士，记说《逸礼》于庭中，正为欲增窜无稽之言于既列学官之书，使学者疑为所记述耳”④，认为在现存《仪礼》之中至少有王莽篡政时期召集一批儒生“增窜无稽之言”的成分在内。而马驌以为，姚氏“疑是经为周末人作，固属庸妄之见”，但同时也对传统周公所作说提出了修正：“若竟以为周公之手笔，似又不然。其大纲非圣人不能定，若其细微曲折处，谅由史臣润色以成之，而道揆法守皆于是乎在。”⑤主张《仪礼》大纲由周公所定，史臣在此基础上执笔成文，最后由周公整理删定而成。

---

① 姚际恒：《仪礼论旨》，载《仪礼通论》卷首，《续修四库全书》（第86册），第25页。
② 毛奇龄：《昏礼辨正》，《四库全书存目丛书》（第108册），第518页。
③ 毛奇龄：《丧礼吾说篇》卷四，《四库全书存目丛书》（第87册），第675页。
④ 方苞：《仪礼析疑》卷十一，《景印文渊阁四库全书》（第109册），第169页。
⑤ 马驌：《仪礼易读·凡例》，《四库全书存目丛书》（第88册），第8页。

此外,关于《仪礼》中《记》文的作者问题,有盛世佐、马驌二人对此问题提出了新的看法。在盛氏看来,早期之《记》有三类,其中有周公之徒所作之《记》,有春秋时记礼之变异者,有七十子后学者所作之《记》,由于秦际诸书尽毁无存,“意其初经与《记》分,《记》与《记》亦不相杂,至汉儒掇拾灰烬之余,窜以经师之说,而三者之辨不可复知。且有经连于《记》、《记》混于经者,错乱无次,于《记》为甚,读者不可不分别观之也”①;“据《汉书·艺文志》所载,诸《记》与经文各自为书,本不相杂,以《记》附于逐篇之下者,其始于郑氏乎?郑氏注《易》,合彖象于经,亦其例也。”②由此可见,盛氏认为,汉代诸儒窜以经师之说而附于《仪礼》经文之后,遂成今所见之《记》模样,且颇有内容错乱无次的现象存在。稍后不久,乡邻山阴学者马驌所著《仪礼易读》,重复了这一说法。

3. 纂集类研究概说

清前期的礼经文献编纂,主要集中在张扬朱学派学者的著述当中。受朱氏及其弟子《通解》、《通解续》之书诠释结构特征的影响,有清前期学者,尤其是那些张扬朱氏学派的一些学者,扬弃并发展了这一诠释策略。

首先,从大的结构布局划分方面讲,此类著作全书的结构较少延续朱子、黄榦之家礼、乡礼、邦国礼、王朝礼、丧礼、祭礼的大类划分法,而是创设符合自己礼学思想的新的结构体系,采用通释体的文献整理体式谋篇布局。如姜兆锡《仪礼经传内编》采用嘉礼、军礼、宾礼、凶礼、吉礼的纂集重构分布结构,江永《礼书纲目》则在姜氏结构类目基础上增添了通礼、曲礼两大类,等等,皆是建构了一套新的结构体系。

其次,从相关“记”文的纂集安排方式情况看,他们大都将《仪礼》本经之《记》文附列到具体的某一“节旨”概括之后,而将《礼记》中那些解释《仪礼》礼义的篇目,诸如《冠义》、《昏义》、《乡饮酒义》、《燕义》、《聘义》等篇目,依附在与之对应的《仪礼》篇目经文之后;对于那些《仪礼》经文中没有对应《礼记》“义”篇的篇章,有的学者甚至为之从各类文献典籍中寻章摘句,进行重新纂修和补辑,形成一个新的“义”篇,借以发明阐释礼经某些篇目的礼制礼义。

(四)礼经研究流派情况

---

① 盛世佐:《仪礼集编》卷二,《景印文渊阁四库全书》(第110册),第107页。
② 盛世佐:《仪礼集编》卷二,《景印文渊阁四库全书》(第110册),第124页。

清代前期，众多礼经研究者由于礼经研究著述风格的差异，形成了创发新说派、淹通汉宋派、张扬朱学派、经俗互贯派等几个诠释流派。

一是创发新说派，主要以姚际恒、万斯大、毛奇龄等人为代表。“从这一派学者《仪礼》著作来看，他们的解经理念受敖继公、郝敬等元明学者治《礼》风气影响很大，好立新说，具有强烈的怀疑思辨精神，或对《仪礼》进行一番辨伪，或对以郑、贾为代表的汉唐学派仪制阐释进行非议和辩驳，强调《礼经》训诂对当代礼制构建的参与功能，具有很强的现实性。”①

二是淹通汉宋派，主要以李光坡、方苞、蔡德晋、吴廷华、李清植、马駉等人为代表。这些学者研治礼经，不轻易盲从任何一家之说，不为一家之言所惑，而是“杂糅众说，既择取郑玄、贾公彦之说，又广采博征宋、元、明学者之训释成果；在治学方法上，既遵循汉代大儒郑玄之礼经互证、先秦文献互证等法，又汲取了朱熹、敖继公、郝敬等人之治学理念，通过加附‘案语’一类方式辨疑出新，并不一味保守旧说，在大量的继承中时有创新”②。这一折衷诸儒、淹通汉宋之学的风气，在乾隆间开三礼馆纂修《三礼义疏》前后，表现得尤为明显。

三是张扬朱学派，主要以姜兆锡、盛世佐、任启运、梁万方、应撝谦、胡抡等人为代表。他们力图通过效法朱熹《仪礼经传通解》、黄榦《仪礼经传通解续》的治学方法，打破传统礼经研究的窠臼，采取通释体的著述体式，会通事类，分别章目，实现礼经与各类先秦两汉典籍的互贯融通，辑录与编纂礼经十七篇的“义”篇礼文，力求使礼学研究取得新的突破。

四是经俗互贯派，主要以汪琬、徐乾学等人为代表。他们研究《仪礼》，更重视沟通礼经与历代民俗礼制之间的关联，找出民俗中“草蛇灰线”式的《礼》经遗制；在诠释对象的选择上，关注聚焦于《丧服》篇所论“五服”礼制，及其在历代礼俗中的丧制变迁情况；在治学理念上，往往具有“礼时为大”的治学理念。

（五）三礼馆与《仪礼义疏》

乾隆元年（1736）六月十六日，清高宗皇帝因其祖已有四经《义疏》，唯独《三礼》还没有相应的《义疏》，于是特下御诏成立“三礼馆”纂修《三礼义疏》，从而揭开了“三礼馆”的序幕。七月初九日，高宗皇帝亲自任命大

---

① 邓声国：《清代〈仪礼〉文献研究》，上海古籍出版社2006年版，第61页。
② 邓声国：《清代〈仪礼〉文献研究》，上海古籍出版社2006年版，第82页。

学士鄂尔泰、张廷玉、朱轼、甘汝来充任总裁,杨名时、徐元梦、方苞、王兰生充任副总裁,标志着三礼馆作为内阁的独立机构正式成立和运行。从此,一项以清廷统治者政治意志为导向的礼学文化整理项目,登上政治舞台。

三礼馆奉旨纂修《三礼义疏》期间,吸引了一批饱学之士充任纂修官。其中纂修《仪礼义疏》之人,主要有:徐用锡、王文清、李清植、吴廷华、诸锦、程恂、潘乙震、徐铎、吴绂、王士让、叶酉等。在纂修官们的努力下,乾隆十九年(1754)四月,正式完成《三礼义疏》的定本工作,三礼馆完成开馆任务,正式宣告封馆。

三礼馆诸儒在纂修《义疏》时,特别拟定了七大"义例":"一曰正义,乃直诂经义确然无疑者;二曰辨正,乃后儒驳正旧说至当不易者;三曰通论,或以本节本句参证他篇比类以测义,或引他经与此经互相发明;四曰余论,虽非正解,而依附经义于事物之理有所推阐;五曰存疑,各持一说义亦可通,又或已经驳论而持此者多未敢偏废;六曰存异,名物象数久远无传,难得其真,或创为一说,虽未即惬人心而不得不姑存之以资考辨;七曰总论,本节之义已经训解,又合数节而论之,合一职而论之。"①《仪礼义疏》采掇群言,分为正义、辨正、通论、余论、存疑、存异、总论七个义例,对于历代礼学研究成果进行剖析整合,胪列于相应的义例之下,使得全书的类目非常清晰,突破了传统《仪礼》学论著的体例范式,同时也彰显了编纂者对于各类立说的是非判断。

三礼馆的诏开和《三礼义疏》的完成,标志着清代前期《三礼》学研究趋于大成,成为清代礼学发展史上乃至经学发展史上的一件重要大事,影响了前后数十年时间的《三礼》研究发展走向,并为下一阶段礼学研究的文化转型提供了重要契机。

二、清代中期《仪礼》研究概说

(一)本期著述文献概说

从乾隆二十年延至道光十年前后,这一时期的礼经学著作大致有88种。从文献整理体式角度来看,这些礼经学著作大致可以分为四大类:

一是考辨体和考证体著作。其中,考辨体著作有褚寅亮《仪礼管见》、

---

① 《钦定周官义疏·凡例》,《景印文渊阁四库全书》(第98册),第6页。

江承之《读仪礼条记》、朱亦栋《仪礼札记》、张惠言《读仪礼记》、江筠《读仪礼私记》、戴震《仪礼正误》、胡清瑮《礼经辨误》、胡秉虔《仪礼小识》、凌曙《礼论略抄》、张光諟《仪礼正讹》、庄有可《礼笺驳正》、杨筠《仪礼聚考》、常增《仪礼琐辨》等，考证体著作有龚元玠《畏斋仪礼客难》、孔继汾《劻仪纠缪集》、张羲年《丧礼详考》、管干珍《问礼一隅》、孔广森《仪礼器制改释》、田浚《丧礼考要》、宋绵初《释服》、焦廷琥《冕服考》、洪颐煊《礼经宫室答问》、凌曙《仪礼礼服通释》、汪喜孙《丧服答问记实》等。

二是校勘体、校注体著作。其中，校勘体主要有浦镗《仪礼注疏正字》、金曰追《仪礼经注疏正讹》、卢文弨《仪礼注疏详校》、阮元《仪礼注疏校勘记》、《仪礼石经校勘记》、黄丕烈《严本仪礼郑氏注校录》、翁方纲《仪礼蠡测签注》等，校注体著作主要有程瑶田《仪礼经注疑直辑本》等。

三是补注体和广补体著作。其中，补注体著作有龚锡纯《仪礼私测》、孔广林《仪礼臆测》、段玉裁《仪礼汉读考》、李调元《仪礼古今考》等 9 种，广补体著作有庄中伟《参补礼经精要》、江藩《仪礼补释》2 种。

四是读本体、删改体著作。其中，读本体《仪礼》著作有焦廷琥《仪礼讲习录》、曾家模《仪礼先易》、魏云琯《仪礼一览》等 3 种，删改体著作有《仪礼义疏酌要》、崔应榴《仪礼约文》、檀萃《仪礼韵言》、宫为坊《仪礼节录》、章平《仪礼注疏温》、朱璠《仪礼节贯》、唐仲冕《仪礼蒙求》、吴卓信《丧礼经传约》等 8 种。

五是专门图解体著作。仅有张惠言《仪礼图》、王绍兰《仪礼图》、庄有可《仪礼丧服经传分释图表》、张校均《仪礼图说》、孔继汾《丧服表》等 5 种。

六是纂集体、通释体著作。其中，纂集体著作有张鉴《丧服古注辑存》、吴挹桂《读礼纂言》2 种，通释体著作则有崔述《五服异同汇考》、尹嘉铨《仪礼探本》、杨丕复《仪礼经传通解》等 4 种。

由于清代中期考据之风的迅速崛起，与清代前期相比，学者们的研究旨趣已经发生了很大变化。追求新意不再成为学者治学的第一要务，他们更多关注的是务实而准确、科学的礼制和字词考据，力求取得对《仪礼》原典的真实还原。可以说，绝大多数学者在著述体式的选择上，与其自身、学术视野、研究方法等基本保持一致，是十分成功的，为完满而有效地实现自身的诠释任务，奠定了坚实基础。

(二)礼经诠释策略状况

清代中期学者对于《仪礼》文本及其礼制的诠释策略,主要有如下几两类:

首先,是纂集重构——以结构为基础的诠释策略。受朱、黄二人著述《通解》、《通解续》诠释结构特征的影响,清中期学者杨丕复、尹嘉铨、秦蕙田等人的著述,进一步延续和发展了这一著述的诠释策略,通过他们各自对大量的文献材料进行一次新的纂辑与重构实践,达成一种对礼经的新诠释。

其次,是礼学知识的考古——以考据为基础的诠释策略。从训释的外在形式上看,有清中期《仪礼》类著述对于礼经文本礼学知识的考据,大致可分为如下几类:一是精择众注集解类,主要以焦以恕《仪礼汇说》一书为代表。二是图解礼制类,主要以张惠言《仪礼图》一书为代表。三是订误质疑类,主要以褚寅亮《仪礼管见》为代表。四是申解《注》意类,丁晏《仪礼释注》、张惠言《读仪礼记》、凌曙《礼说》等,皆是这方面的代表之作。五是发凡立例类,主要以凌廷堪《礼经释例》、胡匡衷《仪礼释官》为代表。

倘若将清中期与清前期礼经诠释策略上的选择情况进行对比,便能发现,随着当时礼经学家对于汉学考据之风的高度体认,清前期学者颇为关注的“意义空间的时代转换——以义理为基础的诠释策略”,不再成为这一阶段礼经学家的宠儿,“穷经文所以云之意,而以义理折衷矣”①之类学术喜好不再受礼学家们关注,对“礼时为大”精神的体认逐渐让位于文字、音韵、训诂等汉学考据手段,“称情立文”、“缘情制节”、“依人性作仪”等先王制礼的原则也不再反复出现于礼经文献的诠释话语中,学者们对于礼意与礼义的分析,更多需要读者从礼经词句的训诂和仪文节制的考订中细细品味。

(三)文献整理工作方面概说

1. 校勘类研究概说

“乾、嘉时期,校勘学已经成为考据学中的一门显学。”②校勘《仪礼》本经与郑《注》、贾《疏》,是清中期学者进行礼经学研究的一个基础性工作,

---

①　方苞:《与吕宗华书》,《方望溪全集》,中国书店 1991 年版,第 78—79 页。

②　李慧玲:《试论阮元〈十三经注疏校勘记〉得以问世的客观条件》,《东南学术》2013 年第 1 期。

很多学者都非常重视这一文献整理工作。这一时期的《仪礼》文献校勘呈现出如下特点：

一是关注礼经校勘成为学者的普遍共识，并且出现了一批专门从事礼经文献校勘的名家（如浦镗、金曰追、卢文弨、顾广圻、阮元等）和《仪礼注疏正字》、《仪礼经注疏正讹》、《仪礼注疏详校》、《仪礼注疏校勘记》等著作。

二是在校勘对象的选择上，清中期校勘学家对《仪礼》文献的校勘，不再像清前期学者那样单纯以《仪礼》本经文字词句的校雠为主，同时还加强了对郑玄《注》、贾公彦《疏》文字词句的讹误、衍脱情况校勘，并且吸引了校勘者的主要目光。甚至有少数以字词诠释为主的礼经学著作，其中也包括少量对郑《注》、贾《疏》的考释与校勘情况，如丁晏的《仪礼释注》就强调从维护郑玄《仪礼注》出发，对世传俗本郑《注》中的文字舛错现象加以认真的校勘，纠正其间存在的错误。

三是在校勘方法的选择上，运用对校法校勘礼经及其郑《注》、贾《疏》成为最为重要的方法，较之清前期，校勘家据以校勘的版本更趋宏富，尤其强调搜罗宋、元精刻精校椠本进行对校；本校法、他校法运用也较为广泛，但其使用频率要略低于对校法；校勘家虽然也有使用理校法，但其使用频率远远不如清前期学者那么高，也不轻易校订文字讹误衍脱之是非，更加重视理校依据的说明，结论更趋可信，避免了轻易妄改经文诠释礼经之阙失。

四是在校勘态度上，更趋科学合理，反对闭门造车，注意吸纳前贤时哲的校勘成说，批判性地吸收已有校勘成果，在继承之中务求所创新，力争达到“是其是而非其非”的校勘效果。

2. 辨伪类研究概说

这一时期，在礼经学文献辨伪上参与者较少。在有关《仪礼》撰者问题的认知上，清代中期绝大多数礼经研究学者尤其是古文经学家们崇守传统之见，主张为周公所作说。例如，惠栋称“《仪礼》为周公所定，夫人而知之”①，这和他尊汉黜宋、主张恢复经之本义的治学取向是一致的。凌廷堪

---

① 惠栋：《吕坤尊朱子而驳周公》，《九曜斋笔记》卷二，《丛书集成续编》（第92册），上海书店出版社1994年版，第513页下。

也说:《仪礼》"信非大圣人不能作也"[①],"非周公制礼,则后世将无人伦"[②]。这一时期明确提出异说的,仅有知名辨伪学家崔述一人。崔述不同意古文经学家礼经出自周公之手的说法,乃力辩《仪礼》非周初周公所作之书,认为当初周公制《礼》只是制定了一个大纲,"盖凡传记所称周公制礼之者,亦出制其大纲而已","至于润泽,则亦随其国之俗";至于目前所见之《仪礼》,则是春秋战国间学者所记,两者并非同一回事。[③] 崔氏站在今文经学家的立场,发为此论,为有清后期的今文经学派《仪礼》研究开了先河。

至于《丧服传》的撰者问题,清中期绝大多数学者一般认为系春秋时子夏所作,并没有提出异议,只有焦以恕在《仪礼汇说》中提出不同看法。焦氏不赞成子夏所作之说,并声称:"《传》之作后于经,经为周公、孔子所定,则《传》出七十子之手,固宜有之,而敖氏以为又在作《记》者之后,则臆说,未足凭矣。"[④]焦氏以为,《丧服传》晚于《仪礼》经而作,系孔子弟子"七十子"所作,且其初原与《丧服》经文不相杂,今所以相杂者,系出于后世儒者移置所致。

3. 纂辑类研究概说

清中期的礼经文献编纂,同样集中在张扬朱学派学者的著述当中,秦蕙田、杨丕复,扬弃并发展了这一诠释策略。

从结构全书的礼文类目布局设置方面来看,这一阶段此类著作全书的结构基本上较少延续朱子、黄榦《通解》《通解续》六大类划分法,而是延续通释体的文献整理体式重新谋篇布局,结构全书。例如:杨丕复的同名之作《仪礼经传通解》,除了延续朱子《通解》家礼、乡礼、邦国礼、王朝礼、丧礼、祭礼六大类目外,又增加了"学礼"一目,放置在"邦国礼"之前。而秦蕙田著述《五礼通考》时,则效法姜兆锡《仪礼经传内编》一书,采用吉礼、嘉礼、宾礼、军礼、凶礼的纂集重构分布结构,与姜兆锡《内编》嘉礼、军礼、宾礼、凶礼、吉礼的"五礼"序次完全不同,创设出一套符合自己礼学思想的新的结构体系。

---

① 凌廷堪:《礼经释例序》,《校礼堂文集》卷二十六,中华书局1998年版,第241—242页。

② 凌廷堪:《拜周公言》,《校礼堂文集》卷五,中华书局1998年版,第40页。

③ 崔述:《丰镐考信录》卷五,顾颉刚编订《崔东壁遗书》,上海古籍出版社1983年版,第214—216页。崔氏礼经辨伪的具体介绍分析,请参考本书第七章第一节的相关论述。

④ 焦以恕:《仪礼汇说》卷十一,《续修四库全书》(第89册),第96页。

从礼经文本“记”文的纂集安排方式情况来看，不同礼经纂辑者往往采取不同的处理方式。秦蕙田著述《五礼通考》时，并未将《仪礼》经文与《记》文加以割裂，依附到相应经文之后，而是仍旧置于经文之后，并且同样加以“分节”。杨丕复著述《通解》时，则将所载《仪礼》诸篇《记》文随附于各章之后，而并非置于经文末尾之旧次；至于《仪礼》未备而取他经记补为篇者，亦仿此法，同样分经、《记》两大块，大致“以言其纲者为经，以言其细目者为《记》”，《记》文随附于各章之后。

（四）礼经研究流派情况

清代中期，众多礼经研究者由于礼经研究著述风格的差异，形成了汉学考据派、淹通汉宋派、张扬朱学派、尊尚郑学派、专事校勘派等几个诠释流派。

一是汉学考据派，主要以惠栋、戴震、凌廷堪等人为代表。在治学方法上，此类学者更加强调文字、音韵分析对语词训诂的综合考据，较少像清初学者那样随意广据群经互为论证，引证更趋严谨；在礼经仪制的诠释上，更强调从本经的互贯融通入手，疏通挖掘《仪礼》经文存在潜在的隐性“礼例”内容；在文献校勘上，重视对校法和理校之法的运用，强调从金石文献和其他传世典籍文献材料中寻找证据。

二是淹通汉宋派，主要以焦以恕、韦协梦、胡匡衷等人为代表。乾隆中后期乃至嘉庆年间，仍有少数学者致力于淹通《仪礼》汉宋之学，主张杂糅各个朝代礼学家关于《仪礼》研究成果，博征兼通，折衷众说，力求于继承中有所创新，取得新的创见。与汉学考据派相比，他们的研究在当时拥有一定的学术影响，但却并非是当时《仪礼》学研究的主流研究风格。

三是张扬朱学派，主要以杨丕复、尹嘉铨、秦蕙田等人为代表。乾隆中后期乃至嘉庆年间，仍有少数学者延续了朱熹、黄榦《仪礼经传通解》、《通解续》的礼经治学做法，致力于融通先秦两汉的文献典籍，重新构建起一套合乎个人设想的儒家礼制文化。不过，相较于清中期整个《仪礼》学研究的状况考察来看，这一派学者的研究，并不占据主导地位，而且到了道光初年之后，便退出了历史舞台。

四是尊尚郑学派，主要以褚寅亮、张惠言、凌曙、丁晏等人为代表。这一派学者大都批评前期学者“知崇汉学，然尚不免改郑君之旧辙，助敖、郝之狂澜”①，倡导重新正视和回归郑玄《仪礼注》的治学理路上来，提出“文字宜宗许叔重，经义宜宗郑康成”②的治学宗旨。他们在文本诠释上，注重细绎《注》文，挖掘郑学之所本所源，并据本《注》推明《仪礼》经文仪制及其语词的训释，对郑氏《注》文隐晦质略者加以申明，或补足郑氏训义，对郑氏《注》中极少数失误之例则辨而正之，不刻意追求和探寻所谓的新说，不以推翻郑氏《注》解为要务。

五是专事校勘派，主要以浦镗、金曰追、卢文弨、阮元、黄丕烈等人为代表。“考诸经《正义》，宋端拱、咸平、景德递有校正，而板本久湮，明以来公私刻板，亦有据宋本刊正者，而所校往往不同。”③浦镗等人大都具有广博的学识和求实的学风，从“死校”到“活校”，各有专长。他们将校勘的目光投入到《仪礼》经文和郑、贾《注疏》的身上，撰著了众多《仪礼》类校勘著作，如《仪礼注疏正字》、《仪礼经注疏正讹》、《仪礼注疏详校》、《仪礼注疏校勘记》等。他们的校勘以对校为主，同时也兼及本校和他校法，很少采用理校法。

（五）四库馆与《四库全书总目》撰修

乾隆三十七年（1772）正月初四，乾隆皇帝鉴于内府藏书尚不够齐全，于是指示内阁，要求各省督抚、学政注意搜访典籍，先行编制目录呈报朝廷，待确定有价值之书目后，再行开单知取，汇送京师，藏于内廷，“以彰稽古右文之盛”。此谕旨下达后，应者寥寥。十一月二十五日，安徽学政朱筠上奏乾隆，建议亟须搜集旧刻抄本、金石之刻、图谱之学等重要典籍，组织人力抄录内府所藏《永乐大典》中世所罕见之书，并仿《七略》之例，每一种书撰写叙录，校其得失，撮其大旨。此后得到了乾隆皇帝的基本认同，并于乾隆三十八年二月二十一日正式将未来所编之书定名为“四库全书”。

乾隆三十八年（1773）二月底，四库馆正式开馆。开馆之初，时任翰林官（包括庶吉士）者，多数被派往四库馆充任纂修官一职，“诏开四库全书馆，选一时翰林宿学为纂修官”④。此外，永瑢、舒赫德、于敏中、福隆安、英

① 凌曙：《礼论略钞序》，载凌曙《礼论略钞》卷首，道光六年丙戌越缦堂藏蜚云阁《凌氏丛书》刻本。

② 王鸣盛：《仪礼管见序》，载褚寅亮《仪礼管见》卷首，《续修四库全书》（第88册），第373页。

③ 永瑢等：《钦定四库全书总目》（整理本）卷三十三，中华书局1997年版，第437页。

④ 郑福照：《姚惜抱先生年谱》，《北京图书馆藏珍本年谱丛刊》（第107册），北京图书馆出版社1999年版，第580—581页。

廉、金简阿桂、和珅、庆桂、钟音、裘曰修、永璇、永瑆、刘纶、王际华、彭元瑞、李友棠、嵇璜等人，都曾先后担任过总裁或副总裁一职。经过长达九年的辛勤工作和艰苦努力，乾隆四十六年（1781）十二月，第一部《四库全书》告成，贮藏于文渊阁当中。至乾隆四十九年（1784）十一月，第二、三、四部《四库全书》相继办理完竣，分别贮藏于文渊阁、文源阁、文津阁、文溯阁。

在编纂《四库全书》的同时，馆臣们还撰修了《四库全书总目》这部官修目录学著作。编纂者总结历代目录著作的经验教训，选择了传统目录学注重"条其篇目，撮其指意"的著录方式，明确规定了提要的撰写体例："每书先列作者之爵里以论世知人，次考本书之得失，权众说之异同，以及文字增删，篇帙分合。"①并在统一的体例之下，因书而异，突出重点，或辨作者真伪，或述篇章体例，或考文字得失，或论内容大旨，或叙版本源流，使读者对《四库全书》著录、存目的各部书籍，都能有一个既完整清晰、又主次分明的理解，较好地起到了目录著作提要钩玄、指示门径的作用。

《四库全书》编纂与《四库全书总目》撰写的相继完成，以及在学界的广泛流传，对学术界士人的学术研究产生了广泛而深远的影响。它对当时的《仪礼》诠释研究风气和治学方法的转变，对《仪礼》研究焦点问题的深入思考，对《仪礼》文本的求真性考察，等等，都产生了很大的作用和学术影响力。

三、清代后期《仪礼》研究概说

（一）本期著述文献概说

清代后期的各类《仪礼》文献，大都属于注释体古籍整理著作，涉及的注释方面内容非常广泛，从一般意义上的释词解句到考辨前贤疑误，从发凡起例到图解典章制度，从疏证旧训到论述相关礼经学问题，无不有所涉猎。由于诠释家不同的诠释目标、诠释理念差异，他们校释《仪礼》原典的诠释体式选择取向各有差异，但又与这一阶段的整体治学思潮相互贴合。

首先，考辨体和考证体两类文献整理诠释体式继续占据主导地位。其中，专题考证体著作主要有《丧礼考》、《丧服古今通考》、《丧礼酌宜》、《昏礼重别论对驳义》、《仪礼宫室提纲》、《仪礼宫室定制考》、《考礼》等 7 种，

① 永瑢等：《钦定四库全书总目》（整理本）卷首《凡例》，中华书局 1997 年版，第 32 页。

考辨体著作则有《仪礼条辨》、《仪礼平议》、《仪礼释宫考辨》、《丧服传异说集辨》、《丧服大功章考文》等5种。二者合起来计算，约占这一时期各类礼经文献的22.22%。若就这些文献诠释者考证关注的礼制对象而言，则主要集中在“丧礼与丧服”、“宫室”制度二者身上，文献“专题”研究的性质十分明显。

其次，围绕疏证旧训类诠释工作的比重加大，疏注体、广补体、补注体、笺体、学体等几种相关的古籍诠释体式在随文注释体著作中占据了相当大的比重，成为清代后期《仪礼》学研究的一大亮点。根据上表统计，其中补注体著作有《仪礼郑注正字考》、《仪礼汉读考》2种文献，广补体著作有《丧服经传补疏》、《仪礼读异》、《仪礼郑注今制疏证》3种文献，疏注体有胡培翚的《仪礼正义》1种，笺体有《礼经笺》、《仪礼私笺》2种，学体有《丧服郑氏学》、《礼经学》2种，合计达10种之多，约占这一时期各类礼经文献的18.52%。

再次，道、咸之后，《仪礼》文化的普及更为受礼学家们的普遍重视，读本体、删改体、增串体、评点体等几种古籍整理体式颇受此类著述者的青睐。据统计，清后期出现的《仪礼》学著作中，读本体著作主要有《仪礼抄略》、《仪礼便蒙》、《读仪礼录》、《殇服》、《仪礼约解》、《仪礼可读》、《仪礼先易》、《仪礼问津》8种，删改体著作有《仪礼注疏删翼》、《仪礼纂要》2种，增串体著作有《仪礼经注一隅》1种，评点体著作有《仪礼评点》1种，总计达到了12种之多，约占这一时期各类礼经文献的22.22%，无论是绝对数量，还是占据的比例，都要远远超过清代中期的情况，充分彰显出《仪礼》学在民间的普及与传播渐趋广泛。

续次，较之清代前期、中期，图解体再次受到了这一时期学者的重视，出现了《士昏礼对席图》、《仪礼表》、《仪礼丧服表》、《仪礼礼器图》、《仪礼礼事图》5种图解体著作，占所有54种文献之9.26%。特别是吴之英的《仪礼礼器图》、《仪礼礼事图》二书，在吸纳前贤时哲学者研究成果的基础上，“取袭前人之图，而分门别类，条分缕析，颇称宏博，且能以《说文》、古史证明古制，发前人所未发”，在古今众儒经说研究的基础上折衷加以考量，可谓是集历代礼图研究成果之大成，赢得了谢兴尧先生“致力之深，洵足钦矣"①、刘师培先生"《图》亦较张(惠言)为优"②等一番嘉誉。

另外,释例体、校勘体、校注体文献整理体式不再成为清后期《仪礼》研究者的关注与重视,因而清后期也没有出现一部释例体著作,校勘体著作只有《仪礼正义正误》一部,校注体著作也仅存《礼经校释》、《仪礼奭固》两部著作,与清中期校勘体、校注体两种体式占11.25%强的比重,无足相提并论,可见校勘工作已经不再是后期学者关注的一项诠释工作。

简言之,从清代后期《仪礼》诠释家的文献整理体式选择情况可以发见,这一时期《仪礼》学的研究体现出如下几大特点:一是礼学家系统梳理和总结此前《仪礼》研究成果的学术倾向颇为突出,出现了胡培翚《仪礼正义》、曹元弼《礼经校释》、《礼经学》、吴之英《仪礼奭固》、《礼器图》、《仪礼礼事图》等一批集大成的礼学著作。二是《仪礼》文本的传播和普及受到了学界众多学者的普遍重视,催生了《仪礼便蒙》、《读仪礼录》、《仪礼可读》、《仪礼先易》、《仪礼问津》等一批礼学普及读物,建立在吸纳前贤研究成果基础上的二次文献之类诠释整理体式,得到了选择性追索和更高的认同度。三是《仪礼》研究的考辨与考据色彩继续保持鲜明的浓郁色彩,但较少推广到《仪礼》全经的整体性、全局性研究,更多集中在丧礼制度和宫室典章制度的专题研究上。四是疏证旧训成为《仪礼》文本诠释和研究的一种治学理路,广补旧注成为一种治学时尚,汉学考据之风得以继续延续。

(二)礼经诠释策略状况

与清代前期、中期的礼经学研究情况相比,清后期礼经文献著述者在诠释策略的选择上,同异并存,概而言之,主要表现为如下方面:

首先,清代前期、中期一部分学者,特别是张扬朱学派学者所热衷选择的"纂集重构——以结构为基础的诠释策略",不再成为这一时期学者们青睐的选择。从外部学术思潮的演变情况来看,无论是陈澧提出的"理学即礼学"说,还是黄以周提出的"礼学即理学"说,都力主汉学与宋学的调融,都属意于理与礼的融合,注重发掘先秦礼学特别是《仪礼》与《礼记》文本的礼意内涵,并无创设一套新的礼学思想结构体系的学术理念,重于传承而非创新。从礼经学研究自身的发展脉络而言,经过乾嘉以来几十年时

---

① 中国科学院图书馆整理:《续修四库全书总目提要·经部·礼类》(上册),中华书局1993年版,第525页。

② 吴虞:《吴虞日记》(上),四川人民出版社1984年版,第45页。

间的礼经诠释实践,无论是对礼经文本的字词校勘与音义考据,或者是礼经文本隐性的仪文节制方面的发微,都可谓做到了极致,唯独对于礼经文本礼意的发覆,却由于几十年来汉学考据之风的兴盛而诠释得还很不够,人们普遍认识到"礼是郑学"的道理,但对于彰显郑玄礼学的精髓——礼意的发挥还很不够。因而,对于如何将仪文节制的诠释、名物训诂和礼意的阐释结合起来,进一步还原先秦礼学的要旨,人们意识到,这将是当下礼经学研究的重点,而不是在结构上调整礼经全书的篇章次序,追求和建构心目中所谓理想状态的礼学思想结构体系。

其次,清代前期、中期普遍存在的"礼学知识的考古——以考据为基础的诠释策略",由于礼经文本阐释的延续性,后期学者大都仍然关注于文本语词的诠释、名物制度的考订和仪度数制的具象化等方面,因而成为著述时纷纷选择的唯一诠释策略,但在外在训释类型上与此前的著述存在一定的选择性差异,特色颇为鲜明。概而言之,有清后期《仪礼》类著述对于礼经文本礼学知识的诠释,就其较有影响的著述而言,主要有如下几种礼经诠释类型最具特色:

一是博征众注疏解类。这是一种强调从汉代以来的大量注疏成果和前贤时哲诠释成说中,通过一定的编排义例精择众注集解起来,逐一表明是非优劣,或通过加注方式附以己意,从而实现一种新的诠释方式。这是清代后期所特有的一类著述诠释类型,主要以胡培翚《仪礼正义》一书为代表。从形式上看,与精择众注集解类著述相比,这一类著述对前贤时哲诠释成说的编排并无一定的义例,往往将其与郑玄《注》的疏解结合起来,尽可能对各家说法论定是非,辨择精善,理据详确,会通、融通的色彩极其鲜明,可谓集历代礼经各家诠释之大成。

二是发凡立例类。这一阶段礼经家们尽管没有传世的专门释例体礼经著作,但同样强调通过礼例的发微探究礼经行文,更值得关注的是,曹元弼《礼经学》卷一"明例"部分,其中的"释例"工作既有继承又有创新突破:一是集清代学者凡例研究之大成,将《仪礼》本经凡例细分为节文等杀例、丧服例、宫室例、职官例、经文例、礼通例、记传例等 7 个类目;二是首次对礼经郑《注》、贾《疏》立文之例及读经例进行了总结,体现出曹元弼治礼的前瞻性思考和独到创见。

三是申解郑《注》类。由于受陈澧"理学即礼学"、黄以周"礼学即理学”二说的影响，汉宋调和成为晚清很多学者的共识，郑玄《仪礼注》仪制训诂及礼意诠释得到更多人的关注，尤其是后者，成为礼经礼文诠释新的研究增长点。因此，这一阶段仍有学者注目于郑玄《仪礼注》的身上，申解郑《注》类著述应之而生。例如，叶德辉《仪礼郑注正字考》、陈光煦《礼经汉读考》、汪士铎《仪礼郑注今制疏证》、王闿运《礼经笺》、郑珍《仪礼私笺》、张锡恭《丧服郑氏学》等，都是申解郑《注》的著述。其中，陈光煦《礼经汉读考》踵武段玉裁的《仪礼汉读考》，对郑《注》所存《仪礼》古今异文进行疏证，博取群经故训加以佐证；郑珍《仪礼私笺》效仿郑玄《毛诗笺》的诠释体例和著述旨趣，针对礼经郑氏《注》文隐晦质略之例予以申明，郑氏《注》文训简义难明之例补足说明之，基本上以宗主郑玄礼学为诠释风格；张锡恭《丧服郑氏学》则选择《丧服》篇郑《注》作为诠释疏证的对象，谨守郑氏治经家法，依尊“亲亲”、“尊尊”等制服原则，深入探寻古人制礼之精微大旨。

四是图解礼制类。晚清时期，专门图解体礼经学著作出现了5种礼经学图类著作，分别是俞樾《士昏礼对席图》、马征麟《仪礼表》、蒋彤《仪礼丧服表》和吴之英的《仪礼礼器图》、《仪礼礼事图》等5种，占当时所有54种礼经文献的9.26%。其中，吴之英的《仪礼礼器图》、《仪礼礼事图》2种，可谓集前贤礼图研究之大成，影响甚大。

除上述四类外，这一时期“以考据为基础的诠释策略”著作还有其他类型，如以俞樾《仪礼平议》、于鬯《读仪礼日记》、柳兴恩《仪礼释宫考辨》、胡肇昕《仪礼正义正误》等为代表的订误质疑类，以刘沅《仪礼恒解》、吴之英《仪礼奭固》等为代表的章义述注类，等等。

（三）文献整理工作方面概说

1. 校勘类研究概说

校勘《仪礼》经文，向来是清代礼经学家从事文本诠释的一个工作方面内容，清中期学者甚至将郑《注》、贾《疏》纳入校勘范畴之列。可以说，到阮元为止，清人基本上将礼经文献的校勘工作给做完了，因而较之清代前期和中期，清后期学者的礼经文献校勘工作形成了自身的研究特点：

一是专门的礼经校勘著作极少，仅有孙诒让《仪礼注疏校记》、胡肇昕《仪礼正义正误》2种，另外，曹元弼的《礼经校释》也有很大的篇幅属于礼经之校勘内容。与清中期学者一样，其中也涉及郑《注》、贾《疏》的校勘工作。

二是重视对此前校勘家校勘结论的疏证与考辨,如孙诒让《仪礼注疏校记》重视对阮元《仪礼注疏校勘记》校勘结论的疏证和考证,陈光煦《礼经汉读考》重视对郑玄《仪礼注》所存古今异文的疏证。

三是从礼经研究集大成的需要出发,校勘家重视穷尽式地搜罗前贤时哲各家之校勘成果,遵循"校其失校,校其误校"的原则,对各家校勘成说别择异同,校定其是非得失,而不仅仅校勘文字异同。

四是从校勘方法上看,有清中期学者业已广据宋、元精刻精校椠本进行对校,因而对校法不再成为这一时期校勘家最为依赖的校勘方法,而更多依赖于融会《仪礼》经文加以校勘抉择。

2. 辨伪类研究概说

关于《仪礼》周公所作说的真伪问题之检讨。受彼一时代治学风气的影响,清后期礼经学者,无论是古文经学家或者是今文经学家,都纷纷站在各自的立场上,重新审视和考订《仪礼》经文的真伪问题,力图解决《仪礼》作者与撰作年代这一历来悬而未决的根本问题。就古文经学家而言,主要有胡培翚、曹元弼等人坚持旧有之说。如胡培翚就申称:"《礼经》广大精深,非圣人必不能作也"①,《仪礼》"自西汉立学以来,从无有疑及之者","经文精微详悉,非周公莫能作"②。曹元弼亦云:"《仪礼》之书叙次繁重,有必详其原委而义始见者,非若他经之可以断章取义也"③,认为《仪礼》一书在《三礼》当中经文最为精醇,每篇循首至尾,其间器物陈设之多、行礼节次之密、升降揖让裼袭之繁,无不条理秩然,它所代表的一整套礼仪文化,断非汉儒所能缀辑。而另一位后期学者刘沅,恰恰与曹氏的看法截然相反,力主《仪礼》一书乃汉儒纂辑遗文而成之说:"此书为汉儒所采葺,所记特其仪文焉耳"④,"盖汉儒纂辑遗文之书,非孔孟门墙传习之书"⑤。

与之相反,众多的今文经学家则持各种不同见解。邵懿辰站在今文礼学的立场,提出《仪礼》本非一时一世而成,"大体固周公为之也,其愈久而

---

① 胡培翚:《仪礼正义》卷九,《续修四库全书》(第92册),第98页。
② 胡培翚:《仪礼正义》卷二十一,《续修四库全书》(第92册),第358页。
③ 曹元弼:《礼经学》卷五上,《续修四库全书》(第94册),第733页。
④ 刘沅:《仪礼恒解》卷十,《续修四库全书》(第91册),第426页。
⑤ 刘沅:《仪礼恒解》卷五,《续修四库全书》(第91册),第381页。

增多,则非尽周公为之也”[①],春秋季孔子“定礼乐”之时,乃为之删繁就简而成。皮锡瑞明确赞同邵懿辰的见解,“《仪礼》十七篇,虽周公之遗,然当时或不止此数而孔子删定,……十七篇亦自孔子始定。”[②]廖平认为,“‘六经’,孔子一人之书”[③],“又考西汉以前,言经学者,皆主孔子,并无周公。六艺皆为新经,并非旧史”[④],作为六经之一的《礼经》自然亦是如此,“盖《仪礼》为《王制》司徒六礼之教,与《春秋》礼制全同。亦为经制,非果周之旧文”[⑤]。康有为前期与中期说法颇为不一致,前期他声言“《仪礼》,经为古,《记》为今;盖经为周公所制,记为七十子后学所记也”[⑥],后期则改称《仪礼》为孔子所作,因为“孔子所作谓之经,弟子所作谓之《传》,又谓之《记》,弟子后学展转所口传谓之‘说’,凡汉前传经者无异论”[⑦]。梁启超则推衍说:“《仪礼》的一部分,许是西周已有,因为礼是由社会习惯积成的,不是平空由圣人想出来”,应该成书于东周、春秋之际,进而将《仪礼》十七篇的著作权归之于孔子手上:“今十七篇许是出于孔子之手。”[⑧]以上诸家之说,可谓众说纷纭。

关于《仪礼·记》撰者问题之检讨。胡培翚、曹元弼以为,《仪礼》中《记》文“亦皆圣贤之徒为之”[⑨],“《记》本记经不备,盖礼坏之后儒者及见逸经者著之”[⑩],力主将著作权归之于孔门七十子之徒。在二变期的廖平眼里,和《仪礼》经文一样,《记》文也属于今学,只不过乃是孔子制礼作乐的产物,而《记》文乃是孔子弟子所记,两者不可混为一谈。而康有为则认为,“孔子所作谓之经,弟子所作谓之《传》,又谓之《记》”,《仪礼》中的

---

① 邵懿辰:《论孔子定〈礼〉〈乐〉》,载《礼经通论》,阮元、王先谦编《清经解·清经解续编》(第十三册),凤凰出版社2005年版,第6350页。

② 皮锡瑞:《经学历史》,中华书局1959年版,第19—20页。

③ 廖平:《知圣篇》,载舒大刚、杨世文主编《廖平全集》(第一册),上海古籍出版社2015年版,第340页。

④ 廖平:《经学六变记·四益馆经学四变记·二变记》,载舒大刚、杨世文主编《廖平全集》(第二册),上海古籍出版社2015年版,第886页。

⑤ 廖平:《知圣篇》,载舒大刚、杨世文主编《廖平全集》(第一册),上海古籍出版社2015年版,第352—353页。

⑥ 康有为:《教学通议》,《中国现代学术经典·康有为卷》,河北教育出版社1996年版,分见第90、68、91页。

⑦ 康有为:《六经皆孔子改制所作》,《孔子改制考》,中华书局1958年版,第244页。

⑧ 梁启超:《古书真伪及其年代》卷二第四章,中华书局1936年版,第105页。

⑨ 胡培翚:《仪礼正义》卷二十一,《续修四库全书》(第92册),第358页。

⑩ 曹元弼:《礼经校释》卷六,《续修四库全书》(第94册),第211页。

《记》文系孔子弟子后学传述而成。而在刘沅看来,既然《仪礼》乃汉儒纂辑遗文而成,那么如今所见《记》文也应该为秦火之后汉儒汇记而成,“又汉儒撮其要者附于篇后,以明冠礼之概,不必执同异以相疑也”①,与胡、曹、廖、康等人的见解截然不同。另外,黄以周提出又一新说,“盖七十子后学各记所闻,一经不止一记也”,“后仓所传《礼》十七篇,为今文。大、小戴所辑诸《记》,多系今文,而亦间存古文也”②,主张《仪礼》十七篇经文后所附《记》出自今文家,大、小戴所辑来源有别。

至于《丧服传》,旧说将之归于子夏所作,大多数学者没有提出异议,曹元弼表示延续此种看法,而胡培翚则持“阙疑”的态度,但又认为其出于孔门七十子之徒之手是肯定的,并无明显的理据支持。

(四)礼经研究流派情况

清代后期,众多礼经研究者由于礼经研究著述风格的差异,形成了汉学考据派、折衷旧说派、尊尚郑学派、考经证俗派、今文学派等几个诠释流派。

一是汉学考据派,主要以陈光煦、孙诒让、俞樾、于鬯等人为代表。清代后期,尽管众多学者大力倡导“经世致用”的治学取向,甚至有学者主张为政治而做学问,但仍有陈光煦等人延续乾嘉以来的治学理路,研究礼经。尽管这一派也出现了《礼经汉读考》这样的煌煌巨著,但相对于同期其他学派学者而言,还是专门性的礼经论著要少得多,而且大多以群书札记的形式出现。因而,就其影响力而言,远远不如乾嘉时期汉学考据派学者的著作影响那么深远。

二是折衷旧说派,主要以胡培翚、吴之英、曹元弼等人为代表。这一派学者的研究和以往的“淹通汉宋”派有同有异,“在训诂的工作方面上,‘折衷旧说’派更集中于仪节礼制的具体阐释及名物训诂方面,相对于‘淹通汉宋’派,它较少进行义理方面内容的阐发;在训诂方法上,大抵以本经互证、三《礼》互证及群经互证为主,较少使用礼俗互证法和音形义综合考辨法,更宗守郑氏治礼家法,在这一点上,和‘宗守郑学’派学者的研究颇为相近”③。

---

① 刘沅:《仪礼恒解》卷一,《续修四库全书》(第91册),第339页。

② 黄以周撰,王文锦点校:《礼书通故》卷一,中华书局2007年版,第10—11页。

③ 邓声国:《清代〈仪礼〉文献研究》,上海古籍出版社2006年版,第112页。

三是尊尚郑学派，主要以郑珍、张锡恭等人为代表。这一派学者不满足于恢复汉代解经的朴实学风，对于《仪礼》郑注表现出极度的推崇，甚至宣称"古礼之学，以康成为宗。……盖沉潜好古之儒，唯谨守旧说，确知郑《注》精微，莫可抵巇"，力主为郑学辨诬，为后人释疑，使"千古礼宗不淹晦于饰伪乱真之手"①，所谓"墨守康成"之学是也。在这一风气影响之下，礼经研究形成了一种迥异前贤时哲的治学风格，在学界独树一帜。

四是考经证俗派，主要以张华理、高骧云等人为代表。这一派学者主要是出于现实当中实用性操作的需要，开展考经证俗一类的学术研究。往往透过《仪礼·丧服》篇的解读，考索"丧服"之制在民间礼俗的变迁状况及当下丧服规制的执行情况，发覆礼经与民间礼服规制之间的学术关联性。他们既重视《丧服》篇所代表的古制，但又不拘泥于古制，更加强调从情、义、理诸方面进行阐发丧服条文和制度，诠释和沟通古礼与今礼之间的延续性和变迁性。

五是今文学派，主要以邵懿辰、廖平、康有为、皮锡瑞等人为代表。这一学派礼学的发展，始终坚持与当时的资产阶级维新变法思潮合流，阐扬今文礼学的"微言大义"，表现出强烈的政治性。与此同时，今文学派的礼学研究也在学术与政治的互动中，升华了自己，完成了自身向近代新学术的转型。除邵懿辰的《礼经通论》外，这一派学者较少发表专门的礼学论著。

四、民国时期《仪礼》研究概说

（一）民国时期《仪礼》研究概说

从学术发展脉络来看，民国时期的《仪礼》研究，实际上是晚清礼经学研究的延续。虽然由于民国时期很短暂，但仍取得了一些礼经学研究成果。粗略地看，这一时期的礼经学研究具有如下特点：

其一，从内容上看，民国礼经学家的研究主要关注于《仪礼》成书问题的考察，及其《仪礼》所记礼仪制度的发覆上。其中，《仪礼》成书问题的研究主要以梁启超的《古书真伪及其年代》为代表。至于《仪礼》所记礼仪制

---

①　郑知同：《〈仪礼私笺〉后序》，载《仪礼私笺》书后，《郑珍全集》（一），上海古籍出版社2012年版，第206页。

度的研究，主要集中在丧服制度、丧礼制度两方面，前者主要以王国维《殷周制度论》、劳乃宣、吴承仕、钱玄同、章太炎等人的研究为典型，后者则以杨宽、钟秀崎等人的研究为代表。据耿素丽、胡月平选编的《民国期刊资料分类汇编》之一《三礼研究》分册统计①，35 篇论文就有 21 篇专门讨论丧服制度的问题，如劳乃宣的《覆友人论丧服书》，吴承仕的《中国古代社会研究者对于丧服应认识的几个根本观念》、《丧服变除表》，钱玄同的《〈仪礼・丧服〉经文释例》等，都是这方面的代表之作。丧礼制度的研究，则主要有钱基博的《丧礼今读记》、文藻的《中国丧礼沿革》2 篇。

其二，从研究方法上看，有以下三点值得关注之处：一是传统经学考证法的继续应用，如刘师培的《礼经旧说》、《逸礼考》二书，皆是甄采古义，搜辑遗佚，自先秦经传诸子及唐宋以来类书，搜罗殆遍，折衷并疏通。再如，许敬武的《〈仪礼〉今古文异同释例》，钱玄同的《〈仪礼〉向位解》之类，也极具经学色彩。二是重视以《仪礼》与群经及出土文献互证，王国维是其中之最典型者。② 三是突破了传统经学的窠臼，将民俗学、哲学、史学范畴引入礼经研究，如吴承仕的《中国古代社会研究者对于丧服应认识的几个根本观念》，李翊灼的《礼经哲学研究之发凡》，是其中的代表性之作。

（二）刘师培与《逸礼考》《礼经旧说》

刘师培（1884—1919），字申叔，号左盦，江苏仪征人。刘贵曾之子、刘文淇曾孙。刘氏主要著作，大都收集在《刘申叔先生遗书》、《刘申叔先生遗书补遗》中，其于礼学方面，著有《周礼古注集疏》、《西汉周官师说考》、《礼经旧说》、《逸礼考》等。

刘师培《逸礼考》一书，是继宋王应麟《困学纪闻》、元吴澄《仪礼逸经传》之后的又一部礼经"逸礼"研究之作。刘氏研究发现，历代文献所提及和援引的"逸礼"篇目，其中有些确凿可考者，主要包括《朝贡礼》、《天子巡狩礼》等 10 篇。此外，他还考订说，王应麟、吴澄等人所辑之"逸礼"，还有两类不一定属于"逸礼"的情况，分别是有文见古籍而莫由定其确属逸礼者、有篇见《大戴》而文似逸礼者。刘氏还指出，传世文献当中提到的某些"逸礼"之辞，如所谓"皇览逸礼"、"礼记逸礼"之类，尽管古籍中确有明文

---

① 耿素丽、胡月平选编：《民国期刊资料分类汇编・三礼研究》，国家图书馆出版社 2009 年版。

② 关于王国维的这方面研究情况，可参考潘斌《二十世纪中国三礼学史》一书，南京大学出版社 2016 年版，第 204—212 页。

提及,但却并不是汉代学者所说的“逸礼”。

关于刘师培《逸礼考》的详细情况,本书第四章第二节有相应介绍,此不重复。总体而言,《逸礼考》考证具有如下特点:一是在继承前贤研究成果的基础上,重视穷尽地罗列所见各类典籍的称名及逸文材料,便于作综合性的权衡与考量;二是重视逸文材料所缘出与汉人所说“逸礼”之间的关联性考察,借以发覆其存在的合理性;三是注重考察古籍所引各类逸礼遗文的称名或叙述风格、前后内容记载有无一致性。

刘师培《礼经旧说》又名《礼经旧说考略》,凡十七卷,另有《补遗》一卷。该书属于考证体著作,尽管大都属于散考的诠释条文,其中值得关注者而言,主要有如下数端:

其一,就刘氏《仪礼》文本观来说。刘师培对于《仪礼》十七篇序次有了新的解读和优劣考量,并对三家各自的排列理据进行了一次全面的解读和分析。关于这方面内容,本书第五章第一节有介绍,此不重复。

其二,就《旧说》的著述方式方法而言。刘氏认为,自从郑玄注释《仪礼》并遍行天下,“魏晋以下,惟崇郑本”①,原有的学者之许多旧说废坠不存,礼经之古义渐趋晦暗不明。因此,他努力从先秦经传诸子乃至唐宋以来之类书当中寻找礼经旧说,加以折衷疏通与考证,借以寻得对礼经的合理诠释。

其三,就《旧说》的诠释方面情况而言。根据潘斌的研究,其中最具特色者主要集中在三方面:对古文献所引《礼经》之旧说进行辨析,网罗众说以辨《仪礼》经说之异同,据古注对《仪礼》未备内容加以补充②。

要而言之,刘师培《礼经旧说》的考证颇有别于前贤的考证体著作,其诠释视角虽以释难解纷为著述要旨,但考察的旧说主要来源于“经传、《白虎通义》、《通典》以迄唐宋类书”之类保存的各类汉魏旧说,并非考辨前贤礼经诠释性著述的不同诠释性成说,也不涉及宋、明以来的各种礼经诠释类文献。透过刘氏《礼经旧说》,人们可以发见汉魏时期今古文经学在礼经诠释方面繁富的诠释成果,为礼经学研究开创了一条新的学术路径。

---

① 刘师培:《礼经旧说》卷一,刘晓东、杜泽逊编《清经解三编》(第八册),第 567 页。
② 潘斌:《二十世纪中国三礼学史》,南京大学出版社 2016 年版,第 225—226 页。

第十一章

《仪礼》文献学研究的反思与展望

第一节 20世纪50年代以来《仪礼》研究总结

一、礼经文献学研究之成绩

（一）目录学与版本学方面

礼经文献目录学著作的编纂，是一项指引学人非常重要的基础性工作。学者们通过对已有的礼经研究成果进行排比、考析和提要，为当代学者开展文史哲诸方面的研究，提供极大便利，这是礼经文献学研究的一项重要工作。在这方面，王锷先生所著《三礼研究论著提要》，台湾洪叶文化事业公司推出的刘兆佑先生所著《周礼论著目录》、《仪礼论著目录》，黄俊郎先生所著《礼记论著目录》，国立编译馆推出的刘兆佑先生编著的《周礼著述考》、《仪礼著述考》、《三礼总义著述考》，黄俊郎先生编著的《礼记著述考》，以及林庆彰先生主持编纂的《经学研究论著目录》、《乾嘉学术研究论著目录》等，皆为学界从事《三礼》学研究，提供了快捷的文献检索便利和研究的参考工具。

特别值得注意的是，王锷先生的著述《三礼研究论著提要》[①]一书，属于专门礼类目录学专书。该书共分上、下两编，上编收录汉至1999年历代

① 该书初版2001年由甘肃教育出版社出版，2007年又继续出版增订本，主要收录增补了一些该书初稿成书之后出现的一些礼类论著与论文。

学者研究《周礼》、《仪礼》、《礼记》(包括《大戴礼记》)的专著2683部,民国以前的专著撰有提要,提要内容包括书名、卷数、作者简介、内容、价值、版本、存佚状况及藏书单位,对相关的版本源流等问题做了考证。下编收录1900年至1999年国内外研究《三礼》的论文2123篇,每篇论文著录篇名、作者、刊物名称、发表时间、卷(期)号和页码。

此外,《提要》还十分重视对"三礼"文献版本的考察,其中既包括对《周礼》、《仪礼》、《礼记》等白文经之版本的详审考察,同时也更详细考察和搜罗了历代学者研究"三礼"衍生出来的各种文献之版本,并逐一在各种文献"提要"之后详加标注,说明版本存佚情况。对于同一种文献的不同版本系统排列,往往遵循先稿本次刻本、抄本的编撰顺序。对于某些不甚流通的希见版本,王锷还特别标注出该本所藏地址信息。

单篇版本学论文方面,王锷还发表了《郑玄〈仪礼注〉版本考辨》(《图书与情报》1995年第3期)、《〈仪礼注疏〉版本考辨》(《古籍整理研究学刊》1996第6期)、《贾公彦〈仪礼疏〉版本考辨》(《古籍整理》1997第6期)、《〈仪礼〉白文经版本考辨》(《古籍整理研究学刊》1998第1期)等系列礼经版本学方面的论文。凡此种种,为当下礼经文献研究者提供了极大便利。

(二)古籍整理与校勘方面

在礼经文献的整理和校勘方面,大致可以区分为三类文献学实践活动:

一是对《仪礼》白文进行注译,以便于《仪礼》的普及与传播。20世纪90年代以来,先后有多位学者从事这方面的译注工作,主要有:邓志瑗、余让尧等编著《仪礼直解》(《十三经直解》第二卷,江西人民出版社1993年版)、杨天宇《仪礼译注》(上海古籍出版社1994年版及2004年版)、李景林等《仪礼译注》(吉林文史出版社1995年版)、许嘉璐《文白对照十三经·仪礼》(陕西人民教育出版社1995年版)、彭林《仪礼全译》(贵州人民出版社1997年版,《中国历代名著全译丛书》之一)、陈铁民等《十三经·仪礼》(文白对照)(三秦出版社2004年版)。这些译注本,为礼经文本的传播积淀了基础。

二是对汉代各种礼经文献的点校整理和出版。例如,郑玄、贾公彦的《仪礼注疏》,先后有多种整理本,如李学勤主编北京大学出版社1999年出版的整理本,上海古籍出版社2008年出版的王辉整理本,新文丰出版公司出版的邱德修分段标点本之类。再如,20世纪50年代以来点校整理出版了此类著作。例如:北京大学出版社近年来推出的《清华经学著作丛刊》,其中包括周洪点校的曹元弼《礼经学》,彭林先生点校的凌廷堪《礼经释例》,所选底本精,校本全,具有很高的版本学价值。其他点校类整理成果,如江苏古籍出版社推出的段熙仲先生点校的胡培翚撰《仪礼正义》,贵州人民出版社推出的李华年点校的郑珍撰《仪礼私笺》,华东师范大学出版社推出的温显贵校注的万斯大著《经学五书》本《仪礼商》,四川大学出版社推出的潘斌点校的吴之英撰《仪礼奭固》(收录在《吴之英儒学论集》当中),武汉大学出版社推出的张焕君、刁小龙整理的《武威汉简〈仪礼〉整理与研究》(2009年版),以及台湾国立编译馆推出的韩碧琴先生的《仪礼郑注句读校记》等,较为集中地展现了学术界整理清代《仪礼》文献的成绩。这一类点校出版的文献,许多都有整理者的校勘辑录,对当下的礼经学研究具有重要的版本、校勘学价值。

三是对武威汉简《仪礼》简的释读与整理研究。关于这一方面的整理成绩,本章第二节另有介绍,此不赘言。

关于《仪礼》文献的整理与校勘,还有许多单篇的论文,如方向东《从阮刻〈仪礼注疏〉看中华书局影印本和南昌府本的差异》(《古文献研究集刊》第五辑)、《北大标点本〈仪礼注疏〉标点商兑》(《儒家文化研究》第三辑)、《论秦蕙田〈五礼通考〉对经部文献的训诂校勘价值》("社会·历史·文献——传统中国研究国际学术讨论会"会议论文集)等,彭林的《论清人〈仪礼〉校勘之特色》(《中国史研究》1998第1期),万丽华的《〈十三经注疏〉中〈三礼注疏〉句读辨误》(《古籍整理研究学刊》2006年第2期),等等。凡此之类整理与校勘性质的研究,对于推动礼经文献的整理和研究,颇具裨益。

(三)礼经之辨伪研究方面

和此前一样,这一时期礼经之辨伪研究,主要是围绕《仪礼》经、《记》、《传》三者的撰作者及撰作年代的论争而展开的。先后有段熙仲、顾颉刚、陈梦家、沈文倬、杨天宇、丁鼎等学者参与其间的讨论,表达不同的见解。通过辩论,人们对于礼经白文撰作问题的认识更加深入全面。这一期间主要的论辩性文献有:

沈文倬:《略论礼典的实行和〈仪礼〉书本的撰作》(上、下),《文史》第15、16辑

沈文倬:《汉简〈服传〉考》,《文史》第24、25辑

顾颉刚:《〈仪礼〉和〈逸礼〉的出现与邵懿辰考辨的评价——〈礼经通论〉序》,《文史》第38辑

丁鼎:《试论〈仪礼〉的作者与撰作时代》,《孔子研究》2002年第5期

丁鼎:《子夏与〈丧服传〉关系考论》,《江苏大学学报》(社会科学版)2004年第1期

刘建国:《先秦伪书辨正》,陕西人民出版社2004年版

段熙仲:《礼经十论》,载《古文献研究集刊》第二辑,凤凰出版社2008年版

杨天宇:《〈仪礼〉简述》,载《仪礼译注》卷首,上海古籍出版社1994年版

赵昭:《〈仪礼〉成书考》,2008年《兰台世界》第22期

(四)历代礼经文献传播与接受研究

关于历代礼经文献传播与接受情况研究,一直是学界的薄弱环节,但是近年来也有了一定的突破,主要有沈文倬《从汉初今文经的形成说到两汉今文〈礼〉的传授》(《纪念顾颉刚学术论文集》,巴蜀书社1990年版)、陈功文《汉代〈仪礼〉称名考略》(《兰台世界》2010年第6期)、王锷《东汉以来〈礼记〉的流传(上、下)》(《井冈山大学学报》2010年第5、6期)、顾迁《敖继公〈仪礼集说〉与清代礼学》(《史林》2012年第3期)、邓声国《清后期〈仪礼〉学的传播与接受》(《中原文化研究》2016年第3期)等数篇文章,针对汉代与清代的相关情况加以讨论说明。

二、礼经专篇研究之检讨

(一)大陆地区

这一时期,大陆礼经研究学者当中,也有人关注于《仪礼》具体篇章的深入研究,例如:丁鼎先生的《〈仪礼·丧服〉考论》(社会科学文献出版社2003年版)一书,从"中国古代丧服制度的形成和确立"、"《仪礼·丧服》经传记述论"、"《仪礼·丧服》服制考述"、"《仪礼·丧服》的制服原则与

有关服制义例”、“《仪礼·丧服》所反映的上古婚姻家庭制度”、“《仪礼·丧服》所体现的周代社会关系和伦理观念”、“《仪礼·丧服》与其他先秦文献所载丧服制度之比较研究”等七个方面,对《仪礼·丧服》文本及其所反映的丧服制度、婚姻家庭制度、伦理观念等诸多内容作了全面而深入的研究,颇有创见。

此外,单篇的论文还有于永玉《论〈丧服〉中的血亲关系》(《史学集刊》1986 年第 2 期)、《〈丧服〉的服期、称谓和成文原则》(《松辽学刊》1986 年第 3 期),陈克伦《〈仪礼·士丧礼〉中所见丧葬、祭奠器物考略》(《郑州大学学报》1989 年第 3 期),张焕君《〈丧服〉用杖制度考论》(《中国文化研究》2003 年第 1 期),刁小龙《〈丧服〉“报服”考述》(《中国文化研究》2003 年第 1 期),陈倩《〈丧服〉女子“出嫁不降”考辨》(《中国文化研究》2003 年第 1 期),等等。大致说来,这方面的研究更多集中在《仪礼·丧服》篇的发覆上,至于其他十六篇,目前据著者所见,大陆地区的学者关注得较少。

(二)台湾地区

较之大陆地区的研究,台湾地区的礼经专篇研究要广泛得多,而且有不少专门性的论著,如郑良树《仪礼士丧礼墓葬研究》(台湾中华书局 1971 年版),陈瑞庚《士昏礼服饰考》(台湾中华书局 1971 年版),张光裕《仪礼士昏礼士相见之礼仪节研究》(台湾中华书局 1971 年版),黄启方《仪礼特牲馈食礼仪节研究》(台湾中华书局 1971 年版),沈其丽《仪礼士丧礼器物研究》(台湾中华书局 1973 年版),吴达艺《仪礼特牲少牢有司彻祭品研究》(台湾中华书局 1973 年版),吴宏一《乡饮酒礼仪节简释》(台湾中华书局 1973 年版),施隆民《乡射礼仪节简释》(台湾中华书局 1973 年版),吴焕瑞《仪礼燕礼仪节研究》(台湾文津出版社 1982 年版),谢德莹《仪礼聘礼仪节研究》(台湾文史哲出版社 1983 年版),等等。据此可见,《仪礼》十七篇中,大部分篇目的仪节和器物之类研究都有涉及,而不是仅仅着重于《丧服》篇的探讨,涉略面更趋全面。

三、礼经个案专书专题研究

(一)个案专题研究

在礼经学所涉相关个案专题研究上,近年来也有不少学者从事于这方面研究，例如，杨宽的《冠礼新探》（《中华文史论丛》第1辑）、《“贽见礼”新探》（《中华文史论丛》第4辑）、《“乡饮酒礼”与“飨礼”新探》（《中华文史论丛》第4辑），白华的《古代冠礼简论》（《甘肃社会科学》2003年第6期），漆子扬的《〈仪礼〉乐制初探》（《社科纵横》1993年第8期），等等。

另外，这一时期也出版了不少这方面的专门论著，如钱玄的《三礼名物通释》（江苏古籍出版社1987年版），戴庞海的《先秦冠礼研究》（中州古籍出版社2006年版），袁俊杰的《两周射礼研究》（科学出版社2013年版），刘兴均的《三礼名物词研究》（商务印书馆2016年版），等等。较之单篇论文，其研究要深入全面系统得多。

（二）个案专书研究

至于单篇论文中的个案专书研究，则这一时期礼经学研究的主体，数量相当的多，例如，杨向奎《读胡培翚的〈仪礼正义〉》（《孔子研究》1991年第4期），彭林《论姚际恒〈仪礼通论〉》（《湖南大学学报》2006年第1期）、《评杨大堉、胡肇昕补〈仪礼正义〉》（《清华大学学报》2007年第2期），李春伶《〈仪礼通论〉初探》（《中国社会科学院研究生院学报》1998年第2期），林存阳《张尔岐与〈仪礼郑注句读〉》（《齐鲁学刊》2001年第1期），程艳梅《浅析贾公彦〈周礼义疏〉、〈仪礼义疏〉中对修辞手法的阐释》（《古籍整理研究学刊》2007第1期），乔辉《仪礼正义〉略考》（《社会科学论坛》2008年第11期），邓声国《〈仪礼经传通解〉“今按”之文献学面面观》（《齐鲁文化研究》2009年第1期）、《李如圭〈仪礼集释〉的解经特色》（《江西社会科学》2010年第11期）、《李如圭〈仪礼集释〉申注特色探析》（《井冈山大学学报（社会科学版）》2010年第1期）、《曹元弼〈礼经学〉礼学价值探微》（《古文献研究集刊》第五辑），张涛《戴震辑本〈仪礼集释〉质疑》（《古文献研究集刊》第五辑），陈功文《胡培翚〈仪礼正义〉征引文献考论》（《图书馆工作与研究》2012年第2期），等等，都是这方面的论文。

其中有些个案专书的研究，参与研究者和发表的论文相当多，如对郑玄《仪礼注》的研究便是如此，相继有杨天宇〈郑玄校《仪礼》从今文本字不从古文通假字考〉（2006）、《郑玄注〈仪礼〉以今况古所涉汉代名物考》（《古文献研究集刊》第五辑），李志娜《〈仪礼〉郑注考》（2008），范常喜《〈仪礼〉郑注“古文”研究疏失举隅》（2009）、《郑玄注〈仪礼〉形讹古文新证九则》（2014）、陈居渊《郑玄注〈仪礼〉今古文正误考略》（2016），等等。

值得一提的是，杨天宇著有《郑玄三礼注研究》一书，从校勘和训诂两大专题入手，展开深入探究，堪称其中的典范之作，研究极其深入全面。

除杨天宇《郑玄三礼注研究》外，近年来不乏部分硕士、博士论文选择礼经学史上某一专书开展研究的情况，例如：陈功文《胡培翚〈仪礼正义〉研究》（2011 年扬州大学博士论文）、宋燕《李如圭〈仪礼集释〉研究》（2013 年郑州大学博士论文），张颖《从〈仪礼通论〉看姚际恒的辨伪思想》（2010 年郑州大学硕士学位论文），梁勇《万斯大及其礼学研究》（2000 年中国社会科学院硕士学位论文），李富侠《凌廷堪〈礼经释例〉研究》（2013 年安徽大学硕士学位论文），等等。凡此一类研究，对于推动断代学术史的研究，具有很大的帮助。

四、礼学学术史之断代性研究

礼学通史的撰作，当然要以断代礼学史为前提，近年来有关某一时段或区域的礼学史论著开始增多，台湾学者张寿安教授致力于礼学思想研究，他的《以礼代理——凌廷堪与清中叶儒学思想之转变》①与《十八世纪礼学考证的思想活力——礼教论争与礼秩重省》②二书，可谓是这方面发先声的力作。其中《转变》一书，通过对凌廷堪“以礼代理”思想观念及清儒“亲亲尊尊”、“为人后”、“嫂叔无服？嫂叔有服？”、“成妇？成妻？”等思想的讨论，以及其在社会层面所产生的作用和影响的详细梳理，勾画出礼在清中叶的演进状况和所具有的思想活力。

大陆方面，主要有林存阳的《清初三礼学》（2002），邓声国的《清代“五服”文献概论》（2005）、《清代仪礼〈文献〉研究》（2006），盖志芳的《民国礼学的历史考察》（2007），李江辉的《晚清江浙礼学研究》（2007）等，张帅的《南北朝三礼学研究》（2013），潘斌的《二十世纪中国三礼学史》（2016），等等。上述诸著述，都是这方面的代表性著作。

另外，也有一些学者的论文虽然篇幅不长，但也涉及某一阶段礼学研究的断代学术史情况，如王锷的《汉代的〈仪礼〉研究》（《西北师大学报》

---

① 张寿安：《以礼代理——凌廷堪与清中叶儒学思想之转变》，中央研究院近代史研究所 1994 年版；河北教育出版社 2001 年版。

② 张寿安：《十八世纪礼学考证的思想活力——礼教论争与礼秩重省》，中央研究院近代史研究所 2001 年版。

2000年第5期),张学智的《明代三礼学概述》(《中国哲学史》2007年第1期),等等。虽然讨论还有欠全面深入,但却为这方面的深入研究,积淀了研究基础。

除上述四大方面的礼经文化研究外,近年来也出现了其他方面学科的研究,如语言学研究,文学文本研究,思想史和哲学史研究,再如彭林先生致力于"《仪礼》复原与当代日常礼仪重建研究"课题的跨学科研究,等等,这里不再详细展开介绍。

第二节 近年来出土文献与《仪礼》研究反思

20世纪以来是考古发现的繁荣时代,大量出土文献的发掘与利用,已经成为近些年来传统中国学学术研究的一个显著特点。长沙马王堆汉墓帛书、张家山汉墓竹简、湖北荆门郭店楚简、睡虎地秦墓竹简、曾侯乙墓竹简、上海博物馆藏战国楚竹书、清华大学所藏战国竹简、浙江大学所藏战国楚简、岳麓书院所藏秦简等一批批出土文献的不断问世,使得中国古代思想文化、制度文化等方面的研究与出土文献资料的关联度更趋密切。从一定意义上说,正是因为这些重要出土文献的发现与整理研究,拓展了中国古典学研究新的学术领域,同时也盘活了一批长期未受重视的传世文献,甚至引发了一些传世史料的重新评估和排列,意义非同小可,令人为之振奋不已。随之而来的,出土文献研究也随之成为当下中国古典学术研究的一个热点。《仪礼》作为传世儒家"五经"、"十三经"之一,与之相关的出土文献虽然不多见,但也有少量这类文献,随着他们的出土,在一定程度促进了当代《仪礼》学的研究。随着这些出土文献研究的不断深入,"现在已经到了予以重新审视、评价的时候。应该如何去除情绪的色彩,如何赋予科学的意义,如何反思利用出土文献研究中国思想史的方法,都是值得我们去总结的问题,同时也是对今后的研究必然产生影响的问题"①。鉴于此,本书拟对近些年来与《仪礼》学研究密切相关的学术研究成果进行一番总结与反思,以期有益于当下《仪礼》学研究的进一步深入与延展。

---

① 曹峰:《出土文献可以改写思想史吗?》,《文史哲》2007年第5期。

一、《仪礼》类出土文献概况

相对于其他类别的儒家经典著作而言,《仪礼》类出土文献数量较少,目前已知的此类出土文献主要有两种,一类是石刻《仪礼》文献,一类是竹、木简牍《仪礼》文献。这两类《仪礼》出土文献,从文献计量学的角度来说,都是属于《仪礼》类一次文献。

石刻《仪礼》文献,主要以《熹平石经》、《开成石经》和《乾隆石经》为代表。《仪礼》作为儒家十三部经典之一,曾经也有过刻之于石的历史。从目前已知的情况看,中国历史上第一次大规模地在石头上刊刻经书——《熹平石经》——的活动,就包括刊刻《仪礼》今文经在内,规范了包括《仪礼》在内的“六经”文字。该石经又称“一字石经”,《隋书·经籍志》所载“一字石经《仪礼》九卷”即是说的此石刻文献。可惜的是,《熹平石经》仅存零星残石,不过,清代学者马国翰曾辑有《石经仪礼》1 卷问世,后来罗振玉曾辑录而成《汉熹平石经残字集录》2 卷,其中《仪礼》部分仅存二石,凡 107 字,然亦可谓弥足珍贵。另外,唐文宗太和四年(830),郑覃奏请召宿儒兴学,校定六籍,准汉蔡邕刻书故事,后依所奏动工于太和九年(835),至开成二年(837)九月石经刊成,立石太学,史称《开成石经》。这其中,共刊刻包括《仪礼》在内的十二部经书。这是目前所知的历史上第二次《仪礼》白文经石刻活动。《仪礼》白文经刻于石碑的第三次活动,发生在清乾隆五十六至五十九年(1791—1794),当时清廷将《仪礼》和其他诸经刻于石,立在北京国子监,史称该石经为“清石经”或“乾隆石经”,《仪礼》石碑部分至今保存完好。

竹、木简牍《仪礼》文献,主要以武威汉简本《仪礼》为代表。1959 年甘肃武威磨嘴子 6 号汉墓曾出土《仪礼》一书的竹、木简。《仪礼》简共分甲、乙、丙三本,其中甲本木简 398 枚,包括《士相见》、《服传》(单《传》)、《特牲》、《少牢》、《有司》、《燕礼》、《泰射》7 篇;乙本木简 37 枚,仅《服传》(单《传》)一篇;丙本竹简 34 枚,仅《丧服》(单经)一篇。[①] 据考古学家考证,这些竹、木简的抄写年代约在西汉晚期,下限为成帝和平年间。这些竹、木

① 中国科学院考古研究所、甘肃省博物馆:《武威汉简》(考古学专刊乙种第十二号),文物出版社 1964 年版。

简的发现,对后世考证《仪礼》一书的成书状况极有价值。这是目前出土的竹、木简牍《仪礼》文献的唯一一种,在经学家法、校勘学、版本学、简册制度及汉字形体学等方面皆具有较高的学术价值。

上述两大类《仪礼》出土文献,尤其以后者(即武威汉简本《仪礼》)在当下学界的影响力最甚,许多学者围绕它开展了内容丰富、视阈开阔的学术研究;至于前者,则在明清时期影响较大,催生了一批与之密切相关的研究成果,现代研究者受其影响较小。

二、以往《仪礼》类出土文献研究视角

随着出土文献的不断面世,不仅为中国古典学的研究提供了许多新材料,同样也为古典学研究者提供了新的研究视角。自有《仪礼》类出土文献问世以来,围绕这些《仪礼》出土文献与传世文献之间开展学术研究,有的学者或单纯就出土文献本身进行简文释读等工作,有的学者则讨论与《仪礼》出土文献相关的系列问题,有的学者则借助《仪礼》出土文献讨论传世文献中的相关问题。凡此种种,皆有助于促进当下《仪礼》学的进一步深入。具体说来,此前《仪礼》类出土文献研究的学术视角主要体现在如下诸方面:

首先,就《仪礼》类出土文献自身单纯的整理与研究而言。以武威汉简本《仪礼》为例,海内外学者主要围绕竹、木简的书写时代、简序排列、简文释读诸方面展开了热烈的讨论。例如,陈梦家首次在《武威汉简·叙论》中,就武威汉简本《仪礼》的抄写年代、篇题与篇次问题、家法与师法、今古文问题、简本《服传》性质、经传合编和杂糅今古文等一系列问题,提出了独到见解。此外,陈茂仁《武威甲本〈仪礼〉为庆氏礼之商榷》,张、刁所著《武威汉简〈仪礼〉整理与研究》等亦针对简本的抄写年代和礼文性质,在陈氏研究基础上继续进行了深入讨论,并提出了不同看法。

武威汉简本《仪礼》之类出土文献研究,为《仪礼》学研究提供了宝贵的资料,同时《仪礼》汉简自身文字的考证训诂也是开展《仪礼》文献研究的重要基础。在简本《仪礼》的释读与考证等方面,除陈梦家《武威汉简》一书外,还有王关仕著《〈仪礼〉汉简本考证》(台湾学生书局 1975 年版)、刘文献著《武威汉简〈仪礼〉校补》(台北东亚学术研究计划委员会 1965 年

版）、张焕君、刁小龙著《武威汉简〈仪礼〉整理与研究》（武汉大学出版社2009年版）三部专著，皆称得上是此类研究的权威之作。其他与此相关的单篇论文更是不少，如李维芬《武威汉简文字考辨》（《辅仁大学人文学报》1970年第1期）、沈文倬《〈礼〉汉简异文释》（《文史》第24、25辑）、李解民《武威汉简丙本〈丧服〉简的缀合》（《文史》第34辑）、李中生《读武威汉简本〈仪礼〉札记四则》（《暨南学报》1991年第4期）、《〈仪礼〉简本札记三则》（《文史》第45辑）、陈荣杰《武威汉简〈仪礼〉释文校勘九则》（《考古》2009年第4期）、顾涛《武威汉简〈仪礼〉诸家校释斟补》（《传统中国研究集刊》2009年第七辑）、金涛《武威汉简〈仪礼〉校勘及王杖十简集释》（2013年吉林大学硕士学位论文）诸文，主要集中于武威汉简本《仪礼》的文字考释与校勘方面。其他如《武威汉简在学术上的贡献》（《考古》1960年第8期）讨论简本在版本学上的重要学术价值，为此后进一步利用简本《仪礼》指明了方向。

其次，就《仪礼》类出土文献比较互证推理研究的情况而言。出土文献不仅需要文献学意义上的整理研究，反过来出土文献研究又丰富发展了传统《仪礼》文献学研究的内容、理论和方法。随着对于《仪礼》类出土文献释读与考证等基础性研究告一段落，学者研究的焦点便不可避免地转向简本与传世本《仪礼》之间的比较互证类研究与文本阐释。其中，颇受学者关注的一个方面内容是，通过简本与传世本《仪礼》的对比互证，考察《仪礼》文字上的今古文问题，为此催生了一批这方面的研究成果，如张光裕《〈仪礼〉兼用今古文不始于郑玄考》（《书目季刊》1967年第2卷第1期）、沈文倬《汉简〈士相见礼〉今古文杂错并用说》（《杭州大学学报》1984年增刊）、高明《据武威汉简谈郑注〈仪礼〉今古文》（《传统文化与现代化》1996年第1期）、史杰鹏《仪礼今古文差异释例》（《古籍整理研究学刊》1999年第3期）、史大丰《论武威汉简本〈仪礼〉的今古文问题》（《枣庄学院学报》2010年第4期），等等。通过这一系列的考察研究，进一步廓清了此前有关《仪礼》兼用今古文始于东汉末年大学者郑玄的错误认知。

一般说来，将出土文献与传世文献相对照，有助于今人对传世古籍的准确校读，有助于我们对古籍形成过程这一问题的正确认识。有部分学者即注意着眼于这一方面的整理工作。例如，易雅琴《〈士相见礼〉整理与研究》（浙江大学2012年博士论文）一文，有很大一部分篇幅，通过将汉简本

《士相见之礼》与传世《士相见礼》进行对读，同时辑录简本《士相见礼》出土以来所有学者的研究成果，校订传世文本在流传过程产生的讹误衍倒；同时，对迄今所见最古的宋代景德官本《士相见礼疏》进行整理；在此基础上，整理出一个包括经文、郑注、释文、疏文而且可以通读的文本，从而最大限度地保证研究古代礼乐文明所据文本的可靠性。

校勘工作，既可以借助传世《仪礼》来校勘出土文献的用字讹误情况，反之亦然。因而也有少数学者着眼于借助出土文献来校勘传世《仪礼》的文字讹误现象，如刘玉环《利用武威汉墓〈仪礼〉校正通行本〈仪礼〉一则——论“父”字当为“久”字》（《昆明学院学报》2012 年第 1 期）、范常喜《〈仪礼·士相见礼〉“众”“终”今古文辨》（《孔子研究》2007 年第 3 期）二文，都是根据武威汉简本《仪礼》的文字，来分析说明和校正传世《仪礼》行文的讹误情况。

此外，也有学者另辟蹊径，从其他不同角度进行简本与传本的互证考察，发覆其中可资发掘的文献史料。例如，王锷《武威汉简本〈仪礼〉与“十三经”本〈仪礼〉比较研究》（《社科纵横》1994 年第 3 期）一文，分别从版本学、文字学、校勘学三方面对两种版本的《仪礼》进行了对比，探讨了简本《仪礼》对各学科的贡献，如从版本学来看，它为今人提供了一个早于郑玄注本并且未被郑玄以后诸家学者所见过的《仪礼》版本，为研究汉代的经学及《仪礼》一书的形成时代提供了证据；从文字学上来说，简本《仪礼》是研究汉世通用隶书的绝好材料，也为文字学史的研究提供了新的材料；从校勘学上来看，简本《仪礼》作为《仪礼》的最古本，用来校勘，足以纠正伪脱，校订今本的谬误。

又如，田中利明《〈仪礼〉之“记”的问题——关于“武威汉简”之考察》（《日本中国学会报》1967 年 11 月第 19 号）一文，借助简本《仪礼》考察经学史上久有争执的《记》文性质与来源问题；张光裕的《〈仪礼士相见礼〉成篇质疑》（《孔孟月刊》第 6 卷第 4 期）一文，则武威汉简本《仪礼》对《士相见礼》一文的成篇问题进行质疑问难；而杨天宇先生的《从汉简本〈仪礼〉看〈仪礼〉在汉代的传本》（《史林》2009 年第 4 期）一文则指出，汉简本《仪礼》是出于今、古文本系统之外的两个不同家法的本子，郑注本《仪礼》只是一部反映汉代主流传本概貌的本子——立于学官的汉太学博士本，当时社会上流传的本子应该不止这两种，应该还有一些其他传本，只是未能流传下来而已。诸如此类问题的反覆检讨,确实有助于推动和提升人们对于《仪礼》学史上一些旧有问题的认知。

复次,从语言学特别是文字学的角度研究武威汉简本《仪礼》的语词,是一个较为独特的新颖视角。虽然研究成果不多见,但却颇具启发意义。例如,徐富昌著《武威仪礼汉简文字编》(台湾国家出版社 2006 年版)针对该简字体 27332 字加以分析归纳,并依《说文》五百四十部编排方式,分十四卷,编为文字编,以利学界观察汉代书体实貌;另外,徐氏考虑到简本《仪礼》与传世本《仪礼》之间颇多文字上的异文情况,因而特别设立“异文编”,将该简本与传世本进行异文对照,借以观察典籍异文的现象和表现形式。又如,杨捷《武威汉简〈仪礼〉形声字研究》(河北大学汉语言文学专业 2010 年硕士论文)从讨论武威汉简《仪礼》中形声字的类型、构件分类与组合结构、形符与声符系统、基本特点等问题,从而进一步了解和勾勒简本《仪礼》形声字的概貌和文字发展轨迹。再如,刘芳池、孟美菊《武威汉简〈仪礼〉与传世〈仪礼〉异词分类研究》(《安徽文学》2010 年第 8 期)一文,其所谓异词实质是不同版本(或抄本)的文献或典籍中用词不同的情况。该文作者将武威汉简《仪礼》与传世《仪礼》异词区分为同义异词、包义异词和交义异词三类,通过二者之间异词的分类分析,从而进一步探讨汉语词汇运用和发展的规律。陈荣杰《从〈武威汉简〉看〈汉语大字典〉引证之不足》(《重庆科技学院学报》社会科学版 2007 年第 6 期)一文,则从词汇学的角度,指出可以依据武威汉简《仪礼》,补正《汉语大字典》在引用古代文献方面存在的例证疏漏、缺失和称引体例不统一等方面的阙失之处。

三、礼经研究得失及反思

任何一种出土文献,其本身实质上就是一种史料,由于已知的出土文献保存了大量传世文献所没有的新资料,因而极大地推动、改变、影响了中国古典学的研究。《仪礼》类出土文献的问世及整理、研究,确实在一定程度上促进了当代《仪礼》学研究的深入与领域拓展,但其中却又得失兼存,不能不细致加以总结和反思,以期推进当下《仪礼》学进一步向健康有序的方向发展。

其一,此前的石刻《仪礼》文献及武威汉简《仪礼》校勘、整理工作,有陈梦家先生的文献整理工作在前，相继又有王关仕著、刘文献、张焕君、刁小龙等人的整理诠释在后，这一基础性研究可谓积淀深厚，工作扎实细致。特别值得肯定的是，诸学者对于武威汉简《仪礼》的诠释与整理，并非单纯就出土文献谈出土文献，而是建立在传世文献与出土文献双方面所产生的相互作用基础之上，进而讨论和考察简本文字的校读与释读。他们对简本《仪礼》的校勘及文字释读，力图在尽量占有大量出土文献材料的基础上，将出土文献与传世文献进行比勘对照。将出土文献的材料进行文本复原，再用传世文献激活出土文献，用出土文献证实传世文献，进而尽最大努力在原典实证基础上进行客观的释读校勘。这种客观、科学的文本构成研究方式，为开展其他相关方面的研究打下了坚实基础，是值得我们肯定的地方。对读在探讨早期典籍流传方面的重要性、对读在探讨历史故事在流传中变异方面的重要性、对读在疏解与校正先秦典籍方面的重要性。

其二，有学者在谈到出土文献对传世文献的作用和价值时，将其概括为这样五个方面："扩大史料范围、校读传世文献之谬误、研究传世古籍的源流、提供能证实新说的依据、帮助解决古书里比较重大的问题。"①细致剖析此前学者在利用石刻《仪礼》文献及武威汉简《仪礼》的情况，学者们在整理、校勘武威汉简《仪礼》之余，对于武威汉简《仪礼》的文献学价值，特别是版本学、校勘学方面的价值，认识大都较为到位。如陈梦家先生在《武威汉简·叙论》中，也专文探讨了简本《仪礼》在汉代经学上的地位，涉及《仪礼》的篇次、篇题、家法等问题；还有，王锷先生《武威汉简本〈仪礼〉与"十三经"本〈仪礼〉比较研究》一文，通过简本与传世本《仪礼》的对比分析，分别从版本学、文字学、校勘学三方面指出武威汉简本《仪礼》的文献学价值。但是从最大化利用出土文献的角度来看，目前还有一些与之相关的问题尚未研究，例如，武威汉简《仪礼》在汉代礼经传授系统中的位置与传授情况，与郑玄所见今、古文本《仪礼》之间的关系问题，导致武威汉简及其他版本《仪礼》后世失传与郑玄兼采今古文有无内在的必然联系，武威汉简《仪礼》与传世本《仪礼》之间篇次、篇题的差异与家法授受有无必然关系，等等。凡此种种，都有待当下礼学研究者深入研究。

其三，从学术研究方法论角度而言，随着大量出土材料的发掘与利用，

---

① 罗庄：《浅谈出土文献对传世文献的几点作用》，《重庆科技学院学报》（社会科学版）2012年第22期。

王国维先生提出的“二重证据法”极大地丰富了传统的学术研究手段和方法，提高了研究的科学性和可靠性，同样对推动包括《仪礼》在内的中国古典学的发展起到了巨大的作用。诚如刘家和所说：“出土资料对于传统的文献资料具有权威性的检验作用，众所周知，这是由于它所固有的第一手性质决定的”，“二重证据法不仅承认出土资料在证实或证伪文献资料方面的重要作用，而且承认文献资料对于说明或论证出土资料的重要性。”① 然而，当遇见武威汉简《仪礼》中的文字记载及篇第次序和传世文献不能直接对应的情况时，绝不能简单地以出土文献来否定传世文献。如何加以审慎抉择，正确看待出土文献的研究价值，是摆在礼学研究者们面前首要解决的基础性认知问题。如能正确处理这一抉择，立足于传世文献与出土文献并重、实事求是的科学态度，而不是一味趋同或立异，疏理清代以来学者对于《仪礼》词句诠释的考证成果，论证清人考证中的可取之处，则有助于厘清《仪礼》诠释史上的一些个案问题。

其四，从语言学角度研究武威汉简《仪礼》，徐富昌所著《武威仪礼汉简文字编》，杨捷《武威汉简〈仪礼〉形声字研究》，刘芳池、孟美菊《武威汉简〈仪礼〉与传世〈仪礼〉异词分类研究》等文的研究进行了一次有益的尝试，但这种研究目前还仅仅只是停留在浅层面上，如能结合文字形体学、词汇学、音韵学、训诂学等众多分支学科的共同参与，结合清代学者的诠释成说，则必然有助于重新检讨旧有的整理、诠释成果，推动传世本《仪礼》经文的再诠释。

第三节　今后《仪礼》文献学研究走向展望

《仪礼》文献学是一门既古老又年轻的学问。自汉代以来，不仅研习《仪礼》者人才辈出，而且成就亦巨，为后世留下了各类丰硕的专门性论著，进而演绎为一代又一代学术思潮。作为独特的文化现象，不能不引发当代文献学研究者的关注与重视。学术界对包括《仪礼》在内的三礼学研究，自二十世纪初叶以来即已发轫，特别是八十年代之后，其受重视的程度

① 刘家和：《关于殷周的关系》，《史学、经学与思想：在世界史背景下对于中国古代历史文化的思考》，北京师范大学出版社2005年版，第297—301页。

越来越明显,取得的成果也越来越丰硕。然相较于其他儒家经典文献研究而言,学术界对历代三礼文献的经学、史学、文献学研究,起步较晚,基础也较为薄弱。可喜的是,此一局面自进入二十一世纪后,开始发生了一些改观,一批专著和论文相继推出,更有一些硕士生、博士生相继选择三礼学方面的课题作为毕业论文的选题,这些都在一定程度上推进和深化了对《仪礼》学乃至三礼学的研究。

学术研究需要有恢弘的研究视阈,讲究一定的学术前瞻性,近十年来,笔者一直在从事历代《仪礼》文献的整理和研究,对于包括《仪礼》研究在内的三礼学研究走向问题颇多思索。笔者以为,要推动当前学界对于三礼学的研究继续拓展开来,首先要加强三礼文献学的全面与深入研究,这里仅就《仪礼》文献学研究的若干问题加以探析。目前学界对于历代《仪礼》学的研究仍是一个薄弱的课题,离系统全面的研究还有很远一段距离,要想推动当前的《仪礼》学研究继续深入发掘下去,首先需要对历代各级各类《仪礼》文献开展有计划的系统整理与研究,进而从综合层面加以全面的考察论证。结合其他经学研究分支的相关情况来看,当前对于《仪礼》文献学的研究,可以从两个不同的层面稳步开展进行,一是基础整理层面的文献学研究,一是比较综合层面之文献学研究。每一层面之研究,其所亟待解决的方面各有侧重点,以下将结合近些年来学界研究的相关情况,就这两方面研究的现状与发展走势,作一次粗线条式的梳理、分析和说明。

一、基础整理层面的礼经文献研究

基础整理层面的文献研究,是指立足于传统文献学所涉各方面内容,运用目录、版本、校勘、辨伪、辑佚、编纂、注释等各种研究手段和方法,对历代《仪礼》文献中的上述方面内容,作出系统的整理与归纳。当前学界在这方面所做的工作并不显著,尚有许多整理工作亟待开展起来。有鉴于当前《仪礼》文献学的整理、研究现状,目前尚有许多这方面工作要做,至于近期内尤为迫切的方面工作,主要有以下几项内容:

首先,要加强历代《仪礼》文献的辑佚整理工作。辑佚工作是从事古典文献学整理和研究的学者理应重视的工作任务之一,这是由我国古代文献典籍存在大量散佚之现象所决定的。事实上,历代学者研究《仪礼》之各级各次文献是非常丰富的，可惜有很多研究成果都没能流传下来，即使离我们年代最近的清代礼学文献，其流传情况亦颇有散佚情况。例如，姜兆锡《古今丧服考》，《江苏艺文志·镇江卷》载有此书，该书今虽已亡佚不见，但盛世佐《仪礼集编》曾引其说，可以从中辑录出其部分遗说。又如，在王士让的《仪礼训解》一书当中，其中摭引了许多现已亡佚的清儒研究成果，其中尤以清儒吴绂之说为多，很值得我们重视，譬如《丧服》“贵臣贵妾。《传》曰：何以缌也？以其贵也”一文，《仪礼训解》卷十一引吴绂说云：“据《士昏》、《士丧》皆有室老，《士昏》则媵有娣侄，室老为私臣之贵者，娣侄之长为妾之贵者。《曲礼》云‘士不名家相长妾’，生不名者，死则以缌之，宜也。”[①]有关吴绂的《仪礼》研究心得，除见于王士让《仪礼训解》一书中颇多外，《钦定仪礼义疏》当中也有一些记载，今人若辑其说，亦当参看《义疏》一书。众所周知，以马国翰为代表的清代文献学家就曾辑录隋唐以前的《仪礼》学著作多达三十来种，对后人了解和还原不同时期的学术历史贡献极大，可惜目前文献学界关注于此的学者并不多见。凡此之类足以说明，今后我们系统整理与研究历代《仪礼》之学，极有必要在辑佚方面花费一定工夫，加强这方面的文献整理工作。

其次，要加强历代《仪礼》文献丛书的点校、整理与出版。笔者认为，对历代遗存的《仪礼》学文献，包括近年来出土的有关《仪礼》学文献在内，要组织相关学者进行分门别类的编纂与点校，并以系列丛书的形式整理出版，这不仅是文献学者需要关注的一个方面，而且在当前显得尤为迫切。众所周知，目前的几部大型丛书如《四库全书》、《续修四库全书》、《四库全书存目丛书》、《皇清经解》、《续皇清经解》、《丛书集成初编》、《丛书集成续编》等，收集了一大批历代《仪礼》学研究著作，但仍有许多这方面文献散见于其他各类丛书之中，散存于全国各地图书馆、博物馆，甚至有些属于古本、手抄本，由于种种原因一般学者难以看到和研读，这些都不利于大量学者从事《仪礼》学的系统全面研究。现已点校出版的历代《仪礼》文献较少，主要有段熙仲先生点校的胡培翚《仪礼正义》，陈祖武先生点校的姚际恒《仪礼通论》，彭林先生点校的《礼经释例》，丁鼎先生校释的《新定三礼图》等有限的数种，较为集中地展现了学术界整理历代《仪礼》文献的成绩。而大量的历代《仪礼》文献尚未得到整理，不利于开展历代《仪礼》文

---

① 王士让：《仪礼训解》卷十一，《四库全书存目丛书》88 册，第 245 页。

献学及其相关学术史的全面、系统研究，因而组织一部分礼学研究者投身于这方面的点校整理和出版工作，乃是一项非常重要的基础性工作，既便于推动《仪礼》文献学史研究的深入开展，同时也有助于当前礼学方面人才的培养。另外，从服务对象上看，这不仅仅是满足文献学者的需要，同时该丛书的整理出版，也将为历史学、民俗学、人类文化学研究者提供新的研究素材和便利。

复次，要组织一批学者编纂《〈仪礼〉诂林》。众所周知，《仪礼》经文本身文古义奥，历代《仪礼》学研究者都曾花费大量的精力致力于语词之训诂工作，因为不通训诂，就不可能真正弄懂经文所叙之仪节礼制情况及其上古文化、宗法制度。特别是清代礼学大家留下来的这方面研究成果尤其丰富，结论也颇多专精，因而，为适应当前《仪礼》之学研究的需要，可以组织一部分文献学者从事基础性的编纂工作，对包括各类《仪礼》文献中的诸多训诂成果作一番钩稽爬梳工作，编纂一部反映历代《仪礼》训诂研究成果的集大成著作《〈仪礼〉诂林》，其所收罗的内容，大致应包括语词训诂、仪节阐释及今古文校勘疏证三方面的材料，要力求编纂体例完备，内容丰富全面，视野开阔宏通。总而言之，这应当是当代文献学者总结前人《仪礼》注释成果的基础工作之一，其意义是重大的，绝不可以小觑并视之为无用之学。

另外，要进一步充实、完善历代《仪礼》文献的目录学研究工作。目录学研究是历代文献学者非常重视的一项工作，这方面的成果往往为其他学科研究者提供帮助和利用，其意义和价值是不言而喻的。在这方面，王锷先生所著《三礼研究论著提要》，台湾洪叶文化事业公司推出的刘兆佑先生所著《仪礼论著目录》，国立编译馆推出的刘兆佑先生编著的《仪礼著述考》、《三礼总义著述考》，以及林庆彰先生主持的《经学研究论著目录》、《乾嘉学术研究论著目录》等，皆为学界提供了非常便利的参考。从当前古典文献学学科发展的角度看，笔者以为，现阶段历代《仪礼》文献的目录学研究主要有这样两个方面的工作内容：一是编撰一部传统提要式目录学著作，可以大致依仿《四库全书总目》"提要"之撰写格式和内容写作。民国时期成书的《续修四库提要》中《仪礼》文献部分提要的撰写，过于注重文献编撰体例的介绍及其所见版本情况的记载，过多依赖于清人所作序跋的介绍，文献原典研究之得失及其在《仪礼》文献学史之地位两方面论述不够,传统目录学"辨章学术,考镜源流"之功未能得到完全彰显。

值得一提的是,当代学者王锷先生所撰《三礼研究论著提要》一书资料搜罗之功贡献极大,为当前的《三礼》学研究提供了许多便利,然而其中也略微存在一些不足,一部分文献提要因袭《四库全书总目》及《续修四库提要》之研究成果较多,对文献中的研究特色介绍略显不够。因此可以考虑在现有礼经目录学研究成果基础上,重新编撰一部《四库全书总目》式的《仪礼》目录著作,以历代《仪礼》文献为研究对象,既要载明书名、卷数、著者,更要考该书研究之得失,权众说之异同,叙文字增删、篇帙分合情况,等等。至于其分类标准,建议从礼经学和礼仪学、泛礼学等不同角度进行划分。总之,重新组织相关学者进行"解题"的写作,这是完全有必要的,不过在具体文献编撰体例的安排方面应该有所革新,单纯依靠个人力量很难在较短时间内完成这一工作。需要提及的是,2009 年度,国家图书馆出版社出版的耿素丽等编纂的《民国期刊资料分类汇编》"三礼"分册,通过勾稽散籍,将民国年间期刊发表的"三礼"学论文单独整理影印成册出版,仿王锷先生《三礼研究论著提要》一书编排体例,分为《周礼》、《仪礼》、《礼记》(包括《大戴礼记》)、三《礼》综论等四大部分,具体每一部分各类文献的编排,则均按作者时代和科第先后为序依次排列,可谓为《三礼》学研究做了一件大好事,搜罗之功极大。

历代《仪礼》文献目录学研究的另一方面是,编制 20 世纪以来研究《仪礼》经传的历代《仪礼》文献整理、研究成果的相关目录。虽然 20 世纪以来这方面研究成果为数并不多,无法与其他经学分支研究相比,但随着时间的推移,这方面的研究者和研究论著、论文必然要进一步增多,其目录编制工作相应地提上了文献学者的工作日程。特别需要指出的是,随着视频和音频媒体以及网络技术的日益发展与完善,研究者对研究资料的快速检索也提出了更高要求,从而要求这一类目录编制成果不应只满足于以纸质文献为载体,而应适应于信息科学发展的需要,通过特殊的计算机软件辅助,建立通过互联网传播的电子目录库,并成立专门的礼学研究网站,为当代从事《仪礼》学乃至三《礼》学研究的人员提供便利的检索和查寻,这也是当代文献学者理应重视的工作方面之一。

二、比较综合层面的礼经文献学研究

古典文献学本身具有两个基本特点,一是研究内容的综合性,一是学术功能的发散性,这两个特征同样存在于历代《仪礼》文献的研究之中。比较综合层面之文献学研究,是一种综合型的深度研究,既有横向上的比较,又有纵向上的比较,它要求研究者不能仅仅停留在前一基础整理层面的整理研究上,而应广泛地运用历史学、民俗学、人类文化学及其他诸多相关学科的研究手段,对历代《仪礼》文献中那些毫无串联的注疏材料进行爬梳,加以比较综合研究,显然这是一种更高层次的文献学深度研究。目前所应着力进行的这方面工作,主要集中在以下几个研究方面:

首先,个案研究与专题研究将会得到重视和加强。所谓个案研究,是指对历史上某一文献学家的《仪礼》学著述进行系统全面的研究,或是对某一专书进行深入细致的探讨,尤其是对历代《仪礼》文献当中的代表性著作进行研究。近年来,台湾一些学者就在个案研究上颇有突出成就,如韩碧琴的《仪礼张氏学》就是这样的研究论文,对张尔岐的《仪礼郑注句读》进行了全方位的深入研究。再如,杜明德的《毛西河及其昏礼、丧礼学研究》、商瑈的《一代礼宗——凌廷堪之礼学研究》、张秀玲的《程瑶田仪礼丧服文足征记研究》、孙致文的《朱熹〈仪礼经传通解〉研究》,等等,皆在一定程度上推动了《仪礼》文献学个案文献与个案文献学家《仪礼》学成就的综合研究。众所周知,历代传世下来的《仪礼》文献极其宏富,有价值的代表性著述也不少,况且每一学术阶段皆有一些可圈可点的代表性《仪礼》文献学家及其代表著作,值得我们去深入挖掘探究,就清代研究情况来看,如卢文弨《仪礼注疏详校》、胡培翚《仪礼正义》、陈光煦《礼经汉读考》等等,皆可以之作为课题进行全方位的研究。这一研究工作,比诸传统《四库总目》"提要"式的研究要深入细密得多,需要更多的学者投入到其间,在可预见的一段时期内,不仅会是一些礼学研究者关注的焦点之一,同时也将会成为文献学硕士、博士生们选择毕业论文的首选研究方向。

所谓专题研究,是指从历代《仪礼》文献的研究状况入手,根据训诂家们的注释内容或研究关注的焦点,找出其中具有共性的专题内容,然后进行普遍的调查整合,这种专题式研究,往往要在个案研究的基础上,有意识打破个案分析的全方位论述，而选取一个个专题的角度进行深入的探究。以清代“五服”文献的专题研究为例，可以设立多个专题进行深入挖掘，例如：“五服”研究的流派问题，“五服”研究的学术思潮与发展走向，清儒“五服”研究的经世致用观问题，“五服”研究的“义例”观，清儒“五服”研究之民俗情结问题，等等。再以清代《仪礼》校勘文献的专题研究为例，同样可以进行专题式的研究，例如：从《注疏》校勘类文献的校勘对象演变看校勘学家之视野变迁，从今古文校勘类文献的治学发展看学术取向之演进与创新，注释体文献校勘在《仪礼》校勘学中的学术地位及影响，等等。显然，我们可以从历代不同时期《仪礼》文献当中，找到大量的专题式研究课题。在这方面，目前国内也有学者做过尝试性研究，如屈宁的《晚清宋学派礼学研究》、魏立帅的《晚清汉学派礼学研究》、程克雅的《乾嘉学者“以例释礼”解经方法比较研究》、邓声国的《清代“五服”文献概论》，等等，凡此种种，为今后的这方面研究开了先导。

其次，有关断代《仪礼》文献的经学史考察要继续拓展，加强深入研究。近年来有关断代学术史、文化史、文学、史学、哲学方面的专著颇多，断代文献学著作问世的则较少，笔者仅见张富祥著《宋代文献学研究》一种，断代《仪礼》文献的经学史研究也趋于空白。有关《仪礼》经学史的研究，笔者以为，由于侧重点与评价取向的不同，至少存在两种研究方式，一个是纯粹史学层面的研究，一个是文献学层面的研究。目前对三《礼》学经学史的研究，大都停留在史学的研究层面，而不是文献学层面的研究。① 文献学者对历代某一阶段《仪礼》经学史的研究，首先必须立足于经文著作本身的解读上，让文献中的材料事实说话，做到历史线索与逻辑线索、宏观把握与微观剖析、资料释读与理论抽绎之间的有机结合。需要指出的是，这种研究与纯粹的历史学研究存在许多方面的不同，如林存阳先生的《清初三礼学》一书就属于历史学层面的学术研究，而不属于文献学层面的研究，是书“侧重从学术史与社会史结合出发，通过对复兴三礼学的酝酿与发展、经学诸大师的三礼学、儒臣对三礼学的倡导与撰著、清廷决策与三礼学等问题的分析阐述，系统地揭示了清代‘三礼’之学产生的思想渊源、本质

① 经学史的研究，笔者主张分为三个研究层面，一个是文献学研究层面，一个是哲学研究层面，一个是历史学研究层面，他们之间在研究角度、关注焦点、研究形式有重合之处，亦存在不同的地方，关于这一问题，我们将另行撰文进行讨论，此不赘议。至于《仪礼》经学史之研究，历代学者之哲学层面研究较少。

特征、学术贡献，以及发展与流变的轨迹”①，并不重视《仪礼》之经学问题是是非非的探讨与论述。我们主张，文献学层面的经学史研究，在现有的学术思想史与社会政治史研究成果基础上，应立足于诠释文献本身的释读入手，从中提炼出《仪礼》文献研究的相关共性问题，在历代《仪礼》之学研究大背景的总体观照下，藉此展开相应的探讨。

具体地说，笔者以为当前对断代《仪礼》文献经学史的研究，至少对于以下几个方面问题的研究是不能回避的，并且亟待文献学者作深入系统的综合探讨：

第一，是断代《仪礼》学研究的学术流派考察。例如，在笔者所著《清代〈仪礼〉文献研究》一书中，就曾对清代不同时期《仪礼》研究的不同流派情况做过考察，指出这种流派的形成很少受地域因素的影响和制约，进一步分析论述了各个流派之间不同的治学特点及其理念差异，并就其中一二代表著作加以分析。开展断代《仪礼》文献流派情况的学术研究，虽然也要讨论经学研究产生的社会政治根源，但更主要应集中在各学术流派的形成、发展、消长过程的具体分析上，以及对各流派诸家学者之共性与个性差异的清晰认识和理性把握上。

第二，对断代《仪礼》学研究的经学史考察，应结合历代《周礼》及《礼记》二书的研究，以及其他儒家经学文献的研究情况，据以横向的对比分析，并从这种横向的断代比较研究中，考察《仪礼》与其他儒家经典研究的融通互贯问题，找出不同儒者诠释《仪礼》与诠释他经的内在关联及影响所在，藉此准确界定出断代《仪礼》学研究在传统经学研究的实际地位。

第三，将断代的《仪礼》文献经学研究，放置在自汉代以来的《仪礼》文献学史整个大背景下考察，在纷繁的学术表象中条理出清晰的经学传承和发展线索，也就是找出所撰断代《仪礼》文献学者与此前学者研究的学术渊源与治学传承脉络，在纵向史的比较中找准断代《仪礼》之学研究的定位支点，把握该阶段《仪礼》学研究的实际地位。

第四，文献学者应透过断代《仪礼》学传世文献，从中把握不同时期《仪礼》经学研究中所揭示出来的思想文化内涵，借以指导断代《仪礼》学术史的综合研究，对其作出准确到位的学术定位。

复次，要加强对历代《仪礼》文献学的理论总结与研究。“在古文献学

① 见林存阳《清初三礼学》书首所附《历史所学术委员会评审意见》。

研究中,关于古文献学理论的研究是最为薄弱的环节,至今未见这方面的专著问世,相关的论文也很少,并且大多数关于古文献学的论著基本上不涉及理论,当代《仪礼》文献学研究者也同样如此。有不少学者认为,古文献学无理论。这种观点并不符合实际。”①《仪礼》文献学研究同样存在这种研究认知误区。然而仔细考察历代《仪礼》文献中的相关材料,显然并未如此。洪湛侯先生对古文献学理论研究十分重视,他的《中国文献学新编》是至今出版的所有古文献学通论性著作中,唯一将理论作为古文献学的重要方面加以专门论述的。因此,在借鉴学界已有研究成果的基础上,开展《仪礼》文献的理论总结与研究,是十分必要的。从某种意义上讲,历代《仪礼》文献的理论总结与研究将更具有强大的生命力,有可能成为引人注目的亮点,成为新时期《仪礼》文献学研究强有力的增长点,在整个《仪礼》文献学研究中占有相当分量的比重。另外,《仪礼》文献学作为古文献学研究的一个学科分支,有关它的学科理论研究,随着当代古文献学学科研究的日益深入,也摆上了议事日程,《仪礼文献学》通论性著作目前还并未出现,现阶段笔者正在研究撰写之中,将在一定程度上填补这一空白。当然,有关它的分支课题还有很多,亟待学界有人热衷于此,加入到这一方面研究中来。

总之,《仪礼》文献学研究是一个非常大的学术课题,其中可以衍生出许许多多的子课题,囿于识见及当前研究的深入程度,只能略作如上粗线条式的说明。这里所述之一番“展望”,仅仅只是目前我们所知的亟待开展的一些方面。学术研究往往强调在变中求得生存,因而对历代《仪礼》文献学的研究与总结,也必将会随着学界对其研究的逐步深入,出现一些新的任务、新的构想,这是本书所难以穷尽的,也是著者所期待之事。

---

① 陈东辉:《古文献学研究若干领域的回顾与展望》,《汉学研究通讯》(台湾)2008 年总第 107 期。

参考文献(按作者姓氏拼音顺序排列)

一、基本古籍类

敖继公:《仪礼集说》,《景印文渊阁四库全书》(第105册)

班固:《汉书》,中华书局1962年版

蔡德晋:《礼经本义》,《景印文渊阁四库全书》(第109册)

曹元弼:《礼经学》,《续修四库全书》(第94册)

曹元弼:《礼经校释》,《续修四库全书》(第94册)

陈光煦:《礼经汉读考》,宣统元年(1909)石印本

陈光煦:《仪礼通诗释》,国家图书馆藏抄本

陈澧著,杨志刚点校:《东塾读书记》,三联书店1998年版

程敏政:《篁墩文集》,《景印文渊阁四库全书》(第1252册)

程瑶田:《仪礼丧服文足征记》,《续修四库全书》(第95册)

程瑶田:《仪礼经注疑直》,《丛书集成续编》本

程瑶田:《仪礼丧服文足征记》,《续修四库全书》(第95册)

褚寅亮:《仪礼管见》,《续修四库全书》(第88册)

崔述著,顾颉刚编订:《崔东壁遗书》,上海古籍出版社1983年版

崔述:《五服异同汇考》,《续修四库全书》(第95册)

戴震:《戴震全书》(第6册),黄山书社1995年版

戴震:《戴震集》,上海古籍出版社1980年版

丁丙:《善本书室藏书志》,《续修四库全书》(第927册)

杜预:《春秋左传集解》,《十三经注疏》(下册),中华书局1980年版

杜佑撰,王文锦、王永兴、刘俊文、徐庭云、谢方点校:《通典》,中华书局1988年版

段玉裁:《说文解字注》,上海古籍出版社1988年版

范晔撰,李贤等注:《后汉书》,中华书局1965年版

方苞:《方望溪全集》,中国书店1991年版

方苞:《方苞集》,上海古籍出版社1983年版

方苞:《仪礼析疑》,《景印文渊阁四库全书》(第109册)

方回:《桐江集》,江苏古籍出版社1988年版

房玄龄等:《晋书》,中华书局1974年版

冯登府:《石经补考》,光绪十六年四川尊经书局刻《石经汇函》本

顾栋高:《春秋大事表》,《景印文渊阁四库全书》(第180册)

郝敬:《读仪礼》,《四库存目丛书》(第87册)

郝敬:《仪礼节解》,《续修四库全书》(第85册)

何晏注,邢昺疏:《论语注疏》,《十三经注疏》,中华书局1980年版

胡承珙:《仪礼古今文疏义》,《续修四库全书》(第91册)

胡匡衷:《仪礼释官》,《续修四库全书》(第89册)

胡培翚著,段熙仲整理:《仪礼正义》,江苏古籍出版社1993年版

黄丕烈:《百宋一廛书录》,1912年刻《适园丛书》本

黄丕烈:《士礼居藏书题跋记》,书目文献出版社1989年版

黄丕烈:《严本〈仪礼〉郑氏注校录》,《士礼居黄氏丛书》民国十一年上海博古斋影印原清黄氏刊本

黄以周撰,王文锦点校:《礼书通故》,中华书局2007年版

黄虞稷撰,瞿凤起、潘景郑整理:《千顷堂书目》,上海古籍出版社2001年版

黄宗羲:《黄宗羲全集》,浙江古籍出版社1993年版

黄宗羲:《明儒学案》,中华书局2008年版

惠栋:《九曜斋笔记》,《丛书集成续编》(第92册),上海书店出版社1994年版

惠栋:《周易述》,《景印文渊阁四库全书》(第52册)

纪昀等:《钦定四库全书总目》(整理本),中华书局1997年版

贾公彦:《仪礼注疏》,《十三经注疏》(上册),中华书局1980年版

江藩:《国朝经师经义目录》,中华书局1983年版

江藩著,周春健校注:《经解入门》,华东师范大学出版社2010年版

江永:《仪礼释宫增注》,《景印文渊阁四库全书》(第109册)

姜兆锡:《仪礼经传内外编》,《续修四库全书》(第87册)

蒋光煦:《东湖丛记》,《国家图书馆藏古籍题跋丛刊》(第15册)之一种,北京图书馆出版社2002年版

金曰追:《仪礼经注疏正讹》卷首,《续修四库全书》(第89册)

焦循:《仪礼石经校刊记》,乾隆六十年七录书阁刻本

焦以恕:《仪礼汇说》,《续修四库全书》(第89册)
孔广林:《仪礼臆测》,《续修四库全书》(第89册)
孔颖达:《礼记正义》,《十三经注疏》(下册),中华书局1980年版
孔颖达:《毛诗正义》,《十三经注疏》(下册),中华书局1980年版
黎靖德:《朱子语类》,《景印文渊阁四库全书》(第701册)
李调元:《仪礼古今考》,《续修四库全书》(第89册)
李光坡:《礼记述注》,《景印文渊阁四库全书》(第127册)
李如圭:《仪礼集释》,《景印文渊阁四库全书》(第103册)
林伯桐:《修本堂稿》,清道光二十四年(1844)《修本堂丛书》本
凌曙:《礼论略钞》,道光六年丙戌越缦堂藏蜚云阁《凌氏丛书》刻本
凌曙:《礼说》,《续修四库全书》(第110册)
淩廷堪:《校礼堂文集》,中华书局1998年版
凌廷堪著,邓声国、刘蓓然点校:《礼经释例》,江西人民出版社2017年版
刘秉璋:《十三经注疏校勘记识语》,《续修四库全书》本
刘昫等:《旧唐书》,中华书局2013年版
刘沅:《仪礼恒解》,《续修四库全书》(第91册)
卢文弨:《抱经堂文集》,民国间直隶书局刻本
卢文弨:《仪礼注疏详校》,《丛书集成初编》本
陆德明:《经典释文》,中华书局1983年版
马端临:《文献通考》,《景印文渊阁四库全书》(第610册)
马国翰:《玉函山房辑佚书》,广陵书社2005年版
马駉:《仪礼易读》,《四库全书存目丛书》(第88册),齐鲁书社1997年版
毛奇龄:《昏礼辨正》,《四库全书存目丛书》(第108册)
毛奇龄:《经问》,《景印文渊阁四库全书》(第191册)
毛奇龄:《丧礼吾说篇》,《四库全书存目丛书》(第87册)
毛奇龄:《西河集》,《景印文渊阁四库全书》(第1320、1321册)
毛奇龄:《西河文集》,《万有文库》本,商务印书馆1937年版
欧阳修、宋祁等:《新唐书》,中华书局1975年版
皮锡瑞:《经学历史》,中华书局1959年版
皮锡瑞:《经学通论》,中华书局1954年

浦镗:《十三经注疏正字》,《景印文渊阁四库全书》(192 册)
秦蕙田:《五礼通考》,《景印文渊阁四库全书》(第 138 册)
全祖望:《鲒埼亭集》,《续修四库全书》第 1429 册
全祖望:《鲒埼亭集外编》,《续修四库全书》第 1429 册
阮元撰,邓经元点校:《揅经室集》,中华书局 1993 年版
阮元撰,邓经元点校:《揅经室二集》,中华书局 1993 年版
阮元:《揅经室三集》,民国十八年(1929)商务印书馆重印《四部丛刊》初编本
阮元:《仪礼注疏校勘记》,载《十三经注疏》,中华书局 1980 年版
邵懿辰:《礼经通论》,阮元、王先谦编《清经解·清经解续编》(第十三册),凤凰出版社 2005 年版
沈括著,胡道静校证:《梦溪笔谈校证》,上海古籍出版社 1987 年版
沈廷芳:《朝议大夫吴先生廷华行状》,《碑传集》卷一百二,《清代传记丛刊》(111 册),明文书局 1985 年版
沈彤:《仪礼小疏》,《景印文渊阁四库全书》(第 109 册)
盛世佐:《仪礼集编》,《景印文渊阁四库全书》(第 110 册)
司马迁:《史记》,中华书局 1982 年版
宋世荦:《仪礼古今文疏证》,《续修四库全书》(第 91 册)
苏轼:《东坡续集》,《四部备要》本
苏颂:《苏魏公文集》,《景印文渊阁四库全书》(第 1092 册)
孙诒让:《十三经注疏校记》,齐鲁书社 1983 年版
孙诒让:《札迻》,齐鲁书社 1989 年
脱脱等:《宋史》,中华书局 2013 年版
万斯大:《仪礼商》,《景印文渊阁四库全书》(第 108 册)
汪克宽:《经礼补逸》,《景印文渊阁四库全书》(第 105 册)
汪懋麟编:《汪氏家集》,康熙年间刻本
王谟:《汉魏遗书钞》,清嘉庆三年刻本
王芑孙:《渊雅堂全集》卷七,清嘉庆九年刻本
王士让:《仪礼训解》,《四库全书存目丛书》(第 88 册)
王欣夫:《黄荛圃先生年谱补》,载江标《黄丕烈年谱》,中华书局 1988 年版
王引之:《经义述闻》,江苏古籍出版社 2000 年版

韦协梦:《仪礼蠡测》,《续修四库全书》(第89册)

魏了翁:《鹤山集》,《景印文渊阁四库全书》(第1172册)

魏了翁:《仪礼要义》,《景印文渊阁四库全书》(第104册)

魏征等:《隋书》,中华书局1973年版

吴澄:《仪礼逸经》,《景印文渊阁四库全书》(第105册)

吴兢:《贞观政要》,上海古籍出版社1978年版

吴廷华:《仪礼章句》,阮元、王先谦编《清经解·清经解续编》(第2册),凤凰出版社2005年版

夏炯:《夏仲子集》,民国十四年(1925)刻本

夏燮:《五服释例》,《续修四库全书》(第95册)

徐乾学:《传是楼书目》,刘氏味经书屋抄本

徐养原:《仪礼古今文异同》,《续修四库全书》(第90册)

许慎:《说文解字》,中华书局1963年版

杨复:《仪礼图》,《景印文渊阁四库全书》(第104册)

杨丕复:《仪礼经传通解》,光绪十九年博约堂刊本

杨士奇:《文渊阁书目》,丛书集成初编本

姚际恒:《姚际恒著作集》,(台北)中央研究院中国文哲研究所1994年版

姚际恒:《仪礼通论》,《续修四库全书》(第86册)

叶昌炽:《藏书纪事诗》,上海古籍出版社1989年版

叶梦得:《避暑录话》,中华书局1985年版

叶梦得:《石林燕语》,中华书局1984年版

叶时:《礼经会元》,《景印文渊阁四库全书》(第92册)

于鬯:《读仪礼日记》,《续修四库全书》(第93册)

于鬯:《香草校书》,中华书局1984年版

张淳:《仪礼识误》,《景印文渊阁四库全书》(第103册)

张尔岐:《仪礼郑注句读》,刘晓东、杜泽逊《清经解三编》(第8册)

张尔岐著,张翰勋整理:《蒿庵闲话》,齐鲁书社1991年版

张惠言:《读仪礼记》,《续修四库全书》(第90册)

张惠言:《茗柯文编》,《续修四库全书》(第1488册)

张惠言:《仪礼图》,《续修四库全书》(第91册)

张钧衡:《百宋一廛书录》,民国四年《适园丛书》刊本

张廷玉等:《明史》,中华书局 1974 年版
张之洞:《张之洞全集》,河北人民出版社 1998 年版
章学诚:《文史通义》,辽宁教育出版社 1998 年版
郑福照:《姚惜抱先生年谱》,《北京图书馆藏珍本年谱丛刊》(第 107 册),北京图书馆出版社 1999 年版
郑樵:《六经奥论》,《景印文渊阁四库全书》(第 184 册)
郑玄注,贾公彦疏:《仪礼注疏》,中华书局 1980 年版
郑珍:《郑珍集》,贵州人民出版社 1991 年版
郑珍:《郑珍全集》,上海古籍出版社 2012 年版
周密:《齐东野语》,中华书局 1983 年版
朱骏声:《仪礼经注一隅》,《续修四库全书》(第 93 册)
朱熹:《四书章句集注》,《景印文渊阁四库全书》(第 197 册)
朱熹:《仪礼经传通解》,《景印文渊阁四库全书》(第 131 册)
朱熹著,刘永翔、朱幼文校点:《朱子全书》(修订本),上海古籍出版社、安徽教育出版社 2010 年版
朱一新:《无邪堂答问》,民国九年(1920)《广雅丛书》本
朱彝尊:《经义考》,《景印文渊阁四库全书》(第 678 册)
《皇朝文献通考》,《景印文渊阁四库全书》(第 637 册)
《钦定仪礼义疏》,《景印文渊阁四库全书》(第 106 册)
《钦定周官义疏》,《景印文渊阁四库全书》(第 98 册)

二、民国间著述类

黄侃:《黄侃论学杂著》,文史哲出版社 2014 年版
黄侃:《文字声韵训诂笔记》,上海古籍出版社 1983 年版
胡玉缙著,吴格整理:《续修四库全书总目提要礼类稿》,《续四库提要三种》,上海书店出版社 2002 年版
康有为,姜义华、吴根樑编校:《康有为全集》,上海古籍出版社 1987 年版
康有为:《孔子改制考》,中华书局 1958 年版
康有为:《中国现代学术经典·康有为卷》,河北教育出版社 1996 年版
梁启超:《古书真伪及其年代》,中华书局 1936 年版
梁启超:《清代学术概论》,东方出版社 1996 年版

梁启超:《中国近三百年学术史》,东方出版社 2004 年版
梁启超:《中国现代学术经典·梁启超卷》,河北教育出版社 1996 年版
廖平著,舒大刚、杨世文编:《廖平全集》,上海古籍出版社 2015 年版
刘师培:《礼经旧说》,刘晓东、杜泽逊编《清经解三编》(第八册)
刘师培:《清儒得失论》,吉林人民出版社 2013 年版
刘师培:《逸礼考》,国家图书馆藏民国间铅印本
章炳麟:《孙诒让传》,《太炎文录》卷二,上海书店 1992 年版
章炳麟:《章炳麟论学集》,北京师范大学出版社 1982 年版
赵尔巽等:《清史稿》,中华书局 1976 年版
支伟成:《清代朴学大师列传》,岳麓书社 1998 年版
中国科学院图书馆整理:《续修四库全书总目提要(经部)》,中华书局 1993 年版

三、今人论著类

曹聚仁:《中国学术思想史随笔》,三联书店 1986 年版
陈绂:《训诂学基础》(函授教材),北京师范大学中文系 1986 年
陈垣:《校勘学释例》,上海书店出版社 1997 年版
陈振孙:《直斋书录解题》,上海古籍出版社 1987 年版
成中英:《中国文化的现代化与世界化》,中国和平出版社 1988 年版
程千帆、徐有富:《校雠广义》,齐鲁书社 1998 年版
戴南海:《校勘学概论》,陕西人民出版社 1986 年版
邓声国:《清代“五服”文献概论》,北京大学出版社 2005 年版
邓声国:《清代〈仪礼〉文献研究》,上海古籍出版社 2006 年版
丁鼎:《〈仪礼·丧服〉考论》,社会科学文献出版社 2003 年版
范凤书:《中国私家藏书史》,大象出版社 2001 年版
冯浩菲:《中国古籍整理体式研究》,高等教育出版社 2003 年版
高儒:《百川书志》,中国历代书目题跋丛书之一种,上海古籍出版社 2005 年版
耿素丽、胡月平选编:《民国期刊资料分类汇编·三礼研究》,国家图书馆出版社 2009 年版
郝虹:《魏晋儒学新论——以王肃和“王学”为讨论的中心》,中国社会科学出版社 2011 年版

洪业:《仪礼引得》,上海古籍出版社1986年版

李安宅:《〈仪礼〉与〈礼记〉之社会学研究》,上海人民出版社2005年版

林存阳:《清初三礼学》,社会科学文献出版社2002年版

林存阳:《三礼馆:清代学术与政治互动的链环》,社会科学文献出版社2008年版

刘丰:《今存三国两晋经学遗籍考》,台北三民书局1986年版

刘建国:《先秦伪书辨正》,陕西人民出版社2004年版

潘斌:《二十世纪中国三礼学史》,南京大学出版社2016年版

彭林:《经史说略·〈三礼〉说略》,北京燕山出版社2002年版

钱玄:《三礼通论》,南京师范大学出版社1996年版

沈文倬:《菿闇文存》,商务印书馆2006年版

施廷镛:《中国丛书综录续编》,北京图书馆出版社2003年版

宋永培:《当代中国训诂学》,广东教育出版社2000年版

孙钦善:《中国古文献学史》,中华书局1994年版

王锷:《礼记成书考》,中华书局2007年版

王锷:《三礼研究论著提要》,甘肃教育出版社2001年版

王明清:《挥麈录·挥麈后录》卷之七,上海古籍出版社2012年版

王重民、杨殿珣等编纂:《清人文集篇目分类索引》,北京图书馆出版社2003年版

徐凌志主编:《中国历代藏书史》,江西人民出版社2004年版

杨树达:《汉代婚丧礼俗考》,商务印书馆1933年版

杨天宇:《礼记译注》,上海古籍出版社1997年版

杨天宇:《仪礼译注》,上海古籍出版社2004年版

杨天宇:《郑玄三礼注研究》,中国社会科学出版社2008年版

姚名达:《中国目录学史》,上海书店出版社1984年版

永瑢等:《钦定四库全书总目》(整理本),中华书局1997年版

余嘉锡:《余嘉锡说文献学》,上海古籍出版社2001年版

曾军:《义理与考据——清中期〈礼记〉诠释的两种策略》,岳麓书社2009年版

浙江简志编委会:《浙江人物简志》,浙江人民出版社1986年版

郑鹤声、郑鹤春:《中国文献学概要》,上海古籍出版社2001年版

中国科学院考古研究所、甘肃省博物馆:《武威汉简》(考古学专刊乙种第十二号),文物出版社1964年版

中国科学院图书馆整理:《续修四库全书总目提要(经部全二册)》,中华书局1993年版

周洪才:《孔子世家艺文志》,国家图书馆出版社2015年版

周予同著,朱维铮整理:《周予同经学史论著选集》,上海人民出版社1983年版

《嘉庆松江府志》卷五十九,《中国地方志集成》(第1册),上海书店出版社2010年影印本

四、学术期刊论文

蔡长林:《论姚际恒的学术风格》,林庆彰、蒋秋华编《姚际恒研究论集》(上册),台湾中央研究院中国文哲研究所筹备处1996年版

曹峰:《出土文献可以改写思想史吗?》,《文史哲》2007年第5期

陈东辉:《古文献学研究若干领域的回顾与展望》,《汉学研究通讯》(台湾)2008年总第107期

陈梦家:《汉简〈服传〉考》,载沈文倬《菿闇文存》,商务印书馆2006年版

陈寅恪:《论韩愈》,原载《历史研究》1954年第2期,后收录《金明馆丛稿初编》,三联书店2009年版

程克雅:《胡培翚仪礼正义释例方法探究——兼述段熙仲之"以例治礼"》,《国立中央大学中国文学研究所集刊》1995年第2期

邓声国:《关于中国古典文献学学科内容设置问题之我见——20世纪诸家古典文献学著述比较研究之一》,载《书目季刊》(台湾)第三十七卷第四期(2004年3月)

邓声国:《〈四库全书总目〉之〈仪礼〉文献纂修思想及学术影响》,《图书馆工作与研究》2016年第6期

邓声国:《试论"〈仪礼〉文献学"的概念界定及其学科任务与作用》,《井冈山学院学报》2009年第5期

邓声国:《〈仪礼〉文献学研究方法论浅议》,《江汉论坛》2009年第6期

邓声国:《〈仪礼〉文献学研究若干领域的回顾与展望》,《社会科学战

线》2012 年第 7 期

刁小龙:《杨复〈仪礼〉学初探——以〈特牲馈食礼〉、〈少牢馈食礼〉章句论为中心》,《中国典籍与文化》2014 年第 1 期

丁鼎:《试论〈仪礼〉的作者与撰作时代》,《孔子研究》2002 年第 6 期

丁鼎:《子夏与〈丧服传〉关系考论》,《江苏大学学报》(社会科学版)2004 年第 1 期

段熙仲:《礼经十论》,《古文献研究集刊》第二辑,凤凰出版社 2008 年版

冯浩菲:《试论中国文献学学科体系的改革》,《文史哲》2002 年第 1 期

冯茜:《论程瑶田的丧服学》,《儒家典籍与思想研究》第四辑,北京大学出版社 2012 年版

顾颉刚:《〈仪礼〉和〈逸礼〉的出现与邵懿辰考辨的评价——〈礼经通论〉序》,《文史》第三十八辑

顾迁:《敖继公〈仪礼集说〉与清代礼学》,《史林》2012 年第 3 期

郭春环:《洪颐煊和他的辑佚成就》,《古籍整理研究学刊》1999 年第 1 期

李慧玲:《试论阮元〈十三经注疏校勘记〉得以问世的客观条件》,《东南学术》2013 年第 1 期

刘家和:《关于殷周的关系》,《史学、经学与思想:在世界史背景下对于中国古代历史文化的思考》,北京师范大学出版社 2005 年版

罗庄:《浅谈出土文献对传世文献的几点作用》,《重庆科技学院学报》(社会科学版)2012 年第 22 期

井之口章次:《民俗学的位置》,载《民俗学入门》,中国民间文艺出版社 1984 年版

宁夏江:《〈四库全书总目〉中〈书〉学著目的纂修思想》,《图书馆工作与研究》2011 年第 2 期

彭林:《论清人〈仪礼〉校勘之特色》,《经学研究论文选》,上海书店出版社 2002 年版

彭林:《张淳〈仪礼识误〉校勘成就论略》,《北京图书馆馆刊》1996 年第 3 期

沈文倬:《汉简〈服传〉考》,《文史》第 24、25 辑,又收录沈文倬著:《宗周礼乐文明考论》,浙江大学出版社 1999 年版

沈文倬:《礼汉简异文释》(一),《文史》第33辑,中华书局1990年版

王志阳:《论杨复〈仪礼图〉与张惠言〈仪礼图〉之关系》,《中南大学学报》(社会科学版)2015年第2期

徐道彬:《戴震辨伪成就述论》,《古籍整理研究学刊》2007年第1期

许佩玲:《"述毛"与"难郑"——王肃〈诗经〉学的语境还原及历史建构》,《中华文史论丛》2016年第2期

杨世文、李国玲:《宋儒对〈仪礼〉的注解与辨疑》,《四川大学学报》(哲学社会科学版)2004年第4期

杨寿昌:《陈兰甫先生澧遗稿》,《岭南学报》1932年第二卷第三期

杨志刚:《中国礼学史发凡》,《复旦大学学报》(社会科学版)1995年第6期

喻克明:《〈三礼目录〉的文献价值》,《四川教育学院学报》2001年第5期

张猛:《传统训诂方法的可行性及其局限》,《北京大学百年国学文粹》(语言文献卷),北京大学出版社1998年版

左攀:《郝敬生平及学术特质述论》,《荆楚学刊》2013年第3期

五、硕士博士论文

李富侠:《淩廷堪〈礼经释例〉研究》,安徽大学硕士学位论文,2013年

王君南:《马国翰〈玉函山房辑佚书〉研究》,山东大学硕士学位论文,1988年

杨君:《晚清今文礼学研究》,山东师范大学硕士学位论文,2004年

张帅:《南北朝三礼学研究》,山东师范大学博士学位论文,2013年

张颖:《从〈仪礼通论〉看姚际恒的辨伪思想》,郑州大学硕士学位论文,2010年

赵澜:《唐代丧服制度研究》,福建师范大学博士学位论文,2008年

周茂仲:《张惠言学术渊源研究》,扬州大学硕士学位论文,2011年

后　记

2001年下半年,我正师从山东大学冯浩菲先生,攻读中国古典文献学专业博士学位研究生。当时冯师给我和李振宇二人开设《文献学理论研究导论》课程,目的在于“通过这门课程的教学活动,使文献学理论和其他相关研究方向的博士生们从如何研究、撰写各类文献学著作的角度出发,掌握相关的系统的文献学理论知识,最终选择适宜的文献学方面的题材”,“并使他们能够成为今后继续研究撰写相关文献学著作的学人,为我国文献学的配套化、系统化、科学化发展作出各自应有的贡献”①。次年上半年,在我确定以《清代〈仪礼〉文献研究》作为博士学位论文选题之际,当时便打算写一本专书文献学著作——《〈仪礼〉文献学》。2004年6月博士毕业后,特别是在2006年11月份到井冈山大学工作之后,一方面继续开展清代《仪礼》学史的深化研究,一方面开始了《仪礼》文献学的相关专题研究,并且相继发表了《〈仪礼〉文献学研究方法论浅议》、《〈仪礼经传通解〉“今按”之文献学面面观》、《戴震校勘〈仪礼〉经文浅议》、《李如圭〈仪礼集释〉的解经特色》、《试论“〈仪礼〉文献学”的概念界定及其学科任务与作用》、《戴震校勘〈仪礼〉郑注论析》、《李如圭〈仪礼集释〉申注特色探析》、《从〈香草校书〉看于鬯的〈仪礼〉诠释特色》等一系列论文。2011年,我正式申报并获批立项了江西省教育厅高校人文社会科学研究项目(TQ1103),便拟着手撰写书稿。然而,2012年6月份,我获批立项国家社会科学基金项目“清代《仪礼》学史”(12BZS008),便开始了后一项目的研究工作,而《〈仪礼〉文献学》的研究就暂时搁置了,只是平时偶尔零星为

---

① 冯浩菲:《文献学理论研究导论·引言》卷首,山东大学出版社2009年版,第2页。

之。一直拖到今日书稿正式结束写作，时间差不多长达六、七年工夫，着实有点愧对冯师对我的期望。

诚如书名所说"《仪礼》文献学概论"，这是一部专书文献学著作，属于中国古典文献学下的一个学科分支。在具体章节的设置上，不仅要讨论这门专科文献学的基本概念、研究方法论、学科任务与作用等宏观问题，以及历代《仪礼》文献的整理体式、文献的编纂、流布与收藏等内容，同时还要从文献学的基本学术范畴出发，考察历代礼经文献的目录学、版本学、校勘学、辨伪学、辑佚学、注释学、编纂学等学术分支的具体研究状况，同时还必须涉及礼经文献的传播与接受、诠释的学术发展史，等等。可以说，需要著述的内容非常丰富，摆在诸君面前的这部小册子，就是出于这一考虑，而分章列目的。

本书在写作过程中，得到了王公山、潘斌等诸位好友的热情帮助，我的学生饶益波、余坚为我的书稿逐一核实了引文和注释版本信息，丁鼎先生答应为本书撰写序言，在此，谨向他们表示衷心的感谢！由于课题时间已经到期，尽管一拖再拖，限于个人学识有限，加之本书仅仅是笔者对专书文献学著作第一次写作尝试，其中错误与不到之处在所难免，尚祈学界同仁予以谅解，并不吝赐教为荷。

邓声国

2017年8月26日于井大